Christine Ott

Identität geht durch den Magen

Mythen der Esskultur

S. FISCHER

MIX
Papier aus verantwortungsvollen Quellen
FSC® C083411
www.fsc.org

Erschienen bei S. FISCHER

Satz: Dörlemann Satz, Lemförde
Druck und Bindung: CPI books GmbH, Leck
Printed in Germany
ISBN 978-3-10-002208-0

Inhalt

1. Einleitung.
Wie frei isst der Mensch?

Wie frei isst der Mensch?

»Sage mir, was du isst, und ich sage dir, wer du bist ...« Nicht mehr Kleidung, sondern »*Food*« wird, glaubt man der Ernährungswissenschaftlerin und Trendforscherin Hanni Rützler, in Zukunft *das* Mittel der Selbstdarstellung und Individualisierung sein. Denn: »*Food Trends* zeigen Lebensgefühle und Sehnsüchte auf. In ihnen spiegeln sich längerfristige gesellschaftliche Veränderungsbewegungen sowie der kulturelle Wertewandel wider. [...] Sie lassen sich als Lösungsversuche für Problemstellungen verstehen, mit denen wir in unserem Essalltag immer aufs Neue konfrontiert werden« (Rützler 2016: 11, 13).

Aus dieser Perspektive sind die Lebensmittel, die wir in unseren Einkaufswagen geben, nicht nur dazu da, unseren Kalorienbedarf – auf möglichst gesunde Weise, versteht sich – zu decken. Sie bringen zugleich einen Lebensstil zum Ausdruck: *Fast Food, Ethno Food, Spiritual Food, New Snacking* ... (Rützler 2016: 13). Sowie: nachhaltig, regional, weltoffen, vegan, koscher, tierethisch korrekt. Denn: »Essen wird zur Religion. Halal, koscher und vegan sind die Adjektive eines neuen globalen Trends« (Rützler 2016: 33). In Rützlers optimistischer Zukunftsvision werden wir zudem bald imstande sein, das Dilemma zwischen Bürostress und dem Wunsch nach selbstgekochten Mahlzeiten spielend zu überwinden:

> »Do it yourself!« heißt für sie [die Generation der Digital Natives] beim Kochen nicht bloß, mit Holzlöffeln in Kupferkesseln zu rühren, sondern auch den Thermomix aus frischen Zutaten automatisch eine Sauce béarnaise zubereiten zu las-

sen oder das Sous-vide-Gerät vom Büro aus zu steuern. (Rützler 2016: 57)

Für diejenigen, denen die Wahl angesichts der Vielfalt an Optionen schwerfällt, ist es dann sicher auch beruhigend zu wissen, dass der Trend von morgen »Curated Food« heißt: »eine Küche, die aus der Vielfalt der Essmöglichkeiten eine bewusste Vorauswahl trifft« (Rützler 2016: 21).

Bewusste Vorauswahl – schön und gut, wird manche Leserin denken. Aber wie viel Wahlfreiheit lässt uns der neokapitalistische Markt denn überhaupt? Und wie viel Freiheit gestehen uns die geltenden Schlankheitsnormen und die Richtlinien der Deutschen Gesellschaft für Ernährung zu? Keineswegs nur die Lebensmittelwerbung, auch diese und weitere, uns weniger bewusste Faktoren konditionieren uns erheblich bei der Entscheidung, ob etwas gut oder nicht gut zu essen ist. Warum wir essen, was wir essen: Ernährungswissenschaft, Medizin, Psychologie, Psychoanalyse, Soziologie, Ethnologie, Anthropologie und Gender Studies haben vielfältige und widersprüchliche Antworten auf diese Frage. Wie viel »Natur« und wie viel »Kultur« bei Ernährungsgewohnheiten und Ess-Entscheidungen eine Rolle spielen, ist dabei immer wieder Gegenstand heftiger Debatten. Essen, das macht die Sache kompliziert, ist ja immer schon »Natur« und »Kultur« zugleich. Weil wir ohne Essen nicht leben können, ist Essen eine natürliche, eine Vitalfunktion. Was wir essen und wie wir uns ernähren, ist aber, schon in allerfrühester Kindheit, eine Sache der Kultur. Unsere Ess-Identität ist also immer schon eine kulturelle Identität, geprägt von sozialen Diskursen und kollektiven Phantasien, die uns meist gar nicht bewusst sind. Diese Diskurse generieren wiederum Mythen der Esskultur; Mythen, die uns gleichsam in den Leib geschrieben sind. Wenn wir essen, kochen oder über das Essen sprechen, wirken wir an ihrer Überlieferung mit. Wie sich diese Mythen gestalten und was sie bewirken, will dieses Buch erforschen. Dazu soll zunächst gezeigt werden, wie verschiedene Wissenschaften die Frage nach der »richtigen« Ernährung und nach der Motivation von Ernährungsentscheidungen beantworten. Dabei wird deutlich werden, dass sich unsere Ess-Identität gleichsam über verschiedene »Entscheidungszentren« konstituiert: physiologische Impulse, psychologische Konditionierungen, gesellschaftliche Gebote und Verbote.

Essen: natürlich Instinktsache?

Selbst die Naturwissenschaften, von denen wir doch eigentlich objektive *Food*-Fakten erwarten, bieten sehr gegensätzliche Herangehensweisen an die Frage nach der »richtigen« Ernährung und ihrer Wahl.

Kann sich der Mensch nicht alles Grübeln über die Wahl der richtigen Nahrung ersparen, indem er einfach immer seinem Instinkt folgt? Prominent wurde die Theorie, dass der Mensch »von Natur aus« und nur seinem Instinkt folgend imstande sei, sich seine optimale Ernährung zusammenzustellen, durch ein von der amerikanischen Kinderärztin Clara Davis in den 1920er Jahren durchgeführtes Experiment. Drei Jungen im Alter von 6 bis 9 Monaten, die soeben abgestillt worden waren, wurde dreimal täglich eine Auswahl der verschiedensten Lebensmittel angeboten: Obst, Gemüse, gekochtes Fleisch, rohes Fleisch, auch Knochenmark. Die Kinder stellten sich Mahlzeiten zusammen, die aus Sicht eines Ernährungswissenschaftlers völlig »unmöglich« waren: etwa drei gekochte Eier oder fünf Bananen auf einmal. Am Ende des Experiments ergab sich jedoch, dass die Kinder sich genau ihrem physiologischen Bedürfnis gemäß ernährt hatten: Sie waren gesund, ausgeglichen, aktiv. Das Experiment zeigte folglich, dass jedes Kind imstande ist, sich vollwertig zu ernähren – und dies in völliger Unkenntnis (und Missachtung) ernährungswissenschaftlicher Grundsätze (Pollmer / Fock / Gonder / Haug [3]2007: 309–314). Offenbar verfügt der Mensch über eine angeborene Steuerung seiner Nahrungsauswahl – auch wenn diese, wie schon Davis selbst vermutete, versagt, wenn anstatt weitgehend naturbelassener Produkte stark verarbeitete Nahrungsmittel wie Zucker oder Weißmehl angeboten werden.

In der aktuellen Debatte über den Sinn und Unsinn von ernährungswissenschaftlichen Vorschriften wird das Clara-Davis-Experiment gerne von Diät-Skeptikern wie Udo Pollmer oder Richard Klein angeführt. Udo Pollmer, studierter Lebensmittelchemiker und Autor der Bestseller *Prost Mahlzeit! Krank durch gesunde Ernährung* (1994) und *Iß und stirb. Chemie in unserer Nahrung* (1982), hält die derzeit kursierenden Richtlinien für gesunde Ernährung für die größte gesundheitliche Gefahr, der wir ausgesetzt sind. Ihre vorgebliche Objektivität erweise sich als nichtig, wenn man zum einen auf den rapiden Wandel der Diätmoden achte und sich zum anderen der industriellen Interessen bewusst werde, die hinter den von großen Konzernen finanzierten Forschungen und dem Propagieren bestimmter Lebensmittel steckten. Ganz besonders wendet sich Pollmer gegen die Ideologie des *Functional Food*. Sie vertritt die Idee, dass man die menschliche Maschine beliebig optimieren könne – eine Ideologie, die perfekt dem kapitalistischen Ideal des leistungsstarken Menschen entspricht. Und tatsächlich zeigt bereits ein diachroner und synchroner Vergleich von Kalorientabellen, dass der vermeintlich objektiv-wissenschaftliche Zugang zum Thema Ernährung höchst fragwürdig ist. So gestand die Deutsche Gesellschaft für Ernährung (DGE) 1991 dem erwachsenen Mann (25–50 Jahre) einen täglichen Bedarf von 2400 Kalorien zu; 2000 war dieser auf 2900 Kalorien täglich gestiegen. In anderen europäischen Ländern bewegte sich der entsprechende Richtwert von 2400 bis 3500 Kalorien täglich (Pollmer / Fock / Gonder / Haug [3]2007: 28). Zugleich wächst der Zweifel an der Zweckmäßigkeit von Nahrungszusätzen, die einigen Untersuchungen zufolge sogar gesundheitsschädlich sein sollen.

Auch der Literaturwissenschaftler Richard Klein schreibt in seinem Buch *Schöne fette Welt* (1999; Original: *Eat fat*, 1996) gegen den aktuellen Diät-Wahn an. In Wirklichkeit seien es das besessene Kalorienzählen, die permanente Frustration der sich als fett Empfindenden, der aus dem Fasten resultierende Heißhunger und die »kleinen« Mahlzeiten zwischendurch, welche übergewichtig machten. In seinem postmodernen Anti-Diät-Buch, wie er es nennt, möchte Klein daher seine Leser davon überzeugen, die Angst vor fettem Essen abzulegen und sich den Schweinebraten oder die Eier mit Speck ganz bewusst zu gönnen. Denn auch Klein vertraut darauf, dass der Körper dem Essenden gleichsam von selbst eine Grenze setzt – so dass seine postmoderne Anti-Verbote-Diät letztlich zu einem nachhaltigen Abnehmerfolg führen müsste.

Pollmer und Klein scheinen folglich an ein dem Körper irgendwie innewohnendes regulatives Prinzip zu glauben. Wenn man, so ihr Credo, sich einmal von den kulturellen Vorurteilen zu gesunder Ernährung frei macht, dann kann man gleichsam automatisch zu einem gesunden, natürlichen Essverhalten kommen: »Natur« wird derart gegen »Kultur« ausgespielt. Doch obwohl beide Autoren mit ihrer Kritik am gegenwärtigen Optimierungs- und Regulierungswahn sicherlich recht haben, muss man ihnen zwei Einwände entgegenhalten. Zum einen ist die »Natur« des Essens immer schon kulturell überformt. Die Kinder des Experimentes von Clara Davis bezogen ihre Nahrung nicht unmittelbar aus der Natur – vielmehr wurde ihnen zu (kulturell) festgelegten Zeiten eine Auswahl an Nahrungsmitteln vorgesetzt (von denen jedes einzelne, für sich genommen, »gesund« war). Später kommen zu dieser (in der Regel von den Eltern getroffenen) Vorauswahl noch die kulturellen Bedeutungen hinzu, mit denen Lebensmittel besetzt werden (etwa Fett = ungesund, macht hässlich), sowie kulturell geprägte Gewohnheiten (feste Mahlzeiten oder regelloses *snacking*). Zum anderen sind viele Lebensmittel, mit denen Kinder in industrialisierten Gesellschaften aufwachsen, wenig naturbelassen. Entsprechend sind Ernährungswissenschaftler vielfach der Meinung, dass dieses »industrielle« Essen Suchtstoffe (wie Zucker, Fette, Geschmacksverstärker) enthalte, die jedes »natürliche« Regulativ außer Kraft setzten. Wäre das

Clara-Davis-Experiment nicht mit einer Auswahl wenig verarbeiteter Lebensmittel durchgeführt worden, hätten die Kinder etwa auch Nutella, überzuckerte Rice Crispies oder fettige Chips zur Auswahl bekommen, so wären die Ergebnisse des Experiments vermutlich weniger günstig ausgefallen.

Andererseits kann auch die Tendenz, die süchtigmachende Wirkung industrieller Lebensmittel zu verabsolutieren, bei den Wissenschaftlern zu Extrempositionen führen. So begann man Ende der 1960er Jahre, Kohlenhydrate und insbesondere Weizen zu verteufeln – dem amerikanischen Arzt Robert C. Atkins zufolge »reines Gift« mit tödlichen Auswirkungen auf den menschlichen Körper (Atkins 1981).[1] Neben Weizen, fetten Speisen, Hamburgern und Cola gilt heute Zucker als einer der größten Feinde gesunder Ernährung. In seinem Buch *Zucker – die süße Droge* geht Eugen Ziegler so weit, Süßigkeiten als eine Art von Einstiegsdroge darzustellen, die über kurz oder lang zu noch schädlicheren Süchten führen müsste:

> Ein erheblicher Teil der älteren Schuljugend, vor allem der Pubertierenden, ist auf diese Weise dem Hang zum Süßen verfallen und gibt dafür einen guten Teil des Taschengeldes aus, bevor es später für Alkohol, Nikotin und Drogen benötigt wird. (Ziegler 1987: 23)

Mediziner und Ernährungswissenschaftler wissen auch von anderen fatalen Prägungen, die das spätere Essverhalten negativ beeinflussen können: Die Ernährung der Mutter während der Schwangerschaft, aber auch extreme Hungererfahrungen der Eltern oder Großeltern könnten das Erbgut der Kinder so programmieren, dass deren Körper sich – gleichsam in einer verspäteten Reaktion – Fettpolster zulegten.

Hinter diesen sehr unterschiedlichen Annahmen über die Ursprünge »guter« oder »schlechter« Ernährungsentscheidungen stehen sehr unterschiedliche Menschenbilder. Auf der einen Seite kristallisiert sich ein Konzept heraus, das den menschlichen Körper als eine *tabula rasa*, gleichsam als ein leeres Gefäß begreift, das man durch die Eingabe von Nährstoffen beliebig formen kann. Folglich braucht es nur Diät, Disziplin, ernährungswissenschaftliche Aufklärung und *Functional Food*, um den perfekten Körper heranzuzüchten. Auf die Spitze getrieben, glaubt ein solcher Ansatz an die nahezu unbegrenzte Optimierbarkeit des Körpers und somit an die Möglichkeit der perfekten Unterwerfung der »Natur« mit Hilfe von »Kultur« (im Sinne von Ernährungswissenschaft und Lebensmitteltechnik).

Das entgegengesetzte Extrem stellt die Tendenz dar, die negativen Einflüsse des Erbguts oder der Lebensmittelindustrie zu betonen. Wenn der Körper »von Natur aus« darauf programmiert ist, in Notzeiten Fett zu speichern, kann dies alle kulturellen (diätetischen) Bemühungen vereiteln; wenn er durch einen ungesunden Ernährungsstil der Mutter geprägt wurde, sind Krankheiten wie Diabetes oder Übergewicht vorprogrammiert.

Wieder anders ist die Haltung jener, die an eine Weisheit oder ein Regulativ der Natur glauben, dem man nur folgen müsse, um richtig zu essen. Das Vertrauen in ein solches natürliches Regulativ kann nun wiederum sehr unterschiedliche Formen annehmen: Da ist die bereits von Jean-Jacques Rousseau und später von vielen Rohköstlern und Vegetariern vertretene Ansicht, der Mensch habe zunächst einen natürlichen Widerwillen gegen »unnatürliche« Speisen wie etwa stark gewürzte Gerichte oder Fleisch; da ist die Skepsis gegenüber jeglichen Vitaminpräparaten, aber auch gegenüber Rohkost bei Udo Pollmer oder der Glaube an ein automatisches Regulativ des Fettkonsums bei Richard Klein.

Diese äußerst divergenten naturwissenschaftlichen Positionen zeigen nicht nur, wie unterschiedlich sich die Annahmen über menschliche Wahlfreiheit beim Essen gestalten, sondern auch, wie kontrovers »richtige« beziehungsweise »gesunde« Ernährung heute definiert wird. Die gegenwärtige »Consumer Confusion« (Verunsicherung des Verbrauchers) hat sogar ein neues psychisches Krankheitsbild hervorgebracht: die Orthorexie. Orthorektiker unterscheiden strikt zwischen »richtigem« (gesundem) und »falschem« Essen. Sie orientieren sich dafür an gängigen Richtlinien, entwickeln davon ausgehend jedoch sehr starre, manchmal auch überaus subjektive Ernährungssysteme, die im Extremfall zu Unter- oder Mangelernährung führen können.

Die Unterscheidung zwischen »gut zu essen« und »schlecht zu essen« scheint also immer problematischer zu werden – beinhaltet sie doch weit mehr als nur ernährungsphysiologische Kriterien. Tatsächlich greift eine rein naturwissenschaftliche Betrachtung von Ernährung, die das Essen als bloße Energiezufuhr betrachtet, zu kurz: Sie reduziert den Menschen zur Kalorienverbrennungsmaschine. Entsprechend geben Psychologen und Psychoanalytiker zu bedenken, dass Mediziner und Ernährungswissenschaftler irren, wenn sie Phänomene wie Übergewicht und Essstörungen allein durch Kalorientabellen, Diät und Ernährungskunde heilen möchten. Was dabei vernachlässigt wird, ist ein Faktor, der sich nicht bloß nach Brennwert und Vitamingehalt kalkulieren lässt: die psychologische Bedeutung des Essens.

Der Einfluss der Psyche

Tatsächlich werfen Psychologen und Psychoanalytiker den Medizinern gerne vor, den Essenden ausschließlich als ein vernunft- und disziplinfähiges, autonomes Subjekt zu betrachten. Essstörungen wie Bulimie und Anorexie seien aber nicht durch Diät und Disziplin zu kurieren, sondern durch eine Analyse des (frühkindlichen und späteren) Verhältnisses zur Mutter als erster Nahrungsspenderin. Die Psychoanalyse kann sich dabei auf Sigmund Freud berufen, der die ersten Ess-Erfahrungen des Kindes als Basis für seine Identitätsentwicklung postulierte. Das Trinken an der Mutterbrust verschafft dem Kind seine ersten erotischen Empfindungen; zugleich stellt diese erste, »orale Sexualorganisation«, die in dem Kind den »kannibalischen« Wunsch erregt, das geliebte Objekt zu verschlingen, eine Vorstufe zum späteren Mechanismus der Identifikation mit der geliebten Bezugsperson dar (Freud 1949: 98). Freuds Deutung der Essstörungen leitet sich aus dieser These der Ursprungsverwandtschaft von Essen und Sexualität ab. Die Weigerung zu essen komme somit einer Verweigerung der Sexualität gleich oder entstehe aus der Angst, selbst verschlungen oder kastriert zu werden. Dem Freud-Schüler Karl Abraham zufolge bedeutet die Nahrungsverweigerung Hass und Ablehnung gegenüber der Mutter, während Sándor Ferenczi darin eine Angst vor »oralem« Geschwängertwerden sieht (Apfeldorfer 2002: 36). Ess-Sucht wird dagegen gleichfalls als Ablehnung der (genitalen) Sexualität, Ersatz für ebendiese Sexualität oder aber auch als Wunsch nach einer oralen Schwängerung gedeutet (Apfeldorfer 2002: 36). Diese verwirrende Vielfalt an Interpretationshypothesen lässt den Eindruck entstehen, dass »Essen« (bzw. die Essstörung) auf alle möglichen und zugleich auf untereinander geradezu gegensätzliche seelische Konflikte verweisen kann. Die irritierende Polyvalenz, die das Essen in psychoanalytischen Deutungen oft annimmt, bringt Gérard Apfeldorfer treffend auf den Punkt, wenn er sagt, das Essen sei der »Joker« des Psychoanalytikers (Apfeldorfer 2002: 36).

Insbesondere den Ansatz, das Verhalten des Ess-Süchtigen auf seine Regression in ein orales Stadium zurückzuführen, das dieser nie ganz überwunden habe, kritisiert Apfeldorfer als überholt. Die an Freud und Melanie Klein orientierten Theorien stellen die Ess-Süchtigen gleichsam als passive Riesenbabys dar, die sowohl beim Essen als auch in affektiven Beziehungen zwischen extremer Anhänglichkeit (bzw. Gier) und extremer Distanz (bzw. Verzicht) schwanken und die bei der geringsten Anfechtung Trost im Essen suchen (Apfeldorfer 2002: 137 f.). Apfeldorfer zufolge kann die These der oralen Regression im Licht aktueller Erkenntnisse, die gezeigt haben, wie aktiv bereits Neugeborene mit ihrer Mutter zu interagieren vermögen, höchstens »metaphorischen« Wert beanspruchen (Apfeldorfer 2002: 140). Gerade deshalb müsse man aber auch andere Erklärungsmöglichkeiten wie etwa den Einfluss des sozialen Umfelds, gesellschaftlicher Diskurse, äußerer Reize etc. heranziehen und eine »plurifaktorielle« Herangehensweise anstreben (Apfeldorfer 2002: 245).

Ebenso wie man der Medizin ein reduktives Menschenbild anlasten kann, zeichnet sich vor allem unter den klassisch-psychoanalytisch orientierten Theorien eine gewisse Tendenz zur Monokausalität ab. Dies gilt ganz besonders für den enormen Einfluss, der dem mütterlichen Verhalten auf die Entwicklung des Kindes zugeschrieben wird. Wie in diesem Buch gezeigt werden soll, ist die derart postulierte Rolle der Mutter als Spenderin physischer und »seelischer« Nahrung ein wesentlicher Bestandteil eines Mutter-Mythos, der überzeitlich zu sein scheint, jedoch gerade auch im aktuellen soziopolitischen Diskurs eine nicht zu unterschätzende Rolle spielt.

Dazugehören oder nicht: Essen als soziales Phänomen

Dass Ernährungswahl und Essverhalten des Einzelnen in der Tat nicht nur in einen familiären, sondern auch in einen weiteren gesellschaftlichen Kontext eingebettet sind, geben soziologische, kulturanthropologische und ethnologische Ansätze zu bedenken. Sie untersuchen das Essen als ein gemeinschaftsstiftendes Phänomen. Demnach folgen die Essgewohnheiten von Völkern, von Nationen, von sozialen Schichten einem Mechanismus der Integration und der Exklusion: Soziale, ethnische, religiöse Gruppen konstituieren sich durch eine gemeinsame Esskultur; »Andersessende« werden ausgeschlossen.

Die These, dass eine zunehmende Verfeinerung der Tischmanieren im frühneuzeitlichen Europa den herrschenden Gesellschaftsschichten dazu diente, sich vom Pöbel abzugrenzen, hat Norbert Elias in seinem Werk *Über den Prozess der Zivilisation* (1939) vertreten. Anhand der Untersuchung von Anstandsbüchern zeigt Elias, dass von außen auferlegte Normen dabei immer mehr verinnerlicht wurden. Sich bei Tisch zu schnäuzen, zu rülpsen, das Messer in den Mund zu stecken galt demnach zunehmend als anstößig: nicht (nur), weil es gesellschaftliche Sanktionen mit sich geführt hätte, sondern weil es bei den Betroffenen Ekel- und Schamreaktionen auslöste. Was im Prozess der Verfeinerung der Tischmanieren zunehmend ausgeblendet wurde, waren zum einen Handlungen, die mit dem Körper und seinen Ausscheidungen zu tun hatten, zum anderen solche, die an die grausamen Aspekte des Essens erinnerten. War es in der Renaissance noch Brauch, dass der Hausherr den Braten eigenhändig zerlegte, so wurde diese Handlung später zunehmend den Bediensteten übertragen, erinnert sie doch an den Akt des Tötens, der Voraussetzung für den Fleischverzehr ist.

Dass neben den Tischmanieren auch der kulinarische Geschmack ein wichtiges schichtenspezifisches Distinktionsmerkmal darstellt, hat der Soziologe Pierre Bourdieu in *Die feinen Unterschiede* (1987, Original: *La distinction. Critique sociale du jugement*, 1979) zu zeigen versucht. Zwar wurde Bourdieu vorgeworfen, er habe sich bei seiner auf empirischen Befragungen basierenden Arbeit täuschen lassen, da die von den Befragten angegebenen Vorlieben nicht unbedingt ihrer wahren Ernährungspraxis entsprechen müssten. Dies ändert jedoch nichts daran, dass es innerhalb jeder Gesellschaft bestimmte Speisen und Ernährungsgewohnheiten gibt, die als prestigeträchtig angesehen werden, während man andere als proletarisch abwertet.

Dass Ekel und Ablehnung gegenüber fremdem Essen kein physiologischer Vorgang, sondern ein kulturell codierter Mechanismus ist, hat Mary Douglas in ihren Studien zu kulturellen Reinheitsgeboten und Speisetabus erklärt. Religiös motivierte Speisegebote und -verbote wie etwa die komplexen Regeln der jüdischen Kashrut stellen eine große Herausforderung für die Ethnologen dar. Gegen Thesen, die eine allegorische Lesart dieser Gebote vorschlagen oder sie als rein willkürliches (»arbiträres«) Regelwerk betrachten, das den Israeliten dazu gedient habe, sich von den Nachbarvölkern abzugrenzen, setzte Douglas ihre strukturalistische Interpretation. Demnach rechtfertigen die Gesetze des Buchs Mose zwar zum Teil die bereits bestehenden Gewohnheiten eines Hirtenvolkes, dem die Tiere, aus denen es seinen Lebensunterhalt bestritt, logischerweise als »rein« gelten mussten. Zugleich versucht Douglas jedoch zu zeigen, dass die Vorschriften durchaus einer inneren Logik folgen. Auf diese Weise entspricht das von Douglas herausgearbeitete Klassifizierungssystem dem sprachlichen System: Seine Unterscheidungskriterien (»heilig« bzw. »rein« vs. »unrein«) werden arbiträr definiert, auch wenn sie (teilweise) eine bereits bestehende Kultur rechtfertigen.

Neben religiösen Speisevorschriften gibt es, in vielen indigenen Kulturen, auch eine »gegenderte« Speiseordnung. Motiviert ist sie teilweise durch die Auffassung, Frauenkörper seien »weicher« und »offener« als Männerkörper und somit besonders der Gefahr ausgesetzt, krank und »unrein« zu werden. Diese »hygienische« Vorsichtsmaßnahme rechtfertigt nicht selten eine alimentäre Hierarchie, in der proteinreiche Speisen den Männern vorbehalten sind, während Frauen und Kinder mit einer anderen, oft weniger nahrhaften Kost vorliebnehmen müssen. Spuren solcher Praktiken lassen sich auch in der westlichen Kultur finden: So hat eine Studie von Sidney Mintz gezeigt, dass in der englischen Arbeiterschicht Fleisch ein Privileg der Männer war, während Frauen und Kinder sich vor allem von Süßspeisen ernährten. Zugleich finden sich in den säkularisierten Konsumgesellschaften zunehmend Ernährungsideologien, die an die Stelle früherer religiöser Vorschriften treten. Wie die traditionellen Speisetabus fördern auch sie die Gruppenbildung und die Abgrenzung von »Andersessenden«. Meist nicht nur gesundheitlich, sondern auch ethisch motiviert, beinhalten die neuen Ernährungsreligionen in der Regel auch ein (irdisches) Heilsversprechen.

*

Dass ausgerechnet dem Essakt bei der Abschirmung des sozialen Körpers gegen »außen« eine entscheidende Rolle zukommt, lässt sich anhand der menschlichen Anatomie motivieren. Der Mund als unser Esswerkzeug bildet gleichsam die wichtigste Grenze zwischen »innen« und »außen«. Mit ihm unterscheiden wir zwischen »essbar« und »nicht essbar«: Es gibt Lebensmittel, die wir in unseren Körper hineinlassen wollen, weil wir sie für unschädlich, schmackhaft, stärkend halten, und andere, die »draußen« bleiben sollen, weil wir sie eklig, schädlich, giftig finden. Eine nachhaltige Abgrenzung gegen ein bedrohliches »Außen« ist (im individuellen und kollektiven Imaginären) von großer Bedeutung: Beim Essen wird nicht nur der individuelle, sondern auch der Gruppen-Körper durchlässig, er öffnet sich und wird gewissermaßen angreifbar.

Essen ist folglich, um es mit Gerhard Neumann zu sagen, ein eminent kulturschöpferischer Akt (Neumann 1993: 392). In dem Moment, in dem die Menschen aufhörten, von der Hand in den Mund zu leben, und sich zu einem gemeinsamen Mahl versammelten, entstand die erste Form von Gesellschaft. Ernährungsgewohnheiten und Speisetabus wurden zur Grundlage einer alltäglichen Praxis, mit der die Gemeinschaft konsolidiert, soziale Hierarchien begründet und Andersessende ausgeschlossen werden konnten.

Auch in der Erforschung der Ernährungsgewohnheiten und Speisetabus zeigen sich unterschiedliche Auffassungen der »Kultur« oder »Natur« der Nahrung. Die strukturalistisch fundierte Analyse von Esskulturen als Zeichensystemen, wie sie etwa Douglas vertritt, betont das Primat der Kultur (die Kultur verabschiedet willkürliche Speisegesetze, die der Abgrenzung und Identitätsstiftung dienen), während die materialistisch-adaptionistische These Nahrungssysteme als Ergebnis der Anpassung an natürliche Gegebenheiten begreift, die erst dann durch kulturelle Akte (etwa durch religiöse Gesetze) gerechtfertigt werden. Claude Fischler meint aber, dass dieser Gegensatz zwischen den Vertretern eines Primates der »Kultur« gegenüber den Verfechtern eines Vorrangs der »Natur« ein »falsches Dilemma« sei (Fischler 1990: 53). Dies ergibt sich aus dem anthropologischen Sonderstatus des Essens, das zwar wie Atmen und Schlafen eine Vitalfunktion, zugleich aber immer schon ein kulturell überformter Akt ist. Man könnte auch sagen, dass das Essen ein Kulturakt ist, der im Gewand der Natur (als natürliche Notwendigkeit, als sinnliche Evidenz) daherkommt. Ebendaher kommt aber die große politische Macht, die kulturell motivierte Essenshandlungen und Ernährungsgewohnheiten innerhalb von Gesellschaften ausüben können. Insbesondere Speisetabus beinhalten das Potential unsichtbarer Machtdiskurse, weil sich Gepflogenheiten und Ekelreaktionen, die letztlich dazu dienen, die »Andersessenden« abzuwerten, als »natürlich« oder zumindest als traditionsgemäß tarnen können.

Mythen der Esskultur

Unser Ernährungsverhalten wird folglich durch eine Vielfalt an Faktoren gesteuert. Das Spektrum reicht vom bewussten Verzicht auf bestimmte Nahrungsmittel aufgrund gesundheitlicher, ethischer oder religiöser Bedenken bis hin zur unbewussten, durch frühkindliche Prägungen oder erbliche Faktoren bedingten Annahme bestimmter Ernährungsmuster.

Die Existenz dieser geschriebenen oder ungeschriebenen Gesetze erklärt allerdings noch nicht, weshalb es Menschen gibt, die Blumenkohl verabscheuen und Innereien lieben. Sie erklärt noch weniger, weshalb manche, vielleicht viele von uns, Nahrungsvorlieben haben, über die man in guter Gesellschaft kaum reden kann, wie es die Schriftstellerin Eva Demski in ihren kulinarischen Geschichten vermutet:

> Die meisten erwachsenen Menschen haben eine dunkle Seite und schämen sich dafür, daß ihnen zum Beispiel nichts auf der Welt über Nudeln mit Maggi oder Bahlsenkekse in ge-

schmolzener Schokolade geht. Sie verbergen das wie eine sexuelle Sonderbarkeit, und vielleicht bedeuten ihnen ihre meist einsamen Orgien etwas anderes als Essen. Vielleicht gibt es Lebensmittel, von denen man nie satt wird, egal, wieviel man davon ißt. (Demski 2012: 122)

Gewiss, auch die Frage nach dem Grund solcher »geheimen« Vorlieben lässt sich wissenschaftlich beantworten. Frühe Esserfahrungen prägen den individuellen Geschmack; Geschmackserlebnisse aus der Kindheit sind wiederum mit Erinnerungen und Emotionen verbunden, die durch den Genuss der Kindheitsspeise reaktiviert werden. Auf diese Weise können über den Geschmackssinn positive oder negative Stimmungen oder Ereignisse aufgerufen werden, die sich schon früher (in der Kindheit oder einer anderen, besonderen Lebensphase) mit jenem Geschmack verbanden. Dann geht es beim Essen – von sagen wir einmal Nudeln mit Maggi oder von muschelförmigen Madeleines – um mehr als ein sinnliches Geschmackerlebnis: Es geht darum, sich einen Teil jenes früheren Ich, das wir einmal waren, wieder anzueignen.

Doch jenseits von den zutiefst idiosynkratischen, meist unbewussten Bedeutungen, mit denen wir bestimmte Speisen belegen, ist jeder unserer Ess-Akte in ein dichtes Netz von kollektiven Diskursen eingebunden, die uns unbewusst steuern. Diese Diskurse speisen sich aus Sehnsüchten, Idealen, Ängsten und Zwängen. Sie transportieren Gender-Vorstellungen und Konzepte von ethnischer, religiöser und nationaler Identität, Ideale von Gesellschaft, Familie und von sozialer Distinktion. Essen – dies lässt sich als Fazit aus den vorangegangenen Ausführungen festhalten – stiftet Identität. Aber nicht in dem Sinn, dass sich jeder von uns aus einem schier unerschöpflichen Spektrum von Optionen – *Ethno Food*, *Spiritual Food*, *New Snacking* usw. – den individuellen Ess-Stil nach dem Warenkorbprinzip zusammenstellen könnte. Denn wir sind beim Essen keineswegs frei. Was wir über das Essen gelernt haben und lernen – durch Werbung, durch Ernährungsratgeber an Schwangere, durch Nährwerttabellen, durch den Besuch von Restaurants, durch unsere Eltern –, ist durchsetzt von unausgesprochenen Auffassungen von »eigen« und »fremd«, »Mann« und »Frau«, »Mutter« und »Kind« – ja, und eben auch von »gut« und »böse«, »richtig« und »falsch«.

Daraus ergibt sich die These dieses Buchs. Unsere Ess-Entscheidungen werden weitgehend von unbewussten Diskursen gesteuert – zugleich tragen unsere Entscheidungen und bewusst geäußerten Ansichten über das Essen dazu bei, diese zu bestärken. Wie erwähnt, sind die unbewussten Diskurse über das Essen deshalb so wirkmächtig, weil Essen letztlich eine Vitalfunktion ist, die aber im Gegensatz zu anderen Vitalfunktionen wie Atmen oder Schlafen immer schon kulturell überformt ist. Kulturell geformte Ernährungsgewohnheiten lassen sich also derart in den Körper einschreiben, dass sie gleichsam zur zweiten Natur werden. Auf diese Weise – im Medium des Essens – können traditionelle Konzepte von religiöser Zugehörigkeit, von Gender-Identität, von nationaler Identität naturalisiert werden. Als »natürliche« Essenshandlungen machen sie ihren kulturellen Ursprung vergessen. Und damit gerät in Vergessenheit, dass es auch einmal anders war oder anders sein könnte. Denn wer weiß heute schon, dass »die« italienische Küche eigentlich eine Erfindung des späten 19. Jahrhunderts ist?

Die Identitäts-Diskurse, die wir über unsere Ess-Erfahrungen eingepflanzt bekommen und die wiederum unsere Wahrnehmung des Essens steuern, sind immer Diskurse im Sinne Michel Foucaults: Dispositive der Macht. Durch unsere täglichen Handlungen des Einkaufens, des Kochens und des Essens propagieren wir sie weiter. Wer in diesem Prozess die Macht »hat«, von wem sie ausgeht, ist dabei nicht immer unilinear zu entscheiden: Lebensmittelkonzerne und von diesen finanzierte Forschungsinstitute, staatliche Einrichtungen für Gesundheit und Ernährung, politische Parteien, religiöse Institutionen – nicht nur diese generieren Machtdiskurse, sondern durchaus auch die einzelnen Individuen. Es soll also nicht suggeriert werden, dass wir einfach nur hilflose Opfer von Machtdispositiven sind. Wir arbeiten selbst mit an den Essensmythen – meist allerdings, ohne ihre vielfältigen Implikationen zu durchschauen.

Zu Methode und Inhalt dieses Buchs

Wenn hier von Essensmythen die Rede ist, dann natürlich in Bezug auf Roland Barthes. In seiner Essaysammlung *Mythen des Alltags* (1964, Original: *Mythologies*, 1957) hatte er es unternommen, anhand der Analyse von Frauenzeitschriften, Werbung, populären Sportarten und Popkino jene falschen Ideologien aufzudecken, die er der (französischen) Kultur der Gegenwart, insbesondere der bürgerlichen Kultur, anlastete. In einigen dieser Essays, auf die später noch einzugehen sein wird, untersucht Barthes auch die kollektiven Wertungen bestimmter Nahrungsmittel. Der von Barthes in diesen Essays etablierten kultursemiotischen Methode, die auch die des vorliegenden Buchs sein wird, geht es nicht darum, bestimmte Manifestationen der Esskultur (etwa die Mode des Milchtrinkens in den USA) kultur*geschichtlich* zu situieren. Sie will vielmehr, wie oben schon beschrieben, jene unausgesprochenen Diskurse und Ideologien aufdecken, die bestimmten Lebensmitteln und Ernährungspraktiken bestimmte Bedeutungen zuschreiben. Es geht also weniger um reale Essenspraktiken als um deren (implizite) Bewertung.

Die Realität, vor deren Hintergrund Barthes seine *Mythologies* schreibt, hat sich freilich ebenso verändert wie die Bedeutungen, die bestimmten Speisen – aber auch der Esskultur im Allgemeinen – heute beigemessen werden. Wie tiefgreifend dieser Wandel ist, lässt sich ermessen, wenn man einmal auf den fast schon entschuldigenden Ton achtet, mit dem sowohl Barthes als auch Mary Douglas in den 1960er Jahren versuchen, ihre Zuwendung zu einem derart trivialen Forschungsgegenstand wie dem Essen zu rechtfertigen. Heute betrachten allenfalls die rückständigsten unter den Geisteswissenschaftlern den Themenkomplex »Esskultur« als banal. Das Sprechen über Essen und Kochen ist zur Mode geworden, das Forschen darüber gleichfalls. In einer Zeit der zwanghaften, manchmal krampfhaften Interdisziplinarität haben Ernährungswissenschaft, Psychoanalyse, Soziologie, Ethnologie, Anthropologie und Philosophie das Essen als ideales interdisziplinäres Forschungsfeld entdeckt. Und in der Tat erscheint das Essen, das Marcel Mauss nicht umsonst als »soziales Totalphänomen« (Mauss 1973: 147) definiert hat, aus der Sicht einer einzelnen Disziplin nur unzureichend erfasst – die vorangegangenen Ausführungen haben es hoffentlich gezeigt.

Wenn nun eine gewandelte, globalisierte esskulturelle Realität hinreichend rechtfertigt, dass dieses Buch den von Barthes beschrittenen Weg fortzuführen sucht, so sind doch zum »Material«, auf dem die folgenden Untersuchungen basieren werden, noch ein paar klärende Worte zu verlieren. Denn in dem Bestreben, die Gastromythen der Gegenwart einer kultursemiotischen und diskursanalytischen Lektüre zu unterziehen, werden, ähnlich Barthes' Vorgehen, politische und gesellschaftliche Aktualität, Filme und prominente Theorien zur Esskultur analysiert, vor allem aber Romane – populäre und weniger populäre.

Was kann aber die Literatur – und was kann Literatur- und Kulturwissenschaft – zu den Erkenntnissen der genannten, das Phänomen »Essen« erforschenden Wissenschaften beitragen? Nun, spätestens seit dem 19. Jahrhundert haben sich Romanciers bevorzugt mit jenen Erfahrungen befasst, die sich dem positiven Faktenwissen, der offiziellen Geschichtsschreibung und dem gesellschaftlich anerkannten Kenntnisstand entzogen: mit den Erfahrungen der kleinen Leute, der Unangepassten, der Ausgestoßenen. Gegenstand der Literatur war und ist auch die Kritik an gesellschaftlich sanktionierten Macht- und Wissensordnungen, an eingefleischten Vorurteilen, an Pseudowissen. So unterzog beispielsweise der Schriftsteller Gustave Flaubert in seinem Roman *Madame Bovary* (1856) den gängigen medizinischen Diskurs zur weiblichen Hysterie einer Relativierung, indem er eine essgestörte Ehebrecherin in Szene setzte, deren psychosomatische Krankheitssymptome sich nicht einer eindeutigen medizinischen Diagnose zuführen ließen. Und Luigi Pirandello denunzierte zu Beginn des 20. Jahrhunderts in seiner Erzählung *Die Amme* die Grausamkeit eines Gesellschaftssystems, das ein einfaches sizilianisches Mädchen (die Protagonistin seiner Novelle) dazu zwang, den eigenen Sohn zu verlassen, um in der Hauptstadt das Kind einer reichen Bürgersfrau zu stillen. Beide Frauen geben letztlich die Stillbeziehung zu ihrem Kind aufgrund von Vorurteilen auf: die eine, weil sie hofft, ihrem Kind durch das verdiente Geld mehr nützen zu können als durch ihre Milch, die andere, weil sie sich der Meinung beugt, eine robuste Frau aus dem Volk habe für ihr Kind bessere Milch als sie selbst.

In diesen Beispielen hat Literatur jene dekonstruktive und konterdiskursive Funktion, die ihr von Jacques Derrida und Michel Foucault zugeschrieben wurde. Im Gegensatz zu einer Philosophie, die in starren Begriffsoppositionen denkt und durch die kategorische Unterscheidung von »gut« und »böse«, »männlich« und »weiblich«, »logisch« und »unlogisch« diskursive Hierarchien generiert, hat Literatur die Möglichkeit, ihre Sprache in einem Bereich anzusiedeln, der von den Vorgaben der Logik und des gesellschaftlich Annehmbaren frei ist. Von dieser Position aus vermag Literatur nicht nur bestehende Diskursherrschaften zu kritisieren, sondern diese überhaupt erst sichtbar zu machen.

Denn das Faszinosum – und das Gefährliche – der Essensmythen ist ja gerade, dass sie ihre Kraft aus der vorgeblichen Natürlichkeit des Essens ziehen. Der Glaube an diese Natürlichkeit trübt den Blick auf die kulturellen Zuschreibungen, denen Speisen und Essakte beständig ausgesetzt sind; er macht das Kulturelle am Essen unsichtbar. Dabei sind nicht nur unsere alltägliche Erfahrung und Wahrnehmung, sondern auch wissenschaftliche Forschungen über das Essen von unsichtbaren Diskursen, Ideologien, Mythen geprägt: Ein Beispiel dafür war die erwähnte Verdammung des Zuckers als Droge und als Vorstufe anderer Süchte wie Nikotin oder Alkohol. Eine solche

Logik kann auch als eine essentialistische bezeichnet werden. Sie schreibt bestimmten Nahrungsmitteln ein für alle Mal ein schädliches oder gesundheitsförderndes »Wesen« zu; in anderem Kontext postuliert sie einen wesenhaften Zusammenhang zwischen einer nationalen Küche oder kollektiven Ernährungsgewohnheiten und dem Charakter der Essenden. Essentialistische Thesen zum Essen verkennen, dass Essgewohnheiten ebenso wie die dem Essen kollektiv zugeschriebenen Bedeutungen immer das Ergebnis einer historisch gewachsenen Konstruktion sind.

Gerade populärwissenschaftliche Werke zur Ernährungsthematik, die als Ratgeber-Literatur dem Ziel gehorchen müssen, gut nachvollziehbare Erklärungs- und Lösungsmodelle anzubieten, verfallen allzu leicht in eine monokausale Argumentation. Zwar kann etwa ein Ratgeber-Buch zur Magersucht den Lesern eine Vielfalt verschiedener Fallbeispiele anbieten, aus denen diese das zur Identifikation geeignetste auswählen können. Doch die Analyse des zugrundeliegenden psychologischen Mechanismus bleibt Aufgabe des Autors, der der Leserin sein Fachwissen gleichsam »von oben« vermittelt.

Die Kommunikationssituation eines Romans ist in der Regel anders. Dem Leser wird hier nicht gleichsam von oben eine vorgefertigte Lösung vermittelt. Er hat vielmehr die Möglichkeit, selbst Lösungen zu entwerfen und zu verwerfen. Oft macht es sich der Roman auch eher zur Aufgabe, Gewissheiten zu zerstören, als solche apodiktisch zu verkünden. Ein Teil der hier besprochenen literarischen Texte agiert ganz in diesem Sinne: Gängige Essensmythen werden in Frage gestellt. So inszenieren die Werke von Margaret Atwood, Giovanni Boccaccio, Elena Ferrante, Marie Darrieussecq und Han Kang ebenso wie die Filme von Federico Fellini oder Marco Ferreri symbolische Essenshandlungen, die die dem Essen untergründig innewohnenden Machtdispositive und Mythen sichtbar machen: den Mythos der essbaren Frau, der lebensspendenden Milch, der bösen Mutter.

Doch nicht alle literarischen Texte, nicht alle Filme sind konterdiskursiv und dekonstruktiv im besprochenen Sinn. Vielmehr hat gerade die gegenwärtige Gastro-Welle eine Reihe von Romanen und Filmen hervorgebracht, die die Essensmythen, um die es hier gehen soll, unkritisch propagieren oder ganz gezielt mit Klischees arbeiten. Auch solche Werke sollen in die Untersuchung einbezogen werden, weil sie gleichsam textuelle (oder filmische) Kondensate dieser Mythen darstellen.

Die Mythen, die unsere heutigen Vorstellungen vom Essen prägen, haben eine lange Geschichte. Und sie hängen eng mit gesellschaftlich-wissenschaftlich definierten Körperbildern zusammen. In Kapitel 2 dieses Buchs soll das sozial- und kulturgeschichtliche Modell eines Übergangs vom vormodernen »offenen« zum modernen »geschlossenen« Körper vorgestellt werden. Die Kategorien »offen« und »geschlossen« sollen aber nicht dogmatisch oder im Sinne eines teleologischen Entwicklungsnarrativs angewendet werden. Sie sollen eher dazu dienen, prominente literarische und philosophische Modellierungen von »Essen« und »Esskultur« begrifflich zu erfassen. Durch Beispiele aus dem vormodernen Schelmenroman, aus Jean-Jacques Rousseaus *Bekenntnissen*, Kafkas *Verwandlung*, Sartres *Der Ekel*, Elena Ferrantes Romanen und Julia Kristevas Theorien soll unter anderem gezeigt werden, wie sich im 18. Jahrhundert das Konzept der Scham beim Essen als Bedingung gegenwärtiger Essstörungen herausbildet, wie sich das nach einem geschlossenen Körper strebende moderne Individuum im 20. Jahrhundert dann doch wieder als porös empfindet und welche Bedeutungen Nahrungsekel für die Identitätsbildung annehmen kann.

In Kapitel 3 werden psychoanalytische Theorien vorgestellt, die die nutritive Beziehung zwischen Mutter und Kind als prägenden Moment für die Entwicklung der späteren Ess-Identität begreifen. So aufschlussreich sie für das Verständnis des Zusammenhangs von Essen und Identität auch sind, beinhalten diese Theorien doch auch das Risiko einer monokausalen Argumentation, die sämtliche physischen und psychischen Leiden des Kindes auf den negativen Einfluss einer bösen Mutter zurückführt. Es wird gezeigt, auf welche Weise populäre Gegenwartsromane dem Narrativ der »bösen Ernährerin« zu medialem Erfolg verhelfen.

Kapitel 4 widmet sich den Bedeutungen, die Muttermilch und Tiermilch im Rahmen einer Ideologie der natürlichen Ernährung im Laufe der letzten Jahrzehnte angenommen haben. Dass das Trinken von Frischmilch keineswegs zu jeder Zeit eine Selbstverständlichkeit war, zeigt ein Blick auf die lange Vorgeschichte der industriell produzierten Milch. Zugleich werden die überaus vielfältigen und widersprüchlichen symbolischen Bedeutungen, die Milch im Kontext der Natur-Kultur-Debatte einnahm und immer noch einnimmt, illustriert. So definiert Jean-Jacques Rousseau, der die gegenwärtige Ideologie einer naturnahen Ernährung entscheidend mitgeprägt hat, Milch und Zucker als »weibliche« Speisen – und leitet daraus eine »gegenderte« Speiseordnung ab. Auf die symbolische Besetzung des Zuckers, die jener der Milch teilweise ähnelt, wird zum Schluss des Kapitels eingegangen. In einem Exkurs werden zudem die Konzepte »männlicher« und »weiblicher« Essensordnungen vorgestellt, die für die Genese von genderbezogenen Essensmythen eine wichtige Rolle spielen.

Kapitel 5 untersucht, auf welche Weise das Konzept einer nationalen Esskultur sowohl in soziopolitischen als auch in individuellen Identitätsnarrativen bedeutsam werden kann. Am Beispiel des bemerkenswerten Gastro-Chauvinismus, den die kulinarischen Supermächte Italien, Frankreich und Japan an den Tag legen, wird gezeigt, auf welche Weise der »Küchendiskurs« (Hijiya-Kirschnereit 2003) dieser Länder vielfach ein essentialistisches Kulturkonzept transportiert. Zugleich kann auch die Analyse autobiographisch geprägter Erzählungen über Fremdheits- und Migrationserfahrungen vorführen, wie auch hier die Esskultur des Herkunftslandes oft im Modus eines nostalgischen Essentialismus heraufbeschworen wird. Wie viel Mythos, wie viel Realität steht aber hinter der Behauptung einer nationalen kulinarischen Exzellenz? Abschließend wird der Frage nachgegangen, ob es Deutschland tatsächlich, wie es viele Food-Experten meinen, an einer nennenswerten Esskultur mangelt.

Inwiefern mit dem Essen und mit dem Kochen zusammenhängende Mythen und Praktiken dazu beitragen können, Gender-Klischees festzuschreiben, wird in Kapitel 6 untersucht. Insbesondere das Essen von Fleisch gilt oft als ein männlich-patriarchalisches Privileg. Hängt es damit zusammen, dass die Frau in männlichen Sexphantasien so gerne als »essbar« dargestellt wird? Und inwieweit ist das daraus resultierende ökofeministische Postulat, dem zufolge Feminismus und Pazifismus nur im Verbund mit Vegetarismus glaubwürdig seien, zutreffend? Wie kommt es, dass das Kochen auch in Zeiten des Feminismus vorwiegend als eine weibliche Rolle betrachtet wird – so sehr, dass eine Frau, die nicht oder schlecht kocht, geradezu gegen einen natürlichen Instinkt verstößt, wie es der Autor Christoph Meckel nahelegt? Antifeministische Zerrbilder werden in diesem Kapitel ebenso untersucht wie subversive Codierungen von Mahlzeitensituationen, durch die herrschende Gender-Zuschreibungen in Frage gestellt werden. Zuletzt wird ein Blick auf die neue Spezies der gastrosexuellen Männer geworfen: Sie reklamieren die Küche für sich – allerdings in einer ganz anderen Weise, als Frauen dies je getan haben.

Kapitel 7 widmet sich schließlich den Zusammenhängen von Essen, Gesellschaft und Religion. Religiöse Speisetabus trugen immer schon dazu bei, die Nahrungswahl durch die Einteilung in »erlaubt« und »verboten« zu vereinfachen. Die Frage, wie die einzelnen Verbote motiviert sind und welche Funktion sie insgesamt erfüllen, ist allerdings nach wie vor höchst umstritten: Strukturalistisch-funktionalistische Theorien deuten die Vorschriften als ein Mittel der sozialen Inklusion bzw. Exklusion; materialistisch-adaptionistische Erklärungsmodelle begreifen sie als nachträgliche Rationalisierung geoökonomischer Zwänge. Trotz der (katholischen) Fastengesetze unterscheidet sich das Christentum grundlegend von Islam, Hinduismus und Judentum, indem es an die Stelle eines Denkens, das bestimmte

Speisen als intrinsisch »unrein« oder »rein« begreift, einen Dualismus von leiblicher und geistiger Speise setzt. Auch in zunehmend säkularisierten Esskulturen können religiöse Speisetabus brisante politische Bedeutungen annehmen. Andererseits führen der Wegfall religiöser Gebote, eine Zunahme an Ernährungsoptionen und die Furcht vor schädlichem Essen bereits seit der Moderne zu einem Bedürfnis nach neuen Richtlinien. Die von Rousseau maßgeblich beeinflusste Ideologie einer naturnahen Ernährung hat hier ihren Ursprung. Indem Rousseau und die Ernährungsreformer des 19. und 20. Jahrhunderts das Streben nach körperlicher Gesundheit mit dem nach moralischem oder geistigem Heil verquicken, stiften sie säkularisierte Religionen, deren Credos sich heute in den »Essbibeln« (Jaeggi / Klotter 2003) der Lichtköstler, Anthroposophen oder Makrobiotiker wiederfinden. Dass gegenwärtige Ernährungsideologien ein sektiererisches Wesen annehmen können, wird an extremen Äußerungen des Veganismus augenfällig. Dabei verfallen sowohl radikale Verfechter des Veganismus als auch deren Gegner in irrationale Denkmuster, die gefährliche Essensmythen generieren. Abschließend sollen die Ergebnisse der Untersuchung zusammengetragen und die Frage gestellt werden, weshalb ausgerechnet das Essen gegenwärtig zu einem mächtigen Leitdiskurs aufgestiegen ist, durch den wir Fragen der kollektiven und individuellen Identität verhandeln.

Die Essensmythen, von denen in diesem Buch die Rede sein wird, betreffen in der Regel mehr als nur einen der in den einzelnen Kapiteln in den Vordergrund gerückten Aspekte. So wird etwa die Idee, dass Frauen besser kein Fleisch essen sollten, sowohl in Kapitel 6 im Zusammenhang mit »Essen und Gender« als auch in Kapitel 7 im Zusammenhang mit religiös fundierten Speisetabus behandelt. Ebenso wird das Ideal der naturnahen Ernährung sowohl in Kapitel 4 im Kontext der Untersuchung des Symbolgehalts von Milch und Zucker als auch in Kapitel 7 im Kontext gegenwärtiger Essideologien analysiert. Gerade weil unser Ernährungsverhalten auf so vielschichtige Weise unsere

Identität (auf sozialer, nationaler, religiöser, Gender-Ebene) konstituiert, ist eine klare Trennung der einzelnen Bereiche nur schwer möglich. Deshalb wird es in den einzelnen Kapiteln immer wieder zu thematischen Überschneidungen kommen.

*

Dieses Buch möchte sich nicht anmaßen, die von Ernährungswissenschaft, Psychoanalyse, Soziologie oder Ethnologie propagierten Konzepte des *homo edens*, des essenden Menschen, zu »korrigieren«. Es möchte jedoch zeigen, dass eine auf den Methoden der Kultursemiotik und Literaturwissenschaft aufbauende Analyse einen substantiellen Beitrag zur Erforschung der gegenwärtigen Mythen der Esskultur leisten kann. Einerseits soll anhand von komplexen literarischen Thematisierungen des Essens veranschaulicht werden, wie man sich diesem »sozialen Totalphänomen« (Mauss 1973: 147) polyperspektivisch und konterdiskursiv nähern kann. Andererseits soll durch eine kritische Analyse populärkultureller Werke, aber auch vergangener und gegenwärtiger Forschungspositionen zum Essen gezeigt werden, auf welche Weise hier die Bedeutungsproduktion von Ideologien durchsetzt ist. Letztlich wird es darum gehen, die großen Narrative herauszuarbeiten, die man uns täglich im Namen des Essens vorsetzt: »Groß« sind sie, weil sie mit der Selbstverständlichkeit universeller Problemlösungsmuster daherkommen; neu sind sie keineswegs und glaubhaft nur bedingt.

Essen, so die These dieses Buchs, ist eine Performance von (sozialer, nationaler, Gender-)Identität; ein Ritual, das soziale Bedeutungen stiftet und perpetuiert. Durch jede mit dem Essen verbundene Handlung manifestieren wir keineswegs nur unsere bewussten oder unbewussten Ansichten über das Essen. Vielmehr *realisieren* wir zugleich bestimmte Konzepte von »Frau-Sein«, »Mann-Sein«, »Familie-Sein«, von religiösen Werten, von ethnischer Identität. Als Alltagshandlung, die sich zudem *in* den Körper des Essenden einschreibt, ist das Essen ein ungleich effektives Medium für Diskurse, die im Foucault'schen Sinn als Machtdispositive begriffen werden. Welche diskursiven Mächte hinter den großen Erzählungen stehen, die in ihrer Gesamtheit unseren gegenwärtigen Gastrokult ausmachen – Erzählungen von »natürlichem«, »authentischem«, gemeinschaftsbildendem Essen –, dieser Frage soll im Folgenden nachgegangen werden.

2. Körperbilder. »Offener« und »geschlossener« Körper

Das Essen des Schelms

Mit List und Tücke etwas zu essen ergattern: Dies ist das Motiv, das die armen Tröpfe in den Schelmenromanen des 16. und 17. Jahrhunderts umhertreibt – mögen sie nun Simplicius oder Lazarillo heißen. Der ständige Hunger dieser Helden und ihr permanentes Scheitern beim Versuch, sich den Bauch einmal richtig vollzuschlagen, reizen den Leser immer wieder zum Lachen. So etwa als Lazarillo, Protagonist des ersten Schelmenromans überhaupt, sich als Diener eines Kirchenmannes verdingt, der so geizig ist, dass er den Brotkasten mit einem Schloss sichert. Der völlig ausgehungerte Schelm lässt sich eine Kopie des Schlüssels machen und kann so nächtelang unbemerkt Brot stehlen – bis sein Herr eines Nachts auf ein seltsames Pfeifgeräusch aufmerksam wird. Lazarillo schläft, und der Schlüssel, den er stets in seinem Mund versteckt, ragt ihm so aus dem Rachen, »dass mein Atem durch die Öffnung des Schlüssels strich – der war nämlich innen hohl – und ein zischendes Pfeifen erzeugte, und zwar – mein Schicksal wollte es eben so – ein derart lautes, dass mein Schreckauf von einem Herrn es hörte und dachte, das sei bestimmt das Zischen einer Schlange« (Lazarillo 2007: 75). Um die vermeintliche Schlange zu töten, schlägt Lazarillos Herr mit dem Knüppel so fest zu, dass sein Diener eine Platzwunde am Kopf davonträgt. Schlimmer ist aber noch, dass dadurch der Betrug mit dem Schlüssel aufgedeckt und Lazarillo mit Schimpf und Schande fortgejagt wird. Der Schelm ist daran gescheitert – könnte man sagen –, dass er seinen Mund nicht halten konnte: Weil ihm der Schlüssel aus dem Mund ragte, ist die Wahrheit ans Licht gekommen. Ein ähnliches Missgeschick war ihm schon einmal passiert, als er seinem ersten Dienstherrn – einem blinden Bettler – eine Wurst gestohlen hatte. Um ihm den Diebstahl (schnuppernd) nachzuweisen, öffnet der Bettler Lazarillo gewaltsam den Mund und

> steckte unbedacht die Nase hinein, welche bei ihm lang und spitz war und aus diesem Anlass, vor lauter Wut, noch um eine Spanne länger. Mit der Spitze dieser Nase kitzelte er mich nun im Rachen. Und deswegen, aber auch wegen meiner großen Angst und wegen der Kürze der Zeit war die schwarze Schlackwurst noch nicht im Magen angekommen. Überdies wurde ich von der wahrhaft eindringlichen Nase in ihrem Unbedacht schier erstickt. Das alles kam zusammen und wirkte sich dahin aus, dass Tat und Gefräßigkeit sich offenbarten und dem Besitzer das Seine zurückerstattet wurde. Bevor nämlich noch der üble Blinde seinen Rüssel aus meinem Mund herauszog, verspürte mein Magen eine solche Aufregung, dass er das Diebesgut gegen diesen Rüssel stieß, was zur Folge hatte, dass seine Nase und die schwarze, schlecht zerkaute Schlackwurst zur selben Zeit meinen Mund verließen. (Lazarillo 2007: 39 ff.)

Auch hier kann Lazarillo buchstäblich nichts für sich behalten. Die groteske Komik des ewigen Hungerleiders, dem es einfach nicht gelingt, seinen Bauch (dauerhaft) zu füllen, veranschaulicht nun auf exemplarische Weise ein Körperkonzept, das man als Konzept des »offenen« oder auch »grotesken« Körpers bezeichnen kann. Einen wesentlichen Beitrag zu seiner Theoretisierung hat der Literaturwissenschaftler Michail Bachtin geleistet. Er beschreibt den Körper, wie er in der Karnevalskultur und in der populären Literatur der Vormoderne zum Ausdruck kommt, als einen »grotesken«, »für die äußere Welt geöffneten«, weil durch die Insistenz auf (unmäßigen) Einverleibungen und Körperausscheidungen der Akzent auf jene Körperteile (Mund, Anus und Geschlechtsorgane) gelegt wird, durch die sich der Körper nach außen hin öffnet (Bachtin 1995: 358f). Den idealtypischen Ausdruck dieser grotesken Körperkonzeption sah

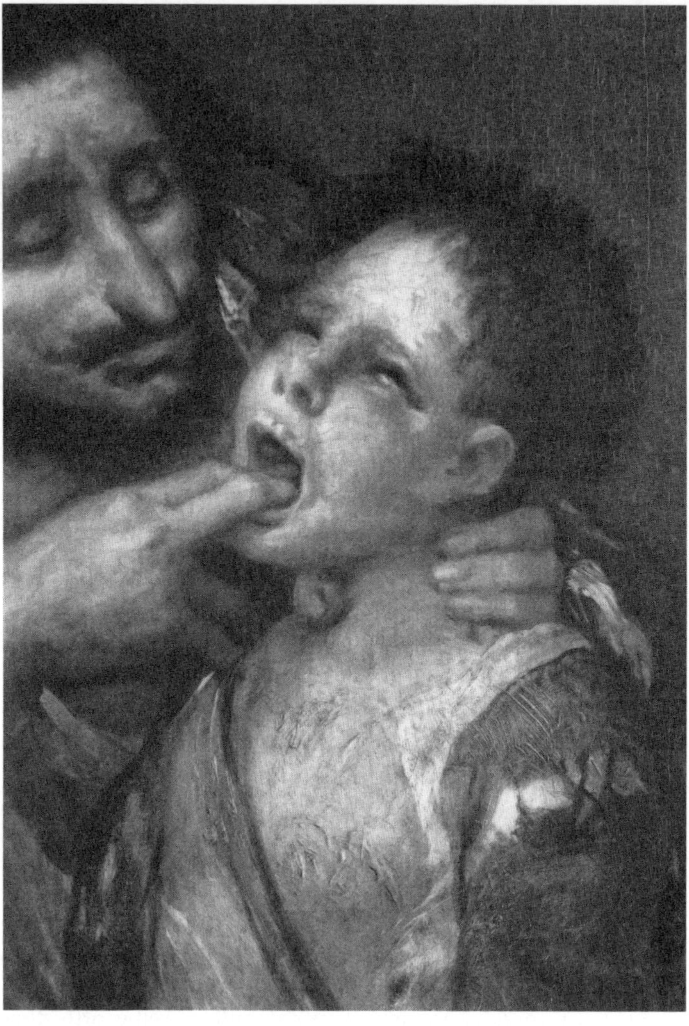

Abb. 1: Der Blinde öffnet Lazarillo den Mund (Francisco de Goya, *Lazarillo de Tormes*, 1808–1812)

Bachtin in den Abenteuern, die der Renaissanceautor François Rabelais den populären Figuren der Riesen Gargantua und Pantagruel angedichtet hatte. Diese taten sich nicht nur durch ihre Körpergröße, sondern auch durch die ungeheuren Ausmaße ihrer einverleibenden und ausscheidenden Tätigkeit hervor. Aber auch in der Schelmenliteratur wimmelt es nur so von Passagen, in denen neben Fressen und Saufen auch wenig appetitliche Vorgänge wie »Rülpsen« und »Furzen« thematisiert werden. Bachtin sieht in dem von ihm beschriebenen grotesken Darstellungsmodus eine positive Aufwertung des Körpers, die sich gegen die (von den höheren Klassen ausgehende und metaphysisch orientierte) »Abgrenzung von den materiell-leiblichen Wurzeln der Welt« wende (Bachtin 1995: 69).

Und doch ist die »Offenheit« des Körpers, wie Thomas Kleinspehn zu bedenken gibt, nicht durchweg positiv konnotiert. So gelangt Pantagruel auf seinen im *Cinquième livre* erzählten Schiffsreisen in das Land Übermaß:

> Die Einwohner schienen dem Aussehen nach lustige Leute zu sein, die gern etwas Gutes aßen. Sie waren allesamt übermäßig dick, so daß sie vor Fett trieften. Auch bemerkten wir – was wir nirgendswo gesehen hatten –, daß sie sich die Haut einritzten, um das Fett hervorquellen zu lassen, so wie die Schmerbäuche bei uns zu Hause ihre Hosen schlitzen, damit der Taft hervorguckt. Aber sie sagten uns, das geschähe nicht aus Eitelkeit oder Prahlerei, sondern weil sie es sonst in ihrer Haut nicht aushalten könnten. (Rabelais 1974: 245 f.)

Tatsächlich sind die Bewohner des Landes Übermaß dazu verdammt, über kurz oder lang an ihrer Leibesfülle zu platzen. Mit dieser Angst kündigt sich, Kleinspehn zufolge, bereits ein neues, nicht mehr mittelalterliches Körpergefühl an, eine »angstbesetzte Phantasie der Grenzüberschreitung und der Völlerei bis zum Platzen, die dem Mittelalter fremd war und letztlich ein Körper-Ich erfordert« (Kleinspehn 1987: 103).[2] Damit ist gemeint, dass es beim Essen jetzt nicht mehr nur um die Sorge geht, sich durch anständige Tischmanieren von den »anderen«

(von fremden, barbarischen Völkern oder vom einfachen Volk) abzugrenzen. Vielmehr lauert das gefährliche »Andere« jetzt in einem selbst: in den eigenen »tierischen« Instinkten. Um sich vor dem Platzen, also dem Verlust der eigenen schützenden Körpergrenzen zu bewahren, muss man lernen, diese Instinkte zu kontrollieren. Dass der arme Schelm Lazarillo dies noch nicht gelernt hat, führen die Episoden mit dem Schlüssel und der erbrochenen Wurst sehr plastisch vor Augen. Der Schlüssel und die Wurst verraten Lazarillo als einen Essensdieb; sie fördern seinen Betrug zutage. Lazarillos offener Mund und sein offener Körper entsprechen dabei der Unfähigkeit, seine wahren Absichten dauerhaft vor seinen Herren zu verbergen. Zwar gehört es zu den Standardmotiven des Schelmenromans, dass der anfangs ahnungslose Protagonist irgendwann die Kunst des Betrugs und der Verstellung lernt. Dauerhaften Erfolg hat er dabei aber zumeist nicht, und gerade dies hindert ihn daran, sich aus seiner *outcast*-Position emporzuarbeiten. Der Schelmenroman zeigt also *ex negativo*, dass die »Herren« diejenigen sind, denen es dauerhaft gelingt, ihren Körper zu »verschließen« und ihren wahren Charakter der Außenwelt zu verbergen. Nicht umsonst werden Lazarillos Herren als Heuchler charakterisiert, die selbst gern und gierig essen, dies aber vor ihren Standesgenossen zu verschleiern wissen.

Das damit angesprochene Problem der Trennung zwischen Innen- und Außenwelt aber ist die Voraussetzung für die Bildung eines »modernen« Bewusstseins. Abermals Thomas Kleinspehn hat es so formuliert:

> Hier beginnt allmählich die Trennung zwischen Selbst, Welt und Anderem wichtig zu werden, zugleich erhält damit aber auch die Trennung zwischen Innen- und Außenwelt eine stärkere Bedeutung. Der Mensch »verdoppelt« sozusagen seine Welt innen und außen; eine Voraussetzung für die Eigenverantwortlichkeit des Handelns und damit schließlich für die Bildung der Form des Über-Ichs, die wir heute kennen. (Kleinspehn 1987: 101)

Besonders interessant ist, dass der Schelmenroman diese »Verschließung« des Körpers und die daraus resultierende Aufspaltung des Ich in ein »inneres« und »äußeres« nicht nur (wenn auch lediglich ansatzweise) thematisiert, sondern dies auch in einer neuen Erzählform tut. Denn der Schelmenroman kopiert das Modell der religiösen Lebensbeichte: Ein gealterter Ich-Erzähler berichtet an seinem Lebensabend von seiner Jugend als Schelm. Dadurch entsteht in der Geschichte des Romans erstmals jene Spaltung zwischen einem erzählenden und einem erzählten Ich, die für die Herausbildung einer komplexeren Ich-Erforschung zwingend ist. So gesehen, nehmen Werke wie der *Lazarillo de Tormes* oder Grimmelshausens *Simplicissimus*, wenn auch in embryonaler Form, jene Verhandlung zwischen Ich, Es und Über-Ich vorweg, wie sie für die modernen Bewusstseinsromane eines Proust, Svevo oder Joyce typisch ist.

Ein moderner Held ist Lazarillo aber auch deswegen (noch) nicht, weil er sich bei der Entdeckung seiner Tat nicht schämt. Er ist betrübt und ärgerlich angesichts der unangenehmen Konsequenzen, die das Entlarvtwerden für ihn hat, aber er empfindet keine Scham. Die Scham, beim heimlichen Essen ertappt worden zu sein, findet sich erst bei einem Autor, der unsere heutige Sorge um das Essen wie kein anderer beeinflusst hat: Jean-Jacques Rousseau.

Peinliche Bekenntnisse. Die Entdeckung der Scham beim Essen

Der aufklärerische Aufklärungskritiker Jean-Jacques Rousseau legt mit seiner 1782 veröffentlichten Autobiographie *Confessions* (*Bekenntnisse*) ein unerhörtes Werk vor. So freimütig hat kaum jemand zuvor über sich selbst gesprochen. Von der ersten Verliebtheit über sexuellen Exhibitionismus bis hin zum leichtsinnigen Konfessionswechsel wird nichts verschwiegen. Manchmal ereilt einen beim Lesen der Verdacht, es handle sich bei dieser so offenherzigen Beichte um eine geschickte Autorstrategie. Will Rousseau den Leser durch erfundene Vergehen um jeden Preis davon überzeugen, dass er die absolute Wahrheit sagt? Denn genau darum geht es; darin sieht er die radikale Neuheit seines Werkes: in seiner schonungslosen Aufrichtigkeit.

Es gibt allerdings einen Bereich, in dem Rousseau das Bekennen schwerfällt: den des Essens. Denn die Nahrungsaufnahme ist für den Schweizer Philosophen ein hochkomplexes Thema. Nicht selten wird das gesellige Mahl für den Protagonisten der *Bekenntnisse* zur demütigenden Erfahrung: weil er von der Tischgemeinschaft ausgeschlossen wird, weil er in ihr einen untergeordneten Platz zugewiesen bekommt oder weil er sich unpassend benimmt. Jean-Jacques hat oft das Gefühl, wie ein Outcast behandelt zu werden – dadurch gleicht er den Protagonisten der vormodernen Schelmenromane. Kein Wunder also, dass sich der Autor Rousseau das Muster des Schelmenromans zu eigen machte, als es darum ging, unrühmliche Ess-Situationen seiner Jugend zu Papier zu bringen. Offenbar hat die literarische Vorlage ihm erlaubt, das peinliche Thema etwas distanzierter anzugehen.

Im Gegensatz zum Ur-Schelm Lazarillo wird Jean-Jacques als Kind eines gutbürgerlichen Hauses geboren. Infolge der Exilierung des Vaters (die Mutter ist bei seiner Geburt gestorben) erfährt er allerdings einen sozialen Abstieg. Er beginnt mehrere Lehren bei verschiedenen Meistern – jedesmal ohne Erfolg. Die neue Unfreiheit seiner Situation macht sich ihm besonders bei Tisch bemerkbar. Als Kind durfte er frei heraussagen, wonach ihn gelüstete, und musste nicht vorzeitig die Tafel verlassen:

> An völlige Gleichheit in der Lebensweise mit meinen Vorgesetzten gewöhnt, kein Vergnügen kennend, das mir verwehrt gewesen wäre, keine Speise erblickend, von der mir nicht mein Teil wurde, keinen Wunsch hegend, den ich nicht äußern durfte, und endlich alle Regungen meines Herzens meinen Lippen vertrauend … man urteile selbst, was aus mir in

> einem Hause werden mußte, in dem ich nicht den Mund zu öffnen wagte, in dem ich nach dem ersten Drittel der Mahlzeit vom Tisch aufstehn [...] mußte, [...] in dem der Anblick der Freiheit des Meisters und der Gesellen den Druck meiner Unterjochung verstärkte, in dem ich, in Gesprächen über das, was ich besser wußte, den Mund nicht zu öffnen wagte und in dem endlich alles, was ich erblickte, ein Gegenstand des Begehrens für mein Herz wurde, einzig und allein, weil ich aller Dinge entbehren mußte. (Rousseau 1985: 71 f.)

Anstatt »offen« nach Essen zu verlangen, lernt Jean-Jacques, Essen zu stehlen:

> So lernte ich denn also, im geheimen zu begehren, mich zu verstellen, zu verhehlen, zu lügen und schließlich zu stehlen, ein Gelüst, das mir bis dahin niemals in den Sinn gekommen war und von dem ich mich seither nicht wieder völlig habe frei machen können. [...] Deshalb sind alle Lakaien Schelme [...]. (Rousseau 1985: 72)

Rousseau findet im eigenen Werdegang seine gesellschaftskritische Theorie bestätigt: dass nämlich soziale Unterdrückung und eine verbrecherische »Sklavenmentalität« Hand in Hand gehen. Zugleich kommt ihm dieses soziologische Erklärungsmuster – alle Unfreien werden zwangsläufig zu Schelmen – zupass, um ein »Gelüst« zu rechtfertigen, von dem er sich nach eigenem Bekennen nicht mehr hat »völlig frei machen können«. Damit meint Rousseau einen Hang zur Kleptomanie, den er auch als Erwachsener nicht überwinden kann.

Rousseau benutzt also das Muster des Schelmenromans, um bestimmte Verhaltensmuster, die ihn selbst beunruhigen, zu rechtfertigen. Doch Jean-Jacques' Fall ist komplexer als der des klassischen Pikaro. Sein Problem ist nämlich weniger die äußere Not (also das unfreiwillige Hungern) als die daraus resultierende innere Hemmung: Er traut sich nicht mehr, seine (Essens-)Wünsche offen auszusprechen. Der Erzähler verdeutlicht das Problem anhand einer komischen Episode aus der Zeit, in der er bei seinem Vater lebte:

> Ich kann nicht, ohne zu lachen, daran denken, wie ich eines Abends bei meinem Vater, für irgendeinen dummen Streich dazu verurteilt, ohne Abendbrot schlafen zu gehen, mit meinem traurigen Stück Brot in der Hand durch die Küche schritt und den sich am Spieße drehenden Braten witterte und erblickte. Man stand rings um das Feuer, und ich mußte im Vorübergehen alle Anwesenden grüßen. Als ich die Runde gemacht hatte und nun noch einmal nach dem Braten schielte, der so gut aussah und so gut roch, konnte ich mich nicht enthalten, auch ihm eine Verbeugung zu machen und in kläglichem Tone zu ihm zu sprechen: »Gute Nacht, Braten!« Dieser naive Ausbruch wirkte so spaßhaft, daß man mich zum Essen dabehielt. Vielleicht hätte dieser Einfall bei meinem Meister ein gleiches Glück gehabt, sicherlich aber wäre er mir in seiner Gegenwart niemals in den Sinn gekommen, oder ich hätte ihn nicht auszusprechen gewagt. (Rousseau 1985: 72, Ü. leicht abgeändert)

Der kleine Jean-Jacques hat etwas angestellt und darf nicht am Abendessen teilnehmen. Doch als er bedauernd nach dem leckeren Braten schielt, kann er es sich nicht verkneifen, sich auch von diesem zu verabschieden. Indem er sein Begehren spontan und »naiv« (»dieser naive Ausbruch«) äußert, gelingt es ihm, den Essensentzug doch noch abzuwenden.

Man kann diese Episode als Gegenstück zu den beiden gescheiterten Diebstählen des Lazarillo betrachten. Lazarillo musste auf schmerzhafte Weise lernen, wie schwer es ist, die eigenen (diebischen) Absichten und Taten vor den anderen zu verbergen. Der aus dem Mund herausragende Schlüssel und die erbrochene Schlackwurst symbolisierten den »offenen« Körper des Helden. Erfolgreicher Betrug – dies ist die Lektion, die Lazarillo lernen muss – gelingt nur durch einen »geschlossenen« Körper, also durch völlige Kontrolle der Körperfunktionen und das perfekte Verbergen der eigenen Intentionen. Rousseau kehrt diesen Prozess – jenen Zivilisationsprozess, aus dem das moderne Individuum hervorgeht – hier gleichsam um. Der »offene« Körper symbolisiert nun einen positiven Zustand des wechselseitigen Vertrauens und der unbefangenen Äußerung kindlicher Gelüste. Ganz so unbefangen ist diese allerdings nicht: Jean-Jacques »schielt«, schaut also verstohlen nach dem Braten, und er deutet seinen Wunsch nur indirekt (durch den Bratengruß) an. Wie wir später noch näher sehen werden, liegt in der vertrauensvollen Offenheit das ganze Glück der Menschen – während das ganze Unglück Jean-Jacques' (und mit ihm des modernen Menschen) eben durch die Verschließung und Triebhemmung bedingt ist, der er sich unterwerfen muss.

Diese Triebhemmung wird für den Lehrling Jean-Jacques aber auch dann zum Problem, wenn er die begehrten Leckereien nicht stehlen, sondern kaufen möchte:

> Zu tausend Malen bin ich während meiner Lehrzeit und später mit der Absicht ausgegangen, irgendeine Leckerei zu kaufen. Ich nähere mich dem Laden des Zuckerbäckers und gewahre die Frauen hinter dem Ladentisch, und schon glaube ich, sie lachen und sich über das kleine Leckermaul lustig machen zu sehen. Ich gehe an einer Obsthändlerin vorüber, mein Blick streift verstohlen die schönen Birnen, und ihr Duft verlockt mich, aber zwei oder drei junge Leute sind dicht daneben und sehen mich an, ein Bekannter steht vor dem Laden, in der Ferne sehe ich ein Mädchen herankommen: ist es nicht unsere Hausmagd? Meine Kurzsichtigkeit täuscht mich fortwährend. Alle Vorübergehenden halte ich für Bekannte, überall fühle ich mich eingeschüchtert und durch irgendein Hindernis aufgehalten, mein Verlangen wächst mit meiner Scham, und endlich gehe ich, von brennender Begierde verzehrt, wie ein Narr wieder nach Hause [...]. (Rousseau 1985: S. 78 f., Ü. leicht abgeändert)

Die Furcht, als »Leckermaul« entlarvt zu werden, nimmt hier paranoide Züge an. Tatsächlich litt Rousseau an Verfolgungswahn. Jean Starobinski hat Rousseaus Angst vor einem »Zeugen«, der sich zwischen den Begehrenden und das begehrte Objekt schiebt, als Angst vor einer übermächtigen, göttlichen Vater-Instanz gedeutet (Starobinski 1970: 91–188). Unter den wertenden Blicken des (oder der) *Zeugen*, die sich wie Hindernisse vor dem ersehnten Objekt aufbauen, ist ein *transparentes* und damit schuldloses Begehren nicht mehr möglich. Zugleich veranschaulicht die Passage auf exemplarische Weise jene Verinnerlichung der Instinkte und negative Verschließung des Körpers, deren Schattenseite nach Rousseau auch Nietzsche beklagen wird. »Alle Instinkte, welche sich nicht nach Aussen entladen, *wenden sich nach Innen* – dies ist das, was ich die *Verinnerlichung* des Menschen nenne« – so charakterisiert sie Nietzsche (Nietzsche 1999, Bd. V: 322). Entsprechend ist Jean-Jacques »von brennender Begierde verzehrt«: Sein ungestilltes Verlangen wendet sich gegen ihn selbst. Macht Nietzsche die Verinnerlichung des Begehrens für die Entstehung der abendländischen Sklavenmoral verantwortlich, so sucht bereits Rousseau die eigene Triebhemmung auf eine soziologische Gesetzmäßigkeit zurückzuführen (»Alle Lakaien sind Schelme«). Rousseau sucht seinen Hang zum Stehlen außerdem zu rechtfertigen, indem er das Geld als eine lästige Zwischeninstanz kritisiert, die eine unmittelbare, transparente Beziehung zwischen dem Subjekt und dem Objekt des Genusses trübt (Rousseau 1985: 78). Käuflich Erworbenes sei ungenießbar: Kaufe er eine schön aussehende Frucht, so sei die garantiert faulig, kaufe er ein Mädchen, so sei es verdorben (!).

Die Gegenüberstellung des erfolglosen, aber unbefangen stehlenden Lazarillo und des triebgehemmten Jean-Jacques zeigt, auf welche Weise sich das Essen vom natürlichen Appetit zur verstohlenen Begierde entwickelt und wie diese Entwicklung mit einer (modernen) »Verschließung« des Körpers einhergeht. Der Schelm isst, um zu überleben. Er kann sich unbefangen von seinem triebhaften Hunger leiten lassen. Um allerdings dauerhaft erfolgreich zu sein, muss er lernen, seine Triebe zu verbergen und seinen Körper zu verschließen. Dass diese Verschließung unglücklich und das Essen zu einem schambehafteten Vorgang macht, führt Rousseau vor Augen, indem er versucht, sich selbst als exemplarisches Opfer der Zivilisation zu zeichnen. Mit seiner (impliziten) Gegenüberstellung eines »offenen« und eines »geschlossenen« Körpers entwickelt er ein soziogenetisches Modell, das es erlaubt, den Wandel zu einer »modernen« Einstellung zum Essen als Ergebnis eines modifizierten Gesellschafts- und Körperbilds zu verstehen. Dieser Wandel soll im folgenden Abschnitt näher erläutert werden – er bietet eine wichtige Voraussetzung, um unser gegenwärtiges, zwischen Gastrolatrie (Essens-Kult) und Gastrophobie (Essens-Angst) schwankendes Verhältnis zum Essen zu begreifen.

Offener und geschlossener Körper als psychosoziale Modelle

Gesellschaftsstruktur und Oralität

Das Konzept eines Übergangs vom Modell eines »offenen« zum Modell eines »geschlossenen« Körpers hat als sozial- und kulturgeschichtliches Modell schon vielfach Verwendung gefunden. So unterscheidet Michail Bachtin in seinem bereits erwähnten Buch *Rabelais und seine Welt* zwischen zwei unterschiedlichen literarischen Inszenierungen des Körpers, die er jeweils als »grotesken« und als »abgeschlossenen« beziehungsweise »individuellen« Körper bezeichnet. In der grotesken Körperkonzeption, die Bachtin anhand der »überbordenden« Körperlichkeit von Rabelais' Riesen Gargantua und Pantagruel beschreibt, verlaufen die Grenzen zwischen Körper und Welt völlig anders als in klassischen Motiven (Bachtin 1995: 357):

> Der *groteske Körper* ist [...] ein *werdender*. Er ist *nie fertig* und *abgeschlossen, er ist immer im Entstehen begriffen und erzeugt selbst stets einen weiteren Körper; er verschlingt die Welt und läßt sich von ihr verschlingen* [...] Deshalb spielen jene seiner Teile, *in denen er über sich selbst, über die eigenen Grenzen hinauswächst und einen neuen, zweiten Körper produziert, eine besondere Rolle: der Bauch und der Phallus.* [...] Die nächst-

wichtige Rolle nach dem Bauch und den Geschlechtsorganen nimmt für den grotesken Körper der *Mund* ein, der die Welt verschluckt, und dann der Hintern, denn all diese *Ausstülpungen und Öffnungen* zeichnen sich dadurch aus, daß an ihnen die Grenze zwischen zwei Körpern oder Körper und Welt überwunden wird. (Bachtin 1995: 358 f.)

Bachtin zufolge prägte der groteske Körper die Literatur bis zum Beginn der Neuzeit: In der »inoffiziellen Redepraxis aller Völker« sei er immer noch präsent (Bachtin 1995: 360). Der neue Körperkanon der Neuzeit, der sich in der »offiziellen« Literatur der europäischen Völker durchgesetzt habe, inszeniere hingegen die »*individuelle und streng abgegrenzte Körpermasse, die undurchdringliche und glatte Fassade des Körpers*« (Bachtin 1995: 361).[3]

Bachtin zufolge ist also die groteske Körperdarstellung, deren »Offenheit« in seinen Augen eine »kollektive« Existenzweise und eine Gegenkultur (die des Volkes) zum Ausdruck bringt, aus der »offiziellen« Literatur der Neuzeit ausgeschlossen worden. Das bedeutet jedoch keine Verabschiedung, eher eine Marginalisierung des grotesken oder offenen Körperkonzepts. Als Gegenstand des Lachens steht der groteske Körper im Zentrum einer karnevalesken Gegenkultur. Ebenso wie im Karneval die sozialen Hierarchien vorübergehend außer Kraft gesetzt werden, relativiert diese »Lachkultur« die offizielle, herrschende Kultur.[4]

In seiner Untersuchung *Über den Prozeß der Zivilisation* (1939) hat Norbert Elias seinerseits eine Entwicklung dargestellt, die Bachtins Postulat eines neuen, neuzeitlichen Körperkanons entspricht. Gerade auch am Beispiel der Tischmanieren zeigt er, dass im Laufe der Jahrhunderte die »Peinlichkeitsschwelle« beständig angehoben wird: Der essende Körper wird zunehmend diszipliniert, Esswerkzeuge und immer komplexere Tischregeln schieben sich gleichsam zwischen den Essenden und die Speise. Was den Essenden als »Fremdzwang« von außen auferlegt wurde, wandelt sich im Lauf des 17. und 18. Jahrhunderts immer mehr zum Selbstzwang. Zugleich werden Aspekte, die an das »Tierische«, Grausame des Essens erinnern, immer mehr zurückgedrängt. Gilt das Zerlegen eines Bratens noch in der Renaissance als ein Privileg und eine wichtige Fertigkeit des Hausherrn, so nimmt die französische Oberschicht im 17. Jahrhundert allmählich Abstand von dieser Sitte (Elias 1976, Bd. I: 161). An Elias anschließend, hat Albrecht Koschorke den Wandel des Körperbilds, den Medizin und Diätetik im Laufe des 18. Jahrhunderts initiieren, als eine »Verschließung des Körpers« beschrieben und gezeigt, wie diese Vorstellung auch die sozioökonomischen, pädagogischen und medialen Wandlungen im 18. Jahrhundert prägt (Koschorke [2]2003: 54–66).

Thomas Kleinspehn schließlich hat den Übergang von einem mittelalterlichen »offenen« zu einem modernen »geschlossenen« Körper nachgezeichnet, um zugleich den »Bedeutungswandel des Essens« vom Mittelalter bis heute darzustellen. Eine zunehmende »Errichtung von Ich-Grenzen« theoretisierend (Kleinspehn 1987: 100–105), zeigt er, wie Hunger und Lust am Essen zunehmend verinnerlicht werden, um sich in der Gegenwart als pathogener, »existentieller Hunger nach Lebendigkeit« (Kleinspehn 1987: 417) zu äußern. Die zunehmende Kontrolle des Körpers bringt demnach für die heutigen Esser das Schwanken zwischen zwei Extremen, der »grenzenlosen Unersättlichkeit des Oralen« und der »totalen Kontrolle des Körpers durch das Hungern«, hervor (Kleinspehn 1987: 423).

Die Kategorien des »offenen« und des »geschlossenen« Körpers dienen den genannten Autoren einerseits dazu, einen gesellschaftlichen Wandel von Körperbild und Gesellschaftsstruktur zu beschreiben, andererseits, soziale Distinktion als Resultat einer Kontrolle und Verschließung des Körpers darzustellen. Wie gleich noch zu zeigen sein wird, können zudem auch Entwicklungen im individuellen Körpererleben durch diese oppositiven Kategorien beschrieben werden.

*

In der folgenden, auf die genannten Autoren gestützten Darstellung sollen die Kategorien »offen« und »geschlossen« nicht dogmatisch oder im Sinne eines teleologischen Entwicklungsnarrativs angewendet werden. Sie dienen vielmehr der Veranschaulichung eines ungeplanten, auch widersprüchlichen Prozesses, der sich im sozialen Imaginären vollzieht.[5] In der vorliegenden Studie sollen die Kategorien des offenen vs. geschlossenen Körpers auch weniger gesellschaftliche Entwicklungen beschreiben als vielmehr in der Gegenwartskultur und -literatur präsente Formen des Körpererlebens begrifflich zu erfassen helfen. Wegweisend für die Verknüpfung von Gesellschaftsstruktur bzw. individueller psychischer Struktur und Oralität ist neben der erwähnten Arbeit von Thomas Kleinspehn auch ein Aufsatz von Pasi Falk, der die Modelle des offenen und des geschlossenen Körpers als psychosoziale Modelle auffasst. Falk wendet die Modelle des offenen und des geschlossenen Körpers auf das Essverhalten und die soziale Interaktion an. Er weist den offenen Körper dem »primitiven« oder auch dem »vormodernen« Menschen zu, den geschlossenen dem modernen Individuum (Falk 1994: 103–131). Dabei geht es ihm aber nicht darum, bestimmte epochale Übergänge zu beleuchten, sondern vielmehr ein allgemeines Modell des Übergangs vom offenen zum geschlossenen Körper bereitzustellen, das dann bestimmte Merkmale unseres gegenwärtigen Essverhaltens veranschaulichen soll.

Falk illustriert den Übergang vom offenen zum geschlossenen Körper zunächst auf der Ebene der frühkindlichen Entwicklung, durch den Übergang von der Mutter-Kind-Symbiose zur kindlichen Selbstkonstitution als Subjekt. Der Körper des Babys ist insofern »offen«, als es diesen noch nicht vom Körper der Mutter abzugrenzen vermag (Mutter-Kind-Dyade). Um dann die Trennung von der Mutter (bzw. der Bezugsperson) zu bewältigen, gebraucht das Kind zunächst den Mund (orale Ersatzbefriedigung, das Kind verleibt sich die Mutter zeichenhaft ein), sodann die Augen (es überträgt das orale Prinzip auf die visuelle Ebene, schafft sich also einen sichtbaren Ersatz für die Mutter) und schließlich die Sprache (Falk 1994: 109–112). Das bedeutet, dass der Ersatz für die Mutter (das »Objekt«) immer mittelbarer und zeichenhafter wird und dass die Mutter zeichenhaft einverleibt wird, um das »Ich« zu stärken.

Dieses Modell überträgt Falk dann auf die Ebene der Gesellschaft. Die Gesellschaftsstruktur des offenen Körpers ist Falk zufolge eine Gemeinschaft, die sich durch eine strenge kulturelle Ordnung und enge Gemeinschaftsbindungen auszeichnet. Offen ist der Körper für Einwirkungen von außen, und die Grenzen zwischen innen und außen werden durch kollektive Regeln definiert. Die Gemeinschaft grenzt sich primär als Essgemeinschaft nach außen hin ab. Die kollektive Regelung des (Ess)verhaltens stiftet Sicherheit, der Einzelne ist dadurch von Verantwortung befreit. Innerhalb der Essgemeinschaft muss der Einzelne nicht zwischen essbar und nichtessbar, erlaubt und unerlaubt unterscheiden; und er braucht sich nicht von anderen abzugrenzen. Diese Art der Gemeinschaft, die Falk im Folgenden als »vormodern« oder »primitiv« bezeichnet, funktioniert als ein Austausch zwischen offenen Körpern, als wechselseitige Einverleibung:

> In der vormodernen Eßgemeinschaft ist die zweigesichtige Oralität in dem Akt des Essens selbst festgelegt – nach dem Prinzip ›Fressen und Gefressen werden‹. Beim rituellen Mahl wird die Nahrung als solche einverleibt, andererseits bedeutet derselbe Akt auch die Einverleibung des Teilnehmenden in die Gemeinschaft (Kommunion). Die gleiche Wechselwirkung gilt auch umfassender für alle Beziehungen innerhalb der Gemeinschaft, deren zentrales Element das – nicht notwendigerweise gerechte – *Teilen* ist. (Falk 1994: 104)

Demgegenüber zeichnet sich die Gemeinschaft des geschlossenen Körpers durch eine weniger rigide Ordnung aus. Dadurch wird dem Einzelnen mehr Eigenverantwortung auferlegt. Er muss nun selbst entscheiden, was er als essbar / nichtessbar, gut / schlecht definiert. Die Beziehung zur Außenwelt muss also individuell kontrolliert werden; die Grenzen zur Außenwelt fallen mit den eigenen Körpergrenzen zusammen. Diese Eigenverantwortung bringt auch größere Angst vor einer Bedrohung von außen mit sich. Anstatt sich im intersubjektiven Austausch offenzuhalten, verschließt sich der Körper zusehends: Das Individuum verweigert sich dem sozialen »Gefressenwerden« und will nur noch sich selbst füllen, um das eigene Ich (die eigenen Grenzen) zu stärken. Als Ersatz für den eigenen Körper bietet es im Austausch Worte und Zeichen an. So wird der unmittelbare Austausch durch (zunehmend mediatisierte) Kommunikation ersetzt:

> Essen bedeutet nun, den eigenen Körper zu ›füllen‹, und allgemeiner Selbsterfüllung im buchstäblichen Sinn. [...] Auf der Ebene der Kommunikation und der sozialen Beziehungen kann dieser Prozeß als Marginalisierung der Eßgemeinschaft und, umfassender, des auf Teilen basierenden Sozialsystems (wechselseitiges ›Geben‹, persönlich bindende Beziehungen usw.) angesehen werden. Strukturen, die sich auf Austausch und Kommunikation gründen, treten nun in den Vordergrund. [...] Konversation [...] ist kein Bestandteil des rituellen Mahles der Eßgemeinschaft, bei dem die Zugehörigkeit durch die Zweigerichtetheit des Essens selbst geschaffen wird: (dasselbe) zu essen und (von der Gemeinschaft) gegessen zu werden. [...] Erst wenn Essen individualisiert und auf eine unidirektionale ›Aufnahme‹ reduziert wird, erhält die Sprache ihre zentrale Rolle als das ›Wesentliche‹ sozialer Interaktion. (Falk 1994: 104 f.)

Die Innen / Außen-Unterscheidung konstituiert nun nicht mehr eine Essgemeinschaft, sondern die Grenzen des Individuums. Das Selbst wird – physisch und mental – als ein leeres Inneres erfahren, das beständig gefüllt werden muss. Einverleiben ist jetzt die einzige Möglichkeit, mit der Außenwelt in Kontakt zu treten. In letzter Konsequenz bedingt dies den »oralen Trieb« des modernen Individuums, der nicht von oraler Sicherheit zeugt, sondern gerade von ihrem Fehlen. Der orale Trieb äußert sich in einem unersättlichen Bedürfnis nach oralen Reizen, was auch dazu führt, dass die Mahlzeit – als rituelles und soziales Ereignis – immer mehr an Bedeutung verliert. An ihre Stelle treten unterschiedliche Formen des individualisierten, nichtritualisierten Essens (Falk 1994: 116 f.). Essen dient nun nicht primär der Ernährung oder dem sozialen Austausch: Das individualisierte und beständige Konsumieren von Genussmitteln ist vielmehr ein Modus, sich die Außenwelt – als eine stetige Quelle von Reizen – einzuverleiben (Falk 1994: 119). In diesem Sinn spricht auch Kleinspehn von einer »Unersättlichkeit« der Esser in der Gegenwart.

Der offene und der geschlossene Körper bieten in dieser Definition Modelle für zwei unterschiedliche Gesellschaftsstrukturen (sowie für unterschiedliche psychische Befindlichkeiten). Auf die abendländische Geschichte appliziert, lässt sich im Großen und Ganzen eine allmähliche – wie schon gesagt, nicht lineare und zielgerichtete – Entwicklung vom offenen zum geschlossenen Körper postulieren. Die historischen Hintergründe dieser Entwicklung werden nun etwas näher betrachtet.

Der vormoderne, offene Körper

Die Kategorien des offenen und des geschlossenen Körpers lassen sich in zweierlei Hinsicht definieren: zum einen als medizinisch-philosophisches Konzept (der Körper in Bezug auf den Makrokosmos, der Körper als wissenschaftliches Objekt); zum anderen als Kategorie, die sich auf das individuelle und soziale Imaginäre bezieht (der Körper des Einzelnen in Bezug zur Gesellschaft). Beide Definitionen von »offen« und »geschlossen« spielen für die Entwicklung vom vormodernen, offenen und ganzheitlichen zum modernen, geschlossenen und fragmentierten Körper eine entscheidende Rolle.

Der vormoderne Körper ist ein osmotischer Körper, der sich in ständiger Wechselbeziehung mit den äußeren Elementen befindet: »Zwischen innen und außen findet ein beständiger Austausch statt [...] Wie hier die Haut das Innere nicht abschließt, so ist auch der Körper nie geschlossen« (Duden 1987: 24). Auf diesem osmotischen Körperkonzept basiert die ganzheitliche

Gesundheitslehre der Antike, die auch die abendländische Medizin bis in das 18. Jahrhundert hinein stark dominiert. Es handelt sich um ein ganzheitliches Körperkonzept, dessen theoretische Grundlage die Säftelehre (oder auch Humoralpathologie) darstellt. Ihr zufolge sind der Einklang des Körpers mit den äußeren Elementen und das Gleichgewicht der Körpersäfte (Blut, gelbe Galle, schwarze Galle, Phlegma, aber auch »Nahrungssaft« und Sperma) Voraussetzung für einen gesunden Körper. Überschüssige Säfte können nämlich »verderben« und etwa Entzündungen herbeiführen. Ziel dieser Gesundheitslehre (auch: Diätetik) ist es daher, den Einklang des Menschen mit dem Kosmos (den vier Elementen) herzustellen und seinen Säftehaushalt zu regulieren. Die Diätetik achtet somit einerseits auf das »Temperament« des Menschen, andererseits auf dessen Entfaltungsbedingungen: Licht und Luft, Essen und Trinken, Bewegung und Ruhe, Schlafen und Wachen, Ausscheidungen und schließlich auch Gefühle (Engelhard 2001: 49–66, 51 f.). Physische und psychische Kur stehen in engem Zusammenhang. Die Säftelehre begreift den Körper als einen offenen, durchlässigen »Gefäßleib« (Koschorke [2]2003: 112). Das potentiell Schädliche kommt gleichsam von außen in den Körper: in Form von Nahrung, aber auch in Form von Licht oder Luft – oder als übermäßiger Affekt. Um den Körper vom Überflüssigen zu befreien, sind Schwitzkuren, Aderlass, Diät angebracht – aber auch Geschlechtsverkehr und Masturbation gelten als hygienische Praktiken, die einer schädlichen »retentio seminis« (Samenstau) vorbeugen können.[6]

Geht es der antiken Humoralpathologie noch darum, den Einfluss sinnlich-affektiver Einwirkungen auf den Körper zu regulieren, so will die mittelalterlich-christliche Medizin diese Einwirkungen so weit wie möglich reduzieren. Das Laster der *gula*, also die Schlemmerei, gilt als ein Stammlaster, das andere Begierden nach sich zieht und für spirituelles Verlangen unempfänglich macht, denn »Wer sich satt ißt, hungert nicht mehr – und schon gar nicht nach geistiger Nahrung« (Sartory 1993: 71–82). Der offene Körper ist das Einfallstor für die Sünde; insbesondere der weibliche Körper gilt als offen, somit schwach und für schlechte Einflüsse empfänglich. Caroline Walker Bynum erinnert daran, dass in der mittelalterlichen Medizin der männliche Körper die ideale Norm darstellte, während das spezifisch Weibliche »die Ungeformtheit oder Stofflichkeit des Menschseins« war. »Dieses Konzept«, so Bynum, »verknüpfte Weiblichkeit mit Grenzverletzungen, mit Öffnungen, Ausscheidungen und Absonderungen« (Bynum 1996: 184f.) Daher operiert auch das mittelalterliche Denken mit einer Innen/Außen-Opposition, die jedoch (noch) nicht der individualisierenden Abgrenzung des Einzelnen dient. Die gefährliche Offenheit des Körpers hat aber auch eine entlastende Funktion. Denn das »Böse« kann so nach außen projiziert werden – auf den Teufel oder auf sozial Ausgegrenzte: Besessene, Hexen, Frauen überhaupt. Die Reglementierung des Körpers wird damit zur Sache einer höheren, göttlichen Instanz oder aber des Kollektivs. Fremdzwang statt Selbstzwang: So wird das unmanierliche Verhalten bei Tisch in mittelalterlichen Anstandsbüchern durch Kritik von außen (durch die Tischgenossen oder den impliziten Autor) gebrandmarkt (Kleinspehn 1987: 53f.). Auch in den Diätetiken des Mittelalters kommen die Regeln gleichsam von außen: vom Makrokosmos, mit dem sich der Mensch, durch eine maßvolle Lebensführung und nach sehr allgemein gehaltenen Regeln, in Einklang bringen soll (Kleinspehn 1987: 43).

Demgegenüber zeichnet sich im Laufe der Renaissance bezüglich des anständigen Benehmens bei Tisch ein Wandel vom Fremdzwang zum Selbstzwang ab. Zudem kann das Anprangern von übermäßiger Völlerei bei Tisch auch als politisches Instrument dienen: In den Schriften der mittelständischen Intelligenz drückt sich scharfe Kritik an der Präpotenz und Prasserei des Adels aus (Kleinspehn 1987: 64f.). Auch die im 16. Jahrhundert aufkommende Debatte über den Vegetarismus, in der unterschwellig die Angst vor dem Tierischen im Menschen zur Sprache kommt, ist ein Indiz dafür, dass die Bedrohung beim Essen nun nicht mehr von außen, sondern von innen kommt – aus der

Aggressivität der Menschen selbst: »In dem Maße, wie sich die Angst vor der äußeren Bedrohung mit der äußeren Pazifizierung der Gesellschaft allmählich auf die symbolische Ebene verlagert, nimmt auch die Angst vor den eigenen verinnerlichten Impulsen (hier der Freßlust) zu« (Kleinspehn 1987: 75). Diese Angst artikuliert sich durch Bilder – man kann Essen nicht mehr ohne Bilder denken –, »die sowohl Bedrohung und Angst ausdrücken als auch kannibalische, oral-aggressive Lust« (Kleinspehn 1987: 75). Essen wird auf diese Weise *auch* zur Metapher für den Umgang mit affektiven Impulsen. Wie einführend bereits gesagt, zeichnet sich nun im Verhältnis zu den anderen eine beginnende Verschließung des Körpers ab. Die Trennung zwischen dem Selbst, der Welt und den Mitmenschen gewinnt an Bedeutung, der (essende) Mensch spaltet sich in einen »inneren« und einen »äußeren« Menschen auf (Kleinspehn 1987: 101). Selbstverantwortung und Individualisierung führen so letztlich zu verstärkten Schuld- und Angstgefühlen – wenn auch noch nicht unbedingt zu Schamgefühlen.

Im 17. Jahrhundert wird dann die Unmäßigkeit beim Essen nicht mehr als teuflische Verführung oder unanständiges Verhalten gegenüber anderen begriffen, sondern als dem Menschen innewohnende Gier. Bedrohlich ist eine solche Unersättlichkeit, weil sie sich verselbständigen und zur Sucht werden könnte (Kleinspehn 1987: 182–188). Die Medizin grenzt, zu Beginn des 17. Jahrhunderts, die unnatürliche Fresssucht als »fames canina« oder »bulimia« vom natürlichen Hunger ab (Kleinspehn 1987: 185). Zudem wird Esssucht oft in Verbindung zu sexueller Gier gebracht und als schändliche Wollust gebrandmarkt (Kleinspehn 1987: 186). Auch übermäßiges Fasten wird als Abweichung von der Norm stigmatisiert (Kleinspehn 1987: 187). Signifikant ist, dass die Fresssucht im 17. Jahrhundert erstmals als eine vom Willen des Menschen unabhängige Erkrankung angesehen wird; zumindest latent scheint sie auch auf psychische Ursachen (Trauer, Verlust) zurückgeführt zu werden (Kleinspehn 1987: 187). Dadurch rückt sie in die Nähe zur Melancholie. Diese wird bereits ab der Spätantike mit Ess- und Verdauungsstörungen, ab dem Mittelalter mit der sündhaften Neigung zur Antriebslosigkeit [*acedia*] und ganz allgemein mit den Gefühlen der Furcht und der Trauer in Verbindung gebracht (Klibansky / Panofsky / Saxl ²1994: 146–150). Doch im 17. Jahrhundert wandelt sich der Erklärungszusammenhang: Nicht mehr die organischen, sondern die psychischen Ursachen der Melancholie treten in den Vordergrund (Kleinspehn 1987: 190).

Zusammenfassend kann gesagt werden, dass sich das Körperbild der Vormoderne tendenziell durch Offenheit auszeichnet. Der offene, osmotische Körper befindet sich in ständiger Abhängigkeit von äußeren, »natürlichen« und sozialen Einflüssen. Körperliche Gesundheit und sozialethisch richtiges Verhalten stehen in engem Zusammenhang. Eine enge Wechselwirkung findet auch zwischen Körper und Seele statt, wobei der Akzent auf Einflüsse gelegt wird, die gleichsam von außen in die Seele eindringen. Ab dem 16. Jahrhundert zeichnet sich jedoch eine Tendenz zur Verinnerlichung sozialer Werte und zur zunehmenden Affektkontrolle ab. Die Kontrolle des eigenen Körpers wird zur Privatsache (Selbstzwang). Sie wird aber auch – im Laufe des 17. Jahrhunderts – immer mehr zur Angelegenheit spezialisierter Diskurse. Sie geben jeweils detaillierte Normen für die Erhaltung der körperlichen Gesundheit (Medizin), für die Affektkontrolle im sozialen Umgang (Moralistik) und für das Seelenheil (Theologie) vor und teilen den Körper gleichsam in einzelne Kompetenzbereiche auf. Mit zunehmender Verinnerlichung der Affektkontrolle und Segmentierung des Körpers beginnt sich die Entwicklung zum modernen, geschlossenen und zugleich in Einzelbereiche aufgeteilten Körper bereits abzuzeichnen.

Auf dem Weg zur Moderne: Verschließung des Körpers und bürgerliche Selbstkontrolle

Zwei entscheidende Entwicklungen führen im Laufe des 18. Jahrhunderts zu einem neuen Körperbild: der medizinische »Umbau« des Körpers vom humoralen Gefäßleib zum nervösen

Organismus (Koschorke [2]2003) und die im Zeichen einer Entsomatisierung (Entkörperlichung) stehende Aufwertung von Einbildungskraft und Sensibilität als eigenständige Handlungs- und Erkenntnisvermögen. Wenn die Humoralpathologie den Körper noch als einen offenen, dem Einfluss der Elemente ausgelieferten Gefäßleib begriff, so wird der Körper im Lauf des 18. Jahrhunderts immer mehr als ein in sich geschlossener Organismus angesehen, mit eigenen Gesetzmäßigkeiten und einer eigenen, endogenen (von innen kommenden) Lebenskraft.

Dieser Wandel in der Medizin zeigt sich deutlich am Erfolg von Albrecht von Hallers Irritabilitätstheorie. Sie betrachtet die Reizbarkeit der Nerven (Irritabilität) als zentrale Eigenschaft des menschlichen Organismus (Baasner 1988: 249). Dies bedeutet, dass nicht alle körperlichen Aktionen und Reaktionen der Steuerung durch das Gehirn unterworfen sind. Als weitere impulsgebende Zentren werden das Herz und die Magengegend ausgemacht, die infolge ihrer Sensibilität eine Reaktions- und Handlungsfähigkeit besitzen (Baasner 1988: 251). So wie sich das Körperbild wandelt, ändern sich auch die Heilmethoden. Die Humoralpathologie kurierte den Patienten, indem sie Überschüssiges abführte (vor allem durch Aderlass); die neue Medizin führt ihm stärkende Medikamente zu (Koschorke [2]2003: 64). Es geht jetzt nicht mehr darum, das Zirkulieren und Ausfließen der Säfte zu begünstigen; vielmehr soll ein übermäßiges, den Körper schwächendes Ausfließen tunlichst vermieden werden: Die Reduzierung der Ausflüsse wird zur unverzichtbaren Voraussetzung von Gesundheit.

Das Gesundheitskonzept der Aufklärung steht demnach ganz im Zeichen einer neuen (bürgerlichen) Tugend: der Sparsamkeit. Um die Verschwendung von Lebenskraft nach außen zu vermeiden, muss sich der Körper verschließen. Interessanterweise decken sich hier medizinische Überlegungen mit den neuen Werten des Bürgertums (gegen die Verschwendung von Speisen und von Körpersäften, die als »adlige« Prasserei gebrandmarkt wird). Exemplarisch finden sich all diese Motive in den diät-ethischen Überlegungen Rousseaus wieder: Er ist ein Anhänger der Anti-Onanie-Kampagne, die Masturbation für lebensgefährlich hält, weil dadurch kostbare Samenflüssigkeit verschwendet wird; er kritisiert die überfeinerte Ernährung der herrschenden Klasse, und er plädiert für einfache, naturnahe und »bürgerlich« sparsame Kost. Doch dazu später mehr.

Die Verschließung und Individualisierung des Körpers äußert sich schließlich auch auf sozialer Ebene, in Form jenes vielbeschworenen Rückzugs in das Privatleben, der die aufkommende bürgerliche Gesellschaft prägt. Das moderne, bürgerliche Individuum verwirklicht sich nicht mehr in der höfisch geprägten Öffentlichkeit, sondern in der Intimität und im Familienleben. Im Rahmen dieser bürgerlichen Entdeckung der Familie gewinnen auch Kindheit und Kindererziehung eine wichtige Bedeutung. Bis in das 17. Jahrhundert hinein gilt das Kind mehr oder weniger als ein böses (da mit der Erbsünde behaftetes) Tier, das »zivilisiert« werden muss. Erst im Laufe des 17. Jahrhunderts setzt sich die Vorstellung durch, das kindliche Gemüt sei ursprünglich eine Tabula rasa: Alle guten und schlechten Eigenschaften werden ihm erst durch die Erziehung übertragen. Die Kindheit prägt, den Pädagogen der Aufklärung zufolge, das gesamte spätere Leben; umso verheerender sind die Folgen einer falschen Erziehung. Als besonders fatal gilt es, im Kind durch Gewöhnung eingebildete Bedürfnisse und übermäßige Begierden zu wecken (Kleinspehn 1987: 278). Sowohl Esslust als auch Ekel erscheinen als Produkte der Einbildungskraft, die es zu bekämpfen gilt. Um das Essverhalten zu reglementieren, arbeiten die Erzieher mit Aufschub, Verzicht, Ablenkung – dabei geht es jedoch nicht um Ernährung an sich. Vielmehr wird das Essen zu einem Mittel, um Triebverzicht und Affektkontrolle einzuüben (Kleinspehn 1987: 282). Die zumindest den älteren Generationen heute noch bekannten Geschichten vom Suppenkasper und dem Zappelphilipp können davon ein eindrucksvolles Zeugnis ablegen. Kinder, die für ihr schlechtes Verhalten bei Tisch grausam bestraft werden (oder gar sterben müssen) – dieser Art waren die Geschichten, die der Arzt Heinrich Hoffmann 1844 für seinen dreijährigen Sohn erdachte. Es gibt aber auch Zeugnisse eines milderen Einsatzes von Nahrungsmitteln zur Kindererziehung. So berichtet Goethe über eine Methode seiner Mutter, ihn zum Alleine-Schlafen zu bewegen:

> Meine Mutter, stets heiter und froh und andern das gleiche gönnend, erfand eine bessere pädagogische Auskunft. Sie wußte ihren Zweck durch Belohnung zu erreichen. Es war die Zeit der Pfirsichen, deren reichlichen Genuß sie uns jeden Morgen versprach, wenn wir nachts die Furcht überwunden hätten. Es gelang, und beide Teile waren zufrieden. (Goethe [3]1982: 19)

Thomas Kleinspehn, der sich mit Goethes Ess-Biographie beschäftigt und herausgearbeitet hat, wie viel Wert der deutsche Dichter zeitlebens auf gutes Speisen legte, sieht in Goethe den Typus eines Essers, der in der Nahrung emotionale und soziale Stabilität sucht. Als einen – ebenfalls von bürgerlicher Esserziehung geprägten – Gegentypus betrachtet er hingegen Karl Philipp Moritz, den Autor des *Anton Reiser*, der durch extreme Askese seinen Selbsthass und seine (durch eine unglückliche Kindheit verursachten) Ängste zu bewältigen trachtet. Diesen Beispielen lässt sich entnehmen, dass das Essen, als Resultat der bürgerlichen Ess-Erziehung, in der Moderne zusehends eine affektive Bedeutung gewinnt. Essen kann jetzt zur Ersatzbefriedigung werden; Essakte, aber auch Nahrungsverzicht, können Reaktionen auf psychische Nöte sein. Pointiert lässt sich sagen, dass die bürgerliche Verschließung des Körpers und der »pädagogische« Umgang mit dem Essen wesentliche Voraussetzungen für moderne Essstörungen bilden.

Es stellt sich nun die Frage nach den entscheidenden Wandlungen im neuzeitlichen bis modernen Diskurs über Essen und Körper. Bei aller Knappheit des gegebenen Überblicks dürfte doch klargeworden sein, dass das Essen immer schon Bedeutungen mittransportiert, die über den rein physischen Aspekt hinausgehen. So impliziert etwa der körperliche Akt des Essens für den mittelalterlichen Menschen die latente Angst, selbst gefressen zu werden, oder die Angst vor sündhafter Verfehlung oder tierischer Aggression, die den Essenden über die Nahrung affizieren könnte. Was sich ändert, ist, wie Thomas Kleinspehn hervorhebt, die Ebene, auf der diese Ängste aufgearbeitet werden: Findet die Verarbeitung im Mittelalter wesentlich auf einer kollektiv-rituellen Ebene statt, so verschiebt sie sich im Laufe der Jahrhunderte immer mehr auf die Beziehung zu anderen Menschen – und schließlich in das eigene Innere (Kleinspehn 1987: 371). Hinzufügen könnte man diesen Überlegungen noch, dass sich im Laufe der Zeit auch die Medien oder Diskurse der Angstbewältigung ändern. Bis in das 18. Jahrhundert hinein kann der christliche Kult hier eine Vorrangstellung beanspruchen; schließlich ist das christliche Abendmahl das Ersatzopfer *par excellence.* Daneben gibt es diätetische Schriften und Anstandsschriften, in denen jedoch eine weitgehende Vermischung medizinischer, moraltheologischer und sozialethischer Ansätze festzustellen ist und die sich nicht umsonst unter die Schirmherrschaft des theologischen Diskurses stellen. Ab dem 18. Jahrhundert beginnt eine Spezialisierung der Diskurse über das Essen, die sich in den folgenden Jahrhunderten fortsetzt.

Als speziell moderne Neuheit des Ess-Phänomens kristallisiert sich etwa ab dem 17. Jahrhundert die affektive Besetzung des Essens heraus, die in der Gegenwart zweifellos einen der wichtigsten Aspekte unseres Umgangs mit Nahrung darstellt. Die große Bedeutung, die Oralität heute einnimmt, erklärt Thomas Kleinspehn als Reaktion auf die Dominanz des Visuellen und auf die zunehmende Mediatisierung unserer Gesellschaft, durch die der direkte Realitätsbezug zusehends durch imaginäre Relationen ersetzt wird. Orale Lust wäre demnach ein »Ersatz für nicht anders erlebbare Realität« und Ausdrucks eines Wunsches »nach Nähe«. Das Begehren richtet sich dabei auf jenen »oralen Rest«, der dem Prozess der Vergesellschaftung und Sublimierung entgangen ist – wobei Kleinspehn zu Recht betont, dass dieser Rest selbst nicht als »natürliches Moment« gemeint sei: Selbst orale Durchbrüche sind immer mit massiven Schuldgefühlen – Symptome verinnerlichter Affektkontrolle – verbunden (Kleinspehn 1987: 417).

Die »moderne« Verschließung des Körpers (Rousseau)

Vor diesem Hintergrund lässt sich die von Rousseau problematisierte Verschließung des Körpers nicht nur als negative Folge eines individuell empfundenen gesellschaftlichen Zwangs sehen. Vielmehr beruht Rousseaus Unbehagen in der Kultur auch auf dem Bewusstsein einer zunehmenden Mediatisierung der menschlichen Beziehungen – und der Beziehung des Menschen zum Essen.

Das Dilemma, in das Jean-Jacques kommt, wenn er nach einem »unmittelbaren« Genuss strebt, zeigt sich sehr anschaulich an einer weiteren, späteren Episode seiner Jugendjahre. Er arbeitet nun als Hauslehrer bei einem gewissen Monsieur de Mably – wieder eine Anstellung, in der er kläglich versagt. So fällt er in alte Verhaltensmuster zurück. Er beginnt, wieder zu stehlen und heimlich Romane zu lesen – die »Lesesucht« galt zu Rousseaus Zeit als gefährliche Krankheit. Doch Jean-Jacques findet sein ganzes Glück darin, in seiner von innen abgeschlossenen Dienstbotenkammer gestohlenen Wein zu trinken und Romane zu lesen. Ausführlich erläutert Rousseau die Listen, die er anwenden, und die Hindernisse, die er überwinden muss, um an die ersehnten Genüsse zu kommen:

> [E]s befiel mich ein Gelüst nach einem bestimmten leichten und sehr angenehmen Arboiser Weißwein, auf den mich ein paar hier und da bei Tisch getrunkene Gläser lecker gemacht hatten. Er war ein wenig trüb; ich glaubte mich auf das Weinklären zu verstehen, rühmte mich dessen, und so vertraute man mir denn diesen Arboiser Wein an. Ich klärte darauflos, verdarb ihn noch mehr, allerdings nur für die Augen, denn im

> Geschmack blieb er stets sehr angenehm, und ließ die Gelegenheit nicht vorübergehen, mir von Zeit zu Zeit ein paar Flaschen anzueignen, die ich in aller Gemächlichkeit in meinem kleinen Zimmer austrank. (Rousseau 1985: 383f.)

Listig gibt Jean-Jacques vor, den Wein klären zu wollen, und erzielt offenbar den gegenteiligen Effekt (»verdarb ihn noch mehr, allerdings nur für die Augen«). Dadurch erhält er die Gelegenheit, etwas von dem Getränk an sich zu nehmen. Die ganze Passage ist von einer Schein-Sein-Dialektik durchzogen: Jean-Jacques möchte den Wein klären – zugleich kann er so seinen Diebstahl verschleiern. Der Wein ist dann augenscheinlich verdorben – tatsächlich aber immer noch von angenehmem Geschmack. Jene Intransparenz, die Rousseau sonst als die Wurzel alles Übels beklagt, wird hier nahezu verharmlost.

Zum Wein möchte Jean-Jacques dann aber auch Brot haben:

> Unglücklicherweise habe ich niemals trinken können, ohne dabei zu essen. Wie sollte ich es anstellen, Brot zu bekommen? Ich konnte mir doch unmöglich welches aufheben, und es durch den Diener kaufen zu lassen hieß mich verraten und beinahe den Hausherrn beleidigen. Mir selber welches zu kaufen, wagte ich nicht. Konnte wohl ein vornehmer Herr mit dem Degen an der Seite in einen Bäckerladen treten, um sich ein Stück Brot zu kaufen? Endlich entsann ich mich des Hilfsmittels, das eine große Prinzessin angab, [...] sie antwortete nämlich: »So mögen Sie Kuchen essen.« (Rousseau 1985: 384)

Die gesellschaftliche Position, in der sich Jean-Jacques befindet, macht es ihm schier unmöglich, sich einen einfachen Wunsch zu erfüllen, nämlich den, allein und ungestört zu trinken und zu essen. Nachdem er es aus Statusgründen verworfen hat, Brot zu erwerben – dazu ist er zu fein angezogen –, kauft er sich *brioche*:

> Ich kaufte also *brioche*. Aber auch da, was für Umstände, bis ich ans Ziel kam! Oft, wenn ich einzig zu diesem Zweck ausgegangen war, durchirrte ich die ganze Stadt und ging an dreißig Kuchenbäckern vorbei, ehe ich bei einem einzutreten wagte. Es durfte dann immer nur eine einzige Person im Laden sein,

> und die Gesichtszüge dieser Person mußten mir auch noch besonders gefallen, wenn ich endlich den Mut zu dem Schritte fassen sollte. (Rousseau 1985: 384, Ü. leicht abgeändert)

Selbst diese Handlung verlangt dem gehemmten Jean-Jacques eine geradezu heroische Selbstüberwindung ab. Umso größer ist freilich der Genuss, wenn er im verschlossenen Kämmerlein endlich über das Begehrte verfügen kann:

> Hatte ich meine liebe kleine *brioche* aber endlich und saß wohlverschlossen in meiner Stube, dann holte ich meine Flasche aus der Schranktiefe hervor und feierte ganz für mich allein die köstlichsten kleinen Gelage, nur ein Roman war mein Tischgenosse. Denn das Lesen beim Essen war stets meine Grille, in Ermangelung eines Gegenübers. Es ist der Ersatz für die Gesellschaft, die mir fehlt. Ich verschlinge dann abwechselnd eine Seite und einen Bissen, und es ist, als schmause mein Buch mit mir. (Rousseau 1985: 384, Ü. abgeändert)

Auffällig ist in dieser Passage das possessive und affektive Verhältnis, das Jean-Jacques zu den Genussmitteln herstellt (»meine Flasche«, »meine liebe kleine *brioche*«). Er behandelt sie beinahe wie menschliche Wesen. Ein solches affektives Verhältnis zur Nahrung findet sich in den *Bekenntnissen* häufiger, so etwa auch in der Passage, in der Rousseau von seinen einfachen, aber köstlichen Mahlzeiten in Turin schwärmt:

> Ich kannte und kenne immer noch kein besseres als ein ländliches Mahl. Mit Milch, Eiern, Gemüse, Käse, dunklem Brot und leidlichem Wein darf man stets sicher sein, mich köstlich zu bewirten. Mein guter Appetit tut dann das übrige, während ein Haushofmeister und Diener mich mit ihrem lästigen Anblick durchaus nicht satt machen. [...] Ich war also mäßig, weil ich mich zum Gegenteil nie versucht fühlte: ich tue sogar unrecht, von Mäßigkeit zu sprechen, da ich mit aller nur erdenklichen Sinnesfreude schmauste. Meine Birnen, meine Dickmilch, mein Käse, meine Brotschnitten und ein paar Gläser eines schweren Montferrater Weins, der so dick war, daß man ihn fast schneiden konnte, machten mich zum

Glücklichsten aller Leckermäuler. (Rousseau 1985: 125, Ü. leicht abgeändert)

Im stillen Kämmerlein wird der Roman schließlich zum Ersatz für menschliche Gesellschaft: »als schmause mein Buch mit mir«. Jean-Jacques' einsamer Genuss in der verschlossenen Kammer führt die moderne Verschließung des Körpers anschaulich vor Augen. Weil kein störender »Zeuge« anwesend ist, möchte Rousseau diesen Genuss als einen unmittelbaren verstanden wissen.

Doch der Erwerb der begehrten Genussmittel war kein unmittelbar »offener« Akt. Den Wein hat Jean-Jacques nicht einfach nur gestohlen, also ohne die störende Vermittlung des Geldes an sich genommen, sondern durch eine List an sich gebracht. Indem er angibt, er habe die trübe Flüssigkeit wieder transparent machen wollen, bringt Rousseau eines seiner Leitmotive, nämlich das Streben nach einer verlorenen zwischenmenschlichen Transparenz ins Spiel. Der Wein bleibt aber trüb, ebenso wie Jean-Jacques seine wahren Absichten zu verbergen weiß. Der – gekaufte – Kuchen ist ein Ersatz für Brot, das Buch ein Ersatz für einen Tischgenossen: Das Konzept des Ersatzes (oder auch: »Supplements«) ist in Rousseaus alimentärer Philosophie, wie wir gleich noch sehen werden, ebenso problematisch wie das der Vermittlung und Intransparenz.

Rousseau, der sich in seiner autobiographischen Selbstdarstellung immer wieder in Widersprüche verstrickt, führt hier vor Augen, dass ein ungestörter sinnlicher Genuss nicht mehr ohne Verschließung, Verstellung und Vermittlung zu haben ist. Zugleich bescheren ihm seine geheimen Genüsse ein unzweifelhaftes Glück – sie scheinen seine Identität zu festigen. Auf diese Weise enthält die Episode eine ambivalente Bedeutung. Einerseits präsentiert sich Rousseau als ein Subjekt, dessen affektive Energie »getrübt« ist, weil sie sich nicht frei und unmittelbar äußern kann. In Ermangelung eines Objekts bezieht sich diese opake Affektivität auf sich selbst zurück, um sich mit künstlichen Ersatzobjekten zu befriedigen. Andererseits haben die supplementären Genussmittel eine positive Funktion: Indem sie

Jean-Jacques einen autarken Genuss ermöglichen, verhelfen sie ihm zur Eroberung einer Privatsphäre und zur Stärkung seiner Identität.

Rousseaus Wunsch nach einem natürlichen, unverfälschten Essen erscheint uns heute auch deshalb so aktuell, weil sich darin bereits eine Angst vor künstlichen Genuss- und Ersatzmitteln äußert. Wie wir gesehen haben, entwirft Rousseau ein Dekadenznarrativ, das erzählt, wie es von einem unschuldigen, unmittelbaren, natürlichen Genuss zu Triebhemmung und schambesetztem Essen kam. Bei näherer Betrachtung erweist sich jedoch der ursprüngliche Zustand als eine Fiktion, eine Wunschprojektion: Das Begehren war immer schon gehemmt. So ist auch Madame de Warens, die den vagabundierenden Jugendlichen eine Zeitlang bei sich aufnimmt, nur ein Ersatz für Jean-Jacques' verstorbene Mutter; er nennt sie »Maman«. Zugleich löst sie in ihm Empfindungen aus, mit denen der sexuell gänzlich Unerfahrene nicht umzugehen weiß und denen er auf recht sonderbare Weise Ausdruck verleiht:

> Ich möchte kein Ende finden, wollte ich alle Tollheiten erzählen, die mich die Erinnerung an diese liebe Mama begehen ließ, *wenn ich nicht mehr unter ihren Augen weilte.* Wie oft habe ich nicht mein Bett geküsst, in der Erinnerung, dass sie darin geschlafen hatte, meine Vorhänge und all die Möbel im Zimmer, gedenkend, daß sie ihr gehörten und daß ihre schönen Hände sie berührt hatten, und selbst auf die Dielen stürzte ich mich nieder und küßte sie, wenn ich daran dachte, daß sie darüber hingeschritten war. (Rousseau 1985: 172, Ü. leicht abgeändert)

Jacques Derrida zitiert diese Stelle aus Rousseaus Autobiographie, um einen fundamentalen Widerspruch in seinem Denken aufzuzeigen (Derrida ^{6}1996: 262–272). Er hebt an dieser Passage hervor, dass »Maman« in ihrer Abwesenheit von Jean-Jacques durch Zeichen ihrer Präsenz ersetzt wird: das Bett, die Vorhänge, die Möbel. Das Zeichenhafte aber, speziell die Schrift, ist für Rousseau eines der wichtigsten und verderblichsten Instrumente der Kultur. Gegen Kultur-Schrift-Inauthentizität setzt Rousseau die natürliche, mündliche, authentische Rede. Noch besser als die mündliche Rede ist Rousseau zufolge aber eine emotionale Sprache der Gesten. Das Problem an dieser Argumentation, die Derrida in seiner Interpretation sichtbar macht, ist aber Folgendes: wenn Gesten oder mündliche Rede besser sind als die Schrift, warum hat Rousseau dann kein öffentliches Glaubensbekenntnis abgelegt und statt dessen seine autobiographischen *Bekenntnisse* geschrieben?

Derrida zeigt, dass Rousseau in seinem Werk die Schrift immer wieder als einen schlechten Ersatz für eine authentischere Kommunikationsweise darstellt: ein »supplément«, was zugleich »Ersatz« und »Zusatz« bedeutet. Das »supplément« ist für Rousseau das Unwesentliche, Inauthentische, ein schaler Ersatz für reale Präsenz. Aber seine Autobiographie zeigt, dass solche »Supplemente« für ihn eine wichtige Bedeutung einnehmen. Dies wird aus der Fortsetzung der zitierten Passage aus den *Bekenntnissen* ersichtlich:

> Bisweilen beging ich sogar in ihrer Gegenwart Übertriebenheiten, die nur die heftigste Liebe eingeben zu können scheint. Als wir eines Tages bei Tische saßen und sie eben einen Bissen in ihren Mund gesteckt hatte, rief ich, es sei ein Haar daran gewesen. Sie warf ihn auf ihren Teller zurück, und ich ergriff ihn gierig und verschlang ihn. (Rousseau 1985: 173)

Die Episode zeigt, dass der Mechanismus des Ersetzens selbst in Mamans Gegenwart aktiv ist. Die Abwesende wird in der oben zitierten Passage durch Zeichen, Supplemente ihrer Anwesenheit ersetzt, doch auch in ihrer Gegenwart braucht Jean-Jacques solche Substitute. Derrida schließt daraus, dass Rousseaus gesamter Text von einer Logik der Supplementarität durchsetzt ist. Das heißt, dass er von einer unaufhörlichen Suche nach dem Ursprung geprägt ist, die aber immer wieder nur auf Supplemente stößt. Der Bissen ist nur ein Ersatz für Maman, diese ist wiederum ein Ersatz für die wahre Mutter, die Rousseau nie gekannt hat (Derrida [6]1996: 261).

Was aber *bedeutet* Jean-Jacques' Geste, einen Bissen aus Mamans Mund zu verschlingen? Danach fragt Derrida nicht. Der Erzähler deklariert die »verrückte« Geste zu einem Zeichen der allerheftigsten Liebe, im Original »l'amour le plus violent«. Dabei kann »violent« gewaltig, aber auch gewaltsam bedeuten. Jean-Jacques zeigt seiner Maman, dass er sie »zum Fressen gern« hat; er deutet ihr an, dass er sie sich gern ebenso zu eigen machen möchte wie den Bissen aus ihrem Mund. Ebenso, das bedeutet: wie ein Kind die Mutter besitzt, nicht wie ein erwachsener Liebhaber. Nicht umsonst betont Rousseau im nächsten Satz, dass er damals noch kein »Mann« war. Das würde aber bedeuten, dass Jean-Jacques Maman eigentlich nicht durch ein Supplement ersetzt, sondern dass er den Wunsch nach einer innigeren Vereinigung mit ihr äußert, als sie zwischen Mann und Frau möglich ist: der vorreflexiven, symbiotischen Vereinigung von Mutter und Kind. Es stimmt also, dass der Bissen, wie Derrida meint, ein zeichenhafter Ersatz für Maman ist. Aber es handelt sich um ein präsymbolisches Zeichen: ein Zeichen, das der Zeichenordnung des Imaginären angehört und metonymisch funktioniert (weil Maman den Bissen berührt hat, kann der Bissen Maman bezeichnen).

Zugleich aber *weiß* Jean-Jacques – und insofern hat Derrida wiederum recht –, dass eine solche Verschmelzungsphantasie, in der die Mutter die Nahrung und er der Genährte wäre, eben nur eine »Übertriebenheit« sein kann. Und schließlich gibt Rousseau ja selbst auch zu, dass er seine Maman eigentlich noch besser lieben kann, wenn er sie verlässt, um von ihr zu träumen (Rousseau 1985: 269). Bei aller Sehnsucht nach einer unmittelbar präsenten Realität – richtig genießen kann man sie nur, wenn man auf reflexive Distanz zu ihr geht. Diese Überlegung findet sich bei Rousseau immer wieder. Die zitierte Passage illustriert folglich einen Widerspruch, der nicht nur Rousseaus philosophisches System, sondern auch seine psychische Struktur zu prägen scheint. Es ist der Zwiespalt zwischen dem Bedürfnis nach einer unmittelbaren Präsenz, einem unmittelbaren Zugang zur Realität, für den hier ein Einverleibungsakt und die vorreflexive Mutter-Kind-Dyade Modell stehen, und andererseits dem Bedürfnis nach reflektierend-imaginierender Distanz zur Realität.

Rousseau hat diesen Konflikt immer wieder im Modus des Essens durchgespielt. In den *Bekenntnissen* dient die Beschreibung des eigenen Essverhaltens dem Entwurf einer neuen, »modernen« Identität und Individualität. Es ist einerseits der Selbstentwurf als »Naturbursche«, der sich einen Geschmack für natürliche Speisen bewahrt hat, andererseits das weit schwierigere Bekenntnis zu »verstohlenen« Neigungen: gestohlenen Genüssen, einsam im verschlossenen Kämmerlein verzehrt. Jean-Jacques' Ess-Identität gründet nicht auf Realitätsbezug und Realitätserkenntnis, sie ist geprägt vom Imaginären.

Der Bissen aus Mamans Mund, den Jean-Jacques gierig hinunterschlingt, ist folglich nicht irgendeine Speise. Er ist ein präsymbolisches, metonymisches Zeichen. Mag es sich auch um ein »supplément« handeln, so ist es doch wenigstens kein trügerisches, arbiträres, sondern ein »authentisches« Zeichen – weil es sich hier um einen authentischen Liebesbeweis handelt. Zugleich fungiert ein Ess-Akt hier als Zeichen für eine alternative Art der Vereinigung von Mann und Frau. Sie würde Jean-Jacques ermöglichen, Maman zu besitzen, ohne das Mann-Sein und die damit verbundenen Verpflichtungen in Kauf zu nehmen. So wie die gestohlenen Nahrungsmittel ist dies ein »verstohlener« Genuss, der sich dem unseligen Zirkel des Gabentausches entzieht. Auf diese Weise wird das »supplément«, in Rousseaus eigenartiger Logik, zum Zeichen eines unmittelbaren, unschuldigen Genusses – *innocent*.

Identitätsstiftende Einverleibung (Proust)

Der wohlhabende Arztsohn Marcel Proust hat es nie nötig gehabt, Essen zu stehlen. Glaubt man seiner Haushälterin Céleste Albaret, war er überdies sehr asketisch veranlagt und ernährte sich in seinen letzten Lebensjahren täglich nur von ein paar Tassen Milchkaffee, in den er ab und an ein Croissant tunkte.

Und doch verdanken wir Proust einige der schönsten Speise-Szenen der Weltliteratur. Die berühmteste davon ist die Madeleine-Episode, das Herzstück von Prousts Theorie der unwillkürlichen Erinnerung. Mit dieser Episode deutet Proust zu Beginn seines monumentalen Romanzyklus *Auf der Suche nach der verlorenen Zeit* (*À la recherche du temps perdu*) bereits an, was er nach mehreren tausend Seiten theoretisch entfalten wird: Ausgerechnet die unscheinbarsten sinnlichen Empfindungen können die verlorene Vergangenheit unvermittelt wiederaufleben lassen. An einem trüben Abend in der kalten Jahreszeit kommt der Protagonist des Romans verfroren nach Hause. Seine Mutter bietet ihm eine Tasse Tee an und lässt ihm »eines jener dicken, ovalen Sandtörtchen« holen, »die man *Madeleines* nennt«:

> Gleich darauf führte ich, bedrückt durch den trüben Tag und die Aussicht auf den traurigen folgenden, einen Löffel Tee mit dem aufgeweichten kleinen Stück Madeleine darin an die Lippen. In der Sekunde nun, als dieser mit dem Kuchengeschmack gemischte Schluck Tee meinen Gaumen berührte, zuckte ich zusammen und war wie gebannt durch etwas Ungewöhnliches, das sich in mir vollzog. (Proust 2000, Bd. I: 63)

Mechanisch führt er einen Löffel des Gebräus zum Mund – und verspürt plötzlich ein »unerhörtes Glücksgefühl«:

> Ein unerhörtes Glücksgefühl, das ganz für sich allein bestand und dessen Grund mir unbekannt blieb, hatte mich durchströmt. Mit einem Schlage waren mir die Wechselfälle des Lebens gleichgültig, seine Katastrophen zu harmlosen Mißgeschicken, seine Kürze zu einem bloßen Trug unsrer Sinne geworden; es vollzog sich damit in mir, was sonst die Liebe vermag, gleichzeitig aber fühlte ich mich von einer köstlichen Substanz erfüllt: oder diese Substanz war vielmehr nicht in mir, sondern ich war sie selbst. (Proust 2000, Bd. I: 63 f.)

Die Euphorie, die den Protagonisten ergreift, wirkt ähnlich wie die Liebe: Sie füllt ihn mit einer kostbaren Substanz an – einer

Substanz, die seine eigene ist. Es braucht jedoch eine ganze Weile, bis er begreift, weshalb ihm der Geschmack der teedurchtränkten Madeleine eine solche Ekstase beschert. Es ist ein Erinnerungsbild, das mit der Geschmackserfahrung verbunden ist, die Erinnerung an ein Ritual aus Kinderzeiten: »Der Geschmack war der jener Madeleine, die mir am Sonntagmorgen in Combray [...], sobald ich ihr in ihrem Zimmer guten Morgen sagte, meine Tante Léonie anbot, nachdem sie sie in ihren schwarzen oder Lindenblütentee getaucht hatte« (Proust 2000, Bd. I: 66).

Der Anblick der Madeleine hatte ihm nichts gesagt, bevor er nicht von ihr gekostet hatte – vielleicht weil er »das Gebäck, ohne davon zu essen, oft auf den Tischen der Bäcker gesehen hatte« (Proust 2000, Bd. I: 66). Erst ihr Geschmack hatte ihn an die Madeleines seiner Kindheit erinnert, denn mehr als alle anderen Sinne sind Geschmacks- und Geruchssinn befähigt, »in einem beinahe unwirklich winzigen Tröpfchen das unermeßliche Gebäude der Erinnerung unfehlbar in sich [zu] tragen« (Proust 2000, Bd. I: 67). Von Combray, dem Dorf, in dem der Protagonist früher seine Ferien verbrachte, hatte er bisher nur eine bruchstückhafte Erinnerung behalten. Dank der unwillkürlichen, durch ein zufälliges Geschmackserlebnis ausgelösten Erinnerung waren nun »ganz Combray und seine Umgebung, alles deutlich und greifbar«, aus den Tiefen des Gedächtnisses wiederauferstanden (Proust 2000, Bd. I: 63 f.).

Die Entdeckung dieses unwillkürlichen Mechanismus ist aber deshalb so bedeutsam, weil dieser eine unerhörte Möglichkeit der Selbstvergewisserung bietet. Bisher hatte der Protagonist sich selbst als eine diskontinuierliche Abfolge von »Ichs« erfahren, die, so schien es, kaum etwas miteinander zu tun hatten. Erst durch das Erleben einer sinnlichen Erfahrung, die – weil sie gleichzeitig der Gegenwart und der Vergangenheit angehört – gleichsam überzeitlich ist, vermag er sich selbst als ein überzeitliches, kontinuierliches Ich zu fassen. Mahlzeitensituationen sind in Prousts *Recherche* nicht nur als realistischer Spiegel der hier porträtierten

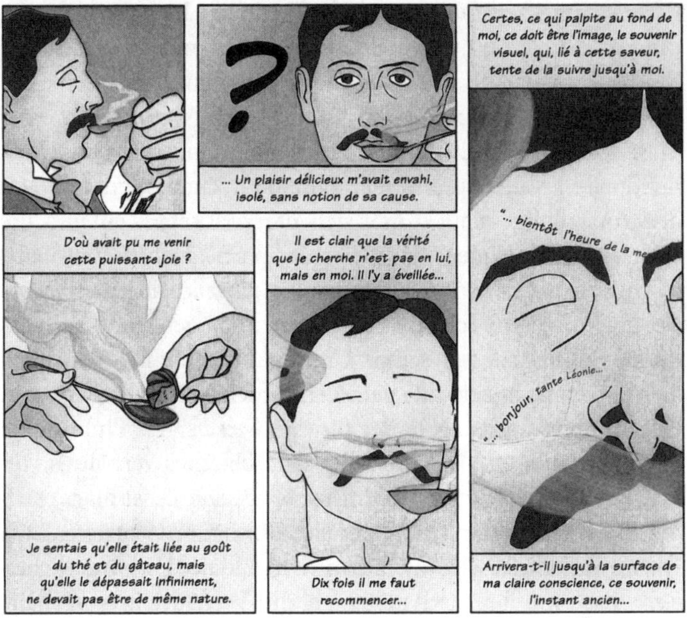

Abb. 2: Die Madeleine-Episode (*Combray*, Comic von Stéphane Heuet, 1998)

high society um 1900 bedeutsam, sondern auch, weil über das Essen der Wunsch nach einer beruhigenden Einverleibung von Welt artikuliert wird (Ott 2011: 342–344).

Prousts Madeleine-Episode hat in der Weltliteratur einen ungeheuren Erfolg gehabt. Die Vorstellung, sich essend der eigenen individuellen Vergangenheit vergewissern zu können, ist ein fester Bestandteil unzähliger Erzählungen von Migration und Exil, in denen das Essen die verlorene Heimat repräsentiert. Aber auch wenn berühmte Gastronomen behaupten, ihr Essen solle die Gäste an jenes erinnern, das sie in Kindheitstagen von Mama oder Oma vorgesetzt bekamen, berufen sie sich bewusst oder unbewusst auf Proust. In diesem Sinne greift auch der Animationsfilm *Ratatouille* (2007) die berühmte Episode auf: Beim

Restaurantbesuch fühlt sich der gefürchtete Gastrokritiker Anton Ego durch die titelgebende Ratatouille an das Essen seiner Mutter erinnert und ist schlagartig vom kulinarischen Genie des unbekannten Kochs überzeugt.

Proust geht es freilich um etwas anderes: um eine radikal individuelle Erfahrung, die sich ganz dem Zufall verdankt. Mit der Vorstellung, man könne sich die verlorene Zeit und die Welt essend aneignen, knüpft er an einen idealistischen Subjektbegriff an, der in der Philosophie Hegels seine deutlichste Ausprägung gefunden hat.[7] Hegel setzt das denkende Verhältnis des Menschen zu seiner Umwelt mit einem »Verdauen« gleich. Demnach sind alle dem denkenden Subjekt äußerlichen Gegenstände nichts als Futter für den Geist. Diese Philosophie der Einverleibung begründet ein hierarchisches Verhältnis von Erkenntnissubjekt und Erkenntnisobjekt: Der Geist macht sich die Materie untertan, indem er sie aufzehrt (Ott 2011: 91–99). Dieses Verhältnis wird die gesamte Ideologie des bürgerlichen Zeitalters mit ihrem Glauben an die Verfügbarkeit und Erforschbarkeit der natürlichen Welt prägen. Doch bereits um 1900 machen sich Gegentendenzen bemerkbar: ein neuer Spiritualismus, Sprach- und Erkenntnisskepsis und ein Gefühl der kulturellen Dekadenz. Es entsteht ein neuer Hygiene-Diskurs und zugleich, als dessen Kehrseite, die Faszination durch den Ekel.

Existentieller Ekel und Verschließung des Körpers in der Spätmoderne (Huysmans, Kafka, Sartre)

Hygiene

Zwar dienen auch noch im 19. und 20. Jahrhundert Tischmanieren und, allgemeiner, eine verfeinerte Esskultur als Medien der sozialen Abgrenzung; hinzu tritt jedoch ein spezifisch moderner Diskurs: der der »Hygiene«. Gewiss, Kultur und soziale

Distinktionen gründen seit jeher auf der Unterscheidung zwischen »rein« und »unrein«; durch die Entdeckung der Bakterien gewinnt jedoch die Furcht vor krankheitserregender Verschmutzung ein wissenschaftliches Fundament. Ein Fundament freilich, das sich seinerseits – wie Mary Douglas (1966) und Bruno Latour (1984) gezeigt haben – in Wechselwirkung mit entsprechenden sozialen Bestrebungen, das Saubere vom Unsauberen zu trennen, herausbildet.

Um 1900 verbindet sich die Hygiene-Obsession mit einem Moment, das als psychosomatische Reaktion auf das »Unreine« zwar gleichfalls eine anthropologische Konstante darstellt, das sich aber erst im Laufe der Moderne zu einer autonomen ästhetischen Kategorie entwickelt. Gemeint ist der Ekel: eine unwillkürliche, rational nicht kontrollierbare Abwehrreaktion auf »schmutzige«, »hässliche«, »abstoßende« Sinneseindrücke, die gleichwohl Frucht eines Erziehungsprozesses ist. So muss das Kind erst lernen, sich vor Exkrementen zu ekeln, und es lernt auch erst infolge eines kulturellen Gewöhnungsprozesses, dass bestimmte Speisen ekelhaft und somit »tabu« sind. Der Ekel ist die Kehrseite des Essens. Er gehört wie dieses zugleich der Sphäre der Natur und der Kultur an, und er begründet zugleich Kultur. Von einer autonomen ästhetischen Kategorie kann jedoch, wie gesagt, erst seit der Moderne gesprochen werden. Im 17. Jahrhundert existiert das »Degoutante« lediglich als negatives Korrelat der sich in dieser Zeit herausbildenden Kategorie des (guten) Geschmacks. Es bedarf zunächst der Verabschiedung der klassischen Ästhetik im 19. Jahrhundert, damit das (mit dem Hässlichen und dem Bösen verwandte) »Eklige« sich als eigene ästhetische Kategorie herauskristallisieren kann.

Die Geschichte und Theorie der Ästhetik des Ekels von Kant bis Kristeva hat Winfried Menninghaus in seiner grundlegenden Untersuchung von 1999 herausgearbeitet. Teilweise auf seine Interpretationen gestützt, sollen im Folgenden Franz Kafka und Jean-Paul Sartre als Kronzeugen eines modernen, jedoch bis in die Postmoderne hineinwirkenden existentiellen Ekels vorgestellt werden. Im Kontext dieses Buchs geht es dabei freilich nicht um den Ekel als ästhetische Kategorie. Vielmehr soll gezeigt werden, welche Rolle der Essens-Ekel im Kontext spezifisch moderner Körperkonzepte und Subjekttheorien spielt.

Ekel und Kulturkrise (Huysmans, Kafka)

Gelegentliche Evokationen ekelerregender Phänomene finden sich in literarischen Texten bereits seit der Antike (Menninghaus 2002: 10); erst die Kulturepoche des Fin-de-siècle, also die letzten Jahrzehnte des 19. Jahrhunderts, haben den Ekel jedoch zum Paradigma eines allumfassenden krisenhaften Lebensgefühls gemacht. In den Romanen des bekanntesten Vertreters der französischen Dekadenzliteratur, Joris-Karl Huysmans, wimmelt es nur so von Ekel-Speisen. Seine Protagonisten leiden an chronischer Appetitlosigkeit und zerrütteten Nerven. In den faden oder überwürzten, immer aber widerlichen Gerichten sehen sie eine Entsprechung ihrer eigenen, im Zerfall begriffenen Existenz. In Huysmans' Roman *À vau l'eau* (1882; dt. *Stromabwärts*) symbolisieren die ekelhaften Speisen, ebenso wie die modrigen Bücher, ein soziokulturelles Universum, das von Überalterung und Auflösung geprägt ist. Tatsächlich ist in diesem dekadenten Universum nicht nur das Essen, sondern auch die Sprache von Schimmel und Fäulnis betroffen – so wie in dem berühmten Diktum von Huysmans' Zeitgenossen Hugo von Hofmannsthal: »Die Worte zerfielen mir im Munde wie modrige Pilze« (von Hofmannsthal 1991: 48). Anstatt sich jedoch angeekelt abzuwenden, entwickelt der Protagonist von Huysmans' *À rebours* (1884; dt. *Gegen den Strich*) eine morbide Faszination für alles Ekelhafte, wie etwa für ein schmutziges Butterbrot, um das sich ein paar Straßenjungen balgen.

Eine zutiefst ambivalente Haltung gegenüber ekligen Dingen und Speisen wie etwa Ratten, Katzenfleisch, Käfern, hässlichen Frauen und vielem mehr tritt, wie Menninghaus gezeigt hat, auch in den privaten und literarischen Schriften Franz Kafkas zutage. Kafkas Widerwille gegenüber Fleisch, seine literarischen Phantasien um Hungerkünstler und Hungertod seien daher nicht im Sinne eines »idealistischen« Strebens nach asketischem Künstlertum zu verstehen. Wie ein Zitat aus seinem Tagebuch belegt, stehen Kafkas immer wieder bekundetem Fleischekel Phantasien selbstzerstörerischer Fressorgien gegenüber:

> Dieses Verlangen, das ich fast immer habe, wenn ich einmal meinen Magen gesund fühle, Vorstellungen von schrecklichen Wagnissen mit Speisen in mir zu häufen. [...] Sehe ich eine Wurst, die ein Zettel als eine alte harte Hauswurst anzeigt, beiße ich in meiner Einbildung mit dem ganzen Gebiß hinein und schlucke rasch, regelmäßig und rücksichtslos wie eine Maschine. Die Verzweiflung, welche meine Tat selbst in der Vorstellung zur sofortigen Folge hat, steigert meine Eile. Die langen Schwarten von Rippenfleisch stoße ich ungebissen in den Mund und ziehe sie dann von hinten den Magen und die Därme durchreißend wieder heraus. (Kafka 1990: 210, zit. nach Menninghaus 2002: 410)

Lust- und angstvoll zugleich imaginiert der Schreibende einen Essakt, der seinen Körper gewaltsam auseinanderreißen müsste – und evoziert damit jenen grotesken »offenen« Körper, von dem zu Beginn dieses Kapitels die Rede war. Durch das Phantasma eines nicht gegen das Ekelhafte verschlossenen, sondern lustvoll-gewaltsam offenen Körpers erscheint Kafka, wie ihn Menninghaus charakterisiert hat, als »ein Rabelais unter den Bedingungen der modernen Nervenschwäche: ein Rabelais, der alle Kuttel- und Vettelwünsche längst ins Register obsessiver Wunschvorstellungen relegiert hat und der stets in akuter Gefahr ist, daß ihm bei der kleinsten Erfüllung seiner Wünsche schlecht wird« (Menninghaus ^{2}2002: 411).

Diese Ambivalenz gilt es bei der Lektüre jener Erzählung zu berücksichtigen, in der Kafka seine spätmoderne Version einer »Verschließung des Körpers« aufgezeichnet hat. *Die Verwandlung* ist ein Text, in dem aus selbstbestimmter Abgrenzung des Individuums gegen die Außenwelt ein Ausschluss wird. Zieht sich das Individuum bei Rousseau zum eigen-süchtigen Genuss von Wein und Romanen in sein Kämmerlein zurück, so wird der Protagonist von Kafkas *Verwandlung* als unproduktives Ungeziefer aus der Ess-Ordnung seiner Familie ausgeschlossen.

Deutet man Kafkas *Verwandlung* als ein literarisches Pendant zu Freuds Theorie des Traumes als unbewusster Wunscherfüllungsphantasie, so erscheint die Erzählung wie der außer Kontrolle geratene Traum eines kleinen Angestellten, der sich eines Morgens dem Wunsch hingibt, nicht um vier Uhr aufstehen zu müssen, um die tägliche »Plage« seines Berufs als Handlungsreisender auf sich zu nehmen (Kafka 2002: 96 f.): »Als Gregor Samsa eines Morgens aus unruhigen Träumen erwachte, fand er sich in seinem Bett zu einem ungeheuren Ungeziefer verwandelt« (Kafka 2002: 96).

Gregors Furcht, aufgrund seiner Verspätung sogleich als arbeitsunwilliger Parasit abgestempelt zu werden, bewahrheitet sich (wie es nur in Träumen geschehen kann) augenblicklich: Schon klopfen Vater, Mutter, Schwester und der Stellvertreter seines Chefs an die Zimmertür. Als sie allerdings Gregors ansichtig werden, reagieren sie mit Ekel und Entsetzen. Gregor wird in sein Zimmer eingeschlossen als ein Ungeheuer, für das man sich schämen muss. Seine Schwester übernimmt seine »Wartung« – in einer Weise, die Gregor mehr und mehr zum ekelerregenden Tier macht. In dieser progressiven Degradierung Gregors – seiner Verwandlung zu jenem Ungeziefer, als das er sich zu Beginn der Erzählung fühlt – spielen die Motive des Ekels und des Hungers, wie Gerhard Neumann, Winfried Menninghaus und Tanja Rudtke herausgearbeitet haben, eine zentrale Rolle. Meine Deutung der Erzählung baut auf ihren Interpretationen auf; zugleich möchte ich an Kafkas Text veranschaulichen, wie sich hier durch die Motive des einsamen Essens und des Ekels ein neues, für das Individuum der Spätmoderne paradigmatisches Körperkonzept artikuliert.

Wie Tanja Rudtke festgestellt hat, empfindet Gregor im Moment seines Aufstehens einen »kräftigen Hunger« (Kafka 2002:

99; Rudtke 2014: 152). Er ist überzeugt, dass sich seine Verwandlung, die er noch einer »Einbildung« zuzuschreiben sucht, durch ein gutes Frühstück gleichsam »auflösen« könne (Kafka 2002: 100). Nachdem er jedoch am Abend endlich von der Schwester einen »Napf mit süßer Milch« ins Zimmer gestellt bekommen hat, bemerkt er, dass ihm die Milch, »die sonst sein Lieblingsgetränk war«, beinahe »Widerwillen« hervorruft (Kafka 2002: 117). Als die Schwester am nächsten Tag »mit Verwunderung den noch vollen Napf« bemerkt, bringt sie Gregor »in ihrer Güte« und »um seinen Geschmack zu prüfen«, eine Auswahl verschiedenster Speisen, »alles auf einer alten Zeitung ausgebreitet«:

> Da war altes halbverfaultes Gemüse; Knochen vom Nachtmahl her, die von festgewordener weißer Sauce umgeben waren; ein paar Rosinen und Mandeln; ein Käse, den Gregor vor zwei Tagen für ungenießbar erklärt hatte; ein trockenes Brot, ein mit Butter beschmiertes Brot und ein mit Butter beschmiertes und gesalzenes Brot. Außerdem stellte sie zu dem allen noch den wahrscheinlich ein für allemal für Gregor bestimmten Napf, in den sie Wasser gegossen hatte. Und aus Zartgefühl, da sie wußte, daß Gregor vor ihr nicht essen würde, entfernte sie sich eiligst und drehte sogar den Schlüssel um, damit nur Gregor merken könne, daß er es sich so behaglich machen dürfe, wie er wolle. (Kafka 2002: 120)

Indem sie Gregor das Wasser in einem Napf und das Übrige auf einer alten Zeitung bringt, degradiert sie ihn vollends zum Tier. Was Gregor als »Güte« und »Zartgefühl« der Schwester deutet, sind in Wirklichkeit Maßnahmen der Ausgrenzung. Viel eher als dass sie Gregor nicht durch das Beobachten seines »tierischen« Mahls beschämen will (ihm Schamgefühle zuzuschreiben hieße, ihn zum Menschen zu machen), ekelt es sie wohl vor seinem Anblick.

Zugleich markiert Gregors verändertes Geschmacksempfinden, dass er seine »Vertierung« auch zusehends verinnerlicht: Was er noch vor zwei Tagen ungenießbar fand, schmeckt ihm jetzt. So wie das Entsetzen der Angehörigen scheint auch Gregors subjektives Körperempfinden die Realität der Verwandlung zu beglaubigen – allein sein Denken bleibt »menschlich«.

Indem die Familie Gregor dazu verurteilt, allein zu essen, schließt sie ihn aus der menschlichen Gemeinschaft aus. Als einen hochsymbolischen Akt der Verurteilung deutet Gerhard Neumann überdies die aggressive Geste des Vaters, der einen Apfel nach Gregor wirft: Dieser, Neumann zufolge ein Symbol des Sündenfalls, bleibt in Gregors Panzer stecken und verursacht ihm eine schwere Entzündung. Dazu kommt, dass der Familie Gregors Wohlergehen im Laufe der Zeit immer gleichgültiger wird. Was das Essen angeht:

> Ohne jetzt mehr nachzudenken, womit man Gregor einen besonderen Gefallen machen könnte, schob die Schwester eiligst, mit dem Fuß irgendeine beliebige Speise in Gregors Zimmer hinein, um sie am Abend, gleichgültig ob die Speise vielleicht nur verkostet oder – der häufigste Fall – gänzlich unberührt war, mit einem Schwenken des Besens hinauszukehren. (Kafka 2002: 143)

Seinerseits empfindet Gregor nun immer weniger Appetit. Er isst kaum noch, was schließlich (und zur großen Erleichterung der Familie) seinen Hungertod herbeiführen wird. Sein Hunger richtet sich nun auf etwas anderes, von dem er zunächst keine Vorstellung hat (Kafka 2002: 143), das er jedoch eines Abends, da er dem Violinenspiel der Schwester lauscht, als Ziel seiner eigentlichen Sehnsucht erkennt:

> War er ein Tier, da ihn Musik so ergriff? Ihm war, als zeige sich ihm der Weg zu der ersehnten unbekannten Nahrung. Er war entschlossen, bis zur Schwester vorzudringen, sie am Rock zu zupfen und ihr dadurch anzudeuten, sie möge doch mit ihrer Violine in sein Zimmer kommen, denn niemand lohnte hier das Spiel so, wie er es lohnen wollte. Er wollte sie nicht mehr aus seinem Zimmer lassen, wenigstens nicht, solange er lebte [...], sie sollte neben ihm auf dem Kanapee sitzen, das Ohr zu ihm herunterneigen, und er wollte ihr dann anvertrauen, daß

> er die feste Absicht gehabt habe, sie auf das Konservatorium zu schicken [...]. (Kafka 2002: 149f.)

Die »ersehnte unbekannte Nahrung« könnte also auf die Kunst hindeuten. Gregors Wunsch, der Schwester eine Künstlerkarriere zu ermöglichen, deutet an, dass sich hinter seiner rätselhaften Verwandlung ein für Kafka zentrales Thema verbirgt: die Problematik des verkannten Künstlers, der als unnützer Parasit aus der Gesellschaft ausgeschlossen wird. Vor seiner Verwandlung war es Gregors Familie, die auf seine Kosten im Müßiggang lebte. Die Verwandlung kehrt (ähnlich der Freud'schen Traumlogik) die Verhältnisse um, indem sie aus Gregor einen nutzlosen »Mistkäfer« (Kafka 2002: 145) macht. Durch seinen Hungertod löscht sich Gregor selbst aus; er stirbt, kurz nachdem die Familie beschlossen hat, dass sie ihn um jeden Preis loswerden muss. Der Hungertod ist jedoch nicht nur eine »gehorsame« Erfüllung der Degradierung durch die Familie, sondern erinnert zugleich an den Tod des Hungerkünstlers aus Kafkas gleichnamiger Erzählung. Wie Gregor Samsa hungert auch dieser, weil er in seinem Leben keine Nahrung finden konnte, die ihm geschmeckt hätte.

Gregor Samsa verwandelt sich also in ein ekelerregendes Tier, er wird als solches aus der menschlichen und familiären Ess-Ordnung ausgeschlossen und stirbt am Ende einen freiwilligen Hungertod. Gerhard Neumann legt in seiner Deutung der Erzählung den Akzent auf die befreiende Wirkung des Hungerns, durch das sich Gregor der familiären Ess-Ordnung entzieht. Er suggeriert eine Analogie zur familiären Situation Kafkas, der selbst unter den Folgen einer strengen und entmündigenden Ess-Erziehung litt, wie sein berühmter *Brief an den Vater*, aber auch jene Briefe an die Verlobte, in denen er über die Kontrollsucht der Mutter klagt, nahelegen. Eben weil Essen in der Familie für Kafka ein traumatisches Geschehen ist, haftet Essakten in seinen Erzählungen das Stigma des Sündenfalls an – Neumanns Deutung zufolge geht Gregor am »erlittenen Sündenfall, dem Apfelwurf des Vaters«, zugrunde (Neumann 1984: 369). Zugleich sei der in der *Verwandlung*, aber auch im *Hungerkünstler* inszenierte Hungertod eine Auflehnung gegen das väterliche Gesetz: »Immer wieder ist es der Essakt, der die Etablierung des Gesetzes einleitet, und immer wieder suchen Kafkas Helden sich diesem heteronomen Prinzip durch Selbstnegation, durch Aushungern, durch Phantasien des Vergessenwerdens zu entziehen« (Neumann 1984: 369).

Winfried Menninghaus scheint eine solche Deutung zu idealistisch: Die Fokussierung auf das Hungern des Helden unterschlägt demnach, dass die Gregor verweigerte, unbekannte Nahrung womöglich gar nicht in »künstlerischer« Askese zu suchen ist, sondern in der ekelhaften, verdorbenen Nahrung, die Gregor »mit vor Befriedigung tränenden Augen« verzehrt. Rückt man, wie Menninghaus es tut, die an Kafkas privaten Schriften ablesbare Faszination durch das Ekelhafte in den Vordergrund, dann wäre die Verwandlung in ein widerliches Ungeziefer eher als Wunschphantasie einer Regression in eine kindlich-unschuldige Perversion zu lesen (Menninghaus ^{2}2002: 375–378, 412, 424 f.).

Die Ambivalenz der Erzählung besteht darin, dass Gregors Verwandlung und sein Hungertod von ihm weder ganz passiv erlitten noch gänzlich aktiv vorangetrieben werden. Deshalb kann der gesamte Verwandlungsprozess weder als ein selbstbestimmter künstlerisch-asketischer Rückzug aus der menschlichen Gesellschaft gedeutet werden noch als ein Ausgeschlossenwerden. In diesen beiden Versionen stünde Gregor als eine heroische Künstlerfigur da, in beiden Fällen käme das Heroische von einem Akt des »Sich-Einschließens« oder des »Ausschlusses«, der Gregor den harten »Panzer« eines autonomen Daseins verschafft. Seine leichte, vertrocknete, tote Käferhülle erschiene am Ende den Hinfälligkeiten des Lebens ebenso entzogen wie der kontaminierenden familiären (menschlichen) Gesellschaft. Legt man dagegen den Akzent auf die Ambivalenz, mit der Gregor seine »Vertierung« teils erleidet, teils genussvoll vorantreibt (»mit vor Befriedigung tränenden Augen«), dann schwindet das Bild eines geschlossenen Körpers und autonomen Subjekts. Die Tränenflüssigkeit, der Apfel, der nicht mehr aus Gregors Körper entfernt werden kann, die zähe Insektenflüssigkeit, die ihm die Fähigkeit verschafft, an den Wänden zu kleben, könnte man dann als Verweise auf eine degradierende »Offenheit« des Körpers lesen. Für Gregors bürgerliche Familie, für jenen Teil Gregors, der dazugehören möchte, kann einer solchen Offenheit nur mit Ekel und Ausschluss begegnet werden. Der tierische Gregor aber – jener »Gregor«, der davon träumt, sich an Würsten zu überessen oder sich mit harten Fleischstücken den Darm aufzureißen – bekennt sich dazu.

Essen, um die Löcher des Ich zu stopfen (Sartre)

Sartre markiert für die philosophische Reflexion über Esskultur einen wichtigen Umschlagspunkt. Nimmt der sinnliche Geschmack in Prousts Versuch einer kreativen Rekonstruktion von Identität noch eine zentrale und positive Bedeutung ein, so wird das Essen bei Sartre mit dem Odium des stumpfsinnig-bourgeoisen Lebensvollzugs belegt. Proust hatte den essgestörten Figuren der Dekadenz eine Hommage an die bürgerliche Esskultur entgegengesetzt. In seinem Debütroman *Der Ekel* (*La nausée*, 1938) greift Sartre dagegen den Lebensekel der Dekadenz auf und radikalisiert ihn zu einem existentiellen Gefühl: »la nausée«. Der Roman präsentiert sich als fiktives Tagebuch, in dem der dreißigjährige Antoine Roquentin im Jahr 1932 seine Lebenskrise dokumentiert. Roquentin lebt als Rentier und arbeitet an einer Biographie des Marquis de Rollebon, einer politischen Persönlichkeit des 18. Jahrhunderts. Doch er zweifelt zunehmend am Sinn seines Unternehmens – ein Zweifel, der bald auch den Sinn der eigenen und der menschlichen Existenz überhaupt betrifft. »Ekel« ist der Ausdruck, den Roquentin diesem Gefühl der radikalen existentiellen Verunsicherung gibt. Es gipfelt in der Erkenntnis, dass die Dinge völlig unabhängig vom Menschen existieren – in einer Weise existieren, die in menschlichen Begriffen nicht erfasst werden kann. Diese Entdeckung führt ihrerseits zur Erkenntnis der Kontingenz des menschlichen Daseins. Die Außenwelt existiert nicht für den Menschen, sondern ganz für sich;

die menschliche Existenz hat weder eine privilegierte Stellung im Kosmos noch ein bestimmtes Ziel.

Ging Proust noch davon aus, dass die Außenwelt eine Projektionsfläche für die Illusionen des Subjekts ist, das sich die Welt egozentrisch einverleiben möchte, so wendet sich Sartre gegen die Subjektzentriertheit einer idealistischen Weltsicht. Nicht umsonst kritisiert er in einem Essay über Husserl jene »alimentäre Philosophie«, der zufolge die »Geist-Spinne die Dinge in ihr Netz zog, sie mit einem weißen Speichel bedeckte und langsam [...] in Eigensubstanz verwandelte« (vgl. Ott 2011: 481). Er kontrastiert die »digestive Philosophie«, wie er sie auch nennt, mit einer phänomenologischen Weltsicht, die den Dingen ein eigenes, vom Menschen unabhängiges Sein zugesteht. In *Der Ekel* spielen Mahlzeiten eine gänzlich untergeordnete Rolle. Und doch dienen sie regelmäßig dazu, dem – beileibe nicht nur physischen – Ekel des Protagonisten eine konkrete Gestalt zu geben. Zugleich sind Mahlzeiten beinahe die einzigen Gelegenheiten, in denen er, eher widerwillig, mit anderen Menschen in Berührung kommt. Er hat dann regelmäßig das Gefühl, einem absurden Schauspiel zuzusehen:

> Ich lasse meinen Blick durch den Raum schweifen. Was für eine Farce! All diese Menschen sitzen mit ernsthafter Miene da; sie essen. Nein, sie essen nicht: sie stellen ihre Kräfte wieder her, um ihre jeweilige Aufgabe erfolgreich zu Ende zu führen. Jeder von ihnen hat seine persönliche, kleine Überzeugung, die ihn daran hindert zu bemerken, daß er existiert; es gibt keinen einzigen unter ihnen, der sich nicht für jemanden oder für etwas unentbehrlich fühlte. (Sartre 1982: 160)

Das Essen erscheint Roquentin als eine der unreflektierten Selbstversicherungsgesten, mit denen die Menschen sich die Absurdität ihrer Existenz, ihr grund- und zielloses In-die-Welt-geworfen-Sein verschleiern. In dieser Szene hat er eine Restaurant-Einladung des »Autodidakten« angenommen: einer Figur, die als Inkarnation kleinbürgerlicher Heuchelei und pseudohumanistischer Verblendung auftritt. Der Autodidakt demonstriert durch sein Verhalten bei Tisch überdeutlich, wie wenig sein idealisiertes Selbstbild und seine tatsächliche Lebenseinstellung übereinstimmen. Sein Wille, sich Roquentin gegenüber großzügig zu zeigen, äußert sich zunächst darin, dass er diesem die teuersten Speisen aufzwingt, ohne ihn zu fragen, ob sie seinem Geschmack überhaupt entsprechen (Sartre 1982: 121). Für sich selbst wählt er die billigsten, wobei er seinen Teller mit »außergewöhnlicher Schnelligkeit« und bis auf den letzten Krümel leer isst (Sartre 1982: 122, 130). Seinem Gast gegenüber erklärt er, er sei Sozialist und Humanist; auf die Entgegnung Roquentins, man könne den Menschen leicht als ein Abstraktum, viel schwerer aber als konkretes Individuum lieben, reagiert er mit Unwillen und Unverständnis. Dies provoziert bei Roquentin wiederum ein Unwohlsein, das sich in zunehmendem Widerwillen gegenüber dem Essen äußert:

> Ich kaue angestrengt ein Stück Brot, das ich mich nicht entschließen kann herunterzuschlucken. Die Menschen. Man muß die Menschen lieben. Die Menschen sind bewundernswert. Ich möchte kotzen – und plötzlich ist er da: der Ekel.
> Eine richtige Krise – das schüttelt mich von oben bis unten. Seit einer Stunde sah ich sie kommen, nur wollte ich es mir nicht eingestehen. Dieser Käsegeschmack in meinem Mund … (Sartre 1982: 139)

Auf diese Krise folgt unmittelbar eine weitere und letzte, in der Roquentin die definitive Einsicht in die Absurdität der Existenz hat (Sartre 1982: 144). Dabei fällt ihm ein Ehepaar ein, das er kürzlich angewidert beim Essen beobachtet hatte (die Frau hatte graue Kügelchen zu zähen Fleisches ausgespuckt und auf ihrem Teller angehäuft). Er denkt mit Ekel an ihre Beleibtheit und Sinnlichkeit (»Fett, warm, sinnlich, absurd, mit roten Ohren«, Sartre 1982: 152). In einer albtraumartigen Vision sieht er die Frau wieder, die ihm mit ihren großen Brüsten als eine wabbelige »Konfitüre« erscheint, eine »ignoble marmelade«, wie es im Original heißt (Sartre 1982: 152).

Ebenso wie sein Protagonist Roquentin misstraut Sartre dem

Essen, weil er in ihm den Ausdruck eines stumpfsinnig-bürgerlichen Lebensvollzugs sieht. Darüber hinaus zeichnet sich in *Der Ekel* ein Hass auf den Körper, insbesondere auf den weiblichen Körper ab. Michel Onfray hat darauf hingewiesen, dass Sartre offenbar sein ganzes Leben lang eine erstaunliche Geringschätzung gegenüber den körperlichen Bedürfnissen an den Tag legte (Onfray 1989: 136). Zum Beleg zitiert er aus Sartres Skizzenbüchern: »Es ist mir völlig gleichgültig, die Mittags- oder Abendmahlzeit, oder auch beide Mahlzeiten hintereinander auszulassen, mich von Brot oder Salat zu ernähren oder dagegen von Salat ohne Brot, oder ein oder zwei Tage nichts zu essen« (Onfray 1989: 136). Im Grunde ist das aber nur eine Pose – die Trotzreaktion des schlanken, zigaretterauchenden Existentialisten der bürgerlichen Schlemmerei gegenüber.

Denn in Wirklichkeit hatte Sartre sowohl als Essender wie auch als Philosoph erkannt, dass man Ernährungsstile ernst nehmen muss. Nicht umsonst äußert er in einer der Unterhaltungen (*Entretiens*), die Simone de Beauvoir im Sommer 1974 mit ihm führte und später in einer systematisierten Form publizierte, den vielzitierten Satz: »Ich denke, dass jede Nahrung ein Symbol ist« (»je pense que toute nourriture est un symbole«, Beauvoir 1981: 421–424, hier 421).

Auf seine eigenen Nahrungsvorlieben angesprochen, gibt er an, keine Früchte zu mögen und ihnen Kuchen vorzuziehen, weil der ganz vom Menschen geschaffen sei (Beauvoir 1981: 423). Aus demselben Grund möge er auch kein Fleisch, das ihn zu sehr daran erinnere, »dass ich ein Tier esse« (»que je mangeais de la bête«, Beauvoir 1981: 423). Durch das Vorziehen von Speisen, denen man ihre natürliche Herkunft nicht ansieht, positioniert er sich einerseits ganz klar gegen eine rousseauistische »Linie der Natur«.[8] Andererseits geht der Fleischekel konform mit dem in *Der Ekel* ausgedrückten Abscheu vor dem menschlichen Körper – und mit der Weigerung, sich das zu assimilieren, was ihn, da es eben einer nichtmenschlichen Ordnung angehört, selbst zum Tier degradieren würde.

Dass hinter solchen Vorlieben und Abneigungen somit ein menschlicher Selbstentwurf steckt, weil die Speise dem Essenden einen »gewissen Seinsmodus des Seins« anbietet, die dieser annehmen oder ablehnen kann, postuliert Sartre bereits in seinem Hauptwerk *Das Sein und das Nichts* (*L'etre et le néant*, 1943; dt.: Sartre 1993: 1051). In dem letzten Kapitel dieses Buchs (»Über die Qualität als seinsenthüllend«) skizziert er tatsächlich ein strukturalistisch anmutendes Programm, das das Ziel in Aussicht stellt, die »objektiven« Bedeutungen der Nahrungsmittel zu enthüllen. Die Bedeutungen, die der Essende einem Nahrungsmittel zuschreibt, sind nie gänzlich subjektive Setzungen, meint Sartre, weil sie immer in einer objektiven Bedeutung der Speise gründen (Sartre 1993: 1027). Um dies zu belegen, sucht er zu zeigen, dass das Klebrige immer schon mit einem »moralischen« Sinn, einem »symbolischen Wert« beladen sei, und zwar mit einer Bedeutung, die Abscheu hervorrufe. Entsprechend behauptet er, dass »schon die kleinsten Kinder angesichts des Klebrigen Widerwillen bekunden« (Sartre 1993: 1035).

Um diesen Abscheu zu motivieren, erklärt Sartre das Klebrige zu einer Entartung, einer »Agonie« des Flüssigen. Die Substanz des Klebrigen

> scheint uns zunächst das überall Fliehende und überall sich selbst gleiche Sein zu manifestieren, das überall entrinnt und auf dem man doch schwimmen kann, das Sein ohne Gefahr und ohne Gedächtnis, das sich ewig in es selbst verwandelt, auf dem man keine Spuren hinterläßt und das auf uns keine Spuren hinterlassen kann, das gleitet und auf dem man gleitet, das sich durch das Gleiten (Kahn, Motorboot, Wasserski usw.) besitzen läßt und das nie besitzt, weil es an einem abgleitet [...]. (Sartre 1993: 1038)

Was Sartre jedoch als »objektive« Symbolik ausgibt, ist allenfalls (falls man ihr einen universellen Wert zuschreiben will) eine andro- und anthropozentrische Auffassung von der Nahrung. Sie gründet auf einer unterschwelligen Assoziation des Klebrigen mit dem Naturhaften und dem Weiblichen – all dies wird als

»ekelhaft« verworfen. In der Tat ist das Klebrige nichts weniger als »die Rache des An-sich«, Sartre zufolge eine

> süßliche, weibliche Rache, die sich auf einer anderen Ebene durch die Eigenschaft des *Gezuckerten* symbolisieren wird. Das Gezuckerte als *Süßigkeit im Geschmack* – unvergängliche Süße, die unbestimmt im Munde bleibt und das Schlucken überdauert – ergänzt vollkommen das Wesen des Klebrigen. Das süße Klebrige ist das Ideal des Klebrigen; es symbolisiert den süßen Tod des Für-sich (die Wespe, die in die Konfitüre fällt und darin ertrinkt). Doch gleichzeitig bin *ich* das Klebrige, schon weil ich eine Aneignung der klebrigen Substanz angedeutet habe. (Sartre 1993: 1042)

Die eklige Marmelade, in der die Wespe (der Mann?) ertrinkt, ist also »weiblich« … Den Gipfel der Frauenfeindlichkeit erreichen Sartres Ausführungen, als er beginnt, über das Klebrige und Löchrige als existentielle Erfahrungen zu philosophieren:

> […] ein großer Teil unseres Lebens vergeht damit, Löcher zu stopfen, Leeres zu füllen, das Volle zu realisieren und symbolisch zu begründen. Von seinen ersten Erfahrungen an erkennt das Kind, daß es selbst durchlöchert ist. (Sartre 1993: 1048)

Das Kind reagiert auf diese Entdeckung des »Lochs«, indem es dieses zu stopfen sucht – durch Essen und Saugen. Wenn das Kind am Finger nuckelt,

> […] so ist es, um ihn aufzulösen, um ihn in einen klebrigen Brei zu verwandeln, der das Loch seines Mundes zustopfen soll. Diese Tendenz ist gewiß eine der grundlegendsten unter denen, die als Basis für den Eßakt dienen: die Nahrung ist der ›Kitt‹, der den Mund abdichten soll; Essen heißt unter anderem sich zustopfen. Nur von daher können wir zur Sexualität übergehen: die Obszönität des weiblichen Geschlechtsorgans ist die alles *Klaffenden*: es ist ein *Ruf nach Sein* wie überhaupt alle Löcher; die Frau an sich ruft nach fremdem Fleisch, mit dem sie durch Eindringen und Auflösen in Seinsfülle verwandelt werden soll. Und umgekehrt empfindet die Frau ihre Lage als einen Ruf, eben weil sie ›durchlöchert‹ ist. (Sartre 1993: 1049)

Auch wenn das »Löchrige« nach Sartres Ausführungen zunächst jede menschliche Existenz angeht, so betrifft es doch die »Frau an sich« in besonderem Maße – kann ihr doch nur durch »Eindringen und Auflösen« zu »Seinsfülle« verholfen werden.

Sartres Ausführungen zum Symbolwert der Nahrung lassen am Ende einen bitteren Nachgeschmack zurück. Essen wäre letztlich nur ein (vergeblicher) Versuch, das »Loch« des Subjekts zu stopfen – durch einen Akt der aneignenden Vernichtung: »Essen heißt ja sich durch Zerstörung aneignen und sich zugleich mit einem bestimmten Sein *zustopfen*« (Sartre 1993: 1050). Die Formulierung lässt aufhorchen: als eine Zerstörung, eine Vernichtung des Objekts durch ein assimilierendes Subjekt hatte nämlich Hegel das Essen definiert – im Rahmen seiner idealistischen Philosophie, die alle Geistestätigkeit des Subjekts als ein »Verzehren« der nichtigen sinnlichen Realität begriff (Ott 2011: 92). Gegen eine solche Unterschätzung der Außenwelt setzt Sartres Existenzphilosophie nun die autonome Existenz der Dingwelt. In diesem Licht erscheint das Essen – man denke noch einmal an das Essen als lächerliche und »eklige« Selbstversicherungsgeste in *Der Ekel* – als der absurde menschliche Versuch, ein äußeres Ding zu benutzen, um es in Seinsfülle zu verwandeln oder, anders gesagt, ihm eine Bestätigung des Sinns der menschlichen Existenz abzutrotzen.

Während der Protagonist von Sartres frühem Roman all dies sehr wohl begreift, scheint der alte Sartre tatsächlich zu glauben, er könne für sich durch die Abwehr ekliger Speisen ein nichttierisches, überlegen-intellektualistisches, »männliches« Mensch-Sein entwerfen. Der »Frau an sich« aber gesteht Sartre nicht einmal mehr die Position eines (scheiternden) Subjekts zu: Sie ist ein »Loch«, selbst zum Objekt eines »Eindringens und Auflösens« bestimmt – selbst also Objekt eines männlichen *Konsums*. Der Ekel, die Ablehnung »tierischer«, »klebriger«, »weiblicher« Substanzen, wird folglich zu einem Mittel, das löchrige, poröse Subjekt abzudichten. Wie Menninghaus bemerkt hat, entspricht Sartres Gegenentwurf zum ekelerregenden »Klebrigen« ganz der klassischen Ästhetik: »mit den Attributen der Härte, Transparenz, Trockenheit und klaren Kälte« (Menninghaus [2]2002: 512) – Attribute, die, wie schon bemerkt, zugleich als »männlich« konnotiert erscheinen.

Wir haben gesehen, dass die Problematik der Verschließung des Körpers bei Rousseau, Kafka und Sartre im Zeichen des Essens verhandelt wird. Ist es bei Rousseau die Scham, die den jungen Jean-Jacques dazu antreibt, sich zum (genussvollen) Essen in sein Kämmerchen einzuschließen, so ist es in Kafkas *Verwandlung* der Ekel der anderen, der das (essende) Ungeziefer Gregor aus der menschlichen Gesellschaft ausschließt. Bei Rousseau mischt sich die Scham, alleine zu genießen (was als selbstsüchtig und ungesund gilt), mit dem Glück, sich dadurch als Individuum von der Gesellschaft abzugrenzen. Ähnlich kann sich Kafkas Gregor durch den Ausschluss aus der menschlichen Ess-Ordnung der ausbeuterischen Ökonomie der eigenen Familie entziehen – freilich um den Preis seines Lebens. Für Sartre dagegen ist der Ekel das Distinktionsmerkmal des Philosophen, der das Essen als absurden Versuch, die Löcher des offenen, porösen Ich zu stopfen, entlarvt hat.

Postmoderne Inszenierungen des offenen Körpers (Ferreri, Grass)

Ekel vor dem Essen als Symbol einer geistlos-materiellen Existenz, aber auch als Inkarnation einer weiblich-tellurischen Macht, charakterisiert auch das Werk Ionescos, der Essen überhaupt als eine absurde Praxis bezeichnet (Heitmann 1971). Die Glorifizierung des trockenen, asketischen, geschlossenen Körpers prägt das gesamte 20. Jahrhundert – von Kafkas Hungerkünstler bis hin zu den anorektischen Heldinnen von heute. Lustvolle oder weniger lustvolle Inszenierungen von offenen Körpern finden sich in der Literatur und Filmkultur folglich nur vereinzelt: Im

Folgenden sollen Marco Ferreris Skandalfilm *Das große Fressen* (*La grande bouffe*, 1973) und Günter Grass' Roman *Der Butt* (1977) betrachtet werden.

*

Vier Männer, gutbürgerlich-distinguierte Repräsentanten der Wirtschaftswunder-Gesellschaft, geben sich in einer abgeschirmten Stadtvilla einer beispiellosen Regression in vorzivilisatorische Fress- und Sexorgien hin. Sie veranstalten ein Austern-Wettessen; sie laden Prostituierte ein, die ihre makellosen nackten Körper lustvoll mit Cremetorte beschmieren; sie kochen und verschlingen rund um die Uhr ungeheure Mengen an Speisen. Was zunächst wie eine momentane Befreiung aus dem Korsett bürgerlicher Anstandsnormen aussehen könnte, ist in Wirklichkeit ein von langer Hand vorbereiteter Ausstiegsplan. Die vier Freunde wollen ihre erfolgreichen, aber sinnleeren Existenzen verlassen, indem sie sich buchstäblich zu Tode fressen. In einer ungeheuren Perversion der Logik menschlicher Bedürfnisbefriedigung essen sie nicht, um zu leben, sondern um zu sterben.

Der Film ist ganz offensichtlich eine Allegorie auf das Paradox der kapitalistischen Wohlstandsgesellschaft, in der Akkumulation von Überfluss am Ende nicht zu einem besseren Leben, sondern zum Tod führt. Nicht umsonst wird deutlich, dass Philippe, der Richter, an Diabetes stirbt, während Ugo, der Koch, vermutlich einem Herzinfarkt erliegt. Zugleich lässt sich der Film jedoch als eine Dystopie lesen, die nicht (nur) einen Jetzt-Zustand, sondern dessen mögliche Folgen für die nächste Zukunft heraufbeschwört. Denn all die ekelhaften Ereignisse, die sich in der Villa häufen – der Kontrollverlust der Essenden, die rasch dazu übergehen, mit den Händen, stehend, im Bett zu essen; der Rohrbruch in der Toilette, der einen Teil des Hauses in eine stinkende Latrine verwandelt; schließlich die ungeheuerliche, von geräuschvollen Flatulenzen begleitete Indigestion, an der ausgerechnet der zuvor elegante und selbstbeherrschte Michel stirbt – sie drehen das Rad der Zivilisation zurück und prophezeien damit eine neue Dekadenz als Folge und Umkehrung eines (vermeintlichen) zivilisatorischen Höchststandes.

Zugleich werden die ekelhaften Exzesse, die systematische Nahrungsaufnahme, Sexualität und Skatologie ineinander verschränken, durchweg im Modus des Grotesken präsentiert. Nicht nur erinnern die Fress- und Sauforgien der Protagonisten an die hyperbolischen Gelage von Rabelais' Riesen, Pantagruel und Gargantua; auch die konstante Thematisierung körperlichen Kontrollverlustes wird im Modus des Lachhaften dargestellt. So reagieren Michels Freunde auf sein überlautes, anhaltendes Furzen nicht etwa mit Scham, sondern mit Gelächter. Es ist das Phantasma des offenen Körpers, das Ferreris Film heraufbeschwört. Allerdings versuchen die Figuren durchaus, ihre Körperlichkeit – und damit die Errungenschaften der Zivilisation – vor dem Einfall des Grotesken zu bewahren. Wenn sich die blonde Prostituierte in einer Szene erbricht, ist dies ein klares Signal für einen Ekel, der darauf bedacht ist, sich vor dem verunreinigenden Schmutz der Ess-Exzesse zu bewahren. Dieser Ekel ist lebenserhaltend. Angewidert von der Perversion der reichen Herren, ohne Hunger zu essen, verlassen die drei schlanken käuflichen Mädchen die Villa. Das Streben nach einem schamhaft verschlossenen Körper manifestiert sich aber auch in den Gummi-Handschuhen, auf die Michel so sehr Wert legt (er kauft sie, bevor er sich zu seinem Rendezvous mit den Freunden begibt, und benutzt sie, um mit rohen Fleischstücken zu hantieren) sowie in seiner gesamten ästhetisierten Erscheinung und seinen Gymnastikübungen.

Der offene, groteske Körper, den Ferreri inszeniert, verweist auf zwei antibürgerliche Paradigmen, die auf den ersten Blick sehr unterschiedlich scheinen: einerseits auf den grotesken Körper der von Bachtin theoretisierten karnevalesken Kultur; andererseits auf die von Georges Bataille theoretisierten Körper der aristokratischen Libertins. Bataille zufolge gehorcht der bürgerlich-geschlossene Körper dem Paradigma der Akkumulation von Kapital (im Sinne von Geld, aber auch von Körperkraft), während das aristokratische Paradigma jenes der Verausgabung, des (vor allem sexuellen) Exzesses ist. Das sind zwei Paradigmen, die allerdings bereits der französische Autor Charles Sorel in seinem pikaresken Roman *Histoire comique de Francion* (1623) zusammenbringt. Die Protagonisten des Romans sind nämlich Adlige, denen es ab und zu gefällt, sich derb zu benehmen. So gesehen erscheinen Ferreris gefräßige Herren nicht nur als Nachfahren der Sade'schen, sondern auch der Sorel'schen Libertins. Nur ist in den »befreiten« 70er Jahren nicht mehr Sex, sondern unmäßiges Essen das Skandalon, das Laster par excellence.

Das irritierte Lachen, mit dem die schlanken Escort-Girls auf die üppige Andréa reagieren – eine nette Lehrerin von nebenan, die man ebenfalls zum Diner geladen hat –, macht dies ganz deutlich. Eine solche Rubens-Schönheit kann es, darf es in der Flower-Power-Zeit gar nicht geben. Und doch ist Andréa die zentrale Figur, die Ikone des Films. Nicht umsonst erscheint sie als Inkarnation jener Belle-Époque-Nackedeis, deren Fotos der rückwärtsgewandte Philippe seinen Freunden zeigt. Andréa verkörpert eine ungehemmte Körperlichkeit, einen unschuldig-natürlichen Appetit auf Essen und auf Sex, die es in der Ära Twiggys und der sexuellen Befreiung längst nicht mehr gibt.

Freilich kann Andréa eine solche karnevaleske Ungezwungenheit, eine solche Einheit des Subjekts mit seinen triebhaften Wünschen nur verkörpern, weil sie nicht real ist. Sie ist eine männliche Wunschprojektion. Allen vier Männern erfüllt sie ihre letzten Wünsche; im Gegensatz zu ihnen geht sie unversehrt aus dem tödlichen Exzess hervor. Am Ende erscheint sie nicht mehr als Spenderin von Lust, sondern als Todesengel – im nächsten Kapitel ist darauf zurückzukommen.

*

Frauen, die ihre Triebe derart ungehemmt ausleben wie Andréa, gibt es Günter Grass' Roman *Der Butt* (1977) zufolge nur in prächristlichen Vorzeiten. Die Tabuisierung von Körperausscheidungen selbst im intimen Verkehr zwischen Mann und Frau beklagt der Ich-Erzähler als Beweis für eine nur scheinbare sexuelle Befreiung der Frauen:

> Sie ist viel zu gut erzogen worden. Immer ist sie besorgt, sie könnte sich was vergeben. [...] Dabei liest Ilsebill dicke und dünne Bücher, in denen Enthemmung die erste Voraussetzung ist für eine repressionsfreie Gesellschaft. (Grass 1997: 235)
>
> »Das ist deine zu gute falsche Erziehung«, sagte ich; denn unser Kot sollte uns wichtig sein und nicht widerlich. Ist doch nichts Fremdes. Hat unsere Wärme. Wird neuerdings wieder in Büchern beschrieben, in Filmen dargestellt und in Bildern als Stilleben gemalt. (Grass 1997: 273)

Grass schreibt mit seinem *Butt* eine Geschichte der menschlichen Ernährung von der Jungsteinzeit bis heute. Zugleich ist es eine Geschichte des Geschlechterkampfes. Auf eine matriarchalische Urzeit, in denen die Frauen die Männer dominieren, indem sie diese auch noch als Erwachsene stillen, lässt Grass eine patriarchalische Vormoderne folgen, in der die Frauen »dennoch im Haus- und Küchenbereich mehr Macht hatten als heute« (so Grass im Interview mit der Zeitschrift *Essen und Trinken*, Grass 1977). Das vorgeblich emanzipatorische Anliegen des über 600 Seiten umfassenden Wälzers (»wenn ich über die Geschichte der Ernährung schreibe, dann schreibe ich auch über die Frauen, deren anonymer Anteil an der Geschichte ja ebenfalls verschwiegen wird«, Grass 1977) überzeugt wenig; schließlich werden die Frauen von heute durchweg als lächerliche, verklemmte »Manzis« dargestellt. Interessanter ist Grass' Versuch, die (deutsche) Geschichte als eine Geschichte der Ernährung zu schreiben, sowie sein Anliegen, tabuisierte oder vernachlässigte Lustquellen, die mit Essen, Verdauen und Ausscheiden zu tun haben, wieder literarisch sagbar zu machen. Wichtig ist auch sein Ansatz, die Bedeutung des Essens für ein solidarisches menschliches Zusammenleben herauszustellen:

> Grundsätzlich glaube ich, daß wir zu dieser Zentralfrage unserer Existenz das Verhältnis verloren haben. Wir haben heute

> ein eher puritanisches Verhältnis zum Essen, das vor allem in Deutschland und ganz besonders in Norddeutschland vorherrscht. Da ist Essen auf Sättigung reduziert. Natürlich hat das Folgen. Wenn das Verhältnis zur Zentralfrage unserer Ernährung verlorengegangen ist, dann hat man auch keinen Begriff mehr von der Welternährungslage. (Grass 1977: 82)

Grass setzt in seinem Roman gegen die bürgerliche Geschlossenheit des Körpers ein Bachtin'sches Körperkonzept, das einen unbefangenen Umgang mit Sexualität und Körperfunktionen als Bedingungen einer sozialistischen Gesellschaft ansieht. Seine Perspektive auf Gender-Fragen bleibt jedoch eine unverkennbar patriarchalische.

Ferreris und Grass' Inszenierungen offener Körper bleiben singuläre Eskapaden. Sie bestätigen, was heute immer mehr zur Norm wird: eine beispiellose Selbstdisziplinierung und Optimierung des Körpers. Im Allgemeinen kann die Gegenwartsliteratur und -filmkultur nur dann eine »Öffnung« des Körpers inszenieren, wenn sie diese in eine historisch ferne oder aber in eine exotische Welt verlegt – wie etwa in Laura Esquivels Roman *Bittersüße Schokolade*, der im folgenden Kapitel besprochen wird. Ihre Version des offenen Körpers greift zudem den Archeytpus der nährenden und lebensspendenden Mutter auf. Ebendieser Archetypus dient einer bestimmten Richtung feministischer Theorie dazu, die Abwertung des (traditionell als offen) angesehenen weiblichen Körpers zu problematisieren. Wie abschließend mit Blick auf poststrukturalistisch orientierte feministische Konzepte gezeigt werden soll, kann das Theorem des offenen Körpers zugleich dazu dienen, ein alternatives Konzept von weiblicher Subjektivität zu entwerfen.

Der weibliche Körper als »offener« Körper in der feministischen Theorie und Literatur (Kristeva, Ferrante)

Die Geschichte des Subjekts in der abendländischen Kultur ist die Geschichte eines männlichen Subjekts, das – folgt man den Erzählungen von Norbert Elias und Thomas Kleinspehn – durch progressive Disziplinierung feste Körpergrenzen zu errichten strebt, die es als Individuum von der Außenwelt abschirmen. Dieser Erzählung zufolge bringt zwar die modernistische Krise des Individuums, die hier anhand von Sartres *La nausée* veranschaulicht wurde, eine Einsicht in die »Porosität« des Subjekts mit sich. Das Ziel, sich nach außen hin abzudichten, bleibt aber dennoch bestehen, und so ist eine Öffnung des Körpers und ein »Verschmelzen« mit der Außenwelt höchstens vereinzelten Ekstaseerfahrungen vorbehalten.

Anders verhält es sich für die Frau. Sartres misogynes Diktum, die Frau sei ein Loch, das es zu stopfen gelte, nimmt eine beinahe universelle Idee auf, die gerade den weiblichen Körper als einen offenen und somit als potentielles Einfallstor für das Fremde, Andere betrachtet – ein entsprechendes Konzept des christlichen Mittelalters wurde bereits erwähnt. Wie ein Bericht von Mary Douglas nahelegt, scheint die Idee aber auch für die Konzeption des weiblichen Körpers in »primitiven« Gesellschaften zu gelten:

> In einem aufschlußreichen Aufsatz über die Reinheit der Frauen in Indien schreibt Yalman (1963): »Auch wenn es die Frauen sind, die die Kastenreinheit bewahren müssen, und Männern eine viel größere Freiheit zugestanden werden mag, so ist es natürlich noch besser für die Männer, die heilige Substanz, die in ihrem Samen enthalten ist, nicht zu vergeuden. Wie allgemein bekannt ist, wird ihnen dringend geraten, nicht nur die Frauen niederer Kasten, sondern die Frauen überhaupt zu meiden.« Sowohl die männliche als auch die weibliche Körperbeschaffenheit legen den Vergleich mit einem Gefäß nahe, dessen lebensspendende Säfte nicht vergossen oder vermischt werden sollen. Frauen werden auch ganz wörtlich

> als Öffnungen gesehen, durch die dem reinen Inhalt etwas Schädliches zugeführt werden kann. Männer werden als Poren verstanden, durch die der wertvolle Stoff austreten oder verlorengehen kann, wodurch das gesamte System geschwächt wird. (Douglas 1988: 166)

Die strukturalistische Schule, der Douglas angehört, erklärt Speisetabus ebenso wie Regelungen zur Heirat (endogen / exogen) in primitiven Gesellschaften als Ergebnis einer Analogisierung des einzelnen Körpers mit dem Gesellschaftskörper. Demnach führt die Einnahme tabuisierter Nahrung durch Einzelne zu einer Verunreinigung und Schwächung des kollektiven Körpers – ebenso wie eine nicht den Regeln entsprechende Heirat (bzw. sexuelle Vereinigung) zur Schwächung des Kollektivs führen kann. Ist dem Mann die Aufgabe vorbehalten, die »heilige Substanz«, die den Fortbestand des Kollektivs sichert, nicht nach außen dringen zu lassen, so muss sich die Frau umgekehrt von einer Kontamination durch das Außen rein halten. Sie ist in dieser Hinsicht viel anfälliger als der Mann, weil sie »ganz wörtlich« als »Öffnung« verstanden wird.

Die Psychoanalytikerin Julia Kristeva knüpft an Douglas' Thesen an, um sie im Sinne ihrer Theorie des Abjekten weiterzuentwickeln. Anders als Mary Douglas, die sich gegen einen psychoanalytischen Kurzschluss von »primitivem Denken« zum psychischen Erleben Geisteskranker gewendet hatte, betrachtet Kristeva die religiösen Speisetabus aus der Perspektive der Psychoanalyse. Aus dieser Sicht zeugen alle Speisetabus der Weltreligionen letztlich von nichts anderem als dem Versuch, die unheimliche Macht eines im kollektiven Unbewussten verankerten Phantasmas zu begrenzen: des Phantoms der übermächtigen, fruchtbaren Urmutter.

Kristeva weist darauf hin, dass im biblischen Buch Levitikus nicht nur die Tiere in »rein« und »unrein« eingeteilt, sondern zugleich auch menstruierende Frauen und Wöchnerinnen für unrein erklärt werden (Kristeva 1983: 118). So wie bestimmte Nahrungsmittel wird folglich der fruchtbare weibliche Körper als ein die Integrität der Gesellschaft bedrohendes Element wahrgenommen. Kristeva geht so weit, zu vermuten, dass die Nahrungstabus in Wirklichkeit nur eine Projektion (»écran«) dieses viel mächtigeren Tabus seien, das in letzter Konsequenz dazu diene, das Patriarchat zu befestigen. Tatsächlich sei die Sorge vor Verunreinigung in jenen Gesellschaften stark, in denen das Prinzip der matrilinearen Abstammung noch präsent oder erst seit kurzem durch Patrilinearität ersetzt worden sei (Kristeva 1983: 92 f.). Die Angst vor der fruchtbaren »Urmutter« manifestiere sich dann im Ekel vor Menstruationsblut, vor Exkrementen (auch Letztere verweisen Kristeva zufolge auf den *mütterlichen* Körper), aber auch in einer generellen Angst vor Verunreinigung durch Nahrung. Kristeva nennt das Beispiel des Brahmanen, der auch nach einer regelkonformen Nahrungsaufnahme als weniger rein gilt als vor dem Essen. Nahrung sei hier, schreibt sie, jenes von der Natur herkommende Andere, das sich der sozialen Kondition des Menschen entgegensetze und in den reinen Körper eindringe (Kristeva 1983: 91). Nahrung *überhaupt* aber sei

> der orale Gegenstand (dies Ab-jekt), der die archaische Beziehung des Menschen zum Anderen, zu seiner Mutter begründet, die eine ebenso lebensspendende wie furchteinflößende Macht innehat. (Kristeva 1983: 91, meine Ü., Chr. O.)

Wie kommt Kristeva zu der Behauptung, dass alle Nahrung letztlich »abjekt« sei? Die erste Beziehung, die wir in unserem Leben eingehen, ist eine der nutritiven Abhängigkeit – von der Mutter. Wie Melanie Klein wendet sich auch Kristeva gegen eine allzu idyllische Konzeption der Mutter-Kind-Dyade. Die von Kristeva konzipierte abjekte Mutter, die »horreur« (»Grauen«) ausstrahlt, weil sie Macht über Leben und Tod (des Kindes) hat, ist als weibliche Analogie zum Lacan'schen Vater gedacht. Als solche ist die Mutter eine Funktion, keine reale Person. Sie ist für das Kind ein Ab-jekt, weil dieses noch keine Subjekt-Objekt-Relationen zu konzipieren vermag. Der Bedeutungsraum, den die abjekte Mutter konstituiert, ist der Raum des Semiotischen; ein Raum, in dem es Kristeva zufolge noch keine klaren Trennungen zwischen innen und außen, Ich und Anderem, sondern vielmehr »Rhythmen«, fließende Bedeutungen gibt.

Um sich als eigenständiges Subjekt zu konstituieren, um in die kulturelle, symbolische Ordnung der Zeichen einzutreten, muss das Kind (insbesondere die Tochter) die abjekte Mutter »ermorden«.[9] Speisetabus und Nahrungsekel interessieren Kristeva folglich als Symptome einer – individuellen und kollektiven – »Verwerfung« der gefürchteten Mutter. Eine Unterscheidung zwischen religiös motiviertem Ekel, durch gesellschaftliche Konventionen bedingtem Ekel und individuellen Idiosynkrasien macht Kristeva nicht, weil für sie jeglicher Nahrungsekel eine Abwehrreaktion auf die abjekte Mutter ist:

> Der Nahrungsekel ist vielleicht die elementarste und archaischste Form der Abjektion. Wenn diese Haut, die auf der Oberfläche der Milch schwimmt, unschädlich, dünn wie Zigarettenpapier, schäbig wie ein Nagelschnippel, sich den Augen zeigt oder die Lippen berührt, zieht sich mein Körper in einem Krampf der Stimmritze und, weiter unten, des Magens, des Unterleibs, all meiner Eingeweide zusammen, lässt Tränen und Galle aufsteigen, bringt das Herz zum Klopfen. Mit einem Schwindel, der meine Sicht trübt, macht der Ekel, dass mein Körper sich aufbäumt, gegen diesen Milchrahm, und er trennt mich von der Mutter, vom Vater, die mir die Milch vorsetzen. (Kristeva 1983: 10, meine Ü., Chr. O.)

Weshalb wählt Kristeva als Beispiel des Nahrungsekels, in dem sich die *abjection* manifestiert, ausgerechnet die Milchhaut? Dies fragt Winfried Menninghaus in seiner philosophischen Geschichte des Ekels. Denn die Haut, die auf der Oberfläche der Milch schwimmt, stinkt nicht, sie »schmeckt auch vielleicht gar nicht schlecht, aber sie erschüttert, darin Sartres Klebrigem vergleichbar, höchst effektiv die Grenzen von innen und außen, von fest und flüssig, von ›propre‹ und ›impropre‹. Sie erinnert damit an die Abkunft aus der Ungeschiedenheit des mütterlichen Körpers und an die Instabilität der Abtrennungen, auf denen der eigene Körper beruht« (Menninghaus ^{2}2002: 528). Grenzt die (patriarchalische) Gesellschaft das Abjekte aus ihrer Ordnung aus, so kehrt das Verdrängte in der Literatur wieder: Kristeva beruft sich auf Autoren der Spätmoderne wie Céline, Proust, Artaud.

Kristevas Begriff der *abjection* ist in der postmodernen Kulturwissenschaft zu einem Modebegriff aufgestiegen. Menninghaus zufolge verdankt sich sein Erfolg vor allem der Tatsache, dass er in einer »großen Erzählung« die menschliche Biologie (die lebensspendende Kraft des Mutterkörpers) mit Psychoanalyse und Kulturtheorie verschränkt hat. Ferner nährt der von Kristeva als elementare Instinktreaktion konzipierte Ekel die Hoffnung, durch diesen an eine Wahrheit zu gelangen, die sich jenseits kultureller Konvention und sprachlicher Konstruktion befindet. Kristevas Theorie des Abjekten lässt sich zudem jenem Feminismus zuordnen, der von der biologischen Differenz des weiblichen Körpers ausgeht, um Weiblichkeit aufzuwerten. Zwar sind weibliche und männliche Subjektbildung gleichermaßen von der »Verwerfung« der abjekten Mutter betroffen; das Postulat einer Wiederkehr des Mütterlichen in der Literatur (einer bestimmten Art von Literatur) impliziert jedoch die Forderung nach einer anderen Sprache, die versucht, im (»männlichen«) Symbolischen das (»weibliche«) Semiotische zu reaktivieren und zu rehabilitieren. Kristeva macht die Wiederkehr der abjekten Mutter sowohl an bestimmten literarischen Motiven als auch an einer bestimmten Gestaltung der Sprache fest.

Es soll hier nicht darum gehen, Kristevas (durchaus anfechtbare) Theorie der Wiederkehr des Abjekten in der Literatur auf literarische Texte anzuwenden. Vielmehr soll ein kurzer Blick auf die Gegenwartsliteratur zeigen, auf welche Weise Ekel und eine spezielle Art der Körper- und Realitätserfahrung insbesondere bei Elena Ferrante als fiktionale Korrelate zu Kristevas Theorie gelesen werden können.

*

Der Ekel als Symptom einer gefährlichen »Offenheit« der eigenen Person ist eine Erfahrung, die in Elena Ferrantes Romanen leitmotivartig wiederkehrt. Ferrante, eine der meistgelesenen Autorinnen der Gegenwart, gehört zu den Vertreterinnen einer feministisch orientierten Literatur, die ausgehend von einer Revision Freud'scher Theorien die Besonderheit des Frau-Seins ausgehend von der Mutter-Tochter-Beziehung her zu begreifen sucht. Die Protagonistinnen von Ferrantes Romanwerk machen immer wieder Erfahrungen des existentiellen Ekels, in denen sie ihre Rolle als Mütter, Töchter, Ehefrauen oder Geliebte als eine Selbstentfremdung erfahren.

So beginnt Ferrantes erster Roman, *Lästige Liebe* (*L'amore molesto*, 1992), mit der Erleichterung, die die vierzigjährige Delia während des Begräbnisses ihrer Mutter verspürt. Doch während sie glaubt, ihre von Verachtung und Rivalität geprägte Beziehung zur Mutter hinter sich lassen zu können, zeigt ihr die unvermittelt einsetzende Menstruation den eigenen Körper als einen offenen, *abjekten* Körper auf. Ekel, Übelkeit und das unvermittelte Fließen von Blut, Tränen und Schweiß werden Delia den gesamten Roman hindurch begleiten – als Zeichen eines Körpers, der »unvollständig« und »unabgeschlossen« ist.

In Ferrantes *Die Frau im Dunkeln* (*La figlia oscura*, 2006) wird eine gestohlene Puppe zum Symbol für die Problematik der Mutterschaft. Ferrantes Frauenfiguren erfahren das Muttersein als Verzicht auf eine individuelle, abgeschlossene Persönlichkeit. Dieser kann so weit gehen, dass die Mutter nur noch als »Funktion« existiert. So wie Sartres Roquentin anhand seines existentiellen Ekels die Sinnlosigkeit der menschlichen Existenz entdeckt, begreifen Ferrantes Protagonistinnen anhand des Ekels, den sie angesichts bestimmter Hausfrauen-Tätigkeiten verspüren, dass sie nicht als ein An-sich existieren, sondern eben als bloße Funktion (vgl. dazu auch S. 335 f.). Dazu kommt, in Ferrantes Tetralogie *Meine geniale Freundin* (*L'amica geniale*, 2011–2014), eine ganz besondere Realitätserfahrung, die hier als »smarginatura«, also als ein Verlust von Grenzen, von Konturen bezeichnet wird.

»Smarginatura« ist eine Erfahrung, in der die individuellen, personalen Konturen vertrauter Personen auseinanderbrechen, um brutale, atavistische Instinkte freizulegen. Für Ferrantes Protagonistinnen können Schwangerschaften, aber auch die gefühlte Präsenz »abjekter« mütterlicher Verhaltensweisen im eigenen Ich eine krisenhafte Öffnung der eigenen Person signalisieren. Tatsächlich haben die Frauenfiguren allesamt ein gestörtes Verhältnis zur eigenen Mutter, deren proletarisches Hausfrauentum sie nicht nachleben wollen. Der in der Regel durch eine intellektuelle Tätigkeit erreichte soziale Aufstieg wird für sie zu einer *abjection*, einer gewaltsamen Verwerfung der Mutter, durch die sie zugleich eine »bürgerliche« Verschließung des eigenen Körpers anstreben.

Aber auch wenn diese Erfahrungen der Offenheit des Körpers und Hinfälligkeit eines individualistischen Persönlichkeitskonzeptes stets angstbesetzt sind, erlauben sie doch einen alternativen, »relationalen« Subjektentwurf, der das Subjekt als Produkt einer Relation zu anderen Subjekten begreift. Ferrantes Versuch, Subjektivität ausgehend von spezifisch weiblichen Erfahrungen anders zu denken, kommt dabei allerdings nicht einer unkritischen Glorifizierung von Weiblichkeit (als altruistisch, empathisch o. Ä.) gleich.

*

Die angstvolle Erfahrung, die Konturen des eigenen Körpers nicht kontrollieren zu können, verbindet sich auch in Margaret Atwoods Debütroman *Die essbare Frau* (*The Edible Woman*, 1969) mit einem feministischen Anliegen. In dem Maße, in dem sich Marian, Atwoods Protagonistin, als ein Objekt männlicher Beutelust fühlt, hat sie auch das Gefühl, ihr Körper könne buchstäblich auseinanderfallen. Während Essstörungen bei Ferrante keine Rolle spielen, geht für Atwoods Protagonistin der Kampf um »Verschließung« des eigenen Körpers mit einer Essstörung einher – in Kapitel 6 wird dies noch ausführlich besprochen. In der Tat scheint die Essensverweigerung ein probates Mittel zu sein, der angstvoll erlittenen »Offenheit« des Körpers zu begegnen. Denn das Essen, glaubt die Psychoanalyse, bedeutet stets die Reaktivierung einer frühkindlichen Erfahrung, in der das Kind den eigenen Körper noch nicht von jenem der nahrungsspendenden Mutter abzugrenzen vermochte. Im folgenden Kapitel soll gezeigt werden, auf welche Weise die nutritive Abhängigkeit des Kindes von der Mutter in der Psychoanalyse als Deutungsmuster für psychisch bedingte Essstörungen herangezogen wird. Mit Blick auf literarische, psychoanalytische und medizinische Texte wird vorgeführt, wie eine Überbetonung des mütterlichen Einflusses zur Formierung eines wirkmächtigen Mythos führen kann: des Mythos der bösen Ernährerin, die zugleich immer eine böse Mutter ist.

3. Ernährung und Psyche. Erklärungsmodelle

Essen und die Geburt des Ich

Schon beim Säugling geht Identität buchstäblich durch den Magen. Genauer gesagt: Die ersten Ess-Erfahrungen des Kindes bilden die Voraussetzung für seine spätere Identitätsentwicklung. Dies behauptete zumindest Sigmund Freud. Das Trinken an der Mutterbrust verschaffe dem Kind seine ersten erotischen Empfindungen; zugleich stelle diese erste, »orale Sexualorganisation«, die in dem Kind den »kannibalischen« Wunsch errege, das geliebte Objekt zu verschlingen, eine Vorstufe zum späteren Mechanismus der Identifikation mit der geliebten Bezugsperson dar:

> Eine erste [...] prägenitale Sexualorganisation ist die orale oder, wenn wir wollen, kannibalische. [...] das Sexualziel besteht in der Einverleibung des Objekts, dem Vorbild dessen, was später als Identifizierung eine so bedeutsame psychische Rolle spielen wird. (Freud 1949: 98)

Gleichfalls bilde die Entscheidung, etwas zu essen oder nicht zu essen, die spätere Urteilskraft vor:

> Die Urteilsfunktion hat im wesentlichen zwei Entscheidungen zu treffen. Sie soll einem Ding eine Eigenschaft zu- oder absprechen, und sie soll einer Vorstellung die Existenz in der Realität zugestehen oder bestreiten. Die Eigenschaft, über die entschieden werden soll, könnte ursprünglich gut oder schlecht, nützlich oder schädlich gewesen sein. In der Sprache der ältesten, oralen Triebregungen ausgedrückt: das will ich essen oder will es ausspucken, und in weitergehender Übertragung: das will ich in mich einführen und das aus mir ausschließen. Also:

> es soll in mir oder außer mir sein. Das ursprüngliche Lust-Ich will [...] alles Gute sich introjizieren, alles Schlechte von sich werfen. (Freud 1948: 13)

Bereits die elementare Ess-Erfahrung des Kleinkindes gerät so zu einem kulturstiftenden Akt. Zudem stellt Freud die folgenreiche These der intimen Verbindung von Ernährung und Sexualität auf: Das Trinken an der Mutterbrust ist für ihn die erste Erfahrung erotischen Lustgewinns des Kindes, dessen »normale« sexuelle Entwicklung darin besteht, vom »oralen« Stadium der Sexualität zum analen und schließlich zum genitalen Stadium voranzuschreiten. Die Prozesse der Nahrungsaufnahme und -ausscheidung verschaffen dem Kind also erste erotische Lust; Spuren davon finden sich auch im Erleben des Erwachsenen. Freuds Deutung der Essstörungen leitet sich aus dieser These der Ursprungsverwandtschaft von Essen und Sexualität ab. Die Weigerung zu essen kommt somit einer Verweigerung der Sexualität gleich oder entsteht aus der Angst, selbst verschlungen oder kastriert zu werden.

An Freuds Thesen anschließend, hat Melanie Klein die These der ambivalenten Mutterfigur und der widerstreitenden Triebregungen des Kindes gegenüber der Mutter entwickelt. Weil die Mutter die Erste ist, die alle »Selbsterhaltungsbedürfnisse und sinnlichen Begierden« des Säuglings befriedigt, wird sie »mit der ganzen Intensität und Kraft, die für frühkindliche Triebe typisch sind, begehrt und gehaßt« (Klein 1974: 74f.). »Zuallerst«, so Klein, »liebt das Kind seine Mutter«, weil sie alle seine Bedürfnisse befriedigt und ihm somit ein Sicherheitsgefühl verschafft. »Wenn aber das Baby hungrig ist und seine Begierden nicht gestillt werden [...], so ändert sich plötzlich die ganze Situation. Haß und aggressive Gefühle kommen auf« (Klein 1974: 74). Auf diese Weise entwickelt das Kind die ambivalente Figur einer wechselweise »guten« und »bösen« Mutter. Während es die gute Mutter liebt, möchte es die böse zerstückeln und vernichten; daraus resultieren wiederum Schuldgefühle und die imaginäre »Wiederherstellung« der zerstörten Mutter. Die Beziehung zum Vater verläuft nach demselben Modell; für alle gelingenden späteren Beziehungen des Kindes ist die Fähigkeit zur »Wiedergutmachung«, die über eine positive Identifikation mit den Eltern verläuft, entscheidend. Aufgrund seiner Abhängigkeit von der Mutter schwankt das Kind zwischen den widerstreitenden Wünschen, ganz mit der Mutter zu verschmelzen oder sich ganz von ihr zu lösen.

Ein erster, entscheidender Schritt im (notwendigen) Loslösungsprozess von der Mutter, in dem die Liebe zur Mutter auf »andere Interessens- und Lustobjekte« übertragen wird, ist das Abstillen, dessen Gelingen »eine Frage von höchster Bedeutung« ist (Klein 1974: 114). Gelingt es dem Kind nicht, die Befriedigung, die es aus der Mutterbrust zog, durch andere Befriedigungen zu ersetzen, so kann sich dies auf sein späteres Beziehungsleben verheerend auswirken – anstelle von »Liebe und Güte« dominieren dann »Haß und Gier« (Klein 1974: 148–151). Ihrerseits kann auch die Mutter zum Misslingen des Ablösungsprozesses und zu einer krankhaft-überstarken Bindung beitragen:

> Wenn die Mutter als Folge eines ungelösten Konflikts in der Vergangenheit ein zu starkes Schuldgefühl ihrem Kind gegenüber hat, ist sie möglicherweise so sehr auf die Liebe des Kindes angewiesen, daß sie vielfältige Mittel einsetzt, um es eng an sich zu binden und von sich abhängig zu machen. (Klein 1974: 108)

In dem als Mutter-Kind-Dyade bezeichneten Stadium ist der Säugling noch nicht imstande, sich als eine von der Mutter abgetrennte Einheit zu begreifen. Das Abstillen als eine der ersten Stationen des Individuierungsprozesses kann, wenn es nicht gut verläuft, psychische Störungen (»Haß und Gier«) zur Folge haben. Klein suggeriert, dass beide Seiten, Mutter und Kind, einen gelungenen Ablösungsprozess vereiteln können. So wie das Essen des Säuglings also die erste Lustquelle und Grundlage späterer Individuation ist, ist es zugleich die erste Frustrationsquelle und der mögliche Ursprung psychischer Störungen. Indem sich das Kind vom Körper der Mutter als erster Nährquelle löst,

»verschließt« es seinen Körper, der zuvor mit dem der Mutter verschmolz. Mit der Entscheidung, etwas zu essen oder nicht zu essen, übt es dann Kontrolle über die Körpergrenze des Mundes aus.

Von der Tatsache abgesehen, dass die Annahmen Freuds und Kleins wie selbstverständlich von der Mutter als nährender Person und der Brust als Nährquelle ausgehen, muss aus Sicht der heutigen Säuglingsforschung auch die starke Abhängigkeit des Kindes von der Mutter relativiert werden. Dessen ungeachtet gelten die ersten Nahrungserlebnisse des Säuglings und die nutritive Beziehung zwischen Mutter und Kind der Psychoanalyse auch gegenwärtig als Schlüssel für die spätere psychische Entwicklung.

So hat die deutschamerikanische Psychoanalytikerin Hilde Bruch 1973 eine äußerst einflussreiche These zum Ursprung von Essstörungen vorgelegt (*Eating Disorders*, dt. *Eßstörungen*), an der sich zahlreiche aktuelle Publikationen orientieren. Den Ursprung des Problems sieht Bruch in einem mangelnden Einfühlungsvermögen der Mutter gegenüber den Bedürfnissen des Kindes. Mit wenig Empathie begabte Mütter reagieren demnach inadäquat auf die Unlustäußerungen des Kindes, indem sie diese etwa mit der Gabe von Nahrung beantworten oder indem sie nicht angemessen Rücksicht auf die Nahrungsbedürfnisse des Kindes – etwa hinsichtlich des Zeitpunktes, der Nahrungsvorlieben, des Esstempos etc. – nehmen (Bruch 1994: 80–86). Unter Umständen handelt es sich auch um Mütter, die vom Zweifel geplagt werden, ihre Aufgabe nicht gut zu erfüllen. Sie halten sich daher eher an Erziehungsratgeber als an ihre eigene Intuition und versuchen, ein Modell von Perfektion »äußerlich« zu kopieren. Entsprechend lernt das Kind nicht, Hungerempfindungen von anderen Empfindungen (physischer Schmerz, Wut, Trauer) zu unterscheiden, und reagiert auf alle Unlustgefühle mit essen (Bruch 1994: 64–80). Freud, Klein und Bruch haben so eine Forschungstradition initiiert, die in der Mutter die Hauptverantwortliche für spätere Essstörungen sieht. Zugleich gelten Anorexie (Magersucht), Bulimie (Ess-Brech-Störungen) oder Hyperexie (Zu-viel-Essen, Esssucht) bis heute als spezifisch weibliche Krankheiten. Dies impliziert aber, dass alle Theorien zu Essstörungen notwendig immer auch mit impliziten oder expliziten *Gender*-Vorstellungen operieren. Daher sind Debatten über die Gültigkeit entsprechender Erklärungsmodelle meist auch mit Debatten über *Gender Theory* verknüpft.

Eating Trouble – Gender Trouble

Dass insbesondere die Anorexie als ein typisch »weibliches« Leiden gelten kann, lässt sich nicht zuletzt historisch motivieren. In seinen Büchern *Heißhunger. Historische Bedingungen der Bulimia nervosa* (1990) und *Zur Geschichte der Magersucht. Eine medizinpsychologische Rekonstruktion* (1994) hat Tilmann Habermas versucht, das Phänomen der Anorexie in der westlichen Gesellschaft vom Mittelalter bis zur Gegenwart einer historischen Analyse zu unterziehen – ein aufgrund der prekären Quellenlage nicht leichtes Unterfangen. Er kommt zu dem Schluss, dass alle von ihm besprochenen paradigmatischen Fälle krankhaften Fastens als eine speziell bei jungen Mädchen auftretende Form der Sexualabwehr zu verstehen sind, »wobei der Hunger als pars pro toto für den Trieb überhaupt steht« (Habermas 1990: 46). Habermas besteht aber darauf, die von ihm untersuchten Formen der Anorexie nicht mit der heutigen Magersucht gleichzusetzen. Vielmehr unterscheidet er zwischen drei historischen Typen der weiblichen Essensverweigerung.

Den asketischen Typus sieht er durch die Figuren der fastenden Heiligen der Frühen Neuzeit (12.–16. Jahrhundert) repräsentiert. Hier verbindet sich das Fasten mit einer religiösen Motivation und weist oft einen masochistischen Einschlag auf. Das »heilige Fasten« kann als Rebellion gegen die Rolle der Frau in einem patriarchalischen System angesehen werden, weil sich die späteren Heiligen durch das Fasten oftmals einer von der Familie verfügten Heirat entzogen, indem sie »dem Objekt des Streites, ihrem Körper, den Brautwert nahmen« (Habermas 1990: 46).

Den zweiten, passiv-hysterischen Typus stellen vom 16. bis ins 19. Jahrhundert die »Wunderfasterinnen« dar: Ihr Fasten ist nicht Teil eines im Kloster zugebrachten, auf das Jenseits gerichteten Lebens, sondern in einen Kontext körperlicher Krankheiten eingebettet (es handelt sich oft um junge Mädchen, die nach einer schweren Krankheit bettlägrig werden und die Nahrung verweigern). Die Mädchen spielten meist eine passiv erleidende Rolle; oft wurden sie von ihren Eltern als Spektakel vorgeführt – man möchte fast sagen, »vermarktet«, zumal bei vielen dieser Fälle Betrug vermutet oder auch entdeckt wurde (Habermas 1990: 57).

Ab dem 19. Jahrhundert habe sich dann der Typus der Magersüchtigen herausgebildet. Habermas verwirft den Ansatz, die schon 1554 erstmals beschriebene Chlorose (Bleichsucht) und die Hysterie als Vorformen der Magersucht zu betrachten. Zwar können bei diesen Krankheitsbildern Essstörungen auftreten (abnorme Gelüste und Ekel vor Fleisch bei der Bleichsucht; ostentatives Fasten bei der Hysterie), doch nur bei der modernen Magersucht steht Nahrungsverweigerung mit dem Ziel, abzunehmen, im Vordergrund.

All den besprochenen Störungen sei gemein, dass sie mit weiblichen Pubertätskonflikten zu tun hätten (Habermas 1990: 66). Und in allen werde der Körper zu einem Medium, um ein diffuses Unwohlsein auszudrücken – ein Unwohlsein, das anders (in artikulierter Sprache) nicht ausgedrückt werden kann oder *darf.* Doch während die fastende Heilige des Mittelalters – wie Habermas am Beispiel der Caterina von Siena darlegt – durch ihr Fasten den Eintritt ins Kloster und somit eine reale Lösung von dem patriarchalischen System, dem sie sich verweigern will, durchsetzt (Habermas 1990: 46 f.), kann das abnorme Essverhalten der Bleichsüchtigen auch durch den Wunsch bedingt sein, dem zeitgenössischen Schönheitsideal zu entsprechen. Die

Ambivalenz, die all den soeben besprochenen Fällen von Essstörung anhaftet, ist, dass man meist schwer entscheiden kann, ob die Fastende »effektiv« gegen das System rebelliert oder ob sie sich nicht vielmehr gerade den unausgesprochenen Regeln dieses Systems beugt. Die fastende Frau mag ihren Körper dem Heiratsmarkt entziehen – als bleiches, ätherisches Wesen fügt sie sich aber auch einer alten männlichen Vorstellung, wie eine wahrhaft edle Frau auszusehen hat.

Habermas' These, dass (weibliche) Anorexie in verschiedenen Epochen unterschiedliche Formen annimmt, lässt sich auch mit Blick auf die Studien des Psychoanalytikers Massimo Recalcati bestätigen. Recalcati hat in einer rezenten Studie (*L'uomo senza inconscio*, 2010) die These aufgestellt, dass wir uns auf eine Zeit zubewegen, in der die Menschen kein Unbewusstes mehr haben werden. Denn was sollen sie, in einer Welt der Tabulosigkeit und der unmittelbaren Wunschbefriedigung, noch insgeheim begehren, was sollen sie verdrängen? Erstreben kann man dann höchstens noch einen Körper, der sich dem Kreislauf des Begehrens und Begehrtwerdens entzieht – einen »geschlossenen«, anorektischen Körper, eine geschlossene, kompakte, selbstgenügsame Monade (Recalcati 2010: 91). Recalcatis These legt es nahe, auch für die moderne Magersucht (vom 19. bis ins 21. Jahrhundert) eine Periodisierung vorzunehmen. Wenn Magersucht in Freuds Zeiten nämlich noch als eine Körpersprache gelten kann, mit der Frauen unbewusste Konflikte mit der eigenen Sexualität ausdrücken, so scheint in der sexuell befreiten Kultur der Gegenwart, in der Zeit des »unbewusstlosen Menschen«, nicht mehr die Sexualität, sondern das Essen selbst das eigentliche Problem darzustellen. Anders gesagt: Nicht mehr das Thema Sex ist jetzt tabu, sondern das Thema Essen – und ganz besonders das Thema »Dicksein« (vgl. dazu jetzt Barlösius 2014). So gesehen, verweist der Körper der Magersüchtigen heute nicht mehr auf etwas anderes (sexuelle Probleme), sondern auf sich selbst: der magere Körper an sich ist das Ziel. Das bedeutet jedoch nicht, dass dieser Körper eine ihm bereits innewohnende Bedeutung enthielte. Wie man ihn liest, ist wiederum eine Frage der Interpretation – und der Perspektive.

So kann man die These aufstellen, dass der magersüchtige Körper eine (absurde) Bestrebung darstellt, dem gegenwärtigen Schönheitsideal zu genügen, oder aber, mit Massimo Recalcati, dass er nach totaler, kompakter Autarkie strebt (Recalcati 2010: 91). Umstritten ist auch, ob man die Anorexie der Gegenwart als Revolte gegen das patriarchalische System oder aber gerade als Bestätigung dieses Systems anzusehen habe. Tatsächlich mussten sich Feministinnen, die sich in den 80er Jahren der weiblichen Essstörungen annahmen, zunächst gegen Vorwürfe von Medizinern verteidigen, sie würden Magersucht als eine Rebellion gegen das Patriarchat zelebrieren und so Leiden und Hilfebedürfnis der Patientinnen nicht ernst nehmen. In Wirklichkeit, meint die feministische Philosophin Susan Bordo, wandten sich die Feministinnen gegen eine Pathologisierung von Anorexie und Bulimie. Diese führte weibliche Essstörungen auf pathogene Faktoren biologischer, psychologischer oder familiärer Art zurück und ging davon aus, dass Essstörungen mit anderen, klinisch erfassten Störungen (depressive oder affektive Störungen, Wahrnehmungsstörungen) verknüpft sein müssten (Bordo 1993: 45–50). Auch das schon erwähnte einflussreiche Buch *Eßstörungen* der Psychologin Hilde Bruch (*Eating Disorders*, 1973) trug relativ wenig zu einer Perspektivierung der Essstörungen aus Sicht der *Gender Studies* bei. Zwar bieten die von Bruch beschriebenen empathielosen Mütter, in denen sie die Ursache der Essstörungen ihrer Patienten sieht, sehr wohl Ansätze für eine feministische Interpretation. So handelt es sich bei diesen Müttern typischerweise um Frauen, die ihre Karriere zugunsten der Mutter- und Hausfrauenrolle aufgegeben haben und sich in dieser Rolle unwohl oder inkompetent fühlen (Bruch 1994: 108 f.). Auch räumt Bruch durchaus ein, dass die »Besessenheit der westlichen Welt vom Schlanksein« eine wesentliche Rolle bei der Entstehung von Essstörungen spielen kann (Bruch 1994: 116). Doch Bruch ging es in erster Linie darum, die daraus resultierenden Wahrnehmungsstörungen der essgestörten Patientinnen zu beschreiben: eine mangelnde Fähigkeit, Hungergefühle von anderen Gefühlen des Unwohlseins zu unterscheiden, sowie eine verzerrte Wahrnehmung des eigenen Körpers. Im Fall von Anorexie lautete Bruchs These, dass Magersüchtige ihren (ausgemergelten) Körper als dick wahrnehmen, weshalb sie ihr lebensgefährliches Fasten fortsetzen; dagegen hätten Übergewichtige (und oft auch deren Mütter) eine unzureichende Wahrnehmung ihrer Fettleibigkeit (Bruch 1994: 117–121).

Gegen eine solche klinische Pathologisierung also vertraten die *Gender Studies* der 80er Jahre die These, dass das soziokulturelle Umfeld der wahre Auslöser für essgestörtes Verhalten sei. Es ging darum, Essstörungen nicht mehr als ein Problem darzustellen, das nur pathologische Fälle betraf, sondern jede Frau etwas anging. Zwar sind nicht alle Frauen essgestört, doch sie alle haben – so Susan Bordo – ein schwieriges Verhältnis zu ihrem Körper. Die Medien nämlich konfrontierten Frauen unaufhörlich mit extrem dünnen Schönheitsikonen, die zudem beständig dünner würden, wie Bordo durch den Vergleich von Werbebildern aus den 60er und den 90er Jahren zeigt (Bordo 1993: 57–59). Magersüchtige Frauen, so Bordo, interpretieren diese Bilder keineswegs »falsch«, sie leiden auch nicht an einer gestörten Wahrnehmung ihres eigenen Körpers. Vielmehr interpretieren sie den Appell, den die Bilder dürrer Models transportieren, völlig korrekt. Frauen von heute haben demnach keinesfalls mit einem »unbewussten«, sondern vielmehr mit einem allzu bewussten Problem zu tun: dem Problem, mit einer sich unaufhörlich steigernden Anforderung an den »perfekten« Körper nicht mithalten zu können. Das Dilemma wird dadurch verschärft (dieser Befund gilt heute mehr denn je), dass die Werbung die Verbraucher mit zwei völlig widersprüchlichen Botschaften konfrontiert: Einerseits werden wir dazu aufgefordert, zu genießen und zu konsumieren, andererseits dazu, unseren Körper und unseren Appetit durch Diät und Fitness zu formen und zu disziplinieren (Bordo 1993: 199).

Freilich könnte man nun einwenden, dass in der Gegenwart auch Männer zunehmend unter dem Druck der körperlichen Perfektionierung stehen. Man hat längst begonnen, über männliche Essstörungen zu debattieren, und auch männliche Sportsucht oder Schönheitsoperationen bei Männern reflektieren einen wachsenden Druck, sich dem herrschenden Schönheitsideal (das überdies immer mehr androgyne Züge anzunehmen scheint) anzupassen. Dennoch gilt auch für die Werbung von heute noch, was Susan Bordo für die 90er Jahre konstatierte: Wenn es um das Essen geht, wird Frauen ein weit höheres Maß an Selbstkontrolle abverlangt. Zwar können in der Lebensmittelwerbung sowohl Männer als auch Frauen für Schokolade werben. Die Art jedoch, in der genießerische Transgression inszeniert wird, weist subtile Differenzen auf. Eine Frau kann dargestellt werden, während sie eine kleine Portion Schokolade, etwa eine Praline genießt. Undenkbar wäre es jedoch, sie so zu zeigen, wie es eine Häagen-Dazs-Werbung von 1989 tut. Hier taucht ein Mann in ein Meer von Schokoladeneiscreme ein (Bordo 1993: 108).

Frauen dürfen der süßen Versuchung allenfalls nachgeben, wenn es sich um Light-Produkte handelt: Ein deutsches Pendant zu der von Bordo vorgestellten Werbung für ein zuckerfreies Dessert (Bordo 1993: 112) wäre etwa die Joghurette-Werbung. Nach wie vor scheint zu gelten, dass enthemmtes Naschen bei Männern sympathisch wirkt – vielleicht weil es die Vertreter des »starken« Geschlechts in eine kindlich-regressive Position versetzt. Bei Frauen wirkt es abstoßend, lächerlich oder auch beängstigend – man denke an den ungeheuren Appetit der üppigen Andréa in Marco Ferreris Schockfilm *Das große Fressen* (1973), auf den am Ende dieses Kapitels noch zurückzukommen sein wird, oder an die dicke Hausfrau Evelyn Couch in *Fried Green Tomatoes* (1991).

Wenn man also weibliche Essstörungen in der Gegenwart als Revolte gegen das Patriarchat deutet, so muss man genau differenzieren. Diese Position ist gewiss unhaltbar, wenn sie

Magersucht als eine bewusste und selbstbewusste Rebellion gegen eine patriarchalische Objektifizierung des weiblichen Körpers auffasst. Schließlich erscheint die Anorexie (aber letztlich auch die Bulimie, die ja ebenfalls eine Form der Nahrungsverweigerung ist) gleichsam als eine Übererfüllung des gesellschaftlichen (männlichen) Schönheitsideals. Zwar mag sich die Magersüchtige dabei zugleich ihrer Rolle als Sexualobjekt und als potentielle Mutter entziehen – wenn ihr Tun jedoch als ein »Hungerstreik« (Susie Orbach 1987) verstanden werden kann, so handelt es sich allenfalls um eine unbewusste, ohnmächtige Form des Protestes. Susie Orbach und Susan Bordo verstehen folglich Essstörungen als »wortlose« Äußerungen des Unbehagens in einer Kultur, die es den Frauen antrainiert hat, ihre Esslust schamhaft zu unterdrücken und ihren Körper durch harte Disziplin zu ästhetisieren (Bordo 1993: 176). Die Essgestörte selbst kann dabei dezidiert antifeministisch eingestellt sein – ihr ausgezehrter Körper fungiert dennoch als ein stummes Zeichen des Protestes.

*

Dass Essstörungen bis heute vorwiegend als ein »Frauenproblem« gelten, ist aus Sicht der soeben vorgestellten feministischen Studien nur konsequent: »Eating Trouble« ist Teil des gesellschaftlich verantworteten »Gender Trouble«. Doch auch wenn Übergewicht bei Männern auf eine weit größere gesellschaftliche Toleranz stößt, leiden auch (und vermutlich zunehmend) Männer unter Essstörungen und dem Druck, medial propagierten Schönheitsvorstellungen zu entsprechen. In den letzten Jahren sind vereinzelte Studien erschienen, die Essstörungen bei Männern oder ein besonderes Ernährungsverhalten (zum Beispiel Veganismus) bei Männern in den Vordergrund rücken. Bei einigen dieser Studien zeichnet sich eine Tendenz ab, die Florian Mildenberger als »Gender-Falle« bezeichnet hat. Er zeigt, auf welche Weise etwa die Annahme, homosexuelle seien mehr als

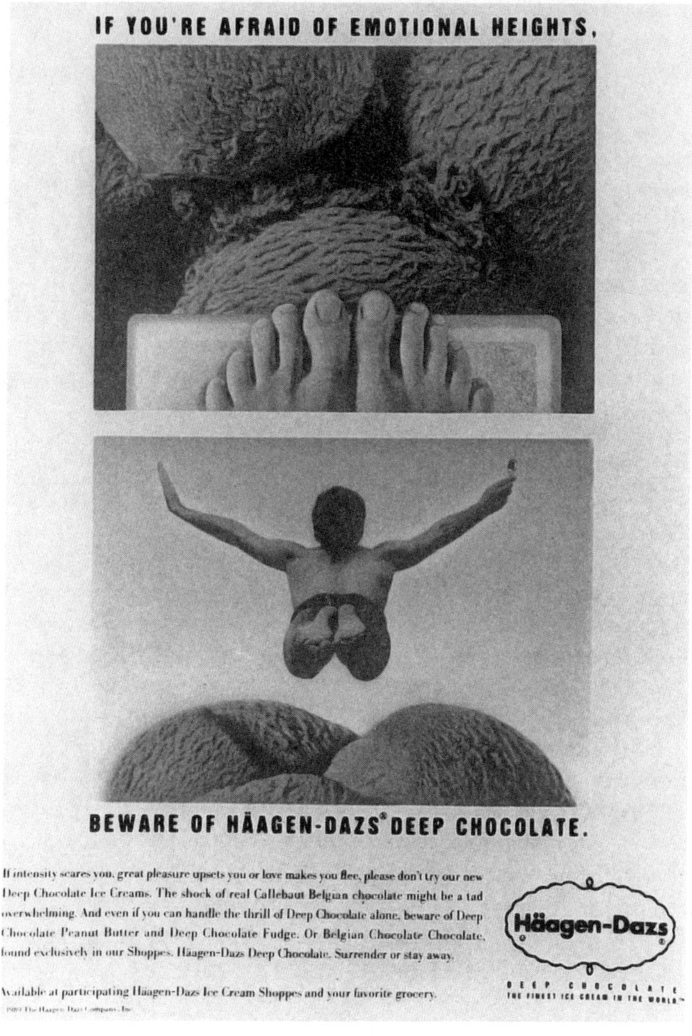

Abb. 3: »Männlicher« Appetit: Häagen-Dazs-Werbung von 1989 (nach Bordo 1993: 108)

Abb. 4: »Weiblicher« Appetit: Werbung für ein Diät-Dessert (nach Bordo 1993: 112)

heterosexuelle Männer für »weibliche« Krankheiten wie Magersucht anfällig, zu einer Repathologisierung der Homosexualität führen kann (Mildenberger 2009: 381–398): »In den letzten 10 bis 15 Jahren suggerierten vornehmlich angloamerikanische Ärzte, dass diese Essstörungen zunehmend häufiger bei homosexuell veranlagten Männern aufträten« (Mildenberger 2009: 381). So wird Homosexualität in einer 2002 veröffentlichten Studie als ein besonderer »Risikofaktor« für den Ausbruch von Essstörungen angesehen, während verschiedene amerikanische und englische Studien suggerieren, »dass eine homosexuelle Veranlagung die Therapierung von Essgestörten erschwere« (Mildenberger 2009: 385). Mildenberger zufolge haben Biologen und Ärzte, die Anorexie und Bulimie bei Männern als »unmännlich« stigmatisieren, zwar die von der Dekonstruktion ausgelöste Genderdebatte durchaus rezipiert, sie jedoch missverstanden, indem sie in ihr eine Möglichkeit zur Normierung von Rollenvorstellungen (und zur Pathologisierung »abweichenden« Verhaltens) sahen (Mildenberger 2009: 386f.).

Die Gefahr, die Mildenberger in diesem Repathologisierungstrend sieht, ist die durch finanzielle Interessen des Gesundheitswesens geförderte »Entdeckung« einer neuen Patientengruppe. Wie vorurteilsbehaftet diese Tendenz ist, zeige sich in dem neuesten Trend, der darauf abziele,

> Homosexuelle mit Essstörungen in einen direkten Kontext zu gewaltbehafteten sexuellen Erfahrungen in ihrer Kindheit und Jugend zu setzen. Dies impliziert eine indirekte Verschränkung von Homosexualität und Pädophilie und passt vorzüglich in den aktuellen gesellschaftspolitischen Diskurs in den USA, aber auch in Mitteleuropa. (Mildenberger 2009: 390)

Arbeiten, die einen Nexus zwischen männlicher Homosexualität und Anorexie postulieren, gehen dabei in der Regel von einer Verunsicherung der Männer in ihrer »Geschlechtsrollenidentität« aus, die sich dann wiederum entweder zu einer Überidentifikation mit männlichen Rollenattributen oder einer Ablehnung derselben entäußern könne:

> Fichter & Daser stellten die Hypothese auf, daß typisch weibliche Verhaltensweisen bzw. atypisches Geschlechtsrollenverhalten und eine nicht ausreichend konsolidierte Geschlechtsrollenidentität bei Jungen / Männern der Entwicklung einer Anorexia nervosa Vorschub leisten könnten. Die Autoren untersuchten 42 Männer, von denen die meisten unter einer Anorexia nervosa vom bulimischen Typus litten, und fanden in vielen Fällen eine geringe Identifikation mit dem Vater (wobei in 33 % der Fälle der Vater getrennt von der Familie lebte bzw. verstorben war) und eine unzureichende Übernahme männlicher Rollenattribute. Durch die Aufweichung traditioneller Rollenmuster scheint bei Männern eine Verunsicherung stattzufinden, die sich entweder in einer Überidentifikation mit männlichen Rollenattributen oder der Ablehnung derselben [...] äußern kann. (Krenn 2004: 32)

Demnach leiden sowohl homosexuelle Männer als auch sich selbst als zu dick empfindende Frauen an der Meinung, ein vorgegebenes, gegendertes Körperideal nicht hinreichend zu erfüllen: Ihre Essstörung kann entweder als Resultat von Anpassungsversuchen oder einer bewussten Rebellion gegen das Ideal gewertet werden. Dass in dem vorliegenden Zitat von einer »unzureichenden Übernahme männlicher Rollenattribute« die Rede ist, zeigt, von welchen geschlechternormierenden Prämissen der von Mildenberger kritisierte medizinische Diskurs ausgeht. Man fragt sich, ob die Autoren als Kur gegen die beschriebenen Essstörungen eine Orientierung an traditionellen Rollenmustern vorschreiben würden. Fest steht, dass die beeindruckende Variationsbreite heutiger Essstörungen – Magersucht, Bulimie, *binge eating*, Orthorexie – es mehr denn je verbietet, monokausale Deutungsmuster vorzuschlagen oder auch die unterschiedlichen Phänomene als »typisch weiblich« (oder »typisch männlich«) zu etikettieren.

Geht man von der Annahme aus, dass Essstörungen aus einem irgendwie beschädigten Verhältnis zwischen Körper und Psyche rühren, dann darf man nie vergessen, dass eventuelle Unterschiede zwischen Essstörungen bei Männern oder Frauen nie biologisch, sondern allenfalls gender-typisch bedingt sein können. Eben weil die Sprache des Körpers aus psychoanalytischer Sicht als eine unwillkürliche, triebgesteuerte erscheint, gerät man allzu leicht in Versuchung, sie als Kronzeugin für wesentlich-unverrückbare, letzte Wahrheiten zu betrachten.

Es wird nun darum gehen, aufzudecken, auf welche Weise ein essentialistisches Bild von der Mutter und ihrer Beziehung zum Kind dazu beitragen kann, ein essentialistisches Gender-Konzept zu verstärken. Ebenso wie man der Medizin ein reduktives Menschenbild anlasten kann, zeichnet sich insbesondere unter den klassisch-psychoanalytisch orientierten Theorien eine gewisse Tendenz zur Monokausalität ab. Dies gilt ganz besonders für den enormen Einfluss, der dem mütterlichen Verhalten auf die Entwicklung des Kindes zugeschrieben wird. Wie im folgenden Punkt und auch in Kapitel 6 gezeigt werden soll, ist die derart postulierte Rolle der Mutter als Spenderin physischer und »seelischer« Nahrung ein wesentlicher Bestandteil eines Mutter-Mythos, der überzeitlich zu sein scheint, jedoch auch im aktuellen soziopolitischen Diskurs eine nicht zu unterschätzende Rolle spielt.

Böse Brust, böse Mutter

Der psychoanalytische Ansatz

Biologisch gesehen, ist die Frau *immer* die erste Nahrungsspenderin des Kindes, das ja schon im Mutterleib von ihr mit Nährstoffen versorgt wird. In der Regel behält die Frau diese ihr auf den Leib geschriebene Rolle, die ihr eine hohe Verantwortung aufbürdet, auch ein Leben lang bei. Mütter oder Ehefrauen, die sich ihrer Aufgabe entziehen wollen, werden als böse Mütter und schlechte Partnerinnen stigmatisiert. Wie hartnäckig sich die Assoziation »böse Mutter – schlechte Ernährerin« in Psychoanalyse,

Literatur und Medien bis heute gehalten hat, soll im Folgenden gezeigt werden. Dabei soll es nicht darum gehen, die These des Zusammenhangs zwischen mütterlichem Ernährungsverhalten und späterer Essstörung des Kindes gänzlich abzustreiten. Es soll jedoch gezeigt werden, auf welche Weise monokausale Deutungen zu reduktiven Erklärungsmustern und zur Perpetuierung von Gender-Klischees beitragen können.

Sieht Melanie Klein in der »bösen Mutter« den *einen* Teil der vom Säugling konstruierten Mutter-Imago, so vertritt die Psychoanalytikerin Catherine Herriger die These, dass sich frustrierte, unter Minderwertigkeitskomplexen leidende Mütter in regelrecht »böse« Mütter verwandeln können, die ihre Töchter (bewusst oder unbewusst) kastrieren, indem sie ihnen die eigenen Minderwertigkeitsgefühle einpflanzen. In ihrem Buch *Die böse Mutter. Warum viele Frauen dick werden und bleiben. Die Ursachen weiblicher Ess-Sucht* (1988/2009) macht Herriger die Figur der bösen Mutter zum Schlüssel für das Rätsel weiblicher Essstörungen. Die Tatsache, dass heute weit weniger Männer an Essstörungen leiden, ist Herriger zufolge nicht primär darauf zurückzuführen, dass ein dicker Mann in unserer Gesellschaft mehr Akzeptanz findet (Herriger ^{2}2009: 19). Auch seien die bekanntesten Erklärungsmodelle für Ess-Sucht, wie etwa die des übermäßigen Essens als gesellschaftlicher Protest, als Frustreaktion oder Vermeidungs- und Verlagerungsverhalten oder schließlich als ein Verführtwerden zum Konsum nur partiell zutreffend. Als entscheidend sieht Herriger vielmehr bei den von ihr therapierten rund 700 Fällen von Frauen, neben Minderwertigkeitskomplexen, getrübter Wahrnehmung des eigenen Essverhaltens (Fressattacken werden weitgehend verleugnet) und unbefriedigendem sexuellen Erleben, eine »ausgesprochen starke, wenn auch häufig ambivalente bis feindselige Beziehung« zur Mutter:

> Es ist, als wäre bei ihnen die Nabelschnur nie wirklich durchtrennt worden, unabhängig davon, wie groß die geographische Distanz sein mag oder ob die Mutter inzwischen verstorben ist. Die Mutter beziehungsweise deren Schatten beherrscht im

> Positiven wie im Negativen das Leben esssüchtiger Frauen. (Herriger [2]2009: 24)

Dabei geht es Herriger nicht um eine einseitige Schuldzuweisung an die Mütter. Vielmehr betont sie die Verantwortungslast, der Mütter, die ihr erstes Kind bekommen, meist recht unvorbereitet entgegengehen. Dass die Mutter und nicht etwa der Vater in den analysierten Fällen esssüchtiger Patientinnen die Rolle der Hauptverantwortlichen spiele, liege daran, dass eben sie die primäre Identifikationsfigur für die Tochter sei. Zugleich seien die »bösen Mütter« in der Regel selbst Opfer, gefangen in Minderwertigkeitskomplexen, einer unbefriedigenden Beziehung, finanzieller Abhängigkeit:

> Eine derartige Mutter (miss)braucht ihre noch unreife, anhängliche und willige Tochter, um sich ihren eigenen Minderwertigkeitsgefühlen zum Trotz immer wieder die Bestätigung zu holen, dass sie eigentlich gut funktioniert, kaum je Fehler macht, dass in ihrem Leben eigentlich alles in bester Ordnung und keinesfalls verbesserungswürdig sei. Dadurch stempelt sie ihre Tochter ungewollt zur Mitwisserin und damit Komplizin ihrer komplizierten Lebenslügen. (Herriger [2]2009: 37)

Wie Herriger anhand ausgewählter Fallbeispiele zeigt, »kastrieren« böse Mütter ihre Töchter, indem sie ihnen Minderwertigkeitsgefühle bezüglich ihres Aussehens sowie der Berufs- und Partnerwahl einpflanzen und ihnen Sexualität als etwas »Schlechtes« darstellen. Die Essstörung wird in den Fallgeschichten meist als unbewusste Reaktion auf den Konflikt mit der Mutter dargestellt. So heißt es in dem autobiographischen Bericht der Patientin Céline:

> Nun war ich verheiratet und hatte mir auch beruflich ein glückliches und erfolgreiches Leben erarbeitet. Doch dann stellten sich bei mir zunehmend Essstörungen ein. Ich war nie schlank gewesen, aber nun aß ich wirklich zu viel, gierig und anfallartig. Es war, als wollte etwas in mir meiner Mutter recht geben, die ja schon immer mein Gewicht und mein Aussehen herabgesetzt und bemängelt hatte. (Herriger [2]2009: 50)

Eine Heilung gelingt den Töchtern nur, wenn sie sich von ihrer bösen Mutter distanzieren, wie Herriger anhand des Aschenbrödel-Märchens veranschaulicht. Die Autorin deutet das Märchen als eine symbolische Darstellung des Mutter-Tochter-Konflikts. Dabei verkörpert Aschenbrödels echte Mutter die gute, die Stiefmutter hingegen die böse Mutter-Imago. Der Tod der guten Mutter bedeute, dass die destruktiv-narzisstischen Impulse der Mutter überhandnehmen, so dass nur noch die böse Mutter übrig bleibt:

> Die Stiefmutter steht stellvertretend für eine negative, gleichgültige Seite der Mutter (die Aschenbrödel allein zurücklässt), die Bösartigkeiten der Stiefschwestern weisen auf die bereits verdrängte beziehungsweise abgespaltene Wut und Aggression Aschenbrödels, der Tochter, hin. (Herriger ²2009: 66)

Während es Aschenbrödel gelingt, sich trotz des desinteressierten, schwachen Vaters und der destruktiven, bösen Mutter selbst zu verwirklichen – der weiße Vogel, der ihr zu den Ballkleidern verhilft, steht hier für einen »kreativen und aktiven Instinkt« (Herriger ²2009: 66), verbleiben jene Töchter, die sich nicht von der bösen Mutter zu distanzieren vermögen, in ihrer Aschenbrödel-Rolle. Die Essstörungen, die sie typischerweise entwickeln, bestätigen die Geringschätzung der Tochter durch die Mutter.

Ob nun jede weibliche Essstörung auf eine »böse« Mutter zurückgeführt werden muss, ob auch bei den von Herriger erzählten Fallgeschichten nicht auch andere Faktoren eine Rolle spielen könnten, sei dahingestellt. Sicher ist, dass das Motiv der bösen Mutter wie ein Archetyp im kollektiven Unterbewussten verankert ist. Nicht im Aschenbrödel-Märchen, sondern in der Geschichte von *Hänsel und Gretel* und in *Schneewittchen* ist das Motiv eng mit dem der Nahrungsaufnahme verknüpft. Sozialgeschichtlich ist *Hänsel und Gretel* wohl durch Hungererfahrung und eine kompensatorische Schlaraffenlandphantasie motiviert; zugleich ist es jedoch auffällig, dass Hunger und Überfluss an zwei komplementäre Figurationen der bösen Mutter geknüpft werden. Die Stiefmutter, die Hänsel und Gretel in den Wald schickt, will die Kinder verhungern lassen, sie gibt ihnen »zu wenig«. Die Hexe, die sie mit Zuckerwerk verführt und gefangen nimmt, gibt ihnen »zu viel« – sie möchte Hänsel »auffressen«, das heißt ihn für immer bei sich behalten. Psychoanalytisch gedeutet, verhält sich die Mutter in beiden Fällen zu wenig empathisch: Sie verweigert dem Kind Nahrung und damit auch Zuneigung, oder sie gibt ihm zu viel Nahrung und hindert es an der Abnabelung. Auch in *Schneewittchen* gibt es eine böse Stiefmutter, die ihre Tochter mit einer tödlichen Nahrungsgabe – dem vergifteten Apfel – vernichten, psychoanalytisch gesprochen »kastrieren« möchte.

Freilich: Märchen gebrauchen polyvalente Symbole; durch diese prinzipielle Offenheit sind sie für die Veranschaulichung vielfältiger psychoanalytischer Theoreme geeignet. Und doch beschwört Herriger mit ihrem monokausalen Deutungsansatz ein Phantasma herauf, das fest im kollektiven Unbewussten verankert zu sein scheint. Es kehrt auch in Gegenwartsromanen wieder, die sich mit der sozialen Rolle der Frau auseinandersetzen. So suggerieren auch die (im weitesten Sinne) feministischen Romane von Margaret Atwood, Laura Esquivel und Amélie Nothomb einen Zusammenhang zwischen einer bösen Mutter und der Entwicklung von Essstörungen. Zugleich zeigen sie exemplarische Lösungswege für die Töchter auf.

Narrative Ausgestaltungen

Für Esssucht beziehungsweise Magersucht werden die beiden »bösen« Mütter in den Romanen *Lady Orakel* (*Lady Oracle*, 1976) von Margaret Atwood und *Im Namen des Lexikons* (*Robert des noms propres*, 2002) von Amélie Nothomb verantwortlich gemacht. Dabei wächst Joan, Atwoods Romanheldin, in den 40er/50er Jahren in Toronto auf, während sich Nothombs modernes Magersucht-Märchen zu Beginn des 21. Jahrhunderts in Paris abspielt. Wie in Bruchs Theorie leiden beide Mütter an Minderwertigkeitskomplexen, während die Väter im Hinter-

Abb. 5: Schneewittchen mit dem Apfel (Foto: Stefan Weber)

grund verbleiben. So schildert Joan ihre Mutter rückblickend als eine frustrierte Hausfrau, die trotz ihrer strikten Orientierung am vorgegebenen Rollenbild letztlich scheitert und alkoholabhängig wird:

> Sie sagte oft, niemand schätze sie, und das war keine Paranoia. Niemand schätzte sie, obwohl sie alles richtig gemacht hatte, sie hatte ihr ganzes Leben uns gewidmet, sie hatte ihre Familie zu ihrer Karriere gemacht, wie es ihr beigebracht worden war, und was war daraus geworden? Ein mürrischer Fettkloß von Tochter und ein Ehemann, der nicht mit ihr redete. (Atwood 1997: 221).

Joan ist allerdings der Meinung, ihre ehrgeizige Mutter habe sie, ihre pummelige Tochter, allzu früh aufgegeben. Unterhaltungen ihrer Eltern entnimmt sie, dass sie alles andere als ein Wunschkind war, und so wird ihr das Essen zu einem Mittel der Selbstbehauptung:

> […] ich aß aus Trotz ihr gegenüber, aber auch aus Panik. Manchmal fürchtete ich, nicht wirklich da zu sein, ich war

> ein unglücklicher Zufall. Ich hatte gehört, wie sie mich als Unglücksfall bezeichnete. Wollte ich deshalb massiv werden, massiv wie ein Stein, damit sie mich nicht mehr loswerden konnte? (Atwood 1997: 93)

Die Erzählerin deutet ihre kindliche Esssucht also als Trotzreaktion gegenüber der Mutter – über ähnliche Aussagen von Patientinnen berichtet der Psychotherapeut Gérard Apfeldorfer (Apfeldorfer 2002: 232). Tatsächlich zieht sie der Mutter gegenüber aus ihrer Fettleibigkeit eine gewisse Befriedigung:

> [...] sie sahen meine Fettleibigkeit als eine unglückliche Behinderung [...] statt als erfolgreiche Gegenwehr, als den Sieg, der sie war [...]. Nur in bezug auf meine Mutter zog ich ein mißmutiges Vergnügen aus meinem Gewicht [...]. (Atwood 1997: 88)

Als »mürrischer Fettkloß« verkörpert Joan das exakte Gegenbild der ehrgeizigen Träume ihrer Mutter. Als es der jungen Frau jedoch tatsächlich gelingt, abzunehmen, tritt die Ambivalenz des mütterlichen Verhaltens voll zutage. Hatte die Mutter Joan zuvor beständig zum Abnehmen gedrängt, so scheint sie nun mit dem Gewichtsverlust der Tochter unzufrieden:

> Sie fuhr fort zu backen und ließ Kuchen und Plätzchen in der Küche herumliegen, wo sie mich in Versuchung führen sollten, und plötzlich fiel mir auf, daß sie das, wenn auch weniger häufig, schon immer getan hatte. Während ich dünner wurde, wurde sie verwirrt und unsicher. [...] Die einzige Erklärung, die ich für ihr Benehmen finden konnte, war, daß meine Abmagerungskur ihr letztes erreichbares Projekt gewesen war. Mit den Häusern war sie fertig, nichts blieb ihr mehr zu tun, und sie hatte fest damit gerechnet, daß ich ihr ewig bleiben würde. (Atwood 1997: 152)

Als Joan ihrer Mutter eröffnet, dass sie baldmöglichst ausziehen möchte, geht diese mit einem Küchenmesser auf sie los (Atwood 1997: 153). Daraufhin verlässt Joan fluchtartig ihr Elternhaus und hat seither keinen Kontakt mehr zur Mutter.

Dagegen geschieht die von Herriger postulierte Spaltung der

Mutterfigur in eine gute und eine böse Mutter bei Nothomb durch einen spektakulären Kunstgriff. Lucette, die (dem Märchenschema zufolge) gute Mutter, erscheint dem gesunden Menschenverstand des Lesers zunächst keineswegs als solche. Nicht nur mutet sie ihrer Tochter den unmöglichen Namen Plectrude zu, der deren Außergewöhnlichkeit zum Ausdruck bringen soll. Nein, sie tötet auch den Vater des Kindes – ihre Tat wird sie später damit rechtfertigen, dass sie ihn als mittelmäßig empfunden habe – und später sich selbst. Das Baby wird von Lucettes Schwester Clémence adoptiert und gemeinsam mit zwei älteren Töchtern wie ein eigenes Kind aufgezogen. Clémence erscheint also zunächst als die gute Ersatzmutter. Augenscheinlich zieht sie das Kind sogar den beiden eigenen vor, denn sie erschafft für Plectrude, deren graziles Aussehen ihre auch von Clémence anerkannte Außergewöhnlichkeit bestärkt, eine Welt mit ganz eigenen Regeln. So darf Plectrude bei der Mutter zu Hause bleiben, sich mittags von Süßigkeiten ernähren und in Prinzessinnengewänder hüllen. Ihr Wunsch, Ballerina zu werden, wird enthusiastisch gefördert. Mit zwölf Jahren wird Plectrude in einer elitären Ballettschule aufgenommen. Unter dem Druck der Lehrer entwickelt sie eine Magersucht, die von der Mutter geflissentlich übersehen wird. Zwar ist diese aufrichtig überzeugt, nur das Glück ihrer Tocher zu wollen, in Wirklichkeit lebt sie jedoch über die Tochter die eigenen frustrierten Ambitionen aus (Nothomb 2004: 112). Als Plectrude das Tanzen infolge schwerer gesundheitlicher Probleme aufgeben muss, fühlt sich die Mutter von ihr verraten. Während die Tochter die Magersucht aus eigener Kraft überwindet, entwickelt sich Clémence zur bösen Stiefmutter. Sie kritisiert die immer noch grazile Plectrude als »übergewichtig« und enthüllt ihr und den Schwestern das Geheimnis von Plectrudes Herkunft. »Wundersamerweise« entwickelt Plectrude daraufhin keine Essstörung (Nothomb 2004: 127). Vielmehr verspürt sie erstmals Hass auf Clémence und beschließt, sich von ihr nicht »töten« zu lassen (Nothomb 2004: 128). Als sie ihre physische Ähnlichkeit zur verstorbenen

Mutter entdeckt, glaubt sie, deren Schicksal teilen zu müssen. Doch dann erscheint, in einem abermals märchenhaften Finale, ein rettender »Prinz«.

Durch die ambivalente Mutterfigur Clémence inszeniert Nothomb einen typischen Konflikt der Mutterrolle. Clémence, die schon ihrer jüngeren Schwester gegenüber als verantwortungsbewusste Mutter auftrat, scheint eigentlich dazu prädestiniert, die Rolle der vernünftigen Ernährerin zu spielen. Doch die Anwesenheit der außergewöhnlichen Plectrude ermöglicht ihr, ein kindliches, lustbetont-narzisstisches Ich auszuleben, das sie bisher verdrängt hatte (Nothomb 2004: 24). Gemeinsam mit Plectrude wird sie zur Befürworterin eines kindlichen Lustprinzips – und einer Perspektive, die das Essen nicht als Ernährung, sondern als Lustquelle betrachtet. Erst nachdem sich ihr Narzissmus in skrupellosen Ehrgeiz verwandelt hat, wird sie zur Lustzerstörerin. In ihrer blinden Identifikation mit der Tochter erkrankt sie zunächst selbst an Magersucht, nachdem die unterernährte Plectrude aufgrund akuter Osteoporose ins Krankenhaus eingeliefert werden musste. In der Szene, in der Plectrude erstmals die Feindseligkeit ihrer Mutter erkennt, glaubt sie zunächst, diese trösten zu können, indem sie vor ihren Augen ein Stück Schokolade isst:

> – Schau, Maman, ich esse! […]
>
> – Es ist Milchschokolade, Maman, voller Kalzium. Das ist gut für mich.
>
> So war das also, essen? Ihre Eingeweide zuckten zusammen, ihr Magen empörte sich, sie glaubte, gleich umzufallen, aber sie wurde nicht ohnmächtig: sie übergab sich nur – auf ihre Knie.
>
> Gedemütigt und tief betrübt blieb sie regungslos sitzen und betrachtete, was sie angerichtet hatte.
>
> In diesem Moment sagte ihre Mutter in trockenem Ton:
>
> – Du widerst mich an. (Nothomb 2003 (dt. Ü.): 122)

Atwoods und Nothombs Tochterfiguren können sich von der aggressiven Fürsorge der »bösen« Mütter nur befreien, indem sie eine radikale Trennung vollziehen. Interessanterweise spielt für Atwoods Heldin dabei das Kochen (besser gesagt: das Scheitern daran) eine wichtige Rolle. Ihr kulinarisches Ungeschick erscheint Joan zwar zunächst als ein Problem, weil ihr Ehemann von ihr erwartet, dass sie »richtig« kocht:

> Zu meinem Entsetzen merkte ich, daß Arthur erwartete, daß ich kochte, richtig kochte, aus Rohstoffen wie Mehl und Schmalz. Ich hatte noch nie in meinem Leben gekocht. Meine Mutter hatte gekocht, ich hatte gegessen [...], sie hätte mich nicht einmal in die Küche gelassen, aus lauter Angst, ich könnte etwas zerbrechen, meinen bakterienverseuchten Finger in eine Sauce stecken oder zu heftig trampeln, so daß ihr Kuchen zusammenfiel. (Atwood 1997: 256)

Zunächst wird die Mutter für dieses Scheitern verantwortlich gemacht. Als die Erzählerin mit einer gewissen Selbstgefälligkeit ihre Misserfolge in der Küche auflistet, kommt jedoch eine ganz andere Motivation zum Vorschein:

> Arthur aß nicht gern in Restaurants. Er schien meine ungenießbaren Mahlzeiten vorzuziehen: das Schweizer Fondue, das sich wegen zu starker Hitze in kaugummiartige Klumpen und Lymphe verwandelte, die verlorenen Eier, die sich wie Schleimhäute auflösten, und die Brathähnchen, die beim Aufschneiden bluteten; das Brot, das sich weigerte aufzugehen und wie Treibsand in der Schüssel lag; die schlaffen Pfannkuchen mit dem rohen Teig in der Mitte; die Gummikuchen. Diese Fehlschläge brachten mich selber zum Weinen, denn für mich waren es keine Fehlschläge, sondern Erfolge, geheime Triumphe über den Begriff Nahrung selbst. Ich wollte beweisen, daß ich mir in Wirklichkeit gar nichts daraus machte. (Atwood 1997: 257)

Wenn Joan dann auch noch betont, dass sie ihre Kochpflichten gelegentlich völlig vergisst, stilisiert sie sich zur Intellektuellen, die für die Trivialitäten des leiblichen Wohlergehens keinen Sinn hat – was wiederum dem Klischee der emanzipierten Frau der 70er Jahre entspricht. Doch dann kommt noch eine dritte, wiederum ganz andere Perspektive ins Spiel: »Meine Frustration und Wut waren echt, aber so eine schlechte Köchin war ich gar nicht. Mein Fehlschlag war eine Schau, und Arthur war mein Publikum. Sein Beifall hielt mich in Trab« (Atwood 1997: 258). Demnach sind Joans kulinarische Misserfolge Teil einer Inszenierung, die sie Arthur zuliebe veranstaltet, weil ihre Niederlagen ihn »aufmuntern« (Atwood 1997: 258). Tatsächlich erlaubt Joans vermeintliche Unzulänglichkeit, beiden darüber hinwegzusehen, dass sie beruflich weitaus erfolgreicher ist als ihr Mann.

Die Rolle der schlechten Köchin erlaubt es Joan, ihrer Mutter (die sie für alle Niederlagen ihres Lebens verantwortlich macht) eine Schuld zuzuweisen. Außerdem kann sie »über den Begriff Nahrung selbst« und somit über ihre frühere Identität als fettleibige Frau triumphieren. Der Rückgriff auf zeitgenössische psychoanalytische Theorien ist unverkennbar. Demnach sucht Joans Mutter zwar einerseits die Selbstverwirklichung, auf die sie verzichtet hat, mit Hilfe ihrer Tochter zu erreichen, andererseits sucht sie ebendies zu vereiteln, damit sie die Tochter zeitlebens bei sich behalten kann. Die Mutter tritt als schlechte Ernährerin auf, weil sie ihre Tochter vordergründig zur Diät anhält, in Wirklichkeit aber zum Essen verführt. Joan dagegen stilisiert sich selbst zur schlechten Köchin, um sich vom Rollenbild der Mutter zu distanzieren. Und doch ist diese Selbststilisierung nicht wirklich emanzipatorisch, weil sie Arthur gegenüber gleichsam eine Unterwerfungsgeste darstellt. Sie verschleiert, dass in Joans Ehe sie, und nicht ihr Mann, die Ernährerin ist.

*

Dem von Nothomb aufgegriffenen Plot der Aschenbrödel-Geschichte folgt unverkennbar auch Laura Esquivels Erfolgsroman *Bittersüße Schokolade* (*Como agua para chocolate*, 1989). Anders als in den beiden soeben betrachteten Werken werden psychische Vorgänge hier jedoch unmittelbar in ein magisch-körperliches Geschehen umgesetzt. Ihre Geschichte hat Esquivel in die Zeit der mexikanischen Revolution zu Beginn des 20. Jahrhunderts zurückverlegt. Die Rolle der bösen Mutter nimmt die verwitwete Mama Elena ein, die ihre Farm und die drei Töchter mit eiserner Hand regiert. Dass Tita, die Jüngste, zeitlebens eine ganz besondere Beziehung zum Bereich des Kulinarischen haben wird, zeigen bereits die außergewöhnlichen Umstände ihrer Geburt. Sie wird in der Küche geboren und großgezogen – von dem Hausmädchen Nacha, weil der Mutter die Milch versiegt ist, nachdem ihr Ehemann plötzlich starb: »Diese wunderliche Geburt führte dazu, daß Tita eine unerschöpfliche Liebe zur Küche entwickelte und den größten Teil ihres Lebens, praktisch von Geburt an, dort verbrachte« (Esquivel 1993: 10). Wie es sich für ein modernes Aschenbrödel gehört, wird Tita zugunsten ihrer beiden Schwestern vernachlässigt. Nach alter Familientradition ist sie als die jüngste Tochter dazu bestimmt, die Mutter bis zu ihrem Tod zu pflegen. Deshalb verbietet Mama Elena ihr die Heirat mit ihrer großen Liebe Pedro. Sie bietet diesem stattdessen ihre älteste Tochter Rosaura an. Pedro willigt ein, um Tita wenigstens auf diese Weise nahe sein zu können – ein Plan, von dem diese jedoch erst am Tag der Hochzeit erfahren wird. Einstweilen muss Tita gemeinsam mit der Köchin ein gigantisches Hochzeitsmahl vorbereiten. Allein das Backen der Hochzeitstorte bringt die sonst in ihr Schicksal ergebene Tita an den Rand ihrer seelischen Kräfte. Ihre Tränen verwässern den Teig und die Kuchenglasur derart, dass die Köchin Nacha alle Mühe aufbringen muss, um das Gebäck zu retten (Esquivel 1993: 44). Und so wird die Torte eine ungeahnte Wirkung auf die Hochzeitsgäste ausüben:

> Eine unendliche Schwermut breitete sich unter den Anwesenden aus, sobald sie den ersten Bissen von dem Kuchen gekostet hatten. Selbst den sonst so nüchternen Pedro kostete es eine unglaubliche Beherrschung, seine Tränen zurückzuhalten. Ja, auch Mama Elena, die sich nicht einmal beim Tod ihres Mannes eine Träne gestattet hatte, weinte nun still vor sich hin. Und damit nicht genug, denn schließlich erwies sich dieses

> Schluchzen als erstes Anzeichen einer mysteriösen Vergiftungserscheinung, die ausnahmslos allen Gästen ein niederschmetterndes Gefühl der Trauer einflößte und dazu führte, daß sie sich schließlich, wo sie nur gingen und standen, sei es im Patio, bei den Gehegen oder gar in den Toiletten, wiederfanden, wie sie der großen Liebe ihres Lebens nachweinten. (Esquivel 1993: 49)

Damit aber nicht genug: Der Kuchen ruft nicht nur Tränen, sondern auch einen unbezwingbaren Brechreiz hervor, wodurch Rosauras Hochzeit zunächst einmal gründlich ruiniert ist. Nicht weniger beeindruckend ist die Wirkung von Titas Kochkunst, als sie einige Zeit später Wachteln in Rosenblättern auf den Tisch bringt – die Rosenblätter sind mit ihrem Blut getränkt, nachdem sie den von Pedro geschenkten Blumenstrauß an ihre Brust gedrückt hat. Nicht nur Pedro macht Tita überschwängliche Komplimente für das Gericht; es übt auch auf ihre Schwester Gertrudis, die sich plötzlich Hitzewallungen und erotischen Tagträumen ausgeliefert sieht, eine ungeahnte Wirkung aus:

> Sie [Gertrudis] zog ihr Taschentuch hervor und machte Anstrengungen, sich mit den Schweißtropfen auch alle sündigen Gedanken aus dem Kopf zu wischen. Doch es war zwecklos, etwas schier Unerklärliches ging in ihr vor. Hilfesuchend blickte sie zu Tita, doch diese war abwesend, ihr Körper saß zwar auf dem Stuhl, und das in völlig korrekter Haltung, doch ihre Augen ließen kein Lebenszeichen erkennen. Es machte tatsächlich den Eindruck, als habe ihr Geist sich durch irgendeinen mysteriösen Vorgang der Alchemie in der Rosenblütensauce, in den Wachteln und in jedem einzelnen der Düfte dieser Speise aufgelöst. Auf diese Weise drang sie in Pedros Körper ein, wollüstig, aromatisch, wohlig erhitzt und voller Sinnenlust. Man mochte meinen, sie habe einen neuen Code zur geheimen Verständigung entdeckt, bei dem Tita als Sender wirkte, Pedro als Empfänger und Gertrudis als glückliche Nutznießerin jenes wundersamen Geschlechtsaktes, der sich über das Essen vollzog. (Esquivel 1993: 61)

Die Gefühle, die Tita beim Kochen empfindet, gehen also durch eine wundersame Alchemie auf jene über, die davon kosten. Darüber hinaus erscheint Tita, der die Gründung einer eigenen Familie verwehrt bleibt, geradezu als Inkarnation der guten, nährenden Mutter. Die gleiche Alchemie, die ihr beim Kochen wundersame Kräfte verleiht, bewirkt nämlich, dass sie, und nicht die rechtmäßige Mutter, das Kind Rosauras und Pedros stillt (Esquivel 1993: 92). Die Gegenüberstellung der kochenden, nährenden Tita und ihrer Rivalin Rosaura, die sowohl eine schlechte Köchin als auch eine heikle Esserin ist, entspricht natürlich gleichfalls dem Aschenbrödel-Schema; zugleich ist es auffällig, wie oft in der Gegenwartsliteratur negative Frauenfiguren als schlechte Köchinnen dargestellt werden.

Auch die Charakterisierung der familiären Konstellation in Esquivels Roman entspricht bei näherer Betrachtung recht genau der Theorie der bösen, ihre Töchter aufgrund eines eigenen Minderwertigkeitsgefühls herabsetzenden Mutter. Wie Tita nach dem Tod Mama Elenas erfährt, war diese selbst gezwungen worden, auf den Mann ihres Lebens zu verzichten und einen anderen zu heiraten. Mit Letzterem hatte sie die Töchter Rosaura und Tita, während Gertrudis die illegitime Tochter des Geliebten war. Mama Elena verhält sich jedoch allen drei Töchtern gegenüber als dominante Matriarchin. Während es Gertrudis früh gelingt, ihrer Mutter zu entkommen, indem sie von zu Hause wegläuft, sind Rosaura und Tita Opfer ihres Despotismus. Rosaura, die zunächst als die privilegierte Tochter erscheint, entwickelt Essstörungen, was auf ihre durch den Despotismus der Mutter und durch die unglückliche Ehe unterdrückte Sinnlichkeit hinweist. Ihre monströse Gewichtszunahme lässt sich jedoch nicht nur als psychische Reaktion, sondern auch als Effekt einer »magischen« Wirkung von Titas Essen deuten, genügt ihr doch eine Woche der Nahrungsenthaltung, um blitzartig ihre Mädchenfigur wiederzuerlangen:

> Rosaura war wieder so schlank wie vor ihrer Hochzeit. Und das bei nur einer Woche Fasten! Es schien unglaublich, daß

sie in nur sieben Tagen an die 30 kg verloren haben sollte, doch genauso war es. Ganz Ähnliches hatte sich ereignet, als sie nach San Antonio gezogen waren: In Null Komma nichts hatte sie abgenommen, allerdings war sie noch nicht ganz wieder daheim gewesen, und schon hatte sie wieder begonnen anzusetzen! (Esquivel 1993: 237)

Bittersüße Schokolade wurde von vielen Kritikern als kulinarischer Kitsch abgetan. Dass sich Esquivel ausgiebig aus der Trivial-Trickkiste bedient hat, ist nicht zu übersehen; verkannt wurde dabei aber, dass die Autorin ihr Werk selbst als Parodie der Trivialliteratur inszeniert, indem sie schon im Untertitel explizit auf das Genre des Fortsetzungsromans verweist (Glenn 1994: 40 f.; Schäfer 2016: 6). Die hyperbolischen Effekte von Nahrungsaufnahme zeitigen aber nicht nur einen komischen Effekt, indem sie die psychoanalytische These der Wechselwirkungen zwischen seelischen Stimmungen und Ernährungsvorgängen gleichsam materialisieren. Vielmehr lassen sie ein Körperbild aufscheinen, das dem in Kapitel 2 skizzierten Konzept des offenen Körpers entspricht. Wie ethnologische Studien zeigen, ist ein solches Konzept, das von unmittelbaren Wechselwirkungen zwischen dem Körper und seiner Umgebung ausgeht und dabei insbesondere dem Essen eine bedeutende Rolle zuschreibt, in traditionellen indigenen Gesellschaften Südamerikas noch aktuell (Fernández 1998, López-García 1998). Esquivel verbindet ihr offenes Körpermodell mit dem Erzählverfahren des magischen Realismus, in dem übernatürliche Vorgänge als plausibel, wenn nicht gar selbstverständlich dargestellt werden. Auf diese Weise haben die Emotionen der Protagonistinnen stets unmittelbare körperliche Auswirkungen auf ihre Umgebung – ganz besonders gilt dies für Titas Kochkünste.

So »öffnet« sich Titas Körper (er sondert Tränen, Blut, Milch ab), um über die Nahrung auf die Umgebung einzuwirken – lustvoll oder vernichtend. Als Tita beginnt, sich von der Mutter zu distanzieren, erkrankt diese und klagt über den bitteren Geschmack des von Tita gekochten Essens – eine Empfindung, an der allerdings sie allein leidet. Sowohl die Mutter als auch die »böse« Schwester Rosaura sterben an »akutem Magenversagen« – im Fall der Letzteren begleitet von ungeheuren Blähungen, die wie Kanonendonner klingen und einen »pestilenzartigen Gestank« verbreiten (Esquivel 1993: 259). Dies erinnert an das Bachtin'sche Phantasma des grotesken offenen Körpers. Dem Kochen, dem Essen und der »Öffnung« des Körpers wohnt damit ein karnevaleskes, subversives Potential inne. In ihrer überzogenen, grotesken Materialität wirken die geschilderten Vorgänge freilich parodistisch; sie stehen in einem eigenartigen Kontrast zu den anzitierten psychoanalytischen Theorien, denen sie zugleich auf überaus plakative Weise Ausdruck verleihen.

Die Küche wird für Tita zum Zufluchtsort und zugleich zum Ort, an dem sich ihre stille Revolution gegen das lustfeindliche mütterliche Regime anbahnt. Obwohl das Kochen für sie eine wahre Aschenbrödel-Arbeit ist, erlaubt es ihr doch eine – wenn auch eingegrenzte – Art der Kreativität (Esquivel 1993: 223). Aber auch wenn der häusliche Raum der Küche so zum potentiellen Ort weiblicher Emanzipation aufgewertet wird, befreit sich Esquivels Protagonistin letztlich nicht aus ihrer dienenden Rolle. Anstatt den Amerikaner Dr. Brown zu ehelichen, der ihr eine gleichberechtigte Partnerschaft anbietet, bleibt sie zum Schluss die heimliche Geliebte Pedros, der sich nie offen zu ihr bekennt. Vielleicht mit einer Ausnahme (den Wachteln auf Rosenblättern) sind die Speisen, die Tita kocht, nach traditionellen Familienrezepten zubereitet. So sinnlich die Speisen und ihre Wirkungen auch sein mögen, sie repräsentieren doch weniger einen Wandel als vielmehr die Kontinuität eines patriarchalischen Systems, das hier unter der Herrschaft einer »bösen« Matriarchin aufrechterhalten wird.

Medizinische Hypothesen

Das von Herriger vorgeschlagene Interpretationsschema scheint somit perfekt aufzugehen. Alle drei Romane inszenieren eine böse Mutter, die der Tochter die eigenen Frustrationen weiterzugeben sucht. Dass die von den bösen Müttern regelmäßig vereitelte Freude am Essen eine Chiffre für eine unterdrückte Sinnlichkeit und Sexualität darstellt, wird insbesondere durch Esquivels Analogisierung von Essen und Sexualität plausibel. So gesehen, bestätigt die Literatur die Psychoanalyse. Dennoch scheint, aus verschiedenen Gründen, Skepsis gegenüber Herrigers Thesen angebracht.

Zum einen gelten psychoanalytische Deutungsmuster, die Essstörungen auf die auch im erwachsenen Leben nie überwundene Bindung an eine übermächtige Mutter zurückführen, mittlerweile als anfechtbar, weil sie die psychische Abhängigkeit des Säuglings von der Mutter übertreiben. Sowohl Catherine Herrigers Buch als auch die drei untersuchten Romane weisen den bösen Müttern essgestörter Töchter die Hauptschuld an deren Erkrankung zu, ohne weitere mögliche Faktoren in Betracht zu ziehen. Dazu kommt zweitens, dass diese Einzelfälle mit einer gewissen gesellschaftlichen Tendenz konform gehen, bei psychischen und physischen Erkrankungen jedweder Art zuallererst die Schuld bei der Mutter zu suchen. Natürlich lässt sich nicht bestreiten, dass sich das Verhalten der Mutter entscheidend auf das physische und psychische Wohl des Kindes auswirkt; weit mehr als das des Vaters, weil das Kind bereits im Mutterleib positive oder negative Prägungen empfangen kann – durch die Ernährung der Mutter, durch ihren Umgang mit Nikotin und Alkohol. Diese »maternalen Einflüsse« werden im Rahmen der Epigenetik erforscht und Schwangeren von heute ständig bewusst gemacht. Und dies führt wiederum zu einer Biopolitik, die in mütterlichem Fehlverhalten vor oder nach der Geburt Risikofaktoren für spätere psychische und gesundheitliche Schäden des Kindes auszumachen sucht. So postuliert Ronald Grossarth-Maticek einen Zusammenhang zwischen einem gestörten Mutter-Tochter-Verhältnis und Brustkrebs:

> Ein besonders markantes Beispiel [ist] die Brustkrebserkrankung: Hier wirken sich traumatische Trennungs- und Abweisungserlebnisse und eine unterbrochene liebevolle Beziehung

> zur Mutter bis in die Gegenwart in Kombination mit Mutterfixierung ohne Ablösung, verbunden mit Schwierigkeiten, die eigene Frauenrolle anzunehmen, offensichtlich als Risikofaktoren aus. (Grossarth-Maticek 2008: 190)

Der Mediziner hält dies für ein »besonders markantes Beispiel« für die von ihm postulierte Zusammenwirkung von psychischen und physischen »Risikofaktoren« bei einer Erkrankung. Dagegen ist an und für sich nichts einzuwenden. Das gewählte Beispiel, das zunächst einmal durch seine symbolischen Implikationen besticht (eine – im Klein'schen Jargon – »böse« Mutterbrust fördert das Entstehen von Brustkrebs), scheint aber vor allem ein »besonders markantes Beispiel« für Grossarth-Maticeks Frauenideal zu sein. Beim Weiterlesen erfährt man, dass die Ergebnisse aus einer Langzeitstudie stammen, die von 1977 bis 2003 in Heidelberg durchgeführt wurde. Befragt wurden, mit Hilfe von Fragebögen, 1310 Personen; aus der Darstellung geht nicht klar hervor, wie viele der 629 befragten Frauen tatsächlich an Brustkrebs erkrankten. Gefragt wurden die Informanten u. a. nach ihrem frühkindlichen Verhältnis zur Mutter: »Schock auslösende räumliche Trennung von der Mutter«, »Person wurde gestillt«, »Abgabe des Kindes an Unvertraute [sic], sich abwechselnde Personen«, »Berufstätigkeit der Mutter« (Grossarth-Maticek 2008: 192). Eines der Ergebnisse der statistischen Auswertung ist, dass Nicht- oder Zu-wenig-Stillen im Kind chronische Entzündungen auslösen kann, die dann wiederum einen Risikofaktor für Krebs darstellen (»Je weniger gestillt wird, desto mehr chronische Entzündungen entstehen«, Grossarth-Maticek 2008: 194). Abschließend nimmt der Autor – mit dem Verweis, dass es hier nicht um »private Meinungen und politische Streitfragen« gehe, da die »Volksgesundheit und die Innovationsfähigkeit eines Volkes« bedroht seien (Grossarth-Maticek 2008: 202) – auf den durch mütterliche Berufstätigkeit und Abgeben des Kindes in eine Krippe dargestellten »Risikofaktor« Bezug:

> Wenn sichergestellt werden kann, dass die Kinder an vertraute und sich nicht abwechselnde Erzieher abgegeben werden kön-

nen, dass die Kinder bei Bedarf ausreichend gestillt werden (bis zu 18 Monate), dass eine kontinuierliche Mutter-Kind-Beziehung in den ersten vier Jahren garantiert ist [...] dann kann ein Aufenthalt in der Kinderkrippe *möglicherweise* ohne negative gesundheitliche Langzeiteffekte und Lernschwierigkeiten stattfinden, und dies *sogar* bei der Berufstätigkeit der Mutter. Eine solche Variation ist allerdings in der Praxis *relativ selten* anzutreffen und *äußerst schwierig* zu realisieren. (Grossarth-Maticek 2008: 201, Hervorh. von mir, Chr. O.)

Es ist bemerkenswert, mit wie vielen Einschränkungen dieses mehr als widerwillige Zugeständnis an mütterliche Berufstätigkeit durchsetzt ist. Im negativen Fall – also falls die genannten, ohnehin »äußerst schwierig« zu realisierenden Bedingungen nicht gegeben sind – diagnostiziert der Autor gesundheitliche Schäden bis ins Erwachsenenalter, Lernschwierigkeiten, erhöhte Suchtgefahr (Alkohol, Rauchen, Drogen, Fehlernährung; Grossarth-Maticek 2008: 202). Bei solchen Vorbehalten gegenüber Krippen und arbeitenden Müttern scheint es ganz konsequent, dass Grossarth-Maticek seine Brustkrebs-These als »besonders markantes Beispiel« herausgegriffen hat.

*

Offenbar sind solche Thesen unter Ärzten weit verbreitet. Die Gynäkologin Giuseppina Torregrossa zumindest hat diese vermeintlichen Erkenntnisse in einen Roman gepackt, der alle sinnlichen und symbolischen Assoziationen des Brust-Motivs ausschöpft. In dem 2011 auf Deutsch publizierten Werk *Kirschen auf Ricottaschnee* (*Il conto delle minne*, 2009) geht es um eine typisch sizilianische Süßspeise und um ein Frauenschicksal. *Minne*, im sizilianischen Dialekt »Brüste«, bezeichnen hier die *minne di Sant'Agata*, weiß glasierte und mit *ricotta* und Kandisfrüchten gefüllte Kuchen, denen durch eine Kandiskirsche das Aussehen von Brüsten verliehen wird.

Die Protagonistin des Romans, Agata, wächst in den 1960er

Abb. 6: Minne di Sant'Agata (Foto: Enriko Davies)

Jahren in Palermo auf. Zu ihrer Mutter, die Agata sträflich vernachlässigt und ihr die beiden Brüder vorzieht, hat sie ein sehr schlechtes Verhältnis, während der Vater in der Familie (wie üblich!) eine eher abwesende Figur ist. Ihre Hauptbezugsperson ist Großmutter Agata, die sie den Brauch lehrte, jedes Jahr zu Ehren der frühchristlichen Märtyrerin Agatha (ihr wurden die Brüste abgeschnitten) die ihr geweihten Kuchen zuzubereiten.

Der Volksglaube, den nonna Agata ihre Enkelin lehrt, besagt, dass die rituelle Zubereitung der Kuchen Frauen vor Krankheiten schützt – obgleich ausgerechnet nonna Agatas Mutter, dem Kult der Heiligen besonders ergeben, an Brustkrebs starb. Sobald sie volljährig wird, verlässt die Protagonistin Sizilien. Sie folgt ihrem Vater auf den »Kontinent«, um dort zu studieren und Frauenärztin zu werden. Nach dem Tod des Vaters kehrt sie jedoch nach Palermo zurück und nimmt eine Anstellung im Krankenhaus an. Sie gibt diese wieder auf, sobald ein schmieriger Frauenheld namens Santino die Bildfläche betritt, um nunmehr ihre Tage mit diesem im Bett oder aber in der Küche zu verbringen. Erst nachdem sie an Brustkrebs erkrankt ist, eine Brust verloren und mehrere unglückliche Affären mit Männern hinter sich hat, findet Agata in ein selbstbestimmtes Leben zurück. Sie eröffnet in Palermo eine Bäckerei, in der sie *minne di Sant'Agata* verkauft. Die Bäckerei wird zu einem Treffpunkt für Frauen; hier lernt sie die Spanierin Maria kennen, mit der sie eine Liebesbeziehung eingeht. Nach einem kurzen Rückfall in die Affäre mit Santino macht ihr Maria klar, dass ihr eigentliches Problem der unaufgelöste Konflikt mit der Mutter sei. Weil sie sich für eine Konfrontation mit dieser aber zu schwach fühlt, entscheidet sich Agata für die »Flucht« (Torregrossa 2011: 303). Sie zieht mit Maria nach Spanien und bringt dort Santinos Sohn zur Welt, mit dem sie, sobald er groß genug ist, den Brauch der *minne di Sant'Agata* fortführt. Offenbar ein *happy ending.*

Wie in Esquivels Roman ist die Schwäche der weiblichen Protagonistin durch eine inhibierende Mutterfigur bedingt, und wie dort erscheint das Kochen als eine vordergründig versklavende, letztlich aber die Selbstbehauptung fördernde Tätigkeit. Die Mutter der fiktiven Protagonistin erfüllt alle an die böse Mutter gestellten Rollenerwartungen auf geradezu exemplarische Weise: Sie lässt die kleine Tochter, sobald ihr Sohn geboren wird, in der Obhut der Großeltern zurück – ohne sie darauf vorzubereiten oder Erklärungen abzugeben. Wie Kerstin Barone festgestellt hat, betrachtet Torregrossa als Gynäkologin dieses Kindheitstrauma womöglich als einen Risikofaktor für Brustkrebs (Barone 2013: 57). Zudem »hasst« Agatas Mutter das Kochen, ihre Speisen sind »einfach, dürftig und schlecht gekocht« (Torregrossa 2011: 163). Nachdem Agata wieder ins Elternhaus zurückgekehrt ist, entwickelt sie eine Fresssucht, die sie zu einem übergewichtigen, unglücklichen Kind werden lässt. Die Mutter, die ja eigentlich nicht gerne kocht, ermutigt die Tochter durch das Zubereiten ihrer Lieblingsspeisen nun erst recht zum Essen – vielleicht, um ein latentes Schuldgefühl zu unterdrücken (Torregrossa 2011: 165 f.).

Anders als in den drei vorhin besprochenen Romanen wird hier kein Versuch gemacht, das Verhalten der bösen Mutter zu verstehen: Der Leser kann höchstens spekulieren, dass die Unterdrückung der Tochter als Teil eines patriarchalischen Systems dargestellt wird. Auch die Lösung des Konflikts durch die rettende Figur Maria – offenbar gute Mutter und Geliebte in einem – erscheint allzu simpel. Obwohl es vermutlich Ziel des Romans ist, an Brustkrebs erkrankten Frauen Mut zu machen, tragen seine holzschnittartig gezeichneten Charaktere wenig zu einem echten emanzipatorischen Diskurs bei.

Ein filmisches Phantasma

Auch in Marco Ferreris Skandalfilm *Das große Fressen* (*La grande bouffe*) wird die These »böse Brust – böse Mutter« nahezu buchstäblich – wenn auch zugleich auf sehr subtile Weise – umgesetzt. Der Handlungsverlauf wurde bereits in Kapitel 2 skizziert: Vier wohlhabende Männer im besten Alter bringen sich durch eine große Fress- und Sexorgie um. Dabei hilft ihnen die üppige, attraktive Andréa: Sie tue es »par bonté, non par vice«, aus Güte, nicht aus perverser Lust, verteidigt sie ihr Verlobter Philippe. Wie ihre literarische Vorgängerin, Maupassants *Boule de suif* (vgl. S. 296–299), gibt sich Andréa den vier Männern gerne hin; wie bei jener verraten ihre schönen, kleinen, weißen Zähne, dass sie gerne und lustvoll isst. Während die Männer psychisch und physisch immer mehr verkommen, scheint Andréa von dem Schmutz, den Essensresten und den Leichen, die sie umgeben, unberührt. Im Gegensatz zu den Männern ist sie offenbar dazu imstande, ungeheure Mengen an Essen zu verspeisen, ohne dabei Schaden zu nehmen.

Allen Männern erlaubt Andréa, in ein frühkindliches Stadium zu regredieren, in dem erotische, anale und orale Impulse (Freud und offenbar auch Ferreri zufolge) noch eins sind. Im Falle Philippes ist diese Regression aber geradezu Programm. Denn Philippes emotionales und erotisches Leben hat, wie wir zu Beginn des Films erfahren, einen einzigen Fixpunkt: seine mittlerweile in die Jahre gekommene Amme, die ihm zeitlebens Nahrungsspenderin, Mutterersatz und Geliebte war. Philippe verlässt sie, um sich gemeinsam mit seinen drei Freunden zu töten. Bevor er geht, sucht die Amme ihn noch aufzuhalten, indem sie ihm ihre Brüste zeigt und ihn zugleich masturbiert. Dass Philippe dann Andréa einen Heiratsantrag macht, bedeutet keinesfalls den Beginn eines neuen Lebens; vielmehr hat er die alte Mutterfigur lediglich durch eine neue ausgetauscht. Als die drei Freunde bereits an den Folgen ihres Ess-Exzesses gestorben sind, sitzen Philippe und Andréa allein im Garten des Hauses. Die Speise, die Andréa ihm bringt und an der er sich zu Tode essen wird, ist eine Art rosa Pudding in Form von zwei überdimensionalen Brüsten – das Mutter-Attribut schlechthin. Auf diese Weise kehrt Philippe real (im Tod) und symbolisch an jene Mutterbrust zurück, die er zeitlebens nie verlassen hat. Dies ist nur konsequent in einem Film, in dem alle Essenshandlungen zugleich real und symbolisch sind. Die Brüste der Amme, Andréas üppiger Busen und die Puddingbrüste erweisen sich zuletzt als Symbole der bösen, kastrierenden Mutter, die eine Ablösung des »Kindes« dauerhaft vereitelt.

Abb. 7: Andréa und die Pudding-Brüste (*La grande bouffe*, 1973)

Andréa überlebt. Sie hat einen unheimlichen Appetit. Obwohl der Film sie beständig als essbares Objekt inszeniert – man denke an den Kuchen, die »tarte Andréa«, dessen Teig sie mit ihren Hinterbacken ausgewalkt hat, man denke an die essbaren Brüste –, ist Andréa letztlich nichts anderes als eine Inkarnation der fruchtbaren, lebensspendenden, zugleich jedoch Leben verschlingenden Mutter. Misogynie? Parodie? Fest steht, dass der Mythos der aufopfernden Mutter immer wieder zu derartigen Umkehrungen reizt: So inszeniert Claude-Louis Combet in seiner poetischen Prosa *Tsé tsé* (2003) den Monolog einer kannibalischen Mutter, die ihr Kind aus lauter Liebe wieder in den eigenen Körper zurückküsst und -saugt.

Bio-Mütter

> Sie zieht ihren Pullover aus, knüpft die Bluse auf und öffnet ihren BH. Es ist erschreckend, wie dünn sie ist; mittlerweile wiegt sie um die 42 Kilo. Drei Monate nach der Geburt, während ihre Brüste schrumpfen, besteht sie darauf, das Kind zu stillen. Sie besteht darauf, ihm ihre Milch einzuflößen, auch wenn sie selbst auf diese Weise austrocknet und noch ausgemergelter wird. Es tut weh, ihre vergebliche, wilde Entschlossenheit mit anzusehen. […] Isabel legt unseren Kleinen an die Brust, und er beginnt zu saugen. Er saugt nur einige Sekunden lang, dann bewegt er seinen Kopf hin und her und schnappt nach Luft, wie ein Fisch, den man an Land geworfen hat. Mehrmals hängt er sich an die Brustwarze und lässt dann wieder ab, mit nervösen Kopfbewegungen […] Er begreift nicht, weshalb aus dieser Brust nichts kommt […] – Siehst du – sagt Isabel – Siehst du, dass er keinen Hunger hat? (Franzoso ^{2}2014: 57 f., meine Ü., Chr. O.)

Ein junges Paar erwartet ein Kind. Sie, die ihren Job aufgegeben hat und bei ihm eingezogen ist, beginnt, einen Abscheu für tierische Produkte zu entwickeln. Obwohl die Ärzte ihr davon abraten, bringt sie die gesamte Familie dazu, sich vegan zu ernähren. Er macht sich Sorgen um das Baby, das bereits bei der

Geburt sehr klein und schwach war, und bringt es zum Arzt, der eine Wachstumsstörung feststellt. Während der Vater nun seinen Sohn heimlich mit Fleisch füttert, verabreicht die Mutter ihm Abführmittel. Sie ist überzeugt, dass ihr Kind ein außergewöhnliches sei und daher »rein« bleiben müsse. Nachdem er ihr das Kind weggenommen und sie es sich mit Polizeigewalt zurückgeholt hat, erschießt seine Mutter die junge Frau, um dem Baby das Leben zu retten. Marco Franzosos Roman *Il bambino indaco* (2012) erzählt dieses Psychodrama einer orthorektischen Mutter; Saverio Costanzo hat 2014 mit *Hungry Hearts* einen Film daraus gemacht.

Der von Franzoso und Costanzo dramatisch inszenierte Ernährungskonflikt hat durchaus seine Entsprechungen in der Realität. So wurde die vegane Mutter Sarah Anna Markham 2014 verhaftet, weil sie ihr Baby ausschließlich mit Sojamilch ernährt und die Ratschläge des Kinderarztes ignoriert hatte. Und 2015 urteilte ein italienischer Richter, dass eine vegane Mutter ihrem Sohn einmal pro Woche Fleisch verabreichen müsse, der (geschiedene) Vater ihm hingegen an den Wochenenden nicht mehr als zweimal Fleisch geben dürfe. So wie der Richter offensichtlich bemüht war, beide Seiten zufriedenzustellen, sucht auch der Filmregisseur Costanzo beiden Perspektiven gerecht zu werden (während Franzosos Roman eindeutiger für den Vater Partei ergreift). Costanzo zeigt die Verzweiflung des Vaters, der sich um Frau und Kind sorgt; er zeigt aber auch die Perspektive der jungen Mutter, die sich von den autoritären Ärzten bevormundet fühlt. Sie wird nicht zur bösen Mutter, weil sie sich zu wenig um ihr Kind sorgt, sondern weil sie zu sehr dem sprichwörtlichen Glauben vertraut, dem zufolge eine Mutter immer weiß, was für ihr Kind gut ist. Diese Mütter, »denen das Wohl ihrer Familie am Herzen liegt« (um es mit einem bekannten Werbespruch zu sagen), stellt die heute immer mehr ins Zentrum der Ernährungsfragen rückende Debatte um Vegetarismus und Veganismus vor ein neues Dilemma. Wie kann man seine ethischen Überzeugungen mit den Ernährungsratschlägen der Ärzte vereinbaren, die

Fleisch und Fisch, wenigstens aber Milch und Eier zur Pflicht für werdende Mütter erklären? So sieht sich die (werdende) Mutter in den Wohlstandsgesellschaften einerseits einem zunehmenden biopolitischen Monitoring ausgesetzt; andererseits scheint die immer größere Verunsicherung der Verbraucher mit einem Wildwuchs alternativer Ernährungs- und Gesundheitskonzepte einherzugehen. Diese propagieren neben einer allgemeinen Ablehnung traditioneller Medizin und herkömmlicher Ernährungsrichtlinien die Orientierung an der »Natur« – wobei das »Natürliche« der propagierten Ernährungsweise jeweils sehr unterschiedlich definiert sein kann. Im folgenden Kapitel soll es um die Mythen gehen, die sich um das Konzept der natürlichen Ernährung ranken: von der Stillreligion über die Theorie der Milch als weiblicher Speise bis hin zu den vielfältigen symbolischen Aufladungen von Zucker und Milch.

4. Natur und Kultur der Nahrung. Milch und Zucker

Muttermilch

In dem frühneuzeitlichen Text Konrad Bitschins *Über das Eheleben* (1433) findet sich das abschreckende Beispiel eines Königskindes, das nicht mit Mutter-, sondern mit Schweinemilch aufgezogen worden war:

> Als das Kind nun älter geworden war, erhielt es auch königliche Kleidung, mit der es sich aber nach Schweineart im Wald und Sümpfen herumwälzte und dabei ungemein ergötzte. Hierüber geriet das ganze Volk in Erstaunen; und endlich fanden Ärzte und Gelehrte durch sorgfältige Untersuchung heraus, daß der Knabe mit Schweinemilch aufgezogen worden war und sich daher die Sitten der Borstentiere angeeignet hatte. (Bitschin, zit. nach Seichter 2012: 227)

Sehr schön wird hier jene essentialistische Konzeption von Nahrung deutlich, der im vorliegenden Buch in den verschiedensten Bereichen – Medien, Politik, Psychoanalyse, Literatur – nachgespürt werden soll. Ein Kind, das mit Schweinemilch genährt wurde, hat sich durch diese artfremde Ernährung ein schweinisches Wesen angeeignet – Nahrung enthält demnach Stoffe, die sich unmittelbar und unwiderruflich auf den Charakter des Menschen auswirken. Die Tatsache, dass das Exempel aus dem 15. Jahrhundert stammt, sollte uns nicht dazu verleiten, es als ein Ammenmärchen lächelnd abzutun. Wir sind solchem Denken manchmal viel näher, als wir meinen. Gewiss, niemand würde heute mehr glauben, dass das Kind mit der Muttermilch auch das Wesen der Mutter (oder andernfalls das Wesen der menschlichen oder tierischen Amme) in sich aufsaugt – wie es die Wissenschaft noch bis in das 19. Jahrhundert hinein behauptete. So kritisierte Torquato Tasso (1544–1595) den Brauch des französischen Volks, Kindern Kuhmilch zu geben, mit dem Argument, sie würde ihnen einen »servilen« Charakter übertragen (Camporesi 1993: 17). Dagegen plädierte der Mediziner Konrad Anton Zwierlein 1816 für Ziegen als »Tierammen«, weil die »sanftmüthige Ziege« den Kindern so ihre positiven Eigenschaften vermitteln könne (Seichter 2014: 69).

Über derartige Annahmen schmunzeln wir – doch wer würde es heute wagen abzustreiten, dass Muttermilch die natürlichste und beste Nahrung für das Baby ist? Welche Mutter, die ihr Kind (aus welchen Gründen auch immer) nicht stillen kann, verspürt heutzutage nicht im Geheimen die Sorge, dass seine Entwicklung durch die künstliche Milch benachteiligt werden könnte? Auch wenn wir heute nicht glauben, dass (frühkindliche) Nahrung das Verhalten des späteren Erwachsenen so unmittelbar beeinflussen kann wie in der Fallgeschichte des mit Schweinemilch genährten Kindes, messen wir doch den Spätfolgen kindlicher Ernährung eine enorme Bedeutung zu. Oder stimmt es etwa nicht, dass Flaschenkinder weniger intelligent werden als Stillkinder?

Das Leid mit der Nahrung geht sogar schon vor der Geburt los. Schließlich wissen wir heute immer genauer, welch negative Einwirkungen nicht nur das Rauchen oder der psychische Stress, sondern auch das Essverhalten einer Schwangeren auf das noch ungeborene Kind haben kann. Die Konsequenz solcher Forschungen – die letztlich auf eine immer größere »Optimierung« des künftigen Menschenlebens zielen – ist ein zunehmender Normierungsdruck auf die Mütter. Ausgeübt wird er von nationalen und internationalen Organisationen: Nicht nur die internationale *La Leche League*, auch UNICEF und WHO (*World Health Organisation*) setzen sich heute durch massive Werbekampagnen für das Stillen ein. Gewiss hat die Behauptung »Natürlich ist Stillen das Beste für Ihr Baby«, biologisch gesehen, eine unmittelbare Evidenz. Das erklärt jedoch noch nicht die enorme ideologische Aufladung, die das Selbststillen in den letzten Jahrzehnten erfahren hat.

Die Bedeutungen, die Muttermilch und Tiermilch im Rahmen einer Ideologie der natürlichen Ernährung im Lauf der letzten Jahrzehnte gewonnen haben, sollen in diesem Kapitel durch einen Blick auf eine lange Vorgeschichte erhellt werden. Dabei gilt es zu zeigen, inwiefern Milch, die auch heute noch vielfach mit einer natürlichen und naturnahen Nahrung assoziiert wird, das Produkt kultureller Techniken ist. Zugleich sollen die vielfältigen und widersprüchlichen symbolischen Bedeutungen untersucht werden, die Milch im Kontext der Natur-Kultur-Debatte einnahm und immer noch einnimmt. Auf die teilweise ähnliche symbolische Besetzung des Zuckers, der von Rousseau der Milch als gleichfalls »weibliche« Speise beigesellt wurde, wird am Ende des Kapitels eingegangen.

Zunächst gilt es aber, die Geschichte eines Mythos zu begreifen, der heute wie kein anderer unser Ernährungsdenken bestimmt: des Mythos der »natürlichen« Ernährung. Sie umfassend nachzuzeichnen würde ein eigenes Buch erfordern. Hier kann nur eine, allerdings für die Moderne entscheidende Etappe dieser Geschichte skizziert werden. Dafür gilt es die Argumente jenes Philosophen zu betrachten, der sich als erster moderner Denker systematisch für eine »natürlichere« Ernährungs- und Lebensweise eingesetzt hat: Jean-Jacques Rousseau.

Innocent: Rousseaus Ernährungsreform

In seinem Erziehungstraktat *Émile* (1761) plädiert Rousseau für eine natürliche Erziehung des Menschen. Im Vertrauen darauf, dass das Kind am besten weiß, was für es gut ist, soll der Erzieher so wenig wie möglich in den kindlichen Entwicklungsprozess eingreifen. Rousseau spricht deshalb auch von einer »negativen Erziehung«: Nicht durch Gebote und Verbote, sondern durch eigene Erfahrungen soll das Kind lernen. Rousseaus Blick auf das Kind war für die damalige Zeit revolutionär, weil er es nicht mehr als ein (bösartiges) kleines Tier wahrnahm, das es zu dressieren galt, und auch nicht mehr als ein unbeschriebenes Blatt, das es durch Akkulturierungsmaßnahmen zu prägen galt. Vielmehr sah er den kleinen Menschen mit einem natürlichen Hang zum Guten ausgestattet. Alles, was die Mutter und der Erzieher tun mussten, war, diesen Hang nicht mit falschen Erziehungsmaßnahmen in die Irre zu leiten.

Die natürliche Erziehung beginnt mit der Ernährung. Rousseau beklagt die widernatürliche Sitte, das Kind bei einer Amme abzugeben (Rousseau 1969: 255). Er glaubt allerdings nicht an eine physiologische Überlegenheit der Muttermilch: Sie könne durch die Milch einer Amme oder gar eines Tiers ohne weiteres ersetzt werden, und zweifellos sei die Milch einer gesunden Amme besser als die einer »verdorbenen« Mutter (also einer Mutter, die ein ungesundes Leben führt) – wobei das Kind ja dann ohnehin bereits durch das Blut die Schwächen der Mutter geerbt habe (Rousseau 1969: 256f.). Man sieht: Rousseau glaubt durchaus an eine Übertragung von der Mutter (oder Amme) auf das Kind, hält jedoch Ammenmilch für zuträglicher, wenn die Amme gesünder (und »gesund« ist hier immer auch eine moralische Kategorie!) ist als die Mutter. Das entscheidende Argument für das Selbststillen ist jedoch ein anderes: Es ist Ausdruck jener unbedingten Mutterliebe, die durch nichts anderes *ersetzt* werden kann (Rousseau 1969: 257; zum Begriff des Ersatzes vgl. S. 66f. in diesem Buch). Zugleich lässt erst das Stillen in dem Kind zärtliche Gefühle für die Mutter entstehen. Mütterliches Stillen flößt auch dem Ehemann eine Zuneigung für die junge Familie ein, die andernfalls ausbleibt. Der egoistischen Entscheidung der Mütter, ihre Urpflicht zu vernachlässigen, schreibt Rousseau aber weitreichende Konsequenzen zu. Sie ist letztlich für den gesamten moralischen Verfall der zeitgenössischen Gesellschaft verantwortlich, denn sie hat in den Herzen der Menschen die Stimme der Natur ausgelöscht (Rousseau 1969: 257) und die Bildung stabiler Familienbande unmöglich gemacht (Rousseau 1969: 258). Fangen die Mütter dagegen wieder an zu stillen, so werden sich die Sitten »von selbst« wieder bessern und die »natürlichen Gefühle« wieder in allen Herzen einstellen (Rousseau 1969: 258). Rousseaus monokausale Argumentation wirkt sicherlich überzogen. Man muss sie jedoch aus seinem kulturkritischen Denken heraus verstehen. Für ihn vertreten (wieder einmal ein Essentialismus, der eine lange Geschichte hat) die Frauen in einem ganz positiven Sinn das Natürliche und Emotionale. Indem sie durch das Stillen die emotionale Festigung der familiären (und, weiter gedacht, gesellschaftlichen) Bande sichern, tragen sie zu einer menschlicheren (weil gefühlsbetonteren) Gesellschaft bei. Freilich schreibt Rousseau so alte Geschlechterklischees fort und legt die Frau auf die ausschließliche Hausfrau-und-Mutter-Rolle fest. Nicht von der Hand zu weisen ist jedoch sein Argument, die Aufzucht durch eine Amme (die, wie er präzisiert, nicht mit im Haushalt lebt) vereitle eine stabile Mutter-Kind-Bindung.

Rousseau befürwortet das Stillen also *nicht* mit dem Hinweis auf eine überlegene physiologische Qualität der Muttermilch, sondern wegen der dadurch geförderten emotionalen Bindung zwischen Mutter und Kind (aber auch zwischen dem Vater und seiner Familie). Nur implizit geht er davon aus, dass über die Milch (aber auch schon vor der Geburt durch das Blut) schlechte physisch-moralische Dispositionen auf das Kind übertragen werden können. Auf die Muttermilch als natürlichste Nahrung soll – so Rousseau weiter in seinem Erziehungstraktat – vegetarische Kost folgen. Kinder haben eine natürliche Neigung zu Gemüse, Milchprodukten, Süßspeisen – daher sei diese Kost ihnen auch am zuträglichsten (Rousseau 1969: 408). Diesen einfachen Geschmack gelte es ihnen so lange wie möglich zu bewahren – idealerweise das ganze Leben lang (Rousseau 1969: 408). Nur den erwachsenen Männern (nicht den Frauen) gesteht Rousseau Fleisch, gewürzte Speisen und Wein zu (Rousseau 1969: 408f.). Die Vorliebe für Fleisch ist aber unnatürlich;

übermäßiger Fleischkonsum macht die Menschen grausam (Rousseau 1969: 411). Rousseau betont, dass es ihm nicht primär um die Gesundheit geht, sondern um die sittliche Entwicklung des Kindes (Rousseau 1969: 411). Eine allzu verfeinerte Nahrung würde es zu einem verweichlichten Wesen und verwöhnten Esser machen. Das Kind soll sich also nicht zu einem jener Franzosen entwickeln, die im Ausland nur überleben, wenn sie ihren französischen Koch dabeihaben (Rousseau 1969: 409). Entgegen der landläufigen Meinung ist Rousseau davon überzeugt, die Franzosen seien das einzige Volk, das *nicht* zu essen verstehe, weil es eine so aufwendige Kunst brauche, um die Dinge essbar zu machen (Rousseau 1969: 409).

Auch in seinem Briefroman *Julie ou la nouvelle Héloïse* (1761) hat Rousseau eine entsprechende Essensordnung entworfen: Es handelt sich dabei um eine regelrechte Diät-Ethik. Die Protagonistin, die adlige Julie d'Étanges, entscheidet sich zusammen mit ihrem Ehemann für ein alternatives Leben fernab von der Vergnügungsmetropole Paris. Auf ihrem schweizerischen Landgut leben sie autark von ihren regionalen Produkten, sie bauen ihren eigenen Wein an und verzichten auf unnötigen Luxus wie Seefisch oder sonstige importierte Leckereien – in anderem Zusammenhang prangert Rousseau auch das unsinnige Verlangen an, im Winter Sommerfrüchte verzehren zu wollen (Rousseau 1964: 543). Dafür gibt es auf ihrem Tisch aber auch reichliches Essen anstelle von pompösen Dekorationen. Außerdem verzichten die Frauen weitgehend auf Fleisch, Alkohol und Kaffee: Sie könnten, so der implizite Gedanke, die weibliche Sinnlichkeit allzu sehr reizen.

Sieht man von seiner Forderung nach einer getrennten Speiseordnung für Männer und Frauen ab, dann erscheint Rousseaus Plädoyer für die Bevorzugung regionaler und saisonaler Kost erstaunlich modern – und er fast als Globalisierungskritiker *avant la lettre*. Gewiss schrieb er sich mit seinem Konzept eines einfacheren Essens in eine Tendenz seiner Zeit ein. Kritik an einer überfeinerten Kochkunst übten einerseits religiöse Bewegungen, weil sie in ihr das Zeichen einer generellen moralischen Dekadenz sahen (Cottret 1983), andererseits auch Mediziner, weil sie überzeugt waren, dass die »überhäuftesten und unnatürlichsten Zusammensetzungen« das Verdauungssystem allzu sehr belasteten – so etwa der bekannte deutsche Makrobiotiker Christoph Wilhelm Hufeland (Hufeland 1995: 133 f.).

Das Revolutionäre an Rousseaus Kritik aber war die Neukonzeption des Gesellschaftswesens, auf der sie fußte. Anders als seine aufklärerischen Mitstreiter glaubte er nicht, dass ein fortschreitender Zivilisationsprozess zur Optimierung der Gesellschaft beitragen würde. Aus seiner Sicht hatte vielmehr erst die Verfeinerung der Sitten die größte moralische Barbarei herbeigeführt. Früher lebten die Menschen naturnah, ihre Emotionen waren entwickelter als ihre Intelligenz. Mit zunehmender Entwicklung der Ratio waren die Klügeren dann auf die Idee gekommen, die Einfältigeren zu unterdrücken; sie hatten Eigentum und Knechtschaft eingeführt (vgl. Geyer 1997: 224–258). Und dank der Etablierung von Kunst und Wissenschaft hatte der Mensch die Kunst der Verstellung gelernt. Schein und Sein waren auseinandergetreten, man konnte nicht mehr im Herzen des Anderen lesen. Im öffentlichen wie im privaten Leben, in der Politik, in der Liebe, beim Essen hatten künstliche Surrogate das Wahre, Authentische ersetzt. Insbesondere die Entwicklung der Sprache spielte dabei eine entscheidende Rolle: An die Stelle eines authentischen, emotionalen Sprechens trat nach und nach eine Sprachkunst, in der die wahre und scheinbare Bedeutung auseinanderklaffen. Um den derart verirrten Menschen wieder auf den Pfad der Natur zurückzuführen, setzte Rousseau nun am Elementarsten an: am Essen.

Kommen wir nun zu den »moralischen« Eigenschaften der Speisen. In seinem Briefroman hatte Rousseau die Zweckmäßigkeit einer unterschiedlichen Kost für Frauen und Männer unter anderem durch den Verweis auf die aktivere Lebensweise der Männer unterstützt. Die Frauen hätten hingegen eine *natürliche* Vorliebe (»goût naturel«) für Milchspeisen und Zucker:

»Milchkost und Zucker gehören zu den natürlichen Vorlieben des [weiblichen] Geschlechts, sind gleichsam das Sinnbild der Unschuld und der Sanftmut, die seine liebenswürdigste Zierde bilden« (Rousseau 1964: 452, meine Ü., Chr. O.). Milchprodukte und Zucker erscheinen folglich als Symbole der weiblichen Unschuld (»innocence«) und Sanftmut (»douceur«, was zugleich auch »Süße« bedeutet). Obwohl Rousseau diese Gleichsetzung durch ein »gleichsam« abschwächt, erscheint der Vergleich umso zwingender, als Zucker und Milchspeisen ja tatsächlich »süß« und »unschädlich« sind (zumindest gelten sie zu Rousseaus Zeit noch als weitgehend unschädlich). Mit der Doppelbedeutung von *innocent* (= unschädlich, zugleich aber unschuldig) arbeitet übrigens auch die bekannte *smoothie*-Marke, die den Verbrauchern nicht umsonst suggeriert, man werde durch das Trinken dieses Produktes zugleich ein besserer Mensch.

Rousseau argumentiert also folgendermaßen: Die Frauen lieben *natürlich* Milch und Zucker, denn diese sind ja so süß und unschuldig wie Frauen auch. Milch und Zucker sind also *authentische* Symbole für weibliche Sanftmut. Ein Sprachwissenschaftler würde sagen: Es sind natürlich motivierte Zeichen. Denn sie *bezeichnen* nicht nur die Unschuld der Frauen, sie enthalten diese Qualitäten bereits in sich. Für Rousseau ist das von ganz entscheidender Bedeutung. In den natürlichen Symbolen Milch und Zucker gibt es noch kein Auseinanderklaffen von Schein und Sein, eigentlicher und uneigentlicher Bedeutung. Die charakterliche Süße der Frau harmoniert mit der geschmacklichen Süße des Zuckers.

Man muss jedoch genau lesen. Es ist die Rede von »der Unschuld und der Sanftmut«, die »die liebenswürdigste Zierde« des weiblichen Geschlechts bilden. Folglich sind nicht alle Frauen unschuldig und sanftmütig, sondern nur die Liebenswürdigsten unter ihnen. Tatsächlich spricht sich Rousseau in genau dieser Passage gegen den in Frankreich vorherrschenden »Sittenverfall« aus, der daher rühre, dass Frauen und Männer zu viel Zeit miteinander verbrächten, anstatt getrennt ihren unterschiedlichen

Beschäftigungen nachzugehen. Das deutlichste Zeichen dieser Promiskuität (»mélange désordonné des sexes«) aber sei die Tatsache, dass die Französinnen ihren natürlichen Geschmack für Milchprodukte, die Franzosen hingegen ihre natürliche Neigung zum Wein fast vollständig verloren hätten.

Korruption des natürlichen Geschmacks und Sittenverfall hängen also unmittelbar miteinander zusammen. Obwohl Rousseau stellenweise auch die Meinung vertrat, dass Speisen auf die menschliche Psyche einwirken können, war er nun nicht so naiv, anzunehmen, man könne eine laszive Pariserin durch eine Milch-Zucker-Diät wieder auf den Weg der »Tugend« führen. Er glaubte aber sehr wohl an die Zweckmäßigkeit, den noch unschuldigen Gemütern den Genuss von Männerspeisen zu verwehren, um ihnen zusammen mit dem natürlichen Geschmack auch ihre Tugendhaftigkeit zu bewahren.

Dass ausgerechnet die Milch dabei eine zentrale Rolle spielt, hat mehrere Gründe. Milch war seit jeher ein starkes Symbol; zudem wurden insbesondere der Muttermilch noch im 18. Jahrhundert Heilkräfte zugeschrieben. Allerdings war die Zweckmäßigkeit eines hohen Milchkonsums bei Erwachsenen zu Rousseaus Zeit keineswegs unumstritten. Aus dem 1765 publizierten Artikel »Milch« der *Encyclopédie française* gewinnt man vielmehr den Eindruck, dass die Debatte um das Milchtrinken beinahe ebenso kontrovers war wie heute:

> Die Milch liefert ganzen Völkern, besonders den Bewohnern bergiger Gegenden, ihr gewohntes, alltägliches Grundnahrungsmittel. Die Menschen dieser Regionen sind dick, schwerfällig, faul, dumm oder doch wenigstens ernst, trübsinnig, grüblerisch, schwermütig. Es besteht kein Zweifel, dass der regelmäßige Milchkonsum eine der Ursachen dieser kollektiven Veranlagung ist. Die Fröhlichkeit, Flinkheit und Anmut, die ungezwungenen, lebhaften und energischen Bewegungen der Völker, denen das Weintrinken Gewohnheit ist, bilden dazu einen frappierenden Kontrast. (Diderot / D'Alembert 1988: 201, meine Ü., Chr. O.)

Diese Theorie einer unmittelbaren Beeinflussung des Charakters durch Nahrung erinnert an das eingangs zitierte Beispiel des Knaben, der von einer Sau aufgezogen wurde. Dass ausgerechnet die aufklärerische *Encyclopédie* diesen alten Gemeinplatz aufgreift, ist natürlich fatal für das Ansehen der Milch. Näher besehen, ist die Position der *Encyclopédie* jedoch weniger extrem, als es auf den ersten Blick scheinen mag. Sie hält Milch nur dann für schädlich, wenn sie von Erwachsenen als Hauptnahrungsmittel eingenommen wird; unbedenklich sei sie dagegen in »sehr kleinen Mengen« (Diderot / D'Alembert 1988: 201). In Maßen könne Milch sogar als beruhigendes und ausgleichendes Medikament eingesetzt werden: Sie sei vor allem dazu gut, um die Wehwehchen reicher Stadtmenschen zu heilen, deren Konstitution durch ein Luxusleben geschwächt sei (Diderot / D'Alembert 1988: 204). Die negativen Auswirkungen des exzessiven Milchkonsums sieht der Autor des Artikels hingegen durch die Beobachtung bestätigt, dass eine ausschließliche Milchdiät schon nach wenigen Tagen zu Melancholie führe. Womöglich ließ sich auch der Universalwissenschaftler Lazzaro Spallanzani, der vor allem für seine Verdauungslehre bekannt wurde, in seinen *Beobachtungen über die Schweiz* (*Osservazioni sopra la Svizzera*, 1779) von dieser These beeinflussen. Er äußerte nach einer Reise durch die Schweiz die Vermutung eines Ursache-Wirkungs-Zusammenhangs zwischen dem melancholischen und schwerfälligen Wesen der Schweizer und ihrer Gewohnheit, Kuhmilch zu trinken (Camporesi 1993: 33 f.).

Der Schweizer Rousseau dürfte den *Encyclopédie*-Artikel als eine persönliche Beleidigung empfunden haben. Vielleicht aus Trotz stellt er sich in seinen *Bekenntnissen* als tölpelhaften, schwerfälligen Schweizer dar. In seinem Roman *Julie oder die neue Héloïse* (*Julie ou la Nouvelle Héloïse*, 1761) hatte er zudem betont, dass die Schweizer sowohl Milch als auch Wein konsumieren: »Der Schweizer, von Natur aus kühl und friedfertig, im Zorn jedoch hitzig und aufbrausend, liebt sowohl das eine als auch das andere Getränk und trinkt Milchprodukte und Wein« (Rousseau

1964: 453, meine Ü., Chr. O.). Zugleich gibt er der Milch jedoch eindeutig den Vorzug vor Wein. Vermutlich erschien sie Rousseau auch deshalb als ideale Basis einer natürlichen Ernährung (und einer entsprechenden idealen Gesellschaft), weil Milch und Milchprodukte ein topischer Bestandteil der Schäferdichtung sind. Das Leben der (literarischen) Schäfer im mythischen Land Arkadien lieferte Rousseau nämlich das Vorbild für einen idealen, naturnahen Gesellschaftszustand. Im Gegensatz zum frei umherstreifenden Jäger und Sammler führen die Schäfer bereits ein sesshaftes Leben; sie betreiben aber noch nicht den Ackerbau, der für Rousseau mit der Einführung des Privateigentums einhergeht und dadurch den Verfall der Zivilisation einleitet. In seinem Bestreben, die Milch zum idealen Nahrungsmittel zu erklären, behauptet Rousseau auch, sie sei trotz ihrer tierischen Herkunft ein »pflanzliches« Produkt – und pflanzliche Produkte seien sowohl für das junge Kind als auch für die Stillenden am bekömmlichsten (Rousseau 1969: 275). Er betont auch, dass die Milch der pflanzenfressenden Tiere »süßer« und »gesünder« sei als die der Fleischfresser (»plus doux et plus salutaire«, Rousseau 1969: 275).

Anhand des Gegensatzes von Milch, Zucker und pflanzlichen Speisen einerseits und Fleisch und Alkohol andererseits entwirft Rousseau ein auf Oppositionen und Abstufungen basierendes Nahrungssystem. Alkohol und Fleisch werden dabei nicht gänzlich negativ bewertet, denn für den erwachsenen Mann sind sie offenbar eine geeignete Stärkung (Rousseau 1969: 408 f.). Dennoch wird klar, dass sie bereits eine »Verfallsstufe« auf dem Weg von der natürlichen Kost zum überfeinerten Essen darstellen.

Zurück zur Natur: männliche und weibliche Speisen

An dieser Stelle lohnt sich ein kleiner Exkurs zur Unterscheidung zwischen »männlicher« und »weiblicher« Ernährung. Ethnologische Studien haben gezeigt, dass die Traditionen vieler indigener Völker eine unterschiedliche Speiseordnung für Männer und Frauen vorsehen. Das kann bedeuten, dass Männer und Frauen getrennt essen (wobei die Frauen oft nach den Männern essen und die Reste ihrer Mahlzeit verzehren); dass es Speisen gibt, die allein den Männern oder allein den Frauen vorbehalten sind; oder auch, dass das Zubereiten bestimmter Speisen allein den Männern oder allein den Frauen erlaubt ist (dokumentiert bei Jessica Kuper, *The Anthropologist's Cookbook*, 1997). Dabei kristallisieren sich Tendenzen heraus, die offenbar eine anthropologische Konstante darstellen: Fleisch gilt als männliche Speise, Grillen und Braten sind (meist) den Männern vorbehaltene Zubereitungsweisen; Alltagsspeisen aus pflanzlicher Kost gelten als weiblich, Kochen und Backen als »typische« Zubereitungsweisen der Frauen. Überreste eines solchen Denkens finden sich, wie eine 1990 in Österreich durchgeführte Studie gezeigt hat, auch noch in unserer heutigen Gesellschaft. Die Mehrheit der damals Befragten ordnete dem Fleisch das Attribut »männlich«, Gemüse das Attribut »weiblich« zu (Karmasin 1999: 27; vgl. auch Mellinger ^{2}2003: 133–149). Wie Helene Karmasin betont, lässt sich die (hierarchische) Opposition »männlicher« und »weiblicher« Speisen auch mit einer latenten Entgegensetzung »männlicher« und »weiblicher« Körper in Verbindung bringen:

> In Frauen- und Männerküchen wird schließlich noch ein Unterschied in Konsistenzen, Körperidealen und den zugeordneten emotionalen Qualitäten deutlich. Es besteht eine Verbindung zwischen fest, dem männlichen Körper und der Vernunft und zwischen weich, feucht, dem weiblichen Körper und dem Gefühl. Gefühl stellt man sich oft unter dem Bild einer Flüssigkeit vor, die aus dem Körper nach außen dringt und dazu führt, daß Körpergrenzen durchlässig werden. […]

> Frauen sind das Geschlecht, dem traditionellerweise eine besondere Nähe zu Gefühlen zugeschrieben wird […]. Weibliche Körper gelten entsprechend als weicher, »flüssiger«, ihre Körpergrenzen sind durchlässiger. Männliche Körper sind fest, hart, sie umschließen das Innere wie ein Panzer, aus dem nichts nach außen dringt. Weibliche Nahrung ist daher weich, flüssig, süß, männliche fest, energiereich, nicht süß. (Karmasin 1999: 36)

So gesehen, schreibt die Opposition von männlicher und weiblicher Kost (wobei das Kindliche unter das Weibliche subsumiert ist) den Männern die prestige- und energiereichere Nahrung zu; sie assoziiert Männer, »männliche« Kochtechniken und den männlichen Körper mit Stärke, Gewalt und dem Töten (von Tieren). Weibliche und kindliche Nahrung ist dagegen »gewaltfrei« und wird mit einem schwächeren, »durchlässigeren« Körper assoziiert. Die (verhältnismäßige) »Schwäche« weiblicher Kost wird durch ihre »Unschuld« und »Gefühlsnähe« kompensiert – es handelt sich dabei durchweg um Ideen, die sich in Rousseaus Diät-Ethik wiederfinden lassen.

Man darf bei alledem freilich nicht vergessen, dass die hier nur summarisch erwähnten Zuordnungen aus unterschiedlichen Traditionen erwachsen sind und im Einzelnen auch unterschiedlich motiviert sein mögen. Ferner muss man unterscheiden zwischen dem Postulat eines auch *moralisch* bedeutsamen Zusammenhangs zwischen dem Essenden und der Speise und einer bloß assoziativen Verbindung (etwa von »Mann« und »Fleisch«). Dennoch scheinen zahlreiche dieser kulinarischen Klassifikationssysteme auf eine gemeinsame Basis zurückzugehen: die aus der Antike stammende medizinische Theorie der Humoralpathologie. Sie wurde in Kapitel 2 bereits kurz erwähnt. Voraussetzung für einen gesunden Körper ist dieser »Säftelehre« zufolge das perfekte Gleichgewicht der Körpersäfte (Blut, gelbe Galle, schwarze Galle, Phlegma, aber auch Nahrungssaft und Sperma). Die Dominanz eines der vier Grundsäfte bestimmt das menschliche Temperament und die Konstitution. So ist der Sanguiniker lebhaft und hat eine warm-feuchte Konstitution. Der Choleriker, in dem die gelbe Galle überwiegt, hat eine warm-trockene Veranlagung, während der Melancholiker aufgrund zu viel schwarzer Galle an einer kalt-feuchten Komplexion leidet. Dem antriebslosen Phlegmatiker schließlich eignet eine kalt-trockene Natur. Wärme und Trockenheit zeichnen aber auch eher die männliche Konstitution aus, Feuchtigkeit und Kälte eher die weibliche. Aristoteles zufolge ist die männliche Körperhitze, die das Blut zu Samen »verkochen« lässt, verantwortlich für die männliche Zeugungskraft. Eine entsprechende Ernährungslehre ordnet alles Essbare gleichfalls den vier Kategorien zu. Nach dem Prinzip des *contraria contrariis* sollen Nahrungsmittel ausgleichend wirken, weshalb der Choleriker sein warm-trockenes Temperament etwa durch feucht-kalte Nahrung regulieren kann. Gerade die mittelalterliche Kochkunst versteht sich daher zugleich als Medizin.

Die Konsequenz für die Wahrnehmung des Zusammenhangs von Geschlecht und Nahrung ist nun folgende: Wenn Männlichkeit sich durch Wärme und Trockenheit, Weiblichkeit durch Kälte und Feuchtigkeit definiert, dann müssten auch warm-trockene Speisen in den Essenden »Männlichkeit«, feucht-kalte Gerichte dagegen »Weiblichkeit« fördern. Genau deshalb ordnet Rousseau das »hitzige« Fleisch den Männern, die »kalte« Milch den Frauen zu. Piero Camporesi berichtet von antiken Humoralpathologen, die der Meinung waren, das übermäßige Milchtrinken habe das Volk der Skythen nicht nur gesundheitlich, sondern auch sittlich ruiniert. Während die Frauen aufgrund der übermäßigen Feuchtigkeit und Kälte unfruchtbar geworden seien, sei den Männern gar ihre Geschlechtsidentität abhandengekommen – so die Meinung des Hippokrates. Durch das Milchtrinken unrettbar effeminiert, waren einige von ihnen sogar so weit gegangen, sich selbst zu kastrieren. Zudem verspürten die skythischen Männer einen unwiderstehlichen Drang, Weiberarbeit zu verrichten … (Camporesi 2009: 59).

Obwohl die ayurvedische Lehre nur drei Grundtemperamente unterscheidet, hat auch sie ganz offensichtlich an diesem Erbe teil. Dass die Einteilung von Lebensmitteln in »warm-trocken« und »kalt-feucht« auch heute noch in einen Kausalzusammenhang mit dem Charakter der Essgemeinschaft gebracht werden kann und dass dabei zudem eine Korrelation zwischen »Männlichkeit« und »warm-trockener« sowie »Weiblichkeit« und »kalt-feuchter« Nahrung hergestellt wird, hat Christian Bromberger anhand einer Feldstudie im Norden des Iran gezeigt. Als »warm« und »trocken« gelten dabei tendenziell jene Nahrungsmittel, die einen höheren Energiegehalt aufweisen, daneben gibt es aber noch eine Fülle weiterer Kriterien wie etwa Alter und Geschlecht des Tieres. Wie in der Antike wird eine vorwiegend auf »warmen« Nahrungsmitteln basierende Ernährung ferner als Ursache für die Vitalität und Virilität der Essgemeinschaft gesehen, das Privilegieren von feucht-kalten Speisen dagegen als Grund für schwache, phlegmatische, sexuell passive Körper (Bromberger 2015: 284). So erklärt sich, dass die »Breitmünder« (*dahan goshâd*) das Nachbarvolk der »Fischkopfesser« (*kallemâhikhor*) wegen deren Ernährungsstils als »impotent« verlachen.

Eine äußerst kuriose Doktrin zum Verhältnis von Geschlecht und Nahrung findet sich in einem Buch, das der italienische Biologe Giuseppe Tallarico 1934 veröffentlichte und das 1949 mit einer begeisterten Einführung Giovanni Gentiles zum vierten Mal wiederaufgelegt wurde. Die kühne These des Werks *La vita degli alimenti* (*Das Leben der Nahrungsmittel*) ist, dass jedes Nahrungsmittel gleichsam ein mit Leben begabtes Wesen sei, mit der Konsequenz, dass die nutritiven Qualitäten beispielsweise eines Hühnereis variierten, je nachdem, ob dieses im März oder im September gelegt worden sei. Nahrungsmittel besäßen aber nicht nur ein Lebensalter, sondern auch ein Geschlecht (Tallarico 1949: 127). Mit diesem Wissen könne man nun, meint Tallarico, eine erst kürzlich erkannte Tatsache diätetisch korrigieren: Die Tatsache nämlich, dass kein Mann zu hundert Prozent Mann und keine Frau zu hundert Prozent Frau sei, da jedes der Geschlechter auch einen Teil des je anderen in sich enthalte – was den Menschen indes nur »Schmerz« und »Sünde« verursache

(Tallarico 1949: 143). Die Maßnahme, den Mann zu »virilisieren« und die Frau zu »femininisieren«, müsse also über den Weg der Ernährung gehen (Tallarico 1949: 143). Wie? Hier belässt es der Autor bei vagen Andeutungen.

Only the Breast: Stilldebatte und Stillreligion

Koloniale Milchflüsse

All diese Beispiele zeugen von dem latenten, weitgehend unbewussten Essentialismus, der das menschliche Verhältnis zur Nahrung allgemein zu bestimmen scheint. Doch zurück zu Rousseau. Seine Ansichten über das Essen können als essentialistisch gelten, weil sie – von einem ganzheitlichen Menschenbild ausgehend – eine Wechselwirkung zwischen Ernährungsgewohnheiten und moralisch-sozialem Verhalten postulieren (auch wenn sie meist nicht von einer unmittelbar physiologischen Wirkung der Nahrung auf den Menschen ausgehen). Nur vor diesem Hintergrund erklärt sich die hohe Bedeutung, die Rousseau dem Stillen beimaß – und die große Breitenwirkung seines Plädoyers für das Selbststillen. Erstens avancierte die Muttermilch zum Symbol natürlicher Ernährung, weil Rousseau der Milch überhaupt einen hohen symbolischen Wert einräumte. Zweitens richtete sich seine Kritik am Ammenwesen insbesondere gegen die privilegierten Klassen. Und drittens fügte sich das Ideal der stillenden Mutter hervorragend in Rousseaus patriarchalische Auffassung der Geschlechterrollen ein. Einem aktiven, emanzipierten Leben, wie es die adligen Französinnen seiner Epoche pflegten, konnte mit dem Verweis auf die mütterlichen Pflichten (zumindest zeitweise) Einhalt geboten werden. Ein letztes Argument war demographischer Natur: Da die Weggabe der Säuglinge an Ammen eine hohe Kindersterblichkeit zur Folge hatte, sah Rousseau in der Weigerung der Frauen zu stillen – die bald, unkte er, zur Weigerung, Kinder zu bekommen, führen würde –

die Ursache für einen drastischen Bevölkerungsrückgang, der Europa wohl über kurz oder lang zur Wohnung für wilde Tiere machen würde.

100 Jahre nach Rousseau sieht auch Émile Zola im Selbststillen der Mütter das einzige Mittel, um die Zukunft der Menschheit zu sichern und Frankreich wieder groß zu machen. Sein Plädoyer für eine neue, »soziale« Religion der Mutter und der Familie hat er in einen 400 Seiten schweren Roman gepackt, *Fécondité* (*Fruchtbarkeit*) von 1899. Es ist zugleich der erste Teil des unvollendeten Zyklus *Die vier Evangelien*. Mit seinem Aufruf zur »Fruchtbarkeit« reagierte Zola auf ein Problem, das gerade dem revanchistischen Frankreich Sorgen machte: Um 1900 war Frankreich eines der geburtenschwächsten Länder Europas (Pagès in Zola 2008: 16). Die utopische Romanhandlung setzt gegen Ende der 1920er Jahre ein und endet in den 1990er Jahren, wenn die Protagonisten Mathieu und Marianne sich als Greise ihrer zahlreichen Nachkommenschaft erfreuen. Zola hatte sich für den Roman ausführlich zu den Themen des Ammenwesens, der Kindersterblichkeit, der Vorzüge der Muttermilch aus medizinischer Sicht informiert. Entsprechend versäumte er es nicht, die Romanfigur Boutan die These vertreten zu lassen, dass Muttermilch die Kinder stärker und weniger anfällig für Krankheiten mache (Zola 2008: 166). Seine Kritik am Ammenwesen fällt noch schärfer aus als die Rousseaus. Das Kind einer Amme oder ins Findelhaus zu übergeben bedeutet ihm zufolge, es dem sicheren Tod zu überantworten: Im Roman verkörpert die skrupellose Madame Couteau die Habgier der Ammen, die in den ihnen anvertrauten Babys lediglich eine Einkommensquelle sehen. Stigmatisiert werden überdies kinderlose Paare und »gefallene« Mädchen, die ihr Kind weggeben. Als leuchtendes Exempel hingegen fungiert die kinderreiche Familie von Mathieu und Marianne Froment. Der sprechende Nachname (froment: Weizen) signalisiert bereits, dass die Fruchtbarkeit ihrer Familie durch agro-ökonomischen Erfolg belohnt werden wird. So gelingt es der Familie Froment im Lauf der Handlung, dem Nachbarn Seguin ein für

unfruchtbar gehaltenes Stück Land abzukaufen, während einer der Söhne die »expansion« der Familie in den afrikanischen Kolonien fortsetzen wird. Das alles wird in einer Sprache gefeiert, die Wirtschaftswachstum und Kolonialismus naturalisiert, indem sie sie natürlichen Wachstumsprozessen gleichsetzt:

> Weißhaarig und frohgemut triumphierten die beiden Helden, nun beinahe hundertjährig, inmitten der üppigen Blüte ihrer Nachkommenschaft. Die Milch war über die Meere hinweggeflossen, vom alten Erdboden Frankreichs bis zu den unermesslichen Weiten des jungfräulichen Afrikas, des jungen, riesigen Frankreichs von morgen. (Zola 2008: 396, meine Ü., Chr. O.)

Die »Milch«, die hier (als transparentes Synonym für Blut oder Sperma) vom »alten Erdboden Frankreichs« in das »jungfräuliche Afrika« fließt, deutet an, dass die Potenz der künftigen Großmacht Frankreich als Resultat einer rassischen »Befruchtung« gedacht wird. Auch die Fruchtbarkeit der französischen Mütter wird konstant mit der Fruchtbarkeit des Erdbodens gleichgesetzt und immer wieder im Medium der Milch zelebriert:

> Vor allem Marianne aber war das Fest der aufgeblühten Fruchtbarkeit, der Quell von Kraft und Eroberung, mit ihrer nackten Brust, an der Gervais aus Leibeskräften trank. [...] Die Mutter nahm wahr, wie dieser Quell von überallher kam und sich ausbreitete. Sie war nicht die Einzige, die hier stillte, der Saft des Frühlings machte den Acker anschwellen, er ließ ein Beben durch die Wälder gehen und hob die hohen Gräser hoch, inmitten deren sie versunken war. [...] Und das war der Milchfluss, der die Welt durchzog, der Fluss des ewigen Lebens für die ewige Ernte der Lebewesen. Und an diesem lachenden Frühlingstag war die strahlende, singende, duftende Landschaft ganz von ihm durchwoben, und sie schmückte sich mit der Schönheit dieser Mutter die, die Brust in die Sonne gereckt, unter den Augen des weiten Horizonts, ihr Kind stillte. (Zola 2008: 143, meine Ü., Chr. O.)

»Marianne«, die mit »Eroberung« und »Stärke« in Verbindung gebracht wird und deren Brüste anderswo als die Brüste einer »Kriegerin« (Zola 2008: 134) charakterisiert werden, ist natürlich niemand anderes als Frankreich selbst. Ihre Milch fließt in Harmonie mit dem »Saft« der Erde, jener Erde, die ihrerseits von Mathieu als »Mutter Erde« und »fruchtbare Braut« (Zola 2008: 139) geliebt wird. So scheint es nur folgerichtig, wenn sich der Arzt Boutan für eine der Mutter gewidmete »religion sociale« ausspricht:

> Wenn wir imstande sein werden, die Mutter zu verehren, dann werden erst das Vaterland und dann die Menschheit gerettet sein [...] Deshalb wünschte ich mir, mein Freund, dass dieses Bild einer Mutter, die ihr Kind stillt, als die höchste Ausdrucksform menschlicher Schönheit anerkannt würde. Ach, wie sollen wir nur unsere Pariserinnen davon überzeugen, dass die Schönheit einer Frau darin liegt, Mutter zu werden [...]? Der Tag, an dem diese Mode sich durchsetzen würde [...], würde aus uns die führende, die weltbeherrschende Nation machen! (Zola 2008: 158, meine Ü., Chr. O.)

Jene »Verehrung« (»adoration«) des Ehemannes, die Rousseau zufolge nur den stillenden Müttern sicher sein könne, wird von Zola romanesk in Szene gesetzt. Fortschrittlich ist immerhin, dass sich der glückliche Vater Mathieu wie selbstverständlich an den Mühen der Kinderaufzucht beteiligt.

Kritik erfuhr Zolas Werk bereits von einigen Zeitgenossen. Während eine Rezension im *Mercure de France* das Buch schlicht »bête à pleurer« (zum Heulen dumm) nannte, warf ihm Charles Péguy vor, die sozialistische Idee verraten zu haben: *Fécondité* sei zwar ein Roman über die Liebe, aber nicht ein Werk im Sinne des Friedens und der Güte (Pagès in Zola 2008: 19). Freud dagegen nahm den Roman 1906 in einer Antwort auf eine Rundfrage in seine persönliche Liste von zehn »guten« Büchern auf.

*

Die Muttermilch-Liga

Die problematischen Aspekte von Rousseaus und Zolas Plädoyers für das Selbststillen ändern natürlich nichts an der Schlagkraft der überzeugenden Argumente, die sie vorbrachten – allen voran der Verweis auf die hohe Kindersterblichkeit, mit der das Ammenwesen einherging. Rousseau lieferte, wie erwähnt, auch ein neues, schlagendes Argument: Das Stillen sei auch entscheidend für die Bildung einer affektiven Beziehung zwischen Mutter und Kind (eine Auffassung, die zu Rousseaus Zeit freilich auch der Mediziner Brouzet vertrat; Assouly 2016: 265 f.). Dabei wusste Rousseau durchaus noch zwischen der Mutter als Ernährungsquelle (diese Funktion konnte auch von anderen übernommen werden) und als emotionaler Bezugsperson zu unterscheiden.

In der heutigen Stilldebatte ist dies nicht immer der Fall: Eine essentialistische Vision, die ernährungsphysiologische und psychologische Argumente in einen Topf wirft, ist bei radikalen Stillbefürwortern eher die Regel. Wie wirksam diese essentialistische Konzeption der Muttermilch ist, zeigt Sabine Seichter in ihrer kritischen Kulturgeschichte des Stillens (Seichter 2014). Sie gibt zu bedenken, dass die zahlreichen, durchaus einleuchtend scheinenden Argumente für Muttermilch (etwa dass Stillen weit praktischer und kostengünstiger sei als Flaschennahrung) noch nicht erklären, weshalb heute auch von staatlicher Seite solch massive Maßnahmen zur Förderung des Stillens betrieben werden – Regelungen, die der Geburtsmediziner Karl Bergmann als »gewalttätig« bezeichnet: »In Liverpool soll der Sozialdienst eine Zeitlang die Zuwendung für junge Mütter gekürzt haben, wenn sie nicht sechs Monate voll stillten. Das finde ich gewalttätig« (Zinkant 2014).

Derartige Maßnahmen, meint Seichter, zielten nicht primär auf das Wohl des Kindes ab. Vielmehr müsse man sehen, dass das durch das Stillen bestärkte Paradigma der engen Mutter-Kind-Beziehung in einer angespannten Situation des Arbeitsmarktes gleichsam eine natürliche Lösung darstelle: Durch die Forderung nach (ausgedehntem) Stillen wird die Frau in ihrer Rolle als Haupt- (wenn nicht alleiniger) Bezugsperson gleichsam naturalisiert, was ihre Rückkehr in das Berufsleben erschwert. Man muss sich also fragen, ob sich hinter dem hypostasierenden Rückgriff auf eine vermeintliche »weibliche Natur«, die erst im Stillen ihre volle Verwirklichung finde, nicht ein Rückschritt in der Rollenzuschreibung verbirgt (Seichter 2014: 116f.). Nicht umsonst betont die 1956 in den USA von zwei katholischen Müttern gegründete, heute internationale Bewegung *La Leche League* (in Deutschland: *La Leche Liga*) die Bedeutung der (ununterbrochenen) körperlichen Nähe von Mutter und Kind. Erklärtes Ziel der Bewegung ist es zwar lediglich, Mütter bei Problemen mit dem Stillen zu beraten und sich für ein möglichst spätes Abstillen einzusetzen. Durch die Glorifizierung der »besonderen« Rolle und der ganz speziellen Pflichten, die das Muttersein mit sich bringe, vermittelt *La Leche League* jedoch unverkennbar das Ideal der sich selbstlos für die Familie aufopfernden Mutter. Wenigstens ein Teil der heutigen Still-Befürworter scheint Rousseaus patriarchalische Weltsicht durchaus fortzuführen. Dazu gehören nicht zuletzt die in Kapitel 2 bereits erwähnten Mediziner, die den Stillverzicht und die Berufstätigkeit von Müttern als Risikofaktoren für eine spätere Krebserkrankung der Kinder betrachten.

Frauen, bei denen es mit dem Stillen partout nicht klappen will, haben dann auch noch die Möglichkeit, die kostbare Flüssigkeit zu erwerben. Da die Milchbanken in den Krankenhäusern (etwa in der Charité Berlin oder in München-Großhadern) offenbar nicht ausreichen, gibt es mittlerweile sogar Internet-Börsen, auf denen Frauen Muttermilch feilbieten oder kaufen können. Die 2014 von der jungen Mutter Tanja Müller gegründete Plattform *muttermilch-boerse.de* war aus der Idee heraus entstanden, sowohl Müttern zu helfen, die keine, als auch solchen, die zu viel Muttermilch hatten. 4,99 € im Vierteljahr kostete die Mitgliedschaft, die Mütter boten ihre Milch in den Varianten »bio«, »vegan« und »koffeinfrei« an oder mit Sprüchen wie »Liebevolle vegane Stillmama sucht hungrigen Fratz« (Zinkant

2014). Mediziner reagierten entsetzt: Die auf dem Forum gegebene Empfehlung, die im Internet erworbene Milch im Zweifelsfall zu sterilisieren oder im Labor auf »Bakterien oder Streckung mit z. B. Wasser, Fertignahrung oder Kuhmilch« testen zu lassen, könne keinesfalls die Möglichkeit der Übertragung gefährlicher Krankheitserreger mindern.[10] Um diese auszuschließen, sei eine Untersuchung der Muttermilch-Spenderinnen erforderlich. Mittlerweile ist die Plattform eingestellt worden.

Gewiss gibt es viele gute Gründe für das Stillen, die nichts mit patriarchaler Ideologie zu tun haben. Sehr wahrscheinlich ist auch, dass der Stilltrend heute nicht zuletzt auf eine Ablehnung der Kunstmilch-Industrie zurückgeht und auf den Wunsch, sich in einer zunehmend technisierten Welt auf »Mutter Natur« zurückzubesinnen (auch dies, freilich, ganz im Sinne Rousseaus). Trotzdem sollte man sich fragen, unter welchen Bedingungen die Entscheidung fürs Stillen mit der heute (gleichfalls als selbstverständlich angesehenen) Forderung nach einer Gleichstellung von Mann und Frau zu vereinbaren ist. Wenn Liebe – wie es radikale Stillverfechterinnen suggerieren – tatsächlich nur über den Busen, nicht aber über die Flasche vermittelt werden kann, wie kann dann eigentlich der Vater zur gleichberechtigten Bezugsperson werden?

Auch wenn die von einer Londoner Eisdiele 2011 auf den Markt gebrachte Muttermilch-Eiscreme (»Baby Gaga«) mittlerweile von der Gesundheitsbehörde verboten wurde, geht der Hype um die Muttermilch unverdrossen weiter. Auf der amerikanischen Börse *Only the breast* verkaufen Frauen ihr »liquid gold« zu stolzen Preisen; die teure Flüssigkeit wird hier auch als »Arznei« für Erwachsene gehandelt und kann sogar vom Hausarzt verschrieben werden. Die symbolischen Bedeutungen der Milch – Vitalität, Reinheit, Unschuld und Natürlichkeit – scheinen dabei durchaus noch eine Rolle zu spielen.

Milch – ein starkes Symbol

Als Sinnbild für Leben, Überfluss, Hingabe und Liebe begegnet die Milch in verschiedenen religiösen und mythischen Traditionen. So werden die indischen Götter aus einem Meer von Milch geboren, während die germanische Mythologie die Wolken als Milchkühe darstellt, aus denen nicht Milch, sondern befruchtender Regen herabfließt (Camporesi 1993: 46). Zugleich haftet dem Milchtrinken seit der Antike etwas Barbarisches an. Zumindest dachten dies die alten Griechen und Römer. Die griechischen Geschichtsschreiber Herodot und Strabon berichteten über die seltsamen Bräuche des Reiternomadenvolks der Skythen, die sich von Milch und Blut ernährten (Camporesi [3]2009: 58 f.). Befremdlich war dieses Milchtrinken auch, weil es – wie schon erwähnt – der Humoralpathologie zufolge eine destabilisierende Wirkung auf das Temperament und somit auf die Geschlechteridentität hatte. Für Griechen und Römer, deren Kultur durch Ackerbau geprägt war, repräsentierten auch die Ernährungsgewohnheiten ihrer näheren Nachbarn, der Germanen, die naturhafte Zivilisationsferne. Während diese in den Wäldern sammelten und jagten und aus ihrer Viehzucht Milch und Fleisch gewannen, unterwarfen sich jene die Erde, indem sie sie bebauten (Montanari 2004: 13). Vor diesem Hintergrund erscheint Odysseus' Begegnung mit dem Kyklopen Polyphem in Homers *Odyssee* in einem neuen Licht. Die Barbarei des einäugigen Riesen zeigt sich nicht nur dadurch, dass er zwei von Odysseus' Gefährten in einem Happen verschlingt. Auch seine übrigen Ernährungsgewohnheiten sind in den Augen des griechischen Helden wenig zivilisiert. Aus der Milch seiner Schafe und Ziegen bereitet er zur Hälfte Käse, die andere Hälfte stürzt er frisch gemolken hinunter. Den Wein, den ihm Odysseus anbietet, verträgt er hingegen nicht: ein Zeichen dafür, dass er keine Vorstellung hat von dem Potential, das der Anbau von Feldfrüchten – freilich mühsamer als das Hirtenleben – bietet. Brent D. Shaw zufolge dienen solche Konstruktionen von faulen und stumpfsinnigen Hirten dazu, die fleißigen, klugen Ackerbauern als die rechtmäßigen Weltbeherrscher darzustellen (Shaw 2011: 25).

Die Vorbehalte gegenüber milchtrinkenden Barbaren und »primitiven« Hirten hielten sich bis in die Frühe Neuzeit (Camporesi 2009: 58–62). Sie finden sich in Reiseberichten des Mittelalters und der Renaissance, die beschreiben, wie sich Dänen, Norweger, Tartaren an vergorener Milch, also einer Art von Milchschnaps, berauschen (Camporesi 2009: 60f.). Tatsächlich scheinen es vor allem fermentierte Milchprodukte zu sein, die das Grauen der kultivierten Traktatschreiber erregen. So widmet der Frankfurter Arzt Johann Peter Lotichius im 17. Jahrhundert dem Käse und seinen verderblichen Wirkungen auf die Gesundheit ein ganzes Büchlein. Betitelt ist es mit *De casei nequitia* (1643), also »von der Schlechtheit des Käses« (Camporesi 2009: 60f.). Der Käse wird hier als ekelhaftes Exkrement, als bäuerliche und schmutzige Speise, als Nahrung von Bergvölkern und Hinterwäldlern (seien es nun Schweizer, Slawen oder Skythen) beschimpft – und es sei eine Schande, dass ausgerechnet im zivilisierten Frankfurt eine gesamte Straße durch den Gestank der feilgebotenen Käselaibe zur gesundheitsschädigenden »taberna casearia« verkomme (Camporesi 2009: 53f., 62).

Allerdings gibt es in grauer Vorzeit auch schon die Figur des milchtrinkenden guten (oder doch zumindest unschuldigen) Wilden, die Rousseaus Lob des Hirtenlebens (und der Milch) vorwegzunehmen scheint. Das Gilgamesch-Epos berichtet davon, wie der mythische König einen Wilden namens Enkidu domestiziert. Dieser lebt in der Steppe, ähnelt durch sein üppiges Kopfhaar einer Frau und trinkt die Milch wilder Tiere. Durch Gilgamesch und seine Helfer verführt, lernt er, stattdessen Fleisch und ein »starkes« Getränk zu sich zu nehmen; mit seinem neuen Freund begeht er gewaltsame Heldentaten, bis er, kurz vor seinem Tod, den Verlust seiner naturhaften Unschuld bereut (Valenze 2011: 24).

Das von Rousseau vorgeschlagene Drei-Stufen-Modell, nach dem die Menschen zunächst ohne jede Form der Sozialität als

Jäger und Sammler lebten, dann als Hirten erste Liebes- und Familienbande knüpften und schließlich gleichzeitig mit dem Ackerbau auch die Idee des Privateigentums entdeckten, stellt die Opposition von milchtrinkenden Barbaren und kultivierten Landbesitzern auf den Kopf. Nicht das erste Stadium stellte für den Genfer Philosophen den Idealzustand dar, sondern das zweite. Denn erst in diesem Stadium begannen die Menschen Rousseau zufolge eine Gemeinschaft zu bilden, in der es noch kein Konkurrenzdenken, keine Intransparenz und folglich auch keine soziale Ungleichheit gab. Dagegen führte jener Mensch, der als Erster ein Stück Land eingrenzte und dessen Früchte für sich allein beanspruchte, Privateigentum und Ungleichheit ein (Rousseau 1975: 202). Wie Deborah Valenze in ihrer umfassenden Untersuchung zur Geschichte der Milch berichtet, ist aus heutiger Sicht weder die These einer stufenweisen Entwicklung vom Jäger-und-Sammler-Stadium hin zu systematischem Landbau und/oder Viehzucht noch die These eines klaren Kontrastverhältnisses zwischen Ackerbauer- und Hirtenvölkern völlig zutreffend. Doch die Assoziation von Milch und (positiv oder negativ) konnotierter »Wildnis« führt eindrucksvoll vor Augen, weshalb Tiermilch bis heute als ein »natürliches«, naturnahes Lebensmittel gilt – gerade so, als handle es sich bei der Gewinnung und Verarbeitung einer Flüssigkeit, die *von Natur aus* gar nicht für Menschen bestimmt ist, nicht um eine kulturelle Handlung. Sie erklärt sicherlich auch die Ambivalenz, die dem Milchtrinken bis heute anhaftet – doch dazu später mehr.

Für die abendländische Kultur sind vor allem zwei mit der Milch verbundene Vorstellungen bedeutsam: der Traum vom Gelobten Land als jenem »Land, in dem Milch und Honig fließen« (2. Mose 3,8–17) und der christliche Kult um die stillende Maria. Letzterer ist bereits für die Zeit ab 400 n. Chr. belegt, als im ägyptischen Raum Ikonen der Maria lactans erschienen (Fink-Keßler 2012: 31). Die Attribute heidnischer Fruchtbarkeitsgöttinnen werden so auf die Muttergottes übertragen. Neben diesem »mütterlichen« erfinden die Apostel jedoch einen »väterlichen« Mythos, der die Milch zum Symbol des Gotteswortes macht. In seinem ersten Brief fordert Petrus die Christen dazu auf, Gottes gehorsame Kinder zu sein und nach der Wahrheit des Evangeliums zu verlangen: »Verlangt, gleichsam als neugeborene Kinder, nach der unverfälschten, geistigen Milch, damit ihr durch sie heranwachst und das Heil erlangt« (1. Petr. 2, 2). Damit wird eine Idee aufgenommen, die sich zuvor bereits in der jüdischen Kultur fand: Das Kind (hier: der Christ als geistiges Kind) wächst in die symbolische Ordnung hinein, indem es diese wie eine stärkende Speise (und damit frei von allen Vorbehalten) assimiliert.

Roland Barthes hat in seinen *Mythologies* (1957) dem Mythos der nährenden, stärkenden, heilenden Milch jenen des Weins als »feuriger«, berauschender Flüssigkeit entgegengesetzt. Obwohl diese Opposition keineswegs als eine universelle gelten kann (es gibt vielfache Analogien und Allianzen zwischen Milch und Wein), findet sich eine bedeutungsgenerierende Opposition von Milch und Wein gleichfalls schon in der Bibel. Die mittelalterlichen Bibelexegetiker verwendeten ihrerseits eine ausgeklügelte Metaphorik der »geistigen Speise«, um die Lehre des mehrfachen Schriftsinns zu veranschaulichen, die Überzeugung also, dass die Bibel verschiedene Bedeutungsebenen enthalte. Diesem Stufenschema zufolge stand die Milch für die einfachste geistige Nahrung und somit den einfachsten, buchstäblichen Schriftsinn der Bibel. Allerdings konnte die Milch auch wechselweise (in Opposition zu Brot oder Wein) das Alte oder aber das Neue Testament versinnbildlichen (Lange 1966).

Vertraut war dem mittelalterlichen Christen das Bild der stillenden Muttergottes. Als ein Motiv, das auf die irdische Natur Christi und die irdische Mutterschaft Mariens hinweist, trat es häufig im Zusammenhang mit dem Motiv der *Madonna dell'Umiltà*, der »Demuts-Madonna«, auf. An dieses Bild dachte wohl Dante, als er die Schlussgesänge seiner *Göttlichen Komödie* schrieb. In die höchsten Himmelskreise aufgestiegen und nunmehr bereit, in einer finalen Vision Gott selbst zu schauen, vergleicht Dantes Jenseitswanderer sich selbst mit einem kleinen

Kind, das sich sprachlos und gierig auf die Mutterbrust stürzt. Es ist ein ungeheuer demütiger und zugleich ein ungeheuer selbstbewusster Vergleich. Der große Erzähler des Jenseits ist auf einmal stumm wie ein Kind – ein Kind aber, das an den Brüsten der Muttergottes höchstpersönlich saugen darf (Ott 2016). Das Jenseitswissen, das die Figur Dante – und seine Leser – erfahren dürfen, teilt sich ihnen so gnadenreich und so unsagbar mit wie Muttermilch.

Verbreitet war ebenfalls der Glaube an eine besondere Heilkraft der Muttermilch. Er fand sich zunächst in Legenden von kranken Mönchen, die von der Muttergottes höchstpersönlich gestillt und dadurch geheilt worden waren. Doch auch der frühneuzeitlichen Medizin galt (menschliche) Muttermilch als ein treffliches Heilmittel (Camporesi 1993: 13 f.). Noch im 18. Jahrhundert widmete ihr der sizilianische Arzt Michele Gallo einen eigenen Traktat (Camporesi 1993: 14). Schon seit dem 16. Jahrhundert kursierte überdies die Meinung, wonach eine hauptsächlich auf Milchprodukten basierende Diät zu langem Leben verhelfe: So merkt Leone Africano in seiner *Beschreibung Afrikas* (*Descrizione dell'Africa*, geschrieben zwischen 1523 und 1526) an, dass die Angehörigen eines marokkanischen Bergvolkes, das sich fast nur von Frischkäse und Butter ernähre, nicht selten ein Alter von achtzig, neunzig oder hundert Jahren erreichten (Camporesi 1993: 42).

Und um 1480 schlug Marsilio Ficino, bekannt für seine neuplatonische Philosophie, die Milch als Heilmittel gegen Melancholie vor (Valenze 2011: 69). Auch der schottischstämmige Arzt Georg Cheyne hielt Milch aufgrund ihrer »kühlenden« Eigenschaft für die ideale Medizin gegen dieses »englische« Übel, dem er den Traktat *The English Malady* (1733) widmete. Die Kur, die er als Abhilfe bei allen durch übermäßiges und überwürztes Essen hervorgerufenen Zivilisationskrankheiten empfahl, wurde unter dem Namen der »Milch-Diät« berühmt. Als sie im 18. Jahrhundert von England nach Frankreich kam, gehörte der Philosoph Denis Diderot zu ihren ersten Anhängern (Valenze 2011:

105–115). Der von Rousseau propagierte »schäferliche«, aus pflanzlichen und Milchprodukten bestehende Ernährungsstil hatte folglich einen einflussreichen angelsächsischen Vorläufer.

Die kulturell-symbolische Bedeutung der Milch ergibt sich, wie die vorangegangenen Ausführungen gezeigt haben, vielfach aus einem Gegensatzverhältnis. Milch kann, manchmal im Verbund mit Fleisch, als barbarisches, »nomadisches« Nahrungsmittel den Produkten der zivilisierten Agrargesellschaften gegenübergestellt werden. Oder sie kann als unschuldiges, naturnahes Getränk dem Fleisch entgegengesetzt werden, das dann für zivilisationsbedingte Gewalt einsteht. Auch der Wein fungiert oftmals als oppositives Getränk. Roland Barthes hat dem Verhältnis dieser beiden alimentären »Zeichen« einen eigenen Aufsatz gewidmet, um den es nun gehen soll.

Milch und Wein à la Roland Barthes

In seinen *Mythologies* (1957; dt. *Mythen des Alltags*) skizziert Barthes erste Ansätze für eine kultursemiotische Lektüre der Nahrungsmittel. Ausgehend von der These, dass sich die Bedeutungen einzelner Getränke und Speisen – genauso wie die Bedeutungen der sprachlichen Zeichen – aus Relationen der Differenz ergeben, beginnt Barthes seine Erkundung des alimentären Zeichensystems mit dem Gegensatzpaar von »Wein« und »Milch«. Der Wein, schreibt er, sei das Totem-Getränk der Franzosen, ein nationales Gut, ebenso wie die rund 360 französischen Käsesorten (Barthes 1957: 83). Auch wenn traditionellerweise das Wasser als die dem Wein entgegengesetzte Substanz gelte, sei dieses in jüngster Zeit durch die Milch abgelöst worden. Barthes zitiert zur Erhärtung dieser These amerikanische Filme, in denen auch starke Revolverhelden ein Glas Milch nicht verschmähten (Barthes 1957: 85 f.); in einem vier Jahre später erschienenen Aufsatz verweist er auf die amerikanische Mode der Milchbars

(Barthes 1961). Nachdem in London 1935 die erste Milchbar in der Fleet Street eröffnet worden war, prognostizierte die *Times* zunächst, solche Establishments würden den biertrinkenden Briten womöglich »altmodisch und effeminiert« (»fusty and effeminate«) erscheinen. Doch der Blick auf die starken amerikanischen Milchtrinker konnte die Londoner vermutlich davon überzeugen, dass Milchtrinken der Männlichkeit keinen Abbruch tut (Valenze 2011: 266).

Tatsächlich scheint das Bild des milchtrinkenden Helden bis heute fest im amerikanischen Imaginären verankert. Das, was Barthes einen neuen Parzival-Mythos nennt, finden wir in dem Italo-Western *Django* (1966) oder, aktueller, in der Hauptfigur von Luc Bessons *Léon, der Profi* (*Léon: the Professional*, 1994) realisiert: einen unbesiegbaren Killer mit kindlich-reinem Gemüt, der sich fast nur von Milch zu ernähren scheint. Bei Besson ist Milch sogar explizit der Stoff, der Léon und das Mädchen Mathilda für ihren Rachefeldzug gegen die Bösen stärkt. Dass Regisseur und Hauptdarsteller Franzosen sind, ändert nichts an der Tatsache, dass hier ein amerikanisches Stereotyp (und zugleich ein Amerika-Stereotyp) inszeniert wird. In Frankreich sei Milch dagegen eine eher »exotische« Substanz, meint Barthes, Wein hingegen das patriotische Getränk. Ebenso wie im Beefsteak sieht er im Wein ein »signe alimentaire de la francité«, also ein alimentäres Zeichen des »Französischseins« (Barthes 1957: 86, 89).

Neben der nationalen, patriotischen Bedeutung nimmt der Wein, so Barthes, jedoch für die unterschiedlichen Gesellschaftsschichten unterschiedliche Funktionen ein. Die Arbeiter betrachteten ihn als eine »Stärkung« bei körperlicher Anstrengung; die Intellektuellen hingegen sähen im Wein (Barthes denkt hier offenbar an einen preiswerten »Schoppen«) ein Mittel, um sich von der ihnen vorgeworfenen Kopflastigkeit zu befreien und sich den Arbeitern gleichzumachen (Barthes 1957: 84). Indem Barthes zudem verschiedene politische Anlässe der jüngsten Geschichte nennt, in denen Wein oder Steaks von Politikern zur Selbstrepräsentation genutzt (oder: zu ihrem Nachteil nicht genutzt) wurden, macht er deutlich, dass die Bedeutungen der Speisen diesen unmittelbar aus einem bestimmten, zeitgebundenen soziokulturellen Kontext erwachsen. Zugleich, und gleichsam unter der Hand, scheint er jedoch davon auszugehen, dass den Lebensmitteln auch intrinsische Bedeutungen innewohnen. So zitiert er beifällig Bachelards Anwendung der Archetypenlehre auf die vier Elemente. Demnach wird der Wein als »trockene« Substanz der Erde, gleichzeitig auch dem Feuer assoziiert. Überdies verweise Wein auf das Blut und partizipiere folglich wie das Steak an einer »Blutmythologie« (Barthes 1957: 83, 85 f.). Während der Wein Agent einer »einschneidenden«, gewaltsamen Verwandlung sei (er verwandle den schüchternen in einen mutigen, den schweigsamen in einen beredten Menschen), eigne der Milch eine einschläfernde, beruhigende, eine »ruhige, weiße, luzide« Macht (Barthes 1957: 86). Aus den »biologischen« Eigenschaften der beiden Getränke (Barthes spricht von der »densité moléculaire«, der molekulären Dichte der Milch, die diese als ein dem Feuer entgegengesetztes Element erscheinen lasse, Barthes 1957: 85 f.) leitet Barthes folglich abstrakte, moralische und metaphysische Eigenschaften ab, die letztlich den Wein dem »rêve« und dem »mythe«, die Milch dem »réel« assoziieren. Näher besehen, steht diese Herleitung der »Bedeutungen« von Wein und Milch jedoch in eklatantem Widerspruch zu Barthes' strukturalistischem Credo, dem zufolge die Bedeutungen von Zeichen ja schwerlich aus einer intrinsischen Eigenschaft des Zeichenträgers selbst hergeleitet werden können. Freilich muss man einräumen, dass das Zeichensystem der Speisen sich von dem der Sprache eben dadurch unterscheidet, dass die Essens-Zeichen eine materielle Konsistenz besitzen, die das sprachliche Zeichen nicht hat. Dennoch scheint Barthes' impliziter Versuch, den Substanzen Wein und Milch universelle Bedeutungen zuzuschreiben, im Widerspruch mit dem erklärten Ziel seiner *Mythologies* zu stehen, eine Bestandsaufnahme der Alltagsmythen der *Gegenwart* zu leisten.

Darüber hinaus lässt sich Barthes in seiner Argumentation offenbar von nationalen Stereotypen leiten. Aus seiner Gegenüberstellung von »amerikanischer« Milch und »französischem« Wein kann man nämlich einen soziopolitischen Subtext herauslesen, der Amerika als das Land der »Realität«, Frankreich als das Land des Mythos und des Traums darstellt.

Ob Federico Fellini Barthes' *Mythologies* gelesen hat, bevor er *La dolce vita* (1960) drehte? Jedenfalls hat die Milch hier den schönsten Filmauftritt aller Zeiten. Die schwedisch-amerikanische Filmdiva Sylvia (Anita Ekberg) irrt durch das nächtliche Rom, gefolgt von dem Journalisten Marcello (Marcello Mastroianni). Er wird von der Diva beauftragt, ein Glas Milch zu besorgen, mit dem sie ein streunendes Kätzchen füttern möchte. Als Marcello das Glas bringt, hat Sylvia, hingerissen von der Pracht der Fontana di Trevi, das Kätzchen bereits vergessen und nimmt ein Bad im Brunnen.

Das nächtliche Glas Milch ist Teil einer subtil durchkomponierten Szenenfolge in Fellinis Schwarzweißfilm. Bereits in der Glockenturm-Szene war Sylvias schwarzweiße, fast priesterhafte Tracht aufgefallen, die freilich ihre Brüste umso stärker hervorhob. In der nächtlichen Szene setzt Fellini durch Sylvias weißen Pelzmantel, das weiße Kätzchen, mit dem sie spielt, und das Glas Milch die Farbe Weiß als Leitmotiv für Sylvia selbst ein. Das Weiß symbolisiert ihre Kindlichkeit, Natürlichkeit und Spontaneität – und wird in dieser Szene in klaren Kontrast gesetzt zu Marcellos zivilisationsmüder Desillusioniertheit. Wenn Sylvia das Glas Milch für das Wasser des Brunnens stehen lässt, so gemahnt dies an die Lebenskraft, die beiden Flüssigkeiten zugeschrieben wird. Dabei steht Sylvia zugleich für das »junge« Amerika (auch in diesem Sinn ist die Milch ihr »natürliches« Attribut) – Marcello hingegen für das »alte« Europa.

Als Attribut eines unberechenbaren Ewig-Weiblichen erscheint die Milch auch in Fellinis *Le tentazioni del dottor Antonio* (Die Versuchungen des Dr. Antonio), einer Episode aus der Kollektivproduktion *Boccaccio 70*. Dem prüden, bigotten Antonio

Abb. 8: Milch und das Ewig-Weibliche (Fellini, *Le tentazioni del dottor Antonio*, 1962)

erscheint die Versuchung in Gestalt eines überdimensionalen Werbeplakats, auf dem Anita Ekberg für Milch wirbt – begleitet von dem Lied »Bevete più latte / il latte fa bene / il latte conviene / a tutte le età« (Trinkt mehr Milch / Milch tut gut / Milch ist gut / für jedes Alter). Die anzügliche Art, auf die Fellini das Milchglas und Ekbergs Brüste in Szene setzt, parodiert den Konsumismus der Wirtschaftswunderjahre, macht sich aber zugleich über die Bigotterie des italienischen Katholizismus lustig.

Trotz der Faszination, die von der Milch ausgeht und die sich wohl mindestens ebenso ihrer vielfältigen symbolischen Assoziationskraft verdankt (die weiße Farbe, die Verbindung zu Geburt und Mutterschaft) wie ihrem »realen« Nährwert, gab es, wie bereits erwähnt, immer schon Vorbehalte gegenüber dem Konsum tierischer Milch. Selbst bei den Amerikanern, die heute zu den größten Milchkonsumenten weltweit gehören, ist Milch keineswegs unumstritten.

Der amerikanische Milch-Mythos

Naomi Campbell, Bill Clinton, Angelina Jolie, David Beckham, Elton John und sogar die Simpsons: Sie alle und unzählige weitere Berühmtheiten posierten für die 1993 von der amerikanischen Milchwirtschaft lancierte Werbekampagne *Got milk?* mit dem unverkennbaren Milch-Schnurrbart auf der Oberlippe. Ziel der Kampagne war es, der US-Bevölkerung Milch als ein proteinreiches und unentbehrliches Nahrungsmittel wieder nahezubringen –, oder auch: »to make milk look cool again«. Mit einer jährlichen Produktion von rund 90 Millionen Tonnen Milch pro Jahr sind die USA heute das größte milchproduzierende Land der Welt. Freilich bedurfte es – wie im Falle der italienischen Pasta – erst einer »Arbeit am Mythos«, bevor Milch zu »America's Drink« wurde. E. Melanie Dupuis hat die Geschichte nachgezeichnet.

Die Geschichte vom Aufstieg der noch im 19. Jahrhundert skeptisch beäugten Milch zu *Nature's Perfect Food* – so der Titel von Dupuis' Buch – lässt sich, je nach Perspektive, als eine Fortschritts- oder aber als Verfallsgeschichte lesen. Dass sich ausgerechnet Milch für eine Karriere als Super-Nahrungsmittel besonders gut eignet, hat naheliegende Gründe. Brustmilch ist in der Tat die erste, universelle Nahrung aller Säugetiere. Doch im Zuge der Verstädterung ging das Stillen insbesondere in den Großstädten zurück – Kuhmilch ersetzte die Brustmilch. Frische Kuhmilch war jedoch im 19. Jahrhundert, vor der Entdeckung

Abb. 9: Naomi Campbell (*Got Milk?*-Kampagne, 1993)

der Pasteurisierung, noch ein recht gefährliches Getränk. Insbesondere die in den Großstädten verkaufte Milch konnte aufgrund der hohen Keimentwicklung für kleine Kinder lebensgefährlich sein und wurde daher auch als »white poison«, weißes Gift, bezeichnet. Erstaunlicherweise reagierte man darauf – obwohl auch in den USA um 1800 die vom Erziehungsreformer Rousseau propagierte Still-Ideologie aufkam – nicht mit einem verstärkten Aufruf zum Selbststillen. Die Gründe für den tendenziellen Rückgang des Stillens im 19. Jahrhundert und die zunehmende Verbreitung von Flaschennahrung lassen sich, wie Dupuis darlegt, nicht auf ein einheitliches Muster zurückführen. Trotz der romantischen Glorifizierung der Mutterschaft galt Selbststillen in der *upper* und *middle class* als wenig *fashionable* – vermutlich waren auch die Ehemänner (aufgrund des Sexverbotes während der Stillzeit) wenig davon begeistert. Dass das Stillen auch in der Arbeiterklasse zurückging, konnte an arbeitsbedingten Zwängen der Frauen liegen oder auch auf eine Imitation der Gepflogenheiten der höheren Schichten zurückgehen. Die zumeist sozialethisch und religiös motivierten Milchreformer standen dem Stillen in der Regel skeptisch gegenüber. So vertrat der Milchpionier Robert Hartley die weitverbreitete These, über die Stillmilch könnten leicht Krankheiten von der Mutter auf das Kind übertragen werden.

Ziel der Milchreformer war es, aus dem potentiell gefährlichen Nahrungsmittel Milch ein gesundes Lebensmittel zu machen, das insbesondere die Lebensbedingungen der ärmeren Klassen in den Großstädten verbessern sollte. Der dort verbreiteten hohen Kindersterblichkeit sollte durch eine sichere, weil hygienisch hergestellte Milch begegnet werden. Melanie Dupuis zufolge entwarfen die Milchreformer damit ein Perfektionsnarrativ, das den Vorteil hatte, von weit brisanteren sozialen Problemen abzulenken. Es sei leichter gewesen, für die hohe Kindersterblichkeit schlechte Kuhmilch verantwortlich zu machen als die zunehmende Ungleichheit zwischen den Klassen, meint sie. Der amerikanische Milchmythos sei somit ein »entpolitisiertes« Fortschrittsnarrativ – ein Ideal von Perfektibilität, das es erlaubte, soziale Missstände zu vertuschen (Dupuis 2002: 66).

Um die Idee zu propagieren, dass Milch für jedermann das perfekte Nahrungsmittel sei, berief sich Robert Hartley auf die Bibel. Bibelstellen, in denen etwa von Milchopfern an Gott die

Rede ist, sollten belegen, dass die Menschheit immer schon frische Milch getrunken habe und diese demnach ein gottgewolltes Getränk sei. Dieser Anspruch auf Universalität wurde aber für eine Ernährungsgewohnheit erhoben, die in Wirklichkeit eine nordeuropäische und nordamerikanische ist: Etwa zwei Drittel der Weltbevölkerung sind (nach der frühen Kindheit) laktoseintolerant (Dupuis 2002: 25–28). Doch die Milchideologen ließen sich weder von kulturrelativistischem noch von darwinistischem Denken beirren. Sie integrierten einfach den Darwinismus in ihr Programm. Demnach sah der göttliche Heilsplan die Evolution des Menschen zu einem immer perfekteren Wesen vor, und diese Entwicklung konnte durch eine Perfektionierung der Nahrung (dies suggeriert Dupuis) umso schneller erreicht werden (Dupuis 2002: 100 f.). Das gottgewollte, perfekte Nahrungsmittel wurde so zur Bedingung für den perfekten Körper. In diesem Sinne wurden um 1900 die ersten Fertigmilchprodukte für Babys beworben. Man veranstaltete »Better Babies«-Wettbewerbe, in denen übergewichtige Flaschenkinder preisgekrönt wurden – bevorzugt blonde und blauäugige Babys (Dupuis 2002: 104 f.). Von da war es nur noch ein kleiner Schritt zur Idee einer rassischen Überlegenheit der weißen Milchtrinker. So meinte der Ernährungswissenschaftler E. V. McCollum in den 20er Jahren, dass Völker, die viel Milch konsumierten, notwendig auch über die meiste Gesundheit, ökonomische Stärke sowie kulturelle und intellektuelle Überlegenheit verfügen müssten. Auch der Agrarhistoriker Ulysses Hedrick schrieb 1933, dass bereits ein »flüchtiger« Vergleich zwischen den Völkern die Überlegenheit der milchtrinkenden arischen Rasse erweise (Dupuis 2002: 117 f.). Für solche Argumentationen könnte bereits das symbolische Potential der Milch – das weiße, reine Getränk der weißen Herrenrasse – eine nicht unerhebliche Rolle gespielt haben. Obwohl diese Assoziation naheliegend ist, geht Dupuis erstaunlicherweise mit keinem Wort darauf ein. Dabei zeugen doch selbst die Namen der ersten amerikanischen Hamburger-Ketten in USA – »White Tower« und »White Castle« – von der Symbolkraft der »Whiteness«.

Den hygienebesessenen Amerikanern sollte dadurch ihre Angst vor möglichen Bakterien im Hackfleisch genommen werden: »White for purity«, so begründete »White Castle« seinen Namen (Levenstein 1993: 228). Die Erfolgsgeschichte der Milch in den USA erweist sich so als ein hegemoniales Narrativ. Saubere Milch für alle ist eine »bequeme« Lösung, um soziale Ungleichheiten zu vertuschen. Und Milch, die der indigenen und der schwarzen Population der USA meist nicht bekommt, wird dennoch als *das* Nahrungsmittel schlechthin angepriesen und propagiert – nicht zuletzt durch massive Kampagnen in den Schulen.

Diesem Fortschrittsnarrativ steht allerdings ein Verfallsnarrativ entgegen, das in den letzten Jahrzehnten zunehmend an Gewicht gewonnen hat. Es unterzieht nicht nur den Glauben an die Milch als perfektes Nahrungsmittel einer scharfen Revision, sondern weist sogar auf eine mögliche gesundheitsschädigende Wirkung hin. Bereits 1971 denunzierte der Makrobiotiker Herman Aihara in seiner Schrift *Milk, a Myth of Civilisation* (*Milch, ein Mythos der Zivilisation*, 1991) eine neue Form der »weißen« Sklaverei, die anstelle der einstigen schwarzen Sklaverei nun das gesamte Amerika dominiere. »Bewaffnet mit Intellekt, Massenmedien und Wissenschaft«, so Aihara, »unterzieht das Sklavensystem die Mehrzahl der Amerikaner der Gehirnwäsche, einschließlich einige der gebildetsten Leute. Diese neue Sklaverei besteht in dem Aberglauben, daß Kuhmilch ein notwendiger Teil der Ernährung sei, und zwar nicht nur für Säuglinge, sondern ebenso für Kinder« (Aihara 1991: V). Als Sklaverei bezeichnet Aihara den amerikanischen Milchmythos, weil er die Kühe ausbeutet und zugleich die »Menschen von Kühen abhängig macht« (Aihara 1991: V). Bereits Aihara warnt vor Milchallergie und chemischen Zusätzen in der Milch; vor allem aber verweist er darauf, dass das Trinken von Kuhmilch für den Menschen keineswegs »natürlich« sei. Zwar könne sich der Milchkonsum durchaus positiv auf die Konstitution eines Menschen auswirken, aber: »Er wird so fett und so stark wie eine Kuh. Jedoch läßt der übermäßige Kuhmilchkonsum das menschliche Gehirn auf das Niveau dessen einer Kuh herabsinken« (Aihara 1991: VI). Das Trinken des tierischen Produkts macht den Menschen demnach dem Tier gleich. Babys mögen – so Aihara – von Natur aus keine Kuhmilch, es sei denn, ihre Verfassung würde »irgendwie derjenigen einer Kuh ähneln« (Aihara 1991: 20). Dies könne wiederum dadurch bedingt sein, dass die Mutter während der Schwangerschaft viel Kuhmilch getrunken habe (Aihara 1991: 20). In dieser Hinsicht perpetuiert Aihara letztlich den alten Aberglauben, von dem eingangs schon die Rede war: Über Tiermilch gehen die tierischen Eigenschaften auf den menschlichen Verbraucher über. Andererseits zeigen Aiharas tierethische Argumente ebenso wie seine Kritik am Postulat einer *universellen* Zweckmäßigkeit des Kuhmilchtrinkens eine bedeutsame Trendwende an. Gegenwärtig nimmt das Misstrauen gegenüber der Milch stetig zu. Es gibt Thesen, die besagen, dass Milch nicht, wie uns lange gepredigt wurde (und wie es auch noch die *Got Milk?*-Kampagne unbeirrt propagierte), vor Osteoporose schützt, sondern diese unter Umständen sogar fördert. Darüber hinaus wird der übermäßige Konsum fetter Milch für Zivilisationskrankheiten wie Diabetes und Übergewicht verantwortlich gemacht. Und ist gentechnisch produzierte Milch nicht überhaupt ein tödlicher Hormoncocktail? Diese These vertritt Robert Cohen in seinem Buch *Milk: The Deadly Poison* von 1997 – und bestätigt so, wenn auch vor einem ganz anderen Hintergrund, die Meinung der Milchskeptiker des 19. Jahrhunderts.

Industriell hergestellte Milch von mit Antibiotika vollgepumpten Kühen wäre also alles andere als »perfect« – ein Verfallsprodukt, das die heillose Entfernung des Menschen von der Natur bezeugt. Um die Dekadenzgeschichte umzukehren, kann man nur noch auf Biomilch von glücklichen Kühen zurückgreifen – was allerdings mit Blick auf amerikanische Biomilch-Riesen wie *Horizon* auch nicht unproblematisch scheint. Am konsequentesten scheint es dann, das Trinken von Kuhmilch überhaupt als eine unzulässige Ausbeutung von Tieren zu betrachten. Damit hätte *America's perfect food* freilich endgültig ausgedient. Und die *Got Milk?*-Werbung erschiene dann als ein (letzter?) Rettungsversuch einer zum Aussterben verdammten Industrie. Um solche Zukunftsprognosen geht es hier aber nicht. Vielmehr gilt es zu betonen, dass der Blick auf die Erfolgs- (oder Verfalls-) Geschichte der Milch die *Got Milk?*-Kampagne in einem anderen Licht erscheinen lässt. Zunächst einmal ist es bemerkenswert, dass die Kampagne, hinter der ja in erster Linie ökonomische Interessen standen, sich so offensiv als eine Gesundheitskampagne inszenierte. Mit erheblichem finanziellen Aufwand (jede der »celebrities«, die für die Kampagne posierte, erhielt als Honorar 25 000 $) wurde die Botschaft propagiert, dass Milch schön, sexy, sportlich und gesund macht (Schulberg 1998).

Wenn Präsidenten, Rockstars und sogar die Barbiepuppe sich mit Milchbart auf der Oberlippe der Gesundheit der Bevölkerung annehmen, dann wird damit auch ein klares politisches Signal ausgesandt. Die Tatsache, dass auch der schwarzen, größtenteils laktoseintoleranten amerikanischen Bevölkerung Rechnung getragen wird, indem die schwarze Schauspielerin Whoopi Goldberg für laktosefreie Milch wirbt, weist ebenfalls darauf hin. *Got Milk?* ist nicht nur ein Werbespot zur Ankurbelung der Milchindustrie. Hinter der Kampagne verbirgt sich zugleich eine Entpolitisierungsstrategie und eine politische Botschaft. So wie die Milchreformer des 19. Jahrhunderts »gute« Milch als Ersatzlösung für das politische Problem der sozialen Ungleichheit erfanden, erfindet die *Got Milk?*-Kampagne Milch als Lösung eines nicht zu bewältigenden Defizits des amerikanischen Gesundheitssystems. So, als würde das Trinken von ein paar Gläsern Milch pro Tag alle Health-Care-Probleme vom Tisch wischen. Und die politische Botschaft ist die eines starken, geeinten Amerikas. Womit wir beim Thema des nutritiven Nationalismus wären, das im folgenden Kapitel vertieft werden soll.

Die deutsche Milchdebatte ist im Wesentlichen von der amerikanischen beeinflusst. Auch hierzulande warb die 1972 gegründete Centrale Marketinggesellschaft der deutschen Agrarwirtschaft mit milchbärtigen Stars, bis die Kampagne 2009 eingestellt wurde (Hamilton 2015: 308). Milch ist nach wie vor fester Bestandteil der von der Deutschen Gesellschaft für Ernährung veröffentlichten Ernährungspyramide; zugleich häuften sich in den letzten Jahren Publikationen, die mit Titeln wie *Die Milch-Lüge* und *Mythos Milch* vor gesundheitlichen Schäden des Milchtrinkens warnten. Eine Gegendarstellung hat Malte Rubach 2016 unter dem schlichten Titel *Plädoyer für die Milch* publiziert.

*

Blicken wir zuletzt noch einmal zurück zu Barthes. Der Überblick über die kontroversen Bewertungen der Milch hat gezeigt, dass sich die ihr zugeschriebenen kulturellen Bedeutungen keineswegs aus physikalischen Qualitäten ableiten lassen, wie es Barthes zu suggerieren scheint. Zugleich ist es auffällig, wie bestimmte Stereotype mit leichten Abwandlungen über die Jahrhunderte wiederkehren: So könnte man etwa die milchtrinkenden Gangster (man denke an Alex' Bande in der Milchbar in Kubricks *A Clockwork Orange*) geradezu für Nachfahren der milchtrinkenden Barbaren halten. Widersprüchlich sind auch die Meinungen zur gesundheitlichen Wirkung der Milch: Ist sie ein Heilmittel gegen Melancholie, wie Ficino und Cheyne es meinten, oder ist ein übermäßiger Milchkonsum geradezu Ursache von Trübsinn? Ähnlich sind sich Mediziner heute uneinig, ob Milch Osteoporose verhindere oder gar fördere – was wieder einmal beweist, wie problematisch es ist, verallgemeinernde Thesen aufzustellen. In dieser Hinsicht hat die Humoralpathologie der gegenwärtigen Schulmedizin sogar etwas voraus; geht sie doch davon aus, dass für verschiedene Temperamente unterschiedliche Ernährungsstile angemessen seien. Hat aber der Mythos Milch in der westlichen Welt unwiderruflichen Schaden gelitten, so bestimmt die Vorstellung magischer Fähigkeiten des »weißen Goldes« heute die asiatischen Milchmärkte, wo man diesem eine positive Wirkung auf Wachstum und sportlichen Erfolg zuschreibt (Valenze 2011: 290). In den traditionellen milchherstellenden Gesellschaften aber werden Milch und Milchproduktion gegenwärtig als Stellvertreter einer vom Verschwinden bedrohten Agrargesellschaft betrachtet (Valenze 2011: 291).

Zucker und Sklaverei

Neben Milch und Milchprodukten als bevorzugten Speisen der Frauen betonte Rousseau auch ihre natürliche Vorliebe für Süßes, für den »Zucker«. Wie die Milch ist auch Zucker eine höchst symbolträchtige Substanz. Mit der Milch teilt der Zucker – zumindest seit dem 18. Jahrhundert, als raffinierter Zucker sich immer weiter verbreitete – die weiße Farbe. Sie trug in Rousseaus Augen sicherlich dazu bei, die Analogisierung weiblicher Sanftmut und Unschuld mit Milch und Zucker zusätzlich zu motivieren. Im Prinzip scheint der Zucker genauso gut wie (Mutter-) Milch dazu befähigt, den Rang einer »universellen« Speise einzunehmen. Zumindest scheinen Tests mit Neugeborenen erwiesen zu haben, dass der Geschmack am Süßen dem Menschen angeboren ist. Ist Milch für viele erwachsene Menschen unverträglich oder gar ekelerregend, so liebt offenbar jeder Mensch auf der Welt Süßes. So gesehen, wäre der Zucker vielleicht sogar die einzige »Speise«, die über alle kulturell festgelegten Speisetabus oder individuell begründeten Abneigungen erhaben ist.

Der Anthropologe Sidney Mintz zeigt sich gegenüber solchen universalistischen Thesen allerdings skeptisch. Ihm zufolge sind sowohl der heute besonders in den Industrienationen massiv verbreitete Zuckerkonsum als auch der Zucker selbst kulturelle und industrielle *Produkte*. Dass Zucker so unschuldig-»süß« ist, wie es Frauen sein sollten – nach Rousseau können 1969 die Archies mit dem Schlager *Honey Sugar Sugar* ein Lied davon singen –, ist also eine Lüge. Ebenso künstlich wie diese fiktive Musikband, ist raffinierter Zucker eine chemische Substanz, »die einzige chemische Substanz, die sich praktisch in reiner Form als

Grundnahrungsmittel konsumieren läßt« (Hagelberg 1975: 5, zit. nach Mintz ²2007: 50).

Dass Zucker heute als wahres »Lieblingskind des Kapitalismus« gelten kann,[11] leuchtet nach der Lektüre von Sidney Mintz' einflussreicher Kulturgeschichte des Zuckers (*Die süße Macht. Kulturgeschichte des Zuckers*, 1985/²2007) unmittelbar ein. Aus dem Zuckerrohr gewonnener Zucker kam um 1100 n. Chr. erstmals nach Europa. Das teure Gut wurde zunächst den Gewürzen zugeordnet und sparsam verwendet – von den wenigen, die es sich leisten konnten (Mintz ²2007: 109). Zucker wurde zugleich auch als Medikament eingesetzt – eine Tradition, die sich vom 13. bis mindestens ins 18. Jahrhundert hielt (Mintz ²2007: 132). Dass der Zucker als wertvolles Heilmittel in Apotheken verkauft wurde, zeigt nicht zuletzt die Redensart »wie ein Apotheker ohne Zucker«.

Aufgrund seiner Kostbarkeit diente der Zucker bis in das 17. Jahrhundert hinein den Reichen und Mächtigen als Statussymbol. Kunstvolle, aus Zucker oder Marzipan gearbeitete Figuren schmückten deren Tafeln. In Form von Tieren, Bauwerken oder die gefeierten Fürsten selbst darstellend, machten die süßen Kunstwerke nicht nur die Macht ihrer Auftraggeber augenfällig, sondern fungierten häufig als Medium zur Übermittlung konkreter politischer Botschaften (Mintz ²2007: 119). Dass die Zuckerpreise ab dem 17. Jahrhundert zu fallen begannen und die ehemaligen Luxusgüter Zucker und Tee zu einem täglichen Nahrungsmittel des englischen Proletariats wurden, führt Mintz auf eine komplexe Verflechtung sozioökonomischer Prozesse zurück. Zum einen forcierte die englische Kolonialmacht die Gewinnung von Plantagenzucker durch die radikale Ausbeutung schwarzer Sklaven. Zum anderen wurden mit Zucker gesüßter Tee und Sirup auch in der englischen Arbeiterklasse ab 1750 zunehmend bekannt und beliebt. Zwar war Tee immer noch ein Luxusgut, doch als dünne, mit reichlich Wasser gestreckte und mit Zucker gesüßte Brühe wurde er zur »Armeleutekost«. Zusammen mit einem Stück Brot ergab das Gebräu eine schnell zuzubereitende, warme Mahlzeit – ein Vorteil in einer Zeit der beginnenden Industrialisierung, in der die Fabrikarbeiterinnen keine Zeit mehr zum Kochen hatten. Ein Vorteil freilich, der dazu beitrug, dass die ohnehin kärgliche Kost der Arbeiter noch ungesünder wurde, und der die Briten zu den größten Zuckerkonsumenten weltweit machte (Mintz [2]2007: 158 f., 174–179). Ab 1850 fiel der Zuckerpreis drastisch, und Zucker wurde nunmehr massiv verbraucht. Insgesamt führt Mintz den Zuckerkonsum des englischen Proletariats also weniger auf einen Willen zurück, die Sitten der Privilegierten nachzuahmen, als auf schiere Notwendigkeit: Brot, Zucker und Tee sind der schnellste und billigste Imbiss, den sich die Arbeiter in ihren kurzen Pausen leisten können – und zugleich eine denkbar ungesunde und einseitige Mahlzeit.

Damit aber noch nicht genug. Mintz stellt auch die These auf, dass die in Arbeiterfamilien gängige Praxis der Nahrungsverteilung – das seltene und teure Fleisch für den Vater als den Haupternährer, die billigeren Süßspeisen für Frau und Kinder – letztlich nicht nur einer patriarchalischen Hierarchie entspricht, sondern auch Teil einer (sei es auch unbewusst) praktizierten Bevölkerungskontrolle ist:

> Darüber hinaus spricht einiges dafür, daß das kulturell vorgesehene und gebilligte innerfamiliäre Verköstigungsmuster – teure Eiweißträger vornehmlich für den Vater, Sucrose zu größeren Anteilen für Frau und Kinder – tatsächlich weithin praktiziert wird. Die Mißverteilung von Nahrungsmitteln in armen Familien könnte eine Art von gesellschaftlich legitimierter Bevölkerungskontrolle sein, da sie den Kindern Eiweiß sozusagen systematisch vorenthält. […] Es ist schmerzlich zu sehen, wie umstandslos Sucrose sich in ein solches System der »Bevölkerungskontrolle« einfügen ließ. Das Bestreben der Reagan-Administration, im Rahmen von staatlich finanzierten Schulspeisungsprogrammen sucrosereichen Ketchup als »Gemüse« zu definieren, ist ein neuerlicher Beleg dafür. (Mintz, [2]2007: 180 f.)

Vor diesem Hintergrund erscheint das offenbar so weitverbreitete Denkmuster »männlicher« und »weiblicher« (bzw. »kindlicher«) Kost noch einmal in einem ganz anderen Licht. Was Rousseau als eine naturgegebene Ordnung ansah, deren Auflösung unvermeidlich zum Sittenverfall führen müsste, erscheint dann in der Tat als »schmerzlicher« Beleg eines patriarchalischen Opportunismus:

> All diese Daten werfen nicht zuletzt auch ein gewisses Licht auf das Verhältnis von Geschlecht und Zuckerkonsum. Kaum ein (männlicher) Forscher, der nicht von der seltsamen Erwartung ausgeht, daß Frauen süße Dinge lieber mögen als Männer, daß sie sich süßer Speisen bedienen, um ansonsten unerreichbare Ziele zu erreichen; und daß süße Dinge, im konkreten wie im übertragenen Sinne, eher die Domäne von Frauen als die von Männern bilden. (Mintz [2]2007: 181)

Inwieweit Mintz mit seiner Kritik an einem Kurzschluss von »Geschlecht« und »Ernährung« recht hat, soll in Kapitel 6 noch vertieft werden. Vorerst gilt es festzuhalten, dass gemäß Mintz' Argumentation das ganze zuckeressende Proletariat als Verlierer dasteht. Insgesamt vertritt Mintz also die These, dass »der Zucker und andere Betäubungsmittel, indem sie Land- und Fabrikarbeiter verproviantierten, satt machten – und tatsächlich auch betäubten« – und dass Zucker somit die »Gesamtkosten für die Schaffung und die Reproduktion des städtischen Proletariats« entscheidend verringerte (Mintz [2]2007: 214). Mintz' Thesen zufolge hat sich Zucker zu einer wahren Droge der Armen aller industrialisierten Länder – ganz besonders aber in Großbritannien und den USA – entwickelt. In der Tat sind Softdrinks und billige Süßigkeiten der einzige alimentäre Luxus, den sich die Unterschicht leisten kann – ein Luxus, der mit Diabetes und Übergewicht teuer bezahlt wird.

Obwohl es bereits in der Vormoderne vereinzelt Hinweise auf gesundheitliche Schäden infolge übermäßigen Zuckerkonsums gab, ist doch die Theorie des Zuckers als einer tödlichen Droge ein Produkt unserer Zeit. Umso erstaunlicher ist es, dass der

Schriftsteller und Arztsohn Gustave Flaubert im 19. Jahrhundert den Zucker bereits in seiner ganzen Ambivalenz erkannt hat. Gewiss, Flaubert meint eigentlich nicht den Zucker an sich. Vielmehr macht er ihn zu einem Symbol für einen anderen, schwer definierbaren Stoff. Für seine Romanheldin Emma Bovary ist Zucker, ein wenig trivial gesagt, der Stoff, aus dem die Träume sind.

Zucker als Droge

Auf die vielschichtigen Bedeutungen des Zuckers in Flauberts Roman *Madame Bovary* haben bereits Barbara Vinken (Vinken 2002) und Michel Bernard (Bernard 1999) hingewiesen. Emma Bovary, deren unglückliches Ende von der Forschung (ganz zu Recht) auf ihre unselige Romansucht zurückgeführt wurde, entwickelt im Laufe des Romans in mehrfacher Hinsicht ein auffälliges Konsumverhalten. Nicht nur zeigt sie eine Vorliebe für süße Liköre und überhaupt ein kapriziöses Trinkverhalten. Und nicht nur gibt sie das Geld ihres Mannes für teure Kleider und andere Extravaganzen aus. In ihrem Haus wird auch viel Zucker konsumiert – vor 1850 noch ein relativ teures Gut. So legt sich das Hausmädchen Félicité heimlich einen kleinen Zuckervorrat zu, von dem es nach dem Abendgebet nascht.

Als Symbol eines plötzlich erreichbar scheinenden Luxus begegnet der Zucker auf einem Adelsball auf Schloss Vaubyessard, zu dem das Ehepaar Bovary eingeladen wurde. Emma, von der ungewohnten Pracht überwältigt, erscheint sogar der Zucker »weißer und feiner als anderswo« (Flaubert 2015: 68). Diese Wahrnehmung ist nicht unbedingt eine subjektiv gefärbte, gab es doch im 19. Jahrhundert durchaus unterschiedliche Qualitäten raffinierten Zuckers. Dennoch erscheint der Zucker hier als Symbol jenes Traums von einem schöneren Leben, der Emma in den Ruin führen wird. Tatsächlich setzt Flaubert Zucker – und auch Milch – als Chiffren für jene Droge ein, die Emma seit ihrer Jugend unkritisch konsumiert: Schundliteratur, Romane, die ihr ein falsches Bild vom Leben und von der Liebe vermitteln. Als »Zuckerwasser«, als »Biskuit« oder auch als »milchige Ozeane« bezeichnet er auch in seiner Korrespondenz die von ihm verachtete romantische Literatur oder ganz einfach einen schlechten Schreibstil. Diesen setzt er die solide Kost der »Klassiker« entgegen, die er dagegen mit »fleischiger«, substanzreicher Speise assoziiert. Man kann diese »literaturkritische« Opposition (Milch, Zucker, Kuchen = Schundliteratur; Fleisch = gute Literatur) als eine Wiederaufnahme der Speisemetaphorik der Bibelhermeneutik lesen. Ihr zufolge ist Milch ja die Speise der Anfänger im Glauben. Zugleich ist es frappierend zu sehen, wie die von Flaubert aufgestellte Opposition wieder einmal die Hierarchie »männlicher« und »weiblicher« Speisen bestätigt. Anhand dieses Lektüreschlüssels kann man die Essensszenen in *Madame Bovary* zwar weiterhin, wie es erstmals Erich Auerbach getan hat, als typische Stilmittel des literarischen Realismus betrachten, der auch alltägliche Handlungen in seine Darstellung aufnimmt. Zugleich lassen sich viele der dargestellten Speisen und Szenen als ironische Kommentare lesen, mit denen sich der Autor über seine Figuren lustig macht.

Emma ernährt sich schlecht: »Emma wurde eigensinnig und launenhaft. Sie bestellte sich besondere Gerichte, rührte sie nicht an, trank an einem Tag nur Milch und am nächsten ein Dutzend Tassen Tee« (Flaubert, 2015: 90). Ihre Vorliebe für das, was sich leicht konsumieren lässt, ist typisch für ihr Verhältnis zur Wirklichkeit. So wie sie Schundliteratur verschlingt – zum Beispiel Walter Scott und den romantischen Autor Bernardin de Saint-Pierre, der mit *Paul et Virginie* ein kitschiges Südseeidyll entworfen hat –, ernährt sie sich mit Vorliebe von flüssiger und süßer Kost. Zu dieser gehören nicht nur Milch und Zucker, sondern auch Emmas Hochzeitstorte:

> eine mehrstöckige Torte […], die einen Ausruf der Bewunderung auslöste. Ihr Unterbau war ein blaues Pappdeckelqua-

drat, das einen allseits von Vorhallen, Säulengängen und von in Nischen stehenden Stuckfigürchen umgebenen, mit Sternen aus Goldpapier übersäten Tempel darstellte; im zweiten Stockwerk stand ein Bergfried aus Biskuit, umgeben von allerlei kleinen Befestigungen aus kandierter Engelwurz, Mandeln, Rosinen und Orangenschnitzen, und auf der obersten Plattform schließlich, die eine grüne Wiese darstellte mit Felsen, mit Seen aus Konfitüre und mit Schiffen aus Haselnußschalen, sah man einen kleinen Amor sich auf einer Schaukel aus Schokolade wiegen […]. (Flaubert 2015: 42, Ü. leicht abgeändert)

Sie ist ein Meisterwerk der Ironie. In seiner Korrespondenz bezeichnet Flaubert einen prätentiösen Schreibstil als »Biskuittorte«; hier kostet er die Analogisierung voll aus. Die drei Landschaften, die auf dieser Torte dargestellt sind – eine antike Tempellandschaft, mittelalterliche Ruinen, ein Naturidyll samt Amor auf einer Schokoladenschaukel –, versammeln privilegierte Romanschauplätze und sentimentale Klischees über die Liebe. Julie-Manon Doucet hat auf den geringen Nährwert der Torte hingewiesen, die wohl vor allem als Augenweide gedacht ist: Schöner Schaum, der das prekäre Fundament von Emmas Ehe offenlegt (Doucet 2007: 152 f.).

Die von Emma bevorzugten Süßspeisen symbolisieren also ihre schlechten Lektüren. Durch sie verführt, übersieht sie, dass die Realität eine härtere Kost für sie bereithält. Auf Schloss Vaubyessard ist sie fasziniert von den exotischen Speisen, die es dort gibt: »Die roten Scheren der Hummer ragten über die Platten hinaus; in durchbrochenen Körben lagen auf Moos dicke Früchte aufgeschichtet; die Wachteln waren noch im Federkleid« (Flaubert 2015: 67). Diese Speisen sprechen jedoch eine Sprache, die Emma nicht korrekt zu entziffern vermag. Wie Rudolf Behrens (Behrens 1992) bemerkt hat, haben diese Hummer, die noch ihre Scheren besitzen, und die Wachteln im Federkleid etwas latent Gewaltsames an sich. Und dies »Rohe«, das unter der exquisiten Fassade hervorlugt, korrespondiert exakt mit der Brutalität, die sich unter den sanften Manieren einiger Adliger verbirgt (Flaubert 2015: 71). Emma aber nimmt von alledem nur das wahr, was ihrem Traum von Glanz und Luxus schmeichelt, und ebendeshalb erscheint ihr der Zucker, der zu den Früchten gereicht wird, weißer und feiner als anderswo. Danach nimmt ihr tragisches Schicksal seinen Lauf: Von ihrem adligen Liebhaber Rodolphe verlassen, verfällt Emma dem Kaufrausch und macht ungeheure Schulden. Nachdem eine Zwangsversteigerung und damit die öffentliche Schande unabwendbar ist, bringt sie sich mit Arsen um. Um den Skandal zu vertuschen, behauptet man später, sie habe das weiße Pulver mit Zucker verwechselt. Der Zucker erschien über die gesamte Romanhandlung hinweg als ein glückverheißendes Zeichen. Am Ende hat er sich jedoch in todbringendes Gift verwandelt.

Offenbar wurde der Schlager *Honey Sugar Sugar* erst dann zum Erfolg, als sich herumgesprochen hatte, dass man Zucker und Honig auch als versteckte Hinweise auf Drogen (Kokain und Cannabis) verstehen konnte. Heute scheint sich der Zucker – bei Flaubert vor allem ein Symbol für das Suchtmittel Roman, in den 60er Jahren eine Chiffre für Drogen – ganz buchstäblich in eine Droge verwandelt zu haben. Zumindest wird beim Anblick des weißen Rieselzuckers niemand von uns so entzückt sein wie Emma Bovary. Auf die nicht nur ernährungsphysiologisch, sondern auch moralisch argumentierende Verdammung des Zuckers wurde bereits im Einleitungskapitel hingewiesen. Sicherlich hat aber die aktuelle Zuckerphobie – die freilich mit einem massiven Zuckerkonsum einhergeht – nicht nur medizinische, sondern auch ökonomische Hintergründe: Raffinadezucker, zum billigen Industrieprodukt verkommen, hat seine Symbolkraft für uns heute weitgehend eingebüßt.

5. Essen und nationale Identität

Essen und Politik

Im April 2001 erklärte der englische Außenminister Robin Cook: »There is no such race as the British.« Zum Beleg dafür führte er an, dass das (pseudo)indische Take-away-Gericht *Chicken Tikka Masala* mittlerweile weit beliebter sei als das traditionelle *Fish and Chips*. Diesem Statement diametral entgegengesetzt ist die Aussage Silvio Berlusconis im sogenannten »Prosciutto-Krieg« zwischen Italien und Finnland. Als 2001 der Sitz der Europäischen Behörde für Lebensmittelsicherheit zur Debatte stand und neben Parma Helsinki im Rennen war, soll Berlusconi empört erklärt haben, dass nur die norditalienische Stadt in Frage kommen könne. Schließlich sei Parma ein Synonym guter Küche, während die Finnen nicht einmal wüssten, was ein »prosciutto« sei. Wird auf der einen Seite kulinarische Globalisierung als ein Beweis für die längst multikulturelle Identität Großbritanniens herangezogen, so äußert sich auf der anderen Seite ein regelrechter gastronomischer Chauvinismus. So befremdlich dieser »sciovinismo al dente« (La Cecla 1998: 76) auch anmuten mag: Er wird nicht nur von vielen Italienern und Nichtitalienern geteilt, sondern hat auch andernorts seine Entsprechungen – etwa in Frankreich. Schließlich pflegen auch die Franzosen nicht nur einen gesunden gastronomischen Nationalstolz; sie äußern, wie die Italiener, ihre Sorge um eine rapide voranschreitende »Macdonaldisierung« der Esskultur. Unter diesem Motto diagnostizierte der französische Soziologe Claude Fischler 1996 eine Reihe aus den USA kommender Neuerungen in puncto Essen: Verbreitung des *Fast Food* und *Functional Food*, das Hamburger-Essen als Regression in ein frühkindliches Stadium der Gaumenlust, vor allem aber die Entritualisierung des Essens (d.h. die Abschaffung der Mahlzeit als eines kollektiven, im sozialen Alltag durch feste Essenszeiten verankerten Rituals). Polemisch auf den Punkt gebracht: »Amerikanisierung« in der Küche führt nicht nur zu einer Degradation der Esskultur, sondern zum Verlust von Kultur überhaupt.

Wo die einen also entspannt der kulinarischen Globalisierung entgegensehen und diese sogar als ein Medium der Völkerverständigung preisen, fürchten die anderen um die Wahrung der eigenen nationalen Identität und Esstradition (die sie insgeheim als die überlegene betrachten). Sieht man sich die Situation innerhalb Europas an, so scheint die erste Haltung eher für Großbritannien, Deutschland, die Niederlande, die zweite eher für Südeuropa, allen voran Italien und Frankreich – oder aber: die Regionen »mit katholischer Tradition«, wie es Fischler formuliert (Fischler 1996: 862) – zuzutreffen.

Wie lassen sich so unterschiedliche Positionen innerhalb Europas erklären? Liegt es an einer tatsächlichen Überlegenheit der »südlichen Esskulturen«, die womöglich mit einer religiös begründeten größeren Sinnenfreudigkeit zusammenhängt? Was bedeuten würde, dass die »nördlichen« Länder gerne importieren, weil sie über keine wertvollen kulinarischen Traditionen verfügen? Oder aber pochen die »südlichen« Länder deshalb so sehr auf ihre Esskultur, weil sie dem Norden auf sozioökonomischer Ebene unterlegen sind? Gibt es gar einen Zusammenhang zwischen kulinarischem Chauvinismus, EU-Skepsis und sozioökonomischer Rückständigkeit, wie ihn die Autoren einer 2006 erschienenen Studie (Castellanos/Bergstresser 2006) nahelegen? Und schließlich: Wie kommt es, dass ein scheinbar so harmloses Alltagsritual wie das Essen im politischen Bereich derart stark emotionalisiert werden kann? Dies zeigt nicht nur die heftige Reaktion, die Berlusconis Aussage in der finnischen Presse auslöste, sondern etwa auch die 2003 von den amerikanischen Republikanern Robert Ney und Walter B. Jones angeordnete Umbenennung von *French fries* in *Freedom fries*. Diese mit dem Aufruf zum Boykott französischer Waren verbundene Namensänderung war eine Reaktion auf Frankreichs Weigerung, den von den USA geplanten Einmarsch in den Irak zu unterstützen. Jene *pommes frites*, die Roland Barthes in den 1950er Jahren als »signe alimentaire de la ›francité‹« bezeichnet hatte, wurden jetzt, als *Freedom fries*, gezielt zum Symbol einer antifranzösischen Haltung erhoben – ähnlich der antideutschen Propaganda während des Ersten Weltkriegs, als die Amerikaner Sauerkraut in *Freedom cabbage* umbenannten.[12] Hier geht es nicht nur um den prätendierten Vorrang einer nationalen Esskultur, sondern um das symbolische Potential, das Speisen in politisch aufgeladenen Konflikten entfalten können. Weshalb scheint sich ausgerechnet das Essen so gut für einen derartigen symbolischen Einsatz zu eignen?

Um diese Fragen zu beantworten, soll zunächst ein Blick auf die Geschichte der italienischen Esskultur und ihres Ansehens geworfen werden. Weshalb wurde die Behauptung einer überlegenen Esskultur für diese Nation so wichtig? Und wie verhält sich die kulinarische Geschichte Italiens zu jener der Food-Supermacht Frankreich? Heutzutage gilt die asiatische Küche, neben der italienischen, als Globalisierungsgewinnerin. Welche Rolle spielt dabei der japanische Gastro-Chauvinismus? Im Anschluss an die Betrachtung dieser drei Einzelfälle soll mit Blick auf globale politische und ökonomische Entwicklungen erläutert werden, weshalb insbesondere Italien und Frankreich heute den Verlust ihrer gastronomischen Einzigartigkeit befürchten.

Auch wenn sich gastrochauvinistisches Denken vor diesem Hintergrund oftmals als defensive Reaktion entpuppt, ist die globale Wahrnehmung der verschiedenen Nationen von einem machtvollen Gastromythos geprägt, der die Welt, grob gesagt, in Regionen des »guten« und solche des »schlechten« Essens einteilt. Nicht nur in populären, auch in wissenschaftlichen Diskursen wird der warmherzig-sinnliche globale Süden der kalten Küche des kulinarischen Nordens entgegengesetzt. Diese diskursiven Gegensätze generieren wiederum kulinarische Identitätsnarrative, also große Erzählungen über die Merkmale und Besonderheiten nationaler Küchen und ihre Beziehung zur Kulturnation, die sie hervorgebracht hat. Doch nicht nur nationale Esskulturen spiegeln sich gerne im Glanz solcher Narrative. Auch in individuellen Lebenserzählungen spielt das kulinarische Identitätsnarrativ oft eine zentrale Rolle – besonders dann, wenn es um Migrations- und Transkulturalitätserfahrungen geht. Warum ist ausgerechnet das Essen für den Entwurf hybrider, diasporischer Identitäten so wichtig? Und weshalb gilt gerade die »südliche« Küche in Popliteratur und Popfilm der Gegenwart als Heilmittel für die Lebenskrisen westlicher Wohlstandsbürger?

Abschließend soll noch ein Blick auf die Gastrokultur eines Landes geworfen werden, das sich bisher (die Experten sind sich da recht einig) nicht gerade mit kulinarischem Ruhm bekleckert hat. Warum gilt deutsches Essen national und international als so schlecht? Und: Stimmt das heute immer noch? Schließlich behaupten viele Deutsche gegenwärtig von sich, sie seien in der Küche Italiener ... Doch das ist, wie nun gezeigt wird, eine lange Geschichte.

Italiens Pasta-Chauvinismus

Von der Armenspeise zum world food: *Der Aufstieg von Pizza und Pasta*

Kaum zu glauben: Die gastronomische Kultur jenes Landes, in dem laut Jamie Oliver jeder Einheimische ein geborener Koch ist, genießt im 18. und 19. Jahrhundert alles andere als ein hohes Ansehen. Der Italienbesucher Gustave Flaubert etwa berichtet von Makkaroni mit stinkendem Schmelzkäse, an die sich nur gewöhnen könne, wer seinen Ekel zu bezwingen wisse. Karl Friedrich von Rumohr bemerkt dagegen in seinem *König's Geist der Kochkunst* (1822): »Gegenwärtig ist in der italienischen Küche nur das Volksmäßige lobenswerth; wo man mit Anspruch auf Feinheit kocht, ist Kampf zwischen Geiz und Übermengung« (von Rumohr 1973: 31). Als in höchstem Maße gesundheitsschädigend aber betrachtet er jene minderwertigen italienischen Gasthäuser auf deutschem Boden, in die sich die zu Hause schlecht bekochten deutschen Ehemänner flüchten müssen: Der »Hausvater«, der sich gezwungen sieht, »aus dem Schmutze eines Italienerkellers versalzene und übersäuerte Bissen hervorzuholen«, verdirbt sich so »alle gesunde Eßlust« (von Rumohr 1973: 37). Wer im 18. und 19. Jahrhundert also etwas Positives über Italien aussagen will, der wird nicht von der guten Küche sprechen – allenfalls von der Frugalität der Italiener, einer Tugend, die sie freilich ihrer Armut verdanken (Heitmann 1996: 318 f.). Selbst Rousseau, der Vordenker der Veggie-Ideologie, meinte, das allzu viele Gemüse mache die Italiener »schlapp und effeminiert« (Rousseau 1964: 453).

Das negative Image von Pasta und Co. wandelt sich erst im Zuge der nationalen Einigung, durch ein Zusammenwirken politischer, kultureller und sozioökonomischer Faktoren. Norditalienische Soldaten, die um 1860 im Gefolge Garibaldis in den Süden gelangen, importieren dortige Essgewohnheiten wie etwa Pasta mit Tomatensoße in ihre Heimat (La Cecla 1998: 29). Und das neapolitanische Billiggericht Pizza wird durch einen populistischen Schachzug des piemontesischen Königspaars Umberto und Margherita aufgewertet. Zumindest besagt die Legende, dass die italienische Königin während ihres Neapelaufenthalts im Juni 1889 drei Arten Pizza probierte und ihr die dritte am besten schmeckte (Dickie 2010: 236 f.; La Cecla 1998: 49). Sie war mit Tomaten, Mozzarella und ein paar Basilikumblättern belegt und wurde daraufhin Pizza Margherita getauft (ist es ein Zufall, dass sie die Farben der damals noch recht jungen Nation trug?). Doch weder Margheritas Zeitgenosse Carlo Collodi (der Autor des *Pinocchio*) noch die sozial engagierte

Schriftstellerin Matilde Serao (und sie war Neapolitanerin!) mochten Pizza – ihr Siegeszug begann erst später (Dickie 2010: 228).

Ganz entscheidend für erste Ansätze zu einer Nationalküche war dann die Wirkung eines Kochbuchs: In seinem *La Scienza in cucina e l'Arte di mangiar bene* (1891) von Pellegrino Artusi, das bis zur heutigen Zeit ein absoluter Bestseller geblieben ist (Meter 1989: 60), hat Pellegrino Artusi nicht nur Rezepte aus allen italienischen Regionen versammelt, er hat sich auch darum bemüht, eine kulinarische Fachsprache bereitzustellen, die überregional sein und zugleich die dominanten französischen Termini durch italienische Neologismen ersetzen sollte.[13] Eine nicht nur textuelle, sondern faktische Einigung erfuhr die italienische Küche allerdings erst infolge der Massenemigration nach Amerika (um 1870–1930).

Zwar musste die italienische Küche auch hier, wie Harvey Levenstein in einem lesenswerten Aufsatz zu »The American Response to Italian Food, 1880–1930« gezeigt hat, zunächst einige Widerstände überwinden. Um 1900 privilegierte die amerikanische upper class eindeutig die feine französische Küche; italienische Zutaten und Zubereitungsmethoden hielt man für ungesund. So versuchten amerikanische Sozialarbeiter in der Bostoner Umgebung um 1900, die italienischen Emigranten für Ernährungs- und Kochkurse zu begeistern: Im Gegensatz zu den irischen Einwanderern zeigten diese jedoch keinerlei Interesse (Levenstein 1985: 9). Auszubildenden Lehrkräften in »Household Arts«, die versuchen sollten, die Ernährungsgewohnheiten der Italiener zu »verbessern«, schärfte man entsprechend ein, keine offene Kritik an der Esskultur der italienischen Immigranten zu üben, die in diesem Punkt sehr »empfindlich« seien (Levenstein 1985: 9). Während des Ersten Weltkriegs merkten die Amerikaner jedoch allmählich, dass sie den Italienern in Sachen Sparsamkeit, Fleischalternativen, Haltbarmachen von Lebensmitteln nichts mehr beibringen, ja dass sie sogar von ihnen lernen konnten. Tatsächlich sollte sich die von Präsident Wilson ausgegebene

Parole »Food will win the war« als richtig erweisen. Den Sieg gewannen Amerika und seine Alliierten dank des aus den USA gelieferten Nahrungsmittelnachschubs für die Truppen. Dafür mussten die zu Hause gebliebenen Amerikaner lernen, ihren Fleisch- und Weizenkonsum drastisch zu reduzieren – und so entdeckte man die frugale, vorwiegend vegetarische Kost der Italiener als neue Tugend (Kaller 2014: 57 f.). »Ravioli, das Lieblingsgericht unseres italienischen Verbündeten, sollte auf jeden amerikanischen Tisch kommen«, forderte die Zeitschrift *Good Housekeeping* im September 1918 (Levenstein 1985: 12 f.). Entscheidend für die Erfolgsgeschichte der Pasta war aber, dass man nun ihre praktischen Vorzüge für die Verpflegung der Frontsoldaten entdeckte: Sie war nicht nur billig und lieferte schnelle Energie, sondern eignete sich auch aufgrund ihrer langen Haltbarkeit hervorragend als Kost für die Truppen.

Zu diesem radikalen Wandel in der Bewertung der Essgewohnheiten der italienischen Einwanderer trug schließlich, in den frühen 20er Jahren, auch die Entdeckung der Vitamine bei. Galt die italienische Diät aufgrund der geringen Präsenz tierischer Proteine zuvor als ungesund, so wurde sie nun, da die Vitamine entdeckt waren, als überaus gesund gepriesen (Levenstein 1985: 14). Und so rühmte die Zeitschrift *Good Housekeeping* die Kreativität der italienischen Gemüseküche als Zeichen des »wahren Künstlerblutes«, das jedem Italiener eigen sei (Levenstein 1985: 13 f.).

Einmal von den Amerikanern akzeptiert, wurden Spaghetti, Maccheroni, Tomatensoße und geriebener Parmesan ab den 20er Jahren von Produzenten wie Campbell's, Heinz und anderen im großen Stil vermarktet. 1927 begann die Firma Kraft, geriebenen Parmesan in Dosen zu vertreiben; entwickelt wurden auch aus Spaghetti, geriebenem Parmesan und Tomatensauce bestehende Kits für »Italian spaghetti dinners« – Vorläufer von Miràcoli (Levenstein 1985: 16 f.). Wie sehr die »italienische« Küche in der amerikanischen Populärkultur angekommen war, belegt nicht zuletzt ein Schlager von Dean Martin aus den 1950er Jahren: »When the moon hits your eye like a bigga pizza pie / That's amore.«

Populär – und filmreif – wurden Pizza und Pasta aber auch im heimischen Italien. Die Szene, in der der berühmte Komiker Alberto Sordi in *Un americano a Roma* (1954) einen Teller Spaghetti verschlingt, wurde zu einem Meilenstein der Filmgeschichte – und des Pasta-Kultes. Sordi interpretiert in dem Film die Rolle Nandos, der alles vergöttert, was aus Amerika kommt, und nur noch davon träumt, dorthin auszuwandern. Seine Bestrebungen, sich amerikanische Lebensart auch essend anzueignen, scheitern jedoch an dem selbst zubereiteten »amerikanischen« Sandwich (einer Scheibe Brot, die er mit Joghurt, Milch und »mostarda« beträufelt). Nach einem Bissen lässt er das Sandwich stehen und tut sich stattdessen an einem großen Teller Spaghetti gütlich. Während Sordi immerhin die Gabel benutzt, imitiert der Komiker Totò in einer gleichfalls unsterblichen Spaghetti-Szene der Filmgeschichte die klassische Geste der neapolitanischen *lazzaroni*, die Spaghetti direkt mit der Hand essen. Vor einem großen Teller Spaghetti posierte 1955 auch die junge Filmdiva Sofia Loren – sie war gerade erst durch den De-Sica-Film *L'oro di Napoli* bekannt geworden – für die Fotografen. Auch später, in Hollywood, hat sie ihr Image als einfaches Mädchen aus Neapel selbstbewusst behauptet: Den amerikanischen Frauen soll sie sogar erklärt haben, sie müssten nur viel Spaghetti essen, um so zu werden wie sie (Prezzolini 1998: 80).

Doch zurück zu Amerika und der Pizza. In den 50er Jahren hatte sich die Pizza bestens dem amerikanischen *way of life* angepasst. Aus der Fabrik wurde sie als Tiefkühlprodukt an die Raststätten geliefert, die die Straßen der amerikanischen Vorstädte säumten. Ab 1960 gab es den ersten Pizza-Lieferservice; ab 1969 begann das von zwei amerikanischen Studenten gegründete Unternehmen Pizza Hut weltweit zu expandieren. Pizza und Pasta waren zu einem globalen Fast-Food-Produkt geworden, das sich problemlos an regionale Geschmäcker anpassen und in alle er-

Abb. 10: Spaghettifresser (Totò in *Miseria e nobiltà*, 1954)

denklichen Geschmacksrichtungen variieren ließ (Kaller 2014: 67; La Cecla 1998: 61; Fischler 1996: 872–874). So gesehen, schien der »Umweg« über die USA für die Entstehung einer italienischen Nationalküche noch entscheidender gewesen zu sein als Artusi, Garibaldi oder die Königin Margherita. Gewiss war die Identifikation von Pasta und Italianità 1931 schon von Filippo Tommaso Marinetti in seinem Manifest der futuristischen Küche geleistet worden. Marinetti allerdings schreibt der Pasta negative Eigenschaften zu: Sie mache die Italiener schwerfällig, pessimistisch und für den Krieg, den Marinetti verherrlichte, untauglich. Pasta müsse durch Reis ersetzt werden, was der Autarkie Italiens zugutekommen werde. Auf internationaler Ebene aber wurden Pizza und Pasta erst durch ihre Amerikanisierung als italienische Nationalgerichte erkannt – und anerkannt. Nicht umsonst wurde die erste Pizzeria 1905 in New York eröffnet, während das Wort in Italien erst ab 1918 belegt ist.

Kann man aber die *Chicago-style deep-dish*-Pizza überhaupt

Abb. 11: Spaghetti statt Sandwich (Alberto Sordi in *Un americano a Roma*, 1954)

Abb. 12: Spaghetti machen schön (Sofia Loren, 1955)

noch als »italienisch« bezeichnen? Auch *spaghetti with meatballs* sind bekanntlich eine typische Erfindung der Italoamerikaner. Und schließlich brachten die größtenteils aus Süditalien stammenden Einwanderer nicht die raffinierten Kochtraditionen der (norditalienischen) Städte mit, sondern eine arme, bäuerliche Küche. Eine nationale Einigung erfuhr die italienische Küche in USA also erstens durch den (amerikanischen) Blick von außen, der die Unterschiede zwischen den einzelnen Regionalküchen einebnete, und zweitens durch Selektionsverfahren, die ausgerechnet das Ärmste und Einfachste dieser Küche zum Symbol für »italianità« erhoben.

Die Historikerin Martina Kaller geht deshalb so weit, Pizza und Pasta zu einer von der amerikanischen Lebensmittelindustrie geschaffenen »Weltmarktstrukturspeise« zu erklären – d.h. zu einer Billigspeise, die »jedermann bestellen kann und essen möchte« (Kaller 2014: 65f.). Zugespitzt formuliert, lautet ihre These: »Die italienischen Einwanderer in den USA haben ihre Eßgewohnheiten nicht ins Zielland mitgebracht. ›Pizza & Pasta‹ wurden zur Schnellverköstigung der Massen erst in den USA geschaffen« (Kaller 2014: 56). Den Beweis dafür soll der Vergleich mit den Auswirkungen der massiven Einwanderung der Italiener nach Uruguay liefern – das Land mit der höchsten italienischen Immigration überhaupt. Würde die Ernährungsgeschichte in Uruguay ähnlich erzählt wie in den USA, meint Kaller, dann müssten dort Pizza und Pasta täglich auf dem Speiseplan stehen. Dagegen habe die uruguayische Küche zwar durchaus italienische Gerichte adaptiert, sie jedoch den einheimischen Kochtraditionen angepasst – Pizza werde dort etwa aus Kichererbsenmehl hergestellt (Kaller 2014: 62). Mit ihrer These, dass Pizza erst in den USA zum Symbol für Italianità geworden sei, hat Kaller sicher recht. Und gewiss ist es auch nicht abwegig, anzunehmen, dass der Mythos des Imports von Pizza und Pasta aus dem armen, aber schönen Italien in den USA deshalb so eifrig propagiert wurde, um vergessen zu machen, dass es sich doch letztlich um billige Industrieprodukte handelt und speziell bei Spaghetti mit Tomatensauce um die »billigsten, aber dennoch begehrtesten Rationen in der Heeresverpflegung« (Kaller 2014: 68). Aber waren Pizza und Pasta in ihrer italienischen Heimat denn jemals etwas anderes gewesen als Armenspeise und billiges *Street Food*? Und schließlich: Auch wenn Pasta und Pizza in vielen Ländern der Welt zu alltäglichen Grundnahrungsmitteln geworden sind und nicht mehr als »fremde« Küche wahrgenommen werden, gelten sie doch zugleich als »italienische« Gerichte. Letztlich sagt Kallers Vergleich zwischen den unterschiedlichen Adaptionshaltungen Uruguays und der USA mehr über die unterschiedliche Verfasstheit der Esskultur in diesen beiden Ländern aus als über die Frage nach der Authentizität von Pizza und Pasta. Amerika übernahm das fremde Essen, weil es perfekt zu seinem *way of life* passte – und auch (so die Vermutung einiger Ethnologen, darunter Sidney Mintz) weil die USA, wie auch Deutschland, keine eigenständige nationale Esskultur herausgebildet haben, wovon später noch die Rede sein soll.

Kallers These, Pizza und Pasta seien rein amerikanische Erfindungen und der Import italienischer Esskultur in die USA nichts als eine *false memory*-Inszenierung, muss man schließlich auch entgegensetzen, dass die italoamerikanische Community, im Gegensatz zu vielen anderen Einwanderergruppen, beharrlich an ihren Esstraditionen festhielt, auch wenn sich diese freilich im Lauf der Zeit veränderten.[14] Harvey Levenstein, der den Italienern eine »außerordentliche Fähigkeit, der kulturellen Assimilation zu widerstehen« (Levenstein 1985: 88) bescheinigt, räumt zwar ein, dass es da sicherlich viele Faktoren gegeben hat, meint aber, die Akzeptanz der italienischen Küche durch die amerikanische Gastkultur sei der entscheidendste davon gewesen (Levenstein 1985: 88).

Das Gastronomie-Gen der Italiener

So gesehen, hat sich die anfängliche Geringschätzung der Maccheroni – dies gilt sowohl für die USA als auch für Deutschland – in eine begeisterte Aufnahme verwandelt. Wie Marin

Trenk feststellt, wird in deutschen Haushalten derzeit »mehr Pasta aufgetischt als Königsberger Klopse, Sauerbraten und Rouladen zusammen« (Trenk 2015: 107): Ein »Spaghettifresser« ist der Deutsche heute selbst. Doch diesem Pasta-Kult huldigt nicht nur die – bekanntlich zu Selbstverleugnung neigende – deutsche Gastronomie. Auch in Italien ist die Pasta zum Objekt eines vor allem diskursiven Kultes aufgestiegen, der die Nudeln und das Privileg ihrer wahren Kennerschaft als italienische Exklusivitäten zelebriert.

Der regelrechte Pasta-Chauvinismus, der in Franco La Ceclas Büchlein *La pasta e la pizza* (1998) aufscheint, zeigt dies sehr deutlich. In der Pasta – so die dort vertretene These – äußert sich eine spezifisch italienische Mentalität. Denn wenn es wahr ist, dass jede Speise ein Zeichen und die Küche einer Nation ein Zeichensystem ist, so beeindruckt die Pasta durch eine hochkomplexe Sprache. Durch ihre rund 300 Sorten an Vielfalt nicht zu überbieten, zeichnet sie sich vor allem durch den konservativen Charakter ihrer Regeln aus. So können bestimmte Sorten Pasta nur mit bestimmten Soßen kombiniert werden; es gibt also eine regelrechte Grammatik der Pasta! Darin sind leichte Innovationen zwar zulässig, doch sie gehorchen einer Logik, die sich dem Nichtitaliener entzieht. Als Beleg führt der Autor das Beispiel eines Deutschen (!) an, der glaubte, er könne seinen italienischen Freunden ein Rezept, das er in den USA (!) kennengelernt habe, vorsetzen: Spaghetti mit Bohnen und rohen Paprika. Nachdem er fachkundig auseinandergesetzt hat, weshalb ein solches Rezept völlig unzulässig sei, zieht La Cecla das Fazit, dass gewisse »sprachliche« Feinheiten der italienischen Küche den Nichtmuttersprachlern eben nicht zugänglich seien (La Cecla 1998: 96). Dabei ist es überaus interessant, dass La Cecla den Erwerb einer Esskultur dem Erwerb einer Sprache gleichsetzt. Denn die Überzeugung, die ihn leitet, ist, dass es ebenso wie eine Muttersprache (deren Finessen eben nur der Muttersprachler kennt) eine »ursprüngliche« Esskultur gibt, in die man hineingeboren werden muss, um sie ganz zu beherrschen und zu verstehen: Auf diesen Leitgedanken der Urwüchsigkeit wird gleich noch einmal zurückzukommen sein.

Das Besondere der italienischen Esskultur aber ist, La Cecla zufolge, ihr kulinarischer Konservatismus, ihre typisch italienische Fähigkeit (es ist die Rede von »italianità«), das Neue und Fremde zu domestizieren. La Cecla drückt es tatsächlich so aus: Die italienische Esskultur »domestiziert jeden Versuch einer Kolonialisierung von außen« (La Cecla 1998: 94)! Levensteins Diktum einer »extraordinary ability to resist cultural assimilation« der Italiener wird so bestätigt. Während Levenstein aber betont, wie wichtig die Akzeptanz der italienischen Küche durch Amerika für ihren Erfolg gewesen sei, entwirft La Cecla das Bild einer autochthonen italienischen Esskultur, die allen fremden Kolonialisierungsversuchen militant widersteht. Was La Cecla theoretisch ausführt, kommt in der 1994 in Zürich gegründeten italienischen Gastwirte-Vereinigung Altacucina Italiana so zum Ausdruck:

> Die Maestri der Altacucina wehren sich gegen die zunehmende verantwortungslose Verwässerung ihrer nationalen Esskultur. Sie halten jenen unzähligen Verpflegungsstätten, die hier unter der italienischen Fahne kulinarischen Landesverrat begehen, das wirksamste Mittel entgegen: Qualität, Authentizität und Gastfreundschaft. (Zit. nach Uebelhart 2008: 94)

So wundert es auch nicht, wenn La Cecla dem »multiculturalismo« – in der Küche und überhaupt – eine klare Absage erteilt (La Cecla 1998: 105). Das Buch, 1998 von dem angesehenen Wissenschaftsverlag *Il Mulino* in einer der »identità italiana« gewidmeten Reihe herausgebracht, ist symptomatisch für die italienische Kulturdebatte der Gegenwart. Es zeugt einerseits von dem Bedürfnis nach der Definition eines italienischen Nationalcharakters – in einer Zeit, in der viele Italiener ihre »Identität« durch Spaltungstendenzen von innen (man denke an die rechtspopulistische Partei Lega Nord) oder durch Zuwanderung von außen als destabilisiert oder gar bedroht empfinden. Und es dokumentiert andererseits den Versuch, eine Definition und somit Stärkung dieser Identität nicht anhand von abstrakten Werten zu leisten, sondern mit Hilfe dessen, was im anglophonen Sprachraum als »material culture« bezeichnet wird: anhand der Esskultur.

Sieht La Cecla in der »urwüchsigen« italienischen Esskultur mit ihrer Resistenz gegen Überfremdungen den Inbegriff von Italianità, so geht Oretta Zanini de Vita, Autorin einer monumentalen Pasta-Enzyklopädie, noch einen Schritt weiter. Im Vorwort dieses Nachschlagewerkes – das im Übrigen äußerst informativ für jede der 310 Pastasorten eine Beschreibung ihrer Zubereitung, eine Erläuterung des Namens sowie Informationen über ihre regionale Verwendung liefert – emphatisiert die Autorin zwei Punkte, die auch La Ceclas gastronomisches Credo bestimmen: Zum einen sei die These, die Spaghetti seien aus China nach Italien importiert worden, ein von den Amerikanern geprägter Mythos (Zanini de Vita 2004: XIV); zum anderen gebe es ungeschriebene, durch eine lange historische Tradition sanktionierte Regeln zur Kombination von Pastasorten und -soßen. Man muss sich die Passage auf der Zunge zergehen lassen:

> Es entwickelten sich traditionelle Kombinationen, die dann zum Regelfall wurden, so dass heute die Kombination von, sagen wir einmal, Muscheln mit Rigatoni anstatt mit Spaghetti – eine Kombination an der an und für sich nichts falsch ist – immer noch schockierend wirken kann. [...] Aus der Notwendigkeit wurde Tradition, und die Tradition ist offenbar derart in die nationale DNA eingegangen, dass die Italiener instinktiv Nudelformen und -soßen kombinieren und es immer richtig hinbekommen. (Zanini de Vita 2004: XIV, meine Ü., Chr. O.)

Geradezu von einer nationalen DNA ist hier die Rede, durch jahrhundertelange Tradition so geprägt, dass ein jeder Italiener »instinktiv« die »richtige« Kombination von Pastasorte und -soße wählt. Was La Cecla und Zanini de Vita zelebrieren, ist abermals eine Form des kulinarischen Essentialismus. Er postuliert gleichsam einen natürlichen Zusammenhang zwischen einer Esskultur und dem nationalen Territorium, auf dem sie entstanden ist; er geht davon aus, dass es nationale Esskulturen gibt, deren Identität möglichst rein und intakt bewahrt werden muss. Dieser Ansatz ist nun nicht per se verwerflich, ist doch die Rückbesinnung auf regionale Traditionen längst zu einem globalen Trend geworden. Er birgt jedoch die Gefahr eines essentialistischen Reduktionismus, der kulinarische Gewohnheiten als Ausdruck eines Nationalcharakters interpretiert.[15] Dass sich dieser Ansatz wiederum politisch instrumentalisieren lässt, liegt auf der Hand: Die Esskultur dient dann entweder als Erweis der Überlegenheit einer Nation, oder sie lässt die negativen Eigenschaften eines Volkes gleichsam materiell hervortreten.

Die Gegenposition – einflussreich vertreten durch den Ernährungshistoriker Massimo Montanari und die Anthropologen Anne Murcott und Sidney Mintz – hebt den Wandel und die Konstruiertheit von Esskulturen hervor: Sie plädiert für einen kulinarischen Konstruktivismus. Demnach ist eine Esskultur nicht »natürlich« gewachsen, sondern das Produkt komplexer, in einem langen historischen Prozess ausgefalteter soziokultureller Entwicklungen. Sowohl der sinnliche als auch der ästhetische Geschmack sind somit kulturell geformt und gesellschaftlich determiniert. Die Frage, die sich angesichts dieser Richtung stellt, ist freilich wiederum, wie weit die arbiträre Konstruktion oder auch Re-konstruktion einer Kultur gehen kann. An zwei Beispielen verdeutlicht: Wenn der italienische Parmaschinken seinen authentischen Geschmack nur einer Reihe von historisch gewachsenen Herstellungsverfahren verdankt (und nicht dem Geschmack des Fleisches von Schweinen, die ausschließlich aus bestimmten Regionen Nord- und Mittelitaliens kommen), dann müsste er sich mit dem nötigen Wissen problemlos auch in China produzieren lassen. Und wenn nationale Essgewohnheiten gleichfalls jeder materiellen, geographischen Motiviertheit entbehren, dann müsste es auch möglich sein, die Italiener dazu zu bringen, ihre Pasta durch asiatischen Reis zu ersetzen.[16]

Offenbar gibt es jedoch so etwas wie eine materielle Resistenz der Esskultur gegen ihre totale Auflösung in ein diskursives Phänomen. Auf einer anderen Ebene angesiedelt, doch mit diesen Problemen eng verbunden ist die Frage, ob es über die einzelnen kulturspezifischen alimentären Zeichensysteme hinaus auch eine universelle Sprache des Essens gibt – ob sich also die kulturrelativistische Position mit der Annahme anthropologischer Konstanten vereinbaren lässt.

Diffizil zu bestimmen scheint, anders gesagt, die Relation zwischen sinnlicher Geschmackserfahrung und objektivierenden Aussagen über das Essen. Hat Parmaschinken einen objektivierbaren Geschmack, der es ermöglicht, ihn als authentisch oder imitiert zu identifizieren? Und: Ist jeder Essende zu einer solchen Identifikation fähig, oder bedarf es dazu einer kulturell vermittelten – oder gar ethnisch vererbten – gustativen Kompetenz? Zugespitzt: Gibt es eine »Realität« des Essens jenseits der diskursiven Zuschreibungen?

Eine definitive Antwort darauf kann in diesem Buch nicht gegeben werden. Die vorangegangenen Ausführungen dürften jedoch hinreichend gezeigt haben, dass es eine nationale italienische Esskultur nicht immer schon gab; sie ist vielmehr Frucht eines spannungsreichen Prozesses. Nicht nur gezielte soziopolitische Einigungsbestrebungen, sondern auch die durch die Emigration bedingte Erfahrung des Fremden hatte einen wesentlichen Teil an dieser Entwicklung. Das nationale Autostereotyp der guten italienischen Küche hat sich also erst mit Hilfe einer Exil-Erfahrung – durch die Erfahrung einer fremden Gastkultur und die Anerkennung durch diese – konstituiert. Der italienische Pasta-Chauvinismus resultiert folglich aus einer komplexen und kontinuierlichen Anpassung von Selbst- und Fremdbildern. Schauen wir uns einmal an, wie diese Arbeit am Mythos der italienischen Esskultur in einer aktuellen TV-Serie der BBC vonstattengeht.

Arbeit am Mythos heute: Two Greedy Italians

Two Greedy Italians ist eine erstmals 2011 ausgestrahlte TV-Serie der BBC (seit August 2013 auch bei RTL Living). Antonio Carluccio, Fernsehkoch, Autor mehrerer Kochbücher, Inhaber eines Londoner Restaurants und Initiator der Restaurant- und Shopkette *Carluccio's Caffè*, unternimmt gemeinsam mit seinem Assistenten Gennaro Contaldo eine kulinarische Reise durch Italien. Dabei fungieren Antonio und Gennaro für die englischen TV-Zuschauer als perfekte Vermittlerfiguren. Zum einen leben beide seit Jahrzehnten in Großbritannien, sie sind der britischen Alltagsrealität also näher als der gegenwärtigen Situation ihrer Heimat – nicht umsonst wollen sie erfahren, »was sich im heutigen Italien verändert hat«. Zum anderen repräsentieren sie durch ihre Herkunft (Antonio ist im Piemont aufgewachsen, Gennaro an der Amalfiküste) jeweils den Norden und den Süden Italiens. Antonio und Gennaro sind also einerseits Experten, die den Zuschauer in die Geheimnisse der italienischen Küche einweihen, andererseits selbst Touristen, die sich von Einheimischen autochthone Bräuche erläutern lassen und mit Verwunderung die Veränderungen des gegenwärtigen Italiens konstatieren.

Die Intention, den Fernsehzuschauern das heutige Italien vollständig und »authentisch« nahezubringen, zeigt sich schon im Aufbau der zwei Serien: Bis auf die erste ist jede der insgesamt acht Folgen zugleich einer Region und einer typisch italienischen »Eigenheit« gewidmet: »Machismo«, »Regional Pride«, »Saints and Miracles« usw. Nur die erste Folge betrifft Italien als Ganzes und das italienische Thema schlechthin: die Familie. »The Family: Antonio and Gennaro return to Italy to discover what has changed in Italian culture«, so lautet der Titel, und so stellen sich die zwei »hungrigen Italiener« denn auch als Erstes die bange Frage, ob im gegenwärtigen Italien die »mammas still teach their daughters how to cook«.

In einem herrschaftlichen Landhaus der Emilia Romagna beobachten sie, wie die Frauen einer »classic Italian family« – klassisch auch in Hinblick auf die Verteilung der Gender-Rollen, denn: »the men just relax« – Tortellini zubereiten. Eine der hübschen Töchter erklärt: »When you close [sic] a tortellino, all your love closes in this tortellino.« Bald darauf jedoch sehen sich Antonio und Gennaro in ihren patriarchalischen Vorstellungen verunsichert. In einer schicken Bologneser Weinbar erklärt die kurzhaarige, gepiercte Journalistin Giulia: »I'm not interested in cooking [...] Why can't we find a man who can cook?«; ein junger Mann berichtet, er müsse in der Tat selbst kochen, weil seine Freundin sehr hart arbeite, was Antonio »very sad« findet. Gegen Ende der Folge besuchen sie jedoch eine (auch) von jungen Italienerinnen frequentierte »cooking school for foreign tourists« und finden dort – wie überraschend – »kitchen-hating Giulia« wieder. Als sie dann noch das Drogen-Rehabilitationszentrum in San Patrignano besichtigen und sehen, wie Integrationsarbeit hier durch die gemeinsame Produktion von »fantastic Italian food« und die gemeinsamen Mahlzeiten in der riesigen Essenshalle geleistet wird, können sie erleichtert feststellen, dass der »typisch italienische Familiensinn«, wenn auch in neuen Formen, weiterlebt. Vor allem aber, so das befriedigte Fazit der beiden, als sie zum Schluss noch direkt vom Baum gepflückte Feigen verzehren: »The love and passion of food is still here.«

Nach demselben Schema verläuft die dritte Folge, »Piemont and Campanilismo«. Leitthema hier ist der regionale Stolz, der jeden Italiener unverbrüchlich mit seinem Heimatort verbindet. Und doch zeugt gerade Turin von einer Küche, die aufgrund der geographischen Lage seit jeher Fremdeinflüssen geöffnet war: So verrät insbesondere die *pâtisserie* den Einfluss des nahen Frankreichs. Das heutige Turin ist aber, wie ein Besuch auf dem Wochenmarkt zeigt, längst von der Globalisierung gezeichnet. Es gibt hier chinesisches Gemüse, das auf einem Gut unweit der Stadt angebaut wird. Antonio und Gennaro geben sich überaus aufgeschlossen und finden den chinesischen Mais, Kohl und Okra, die sie (wieder einmal: frisch vom Feld) probieren, »very good«.

Lokalpolitische Maßnahmen, welche den Anbau »unitalienischen« Gemüses oder gar ausländische *Fast Foods* verbieten möchten, werden mit dem Verweis auf Tomate und Mais relativiert, einst aus Südamerika importiert, nun längst Bestandteile der italienischen Küche. Die italienische Kultur sei »strong enough«, um ein paar fremde Zutaten zu vertragen: Zum Beweis bereitet Gennaro einen Schweinebraten mit Honig und Ingwer zu, der von Antonio gelobt wird, wobei jedoch die übliche Mimik, die solche Verkostungen begleitet (Augenrollen, verzücktes Stöhnen), ausbleibt. Als die beiden anschließend aber das Lokal einer jungen Köchin (sie ist übrigens kurzhaarig und heißt Giulia) besuchen, die mit *Fusion Food* experimentiert und einen Risotto mit Koriander, Lemongrass und Miso-Fonds probieren, erklären sie sich entschieden gegen solche Experimente: Wenn diese jungen Leute nach Neuem verlangen, ist es, weil sie die riesige Vielfalt der italienischen Küche nicht kennen. Fazit: »We have seen some fantastic new ingredients in Italy. But I think Italian food simply can't be messed with. It is the greatest food in the world.« Wonach sie sich immerhin mit einer Prise Selbstironie zu ihrem unbeirrbaren Nationalstolz bekennen.

Nach diesen zwei Beispielen dürfte das Erfolgsrezept der Serie deutlich geworden sein. Die beiden TV-Köche machen sich selbst (glücklicherweise mit leiser Ironie) zu Inkarnationen italienischer Stereotypien. Sie treten als leicht rückständige und leicht verfressene Machos auf; offen für Neuigkeiten, aber letztlich doch immer nach Bestätigung des italienischen Mythos verlangend. Ihre Gegenspielerin ist in beiden Beispielen eine fortschrittlich denkende, kurzhaarige junge Frau, die gönnerhaft eines Besseren belehrt wird. Und was will der Zuschauer letztlich anderes als die Bestätigung der vertrauten Klischees? Sagen wir es ganz offen: Gennaro und Antonio sind ihm deshalb so sympathisch, weil sie sich so schön italienisch-primitiv geben. Am deutlichsten wird dies durch die nonverbalen Reaktionen der beiden beim Kosten des »authentic Italian food«. Primitivität, Authentizität – der Mythos des italienischen Essens gekoppelt mit dem Mythos der Natürlichkeit. Der Zuschauer kann, aus einer überlegenen Distanz heraus, mit den beiden Mittlerfiguren regredieren; er kann ihre machistische Sichtweise lustvoll übernehmen, ohne dafür verantwortlich zu sein (er ist ja kein Italiener). Der von *Two Greedy Italians* propagierte Mythos ist ganz klar für ein nichtitalienisches Publikum bestimmt – auch wenn die Italiener, die auf ihren Gastrotourismus angewiesen sind, eifrig daran mitarbeiten. So wurde Antonio Carluccio für seine Leistungen zum Wohl der italienischen Lebensmittelindustrie 1998 mit einem Orden der italienischen Republik ausgezeichnet.

Im Gegensatz zu Italien kann Frankreich auf eine lange Geschichte als kulinarische Supermacht zurückblicken. Wie und weshalb erwarb sich Frankreich den Ruf, die beste aller möglichen Küchen sein Eigen zu nennen, und welche Rolle spielten dabei Köche, Politiker und Gastrosophen?

Der französische Gastromythos

Anfänge

Das Renommee der italienischen Küche ist, wie wir gesehen haben, ein vergleichsweise junges Phänomen – dagegen scheint Frankreich unter den europäischen Nationen immer schon den Ruf eines besonders gastrophilen Landes genossen zu haben. Schon im Mittelalter, als die Esslust noch zu den sieben Todsünden gezählt wurde, gab es Hinweise darauf: So wurde den französischen Juden nachgesagt, mit den Speisevorschriften der Kashrut besonders lax umzugehen (Parkhurst 2004: 35). Paris war bereits im 16. Jahrhundert der Tempel der *Gourmandise*, also der Schlemmerei: 1577 äußerte sich der venezianische Botschafter Jérôme Lippomano überaus erstaunt über die außerordentliche Vielfalt an Lebensmitteln, die dort zu finden waren, sowie über die Bereitschaft der Franzosen, viel Geld dafür auszugeben (Parkhurst 2004: 35; Franklin 1980: 106–110).

Als François-Pierre de La Varenne 1651 ein Kochbuch mit dem

Titel *Le Cuisinier François* (*Der französische Koch*) herausbrachte, gab er dem scheinbar zeitlosen Mythos von der Überlegenheit der französischen Küche einen deutlichen Namen. Frankreich, schrieb der Verleger im Vorwort, sei allen anderen Nationen in »civilité« (Zivilisiertheit) und »courtoisie« (höfischer Sitte) überlegen, und auch seine feine Lebensart werde überaus geschätzt – gemeint ist natürlich die Kochkunst. In der Tat wurde das Buch sofort ins Englische übersetzt, eine deutsche und eine italienische Übersetzung folgten wenig später – in Frankreich selbst gab es von 1651 bis 1700 nicht weniger als 46 Auflagen.

Mit seinem Kochbuch-Bestseller lanciert La Varenne, der zuvor für Maria de' Medici gekocht hatte, einen neuen kulinarischen Trend, der in der französischen Küche – und dies mehrmals unter dem Motto einer »nouvelle cuisine« – immer wieder den Ton angeben sollte: nämlich die Hinwendung zu einer neuen »Einfachheit« und »Natürlichkeit«. Man darf aber nicht vergessen, dass La Varenne seine Küche vor allem deshalb als »einfach« verstand, weil er sich von der mittelalterlichen Tradition der extremen Überwürzung der Speisen distanzierte.

Als »einfach« können freilich auch nicht die Schaubankette der Ära Louis' XIV gelten, die ganz von einer barocken Ästhetik der Inszenierung, der Überraschung und Verkleidung bestimmt sind. Ob die Legende des Starkochs François Vatel, der sich 1671 umgebracht haben soll, weil eine Fischlieferung für ein Festbankett zu Ehren Louis' XIV ausblieb, wahr ist, sei dahingestellt: Sie entspricht jedenfalls perfekt der Vorstellung, die wir uns heute von absolutistischen Genussorgien machen. Programmatische Kritik an derartigen Exzessen kam jedoch schon im 18. Jahrhundert auf. Während der Jansenismus die Überfeinerung der Lebensart als Zeichen einer generellen moralischen Dekadenz geißelte (Cottret 1983), richtete sich die Polemik der Aufklärer gegen die menschenverachtende Verschwendungssucht des Adels. Auch hinter der Befürwortung des Vegetarismus verbarg sich nicht selten eine Kritik an der »Barbarei« der herrschenden Klassen. Das Argument, das Essen von Fleisch mache die Menschen grausam und gewalttätig, zielt nämlich insgeheim darauf ab, die oberen Schichten – nur sie genießen das Privileg, reichlich und ausgesuchtes Fleisch zu verzehren – als skrupellose Raubtiere darzustellen. Wie schon erwähnt, mokierte sich Rousseau in seinem Plädoyer für einen einfacheren Ernährungsstil über die unverbesserliche Gastrolatrie (also den kulinarischen Kult) der Franzosen: Entgegen der landläufigen Meinung erklärte er, die Franzosen seien das einzige Volk, das *nicht* zu essen verstehe, weil es eine so aufwendige Kunst brauche, um die Dinge überhaupt erst essbar zu machen (Rousseau 1969: 409).

Doch Rousseau konnte den Siegeszug der französischen Küche nicht aufhalten. Um 1740 gab es eine (erneute) kulinarische Revolution. Unter dem Leitwort der »nouvelle cuisine« strebte man (wieder einmal) nach einer »natürlicheren« Küche. Freilich hatte diese neue Kochkunst, die in Wirklichkeit noch raffinierter war als die alte, mit dem etwa gleichzeitig aufkommenden ethisch-religiös oder politisch motivierten Plädoyer für eine einfachere Ernährung wenig gemein (Wheaton 1994: 243). Die »nouvelle cuisine« zog – dies ist vor allem bemerkenswert – einen regelrechten Boom an kulinarischen Schriften mit sich (Wheaton 1994: 243). Nachdem sie sich im 17. Jahrhundert als normative Disziplin etabliert hatte, entwickelte die Kochkunst nun auch eine eigene, spezialisierte Sprache (Wheaton 1994: 271 f.).

Diese Diskursivierung ging einher mit einer Nobilitierung der Kochkunst. 1739 erschien das Kochbuch des François Marin, das den Titel *Les dons de Comus, ou les délices de la table* trug und dessen Vorwort heftige Debatten auslöste. Verfasst wurde dieses von den gebildeten und äußerst liberalen Jesuiten Pierre Brunoy und Guillaume Hyacinthe Bouvant; es beginnt mit einer programmatischen Verteidigung der »cuisine moderne« und der kulinarischen Kunst überhaupt. Gegen die medizinische Kritik an kulinarischer Raffinesse argumentierend, behaupten die Autoren, eine verständige Kochkunst könne der Gesundheit sogar zuträglich sein. Die moderne Kochkunst sei nämlich eine Art Chemie, welche die – in den Augen der Mediziner so wichtige –

Verdauung künstlich befördere (Marin 2002: XIXf.). Auf den Vergleich mit der Chemie folgt nun eine lange Parallelisierung von Kochkunst und Malerei. Diese recht ungewohnte Parallele, räumen die Autoren ein, könnte mancher Leser als kühn, ja respektlos empfinden, doch sie sei ihnen als die denkbar angemessenste erschienen, um die Prinzipien der neuen Küche zu erläutern (Marin 2002: XXIIf.). Die Art, in der hier Kochkunst und Malerei gleichgesetzt werden, hat tatsächlich etwas Neues. Hier wird ja nicht eine der schönen Künste mit der kulinarischen Kunst verglichen, sondern umgekehrt: Es ist die traditionell »niedrige« Kochkunst, die mit einer erhabenen Kunst auf eine Stufe gestellt wird. Auch soll der Vergleich nicht nur, wie die Autoren hier behaupten, die Wirkung der »nouvelle cuisine« veranschaulichen. Es geht vielmehr darum, der Kochkunst den Rang einer schönen Kunst zuzugestehen: Mit derselben Intention werden später »gastronomische« Autoren wie Brillat-Savarin und Grimod de la Reynière vielfache Parallelen zwischen Kulinaristik und Literatur ziehen.

1800: Die Geburtsstunde der Gastronomie

Die nachrevolutionären Jahre sind symptomatisch für eine Entwicklung, in der Frankreich zwar auf kulinarischer Ebene immer noch als das Maß aller Dinge gilt, aus medizinisch-diätetischer Sicht jedoch wiederholt Kritik von den europäischen Nachbarn einstecken muss. Ein wenig zugespitzt formuliert: Während Frankreich die neue »Disziplin« der Gastronomie hervorbringt, gebiert Deutschland die Makrobiotik. Auf lange Sicht hat der Schweizer Rousseau in deutschen Landen weit mehr Gehör gefunden als im Land der Froschschenkel und des Camembert.

Als typische Äußerung der Vorbehalte, die sich in Deutschland gegenüber französischer »Überfeinerung« bemerkbar machen, sei der Klassiker des Kunsthistorikers und leidenschaftlichen Kulinaristen Carl Friedrich von Rumohr angeführt: das 1822 herausgebrachte Büchlein *Vom Geist der Kochkunst*. Zwar kann Rumohr nicht umhin, den Franzosen ein paar widerwillige Komplimente zu machen, indem er ihnen immerhin zugesteht, im Laufe des 18. Jahrhunderts entscheidend zu einer neuen »Einfachheit« der Kochkunst beigetragen zu haben. Dadurch seien sie »der Vollkommenheit, welche mein Ideal ist«, sehr nahe gekommen. Doch dann, im Zuge der Restauration, seien die Franzosen – da ihnen »nach einem kurzen Rausche politischer Schwindeley« nichts mehr anderes übriggeblieben sei, als ihren »Scharfsinn an gleichgültigeren Dingen zu wetzen« – einer übertriebenen Beschäftigung mit der Kunst des Kochens verfallen, »an welche seit einigen Decennien mehr Witz und Erfindungsgeist verschwendet worden ist, als an die meisten anderweitigen Zweige der neuesten Literatur französischer Nation« (von Rumohr 1973: 35). Rumohr meint hier die »gastronomischen« Schriftsteller wie Grimod de La Reynière oder Brillat-Savarin, von denen gleich noch die Rede sein wird. Sein abschließendes Urteil fällt nicht gerade milde aus: »Die Richtung dieser Werke geht auf Ueberfeinerung; ich rathe angehenden Kochkünstlern, sie nur mit Mißtrauen zu benutzen« (von Rumohr 1973: 35 f.).

Im zunehmend laizistischen Frankreich des 19. Jahrhunderts werden die Bedenken gegenüber physischen und seelischen Schäden durch kulinarische Überfeinerung dagegen immer schwächer; ab 1800 entsteht ein regelrechter Kult um das Essen. Und so wie die vorrevolutionäre Luxuskritik dem aufstrebenden Bürgertum als ideologisches Instrument gegen den Adel diente, äußert sich im Gastrokult des 19. Jahrhunderts der Machtanspruch der arrivierten Bourgeoisie.[17] Eine wichtige Etappe auf dem Weg zu einer bürgerlichen Gastrokultur war die um 1760 beginnende Etablierung der Restaurants. Vor ihrer Entstehung war, wer außer Haus speisen wollte oder musste, auf die *tables d'hôtes* angewiesen, Gemeinschaftstische in Gasthäusern, an denen zu einer festen Stunde eine einfache warme Mahlzeit angeboten wurde. Das Restaurant hingegen ermöglicht es dem Gast, am separaten Tisch zu einer individuell gewählten Zeit und entsprechend seinen jeweiligen finanziellen Möglichkeiten zu speisen; darüber hinaus kann er sein Menü aus einem reichhaltigen Angebot zusammenstellen (Becker 2000: 168–191). So wird die neue Restaurantkultur den individuellen Bedürfnissen des Essenden gerecht – zugleich kann diese Kultur, in der, wie Denis Diderot schwärmt, jeder ungestört in einem abgetrennten Speisekabinett essen kann, als ein erster Schritt zur Individualisierung und Entritualisierung der Esskultur betrachtet werden (Revel 1995: 225).

Der von Rumohr kritisierte, weil an die Kochkunst übermäßig verschwendete »Witz und Erfindungsgeist« bringt um 1800 eine ganz neue Wissenschaft hervor: die Gastronomie. Sie erhebt den Anspruch, feine Tafelgenüsse wissenschaftlich zu beurteilen und zu beschreiben; zugleich fungiert sie als Medium der bürgerlichen Ideologie. Der Begriff der »gastronomie« selbst wird 1800 von Jacques Berchoux geprägt (Berchoux 1999); er bezeichnet entweder die Wissenschaft vom feinen Speisen oder die feine Esskultur selbst. Begründer der gastronomischen Kritik ist Grimod de la Reynière (1758–1837). Ein weiterer wichtiger Vertreter der Bewegung, Jean Anthèlme Brillat-Savarin (1755–1826) – nach ihm wurde ein ausgezeichneter Käse benannt –, ist Autor einer vielzitierten *Physiologie du goût* (1825). In dieser Sammlung von Reflexionen, Anekdoten und Rezepten wird das Essvergnügen teils aus anatomisch-physiologischer Sicht beschrieben, teils als unvergleichliche Kulturleistung zelebriert; überdies finden sich Betrachtungen zu den Eigenschaften verschiedener Nahrungsmittel und Getränke, Ratschläge zur Bekämpfung der Fettleibigkeit …: Die Gastronomie ist, wie ihr Autor betont, eine fächerübergreifende, enzyklopädische Wissenschaft (Brillat-Savarin 1999: 9). Ihr Gegenstand ist die »gourmandise«, die Feinschmeckerei, die Brillat-Savarin entschieden von dumpfer Völlerei abgrenzt (Brillat-Savarin 1999: 129). Aufgabe des Feinschmeckers, des *gourmand*, ist nämlich das bewusste Genießen und kompetente Beurteilen raffinierter Tafelfreuden. Das delikate Speisen hat also nichts mehr mit der Befriedigung eines natürlichen Bedürfnisses zu tun. Während der zeitgenössische medizinisch-diätetische Diskurs das Essen als Mangelbeseitigung definiert, postuliert Brillat-Savarin ein von Zweckrationalität (Hunger oder Appetit) völlig freies Tafelvergnügen. Erst dieser zweckfreie Genuss erhebe den Menschen über das Tier (Brillat-Savarin 1999: 162 f.).

Daraus ergibt sich nun eine interessante Parallele zu einer einflussreichen Kunstkonzeption der Moderne: Das von Kant postulierte interesselose Wohlgefallen, die vom *L'art pour l'art* geforderte Zweckfreiheit der Kunst, erscheint bei Brillat-Savarin als Vorrecht des feinen Speisens, das dadurch die Dignität einer schönen Kunst erhält.

Doch obwohl die *gourmands* den Tafelgenuss zur zweckfreien Kunst zu erheben suchen, zeugen ihre Schriften sichtlich vom utilitaristischen Druck des bürgerlichen Zeitalters. So bemüht sich Brillat-Savarin, den ökonomischen, sozialen, politischen und kulturellen Nutzen des Speisens herauszustellen: Das Tafelvergnügen sei eine politische Waffe und ein Mittel des sozialen Aufstiegs, es belebe den Geist und habe zweifellos zur Entwicklung oder gar zur Entstehung der Sprache beigetragen (Brillat-Savarin 1999: 45 f.; 133–135; 162, 163 f.).

Somit weist die gastronomische Aufwertung der Geschmackssinnlichkeit tiefe Ambivalenzen auf. Einerseits entwirft sie Idealbilder vom zweckfreien, skrupellosen, oft auch erotisch gefärbten Sinnesgenuss, von der Erfüllung individueller Wünsche durch die Errungenschaften der modernen Restauration, von der Aufhebung zwischenmenschlicher Grenzen beim gemeinschaftlichen Mahl und von einem zeitlich nahezu unbegrenzten Tafelvergnügen (Brillat-Savarin 1999: 165). Andererseits ist sie durchdrungen von dem Bewusstsein, dass kultiviertes Essen ein Höchstmaß an Vorbereitung, Selbstkontrolle und diätetischer Vorsicht erfordert (Brillat-Savarin 1999: 141). Die »Sinnlichkeit« der Gastronomen ist also zerebral, diszipliniert und politisch »korrekt«. Berchoux hat es in seinem Gründungsgedicht *La gastronomie* (1800) im Übrigen unmissverständlich ausgedrückt: Bei Tisch solle man die Erinnerung an die jüngste, blutige Vergangenheit (Berchoux spielt natürlich auf die Revolution an) tunlichst vermeiden – überhaupt sei es ratsam, auf jegliches politische Engagement zu verzichten und lieber in Ruhe einen guten Wein zu trinken.

Entscheidend für die Verbreitung des französischen Gastromythos war neben dem Schrifttum der Gastronomen natürlich auch die praktische und theoretische Aktivität der großen französischen Köche. Mit ihren Regelwerken schufen und verbreiteten sie ein klar definiertes System der französischen »grande cuisine«.[18] Als Begründer dieses Systems gilt insbesondere Antonin Carême, der aus einer bitterarmen Familie kam und sich vom Konditorlehrling zum Starkoch hocharbeitete. Carême wurde berühmt für seine aufsehenerregenden »pièces montées«, mehrstöckige Torten, die wahre architektonische Wunderwerke darstellten – ähnlich wie die Hochzeitstorte der Emma Bovary (vgl. S. 188 f.). In seinen Kochbüchern leistete er eine diskursive Neubegründung der französischen Küche. Die »grande cuisine« des 19. Jahrhunderts zeichnet sich vor allem durch ihre Saucen aus, die Carême als wesentlich für die perfekte Geschmacksharmonie eines jeden Gerichts betrachtete (Parkhurst 2004: 69 ff.; Becker 2000: 217). Saucen müsse man ebenso subtil komponieren wie Musik. Vor allem aber trug er wesentlich dazu bei, die französische Küche als ein System kulinarischer Techniken zu erschaffen, indem er sich um die präzise Beschreibung der einzelnen Arbeitsschritte und um eine genaue sprachliche Klassifikation der einzelnen Geschmacksrichtungen (»saveurs«) bemühte. Auf diese Weise entsteht die bis heute weltweit verbreitete französische Nomenklatur der »grande cuisine«. Seiner in *Le cuisinier parisien* (1828) geäußerten Überzeugung, die französische Küche sei der Triumph der Gastronomie und Frankreich das einzige Land, in dem man gut speise, verlieh Carême auch durch eine »patriotische« Namensgebung Ausdruck. Alle Gerichte seiner Rezeptsammlung benannte er neu, mit Namen, die meist auf die Regionen Frankreichs oder auf große französische Persönlichkeiten verwiesen (Carême 1828: 72). Auf diese Weise konnte sein Kochbuch *L'Art de la cuisine française* (1833) die imaginäre

Einheit einer überregionalen, zutiefst französischen, als »grande cuisine« aber zugleich universellen Küche erschaffen.

Nach einer Lehrzeit in der Heimat waren viele französische Köche im Ausland tätig, so dass die Ethnologin Amy B. Trubek von einem regelrechten kulinarischen Imperialismus Frankreichs spricht (Trubek 2007: 136). Das Bestreben, Schule zu machen, zeigt sich auch im Wirken der 1882 von renommierten Küchenchefs gegründeten *Société des cuisiniers français* (Gesellschaft der französischen Köche), die bald in *Union philanthropique culinaire et de l'alimentation* (Philanthropische Vereinigung für Kulinarisches und Ernährung) umbenannt wird. Das offizielle Organ der Gesellschaft ist die Zeitschrift *L'art culinaire*; 1883 organisiert die Gesellschaft ihre erste Ausstellung: ein Konzept, das bald auch im Ausland imitiert wird, wobei auch die in England organisierten Ausstellungen die französische Küche in den Mittelpunkt stellen (Trubek 2007: 135–137).

Das revolutionäre Potential der Gastrosophie

Auch im Werk des Sozialutopisten Charles Fourier (1772–1832) spielt die Kochkunst eine entscheidende Rolle. Fourier war Brillat-Savarins Schwager; seine »Gastrosophie« ist allerdings weit weniger konservativ als das Schrifttum der Gastronomen (Onfray ^{6}2006: 79–94; Bouchet 2014: 23 f.). So entwickelt Fourier in einem postum veröffentlichten Manuskript eine Rechtfertigung der Schlemmerei. Die kindliche Neigung zum Naschen solle man nicht zügeln, sondern fördern. Denn die Feinschmeckerei und die Vielfalt der unterschiedlichen Geschmäcker seien keine Dekadenzerscheinungen, sondern von Gott und der Natur so gewollt (Fourier 2006: 80). Man müsse die Kinder daher zu verständigen *gourmands* erziehen und sie dazu anhalten, sich als Köche und Gastronomen zu betätigen. Indem man ihren kulinarischen Wettbewerbsgeist fördere, bringe man sie dazu, ein breitgefächertes Angebot an Speisen zu entwickeln (Fourier 2006: 23–36). Dadurch beuge man jedem Exzess vor und begünstige zugleich die Entwicklung der Kultur. Außerdem sei ein reiches Angebot

– im utopischen Reich der »Harmonie« – ökonomischer als eine kleine Auswahl an Speisen (Fourier 2006: 74 f.). Die gesellschaftliche Umwälzung, die Fourier mit seiner Gastrosophie anstrebt, ist zwar eine friedfertige: Dennoch präfiguriert sein Entwurf den Gedanken, dass eine Revolutionierung der Esskultur eine tiefgreifende Veränderung der Gesellschaft herbeiführen könne.

Niedergang der bourgeoisen Esskultur und nationalistische Tendenzen der Gastronomie gegen 1900

War die Flexibilisierung der Essenszeiten um 1800 noch als eine Errungenschaft moderner Gastronomie gefeiert worden, so beginnt man um die Jahrhundertwende, die durch Industrialisierung und vermehrte Erwerbstätigkeit von Frauen bedingte Entritualisierung des Essens als Zeichen des gesellschaftlichen Verfalls zu deuten. So klagt J. M. A. Martin im Jahre 1935: »Heute folgt man einer Mode, die aus dem Ausland gekommen ist […], und ißt überall und zu jeder Zeit« (Martin, zit. nach Capatti 1989: 49 f.). Auch das einsame Essen erscheint jetzt nicht mehr als erholsame Alternative zur *table d'hôte*. Der Junggesellenhaushalt ist jetzt, gegen 1900, ein weitverbreitetes Phänomen, und so veröffentlicht die philanthropische Autorin Jenny Touzin 1889 ein Kochbuch für Diabetiker und Junggesellen (Capatti 1989: 41). Nicht mehr der autarke Philosoph im Restaurant ist nun die (literarische) Emblemfigur des zeitgenössischen Essers, sondern eher der Junggeselle Folantin aus einer Erzählung von Joris-Karl Huysmans. Wie ein moderner Odysseus irrt er zwischen den schmutzigen Garküchen und Bistrots von Paris umher, vergeblich nach einer halbwegs appetitanregenden Mahlzeit suchend. Auf das gastronomische Jahrhundert (»siècle gastronomique«) folgt eine Zeit der Essensverweigerung oder des abweichenden Essverhaltens. Denn so unterschiedlich die Motivationen im Einzelnen auch sind (Entritualisierung der Mahlzeiten aufgrund sozioökonomischer Zwänge oder aufgrund eines elitären Individualisierungsstrebens; ideologisch motivierte Abweichungen wie der Vegetarismus), so haben sie doch eines gemeinsam: die

Abkehr von der »cuisine bourgeoise« mit ihrem Kult der Konvivialität, ihrer Vorliebe für nahrhafte (Fleisch)speisen und dem großen Zeitaufwand, den sie der Zubereitung und dem gemeinschaftlichen Verzehr der Speisen einräumt. Eine neue Tendenz zur »cuisine rationelle«, zur preiswerten und schnellen Küche, setzt sich zunehmend durch. Besorgte Warnungen vor dem Verlust der »typisch französischen Tafelkultur« sowie Pamphlete gegen Konserven, Vegetarier und andere kulinarische Moden gipfeln gar in dem dramatischen Ausruf »Die Küche ist tot!« (Capatti 1989: 59)

So ernst sollte man diese Totenklage allerdings nicht nehmen. Gerade die Skepsis gegenüber den technologischen Innovationen der Speisenaufbewahrung und -zubereitung (Kühlschrank, Konserven, Brühwürfel, Fertigsaucen) zeugt von jenem kulinarischen Traditionsbewusstein, das Stephen Mennell als Konstante der französischen Esskultur herausgearbeitet hat. Und so gibt es auch im 20. Jahrhundert durchaus Franzosen, denen ihre Küche äußerst wichtig ist – um 1900 sind die gastronomischen Schriftsteller allerdings zumeist nationalistischer Gesinnung und pflegen dementsprechend einen extremen kulinarischen Chauvinismus. Dabei ist Deutschland natürlich der Erzfeind. »La cuisine allemande n'existe pas«, die deutsche Kochkunst existiert nicht, kommentiert die Zeitschrift *L'Art culinaire* die sofortige Schließung des 1900 eröffneten deutschen Restaurants Konss in Paris (zit. nach Saillard 2007: 242). Deutschland werden all jene Tendenzen zugeschrieben, die zum »Tod« der *haute cuisine* beitragen: industrielle Fertigprodukte wie die Knorr-Brühe und Suchard-Schokolade (Csergo 2007: 193). Louis Forest, der diese Produkte als »deutsche Schweinereien« (»saletés allemandes«) verurteilt, ist nicht nur ein extremer Patriot, sondern auch ein erbitterter Feind jeglicher Neuerung und verurteilt neue Konservierungstechniken wie Einfrieren, Konserven, Lyophilisieren daher auf das schärfste (Csergo 2007: 187).

1913 gründete Forest den gastronomischen *Club des Cent*, der sich im Pariser Maxim's traf und dem renommierte Feinschmecker wie Christian Millau und Henri Gault angehörten. Zum Ziel des Clubs, der bürgerlich-konservative Ansichten vertrat, erklärte Forest 1919 das Hochhalten einer gesunden, unverfälschten und französischen Ernährung (»Pour une alimentation saine, propre et française«, Louis Forest, *L'Auto*, 3.4.1919). Damit aber nicht genug. Es ging auch darum, den ausländischen Tourismus zu fördern. In der nationalen Küche sah Forest nicht nur ein bedeutendes Kulturerbe Frankreichs, sondern auch seine wichtigste ökonomische Ressource, und um dies zu belegen, zitiert er einen angeblichen Ausspruch Rockefellers: »Die Franzosen haben eine großartige Industrie, aber sie wissen es nicht. Es ist die ihrer Küche« (Csergo 2007: 192). Daher betrachtet es Forest als Mission des *Club*, Gastrotouristen anzuziehen, bevorzugt aus Amerika. Denn es sei nicht möglich, den Geschmack eines in Frankreich verzehrten Salates in die USA zu exportieren – wenn aber ein Amerikaner nach Frankreich komme, um die französische Küche kennenzulernen, dann vollziehe sich ein »Export im Landesinneren« (»exportation à l'intérieur«, Csergo 2007: 191 f.).

Damit deutet sich ein Motiv an, das typisch für einen chauvinistisch-essentialistischen Gastrodiskurs ist, nämlich die Idee der unauflöslichen Verbindung einer Nationalküche mit den Produkten und dem »terroir«, dem »Erdboden« des Landes. Dieser zwischen 1860 und 1930 entstandene Begriff diente zunächst dazu, den einzigartigen Geschmack eines Weins auf den Erdboden, auf dem er gewachsen war, zurückzuführen. Interessanterweise sollte die Argumentation ursprünglich den typisch »französischen« Geschmack eines Weins beglaubigen, der aus einer Hybridisierung von französischen und amerikanischen Rebsorten entstanden war (Mattioli 2013: 48). Schon in seinen Ursprüngen ist dieser Schlüsselbegriff des französischen Gastromythos also eine Reaktion auf eine gefürchtete Überfremdung.

Das schönste Beispiel für ein solches Denken liefert ein Kochbuch, das Marthe Daudet unter dem Pseudonym »Pampille« 1913 veröffentlichte: *Les bons plats de France: cuisine régionale.*

Kein Geringerer als Marcel Proust, der die Autorin als eine »wahre Dichterin« rühmte, hat diesem Kochbuch im zweiten Band seines Romanzyklus *Auf der Suche nach der verlorenen Zeit* ein Denkmal gesetzt. Dort schwärmt er von jenen

> so schmackhaften Gerichten, wie man sie manchmal in den Büchern von Pampille findet: Gerichte, die in Wirklichkeit jedoch rar geworden sind, es sind ja Speisen, in denen Gelees, Butter, Fleischsaft, Fischklößchen noch echt und unverfälscht verwendet werden und für die sogar das Salz aus den Salzteichen der Bretagne beschafft werden muß. (Proust 2000, Bd. II: 1919)

Wirklich »authentische« Spezialitäten mit »unverfälschten« Zutaten kann man Proust zufolge also nur noch bei »Pampille« finden, die er wohl deshalb als eine Dichterin feiert, weil sie die »echte« französische Küche zumindest im gedruckten Buch wiederaufleben lässt. Besonders gefallen hat Proust gewiss auch die wahrhaft poetische Art, in der »Pampille« eine unmittelbare Verbindung zwischen einem regionalen Gericht und der Landschaft, die es hervorgebracht hat, postuliert.

Geht es bei Proust jedoch um die geschickte *Inszenierung* einer Harmonie zwischen der Speise und ihrem Ursprungskontext, so behauptet »Pampille« vehement (wenn auch stellenweise mit leichter Ironie) die intrinsische Verbindung zwischen dem französischen Boden, seinen hervorragenden Produkten und dem kulinarischen Genie seiner Bewohner. Ausgezeichnetes Wildbret gebe es selbstverständlich nur in Frankreich – man könne geradezu meinen, schreibt sie, die Hasen, Rebhühner und Wachteln wüssten um die bedeutende Rolle, die sie früher in Märchen und Fabeln spielten, und gäben sich deshalb so viel Mühe, »so exquisit zu schmecken, wie sie nur können« (Pampille 1934: 23 f.). Jedenfalls seien sie mit den aus Deutschland oder Ungarn stammenden, »großen, dummen und geschmacklosen Hasen«, die seit einigen Jahren den Markt überschwemmten, nicht zu vergleichen. Regionale Produkte vertragen keine langen Reisen: Um ihren authentischen Geschmack zu bewahren, müssen sie frisch sein, und deshalb kann man eine echte *bouillabaisse* einzig und allein in Marseille genießen. Mehr noch: um sie wirklich goutieren zu können, muss man dort geboren sein (Pampille 1934: 144 f.)! Und solange die mächtigen Fluten französischen Weins »unseren Boden mit unserem Blut verbinden«, werde Frankreich nicht untergehen – schließlich werde auf einer französischen Tafel der Wein auch großzügig ausgeschenkt und nicht in fingerkleinen Bechern abgemessen, wie dies in England oder Deutschland geschehe (Pampille 1934: 182, 186)! Ein gastronomischer Blut-und-Boden-Mythos also.

An dieser Stelle scheint es nicht müßig zu erwähnen, dass Marthe Daudet die Frau des Journalisten Léon Daudet war, der seit 1908 die royalistische Zeitung *L'Action française* leitete und dort eine regelmäßige gastronomische Rubrik unterhielt. Darin vertrat er den unbedingten Glauben an eine »ewige«, klassische französische Küche, als deren Schutzpatron er Rabelais betrachtete und deren Wurzeln er in der Küche der Provence beziehungsweise in der römischen Antike sah (Saillard 2007: 249). Neben den Daudets war auch der Gastrokritiker Curnonsky ein Anhänger des chauvinistisch-essentialistischen Diskurses, der von Robert Courtine bis in die 90er Jahre fortgeführt wurde (Saillard 2007: 256). Dessen Anhänger wurden nicht müde zu betonen, dass es einen natürlichen Zusammenhang zwischen den von den Franzosen privilegierten Speisen und Getränken und ihrer (kulinarischen und künstlerischen) Kreativität gebe und dass die Exzellenz dieser Speisen unmittelbar mit dem Herkunfts-»terroir« zusammenhänge. Den Franzosen sei der »Geschmack« eben angeboren, meint Curnonskys Kollege Marcel Rouff. Nur in Frankreich verstehe man es zu essen (»manger«), während sich der Rest der Welt lediglich ernähre (»on se nourrit«). Dies sei immer schon so gewesen (Rouff 1994: 12). Und der französische Erdboden produziere nun einmal das beste Gemüse, das beste Obst und den besten Wein der Welt – wie man auch in den *Souvenir inédits* des Meisterkochs Auguste Escoffier nachlesen kann (Assouly 2007: 279).

Die Rückbesinnung auf ebendiese Produkte des Landes war aber auch wesentlicher Bestandteil einer politisch-ökonomischen Reformbewegung, die ab Ende des 19. Jahrhunderts zugleich eine »Rückkehr zum Erdboden« (»retour à la terre«) und eine Demokratisierung der Gastronomie anstrebte (Claflin 2007: 215–290). Während die erste, von Brillat-Savarin und Grimod de la Reynière initiierte Gastronomie-Welle im frühen 19. Jahrhundert elitär war und ihre misogynen Züge nicht verleugnen konnte, vertreten die Denker des »retour à la terre« zusammen mit der Aufwertung regionaler Produkte und regionaler Küchen auch den Gedanken, dass jedermann das Recht habe, gut zu speisen. Nicht umsonst berief sich der Wirtschaftspolitiker und Sozialreformer Charles Gide, der sich nach dem Ersten Weltkrieg gezielt dieser Themen annahm, auf den bereits erwähnten Sozialutopisten Charles Fourier (Claflin 2007: 220). Sein Plädoyer einer »Gastronomie für das Volk« (»gastronomie populaire«) ist unübersehbar vom republikanischen Geist getragen.

Bereits 1890 wurde in Paris der erste Kurs in »cuisine populaire« gestartet: ein Kochkurs also, der Arbeitern die Grundlagen einer einfachen, aber schmackhaften Küche vermitteln sollte (Claflin 2007: 223). Gide, der Fouriers utopische Gastrosophie in die Realität umsetzen wollte, strebte außerdem danach, Interessenverbände von Verbrauchern zu erschaffen. Sie sollten dazu erzogen werden, gute von schlechter Qualität zu unterscheiden, und man darf wohl annehmen, dass Gide dieses Projekt gelungen ist. Zumindest sind Franzosen heute weit mehr bereit als ihre deutschen Nachbarn, für gute Qualität ihrer Lebensmittel Geld auszugeben, und weit weniger bereit, sich mit schlechter Discounterware abspeisen zu lassen – auch wenn das Qualitätsbewusstsein in Deutschland in den letzten Jahren gestiegen ist.[19] Obwohl auch die Ideologen des »retour à la terre« den Konnex zwischen Frankreich als Nation und nationaler Küche (und Landwirtschaft) starkmachten, verfielen sie doch nicht jenem kulinarischen Essentialismus, wie er soeben skizziert worden ist (Claflin 2007: 234). Anstatt Frankreichs kulinarische »Überlegenheit« als naturgegeben zu betrachten, sahen sie in dieser wichtigen ökonomischen Ressource ihres Landes vielmehr das Resultat gezielter politischer Bestrebungen. Ein wichtiges Mittel zum Erfolg war für sie auch die Erkenntnis, dass Frankreichs Lebensmittelproduktion einen anderen Weg beschreiten musste als etwa die der USA.

So stellte André Siegfried schon 1928 fest, dass in jenen industriellen Bereichen, die am »französischsten« seien, nicht eine Standardisierung der Produkte nach amerikanischem Vorbild wünschenswert sei, sondern vielmehr jene »Perfektion«, »Originalität« und »Individualität«, die den Wert des Produktes ausmache (Claflin 2007: 237). Interessant ist in diesem Zusammenhang auch eine Beobachtung Stephen Mennells. In seiner Untersuchung französischer gastronomischer Fachzeitschriften um 1900 stellt er fest, dass hier die Thematik der harten Arbeitsbedingungen nur eine untergeordnete Rolle spielt – viel zentraler war demgegenüber die Idee der Kochkunst als eines kollektiven Unternehmens, dessen Ruhm es durch harte Arbeit zu mehren galt:

> Das Erbringen immer großartigerer Leistungen in der eigentlichen Kochkunst wurde sogar ausdrücklich als das beste Mittel angesehen, den niederen Status, die schlechte Bezahlung, die furchtbaren Arbeitsbedingungen und die Unsicherheit der Arbeitsplätze zu bekämpfen, die das Los der meisten Köche waren. Den Leser sollten die Leistungen Carêmes und anderer berühmter Meister der Vergangenheit mit Stolz erfüllen; die eigene Arbeit war als Quelle persönlicher Befriedigung und als Möglichkeit zu betrachten, den Berufsstand als ganzen voranzubringen. (Mennell 1988: 223)

Mennell hebt hervor, dass es bei diesem Streben nach immer höherer Qualität nicht um das Vorankommen des Einzelnen, sondern um das Fortführen eines kollektiven Unternehmens ging – außerdem zeige sich darin auch ein Vertrauen auf eine immer größere Perfektionierung der Kochkunst, die von den Gastronomen des 19. Jahrhunderts ja nicht umsonst in den Rang einer

»schönen« Kunst gehoben wurde. Der Stolz und die persönliche Befriedigung (und nicht etwa eine bessere Bezahlung oder mehr Freizeit), die der Koch allein aus seiner harten Arbeit ziehen sollte, werden in französischen Frauenzeitschriften des 20. Jahrhundert auch als ganz selbstverständliche Empfindungen der kochenden Hausfrau angesehen – während die englischen Frauenzeitschriften, mindestens bis in die 1950er Jahre hinein, eher dazu tendieren, das Kochen als lästige und mühselige Pflicht darzustellen. Auch die heute weitgehend akzeptierte Annahme, dass Essen und Kochen Genuss verschaffen, war den Engländern eher fremd. Die Hausfrau konnte eher darauf hoffen, sich die Liebe ihres Mannes durch sparsame Resteverwertung zu erhalten als durch ein raffiniertes Menü. So zitiert Stephen Mennell aus der Frauenzeitschrift *Woman's Life* vom 7. 10. 1933 den schönen Satz: »Verwerten Sie Ihre Reste, und Sie werden den Weg zum Herzen Ihres Mannes finden, weil Sie wenig Geld ausgeben« (Mennell 1988: 312).

Der amerikanische Hype um die französische Esskultur

Es wurde bereits angedeutet, dass die Franzosen in den Amerikanern privilegierte »Kunden« feiner französischer Kochkunst sahen. Tatsächlich könnte man sich fragen, ob nicht die weltweite Anerkennung der französischen Küche auf ähnliche Weise durch die USA gefördert worden ist wie die globale Pizza- und Pasta-Welle.

Mit seiner begeisterten Akzeptanz der *cuisine française* hat Amerika, wie Priscilla Parkhurst Ferguson anmerkt, gewiss einen weiten Weg zurückgelegt. Sie zitiert als Beispiel die Autobiographie Benjamin Franklins (1771–1790), der sich dort der Indifferenz gegenüber kulinarischen Dingen, mit der er aufgezogen worden sei, rühmte – nicht zuletzt sei dadurch das Reisen für ihn unproblematischer gewesen als für Leute mit einem anspruchsvolleren Gaumen (Parkhurst 2004: 170) –, wie gesehen, argumentiert Rousseau in seinem *Émile* ganz ähnlich. James Fenimore Cooper dagegen, der von 1826 bis 1833 in Frankreich lebte, klagte über die außerordentliche Ignoranz seiner amerikanischen Mitbürger in allem, was die Kochkunst betreffe. Schließlich hänge doch die körperliche und geistige Gesundheit, in gewisser Weise sogar die Moral von der Ernährung ab. Amerikanisches Essen aber sei schlecht gekocht, schwer und unverdaulich (Parkhurst 2004: 171 f.). Coopers Position kontrastiert deutlich mit dem protestantischen Prohibitionismus der Ernährungsreformer Sylvester Graham und John Harvey Kellogg, von denen in Kapitel 7 noch die Rede sein wird. Bewunderer der französischen Küche gab es im Amerika gewiss – so erklärt der *Gourmet Guide to Europe* von 1903: »Paris ist, was die Kochkunst anbelangt, der Mittelpunkt der Welt« (Trubek 2007: 131). Diese Bewunderung schlug sich aber allenfalls in einem gelegentlichen Restaurantbesuch nieder.

Bertram M. Gordon (2007: 391) zufolge begann die französische Kochkunst erst ab Ende der 40er Jahre einen Einfluss auf die amerikanische Küche auszuüben, wo sie allerdings in das bestehende System integriert wurde. In den 1960er Jahren sorgte dann angeblich die Kochshow-Legende Julia Child dafür, dass Frankreichs *haute cuisine* aus den Restaurants in die amerikanischen Haushalte gelangte. Ihr Anfang der 60er Jahre erschienenes Kochbuch *Mastering The Art of French Cooking* sowie die 1963 erstmals ausgestrahlte Kochsendung *The French Chef* machten französische Kochtechniken und Gerichte bei einem Millionenpublikum populär. Doch die amerikanische Kochpraxis wurde dadurch gewiss nicht grundlegend »französiert«. Schließlich hätte das von Julie Powell 2002 gestartete Unterfangen, Julia Childs Rezepte innerhalb eines Jahres nachzukochen und durch einen Blog zu dokumentieren, wohl kaum so viel Aufsehen erregt, wenn Childs Kochbuch tatsächlich zum Bestandteil der Alltagsküche geworden wäre.

Nach wie vor ist die französische Küche in den USA in erster Linie ein Mythos – der Mythos einer der einheimischen alimentären Unkultur überlegenen, raffinierten Esskultur, die zwar sinnlich glücklich macht, sich jedoch mühelos mit Schlankheit und Eleganz paart. Spuren dieses Mythos lassen sich in einer von Susan Bordo analysierten Werbung für den Schlankmacher *Slimfast* auffinden. Der Spot, der sich an ein amerikanisches Fernsehpublikum wendet, zeigt zwei französischsprechende kleine Mädchen. Eines der Mädchen verrät dem anderen das »Geheimnis« der schlanken Mutter: Sie esse, gewiss, doch dank *Slimfast* bleibe sie schlank. Ähnlich, doch mit ironischen Untertönen, reportiert Richard Klein die vieldiskutierte These des *French Paradox* – also die These, der zufolge die Franzosen trotz einer fett- und fleischreichen Ernährung weniger an Zivilisationskrankheiten und Übergewicht litten als andere Wohlstandsnationen:

> Warum sind die Amerikaner fettleibig? Fragen Sie einen Franzosen. Es liegt nicht an dem Fett, das wir essen. Ich habe Freunde in Kalifornien, die deshalb nicht nach Paris reisen, weil sie dort ja auch etwas essen müßten – dort, wo alles fett ist oder in Fett zubereitet wird und es kaum Gemüse gibt. Die Franzosen hassen alles Grünzeug. Französische Venen sind mit Butter und Käse vollgestopft, französische Tische sind mit Innereien und Gänsefett vollgeladen. Die Franzosen essen Unmengen gebratenes Fleisch und Pommes Frites, und ein üppiges Dessert ist für sie ein Muß. Und doch sind sie insgesamt deutlich weniger fett als die Amerikaner. Fragen Sie eine Französin, die Amerika kennt, warum die Leute dort fettleibig sind, und sie wird sagen: keine Disziplin beim Essen. Obwohl es mittlerweile auch in Frankreich Fast-Food gibt und trotz der fortschreitenden Industrialisierung bleibt eine Mahlzeit dort eine rituelle Angelegenheit, die dem Teilnehmer gewisse Vorschriften auferlegt. Die allererste Regel lautet: Kein Essen zwischen den Mahlzeiten. Zu Beginn jeder Mahlzeit wünschen die Franzosen sich »*Bon appetit*«. Appetit, das Verlangen zu essen, Hunger, wünscht man sich gegenseitig. Stellen Sie sich einmal vor, jemand würde in Amerika jemandem »Guten Hunger« wünschen. In diesem Land wird der leiseste Anflug von Hunger sofort mit einem kleinen Imbiß bekämpft. (Klein 1997: 133)

Trotz der ironischen Überzeichnung (»Die Franzosen hassen alles Grünzeug«) wird deutlich, dass Klein der *French Paradox*-These wenigstens zum Teil zustimmt. Ihm zufolge liegt das Problem der Amerikaner vor allem an ihrer falschen Einstellung zum Essen – an ihrer Unfähigkeit nämlich, dem Essen als sinnlichem Genuss und sozialem Ritual einen legitimen Platz im Alltag einzuräumen. Dies führe, so Klein, zu regellosem *snacking*, das die eigentliche Ursache des Übergewichts sei. Nicht Fett sei folglich das Problem, sondern ganz im Gegenteil die Verdrängung alles Fetten, das dann in versteckter Form wiederkehre und die Taille der vermeintlichen Fettasketen beschwere.

Der französische Gastromythos

Wie viel ist nun wahr an dem Mythos der französischen Küche? Wir haben gesehen, dass die Mär vom »Essen wie Gott in Frankreich« keineswegs aus einem göttlichen Beschluss oder aus einer besonderen Gunst von Mutter Natur gegenüber Frankreich heraus begründbar ist. Vielmehr hat sich die Rede von der Überlegenheit der französischen Küche zum Teil als ein Diskurseffekt erwiesen. In der Vormoderne konnte die von den Franzosen immer wieder vorgebrachte Behauptung ihrer Exzellenz in feiner Lebensart durch die allgemeine kulturelle Hegemonie Frankreichs leicht beglaubigt werden. Im nachrevolutionären Frankreich dagegen ist es vor allem dem Diskurs der bürgerlichen Gastronomen zu verdanken, dass der Gastromythos weiter propagiert wurde. Allein durch Worte hätte sich dieser jedoch nicht behaupten können – es bedurfte auch der Tat. War im 19. Jahrhundert die normierende Tätigkeit der französischen Meisterküche sowie ihr kulinarischer Imperialismus von entscheidender Bedeutung, so spielten im 20. Jahrhundert die touristische Propaganda des *Club des Cent* und die politische Reformbewegung des »retour à la terre« eine wichtige Rolle. Durch gezielte politische Aktionen wie etwa das 1905 eingerichtete komplexe *Système d'appelations d'origine controlée* (also das System der geschützten Herkunftsbezeichnungen), den seit 1924 für exzellente kulinarische Leistungen verliehenen Titel des *Meilleur ouvrier de France* und natürlich den *Guide Michelin*, der sich ab 1926 zum maßgeblichen Restaurantführer entwickelte, sensibilisierte man die französische Bevölkerung für die Bedeutung guten Essens und qualitativ hochwertiger Produkte. Zudem scheint die Bewegung des »retour à la terre« durch ihre Aufwertung regionaler Produkte deren identitätsstiftende Rolle tief im kollektiven Bewusstsein verankert zu haben. Dies behaupten zumindest die Soziologen Jean-Pierre Corbeau und Jean-Pierre Poulain. Durch eine Reihe von 2002 geführten Interviews stellten sie fest, dass die von ihnen befragten Franzosen insbesondere heimischen Käsesorten eine identitäre, ja geradezu »totemische« Funktion zuschrieben. Denn für viele Familien gleiche der Moment, in dem der Käse auf den Tisch komme, geradezu einem »Erinnerungsritus« (Corbeau / Poulain 2002). Man fragt sich allerdings, ob die Soziologen in der Auswertung ihrer Ergebnisse Barthes' Definition von Wein und Käse als alimentären »Totems« der Franzosen nicht ein wenig zu wörtlich nehmen.

Auch heute zeichnet sich Frankreich durch gezielte Regierungsmaßnahmen des *Programme National pour l'alimentation* wie etwa das großangelegte Verzeichnis aller kulinarisch wertvollen Lokalitäten (die »sites du goût«) und regionalen Produkte Frankreichs aus (Parkhurst 2004: 172). Auch die populäre Filmkultur tut das Ihre, um den französischen Gastromythos zu perpetuieren: Man denke an *Kochen ist Chefsache* von Daniel Cohen, der zweifellos als Replik auf den italienische Koch- und Lebenskunst zelebrierenden deutschen Film *Bella Martha* gedacht ist und in dem ein junger französischer Kochstar es mühelos mit einem britischen und einem spanischen Kontrahenten aufnimmt, oder an *Die Köchin und der Präsident* (*Les saveurs du palais*, 2012), in dem die Lebensgeschichte von François Mitterrands Köchin Danièle Mazet-Delpeuch und zugleich alle Mythen um die Tradition der guten, bodenständigen französischen Küche nostalgisch aufgewärmt werden. Freilich gibt es auch in Deutschland die vom Bundesministerium ins Leben gerufene

Initiative IN FORM sowie zahllose Einzelinitiativen wie etwa die Sarah-Wiener-Stiftung, das Kulinaristik-Forum oder die Deutsche Akademie für Kulinaristik. Beim Vergleich der Regierungsinitiativen springt jedoch sofort ins Auge, dass die Ziele unterschiedlich sind: Geht es Frankreich um die Bewahrung seiner Esskultur, so will Deutschland das Ernährungsverhalten und damit die Gesundheit der Bevölkerung verbessern.

Der hohe Stellenwert, den das Essen in Frankreich einnimmt, ist, wie Stephen Mennell gezeigt hat, zum Teil das Ergebnis eines Zivilisations- und Distinktionsprozesses, in dem zunächst eine höfische Elite, dann das im nachrevolutionären Frankreich mächtige Bürgertum einen prägenden Einfluss ausgeübt haben. Propagierte die Erstere in der noch vom kirchlichen Einfluss geprägten Vormoderne eine hedonistische Tafelkultur, so setzte die Bourgeoisie im nachrevolutionären Frankreich eine zunehmende Demokratisierung des guten Geschmacks durch. Erscheint die Entwicklung einer distinguierten Esskultur in Mennells Perspektive als nichtintentionaler Begleiteffekt bestimmter soziopolitischer Entwicklungen, so erweist sie sich zugleich, spätestens ab dem 19. Jahrhundert, auch als das Resultat gezielter diskursiver, politischer und sozioökonomischer Aktionen. Freilich kann die Rekonstruktion solcher Aktionen auch wieder nur teilweise erklären, weshalb das Essen in Frankreich schon seit dem Mittelalter einen so hohen Stellenwert genießt, dass die europäischen Nachbarn dies mit Staunen zur Kenntnis nehmen. Es scheint also doch berechtigt, von einem »französischen« (von Franzosen behaupteten und auf Frankreich bezogenen) Gastromythos zu sprechen. Mythos wäre dann zu verstehen im Sinn einer diskursiven Überlieferung, die ihren Ursprung in empirisch beobachtbaren Realitäten hat, die sich dann aber zu einem sich selbst perpetuierenden Diskurs weiterentwickelt.

Wenn aber der hohe Stellenwert, den eine Nation ihrer Esskultur einräumt, auch gezielten politischen und diskursiven Bestrebungen zu verdanken ist, muss man sich fragen, ob nicht potentiell jede Esskultur für eine solche Aufwertung geeignet sei. Das

Beispiel Italiens hat schon gezeigt, dass dies durchaus der Fall sein kann. Ein weiteres Beispiel, diesmal aus dem asiatischen Bereich, kann besonders deutlich machen, wie einflussreich staatliche Aktionen für die Propagierung von Gastromythen sein können. Marin Trenk zufolge ist die asiatische Küche derzeit dabei, der französischen den Rang abzulaufen, und auch Bertram M. Gordon weist darauf hin, dass die *cuisine française* weltweit nicht mehr das Maß aller Dinge sei (Gordon 2007: 391). Vielleicht würde das den Lebensstil der amerikanischen *high society* symbolisierende Geschäftsessen in *Pretty woman* (1990) – bei dem das von Julia Roberts gespielte »Straßenmädchen« mit der Herausforderung konfrontiert wird, *escargots* zu essen – heute nicht in einem französischen, sondern in einem japanischen Restaurant stattfinden. Im nächsten Kapitel soll es um Japan gehen.

Ein Reiskloß auf der Fahne: Japans kulinarischer Nationalismus

Japan bietet ein besonders eindrucksvolles Beispiel für eine gezielte Instrumentalisierung der Esskultur zu politisch-ökonomischen Zwecken. Spätestens seit dem Erlass des »Rahmengesetzes zur Ernährungserziehung« im Jahr 2005 ist die Ernährungserziehung (*shokuiku*) hier zu einer staatlichen Angelegenheit geworden, für die neben dem Landwirtschaftsministerium auch ein eigenes Forschungsinstitut für politische Maßnahmen zuständig ist: Auf dem Plan steht die Bewahrung und Pflege der japanischen Esskultur (Bustamante 2013: 8–10).

Das Gesetz reagierte auf eine Reihe von Problematiken, von denen einige auch außerhalb Japans wohlbekannt sind, wie Lebensmittelskandale, eine »Verwestlichung« der Ernährungsgewohnheiten seit Mitte des 20. Jahrhunderts, die als Ursache für die Zunahme von Zivilisationskrankheiten wie Diabetes und Übergewicht gilt, sowie eine gesteigerte Sorge um Nachhaltigkeit.

Von entscheidender Bedeutung war jedoch auch ein spezifisch japanisches Problem, nämlich die starke Abhängigkeit Japans vom Lebensmittelimport. In der Tat ist der Selbstversorgungsgrad des Landes relativ niedrig, er betrug 2003 »gerade einmal 40 % der für die Ernährung des japanischen Volkes nötigen Kalorienzufuhr« (Bustamante 2013: 10; Assmann 2010: 243 f.). Zu diesen ökologischen, politischen und ökonomischen Motivationen tritt aber auch ein starkes ethisch-ideologisches Moment hinzu. Als wesentlicher Bestandteil der japanischen Esskultur gilt nämlich auch ein respektvoller Umgang mit dem Essen und mit der Natur (Bustamante 2013: 12); zugleich wird die Situation der Essenszubereitung und des gemeinsamen Mahls als wichtiger Moment des sozialen und familiären Zusammenlebens betrachtet.[20]

Welche Maßnahmen schlägt nun das Rahmengesetz zur Ernährungserziehung vor? Zum einen wird versucht, der Bevölkerung die Grundlagen »authentischer« japanischer Esskultur durch Broschüren und im Internet bereitgestelltes Material zu vermitteln. So präsentiert der Leitfaden zur ausgewogenen Ernährung ein Schema, das den bei uns bekannten Ernährungspyramiden ähnelt. »Traditionelle« japanische Lebensmittel wie Reis, Meeresprodukte und Tofu nehmen hier einen prominenten Platz ein, allerdings wird auch »westlichen« Produkten wie Milch und Brot ein (kleinerer) Platz eingeräumt. Zudem werden freiwillige Eltern-Kind-Kochkurse und an den Schulen Erlebnisaktivitäten angeboten, wo die Schüler etwa lernen, wie man Reis anbaut, was sie zu späteren Reis-Konsumenten erziehen soll. Ein auf der Internetseite der *Food Action Nippon* bereitgestellter Informationsfilm demonstriert die Folgen westlicher Ernährung auf eine japanische Familie (die Familienmitglieder nehmen zu) und kontrastiert sie mit den positiven Folgen japanischer Ernährung (sie werden wieder schlank). Zugleich wird hier das Problem des hohen Lebensmittelimports anschaulich illustriert (Bustamante 2013: 49 f.).

Im Rahmen der Ernährungserziehung werden zudem auch explizit Zusammenhänge zwischen ethnischen Merkmalen und

Ernährungsgewohnheiten beziehungsweise nationaler Esskultur postuliert. So wird Schulkindern erklärt, dass der im Vergleich zu angelsächsischen und germanischen Völkern längere Darm der Japaner von einer jahrtausendealten ballaststoffreichen Ernährung herrühre, die somit gleichsam die nationale DNA der Japaner geprägt habe. Die Idee eines nationalen kulinarischen Geschmacks, die wir schon anlässlich des italienischen und des französischen Gastro-Chauvinismus feststellen konnte, durchzieht in der Tat auch den japanischen »Küchendiskurs« (Hijiya-Kirschnereit 2003). In der Werbung materialisiert sich diese Vorstellung etwa, wenn Nudeln aus einheimischem Weizen mit dem Satz beworben werden: »Der Geschmack von einheimischem Getreidemehl ist in der DNA-Struktur der Japaner gespeichert« (Hijiya-Kirschnereit 2003: 76 f.).

Auf diese Weise kann auch erklärt werden, dass Fleischkonsum den Körpern der Japaner nicht zuträglich sei und zu erhöhten Cholesterinwerten führe (Bustamante 2013: 90). Dass solche Gegenüberstellungen von gesunder japanischer und ungesunder westlicher Kost nicht nur die weltweit als schlecht verschriene Esskultur der USA, sondern insbesondere auch den Fleischimport aus den USA zur Zielscheibe haben, liegt auf der Hand. Hans Martin Krämer zufolge handelt es sich bei einer solchen Gegenüberstellung allerdings um ein Konstrukt, denn historische Belege widersprächen der Vorstellung einer immer schon auf Getreide, Gemüse und Fisch basierenden Diät. Trotz buddhistischer und staatlicher Verbote sei seit jeher Fleisch verzehrt worden, hauptsächlich in den Städten (Bustamante 2013: 90, Krämer 2008: 37). Dass die *shokuiko*-Kampagne eine nationale Tradition der Esskultur ganz gezielt konstruiert, zeigt sich auch an der Verwendung von Mythen und Legenden zur Aufwertung »traditioneller« Gemüse wie des Nerima-Rettichs, der angeblich von dem Shogun Tokogawa Tsunayoshi entdeckt wurde (Bustamante 2013: 81). Solche Legenden werden zusammen mit Hinweisen auf die exzellenten ernährungsphysiologischen Qualitäten der traditionellen Lebensmittel verbreitet und vermitteln so die Idee, »japanisches« Essen sei »von Natur aus« gut.

Wie reagieren nun die Japaner auf die Kampagne? Kritiker werfen ihr vor, sie werde als »Allheilmittel für gegenwärtige Probleme in Bezug auf Nahrung in Japan« überschätzt; dabei würden »soziale Ungleichheiten in Bezug auf *gender* und Klasse, die bestehenden Nahrungsmittelsystemen zugrunde liegen, oft übersehen« (Bustamante 2013: 19). Ferner lenkten der »Appell an Tradition, Patriotismus und die Ideologie der weiblichen Fürsorge« von grundsätzlichen Problemen ab (Bustamante 2013: 19). Manche stören sich an den Abbildungen der staatlichen Informationsbroschüren, in denen der Mutter deutlich die Rolle der Köchin zugewiesen wird (Bustamante 2013: 44). So wie ein »natürlicher« Zusammenhang von genetischen Merkmalen und Ernährungsweise postuliert wird, könne die stark ideologisierte Aufwertung »traditioneller« Esskultur auch zu einer Verfestigung traditioneller Gender-Rollen beitragen. Dies kritisiert auch der Philosoph Harald Lemke, der überdies die gesamte *shokuiko*-Kampagne für zu »halbherzig« hält, da sie den Eigenanbau von Grundnahrungsmitteln (so werden 95 % der Sojabohnen importiert, besonders aus den USA) und die Ökologisierung der japanischen Landwirtschaft nicht hinreichend fördere (Lemke 2014).

Eine noch etwas extremere Position als die *shokuiko*-Bewegung vertritt die Non-Profit-Organisation *Japanese Culinary Academy* mit Sitz in Kioto. Während *shokuiko* bestrebt ist, neben der Idee der nationalen Esskultur auch regionale Produkte und kulinarische Traditionen aufzuwerten, und den Bürgern ein Maß an Eigeninitiative einräumt, verhält sich die *Japanese Culinary Academy* stärker normierend und plädiert für einheitliche nationale Richtlinien (Bustamante 2013: 119). Eventuelle Innovationen sowie die Weitergabe kulinarischer Tradition sind, so die *Academy*, ausschließlich den Experten vorbehalten. Zudem legt die Organisation großen Wert darauf, die Einzigartigkeit der japanischen Küche »wissenschaftlich« zu begründen. Ein wesentliches Argument dafür ist die Entdeckung des *umami*-Geschmacks durch den japanischen Chemiker Ikeda Kikunae und die Behauptung, dass dieser ein tragendes Charakteristikum der japanischen Küche sei (fast so, als gäbe es diesen Geschmack nur dort oder als wären nur Japaner imstande, ihn zu erkennen (Bustamante 2013: 117 f.). Zudem wird in der von der *Academy* mitgestalteten Esserziehung an Schulen großer Wert auf ein frühzeitiges Erlernen »korrekter« Verzehrformen gelegt (wie etwa, Reis abwechselnd mit Suppe zu sich zu nehmen), um einer durch die Annahme westlicher Essgewohnheiten ausgelösten »Staatenlosigkeit des Geschmacks« entgegenzuwirken (Bustamante 2013: 120).

Obwohl eine landesweite Befragung von 2010 ergab, dass nur rund 40 % der Bevölkerung von *shokuiko* gehört hatten und nur 6 % genau wussten, worum es der Bewegung geht (Bustamante 2013: 53), ist das Thema Ernährung in Japan mit Hilfe sehr vielfältiger Medienkanäle präsent. Und zumindest auf dieser medialen Ebene dringt es regelrecht in alle Lebensbereiche ein – in einer Weise, die im Westen schwer vorstellbar scheint. So gibt es mit Abbildungen von Speisen geschmücktes Briefpapier, und auch die Werbung setzt Speisen bevorzugt ein, selbst wenn das beworbene Produkt mit Essen rein gar nichts zu tun hat (Hijiya-Kirschnereit 2003: 58). In der Werbung werden zudem auch ausländische Produkte wie Whisky durch subtile bildlich-graphische Mittel indigenisiert, oder die Produkte werden durch einen rechteckig geformten, appetitlich aussehenden Reiskloß beworben, der durch den Farbtupfer einer roten Pflaume (auch eine japanische Nationalspeise) in der Mitte die japanische Flagge evoziert (Hijiya-Kirschnereit 2003: 65, 72 f.). Der den gesamten Alltag durchdringende »japanische Küchendiskurs« verbindet sich so, wie Irmela Hijiya-Kirschnereit gezeigt hat, mit dem japanischen Selbstbehauptungsdiskurs (Nihonjinron), einer spezifisch japanischen nationalistischen Denkrichtung, die Japans kulturelle Einzigartigkeit und Überlegenheit affirmiert (vgl. auch Krämer 2008: 53).

Die Abgrenzung von fremden, insbesondere westlichen Ernährungsstilen ist ein wesentlicher Bestandteil dieses Diskurses. Im Laufe seiner Geschichte berief sich Japan mehrmals auf die Opposition zwischen »eigenem« und »fremdem« Ernährungsstil, um das Gefühl der eigenen kulturellen Überlegenheit zu stärken (Ohnuki Thierney 1994, Krämer 2008). Dies gilt etwa für die Abgrenzung des eigenen Volkes als »Reisesser« von den westlichen »Fleischessern« in der Meiji-Zeit (1868–1912) – was umso bemerkenswerter ist, als Reis erst ab dieser Zeit zu einem alltäglichen Nahrungsmittel wurde. Und wie bereits erwähnt, gab es in Japan durchaus eine Tradition des Fleischverzehrs. Zwar entwickelte sich Fleisch nie zu einem Grundnahrungsmittel der Japaner, ebenso wie es in Japan nie eine Kultur der (Massen-) Tierhaltung gab. Mediziner rieten teilweise vom Fleischverzehr ab, und bis ins 19. Jahrhundert wurde Fleisch mit Euphemismen umschrieben – dennoch war es nie völlig aus dem japanischen Ernährungsstil ausgeschlossen (Krämer 2008: 40). Sicher stimmt es auch, dass der Fleischverzehr erst in der erwähnten Meiji-Periode, als Japan sich durch einen gewaltigen Industrialisierungsschub zur politischen Großmacht entwickelte und sich zugleich Einflüssen des Westens öffnete, zu einer Mode und zum Symbol einer fortgeschrittenen Zivilisation wurde (Krämer 2008: 41). Als sich jedoch – etwa ab den 1960er Jahren – eine kritischere Sicht auf den Fleischverzehr weltweit durchzusetzen begann, besann man sich auch in Japan auf die vorgeblich fleischlose Ernährungstradition. Seitdem gibt es in Japan einen Diskurs, der die Abgrenzung Japans vom fleischessenden Westen stark ideologisch auflädt, indem das Ideal fleischloser Kost nicht selten auch mit dem Argument eines respektvollen Umgangs mit Tieren verbunden wird. Letzteres Argument wird dann wiederum aus einer östlichen Philosophie heraus begründet, die den Menschen nicht, wie im Westen, in den Mittelpunkt stelle. Doch es geht dem japanischen »Nihonjinron« eben nicht nur um Nachhaltigkeit, Tierethik oder gesunde Ernährung. Erst der nationalistische Selbstbehauptungsdiskurs hat den Begriff und das Konzept einer spezifisch japanischen Küche (*washoku*) als Oppositionsbegriff zur »westlichen Küche« (*yîoshoku*) überhaupt hervorgebracht (Krämer 2008: 35). Aus *dieser* Perspektive geht es in der japanischen Diskussion um einen nationalen Ernährungsstil nicht um Ernährung an sich, sondern um Ernährung als Vehikel der nationalen Selbstbehauptung.

Neben den staatlichen Informationsmaterialien und der Internetseite der *Food Action Nippon* gibt es auch zahlreiche Mangas, die sich teils informativ, in Form von Sachcomics, teils nach dem Muster des Story-Mangas mit dem Thema Esskultur beschäftigen. Ab den 80er Jahren etablierte sich sogar die eigene Gattung des »Gourmetcomics« (*gurume manga*). Der Gründercomic dieser Richtung, *Oishinbo* (*Der kleine Feinschmecker*) wurde von 1983 bis 2014 publiziert, mehrfach für das Fernsehen adaptiert und erfreut sich bis heute größter Beliebtheit – sowohl bei Erwachsenen als auch bei Jugendlichen beiderlei Geschlechts (Köhn 2000). Bereits das erste Heft, das lange vor der staatlichen *shokuiko*-Kampagne erschien, mutet wie eine mustergültige Umsetzung der japanischen Esskultur-Ideologie an. Der jugendliche Serienheld tritt hier als Verfechter einer »natürlichen«, authentischen japanischen Küche auf, die er gegen halbgebildete, westlich beeinflusste Möchtegern-Gourmets, aber auch gegen seinen eigenen Vater, selbst ein anerkannter Feinschmecker, verteidigt. In jedem Heft findet ein kulinarischer Wettbewerb statt, den Yamaoka oder seine Freunde regelmäßig gewinnen, indem sie die Prinzipien der japanischen Küche (»beste Zutaten, höchste Kunstfertigkeit, richtige Gesinnung«) hochhalten. Die Gerichte, die im ersten Heft miteinander konkurrieren, haben einen überaus programmatischen Wert, handelt es sich doch um die Ikone der französischen *haute cuisine* – »foie gras« –, der Yamaoka den »unverfälschten Geschmack einer lediglich mit Reiswein abgeriebenen und anschließend gedämpften Seeteufelleber« (Köhn 2000: 191) entgegenhält. Die Wertopposition »Ost vs. West« wird zugleich durch die Opposition »Natur vs. Kultur« verstärkt: »Was dürfte da wohl schmackhafter sein, die kerngesunde Leber eines Seeteufels, der in seiner natürlichen Umgebung im Meer aufwuchs, oder eine kranke Leber, die lediglich das Produkt menschlicher Schläue und Tücke ist?« (Oishinbo 1: 56, zit nach Köhn 2000: 191)

Obwohl der japanischen Küche und der Rückbesinnung auf deren Traditionen in den Heften eine klare Dominanz eingeräumt wird, haben auch weitere Küchen ihren Auftritt in *Oishinbo*. In Heft 2 gewinnt außerdem der Amerikaner Jeff – nach einer harten Lehre bei einem japanischen Profi – einen Sashimi-Wettbewerb. Anders als der Vertreter des Landwirtschaftsministeriums Koizumi Takeo, der meint, nur Japaner seien in der Lage, die japanische Küche zu »sprechen« und sie zu schätzen (Bustamante 2013: 89), räumt *Oishinbo* auch Nichtjapanern eine Befähigung zu kulinarischer Kompetenz ein. Insgesamt nimmt *Oishinbo* also durchaus Anliegen auf, die auch der nationalen *shokuiko* am Herzen liegen – so werden etwa auch Missstände der industriellen Lebensmittelproduktion kritisiert. Zugleich entführt *Oishinbo* sein Publikum in eine elitäre Gourmet-Welt, die dem durchschnittlichen Leser finanziell nicht zugänglich ist – und erfüllt so, wie Köhn treffend bemerkt, weniger die Funktion einer praktischen Anleitung (wie sie dagegen der Comic *Kukkingu papa* liefert, in dem ein Familienvater originelle, aber einfache Gerichte kocht und die Kochanleitung für den Leser gleich mitgeliefert wird) als die der Unterhaltung (Köhn 2000: 199).

Obwohl Japans Initiativen für eine gesündere Ernährung in Zeiten von Zivilisationskrankheiten wie Diabetes und Übergewicht ebenso sinnvoll wirken wie die Bemühungen um eine Reduktion des Lebensmittelimports (die ja schließlich nicht nur im Sinne politischer Autarkie, sondern auch im Sinne der Nachhaltigkeit erstrebenswert scheinen), nehmen die staatlichen Bemühungen zugunsten des *shokuiko* bisweilen doch befremdliche Züge an. So soll 2006 der damalige Landwirtschaftsminister Matsuoka Toshikazu bei einem Besuch in Colorado die fehlende Authentizität eines von ihm besuchten japanischen Restaurants beklagt und einen Plan zur Zertifizierung japanischer Restaurants im Ausland angekündigt haben (Bustamante 2013:

95). Die *Washington Post* konterte daraufhin mit der scherzhaften Warnung, nun müsse sich Amerika als Herkunftsland des *California Roll* vor der »sushi police« in Acht nehmen (Faiola 2006) – räumte jedoch zugleich ein, dass Japan nicht das einzige Land sei, das gegenwärtig einen solchen kulinarischen Nationalismus an den Tag lege. Auch Länder wie Italien oder Thailand, deren Küche sich eines weltweiten Erfolgs erfreue, dabei aber zugleich weltweit Adaptions- und Transformationsprozessen ausgesetzt sei, hätten jüngst Initiativen gestartet, mit denen sie die Kontrolle über ihre »zunehmend internationalisierten Küchen« (»increasingly internationalized cuisines«) wiederzuerlangen suchten. Obwohl die *shokuiko*-Bewegung teils auch von japanischer Seite des Nationalismus bezichtigt wird, zeigt der Vergleich mit Italien oder anderen für ihre Küche geschätzten Ländern, dass die Rückbesinnung auf das kulinarisch »Eigene« ein allgemeinerer Trend ist. Wie soll man diesen Gastro-Chauvinismus bewerten? Stehen dahinter nationalistische Tendenzen, die das Kulinarische nur als Deckmantel für ganz andere Interessen benutzen? Oder geht es ihm darum, die Reputation der eigenen kulinarischen Tradition zu wahren und den dadurch garantierten Marktwert der einheimischen Produkte zu erhalten?

Gastro-Chauvinismus: offensiver oder defensiver Nationalismus?

Die Einverleibung des Anderen

Irmela Hijiya-Kirschnereit weist darauf hin, dass der japanische »Küchendiskurs« meist nicht als aggressiver Patriotismus daherkomme, sondern sich vielmehr »introvertiert« und »defensiv« zeige (Hijiya-Kirschnereit 2003: 81). Dieses Prädikat des defensiven Patriotismus lässt sich, näher besehen, auch sehr gut auf einen Großteil des italienischen und französischen »Küchendiskurses« übertragen. Italiens aktuelle Bestrebungen, die Qualität traditioneller und renommierter Produkte wie etwa Parmaschinken oder Parmigiano Reggiano zu sichern sowie mit Authentizitätszertifikaten zu operieren, sind auch eine Reaktion auf die Durchsetzung der europäischen Lebensmittelnormen. Diese ermöglichen teilweise Verfahren, die in Italien gerade für die Herstellung prestigeträchtiger Produkte verpönt sind, wie etwa die Herstellung von Käse aus Milchpulver statt aus Frischmilch. Zudem, so die Kritik, könnten durch die widersprüchlichen Richtlinien zu Herkunftsangaben nunmehr Produkte falsch als »Made in Italy« ausgegeben werden (Scialanga 2015). Daher wird in Italien vielfach die Befürchtung geäußert, der eigene Markt könne durch Billigprodukte aus anderen EU-Ländern in eine Krise geraten. Umgekehrt bestehe für italienische Exportprodukte die Gefahr, sich nicht mehr erfolgreich gegen billige Imitate durchsetzen zu können.

An dieser Stelle scheint es sinnvoll, noch einmal auf Franco La Ceclas Buch *La pasta e la pizza* zurückzukommen. Die Zelebrierung der unvergleichlichen Pasta-Kultur Italiens verband sich hier mit der Vision einer autochthonen italienischen Esskultur, die sich gegen eine »Kolonialisierung« ihrer typischen Rezepte wehren müsse. Könnte es sein, dass der »sciovinismo al dente« (La Cecla 1998: 76) in Wirklichkeit eine defensive Reaktion auf die allzu begeisterte weltweite Übernahme italienischer Essgewohnheiten darstellt?

Dass die Vereinnahmung fremden Essens (zumindest in gewisser Hinsicht) als ein Akt der Kolonisation gedeutet werden kann, legen verschiedene Autoren einer dem Thema *Essen und Nahostkonflikt* gewidmeten Ausgabe der Zeitschrift *Israel & Palästina – Zeitschrift für Dialog* nahe. So setzt Yael Raviv in seinem Beitrag auseinander, wie seit Beginn der zionistischen Bewegung Ernährung und Lebensmittelproduktion im Nahostkonflikt eine zentrale Rolle spielen. Bereits in den 1920er Jahren, rund 20 Jahre vor Gründung des israelischen Staates, begannen in Palästina die Bestrebungen, Nahrung aus einheimischem Anbau zu fördern

(Raviv 2012: 9). Ein »Verband zur Förderung einheimischer Erzeugnisse« markierte etwa alle Wassermelonen, die durch »hebräische« Arbeit gezogen worden waren, mit dem Stempel »hebräische Wassermelone« (Raviv 2012: 10). Wie Raviv ausführt, habe die Betonung von »Eigenarbeit« dazu gedient, die jüdische Besiedlung Palästinas als nichtkolonialistisches Unternehmen darzustellen; tatsächlich aber bedeutete das Siegel »hebräische Arbeit« einen »Boykott arabischer Arbeit« (Raviv 2012: 11). Im Zuge einer solchen Gastro-Kolonisation wurden Falafel und Hummus, Gerichte arabischen Ursprungs, zu israelischen Nationalgerichten deklariert. Eine Gegenbewegung zeigte sich erst ab den 1980er Jahren (Hirsch 2012: 17). Nun begann man, Hummus als eine authentisch orientalische Spezialität zu feiern – in einem Diskurs, der bis heute andauert, wie Dafna Hirsch anhand eines Blog-Zitats von 2009 belegt: »Hummus ist am besten, wenn er frisch und von Arabern zubereitet worden ist.« Auch wenn dieser Trend zum »arabischen« Hummus sicherlich als Teil linksintellektueller Bestrebungen im Friedensprozess gewertet werden kann, lässt sich die klischeehafte Assoziation arabischer Köche (und Köchinnen) mit »Tradition«, »Naturnähe« und »Geduld« einem wenn auch gutgemeinten orientalistischen Diskurs zuschlagen (Hirsch 2012: 29). Die Anfänge dieser Tendenz kann man, so Hirsch, im Libanon-Krieg von 1982 erkennen:

> Die hebräische Presse berichtete von Soldaten und Politikern, die in Restaurants im christlichen Stadtteil von Beirut strömten, nachdem dieser unter israelische Kontrolle gekommen war, und den »tollen Hummus« und das »echte Olivenöl« feierten. Bei solchen Gelegenheiten, wenn Nahrungskonsum als Mittel erscheint, einen sonst bedrohlichen Raum zu »domestizieren«, erscheint das Konzept des »Einverleibens des Anderen« am relevantesten. (Hirsch 2012: 26)

Dieses Zitat ist interessant, weil es an bell hooks' These von der »Kommodifizierung des Anderen« (»Commodification of Otherness«) denken lässt (hooks 1998: 181). Die afroamerikanische Literaturwissenschaftlerin bezieht sich dabei auf sexuelle

Phantasien weißer Studierender über farbige Mädchen, aber auch auf Beispiele aus der Werbung (etwa der Bekleidungsmarke Benetton, die gerne mit farbigen Models wirbt). Das durchaus positiv konnotierte Konstrukt von Farbigkeit (als Inbegriff von Sinnlichkeit, Exotik, Naturnähe), das in diesen »Bildern« zum Vorschein kommt, denunziert sie als Resultat einer Kommodifizierung, die aus dem (rassisch) Anderen ein Konsumobjekt mache. Ähnlich sieht Dafna Hirsch die Tendenz, den bedrohlichen »anderen« Raum durch beruhigende Konsumdiskurse zu domestizieren, geradezu als Grundmuster israelischer Essensphantasien – auch in der jüngsten Vergangenheit förderten, wie sie meint, das Friedensabkommen mit Jordanien und die Friedensverhandlungen mit Syrien »neue Essensfantasien«, wobei »die orientalistische Logik unbekannten Regionen größere Authentizität« zuerkenne (Hirsch 2012: 29f.). Auf diese Weise konnte »Hummus in Damaskus« eine »so weit verbreitete Redewendung für Frieden mit Syrien« werden, »dass mehrere rechtsstehende Ideologen schrieben, die israelische Linke sei bereit, für eine Schüssel Hummus den materiellen und spirituellen Besitz des jüdischen Volkes aufzugeben« (Hirsch 2012: 30).

Am Beispiel Israel (aber natürlich handelt es sich mitnichten um einen Einzelfall) wird so ein breites Spektrum kolonisierender Essensdiskurse und -praktiken sichtbar, wobei es sich keinesfalls immer um eine aggressive Form der Kolonisation handeln muss. Die Bemühung, der Lebensmittelproduktion und kulinarischen Tradition in Palästina das eigene, hebräische Siegel aufzuprägen, kommt zunächst einmal einer Gewinnung von Lebensraum für den noch zu gründenden Staat Israel gleich. Später, im Zuge des Friedensprozesses, wird dagegen dem »fremden« Essen sein Status als »arabisches Essen« zuerkannt, jedoch in der Logik eines orientalistischen Diskurses, der das bedrohliche Andere gleichsam durch Einverleibung zu domestizieren sucht.

Freilich muss man unterscheiden zwischen einer praktischen Kolonisation, die sich unter Umständen auch in Land-Enteignung äußert, und einer in ihren unmittelbaren Konsequenzen weit harmloseren diskursiven Kolonisation. Und gewiss kann man die italienische Realität nicht mit der angespannten politischen Lage im Nahen Osten vergleichen. Dennoch äußert sich die »fremde« Aneignung italienischen Essens keineswegs nur in dem von La Cecla erwähnten Versuch eines Deutschen, ein neues Pasta-Rezept einzuführen. So groß das ökonomische Potential der *Made in Italy*-Gastronomie auch sein mag, so hat paradoxerweise gerade der Erfolg italienischen Essens in der Welt negative Auswirkungen auf den italienischen Markt. Vor diesem Hintergrund muss man auch das Pamphlet *Babel food. Contro il cibo kultura* (2016) lesen, in dem Franco La Cecla ein Remake seines bereits diskutierten Pasta-Buches präsentiert. Der globale Trend hin zur »italienischen« Küche und der zunehmende Hype um Esskultur werden hier als Tendenzen betrachtet, die nicht nur die authentische italienische Esskultur, sondern auch ihren Marktwert bedrohen. Aber weshalb sorgen ausgerechnet die europäischen Lebensmittelgesetze, die doch lokale gastronomische Traditionen schützen sollten, für ökonomische Probleme und politischen Sprengstoff?

Die EU-Lebensmittelnormen: ein neokoloniales System?

Als Reaktion auf die Sorge um Qualitäts- und Marktverlust prestigereicher Produkte der EU-Länder hat die Europäische Union 1992 das Prinzip der Herkunftsbezeichnungen eingeführt. Die zwei wichtigsten Prädikate garantieren eine »geschützte Ursprungsbezeichnung« (Protected Designation of Origin, PDO) oder eine »geschützte geographische Angabe« (Protected Geographical Indication, PGO). Dieses Prinzip baut auf der in Italien und Frankreich schon seit langem verankerten Praxis der geschützten Herkunftsbezeichnungen (DOC) auf. Es orientiert sich an dem bereits erläuterten, in Frankreich um 1900 entstandenen Konzept des »terroir« (frz. Erdboden, Landstrich).

Das ausgehend vom »terroir«-Begriff entwickelte Herkunftspostulat besagt, dass es einen nachweisbaren Zusammenhang zwischen dem Produktionsort, den Produzenten und ihrem

Wissen sowie einer historisch nachvollziehbaren Herstellungstradition geben muss. Um sich Parmaschinken zu nennen, muss ein Schinken folglich in der Region Parma hergestellt worden sein – aus dem Fleisch von Schweinen, die in festgelegten Regionen Nord- und Mittelitaliens nach genauen Vorschriften gezüchtet werden.

Die EU-Regelung hat allerdings verschiedene Probleme mit sich gebracht. Zunächst einmal ist das Vorrecht, »typische« Traditionsprodukte herstellen zu dürfen, mit hohen Auflagen verbunden. Kleine Betriebe werden nicht nur durch die aufwendige Bürokratie von der Stellung eines Antrags auf die Verwendung des begehrten Siegels abgeschreckt. Vielmehr scheitern sie oft auch daran, dass sie die verlangten Hygienestandards nicht erfüllen können. Eine entsprechende Modernisierung des Betriebs wäre zu teuer, folglich müssen sie auf das Recht, die »geschützten« Produkte herzustellen, verzichten – was in der Regel einer Aufgabe des Betriebs gleichkommt (Welz 2015: 98 f., Mattioli 2013: 54–56). Während der Schutz eines Produkts aber die Hersteller im Inland teuer zu stehen kommt, so kann außerhalb der Europäischen Union beispielsweise jeder beliebige Käse als »Parmesan« verkauft werden (Mattioli 2013: 52).

Zudem scheint die Anerkennung wertvoller Traditionsprodukte einer impliziten Hierarchie innerhalb der EU zu gehorchen, wie Fabio Mattioli kritisch anmerkt. Demnach weisen die ökonomisch stärkeren EU-Länder, allen voran Italien und Frankreich, bei weitem die meisten Produkte mit dem prestigereichsten Label, dem »PDO«-Zertifikat, auf (Mattioli 2013: 53). Innerhalb eines Landes aber könne das Zertifizierungssystem zur Vertiefung sozialer Kluften beitragen. Zum einen hätten große Unternehmen viel mehr Chancen, sich die Nutzung eines PDO- oder PGO-Labels zu sichern; zum anderen führe die Zertifizierung regionaler Produkte unweigerlich zu deren Verteuerung. Der Fall des »lardo di Colonnata« ist hier aufschlussreich. Dieser Schweinespeck aus Colonnata in der Toskana, der jahrhundertelang den dortigen Steinbrucharbeitern als Brotbeilage gedient haben soll, reift monatelang in Marmorfässern heran. Nachdem er 1996 von *Slow Food* entdeckt wurde, wäre auch der »lardo« beinahe den Hygienenormen der EU zum Opfer gefallen. Heute gilt er, mit PDO-Siegel oder der kleinen Schnecke von *Slow Food* versehen, als Delikatesse – und ist so teuer, dass kein Arbeiter ihn sich mehr leisten kann. Das Problem der Zertifizierungspraxis ist, dass sie aus einem kollektiven Kulturgut ein Privateigentum macht. Sobald »lardo di Colonnata« sich vom Lebensmittel in ein geschütztes Kulturerbe verwandelt hatte, war seine Produktion (und sein Verzehr) wenigen Privilegierten vorbehalten (Mattioli 2013: 55).

Einen noch umstritteneren Fall stellt der zypriotische Halloumi-Käse dar, dessen Schicksal Gisela Welz erforscht hat. Dieser aus einer Mischung von Schafs- und Ziegenmilch bestehende Käse wird traditionell sowohl im südlichen, griechischen Teil als auch im nördlichen, türkischen Teil der Insel hergestellt, wo er »Hellim« genannt wird. Während der südliche, griechische Teil Zyperns seit 2002 zur EU gehört, wird der nördliche Teil, der seit der Teilung Zyperns durch türkisches Militär besetzt ist, offiziell nicht anerkannt (Welz 2015: 7). 2009 bewarb sich Zypern bei der EU, um für Halloumi-Käse das PDO-Label zu bekommen, und reklamierte diesen als eine ausschließlich griechisch-zypriotische Spezialität. Ein Protest vonseiten der türkisch-zypriotischen Käsereien wurde nicht berücksichtigt. Doch 2012 zog Zypern seinen Antrag zurück. Offenbar hatte man in Brüssel Zweifel bekommen, ob es weise sei, das von beiden Seiten für sich reklamierte Produkt als griechisch-zypriotisch anzuerkennen; zugleich befürchtete Zypern selbst, auf diese Weise die Souveränität über Produktionsweisen und Vermarktung des Käses zu verlieren. 2014 stellte Zypern jedoch einen neuen Antrag, in dem »Halloumi« und »Hellim« für das Zertifikat angemeldet wurden (Welz 2015: 104–106).

Schließlich wiesen verschiedene Forscherinnen darauf hin, dass die im Zuge des Zertifizierungsprozesses genau festgelegte Definition der traditionellen Herstellungsweisen zu einer Fossilisierung (Welz 2015: 109) beziehungsweise Folklorisierung (Barlösius 1997: 127) der Tradition führen müsse. »Folklorisierte Kulturerscheinungen«, schreibt Barlösius diesbezüglich, »sind dem permanenten kulturellen Wandel entzogen und dadurch erstarrt und verfestigt, wodurch sie zu Relikten werden. Ihre Erscheinung bleibt zwar gleich, aber ihre sozial wirksamen Qualitäten haben sich verändert« (Barlösius 1997: 127). Der Anspruch, ein für alle Mal festzuschreiben, welche Region welches Produkt mit welchen »traditionellen« Verfahren herstellen dürfe, verkennt, dass Tradition ein lebendiger, dynamischer Prozess ist.

Ein weiterer Kritikpunkt an der zunehmenden Normierung von Qualitätsprodukten betrifft das, was man ihre organoleptischen Qualitäten nennt, also jene sinnlichen Erfahrungen, die durch Geschmack, Geruch, Aussehen und Konsistenz ausgelöst werden. Grasseni weist darauf hin, dass Qualitätsprodukte heute zunehmend durch »visuelle und narrative Strategien« vermarktet werden müssen, weil ihr Geschmack – eben aufgrund der Standardisierung – zunehmend uniformiert werde (Grasseni 2005: 84). Ihre Einzigartigkeit gilt es folglich mit anderen Mitteln zu behaupten. Man könnte geradezu von einer Diskursivierung des (sinnlichen) Geschmacks sprechen: An die Stelle der einzigartigen Geschmackserfahrung tritt ein Diskursobjekt.

Italienische Alternativen

Slow Food, eine ursprünglich aus kommunistischem Geist erwachsene Bewegung gegen die Globalisierung und McDonaldisierung der Esskultur, scheint eigentlich dazu prädestiniert, dem EU-Normierungswahn eine Alternative zu bieten. Der Gründer der Bewegung, Carlo Petrini, war aktives Mitglied einer extrem linken Partei, des *Partito di Unità Proletaria per il Comunismo* (Mattioli 2013: 54). Ursprünglich war es Ziel der Bewegung, durch Restaurantkritiken und einen Weinführer für ein angemessenes Preis-Leistungsverhältnis einzutreten. Seit 1996 engagiert sie sich durch die *Arche des Geschmacks* für die Erhaltung »seltener« Lebensmittelprodukte, Nutztierrassen und

Nutzpflanzensorten. Den kleinen Produzenten solcher vom Aussterben bedrohten Lebensmittel will *Slow Food* dadurch helfen, ihre Produkte zu vermarkten. Kleine Produzenten, Händler, wissenschaftliche Experten und Verbraucher bilden dabei ein Netzwerk, das sich für den Erhalt des Produktes einsetzt. Dass dabei ein zu eng gefasster, ideologisch aufgeladener Traditionsbegriff mitunter hinderlich sein kann, hat Cristina Grasseni am Beispiel des *bitto*-Käses aufgezeigt. Dieser renommierte Käse wird in dem lombardischen Valtellina-Tal hergestellt (Grasseni 2005: 87f.). Nur ein kleiner Teil des Tals konnte eine wirklich autochthone Tradition der *bitto*-Herstellung für sich reklamieren und hatte ein *Slow Food*-Netzwerk gegründet, das die benachbarten Käsehersteller, die noch keine entsprechend lange Tradition vorweisen konnten, ausschloss. So kam es auf der *bitto*-Ausstellung von 2004 zur peinlichen Konkurrenz zweier Käsestände: Der eine repräsentierte den Verband der lokalen Käsehersteller und verkaufte *bitto*-Käse. Der das *Slow Food*-Netzwerk repräsentierende Stand bot dagegen nur Kostproben des Käses an. Denn die auf eine kleine Region des Tals beschränkte Produktion des »authentischen« *bitto* war so gering, dass man nicht für den Verkauf produzieren konnte. Der Fall zeigt exemplarisch, was eine allzu sehr auf Authentizität fixierte Auffassung von Tradition aus Lebensmitteln machen kann: Aus dem unverkäuflichen, weil zu raren Käse wurde ein museales Objekt. Das Beispiel macht ferner klar, weshalb der *Slow Food*-Bewegung in jüngster Zeit vielfach vorgeworfen wurde, ihre Ursprungsidee des »guten Essens für alle« verraten zu haben. Wenn der Authentizitätswahn am Ende dazu führt, dass die geschützten Produkte nur noch einer kleinen Elite zugänglich sind, dann fördert auch *Slow Food* unweigerlich gesellschaftliche Hierarchien (Mattioli 2013: 54–56, vgl. auch Dickie 2008: 383, 387). Als Reaktion auf diese Tendenz sind in jüngster Zeit verschiedene globalisierungskritische Graswurzelbewegungen entstanden. Sie heißen *Campagna per l'Accesso alla Terra* (Kampagne für den Zugang zur Erde) oder *Genuino Clandestino* (Ursprünglich und illegal). Es handelt sich um Netzwerke kleiner Produzenten, die nach Wegen suchen, die Hindernisse des neoliberalen Markts durch Direktvertrieb und durch Verzicht auf Zertifikate zu umgehen. So stellt *Genuino Clandestino* etwa Bio-Lebensmittel her, die als »nichtzertifizierte zertifiziert sind«, wie es Mattioli (Mattioli 2013: 57) ausdrückt.

Die von Mattioli kritisierte Hierarchie von EU-Ländern, die eine Vielzahl an geschützten Lebensmittelprodukten aufweisen können, und solchen, die in den PDO- und PGO-Listen kaum vertreten sind, findet sich jenseits von wirtschaftlichen oder politischen Interessen, aber auch im kollektiven Imaginären wieder. Bei näherer Betrachtung lässt sich die gesamte Welt in kulinarisch angesehene und verachtete Nationen einteilen. Welche Gastromythen stecken dahinter, und weshalb können sie auch in individuellen Lebenserzählungen eine Rolle spielen?

Kulinarische Identitätsnarrative

Die Theorie der Essprovinzen

Das Beispiel Italiens hat gezeigt, dass nationale Küchen nicht vom Himmel fallen. Das heutige Renommee der italienischen Küche ist das Resultat einer langen Geschichte, in der nicht nur ein Kochbuch und ein paar erfolgreiche Legenden eine Rolle spielen, sondern auch Migration, Adaptionsprozesse und geschickte Marketingstrategien. Das erklärt freilich noch nicht, weshalb ausgerechnet die italienische Küche heute weltweit so anerkannt ist und nicht etwa die deutsche oder die irische – auch Nationen, in denen es eine massive Auswanderung in die USA gab. Weshalb gibt es Länder, denen man eine überlegene Esskultur nachsagt, wie eben Italien, Frankreich, Japan, und andere, von denen behauptet wird, sie besäßen gar keine, oder wenn, eine äußerst dürftige Nationalküche, wie Deutschland, England oder die USA? Wie viel ist wahr an der eingangs angedeuteten These eines Gegensatzes zwischen »nördlichen«, kulinarisch armen

Ländern und »südlichen« Ländern als Hochburgen der feinen Gaumengenüsse? Was die kulinarische Landschaft Europas angeht, wird diese Opposition manchmal auch durch den Verweis auf den Gegensatz zwischen den genussfreudigen katholischen (südlichen) und den genussfeindlichen protestantischen Ländern bestärkt – zu denen man dann noch das vom Protestantismus dominierte Nordamerika trefflich hinzuzählen kann.

Dass die (u.a. von Philippa Pullar in Bezug auf England vertretene) These vom genussfeindlichen Puritanismus allerdings einige Widersprüche beinhaltet, hat der Historiker Stephen Mennell in seiner umfassenden Gegenüberstellung französischer und englischer Esskultur zu bedenken gegeben. Mennell zufolge wird der Einfluss des Puritanismus auf das gesellschaftliche Leben in England (und insbesondere auf die herrschenden Klassen) dabei überschätzt; außerdem habe es ja auch in Frankreich den Protestanismus sowie den puritanischen verwandte Strömungen gegeben wie etwa den Jansenismus (Mennell 1988: 145–150). »Die ›Pullar-Hypothese‹«, so Mennell,

> würde doch wohl voraussetzen, daß die französische Kost »eigentlich« angenehmer war als die englische und daß die Gentry trotzdem englisch aß, weil man der Meinung war, daß man sich dieses Vergnügen nicht gönnen dürfe. Da ist es weniger umständlich zu sagen, daß man das Essen einfach so lieber mochte. (Mennell 1988: 149)

Weshalb die Engländer ihr Essen »so lieber mochten«, weshalb sie hartnäckig an zerkochtem Gemüse und schweren Puddings festhielten, zeigt Mennell durch eine großangelegte historische Untersuchung, auf die später noch zurückzukommen sein wird.

Der Gegensatz zwischen einem puritanischen Norden und einem sinnenfreudigen Süden ist also problematisch. Sollte man dann eher von einer von Opposition zwischen »West« und »Ost« ausgehen – etwa nach dem Schema »karnivore *Fast Food*-Kultur« aus den USA versus »vegetarische (oder zumindest fleischarme) Asia-Cuisine«? Auch wenn all diese Thesen in einer solchen Verallgemeinerung problematisch sind, wird die Frage nach den Gründen einer (allgemein anerkannten) Über- oder Unterlegenheit nationaler Küchen von den Experten durchaus ernst genommen. So hat kein Geringerer als der Anthropologe Sidney Mintz in seinem schon erwähnten Buch *Die süße Macht. Kulturgeschichte des Zuckers* (vgl. S. 184–187) einen Zusammenhang zwischen dem Zuckerkonsum einzelner Nationen und ihrer kulinarischen Kultur suggeriert. Mintz, der freilich alles andere als eine essentialistische Kulturtheorie propagiert, hat in seiner Studie nachgezeichnet, wie die Briten infolge des massiven Anbaus und immer günstigerer Konsumbedingungen zu einem zuckersüchtigen Volk wurden. Ähnlich, wenn auch später einsetzend, sei die Entwicklung in den USA verlaufen – erstaunlich anders jedoch in Frankreich, obwohl Frankreich, wie England, schon sehr früh Zuckerkolonien besaß (Mintz 2007: 222 f.). Dass das Zuckerangebot dort keine vergleichbare, massive Veränderung der Mahlzeiten und Ernährungsgewohnheiten auslöste, führt Mintz auf die »starke« Position von Wein und Käse in der französischen Esskultur zurück. Sie konnten durch gesüßten Tee und Süßspeisen nicht verdrängt werden. Sollte es so sein, dass billiges Zuckerzeug nur in Ländern Erfolg haben kann, die keine anspruchsvolle Esskultur besitzen? Nicht umsonst zitiert Mintz eine wirtschaftsgeschichtliche Arbeit von 1948 mit der Aussage:

> C. R. Fay, ein nicht selten bissiger Kommentator der englischen Sozialgeschichte, schreibt: »Tee, welcher erfrischt und beruhigt, ist das natürliche Getränk eines wortkargen Volkes; seine einfache Zubereitung ließ ihn zu einem Gottesgeschenk für die schlechtesten Köche der Welt werden.« (Mintz ^{2}2007: 149)

Mintz sucht seine These zu stärken, indem er die chinesische Küche mit der französischen vergleicht – in beiden sei die Rolle des Zuckers weit weniger bedeutend als in der englischen (oder amerikanischen):

> Die weniger spektakuläre Rolle des Zuckers in der französischen und chinesischen Küche mag auch etwas mit deren

> Vorzüglichkeit zu tun haben. Und die Frage, ob der Zucker die englische Küche verdorben hat oder ob die englische Küche des 17. Jahrhunderts den Zucker nötiger hatte als die französische, ist nicht unbedingt schon eine boshafte Frage. (Mintz [2]2007: 224)

Auch der Ethnologe Marin Trenk schließt sich der vielfach vertretenen Überzeugung an, es gebe Länder mit (Frankreich, Italien, Japan, China) und ohne Esskultur (Amerika, Großbritannien, Deutschland). Er wendet sich dabei allerdings gegen die gängige These einer zunehmenden »Verwestlichung« der Esskultur in aller Welt – also gegen die Annahme einer weltweiten Auflösung regionaler Esstraditionen und Mahlzeitenstrukturen und deren Verdrängung durch *Fast Food* und *Snacking* rund um die Uhr – jene Tendenz, die der französische Soziologe Claude Fischler als die »McDonaldisierung« der Esskultur bezeichnet hat. Vielmehr sei es der Westen, der immer mehr von der asiatischen Küche »erobert« werde. Und wenn es auch wahr sei, dass die *Fast Food*-Kultur weltweit im Vormarsch sei, könne sie doch nirgendwo die lokalen Küchen ersetzen, weshalb die Durchsetzung eines globalen Allerweltsgeschmacks (ausgerichtet nach den amerikanischen Geschmacksvorlieben) unwahrscheinlich sei. Hinzu komme noch, dass auch die Produkte westlicher *Fast Food*-Ketten überall auf der Welt dem lokalen Geschmack angepasst und meist auch um lokale Produkte ergänzt würden. Anstatt einer West-Ost- oder Nord-Süd-Opposition schlägt Trenk ein differenzierteres Modell vor, das zwischen verschiedenen »Essprovinzen« unterscheidet. Bestimmen lassen sich diese Essprovinzen, indem man auf die für Landesküchen typischen Gewürzkombinationen, ihre »flavor principles«, achtet, dann aber auch auf die bevorzugten Nahrungsmittel und Zubereitungsarten (Trenk 2015: 219 ff.). Anhand dieser Prinzipien teilt Trenk den Globus in acht große Essprovinzen ein, betont allerdings, dass sich nicht alle kulinarischen Regionen der Welt eindeutig zuordnen ließen und es überdies »eine Reihe regionaler Ausnahmen« gebe. Als große Essprovinzen führt Trenk unter anderem eine mediterrane und eine nordatlantische Essprovinz, eine Essprovinz Naher Osten und eine Essprovinz Ozeanien an.

Das südliche Europa (Frankreich, Italien, Spanien, Portugal) gehört demnach der mediterranen, das nördliche hingegen der nordatlantischen Essprovinz an. Trenk räumt ein, dass Frankreich in diesem Schema einen Problemfall darstellt, ist doch die auf Öl, Knoblauch und Wein bauende Mittelmeerküche nur für den Süden des Landes typisch, während der Norden mit seiner Vorliebe für Butter, Cidre und Wein viel eher der nordatlantischen Essprovinz zuzuschlagen wäre (zu der Trenk nicht nur Nordeuropa, sondern auch Russland, Nordamerika sowie, als ehemalige Siedlerkolonien, Australien und Neuseeland zählt). Trotz dieser Ambivalenz entscheidet sich Trenk dazu, Frankreich insgesamt der mediterranen Essprovinz zuzuschlagen, weil »seine Esskultur nicht weniger im Römischen Reich« wurzle als jene Italiens. Mit solch pauschalen Einteilungen scheint Trenk nun aber jener Vereinfachung zuzuneigen, die er doch eigentlich vermeiden wollte. Denn seine Argumentation für die Unterscheidung zwischen einer mediterranen und einer nordatlantischen Essprovinz – so einleuchtend sie auch sein mag – basiert allein auf den privilegierten Nahrungsmitteln. Die Differenz zwischen einer öl- und knoblauchlastigen und einer eher butterschweren Küche trifft nun aber ebenso wie auf Frankreich auch auf Italien zu. Piero Camporesi hat in einer charmanten Streitschrift gegen die Mode der mediterranen Küche auf die butter-, fleisch- und sahnelastige (ist sie deshalb zu verachten?) Küche Norditaliens hingewiesen (Camporesi 1993). Betrachtet man allein die Grundnahrungsmittel, dann hat Norditalien mit der nordfranzösischen, womöglich aber auch – horribile dictu? – der mitteleuropäischen Küche mehr gemein als mit der süditalienischen. Überhaupt scheinen die meisten Länder Europas von einem kulinarischen Nord-Süd-Gefälle betroffen zu sein. Auch was Deutschland angeht, ist sich Trenk (mit Wolfram Siebeck und Ullrich Fichtner) über seine Aufteilung in einen kulinarisch armen Norden und einen kulinarisch reichen Süden beziehungsweise Südwesten einig.

Damit soll nun nicht Trenks Einteilungsvorschlag insgesamt angegriffen, sondern vielmehr aufgezeigt werden, dass bei aller Bemühung um Differenzierung eine imaginäre Geographie mitzuspielen scheint, deren Einfluss wir uns spätestens seit 2010, als die Mittelmeer-Diät zum Unesco-Weltkulturerbe erklärt wurde, schwer zu entziehen vermögen. Stehen nicht all jene, die das kulinarisch reiche und bunte Südeuropa von der traurigen, allenfalls an Fett reichen Kost des Nordens abgrenzen, unter dem Einfluss dieses mediterranen Mythos? Übersieht man bei Italien und Frankreich nicht einfach den kulinarischen Norden, weil man die beliebten Urlaubsländer dann einfacher dem Mediterranen zuordnen kann? Der Tourismus scheint bei der unausgesprochenen Einteilung der Nationen in »gute« und »schlechte« Köche auf jeden Fall einen gewaltigen Einfluss auszuüben: sowohl in Gestalt der Urlaubssehnsüchte, die uns bewohnen, als auch durch die gezielten Werbe- und Selbstinszenierungsstrategien jener Länder, deren Ökonomie zu einem Großteil vom Tourismus bestimmt ist. Wie wirkmächtig diese Mythen sind, kann ein Blick auf die Literatur und Filmkultur der Gegenwart zeigen.

Migration und kulinarische Identität

Bereits im ersten Teil dieses Kapitels wurde vielfach festgestellt, dass sich die Behauptung einer »starken« nationalen Küche oft als Reaktion auf eine faktische Situation der Schwäche deuten lässt. Was für kollektive Mythen gilt, zeigt sich auch in individuellen Lebenserzählungen. Aus der räumlichen (und zeitlichen) Distanz gewinnt das Betrachtete oft weichere Konturen. So scheint gerade Migrationsliteratur prädestiniert für kulinarische Identitätsnarrative, in denen warmherzig kochende Mütter und Großmütter einen bruchlosen Herkunftsmythos garantieren.

»Ich weiß, dass ich mich in der Küche wie verrückt benehme, weil ich will, dass das Essen perfekt wird. Mit jeder perfekten Mahlzeit, die ich zubereite, kann ich die Vergangenheit ungeschehen machen. [...] Die Geschichte meiner Vorfahren ungeschehen machen« (DeSalvo 2005: 166, meine Ü., Chr. O.). Dies liest man in Louise DeSalvos Familienchronik *Crazy in the Kitchen* (2005). Die Erzählerin ist in den 50er Jahren als Tochter einer italienischen Migrantenfamilie in New Jersey aufgewachsen. Ihre Großeltern waren zu Beginn des 20. Jahrhunderts aus Süditalien in die USA ausgewandert, um dem Hunger zu entkommen. Louises Mutter leidet unter Depressionen und Minderwertigkeitskomplexen; sie sucht diese durch eine Überanpassung an die amerikanische Esskultur zu kompensieren. So serviert sie den Kindern Toast aus weißem, geschmackslosem amerikanischen Brot: oft angebrannt, weil sie nicht gerne in der Küche steht, und mit Ketchup übergossen (DeSalvo 2005: 12 f.). Ihre Gegenspielerin ist die »nonna« (Oma), die Stiefmutter von Louises Mutter. Sie hält an den kulinarischen Traditionen der Heimat fest, backt ihr eigenes Brot und kocht Pasta, die die Familie dem lieblosen Essen der Mutter vorzieht. So ist es nur verständlich, dass die Erzählerin als Erwachsene eine obsessive Leidenschaft für das Kochen entwickelt und ihre Italienurlaube mit dem Verkosten regionaler Spezialitäten verbringt. Obwohl auf autobiographischen Fakten basierend, ist Louise DeSalvos Buch exemplarisch für die Geschichte der italienischen Migranten in den USA. So steht die Großmutter für die erste Generation mit ihrer Enttäuschung gegenüber dem »Mutterland«, das ihnen die Nahrung verweigert hatte, aber auch mit ihrem Festhalten an den kulinarischen Traditionen. Die Mutter verkörpert hingegen den Anpassungsdruck, dem sich die zweite Generation ausgesetzt fühlt. Erst der dritten Generation, repräsentiert durch die Erzählerin, die sich einen privilegierten Platz in der Gesellschaft erobert, kann eine selbstbewusste Identifikation mit ihrem Herkunftsland gelingen.

Freilich: Die Euphorie, mit der DeSalvo die eigene Kochleidenschaft verherrlicht, wirkt ein wenig klischeehaft. Dabei ist sich die Autorin der Gefahr von Pasta-Klischees durchaus bewusst. Im Vorwort ihrer Sammlung von Erzählungen italoamerikanischer Frauen zum Thema Esskultur formulieren die Herausgeberinnen Louise DeSalvo und Edvige Giunta sehr kämpferisch das Ziel, jegliche nostalgische Lobeshymne auf die Kultur des Mutterlandes zu vermeiden und endlich von den allzu bekannten »spaghetti and pizza plots« wegzukommen (DeSalvo/Giunta 2002: 2). Damit nicht genug: Sie möchten nämlich gegen eine Fehlrepräsentation ankämpfen, welche die italoamerikanische Kultur zu einem Konsumobjekt herabgewürdigt habe (DeSalvo/Giunta 2002: 12). Zugleich wird jedoch im selben Vorwort die gemeinsame Arbeit an der Konzeption des Buchs, zwischen einem Teller Pasta und selbstgebackenen »biscotti«, sehr genüsslich beschrieben – ganz zu schweigen von den kulinarischen Metaphern, die etwa das langsame Wachsen des Buchs mit dem Aufgehen eines Pizzateigs gleichsetzen usw. Eine Beiträgerin des Buchs, Nancy Savoca, formuliert das Dilemma ganz unverblümt. Wie können wir, fragt sie, über das Essen schreiben und dabei die alten Klischees vermeiden: »Essen ist gleich Liebe«; die »Mamma«, die am Herd steht und »mangia, mangia« sagt, die um den Tisch versammelte, laut lachende Familie ... Obwohl diese Klischees durchaus einen Kern Wahrheit enthalten, enthüllen sie doch kaum etwas, was nicht schon bekannt wäre, meint Savoca (Savoca 2002: 216). Weshalb also fällt auch eine so reflektierte Autorin wie DeSalvo in sie zurück?

Die Antwort scheint darin zu liegen, dass das Essen – diese elementare und alltägliche Erfahrung – an die tiefsten Schichten der individuellen Psyche rührt. In Kapitel 2 war bereits davon die Rede, dass die erste Beziehung, die wir als Neugeborene aufbauen, eine Beziehung der nutritiven Abhängigkeit ist. Als Instanz, die Nahrung geben oder verweigern kann, wird die Mutter ebenso zum Liebes- wie zum Hassobjekt (Melanie Klein). Nicht umsonst wählt DeSalvo den Archetypus der Mutter (bzw. der Stiefmutter), um die diffizile Beziehung ihrer Familie zum Essen zu analysieren. Die eigene »obsession with food«, dessen ist sich DeSalvo bewusst, entspringt dem irrationalen Impuls, die Entbehrungen und die Entwurzelung ihrer Großeltern und Eltern zu kompensieren. »Mit jedem perfekten Essen«, schreibt sie, »kann ich die Vergangenheit ungeschehen machen. Ungeschehen machen, dass meine Mutter mich nicht ernähren konnte, ihren Zorn auf meine Großmutter ungeschehen machen« (DeSalvo 2005: 166). DeSalvo deutet sogar die Überlegung an, dass sich die »Essens-Obsession« unbewusst von der hungrigen Großelterngeneration auf die Nachkommen übertragen haben könnte (DeSalvo 2005: 137); ein Gedanke, der, wie wir sehen werden, auch in Helena Janeczeks *Lektionen des Verborgenen* (1999) eine Rolle spielt.

Die These, die bereits auf überindividueller Ebene für den Mythos der nationalen italienischen Esskultur aufgestellt wurde, kann für die individuelle Persönlichkeitsentwicklung gleichfalls bestätigt werden. Der Mythos einer starken (essentialistisch gedachten) Ess-Identität entsteht oft aus einer Logik der Kompensation heraus; also dann, wenn diese Identität faktisch noch gar nicht existiert oder sich (etwa durch Erfahrungen von Exil und Fremdheit) geschwächt sieht. Auch aus psychoanalytischer Sicht gibt es Hinweise auf einen möglichen Zusammenhang zwischen der durch eine Migrationserfahrung ausgelösten Identitätskrise und einem problematischen Verhältnis zum Essen. So konstatiert Tilmann Habermas, dass bulimische Störungen insbesondere »*soziale Aufsteigerinnen* und *Immigrantinnen* mit einem nicht-westlichen kulturellen Hintergrund« betreffen, also Frauen, die sich durch die Konfrontation mit einer neuen Kultur rasch neue Mechanismen der Körper- und Affektkontrolle aneignen müssen (Habermas 1990: 181):

> Als erstes ist mir in Deutschland aufgefallen, daß die Leute wahnsinnig drauf aufpassen, weniger zu essen. Wo ich herkomme, war das überhaupt nicht so: da hat man gegessen, und dann war Schluß [...] Es hat mich wahnsinnig gereizt, genau das Gegenteil zu machen, ja, essen, so richtig zu essen! (Habermas 1990: 181)

Dieses Zitat stammt von einem arabischen Mädchen, das nach dem Abitur zum Studium nach Deutschland kam. Der Druck, sich an die neue Esskultur anpassen zu müssen, löste in ihr eine Trotzreaktion aus. Sie wollte das Gegenteil tun, viel essen: Letztendlich erkrankte sie an Bulimie. Dabei war sich die Patientin sicher, dass sie in ihrem Herkunftsland nie bulimische Praktiken entwickelt hätte, und: »Ihre Mutter nannte ihre Bulimie einmal ›deine europäische, deine deutsche Krankheit‹« (Habermas 1990: 181). Interessant ist hier auch, dass die Patientin implizit davon ausgeht, in ihrem Heimatland gebe es gleichsam ein »natürlicheres«, weil weniger durch Reflexion und Selbstkontrolle belastetes Verhältnis zum Essen. Haben wir da nicht wieder die (essentialistische) Opposition zwischen einem globalen »Süden«, in dem man gut, gerne und unbeschwert isst, und einem körperfeindlichen, zugleich mit einem ungesunden Ernährungsstil geschlagenen globalen »Norden«?

Identitätsnarrative light

In einer »Light-Version« durchzieht dieser Gegensatz die Popliteratur und den Popfilm der Gegenwart. Das Identitätsnarrativ, das Filme wie *Eat Pray Love* oder Romane wie *Die Kunst, leichter zu werden* durchspielen, lautet ungefähr so: Eine gestresste, bevorzugt nordamerikanische (oder irgendwie sonst »nordische«) Karrierefrau strebt vergeblich nach innerer Harmonie / dem Sinn des Lebens / dem Traumpartner / dem Idealgewicht, bis sie auf einer Reise durch Italien (oder ein anderes Land des globalen Südens) die dortige Esskultur kennenlernt und dadurch auch ihre verlorene weibliche (sinnliche) Identität wiederfindet, woraufhin sich all ihre Probleme in Luft auflösen. So erzählt Mario Fortunatos vielgefeierter Roman *Die Kunst, leichter zu werden* (2000, *L'arte di perdere peso*, 1997), wie die junge, essgestörte Italoamerikanerin Myriam, bei der alle Abmagerungskuren versagt haben, durch eine Italienreise endlich die ersehnte psychische und physische »Leichtigkeit« erlangt: durch eine mediterrane Diät, deren Speiseplan stets eine »unmittelbare Beziehung zu den gastronomischen Gebräuchen der verschiedenen Regionen« herstellt (Fortunato ^{2}2002: 153, meine Ü., Chr. O.):

> Die Behandlungen durch Ärzte und Ernährungsfachleute hatten nichts gebracht. [...] Was geholfen hatte, war allein die Entscheidung gewesen, wegzugehen, mit der Fotografiererei und den Vereinigten Staaten abzuschließen. Für ein paar Monate war Myriam durch Italien gefahren. [...] Frei von ihrer Arbeit und von ihrer Umgebung, hatte sich Myriam nämlich entschlossen, die Halbinsel zu bereisen und dabei eine durchgängig unmittelbare Beziehung zu den gastronomischen Gebräuchen der verschiedenen Regionen herzustellen. Darum auch die Idee, Butter und andere Fette ausschließlich zugunsten von Olivenöl aufzugeben, wie auch der Vorsatz, die Verwendung von Eiweißstoffen auf ein Minimum zu beschränken und dafür Gemüsen (vielen) und Kohlehydraten (wenigen) den Vorzug zu geben. (Fortunato ^{2}2002: 152 f., meine Ü., Chr. O.)

Auch die Selbstfindung der Protagonistin von *Eat Pray Love* (Ryan Murphy, 2010), gespielt von Julia Roberts, verdankt sich wesentlich der Begegnung mit der italienischen Esskultur in Gestalt einer überdimensionalen Pizza. Der Kommentar der hübschen und leicht neurotischen Amerikanerin – »I'm in love. I'm having a relationship with my pizza« – soll den Zuschauer wohl schon die Lösung des Problems erahnen lassen: mehr Sinnlichkeit ... Neben diesen »amerikanischen« Narrativen gibt es eine ganze Gattung von Romanen und Filmen, die den deutsch-italienischen »culinary clash« auskosten: Luzie Bronders *Liebe all'arrabbiata* (2010), in dem die mit dem deutschen Vater aufgewachsene Maria über die Vermittlung der italienischen Küche zu ihrer Mutter zurück – und die wahre Liebe – findet. Oder aber Angela Tronis *Risotto mit Otto* (2011), wo das Muster gewissermaßen auf den Kopf gestellt wird. Hier lernt nämlich eine Italienerin die nicht nur negativen Seiten der deutschen (Ess)-kultur kennen; zugleich werden gleichfalls alle Klischees in Bezug auf deutsch-italienische Beziehungen und die (natürlich privilegierte) Rolle der italienischen Küche durchgespielt. Der letztere Roman enthält übrigens, wie auch Fortunatos oder Agnello Hornbys Werk, auch einige Rezepte, so dass die »nordische« Leserin ihr neu erworbenes Wissen zur Selbstfindung gleich in die Praxis umsetzen kann.

Obwohl die genannten Beispiele gezeigt haben, dass der italienischen Küche in puncto Selbstfindung eine unumstritten privilegierte Rolle zugesprochen wird, gibt es in Deutschland (aber auch in den USA) inzwischen eine eigene Gattung von Migrationsliteratur, in der Identitätsfragen bevorzugt im Modus des Kulinarischen ausagiert werden. So spielt die Opposition von deutscher und türkischer Esskultur eine große Rolle in *Candlelight Döner* (2005) und *Einmal Hans mit scharfer Soße* (2005), beides autobiographisch geprägte Romane von türkischstämmigen, in Deutschland geborenen Autorinnen. Die Thematisierung der türkischen Esskultur zeigt dabei durchaus einige Unterschiede zur Zelebrierung italienischer Küche auf – sie ist vor allem ambivalenter, nicht uneingeschränkt euphorisch, was vermutlich mit dem höheren Stellenwert italienischen Essens beim deutschen Zielpublikum zu tun hat. Ein große Gemeinsamkeit haben die Romane der vier Autorinnen jedoch auch: In ihnen dient gerade die Essensthematik dazu, am Ende die bewusste Akzeptanz der eigenen transkulturellen Identität zu bekräftigen.

Dekonstruktionsversuche

Zwei Ess-Biographien, in denen die identitätsstiftende Rolle des Essens in nicht trivialer und ansatzweise schon dekonstruktivistischer Manier thematisiert wird, sollen den Abschluss dieses Kapitels bilden. Helena Janeczek, Jahrgang 1964, ist die in Deutschland aufgewachsene Tochter polnischer Juden; ein Teil ihrer Familie ist in Auschwitz ums Leben gekommen. Seit 1983 lebt sie in ihrer Wahlheimat Italien; 1997 und 2002 erschienen die in italienischer Sprache geschriebenen, autobiographisch geprägten Romane *Lezioni di tenebra* (*Lektionen des Verborgenen*, 1999) und *Cibo* (*Essen*, 2003). Wie bei DeSalvo geht es in beiden Büchern um die Identitätssuche der Protagonistin, in der Familienerinnerungen und das Verhältnis der jungen Frau zum Essen eine wichtige Rolle spielen. *Lektionen des Verborgenen* ist Janeczeks Auseinandersetzung mit dem schweren Erbe ihrer Mutter, die dem Konzentrationslager entkommen konnte und auch heute unter dem Zwang steht, jedes auf der Straße liegende Stück Brot aufheben zu müssen – obwohl sie keineswegs eine exzessive Esserin ist. Die Erzählerin fragt sich, ob der permanente Hunger, der sie selbst plagt und ihr nicht enden wollende Fastenkuren auferlegt, nicht die Folge einer rätselhaften Übertragung sei (Janecezk 1997: 10f.).

In *Cibo* wird dieser unstillbare Hunger zu einer Chiffre für die Entwurzelung der Protagonistin. Geliebte Kindheitsspeisen entstammen für sie meist dem Kontext des deutschen Schulalltags oder der in Norditalien verbrachten Ferien. Jüdisch-polnische Essgewohnheiten werden viel seltener erwähnt und fast immer in einem Kontext, der ihnen den Beigeschmack des Un-Möglichen verleiht. So erinnert sich die Erzählerin daran, dass sie und ihr Vater ihr Frühstücksbrot früher manchmal mit Knoblauch würzten – eine Gewohnheit, die sie in Deutschland, wo man die eingewanderten Türken als Knoblauchfresser beschimpfte, schließlich aufgaben. Auch den Vater hatte man in seiner Jugend in Polen wohl als Knoblauchfresser stigmatisiert, ein Negativklischee, das auch die süditalienischen Arbeitsmigranten in Norditalien betrifft. Zumindest im Fall der Piemontesen erscheint dies seltsam, da doch die *bagna cauda*, eine Soße mit rohem Knoblauch, ein hochgeschätzter Bestandteil der piemontesischen Küche ist (Janeczek 2002: 24). Offenbar stinkt der Atem nur, wenn er aus dem Mund eines Eindringlings kommt, reflektiert die Erzählerin ironisch (Janeczek 2002: 24). An einer anderen Stelle erwähnt sie die Begeisterung ihrer Eltern, als sie die italienischen Kürbisravioli entdecken, die sie so sehr an die süßen Teigtaschen ihrer polnischen Jugend erinnern, dass sie anstelle des Parmesans Zucker darauf streuen (Janeczek 2002: 78). Dass auch ihr eigener Gaumen weder ein »deutscher« noch ein »italienischer« ist, wird kurz, aber unmissverständlich thematisiert. »Nur weil ich keine Italienerin war, konnte ich Brot mit Butter und Zucker dem Brot mit Butter und Marmelade vorziehen«, heißt es einmal (Janeczek 2002: 90, meine Ü., Chr. O.). Und ein andermal erinnert sie sich amüsiert an die absurde Begeisterung ihrer deutschen Schulkameradinnen für Milchreis (Janeczek 2002: 54).

Der Geschmack entpuppt sich hier als ein Medium, das die Ortlosigkeit der Protagonistin zum Ausdruck bringt. Unfähig, sich auf eigene Kochtraditionen oder eine eigene Sprache zu berufen – Polnisch hat sie nie gelernt, Jiddisch versteht sie kaum –, sucht sie, sich fremde Sprachen und Rezepte anzueignen. So unternimmt sie, die ihre Kochkunst als »elementar und entwurzelt« bezeichnet, den »verzweifelten Versuch«, die Tomatensoße ihrer Schwiegermutter nachzukochen, deren Rezept sie gegen die Einmischungen ihrer Mutter verteidigen muss: »Keine Sahne, die Sahne kannst du in deine polnischen Suppen tun!« (Janeczek 2002: 156, meine Ü., Chr. O.) Erst nach dem Tod des Vaters nähert sie sich ihren polnisch-jüdischen Wurzeln. Erst jetzt lernt sie all die Totenbräuche kennen, von denen sie kaum etwas wusste; erst jetzt ist sie bereit, den gesalzenen Hering, den sie bisher immer zurückgewiesen hatte, zu probieren. Und so teilt sich ihr eine Bedeutung mit, die zutiefst mit der schmerzvollen Geschichte des jüdischen Volkes zusammenhängt:

> Denn von all den Dingen, die sie [die vertriebenen Juden] damals essen konnten, als sie noch in Russland, der Ukraine und Polen lebten und auf Sauerkraut, Rote Bete, Gerste und Kartoffeln die mediterranen Gesetze der *kashrut* anwandten, war der Hering (auch wenn er nicht nur ihnen eigen und nicht von ihnen erfunden war) etwas Einzigartiges, der holländische gesalzene Matjeshering, besser noch, wenn er gerade frisch in Salz eingelegt war: inmitten fader, breiiger und süßer Gerichte, die nach fremder Erde schmeckten, schmeckte der Hering nach Meer. (Janeczek 2002: 230, meine Ü., Chr. O.)

Janecezk assoziiert das Salz mit dem Meer, das im Gegensatz zur »fremden Erde« allen gehört und daher nach Freiheit und Heimat schmeckt.

*

Auch in Tonino Benacquistas Krimi *Itakerblues* (1995, Original: *La commedia des ratés*, 1991) dient die Esskultur einer Identitätsfindung. Benacquista wurde 1961 als Kind italienischer Einwanderer in der Pariser Banlieue Choisy-le-Roi geboren. Er hat, immer in französischer Sprache, mehrere Romane publiziert: *Itakerblues* ist sein dritter Kriminalroman. Protagonist ist der dreißigjährige Antonio Polsinelli, der wie der Autor als Kind italienischer Emigranten in Paris lebt und alles, was mit seiner Herkunft zu tun hat, ablehnt: die Banlieue, den Dialekt der Eltern, den Jugendfreund Dario Trengoni, der einem idealisierten Italienbild nachhängt und aus sich die »Karikatur von einem Itaker« gemacht hat (Benacquista 1995: 8 f.). Als dieser Dario plötzlich ermordet wird, gerät Antonio in die Rolle des unfreiwilligen Ermittlers. Dario hat offenbar kurz vor seinem Tod Pasta gegessen – in einer jeden Italiener schockierenden Kombination mit Mais und Löwenzahn. So entsetzt wie die Mutter des verstorbenen Dario ist übrigens auch Antonios Vater, als er von der Sache erfährt. Nach einem kräftigen Schluck aus der Grappaflasche sagt er nur: »Rigatoni« (Benacquista 1995: 30). »Rigatoni«, erläutert der Protagonist,

> sind breite Pasta mit Streifen und einem Loch in der Mitte, damit sie die Soße besser aufsaugen. Das Problem ist groß genug, um eine Familie zu entzweien, die einen pro und die anderen contra Rigatoni, und bei uns hat mein Vater allein schon das Contra übernommen. [...] Doch er übertreibt, wenn er Darios Tod jetzt den Rigatoni in die Schuhe schiebt. (Benacquista 1995: 30)

Um das Rätsel der Rigatoni zu lösen, begibt sich der Protagonist in das Heimatdorf seiner Eltern, das er seit seiner Kindheit nicht mehr besucht hatte. Von dem Moment an, in dem er im Zug sitzt, beginnt für Antonio ein doppelter Erkenntnisprozess. Der eine wird durch eine Fülle visueller, akustischer und gustativer Eindrücke gefördert. Insbesondere das Essen erhält hier die Bedeutung eines vorsprachlichen Zeichensystems. Antonio hatte sich zu Beginn des Romans definiert als jemanden, der den Bezug zur Sprache seines Herkunftslandes verloren hat. Jene Identifikation, die ihm über artikulierte Sprache nicht gelingt, vollzieht sich über das Essen. Insbesondere durch die einfachen Gerichte seiner charmanten Zimmervermieterin Bianca entdeckt Antonio, dass Italien ihm doch nicht so fremd ist.

Der andere Erkenntnisprozess verläuft über die Erinnerung: Während der Ermittlungen muss Antonio immer wieder an die Kriegserzählungen seines Vaters denken, der während des Zweiten Weltkriegs als Soldat nach Albanien geschickt worden war. In diesen Erzählungen spielten der Hunger und ein verräterischer Freund eine zentrale Rolle. Als Antonio von einem Dorfbewohner namens Mangini zum Mittagessen eingeladen wird, kommt es zum finalen *showdown*. In der Wohnung seines Gastgebers macht Antonio eine Reihe unliebsamer Entdeckungen. Dazu gehört die in einer Truhe verborgene Faschistenuniform, aber auch ein seltsamer Geruch, der die Wohnung durchströmt:

> Fressen? Ein brenzliger Geruch? Ich hätte mir alles einbilden können, nur das nicht, der Dampf getrockneten Strohs, die Muffigkeit eines nie geöffneten Kräuterschranks, Ausdünstungen von Glut und Asche, alles, nur nicht etwas, das kocht, um gekostet zu werden. Das ist wirklich das Gegenteil von Biancas Küche, wo jedes Düftchen mir Lust auf eine römische Orgie macht. Dennoch fühle ich mich nicht wirklich abgestoßen von seinem Geköchelten. Höchstens neugierig. (Benacquista 1995: 164)

Wieder einmal schießen Antonio Fragmente aus den Kriegserzählungen des Vaters durch den Kopf. Dieser war 1939 gemeinsam mit einem Freund, dem »Compare«, eingezogen worden. Später werden beide nach Albanien gesandt und fernab vom Kriegsgeschehen mit sinnlosen Bewachungsaufgaben betraut (Benacquista 1995: 88 f.). Im November 43 schlägt die Situation um: Die Soldaten werden ausgemustert und ihrem Schicksal überlassen (Benacquista 1995: 96). Von nun an gilt es, das nackte Überleben zu sichern: Das heißt vor allem, den Faschisten, die den Kampf fortführen, aus dem Weg zu gehen und den Hunger zu stillen. Während Antonio diesen Erzählungen nachhängt, trägt Mangini das Gericht auf, auf das er sichtlich stolz ist – während seinem Gast allein vom Geruch übel wird:

> Ich schlucke meinen Ekel einen Augenblick lang herunter und sehe in den Teller, den er für mich füllt. Eine weißliche, breiige Masse ohne Soße, nicht einmal ein Tropfen Öl, kleine, verstreute grüne Fädchen, gekochte Blätter und eine Art gelber Paste, die nicht zur Aufheiterung beiträgt. Keinerlei Ästhetik, sicherlich keinerlei Geschmack. (Benacquista 1995: 168 f.)

Während sein Körper längst die Gefahr erkannt hat, die von diesem Essen ausgeht, braucht Antonios Kopf noch eine Weile (»Und erst jetzt geht es mir auf.«, Benacquista 1995: 169): »Als ich wieder hinsehe, ist alles vorhanden, die Maiskörner, der Löwenzahn, der herbe Minzeduft …« (Benacquista 1995: 169). Mario Mangini also ist es gewesen, der Darios Henkersmahlzeit gekocht hat; er ist der Mörder. Offenbar hat er auch dem Protagonisten, der jetzt definitiv zu viel weiß, ein solches Essen zugedacht … Antonio erinnert sich abermals. In den Erzählungen des Vaters war der Kampf um Nahrungsmittel ein Abenteuer, in dem er, der Vater, die Rolle des Eroberers spielte, während der weniger mutige »Compare« sich aufs Kochen spezialisiert und dabei absonderliche Kriegsrezepte kreiert hatte:

> Er brachte es fertig, uns Eintopf aus irgendwelchem Zeug zu kochen […]. Mit diesen Rinden, dem Löwenzahn, den Reststücken schaffte er es, uns zu ernähren […], so daß wir in unserer Fünfergruppe immer glaubten, er sei der berühmteste Küchenmeister der Welt. Wir haben nicht ein einziges Mal gekotzt, stell dir vor … (Benacquista 1995: 174)

Der Höhepunkt dieser Abenteuer war Weihnachten 1944 gewesen, als es dem Vater gelang, den Faschisten acht Kilo Pasta zu stehlen. Damals hatte der »Compare« zur Pasta, da es keine Tomaten gab, eine Soße aus Mais, Löwenzahn und Minze kreiert. Diese »Rigatoni auf albanische Art« symbolisieren eine neue, auf Solidarität gegründete Überlebensgemeinschaft – und zugleich den Versuch, die nationale Zugehörigkeit mit prekären Mitteln wiederherzustellen, wie die Farbsymbolik sehr deutlich zeigt: Um die Farben Italiens aufzurufen, fehlt nur das Rot der Tomaten. Das Essen erweist sich somit als ein eminent »kulturschöpferischer Akt« (Neumann 1993: 392).

Was aber damals für den Vater ein Weihnachtswunder war, wird für Antonio zum Albtraum. Mangini, der Mörder, ist also Vaters Freund aus Kriegszeiten – der Freund, der diesen zuletzt an die Faschisten ausgeliefert hatte. Wie es sich für einen Kriminalroman gehört, kann Antonio dem mörderischen Rigatoni-Koch freilich noch entkommen. Wieder in Paris, geht er erst einmal »einen vorzüglichen Couscous« essen, um sich »fern zu fühlen« (Benacquista 1995: 187). Am Ende des Romans ist er zwar nicht zu einer »italienischen« Identität gelangt – aber doch zu einer Identifikation mit dem Herkunftsland.

Raffiniert ist die Art, in der Benacquista den Erkenntnis- und Erinnerungsprozess des Protagonisten mit seiner Geschmackserfahrung parallelisiert. In dem Augenblick heftigsten Ekels vor dem abstoßenden Pasta-Gericht erkennt der unfreiwillige Detektiv den Mörder; in diesem Moment vollzieht er aber auch die traumatischen Erfahrungen des Vaters gleichsam körperlich nach. Diese Identifikation ermöglicht dann auch eine unausgesprochene Erkenntnis der eigenen Entwurzelung und eine Wiederannäherung an die italienische Herkunft. Die Rigatoni setzen also einen Prozess der intuitiven (Selbst-)Erkenntnis und der unwillkürlichen Erinnerung in Gang: eine pervertierte Version der Proust'schen Madeleine-Erfahrung.

Antonios Spurensuche mündet nicht in eine euphorische Identifikation mit seiner italienischen Herkunft. Dafür schließt der Roman mit einer etwas langatmigen, aber überaus charmanten Reflexion über das Wesen der Pasta, die dem Leser hier nicht vorenthalten werden soll. Pasta, erklärt Antonio am Ende einer Zufallsbekanntschaft, sei viel mehr als ein »Gericht, das Soße dazu braucht«. Denn:

> [Nudeln] bilden im Rohzustand eine Welt für sich, deren zahlreiche Metamorphosen selbst der raffinierteste Fein-

schmecker nicht erahnt. Ein merkwürdiges Amalgam von Neutralität und Verfeinerung. Eine ganze Geometrie von Kurven und Geraden, von Fülle und Leere, in unendlichen vielen Variationen. Es ist das oberste Königreich der Formen. Aus der Form entwickelt sich der Geschmack. Wie könnte man sich sonst erklären, daß man eine Mischung von Mehl und Wasser in einer bestimmten Form verschmäht und in einer anderen heiß liebt. Da merkt man, daß Rundungen einen bestimmten Geschmack haben, daß das Lange und das Gestreifte verschieden schmecken, das Flache und Gestreifte ebenso. Da steckt notwendigerweise etwas Leidenschaftliches drin.

– Leidenschaft?

– Selbstverständlich. Weil das Leben selbst so verschiedenartig und kompliziert ist, gibt es so viele Formen von Pasta. Jede von ihnen bezieht sich auf ein Konzept. Jede kann eine Geschichte erzählen. Einen Teller Spaghetti zu essen entspricht der Vorstellung eines verwirrten Wesens in einem Labyrinth, in einer unentwirrbaren Sinnentropie, in einem ausweglosen Wirrwarr. Es wird Geduld und ein wenig Geschicklichkeit brauchen, um sich da herauszuwinden. Sehen Sie sich nur an, wie ein Lasagnegericht zusammengesetzt ist, Sie werden davon nur die äußere Schicht, das Gratinierte sehen, das man bereit ist Ihnen zu zeigen. Aber unser Individuum will die unteren Sphären sehen, denn es ist sicher, daß man ihm tief vergrabene Dinge verbirgt. Vielleicht stellt es am Schluß fest, daß es nichts anderes als die Oberfläche gab. Aber zuerst muß es suchen, sich verlieren, einen langen finsteren Tunnel durchqueren, ohne zu wissen, ob es am Ende etwas findet. Es gibt überhaupt nichts Hohleres, nichts Leereres und nichts Rätselhafteres als simple Makkaroni. [...]

Wirklich? Und die Tortellini, woran erinnern die? An Reifen, an Ringe?

– Warum nicht ganz einfach an den Kreis. Die Geschichte ohne Ende. Die Schleife. Weggehen. Um notgedrungen dort-

> hin zurückzukehren, von wo man ausgegangen ist. (Benacquista 1995: 196 f.)

Dorthin zurückzukehren, von wo man ausgegangen ist – ob dieses »Wo« nun Italien, Frankreich oder, frei nach Homi Bhabha, ein *Third Space*, ein dritter Raum dazwischen, ist, bleibt freilich offen.

Zum Schluss dieses Kapitels zum Zusammenhang zwischen Essen und nationaler Identität soll es um die deutsche Esskultur gehen, von der in wissenschaftlichen Kreisen nach wie vor umstritten ist, ob sie überhaupt existiert. Gibt es historische Fakten, die die den Deutschen nachgesagte Geringschätzung des Essens erklären könnten? Und: Ist das Essen in Deutschland auch heute noch so schlecht?

La deutsche Vita: Ist das Essen in Deutschland wirklich so schlecht?

> Was ist das bloß für eine Küche, was zum Teufel ist das für ein Geschmack, diese Liebe zu blutigen Innereien und fetten Würsten und dann dieser Kuchenwahn, erwachsene Männer, die sich mittags ins Café setzen und sich mit meterhohen Tortenschnitten vollstopfen, Schicht auf Schicht dunkle Schokoladenkrem oder gelbe Butterkrem. Vielleicht habe ich damals gedacht, dann sind sie also wirklich so, brutal und süßlich, sie sind es bis ins Mark, die Deutschen, bis zu den Geschmacksknospen. (Janeczek 2002: 53, meine Ü., Chr. O.)

Obwohl sie sich in ihrem Buch *Cibo* sonst durchweg um die Dekonstruktion von Esskultur-Klischees bemüht, lässt sich die Autorin Helena Janeczek hier zu einem antideutschen Ausbruch hinreißen. Zu befremdlich scheint ihr die widersprüchliche deutsche Vorliebe zu Blutwurst einerseits und Butterkremtorte andererseits – ein Zeichen dafür, dass die Deutschen »brutali e sdolcinati« seien. »Sdolcinato«, hier behelfsmäßig mit »süßlich«

übersetzt, wird im Italienischen heute nur übertragen verwendet und bezeichnet dann ein manieriertes Verhalten oder etwas Kitschiges. Janeczeks Gebrauch der beiden kontrastierenden Adjektive suggeriert eine falsche Süße, hinter der sich Brutalität verbirgt. Nicht umsonst weist die Erzählerin wenig später darauf hin, dass ja auch Hitler Vegetarier gewesen sei.

Auch wenn die deutsche Vorliebe für Sahnetorten in der Gegenwartsliteratur nur selten solch bittere Assoziationen auslöst, ist eine (vorwiegend negative) assoziative Verknüpfung von Geschmacksqualitäten und »deutschen« Eigenschaften gerade in der Migrationsliteratur häufig. So gibt sich etwa die deutsch-türkische Autorin Hatice Akyün davon überzeugt, die hohe Zahl gescheiterter Ehen in Deutschland hänge mit der Fadheit der hiesigen Küche zusammen. Die deutsche Hochzeitssuppe könne mit der türkischen, »schwer und üppig wie eine anatolische Braut«, eben nicht mithalten: »Mir fiel die deutsche Hochzeitssuppe ein, die ich einmal gegessen hatte. Kein Wunder, dass es in Deutschland so viele Scheidungen gibt, wenn schon die Hochzeitssuppe so fad ist« (Akyün 2005: 26). Von dieser Überlegung ist es nur ein kleiner Schritt bis zur Assoziation zwischen Esskultur und Sexleben bei der deutsch-türkischen Autorin Aslı Sevindim:

> [...] denn ich hatte Stefan ausgesucht. Eine Kartoffel. So nennen wir Türken manchmal deutsche Erdenbewohner. Weil sie – ganz einfach – ziemlich viele Kartoffeln essen. Manche heißblütigen Türken und Türkinnen wollen damit sicher auch zum Ausdruck bringen, dass Deutsche ungefähr genauso aufregend und sexy sind wie Kartoffeln, nämlich gar nicht. (Sevindim 2005: 8 f.)

Die Italienerin Angela Troni schlägt in die gleiche Kerbe, wenn sie den Deutschen wenig Genussfähigkeit bescheinigt: Zwar investierten sie gerne in supermoderne Einbauküchen, dies aber nur, um »darin Fertiggerichte von Feinkost Aldi und Co. in der Mikrowelle aufzuwärmen« (Troni 2011: 211 f.), die sie dann in Sekundenschnelle herunterschlängen. Vor allem aber sieht sie den deutschen Geschmackssinn als heillos verdorben, denn

> was durfte man schon von einem Volk erwarten, das kulinarische Schwerverbrechen wie Pizza Hawaii oder, noch besser, Pizza mit Hähnchenbrust, Ananas und Currysauce für genießbar hielt? Von Salzbrezeln mit Nutella, Käsebrötchen mit Honig oder diesen ekelhaften blassen Würstchen, die sie hier allerortens zum Frühstück auslutschten, ganz zu schweigen. (Troni 2011: 116)

Nun stammen diese wenigen Kostproben (bis auf den Roman von Helena Janeczek) aus einer Sparte der Unterhaltungsliteratur, die sich auf die amüsante Darstellung des (kulinarischen) *culture clash* spezialisiert hat. Doch kommt die deutsche Esskultur auch bei Experten kaum besser weg. Insbesondere der Gastronomiekritiker und Kochbuch-Autor Wolfram Siebeck wurde nicht müde, die deutsche »Plumpsküche« und die protestantisch-preußische Genussfeindlichkeit – diesen »Bestandteil unseres Nationalcharakters« – zu geißeln (Siebeck 2001, Siebeck 2010). Wie auch der Gastrokritiker Jürgen Dollase sah er neben mangelnder Genussfähigkeit den »notorischen« Geiz der Deutschen als größtes Hindernis für eine verfeinerte Esskultur.

Dass sich die deutsche Esskultur der Gegenwart trotz aller gegenwärtigen Hedonismus-Tendenzen bei weitem noch nicht zu einer Alltagskultur entwickelt habe, meint auch Daniele Dell'Agli. Den Beweis für die seit jeher währende Geringschätzung, die die Deutschen gegenüber dem Essen an den Tag legen, liefert ihm – die deutsche Sprache. Denn ist nicht Sprache jenes Medium, in dem der Mensch sein Verhältnis zur ihn umgebenden Welt ausdrückt? Mag auch der Ursprung idiomatischer Wendungen wie »alles Wurst« oder »so ein Käse« längst vergessen sein – Dell'Agli zufolge zeugen sie von einer verblüffenden Verachtung von Dingen, die ja doch – immerhin – nichts weniger als unsere Lebensmittel sind. In der Tat, in Deutschland spricht man bei schlechter Laune davon, »schlecht gefrühstückt« zu haben – für das Gegenteil davon, die gute Laune, gibt es keine alimentäre Idiomatik (Dell'Agli 2009: 103). Allein das Wort »Frühstück« empfindet der Autor als eine Zumutung: »Kann es ein liebloseres, ein nüchtern-pragmatischeres, ein phantasieloseres Wort für das erste (und für Deutsche angeblich das wichtigste) Mahl des Tages geben?« (Dell'Agli 2009: 102) Auch das Backwerk, das beim Frühstück die Hauptrolle spielt, kommt nicht gerade gut weg, wie die Ausdrücke »etwas versemmeln« oder »Pustekuchen!« zeigen. Noch seltsamer scheint, dass die in Deutschland doch so beliebten Würste derart negativ besetzte Sprachbilder generieren wie »alles Wurst«, »verwursten«, »Extrawurst«, »armes Würstchen« oder auch – um im Assoziationsfeld der Würste zu bleiben – »seinen Senf dazugeben«. Schon verständlicher scheint da die »Diffamierung des Käses« die, so Dell'Agli, allein schon ausreichen könnte, »die Erbfeindschaft zwischen Deutschland und Frankreich zu erhellen« und die »bezeichnenderweise nur noch im angelsächsischen Sprachraum anzutreffen« sei (Dell'Agli 2009: 109). Doch auch all die anderen alltäglichen Nahrungsmittel – Apfel, Ei, Birne, Kirsche – ebenso wie Kochtechniken (»in die Pfanne hauen«) treten regelmäßig in negativ besetzten Redewendungen auf, während man nach positiven Assoziationen vergeblich sucht (mit wenigen Ausnahmen, wie etwa »Schokoladenseite«). Dass die gebrachten Beispiele keineswegs kontingent seien, belegt Dell'Agli, indem er das Wörterbuch für *Moderne deutsche Idiomatik* anführt. Darin fänden sich rund 200 Beispiele aus der Abteilung »Nahrung und Gerichte« – in vergleichbaren italienischen und französischen Lexika seien es weit weniger (Dell'Agli 2009: 136). Dies führt Dell'Agli wiederum darauf zurück, dass in Italien und Frankreich ebenso gerne über das Essen gesprochen wie gegessen würde, was wiederum dazu führe, dass es weit weniger zu negativen auf das Essen bezogenen Sprachbildern komme: »Je mehr in einer Sprachgemeinschaft offen und unmittelbar übers Essen geredet wird, desto höher scheint sein Stellenwert, desto untauglicher der Gegenstand für Übertragungen und Projektionen« (Dell'Agli 2009: 139).

Freilich ist uns Deutschen, wenn wir »sauer« sind, etwas »satt« haben oder gar »zum Kotzen« finden, die unterschwellige Abwertung des Essens, die wir damit *auch* ausdrücken, kaum bewusst.

Doch – argumentiert Dell'Agli – woher wissen wir, ob diese Redensarten nicht doch unsere Einstellung zum Essen in Form unbewusster, habitualisierter Deutungs- und Einstellungsmuster beeinflussen? Der Autor des Essays zumindest ist überzeugt, dass solche Redensarten die Mentalität von klein auf prägen und somit eine ernsthafte Aufwertung der Esskultur verhindern:

> Solange die (deutsch-)deutsche Sprachgemeinschaft in argloser Selbstverständlichkeit tagaus tagein (und nicht selten lustvoll!) Metaphern des Ekels und der Rohheit, der Aggression, Verhöhnung und Geringschätzung gebraucht, die der gastronomischen Praxis entlehnt sind, so lange werden Mittelmeerurlaub und Fernsehshow, Volkshochschulkurse und der (richtige) Italiener »um die Ecke« nichts an ihrer grundlegend defizitären Einstellung zum Essen ändern. (Dell'Agli 2009: 148)

Doch woher rührt die negative Einstellung der Deutschen zum Essen, die sich, Dell'Agli zufolge, selbst in ihrer Sprache dauerhaft sedimentiert hat? Oft wird hier das Argument der protestantischen Sinnenfeindlichkeit angeführt, ohne es jedoch näher zu erläutern. Es wirft, näher besehen, auch einige Fragen auf. Wenn nämlich Katholizismus immer automatisch Sinnenfreude und eine gute Esskultur mit sich bringt, müsste es beispielsweise im katholischen Polen sehr gut um das Essen bestellt sein. Gerade das verneint Siebeck jedoch:

> Wir liegen in der Mitte Europas und werden vom Westen und vom Osten beeinflusst. Die wichtigsten kulinarischen Einflüsse kommen vom Westen, aus Frankreich: die Verfeinerung, die Modernisierung. Leider aber kommen auch Einflüsse vom Osten. Und da muss man sagen, dass im Osten immer schon viel schlechter gekocht wurde. Die polnische Küche hat noch nie was getaugt, die russische schon gar nicht. (Siebeck 2010)

Neben dem Gegensatz zwischen einem protestantischen Nord- und einem katholischen Süddeutschland führt Siebeck also auch ein Ost-West-Gefälle ins Feld. Dem Vorsprung des Südens, wie er etwa durch den Münchner Viktualienmarkt und das 1971 in

München eröffnete Feinschmeckerrestaurant Tantris bezeugt wird, räumt Siebeck eine bedeutende Rolle als Vorreiter der heutigen Gastrowelle ein; allerdings sieht er den Vorsprung des Südens vor dem Norden heute schwinden.

Die gängige Vorstellung eines durch den »Weißwurst-Äquator« in einen kulinarisch armen Norden (»Arme-Leute-Küche«) und einen zumindest an »starken« Regionalküchen reichen Süden geteilten Landes greift auch Marin Trenk auf (Trenk 2015: 199–202) – obgleich er Deutschland insgesamt dann der »nordatlantischen Essprovinz« zuschlägt. Tatsächlich lässt Trenk keinen Zweifel daran, dass er ähnlich wie Siebeck ebenso wenig an die Möglichkeit einer (raffinierten) deutschen Nationalküche glaubt wie an die Existenz einer *american cuisine*. Zwar brauche man sich um das Überleben der süddeutschen Regionalküchen keine Sorgen zu machen – wo regionale Kost aber nur schwach vertreten sei, werde die deutsche Küche über kurz oder lang von »Erosionsprozessen« betroffen – womit Trenk die Durchsetzung eines »amerikanischen« Ernährungsmodells meint: Einheimische Gerichte werden durch *Ethno Food* verdrängt, dieses kommt aber zunehmend als *Fast Food* auf den Tisch. Dazu noch viel Zucker und Fett in Gestalt von Cola, Ketchup und Salamipizza – insgesamt prophezeit Trenk für Deutschland eine Ernährungskatastrophe, nicht nur was die (ohnehin immer schon dürftige) Esskultur, sondern auch was die Zunahme ernährungsbedingter Zivilisationskrankheiten angeht.

Neben diesen »geographischen« Deutungen der deutschen Esskultur gibt es auch Ansätze, historische und geographische Gesichtspunkte zu kombinieren. Sie finden sich etwa bei Eva Barlösius, Peter Peter und Ullrich Fichtner, auf deren Arbeiten im Folgenden zurückgegriffen wird. Bereits im Mittelalter wies die Küche der Oberschicht (doch dies galt für das gesamte Europa) ein bemerkenswertes *cross-over* der Esskulturen auf – mit Prunkgerichten wie etwa dem »heidnischen Haupt«, einem Kalbskopf mit Safran und Eiern auf Reiherpastete (Peter 2008: 40). Sicherlich kein Alltagsgericht, zumal die in mittelalterlichen

Luxus-Kochbüchern verzeichneten Rezepte nicht unbedingt zum Nachkochen gedacht waren. Dass die deutsche Küche dennoch ein wenig »archaischer und bescheidener« war als die der romanischen Nachbarn, mag man der frühen Kritik der Franzosen an deutscher Küche entnehmen: »Der *Ménagier de Paris* tadelt 1393, dass Deutsche den Karpfen zweimal so lang wie die Franzosen zerkochen. Und der aus der Champagne stammende Lyriker Eustache Deschamps (ca. 1345–1405) wettert auf seiner Rheinreise dagegen, dass Senf unterschiedslos auf Fleisch und Fisch geknallt wird!« (Peter 2008: 46)

In der Renaissance gab die feine Esskultur der oberitalienischen Städte auch für die deutsche Aristokratie den Ton an – erst ab dem 17. Jahrhundert setzte sich zunehmend die französische *haute cuisine* als europäisches Leitbild durch. Daneben entwickelte sich eine städtisch-bürgerliche Küche, in der sich, wie Eva Barlösius schreibt, »typisch bürgerliche Tugenden wie Sparsamkeit, Pflichterfüllung und Ordnungsliebe« widerspiegelten (Barlösius 2011: 431). In dieser Zeit bildete sich auch das beschriebene Nord-Süd-Gefälle heraus. In Norden, wo mehr Fleisch verfügbar war, gehörte ein kräftiger Fleisch-Gemüse-Eintopf zur täglichen Kost, während im Süden Mehlspeisen in verschiedenster Form (Klöße, Spätzle, Nudeln – wie Barlösius meint, um »die alltägliche Eintönigkeit der Mehlbreie zu variieren«) das Grundnahrungsmittel bildeten.

Ein früher »Entdecker« süddeutscher Küche war Michel de Montaigne, der um 1580 ein Gasthaus in Lindau am Bodensee besuchte und sich tief beeindruckt zeigte:

> Denn was die Aufwartung bei Tisch betrifft, machen sie solchen Aufwand an Lebensmitteln und bringen in die Gerichte eine solche Abwechslung an Suppen, Saucen und Salaten, und das alles ist in den guten Gasthäusern mit solchem Wohlgeschmack zubereitet, dass kaum die Küche des französischen Adels damit verglichen werden kann, auch fände man in unseren Schlössern wenige derart geschmückte Säle. Uns unbekannt waren Quittensuppe, Suppe, in die gebackene Äpfel

geschnitten waren, und Krautsalat, ferner dicke Suppen ohne Brot, z.B. von Reis, von denen alle gemeinsam essen, da besonderes Gedeck unbekannt ist. (Montaigne 1988: 49)

Dass sich ausgerechnet die »ärmere« Küche Süddeutschlands zu einer interessanten Regionalküche entwickelte, erklärt sich Günther Wiegelmann zufolge durch den von der Oberschicht geförderten Kontakt zur italienischen und französischen Küche. In Norddeutschland dagegen habe die Oberschicht mehr Beziehungen zur englischen und niederländischen Küche gehabt (Wiegelmann, vgl. Barlösius 2011: 432f.).

Eine etwas andere Erklärung gibt Peter Peter. Er sieht den Protestantismus als entscheidende Ursache für die »Biederkeit« und tendenzielle Sparsamkeit der deutschen Küche. Zwar hatten Luther (»Ich esse, was ich mag«) und Zwingli (*Vom erkiesen und fryheit der speisen*, 1522) die Christen vom Trauma der Fastengebote befreit. Essen und Trinken wurden von Luther ebenso wie die Sexualität als menschliche Grundbedürfnisse anerkannt. Doch Luther liebte das deftige, nicht das verfeinerte Essen. Außerdem wurde – meint Peter – die von den Fastengeboten auferlegte Fremddisziplin letztlich durch einen größeren Zwang zur Selbstdisziplin ersetzt. So schreibt Luther: »Es ist jedermann geboten, mäßig, nüchtern und züchtig zu leben; nicht (nur) einen Tag oder ein Jahr, sondern täglich und immerda« (Peter 2008: 70). Und könnte nicht auch die calvinistische These, das Brot und der Wein der Eucharistie seien bloße *Zeichen* für Christi Leib (während die Katholiken an eine Transsubstantiation, eine Verwandlung der eucharistischen Speisen in den Leib Gottes glauben), bewirkt haben, dass die Protestanten zunehmend lernten, das leibliche Wohl geringzuschätzen?

Der Reichtum der katholischen Küche dagegen gehe gerade auf die erfinderischen Fastengerichte zurück, mit denen man entweder das verbotene Fleisch zu ersetzen oder aber das Verbot ingeniös zu umgehen suchte (Peter 2008: 70). Ein charmanter Beleg für solchen Einfallsreichtum findet sich in einem schwäbischen Namen für Maultaschen. »Herrgottsbescheißerle« heißen in Schwaben die mit Fleisch gefüllten Taschen – weil sie geschickt verstecken, was zur Fastenzeit offiziell eben nicht erlaubt ist. So gesehen wird die der süddeutschen Küche zugeschriebene höhere Kreativität letztlich auf eine »Not« zurückgeführt: Entweder die Not, das immergleiche Grundnahrungsmittel Mehl zu variieren, oder den Zwang, Fleisch zu ersetzen oder aber zu kaschieren. Die Idee der Kreativität aus der Not ließe sich sehr gut auch auf die erstaunliche Vielfalt an Pasta-Formen in Italien anwenden.

So bestechend aber die Opposition von kulinarischem Katholizismus und Protestantismus auch sein mag: Man muss mit ihr vorsichtig umgehen. Auf die Vorbehalte Stephen Mennells gegenüber der These puritanischer Genussfeindlichkeit in England wurde bereits hingewiesen. Eine Religion kann nicht als alleinige Erklärung für Entwicklungen herangezogen werden, hinter denen komplexe sozialgeschichtliche Prozesse stehen. Doch mag sie nun protestantische Wurzeln haben oder nicht – die Vorliebe für eine deftige und die Kritik an überfeinerter Küche stellt tatsächlich ein kontinuierliches Moment deutscher Kultur dar. So wettert Johann Michael Moscherosch in seinen Satiren von 1640: »Thut es ein Stuck Rindfleisch, Speck und Saur-Kräut nicht mehr? Muss es alle mit Feld-hünern, Wachteln, Krammetvögeln, Austern, Schnepffen, Schnecken und Trekken verpfeffert sein?« (Peter 2008: 81).

Eine ähnliche Meinung findet sich auch bei dem aus protestantischer Familie stammenden, später jedoch zum Katholizismus übergetretenen Barockautor Grimmelshausen. Sein *Simplicissimus* (1668) reiht sich ein in die Tradition der Schelmenromane, die soziale Missstände ihrer Gegenwart kritisieren. Und schlechte Erfahrungen mit der Gesellschaft macht der unbedarfte Romanheld Simplicius, der sich durch ein vom Dreißigjährigen Krieg gebeuteltes Deutschland schlägt, zuhauf. Während ihm die überfeinerte und überwürzte höfische Kost, mit der er kurzzeitig in Berührung kommt, mangels Gewohnheit schreckliche Blähungen verursacht, schwärmt er von dem

»Epicurisch Leben«, das er als Soldat führt, von den knoblauchgespickten »Hamelskolben«, den Knackwürsten und dem »Westphalischen« Schinken (von Grimmelshausen 1989: 222). Dann wieder leidet er Hunger und muss sich mit der schwarzen Brühe zufriedengeben, die seine »Kostfrau« mit Pfeffer »ueberteuffelt« hat (von Grimmelshausen 1989: 341). Doch die gottgefälligste Kost ist jene, die er während seines Aufenthalts bei einem frommen Eremiten (wie sich später herausstellen wird, sein echter Vater, ein kriegsmüder Adliger) zu sich nimmt:

> Unser Speiß war allerhand Gartengewaechs / Rueben / Kraut / Bohnen / Erbsen und dergleichen / wir verschmaeheten auch keine Buchen / wilde Aepffel / Pirn / Kirschen / ja Brot / oder besser zu sagen / unsere Kuchen backten wir in heisser Aschen / auß zerstossenem Welschen Korn / im Winter fiengen wir Voegel mit Sprincken und Stricken / im Fruehling und Sommer aber bescherte uns Gott Junge aus den Nestern / wir behalffen uns oft mit Schnecken und Froeschen [...] Saltz brauchten wir wenig / und von Gewuertz gar nichts [...]. (von Grimmelshausen 1989: 45)

Entsprechend geht Simplicius' Kritik an der »verpfefferten«, »überdummelten«, »vermummeten«, »mixtierten« Speise der Reichen, den »französischen *Potagen* und Spanischen *Olla Potriden*« mit einer unmissverständlichen Zivilisationskritik einher: Diejenigen, für die besagte »überdummelte« Kost bestimmt ist, fressen wie die Säue, saufen wie die Kühe und kotzen anschließend »wie die Gerberhunde« (von Grimmelshausen 1989: 105). Die echten Tiere aber sind schlauer, denn »Ein Loew oder Wolf, wenn er zu fett werden will / so fastet er / bis er wieder mager / frisch und gesund wird« (von Grimmelshausen 1989: 160).

Grimmelshausen übt Kritik an den Menschen, die sich trotz all des höfischen Anstrichs, den sie sich geben wollen, tierischer benehmen als die Tiere. Sein Roman ist von einer radikalen Gesellschaftskritik durchzogen, die das menschliche Zusammenleben als permanente Quelle von Leid und Sünde ansieht und ein gutes Leben nur in konsequentem Einsiedlertum für möglich hält: Nicht umsonst beschließt Simplicius sein Leben auf einer einsamen Südsee-Insel. All dies – der Vorzug der Natur vor der Zivilisation, der natürliche Instinkt, der das Essverhalten der Tiere reguliert, die Kritik an Luxus und Überfeinerung des Essens – sind Motive, die sich hundert Jahre später bei Rousseau wiederfinden.

Dass im zeitgenössischen Frankreich ein ganz anderer Ton herrschte, zeigt der – ebenfalls der Gattung des Schelmenromans verpflichtete – Abenteuerroman *Histoire comique de Francion* (1623) von Charles Sorel. Zwar mangelt es auch hier nicht an grobianischen Szenen und an gesellschaftskritischen Aspekten. Im Gegensatz zu Grimmelshausens Romanheld vertritt der adlige Protagonist Francion jedoch eine libertine Moral, die gegen alle religiösen Entsagungsgebote den irdischen Genuss (kulinarisch und sexuell) stellt. Dieses hedonistische Lebensideal versteht sich zudem als ein dezidiert aristokratisches: So wie Francion und seine Freunde beanspruchen, sich beim Liebe-Machen von den Bauern abzuheben, tun sie es auch beim Speisen. Freilich muss man bei solchen Gegenüberstellungen berücksichtigen, dass sie niemals das gesellschaftliche Ganze erfassen können. Es gilt auch zu beachten, dass das Gesellschaftsideal von Sorels Roman noch nicht von den Erschütterungen des Dreißigjährigen Kriegs beeinträchtigt ist und dass es natürlich auch in Frankreich genussfeindliche Positionen gab. Sie gaben jedoch nicht den Ton an – sonst hätte sich später Rousseau in seiner gesellschaftskritischen Umwertung aller Werte nicht so vehement gegen die Schlemmerei als typisches Merkmal der französischen Aristokratie wenden können.

Und wie steht es mit dem 19. Jahrhundert, in dem die Gastronomie in Frankreich das Jahrhundert des bürgerlichen Gastromythos einläutete? Gastrosophen wie Eugen von Vaerst oder Gustav Blumröder (alias Antonio Anthus) eiferten auch hierzulande ihren französischen Vorbildern nach (allein Rumohr wollte das französische Vorbild nicht anerkennen und zog statt dessen Italien vor). Dennoch ging der Trend im deutschen

Sprachraum eher in Richtung Makrobiotik: Ärzte wie Christoph Hufeland und später Maximilian Bircher-Benner hielten sich an Rousseau, nicht an Brillat-Savarin. Tatsächlich wurde Hufelands *Kunst, das menschliche Leben zu verlängern* zum Vorläufer der Makrobiotik und der um 1900 entstehenden Lebensreformbewegung (Heinzelmann 2016: 194). Gleichzeitig bildete sich auch die vegetarische Bewegung heraus: Gustav Struve, einer der wichtigsten Pioniere des Vegetarismus in Deutschland, erlebte 1832 seine »Bekehrung« durch die Lektüre Rousseaus und schrieb den ersten deutschen Vegetarier-Roman, *Mandaras Wanderungen.* 1869 veröffentlichte Struve *Pflanzenkost – die Grundlage einer neuen Weltanschauung*, ein Jahr später entstand der *Deutsche Vegetarierbund* (Heinzelmann 2016: 253).

Es ist bezeichnend, dass sich Karl Friedrich von Rumohr nicht traute, seinen *Geist der Kochkunst* unter dem eigenen Namen zu veröffentlichen, und dass die Erstauflage von Vaersts Buch von 1851 »noch 1918 nicht verkauft« war (Barlösius 2011: 437). In Deutschland galt die Kochkunst nach wie vor nicht als ernsthaftes Thema. Daran änderten auch Feuerbachs und Nietzsches antiidealistische Provokationen nichts. Gewiss wertet Nietzsche die Ernährungsfrage philosophisch auf, indem er die alte humoralpathologische Vorstellung reaktiviert, der zufolge die Prozesse, die sich in Magen, Seele und Geist abspielen, miteinander zusammenhängen und aufeinander einwirken:

> Kennt man die moralischen Wirkungen der Lebensmittel? Giebt es eine Philosophie der Ernährung? (Der immer wieder losbrechende Lärm für und wider den Vegetarianismus beweist schon, dass es noch keine solche Philosophie giebt!) (Nietzsche 1999, Bd. III: 379)

Letztlich argumentiert Nietzsche aber anhand von metapherngeleiteten Kurzschlüssen und arbeitet mit alten Essentialismen, wenn er etwa in *Ecce homo* die »Schwere« des deutschen Geistes auf eine schwere Verdauung zurückführt und in *Jenseits von Gut und Böse* diese Geistestätigkeit mit einer schleppenden Darmtätigkeit analogisiert:

> Die Suppe *vor* der Mahlzeit [...] die ausgekochten Fleische, die fett und mehlig gemachten Gemüse [...] Der deutsche Geist ist eine Indigestion, er wird mit Nichts fertig. (Nietzsche 1999, Bd. VI: 279 f.)
>
> Will man die »deutsche Seele« ad oculos demonstrirt, so sehe man nur in den deutschen Geschmack, in deutsche Künste und Sitten hinein: welche bäurische Gleichgültigkeit gegen »Geschmack«! [...] Der Deutsche *schleppt* an seiner Seele; er schleppt an Allem, was er erlebt. Er verdaut seine Ereignisse schlecht, er wird nie damit »fertig«; die deutsche Tiefe ist oft nur eine schwere zögernde »Verdauung«. (Nietzsche 1999, Bd. V: 186)

Dass Nietzsche, der bekanntlich selbst nicht von seiner Vorliebe für Wurst und Schinken lassen konnte, den deutschen Köchinnen die Schuld an diesem Übel gibt, ist gewiss bezeichnend für seine Misogynie:

> Durch schlechte Köchinnen – durch den vollkommenen Mangel an Vernunft in der Küche ist die Entwicklung des Menschen am längsten aufgehalten, am schlimmsten beeinträchtigt worden. (Nietzsche 1999, Bd. V: 186)

Möglicherweise trifft Nietzsches Kritik jedoch einen Punkt, der weniger mit dem Geschlecht der Köchinnen als mit einem Manko in der deutschen Kochbuch-Landschaft zu tun hat. Das Image-Problem der deutschen Küche könnte nämlich auch der Tatsache geschuldet sein, dass der Kochbuch-Markt – jedenfalls bis in das 20. Jahrhundert hinein – eine eher weibliche, von bürgerlichen Hausfrauen-Kochbüchern geprägte Domäne war. Die *haute cuisine* in Frankreich war dagegen ein eindeutiges Männerprivileg (während den Frauen das häusliche Kochen zugewiesen wurde) und konnte auch deshalb ein entsprechendes Prestige entfalten.

Zudem waren, wie Peter feststellt, gerade »die frühen Frauenkochbücher [...] zugleich mit einer erbittert geführten Debatte über das Rollenverhalten der Frau verbunden. Leider wird fast immer polemisiert – trotz des Vorbilds von Betty Gleim [eine

Pionierin der Frauenbildung, die 1836 das Kochbuch *Die sich selbst belehrende Köchin* publizierte] scheint sich kaum einer die geistreich gutkochende Frau vorstellen zu können« (Peter 2008: 129). Hier scheint sich eine Parallele zu England anzudeuten, wo man gleichfalls lange Zeit dazu neigte, das Kochen – den Beobachtungen Mennells zufolge – nicht als Lust, sondern als Last für die Hausfrau anzusehen (Mennell 1988: 312). Obwohl beide Autoren plausible Belege für diese Thesen bringen, wäre vielleicht noch genauer zu fragen, unter welchen sozialen und ökonomischen Bedingungen das Kochen als Last oder Lust erscheinen kann (verfügt die Hausfrau über Hausangestellte? Kauft sie beim Metzger, oder schlachtet sie das Sonntagshühnchen selbst?).

Eine gewisse Parallele zu England zeigt sich übrigens auch darin, dass sich Deutschland im 19. Jahrhundert zum großen Zuckerproduzenten entwickelt – nicht Zucker aus Rohrzuckerplantagen allerdings, sondern aus der Rübe: »1865 sotten im Gebiet des deutschen Zollvereins 265 Zuckerfabriken vier Millionen Zentner Rübenzucker. Ganze Landstriche stellten von Getreide auf Rüben um« (Peter 2008: 157). Ob dieser große Zuckervorrat die deutsche Lust auf Süßkram verschuldet hat, ähnlich wie der englische *sweet tooth* mit den englischen Zuckerrohr-Plantagen zusammenhängt (Mintz ²2007)?

Dass sich der Kult der Gastronomie in Deutschland kaum durchgesetzt hat, mag wohl auch daran liegen, dass das arrivierte französische Bürgertum im feinen Speisen ein Instrument zur Behauptung des eigenen Machtanspruchs erkannt hatte, während das Bürgertum in Deutschland über weit weniger politischen Einfluss verfügte. Der deutsche Adel aber pflegte nicht das Schlemmen, sondern eher militärische Askese als Distinktionsmerkmal (Peter 2008: 247). Ganz anders in Frankreich, wie nicht zuletzt Marcel Proust in seinem großen literarischen Porträt der *Belle Époque* vorführt. Die Aristokraten aus dem Kreis um die Herzogin von Guermantes plaudern hier ganz unbefangen über Kochrezepte (Proust 2000, Bd. II: 791). Dagegen macht sich die neureiche Madame Verdurin lächerlich, indem sie behauptet, sie ziehe den Genuss gemalter Trauben bei weitem dem der echten Früchte vor.

Doch obwohl Deutschland die Kochkunst niemals zur deutschen Leitkultur gemacht hat, entwickelt es um 1900 seine eigene Form des kulinarischen Nationalismus. Während Frankreich seinen gastronomischen Blut- und Boden-Mythos pflegt, setzt Kaiser Wilhelm II. – obgleich ein Fan des Starkochs Auguste Escoffier – um 1905 einen Speisekartenerlass durch: Außer bei diplomatischen Empfängen müssen alle Gerichte jetzt auf Deutsch dastehen. Und so gibt es nun statt Mayonnaise und Kompott »Öltunke« und »Dunstobst« (Peter 2008: 146). Später propagiert das Nazi-Deutschland autarkes Essen und tritt im Zuge dieser Kampagne für das »gesündere« und aus heimischem Roggen erzeugte Vollkornbrot ein. 1939 wurde sogar ein eigener Reichsvollkornausschuss gegründet (Heinzelmann 2016: 279). Noch wichtiger ist, in den mit den Weltkriegen einhergehenden Zeiten der Lebensmittelrationierung, die Sparsamkeit, die zu einer ganz eigenen Art der Kreativität zwingt. Das *Deutsche Sparkochbuch* (München 1917) verklärt die »Kriegssparsamkeit« zur »naturgemäßen Lebensweise« – und die sparsame Hausfrau zur »Dichterin und Denkerin am Kochtopf«:

> Die jetzt geforderte Kriegssparsamkeit ist nichts anderes, als die Erziehung zur naturgemäßen Lebensweise, zur Genügsamkeit [...] [es] werden die Frauen aller Stände gezwungen sein, die Fleischrationen zu verringern und unter reichlichem Gebrauch von Gemüse und Kartoffeln die Mahlzeiten ausgiebig zu gestalten; ja die Hausfrau, die unsere Zeit erfasst hat, wird zur Dichterin und Denkerin – am Kochtopf. (Zit. nach Peter 2008: 132)

Peter zufolge hat dieser Sparzwang das unterbewusste Essverhalten der meisten Deutschen bis heute geprägt, indem die Gewöhnung an Imitat und Ersatz den Gaumen verdarb:

> Manche Lebensmittelverfälschung oder Imitation wurde aus Mangel im Krieg erdacht. Als Provisorium ersonnene Re-

> zeptideen wie Schokolade aus gerösteten Rüben haben weite Kreise Deutschlands so vom feinen Aroma des Originals entfernt, dass gerade unsere Nation besonders willig und kritiklos der Vergröberung der einheimischen Küche durch die Lebensmittelindustrie und ein standardisiertes Supermarktangebot erlegen ist. (Peter 2008: 174)

Und die mit dem wirtschaftlichen Aufschwung nach dem Zweiten Weltkrieg einsetzende Fresswelle?[21] Kritische Betrachter sehen in ihr eher das Gegenteil eines Fortschritts in kulinarischen Dingen. Die durch den Hunger traumatisierte Nation sehnte sich nämlich nicht nach verfeinertem, sondern nach reichlichem, deftigem Essen – wie Wolfram Siebeck in unnachahmlicher Schärfe schildert:

> Und sie erinnerten sich wehmütig an die kulinarischen Freuden, die sie früher genossen hatten. Die echte Buttercremetorte, das geräucherte Schweinekotelett, der Sauerbraten, das Ragout fin, der Gänsebraten zu Weihnachten, ein Krebsessen bei den Verwandten in Ostpreußen, der Dillaal aus dem Maschsee, Reibeplätzchen mit Apfelkraut, die Pfanne voll Speckkartoffeln – die Sehnsüchte der Hungrigen kreisten um lang entbehrte Dinge, deren herausragende Qualität ihre sättigende Deftigkeit war. Hausmannskost wurde das genannt, und es galt als deutsche Tugend, sie ohne Tränen zu ertragen. (Siebeck 2001)

Ähnlich bezichtigt Ullrich Fichtner die Esskultur der Wirtschaftswunderzeiten als angeberisches Schau-Essen, für das Party- und Modegerichte eine wichtige Rolle spielten. Verewigt hat einige dieser Speisen (Mosaikbrot, Fliegenpilzeier, Toast Hawaii) Johannes Mario Simmel in seinem Bestseller *Es muß nicht immer Kaviar sein* (1960). Doch obwohl er mit seinen »tolldreisten Abenteuern und auserlesenen Kochrezepten des Geheimagenten wider Willen Thomas Lieven« (so der Untertitel) alle Register des herkömmlichen Fortsetzungs- und Abenteuerromans zog, weist seine leicht-sinnige Art der kulinarischen Vergangenheitsbewältigung einige interessante Aspekte auf. Sein Protagonist, der weltgewandte und pazifistisch gesinnte Deutsche Thomas Lieven, wird mitten im Zweiten Weltkrieg von verschiedenen Geheimdiensten zu Spionageaktivitäten gezwungen. Zwar besitzt Lieven weitgehend die typischen, »männlich« konnotierten Charakteristika eines Actionhelds. Eher ungewöhnlich erscheint jedoch, dass er sowohl beinharte Nazis als auch schöne Frauen mit seinen unwiderstehlichen Kochkünsten umgarnt. In Zeiten von Kochbüchern wie Lilo Auredens *Was Männern so gut schmeckt* (1954) oder Sofia Lorens *In cucina con amore* (1971) ist es eigentlich die selbstverständliche Aufgabe der Frau, den Geliebten kulinarisch zu erobern. Simmels kochender Macho ist sicherlich ein Einzelfall inmitten der 60er Jahre-Rebellen, deren Abwendung von der Hausmannsküche der Nazi-Eltern meist mit einer Abwendung vom Kochen überhaupt einhergeht.

Doch auch hier gab es Ausnahmen. Eine davon war das Kollektivkochbuch von Peter Fischer, *Schlaraffenland, nimm's in die Hand* (1975). Fischer definierte das Kochen hier ganz richtig als »Teil einer Lebens-Technik«, um »sich dem täglichen Elend zu widersetzen und der Zerstörung des Lebens [durch den Kapitalismus] ein Ende zu bereiten« (Reuter 2009: 173). Der Geist dieses Kochbuchs war freilich nicht deutsch, sondern international. Ihr kulinarisches Paradies fand die Linke im Ausland, insbesondere in der Toskana. Politisch unverdächtig erschien den Linken – wenn es schon etwas Deutsches sein musste – allenfalls die proletarische Currywurst, zu der sich nicht umsonst auch der frühere Bundeskanzler Gerhard Schröder lautstark bekannte. Sie ist ja auch erst eine Nachkriegserfindung – in Uwe Timms erstaunlicher Novelle *Die Entdeckung der Currywurst* (1993) wird sie gar zur gleichnishaften Speise aller verlassenen Frauen und unscheinbaren Heldinnen des Kriegs- und Nachkriegsalltags, und man schmeckt auch beim Lesen »Trümmer und Neubeginn, süßlichscharfe Anarchie« (Timm ⁴2002: 183).

Neben kulinarischer Entnazifizierung, wie sie Simmels Thomas Lieven betreibt, linker Rebellion und den – in den Worten Wolfram Siebecks – unverbesserlichen Kleinbürgern, die »in ihren Wohnküchen den Pellkartoffelmythos förderten« (Siebeck 2001), gab es dann auch noch »normale Genießer«, diese allerdings, immer Siebeck zufolge, lediglich als winzige Minderheit. Und doch begann diese Minderheit, spätestens seit der Eröffnung des Münchner Feinschmeckerlokals Tantris im Jahr 1971 (zugleich machte in München aber die erste McDonald's Filiale auf), einen neuen Trend zu initiieren, der bis heute andauert: den des kulinarischen Hedonismus. Wolfram Siebeck selbst spielte dabei Martin Reuter zufolge die Rolle eines populistischen Idealisten: Er vertrat die Ansicht, dass man den Menschen auf Dauer nicht den Anspruch auf kulinarische Verfeinerung verweigern könne, forderte also gleichsam Kaviar, Trüffel und Morcheln für alle. Dabei war er überzeugt, dass es den Konsumenten auf Dauer gelingen würde, durch höhere Ansprüche bessere Qualitäten zu erzwingen (Reuter 2009: 177 f.).

In jüngerer Zeit war Siebeck weit skeptischer geworden. Die gegenwärtig konstatierbare »Massenbewegung der kochenden Deutschen« führte, wie er meinte, nicht zu einer Verbesserung der Lebensqualität, »sondern verdankt sich dem Phänomen, daß Kochen ein Statussymbol der Mittelschicht geworden ist« (Siebeck, zit. nach Reuter 2009: 180). Auch Peter Peter geht mit den Moden der aktuellen Gastrowelle eher hart ins Gericht. Skeptisch zeigt er sich etwa gegenüber dem Trend zum kulinarisch »Regionalen«. Dieser sei zumindest nicht vergleichbar mit der italienischen *Slow Food*-Bewegung und ihrem Führer *Osterie d'Italia*, gebe es doch in Deutschland keinen Restaurantführer, der den letzten bodenständigen Gaststätten eine Chance gibt, »ohne die Eigenwerbung aufgemotzter Folkloreküche nachzubeten« (Peter 2008: 198). »Die Selbstverständlichkeit soliden deutschen Essens ist den meisten abhandengekommen«, meint Peter (2008: 198) – das Problem mit der Regionalküche sei auch, dass es an echten Kochbüchern für sie fehle und gefehlt habe. Bereits im 19. Jahrhundert habe sich keine der Kochbuchautorinnen die Mühe gemacht, das besondere Profil einer Regionalküche herauszuarbeiten (Peter 2008: 198). Deshalb sei die Nostalgie für das

Regionale auch erst in den Zeiten von Tiefkühlpizza und Tütencappuccino aufgekommen (Peter 2008: 199).

Dem heutigen Kult der Deutschen um das Essen wohne etwas Übertriebenes inne, meint auch Ullrich Fichtner. Selbst wenn wir dem gastronomischen Genuss huldigen, tun wir es offenbar nicht auf die richtige Weise:

> Es gibt zwischen den deutschen Festen und denen unserer Nachbarn grob gesprochen einen entscheidenden Unterschied, der sich mit vielen Beispielen belegen ließe: Die Spanier feiern von jeher den Schinken, nicht den Metzger, die Franzosen feiern den Käse, nicht den Käser, die Italiener den Wein und nicht den Winzer. Wir Deutschen halten es in der Regel umgekehrt, uns gilt der zünftige Meister in Lederschürze mehr als sein Produkt, wir suchen nach Sozialprestige und nicht nach kulinarischem Genuß [...]. (Fichtner [2]2004: 172)

Als schlagendes Beispiel dieser Unkultur sieht Fichtner die Volksfeste, auf denen das »esskulturelle Proletentum« auch noch gefeiert werde:

> An der Bratwurstbude herrscht die sozial klassenlose Gesellschaft, einträchtig schlingen Kinderärzte und Werkzeugdreher, Arbeitslose und Banker Rostbratwurst und Kutscherpfanne in sich hinein. Zu beobachten ist nicht ein sozial definiertes, sondern ein esskulturelles Proletentum, das die eigentliche deutsche Leitkultur geworden ist und seinen Repräsentanten paradoxerweise höchste Prestigewerte beschert. Sympathiepunkte sammelt stets, wer, wie Bundeskanzler Gerhard Schröder, seine Liebe zur Currywurst bekennt, wer, wie Bundeskanzler Helmut Kohl, den Saumagen allen feineren Genüssen vorzieht. Geschmackliche Verfeinerung dagegen [...] gilt in Deutschland immer als verdächtig, verkünstelt, snobistisch, suspekt. (Fichtner [2]2004: 177)

Haben wir also immer noch nichts von unseren romanischen Nachbarn gelernt? Wie sieht es dann aber mit der These der »Italianisierung« der deutschen Kultur aus – ein Phänomen, das angeblich ein einzigartiger Effekt der italienischen (und nicht etwa auch der chinesischen, türkischen, thailändischen) Gastronomie in Deutschland gewesen sei? Dittmar Dahlmann ist da skeptisch: »Gewiss ist inzwischen die italienische Küche in Deutschland eingebürgert, ein Teil des Lebens spielt sich auf der Straße ab, aber von einer ›Italianisierung‹ wird doch wohl kaum gesprochen werden können, wenn man eine Tiefkühlpizza in den Ofen schiebt oder bestimmte Nudelsorten kauft« (Dahlmann 2014: 203). Auch Ullrich Fichtner gibt zu bedenken, dass der »Megatrend Italien« vielleicht eher mit vielen Millionen für Werbespots in Werk gesetzt als von Konsumenten erzwungen wurde (Fichtner ^{2}2004: 99). Dass jenes »fremde Essen«, das sich in der Nachkriegszeit durch Migranten aus aller Welt in Westdeutschland etablierte, das Essverhalten der Deutschen in jedem Fall verändert hat, hat die Historikerin Maren Möhring in ihrem Buch *Fremdes Essen: Die Geschichte der ausländischen Gastronomie in der Bundesrepublik Deutschland* (2012) gezeigt. Auch wenn die Geschichte der Akzeptanz dieser kulinarischen Neuheiten nicht immer konfliktfrei verlief, hat sie entscheidend zur gegenwärtigen kulinarischen Aufgeschlossenheit der Deutschen beigetragen.

Wie man sieht, gestehen die Experten Deutschland – selbst dann, wenn sie einräumen, dass es in jüngster Zeit durchaus eine Besinnung auf kulinarischen Genuss, Qualität und Regionalität gebe, nur sehr widerwillig eine Besserung zu. Ein gewisses »kokettes Grausen« ist, wie Martin Reuter treffend bemerkt hat, bei dieser »kategorischen Distanzierung« durchaus mit im Spiel (Reuter 2009: 154 f.). Im Gegensatz zu der gut voranschreitenden Aufarbeitung der historischen Kollektivschuld scheint die kulinarische Kollektivschuld noch immer schwer auf unseren Mägen und unserem Gewissen zu lasten (Reuter 2009: 253).

Der Einzige, der in puncto Küche einen ungeteilten Optimismus an den Tag legt, ist der Philosoph und passionierte Hobbykoch Carsten Otte. In seinem jüngst erschienenen Buch *Der gastrosexuelle Mann. Kochen als Leidenschaft* (2014) vertritt er die Theorie eines neuen männlichen Subjektentwurfs, der in der

Gesellschaft immer mehr Zustimmung finde und gar das Potential habe, eine gesellschaftliche Revolution einzuläuten. Früher nämlich verbrachten die Männer ihre freie Zeit mit Briefmarkensammlungen oder Modelleisenbahnen – Hobbys, von denen der Rest der Familie nichts hatte. Ganz anders, wenn heute immer mehr »gastrosexuelle« Männer das Kochen zur Leidenschaft machen:

> Wenn Männer die Küche erobern, können sie der Familie und den Freunden etwas schenken, was mit Geld nicht zu bezahlen ist. Wenn der Mann gut kocht, macht er Frau, Kinder, Freunde und schließlich sich selbst glücklich. Am Herd wird der Mann wieder zu einem gesellschaftlichen Wesen. (Otte 2014: 244)

Um seine These zu belegen, besucht Otte den Physikprofessor und Molekularküche-Spezialisten Thomas Vilgis, er nimmt an einem Seminar zum Selberwursten auf dem Biohof Wulksfelde bei Hamburg teil, er interviewt den Chefredakteur der Zeitschrift *Beef* und besucht die *Confrérie Culinaire Internationale de la Marmite* in Bremen. All diese Erfahrungen haben eines gemeinsam: Sie spielen sich in *Deutschland* ab. Hier, meint Otte selbstbewusst, gebe es nämlich mittlerweile längst eine »ordentliche Hobbykochbewegung«, durch die wir sogar dem Stammland der *haute cuisine* etwas voraushätten. Dass in der Heimat Paul Bocuses das *Fast Food* »rasant« überhandnehme, liege ebendaran, dass besagte »Hobbykochbewegung« dort fehle, und das hänge wiederum »mit einem erschreckend konservativen Männerbild und generell sehr starren Gesellschaftsstrukturen zusammen« (Otte 2014: 203). Dazu komme dann noch die Hochbetriebsamkeit der Pariser Sternelokale, deren Hektik entspannte Genusserlebnisse zunichtemache (Otte 2014: 203). Nicht dank Tim Mälzer oder Jürgen Dollase, nicht durch *Das perfekte Dinner* oder den Regionaltrend sieht Otte die Emanzipation der deutschen Küche aus ihrer Aschenbrödelrolle herannahen, sondern durch die immer größere Schar der gastrosexuellen Männer. Aber warum müssen es ausgerechnet die Männer sein? Diese Frage führt uns geradewegs zum folgenden Kapitel.

6. Essen und Gender. Von der essbaren Frau zum kochenden Mann

Doing Food, Doing Gender

Das vorige Kapitel hat gezeigt, wie Mythen über den Zusammenhang zwischen Esskultur und nationaler (ethnischer, regionaler) Identität dazu dienen können, die Auffassung von einem unwandelbar-essentialistischen »Volkscharakter« zu bestärken. Nationale Gerichte können dabei, ebenso wie auch religiöse Speisetabus (auf die in Kapitel 7 einzugehen sein wird), mit politischen Bedeutungen aufgeladen werden. Auf individueller Ebene können sie zugleich Identität stiften oder stärken. In diesem Kapitel soll es um die Frage gehen, inwiefern mit dem Essen und mit dem Kochen zusammenhängende Mythen und Praktiken dazu beitragen können, Gender-Klischees festzuschreiben. Dass sich die Vorstellung von »männlichem« und »weiblichem« Essen und Essverhalten in den unterschiedlichsten Kulturen findet, wurde in Kapitel 4 bereits ausgeführt. Dabei gilt insbesondere das Essen von Fleisch oft als ein männlich-patriarchalisches Privileg. Stimmt es, dass der Mann Fleisch isst, während die Frau Fleisch ist, wie es Nan Mellinger auf den Punkt bringt – also eine »essbare« Beute für den Mann (Mellinger ^{2}2003: 144)? Hängt es damit zusammen, dass das Kochen auch in Zeiten des Feminismus vorwiegend als eine weibliche Rolle betrachtet wird – so sehr, dass eine Frau, die nicht oder schlecht kocht, geradezu gegen einen natürlichen Instinkt verstößt, wie es der Autor Christoph Meckel nahelegt? Wie sehr diese Ideen, bewusst oder vorbewusst, das abendländische Denken (und vermutlich nicht nur dieses) bestimmen, soll anhand von Beispielen aus der Literatur vor Augen geführt werden. Zugleich soll gezeigt werden, dass es in allen Epochen Gegenentwürfe gibt: subversive Codierungen von Mahlzeitensituationen, durch die herrschende Gender-Zuschreibungen in Frage gestellt werden. Und es gibt, neuerdings, auch Gegen-Praktiken: Männer, die das Kochen für sich reklamieren – allerdings in einer ganz anderen Weise, als Frauen dies je getan haben.

Fleisch ist nichts für Frauen

Wie teuflisch verführerisch Frauen und Essen sein können, weiss man schon seit der Geschichte von Eva und dem Apfel. Die doppelt fatale Rolle, die Eva hier spielt – sie verleitet Adam erst zu unerlaubter Gaumen- und dann zur Fleischeslust –, galt christlicher Misogynie immer als ein Beweis, dass der ungezügelte Appetit der Frauen am Anfang aller Laster steht. Als naturhaft-triebgeleitetes Wesen erschien die Frau – und dies nicht erst im Christentum – demnach anfälliger für sinnliche Versuchungen als der Mann. Daher musste sie sich bei Tisch besonders zurückhalten. Bereits in der griechischen und römischen Antike war es Frauen in der Regel untersagt, Wein zu trinken; im Mittelalter wurde ihr Weinkonsum zumindest eingeschränkt (Muzzarelli / Tarozzi 2003: 77–79). Und was das Maßhalten beim Essen angeht, liest man in Robert de Blois' *Chastoiement des dames* aus dem 13. Jahrhundert, einem Benimmbuch für adlige Damen, dass es für eine solche keine größere Unart (»vilonie«) geben könne als die Schlemmerei (»glotonie«).

Wir haben in Kapitel 4 bereits gesehen, dass der Gesellschaftskritiker Jean-Jacques Rousseau in seinem Briefroman *Julie ou la Nouvelle Héloïse* eine getrennte Speiseordnung für Männer und Frauen entwirft – er begründet diese Ordnung mit einer *natürlichen* Vorliebe der Frauen für Süßes und für vegetarische Kost. Rousseaus Postulat einer nach Geschlechtern getrennten Essordnung hat im Kontext des Romans allerdings zwei Motivationen. Julie, die Protagonistin des Romans, ist ein adliges Mädchen, das nach einer unstandesgemäßen Liebesbeziehung zu ihrem Hauslehrer mit einem Freund ihres Vaters verheiratet wird. Ihre reizarme Diät (kein Fleisch, kaum Alkohol, kaum Kaffee) soll sie von Ehebruchgedanken abbringen. In dieser Hinsicht knüpft Rousseau an die soeben evozierte, jahrhundertealte Tradition an, die die weibliche Sinnlichkeit durch das Maßhalten bei Tisch einzudämmen sucht. Andererseits entspricht Rousseaus Essordnung jedoch dem Versuch, gegen die libertine und luxussüchtige Lebensführung des französischen Adels eine paternalistisch-bürgerliche Ordnung zu etablieren. Dies impliziert, dass die weibliche Speiseordnung mit ihrer Privilegierung vegetarischer Kost in gewisser Weise auch zum Vorbild für die Männer werden sollte. Damit vollzieht Rousseau aber eine eklatante Umwertung aller Werte. Die *natürliche* Vorliebe der Frauen für »Milchspeisen und Zucker« wird nicht als Zeichen ihrer Naschhaftigkeit gedeutet, sondern als ein Zeichen ihrer Unschuld. Dies begründet sich wiederum daraus, dass Rousseau, wie schon gesehen, das herkömmliche Verhältnis von »Natur« und »Kultur« auf den Kopf stellt. Die (menschliche) Natur ist keine böse, von der Erbsünde befleckte Natur, die durch einen Zivilisationsprozess geläutert werden muss. Vielmehr wohnt in der Natur, im Instinkthaften, das Gute – dem Frauen (und Kinder) durch ihre natürlichen Vorlieben näher sein können als die erwachsenen Männer.

Die Tugenddiät, die Rousseau den Frauen verschreibt, wirkt nicht nur aufgrund des physiologischen, sondern auch aufgrund des zeichenhaften Gehalts der Speisen. Zucker und Milch sind die Basis weiblicher Sittlichkeit und symbolisieren diese zugleich. Obwohl diese Diät auf Mäßigung und Verzicht aufbaut, sollte man Rousseau aber nicht als einen lustfeindlichen Fastenprediger missverstehen, wie Michel Onfray es tut (Onfray [6]2006: 79–94). Denn Rousseau entwirft für seine Heldin eine Kunst des Genießens, eine »art de jouïr« – die Bezeichnung weist, erstaunlich genug, auf die zehn Jahre früher erschienene *Art de jouir* des materialistischen Hedonisten Julien Offray de la Mettrie hin. Freilich basiert Julies Kunst auf einer Einschränkung, die sämtlichen Genussmitteln den Wert der Seltenheit verleiht (Rousseau 1964: 541). Als Beispiel wird ihr Kaffeekonsum angeführt. Bei ihrer Mutter, wird berichtet, habe Julie täglich Kaffee getrunken; nun, als verheiratete Frau, tue sie dies nur zu festlichen Anlässen (Rousseau 1964: 552). Tatsächlich ist Kaffee im 18. Jahrhundert ein umstrittenes Gebräu: Gilt er den einen als ein antierotisches Getränk, so fürchten ihn die anderen als Aphrodisiakum. Rousseau meint offenbar, dass Kaffee, wie Fleisch und Alkohol, die weibliche Tugend gefährdet. Auch wenn er seiner weiblichen Figur die Aufgabe zuweist, die Rückbesinnung auf eine »naturnahe« Speiseordnung mit Genuss und Lebensfreude zu vereinbaren, bestätigt Rousseau zugleich eine alte Hierarchie, nach der die nahrhaftere und prestigereichere Kost den Männern vorbehalten ist: Fleisch ist nichts für Frauen.

Dass die Diät von Rousseaus Romanheldin sie letztlich vor dem Ehebruch bewahren soll – was im Roman niemals explizit gesagt wird –, hat keiner so gut verstanden wie der Schriftsteller Honoré de Balzac. Wie schon Rousseau glaubt Balzac an einen Zusammenhang zwischen einer Ernährungsweise und dem »Charakter« einer Person oder einer Nation. So spekuliert er in seinem *Traité des excitants modernes* (1839), in dem er die verderblichen Wirkungen der neuen Genussmittel Schokolade, Tee, Kaffe, Alkohol, Tabak und Zucker darlegt, über einen Zusammenhang zwischen dem Niedergang Spaniens und seinem Schokoladenkonsum und sieht auch für Frankreich aufgrund des exzessiven Verbrauchs von Tabak und Zucker sowie von Kartoffeln (anstelle des Weizens) düstere Zeiten kommen (Balzac 1994). Diese Erkenntnis kann man sich jedoch auch gezielt zunutze machen. So vertritt Balzac in seiner *Physiologie du mariage* (1829), einem Traktat für Ehemänner, die sich die Treue ihrer Frau sichern wollen, eine »Hygiène du mariage«, welche die Willens- und Lebenskraft der Frauen derart schwächen soll, dass ihnen jede Energie zum Ehebruch verlorengeht. Wie bei Rousseau basiert Balzacs System also auf einer Beinflussung der Psyche durch physische Faktoren: »Es handelt sich um eine Reaktion des Gemüts, die durch physische Heimsuchungen und durch die sachkundigen Abstufungen einer geschickt gelenkten Diät erzielt wird« (Balzac 1980: 1023). Doch während Rousseau im Namen der Natur für eine gesunde, aktive Lebensführung plädierte, schreibt Balzac – im Namen der Abtötung des Willens – das müßige Leben in geschlossenen, stickigen Räumen vor (Balzac 1980: 1025). Und obwohl er sich explizit auf Rousseaus *Nouvelle Héloïse* beruft, um die Zweckmäßigkeit der vegetarischen Kost darzulegen, ist sein Zweck abermals nicht die Gesundheit, sondern die Schwächung des psychophysischen Systems:

> Wird denn, Jean-Jacques, durch die bezaubernde Stimme Julies, Ihrer Frau, nicht bewiesen, dass sie eine unendliche Anmut an den Tag legen wird, wenn sie ihren zarten Magen und ihren göttlichen Mund nicht entehrt, indem sie ihren Chylus aus unfeinen Stücken vom Rind und aus riesigen Teilen vom Schaf gewinnt? Gibt es etwas Reineres auf der Welt als dieses reizende Gemüse, das immer frisch und geruchlos ist, diese bunten Früchte, diesen Kaffee, diese duftende Schokolade, diese Orangen, Goldäpfel der Atalanta, die Datteln aus Arabien, die Kekse aus Brüssel, gesunde und anmutige Nahrung, die zufriedenstellende Ergebnisse erzielt und zugleich der Frau ich weiss nicht welche geheimnisvolle Originalität verleiht? […] Pythagoras hat ihre Leidenschaft zu sein, gerade so, als sei Pythagoras ein Pudel oder ein Äffchen. (Balzac 1980: 1026, meine Ü., Chr. O.)

Als Pythagoras-Anhängerinnen (also Vegetarierinnen) sollen sich die Ehefrauen zu ätherisch-tugendhaften Wesen entwickeln. Der versteckte Sadismus einer solchen »Hygiene« äußert sich recht deutlich, wenn Balzac dem Ehemann die häufige Anwendung von Blutegeln empfiehlt (Balzac 1980: 1026). Balzacs »Hygiène du mariage« ist eine regelrechte Perversion von Rousseaus System. Doch mit ihr tritt auch jene latente Perversion zutage, die schon Rousseaus diätetischem Konzept zugrunde liegt.

Durch kindliche Speisen wird die Frau im Zustand der Unmündigkeit gehalten. Sie steht der Natur damit näher als der Mann, doch neben den Gefährdungen der Kultur bleiben ihr auch deren Möglichkeiten der Selbstbestimmung und der Bewusstseinserweiterung verschlossen.

Die essbare Frau

»[...] sie scheint dir eine Fee / mit ihrem blonden Haar, / das anzuschauen ist / wie Flechten aus schön weichem Käse: / die Stirne wie ein Spiegel, jedes Auge sagt dir etwas, und du siehst / Lippen wie zwei Schinkenschnitten« (Basile 2000: 123) – diese in Giambattista Basiles barocker Märchensammlung *Lo cunto de li cunti (Das Märchen der Märchen)* beschriebene schöne Frau, deren Haar und Lippen nicht mit Gold und Rubinen, sondern mit Käse und Schinken verglichen werden, ist wohl als Parodie auf das ätherische Weiblichkeitsideal der petrarkistischen Lyrik zu verstehen (De Rosa 2015). Einer unerreichbaren, keuschen Dame wird hier offenbar eine vorgezogen, die schon durch ihr Aussehen sinnlichen Genuss verheißt. Ein paar hundert Jahre später, bei Guy de Maupassant, nimmt das Motiv der essbaren Frau ganz andere, dezidiert sozialkritische Töne an. Die in der Novelle *Boule de suif* (1880; dt. *Fettklößchen*) erzählte Geschichte spielt sich während des deutsch-französischen Kriegs von 1870/71 ab. In der von den Deutschen besetzten Normandie suchen zehn Menschen von sehr unterschiedlichem sozialen Stand, nach Le Havre zu gelangen, um von dort aus nach England zu fliehen. Das sind einmal drei Ehepaare, die jeweils den Adel, das Groß- und das mittlere Bürgertum repräsentieren; sie nehmen in der Kutsche – so der ironische Erzählerkommentar – »den Rücksitz des Wagens ein, diejenige Seite also, welche den wohlsituierten, selbstzufriedenen, machtbewußten Gesellschaftsklassen zukam, Menschen mit dem Privileg der Ehrbarkeit, mit Religion und sittlichen Grundsätzen« (Maupassant 2015: 13). Dann gibt es noch zwei Nonnen und den alkoholsüchtigen »Demokraten« Cornudet, den »Schrecken der guten Gesellschaft« (Maupassant 2015: 13). Und schließlich eine Prostituierte, die aufgrund ihrer rundlichen Figur von allen »Fettklößchen« genannt wird. Trotz ihrer Drallheit (oder deswegen) ist sie »appetitlich« und hat viel Kundschaft, »denn ihre Frische war vergnüglich anzusehen« (Maupassant 2015: 14). Ihre dicken Finger sehen aus wie »Bündel kurzer Würstchen«, ihr Gesicht gleicht einem rotbackigen Apfel – kurz, sie ist zum Anbeißen (Maupassant 2015: 14). Ihre »anständigen« Mitreisenden ignorieren das Mädchen selbstverständlich, nachdem sie ein paar verächtliche Worte über sie haben fallenlassen. Doch die Reise zieht sich hin, weit und breit ist kein Gasthof zu sehen, und bald denken alle Reisenden nur an das eine: Essen. Der schmierige Weinhändler Loiseau, der soeben geschworen hat, er würde tausend Francs für einen Schinken geben, schlägt zum Spaß vor, man solle es so machen wie in einem populären Seemannslied und den fettesten aller Reisenden schlachten.[22]

Diese Anspielung auf Fettklößchen schockiert die wohlerzogenen Insassen des Wagens, die nicht darauf reagieren. Gegen drei Uhr nachmittags endlich zieht Fettklößchen unvermittelt einen großen, reichlich mit Reiseproviant gefüllten Korb hervor:

> Zunächst kamen ein kleiner Steingutteller und ein hübscher, silberner Becher zum Vorschein, dann eine bauchige Terrine mit zwei tranchierten, im eigenen Gallert eingekochten Hühnchen; und des weiteren war im Korbe eine Fülle anderer, säuberlich eingewickelter Dinge zu bemerken, Pasteten, Früchte, Leckerwerk, Vorräte für eine dreitägige Reise, die der Besitzerin sämtliche Gasthausküchen entbehrlich machten. Vier Flaschenhälse schauten zwischen den Futterpaketen hervor. Sie langte sich einen Hühnerflügel und begann ihn zierlich mit einem jener Weißbrötchen zu verspeisen, die in der Normandie Regentenbrötchen genannt werden. (Maupassant 2015: 17 f.)

Nachdem sie sich ein wenig geziert haben, nehmen ihre Mitreisenden sehr gerne von ihren Vorräten, so dass der Korb, der ihr für die gesamte Reise reichen sollte, bald leer ist. Aber:

> Nun konnte man aber nicht gut die gesamten Vorräte dieses Mädchens aufessen, ohne sich mit ihm zu unterhalten. So begann man denn mit Fettklößchen zu plaudern, anfänglich ein wenig reserviert, dann jedoch, als sie sich recht gut benahm, immer freundlicher. Zumal die Gräfin entwickelte jene reizende Herablassung sehr distinguierter Damen, die ein Zufallsumgang nicht entwürdigen kann; sie war einfach charmant. (Maupassant 2015: 20)

Für einen Augenblick scheint es, als habe das gemeinsame Essen die sozialen Schranken außer Kraft gesetzt. Doch dann wird die Gesellschaft von einem preußischen Offizier in ihrer Reise aufgehalten. Er hat es sich in den Kopf gesetzt, Fettklößchens Dienste in Anspruch zu nehmen, die aber in ihrem Patriotismus nichts davon wissen will. Erst nach einigem guten Zureden der Reisegefährten, die ja ihre Fahrt fortsetzen wollen, geht sie mit dem Feind ins Bett. Am Morgen danach kann die Reise weitergehen; Fettklößchen sitzt beschämt in der Kutsche; niemand spricht mehr mit ihr. Als wenige Zeit später ihre Mitreisenden beginnen, »geruhsam« den mitgebrachten Proviant zu verzehren, muss Fettklößchen, die diesmal nicht daran gedacht hat, etwas zu besorgen, zusehen:

> Keiner schaute zu ihr hin, keiner kümmerte sich um sie. Sie fühlte, wie sie ertrank in der Verachtung dieser ehrbaren Lumpen, die sie zuerst geopfert und dann wie einen unnützen Drecklappen fortgeworfen hatten. Dann dachte sie an ihren großen Korb mit all den guten Dingen, die sie gierig verschlungen hatten, an die beiden geleebibbernden Hühnchen, die Pasteten, die Birnen, die vier Flaschen Bordeaux, und plötzlich zerplatzte ihre Wut gleich einer zu straff gespannten Saite, die zerreißt, und sie fühlte sich den Tränen nahe. (Maupassant 2015: 53, Ü. leicht abgeändert)

Fettklößchen, die Prostituierte mit dem edlen Herzen, steht hier als Opfer einer heuchlerischen und opportunistischen Gesellschaft da. Wenn sie zu Beginn der Novelle so überdeutlich als ein »essbares« Wesen dargestellt wird, so wird dadurch ihre spätere Opferrolle schon präfiguriert. Auch der »kannibalische« Witz des Weinhändlers, man solle doch Fettklößchen als die Fetteste der Reisegesellschaft schlachten, macht deutlich, dass Maupassant mit seiner Novelle eine Form des gesellschaftlichen Kannibalismus anprangern möchte. In der Krisensituation des besetzten Frankreichs tritt die Skrupellosigkeit der herrschenden Klassen umso deutlicher hervor. Fettklößchens »Essbarkeit« spielt so einerseits auf ihre sozial prekäre Position an, die es ihren Mitreisenden erlaubt, sie ohne weiteres zu manipulieren und auszubeuten, andererseits auf ihre Profession, die sie zum konsumierbaren Sexobjekt macht. Zugleich zeigt das Nahrungsmotiv jedoch den moralischen Ressourcenreichtum der edlen Dirne an.

Essbare Frauen sind in der Literatur des französischen Realismus und Naturalismus nicht selten: Auch Émile Zola vergleicht die Protagonistin seines Roman *Der Totschläger* (*L'Assommoir*, 1877) mit einer fetten Gans, die ihre Mitmenschen dazu einzuladen scheint, sie zu »rupfen«. Mit seiner Inszenierung einer essbaren Frau greift Maupassant eine im 19. Jahrhundert gängige Codierung auf, die »Sexualität« meint, wenn sie »Essen« sagt. Fettklößchens Esslust und die Großzügigkeit, mit der sie ihr Essen an die Mitreisenden verteilt, zeigen, dass sie auch sonst generös sein kann. Ihr Patriotismus ist jedoch stärker als ihre Lustbereitschaft. Die Mitreisenden, die sie zur Prostitution an den deutschen Offizier überreden, werden in der Schlussszene durch ihr eigensüchtiges Essverhalten entlarvt. Der Nahrungscode hat nun nicht mehr vorrangig die Funktion, Sexuelles oder Sinnliches zu codieren; vielmehr prangert er nun die ausbeuterische und asoziale Haltung von Klerus, Bürgertum und Adel an.

*

Nicht metaphorisch, sondern als in die Realität umgesetzte Männerphantasie erscheint die essbare Frau bei den italienischen Futuristen – die bekanntlich auch in ihren neuartigen Kochrezepten vor keiner Geschmackslosigkeit zurückschraken. Die 1935 von Filippo Tommaso Marinetti und Fillìa herausgegebene *Futuristische Küche* (*La cucina futurista*) ist ein Sammelsurium aus polemischen Angriffen gegen die traditionelle Kochkunst, Anweisungen für Menüs, die der Gast mit allen Sinnen wahrnehmen sollte und die zugleich einen politisch-faschistischen Zeitgeist ausdrücken wollten, und Anekdoten, die selbstherrlich die futuristische Weltanschauung zelebrieren (Marinetti / Fillìa 1998). Einleitend beschreiben die Autoren, wie sie einem an Liebeskummer leidenden Freund aus der Not halfen: durch 22 essbare Skulpturen, die die »sanfte Attraktivität der schönsten Frauen« (»magnetismo soave delle donne più belle«, Marinetti / Fillìa 1998: 12) in Kunstwerken aus Mehl, Kakao, Milch und Honig, Datteln und Bananen zur komestiblen Perfektion geraten lassen. Ihre pygmalionischen Anstrengungen kommentieren sie wie folgt:

> Wir lieben die Frauen. Oft haben wir uns mit tausend gierigen Küssen gequält im Verlangen, eine von ihnen zu essen. Nackt erschienen sie uns immer noch in fataler Weise bekleidet. Ihr Herz schien uns, wenn es vom höchsten Liebesgenuss ergriffen war, die ideale Frucht, die es zu beißen, zu kauen, auszusaugen galt. Alle Formen des Hungers, die die Liebe auszeichnen, haben uns beim Erschaffen dieser genialen Werke, die Werke von unersättlichen Zungen sind, geleitet. (Marinetti / Fillìa 1998: 13, meine Ü., Chr. O.)

Das vollendetste dieser essbaren Kunstwerke aber heisst *Le curve del mondo e i loro segreti* (Die Kurven der Welt und ihre Geheimnisse): eine weibliche Gestalt mit smaradgrünen Augen, die erotische und koloniale Phantasien in sich vereint (»die süße Anziehungskraft der schönsten Frauen und des schönsten erträumten Afrikas« (Marinetti 1998: 12). Weil diese Werke aber nicht nur mit Augen und Händen, sondern auch mit Zähnen, Zunge und

Eingeweiden rezipiert werden sollen, schreitet der unglücklich verliebte Futurist Giulio des Nachts zur Tat. Er begibt sich zum Meisterwerk und – isst es auf. Nachdem er die gesamte Skulptur vertilgt hat, fühlt sich Giulio endlich, »das flüchtige Ewig-Weibliche im Magen eingeschlossen«, von seinen Leiden befreit (Marinetti 1998: 14 f.). Wie wir noch sehen werden, hat Margaret Atwood in ihrem Roman *The Edible Woman* eine direkte Replik auf männliche Kolonialphantasien dieser Art vorgelegt.

Wie in Kapitel 2 erwähnt, gibt es in der weiblichen Lebenspraxis eine unbewusste Reaktion auf männliche Maßregelungs- oder Einverleibungswünsche: die Anorexie. In der Vormoderne trat sie insbesondere in der Form des »heiligen Fastens« auf (Habermas 1990: 36–50, hier 44).

Wird hier der fastende Körper zum Zeichen weiblicher Auflehnung, so findet sich in einer Novelle aus Boccaccios *Decamerone* eine ganz andere, jedoch gleichfalls auf der Ebene des Alimentären ausagierte Form der Verweigerung. Die Protagonistin der Novelle ist die Markgräfin von Monferrato, die weithin für ihre Schönheit und Tugendhaftigkeit berühmt ist. Ihr Mann hat sich aufgemacht, um an dem von Friedrich Barbarossa und Richard Löwenherz angeführten Kreuzzug teilzunehmen. König Philipp II. von Frankreich, auch Anführer dieses Kreuzzugs, ist ebenfalls im Begriff, sich einzuschiffen. Doch er hat von der schönen Markgräfin so viel gehört, dass er sich (ohne sie jemals zu Gesicht bekommen zu haben) in sie verliebt hat. Er beschließt daher, sich in Genua einzuschiffen, um auf dem Weg dorthin einen Abstecher ins Monferrato machen zu können. Die kluge Dame begreift sofort, was der König im Schilde führt. Sie lässt ihn aber mit allen Ehren empfangen und schickt sich an, ihm ein ganz besonderes Festmahl zu bereiten. Als der König eintrifft, findet er prächtig geschmückte Zimmer und vortreffliche, teure Weine vor (Boccaccio 2001: 73). Zum Essen aber bekommt er nichts als Hühner vorgesetzt – Hühner in verschiedenartiger Zubereitung, aber eben Hühner.

Das wundert den König, weiß er doch, dass es in dieser Ge-

gend genügend Wild geben muss, um ihn damit königlich zu bewirten. Und so fragt er die Dame scherzhaft, ob es denn in ihrem Land nur Hühner und keinen einzigen Hahn gebe? Daraufhin antwortet sie: »Nein, mein Herr, aber auch wenn die Frauen nach Kleid und Rang unterschiedlich aussehen, so sind sie doch hier ebenso gebaut wie anderswo« (Boccaccio 2001: 73). »Als der König« – so heißt es weiter – »diese Worte hörte, verstand er nur zu gut, warum sie ihn zu einem Hühnerschmaus eingeladen hatte, und er begriff, welche Tugend sich unter ihren Worten verbarg; er erkannte, dass bei einer solchen Frau alle weiteren Worte umsonst waren und dass Gewalt nicht statthaft war – so unbedacht er sich in sie verliebt hatte, so weise tat er also daran, die unrühmliche Glut um seiner eigenen Ehre willen auszulöschen« (Boccaccio 2001: 75). Indem die Markgräfin behauptet, dass alle Frauen letztlich gleich seien, beweist sie, dass dies gerade auf sie nicht zutrifft: Sie ist eben kein dummes Huhn, das man beiläufig vernaschen könnte.

*

Boccaccios Markgräfin rebelliert gegen das »Gegessenwerden«, indem sie dem König ein zeichenhaftes Mahl vorsetzt – ein Hühnermahl, das als Substitut ihres Körpers dient. Ein ähnliches symbolisches Mahl findet sich auch am Ende von Margaret Atwoods Debütroman *The Edible Woman* (1969), den die Autorin selbst als einen protofeministischen Roman bezeichnet hat (Atwood 2000: 10). Die Protagonistin, Marian McAlpin, ist ein »vernünftiges« junges Mädchen (so ihre Selbsteinschätzung, die sich mit jener ihres Verlobten deckt). Sie arbeitet in einem Institut für Marktforschung, wird ihren Beruf jedoch nach der Heirat mit Peter, einem aufstrebenden Rechtsanwalt mit konservativen Ansichten, aufgeben. Unvermittelt beginnt Marian, die sonst einen robusten Appetit hatte (Atwood 2000: 257), an Essstörungen zu leiden. Zunächst kann sie kein Fleisch mehr essen, doch bald muss sie auch auf Eier (Atwood 2000: 202), Gemüse (Atwood 2000: 224), am Ende sogar Kuchen und Brot verzichten, da ihr

Körper mit Brechreiz reagiert. Dabei ist ihre Anorexie weder von einem Schlankheitswunsch noch von vegetarischen Neigungen bestimmt (Atwood 2000: 218). Marian empfindet keinerlei Hass auf den eigenen Körper, und sie entscheidet sich nicht bewusst gegen das Essen bestimmter Lebensmittel. Es ist eher so, dass sie sich mit den vor ihr liegenden Nahrungsmitteln zu identifizieren beginnt:

> Sie wurde sich der Karotte bewußt. Es ist eine Art Wurzel, dachte sie, sie wächst im Boden und treibt oben Blätter. Dann kommen Leute und reißen sie heraus, vielleicht gibt sie dabei sogar einen Laut von sich, einen Schrei, der für unsere Ohren zu leise ist, aber sie stirbt nicht auf der Stelle, sondern lebt weiter, jetzt, in diesem Moment, ist sie immer noch am Leben … (Atwood 2000: 224)

Zugleich leidet Marian an Angstphantasien, die am Abend der Party, die ihr Verlobter wenige Wochen vor der Hochzeit gibt, ihren Gipfel erreichen. Marian fühlt sich von Peter verfolgt, als dieser sie fotografieren will. Sie identifiziert dessen Fotoleidenschaft mit seiner früheren Leidenschaft für die Jagd, sich selbst aber mit der Beute. Ihre Essstörung rührt also daher, dass sie sich selbst zunehmend als ein essbares Objekt empfindet. Diese Erkenntnis erreicht Marian jedoch erst, indem sie in ihrer Küche tätig wird:

> Sie brauchte etwas, wo man ohne Worte auskam, sie wollte nicht in eine Diskussion verstrickt werden. Eine Möglichkeit zu erkennen, was real war: einen Test, so schlicht und direkt wie Lackmuspapier. […] Im Supermarkt ging sie systematisch durch alle Gänge […] Ihre Vorstellung nahm Form an. Eier. Mehl. Zitronen fürs Aroma. Zucker, Puderzucker, Vanille, Salz, Lebensmittel-Farbstoffe. […]
>
> Sie holte den Kuchen vom Sims, prüfte, ob er kalt genug war. Dann begann sie mit der Operation. Zunächst teilte sie ihn flach in der Mitte durch. Eine Hälfte setzte sie mit der flachen Seite nach unten auf die Platte. Sie höhlte sie teilweise aus und formte aus dem Material einen Kopf. An den Seiten schnitt

> sie eine Taille ein. Aus der anderen Hälfte machte sie Streifen für Arme und Beine. Der Kuchen war geschmeidig, leicht zu behandeln. Sie klebte die verschiedenen Teile mit dem weißen Zuckerguß zusammen und überzog die von ihr geschaffene Figur mit der restlichen Glasur. (Atwood 2000: 332–335)

Marian macht eine Frau aus Kuchen, zunächst ohne genau zu wissen, weshalb:

> Ihre Schöpfung starrte zu ihr hoch, das Gesicht puppenhaft und leer bis auf den kleinen silbernen Schimmer von Intelligenz in jedem grünen Auge. Bei der Arbeit war sie beinahe fröhlich gewesen, aber nun, wo sie ihr Werk sinnend betrachtete, wurde sie nachdenklich. So viel Arbeit steckte in der Dame, und was würde mit ihr geschehen?
>
> »Du siehst köstlich aus«, sagte sie ihr, »richtig appetitanregend. Und genau das wird dir passieren; das hat man davon, wenn man eßbar ist.« (Atwood 2000: 36)

Als Marians ergrimmter Freund jedoch am Wohnzimmertisch sitzt – Marian hatte die Party am Abend zuvor fluchtartig verlassen –, bekommt die »essbare Frau« eine präzise Bedeutung:

> Sie ging in die Küche und kam mit der Platte zurück [...]. Sie kniete nieder und stellte die Platte auf dem Kaffeetisch vor Peter ab.
>
> »Du hast versucht, mich zu vernichten, nicht wahr«, sagte sie. »Du hast versucht, mich zu assimilieren, zu absorbieren. Aber ich habe dir einen Ersatz gemacht, etwas, was du viel lieber mögen wirst. Was du eigentlich immer gewollt hast. Ich werde dir eine Gabel holen«, fügte sie etwas prosaisch hinzu.
>
> Peter starrte von dem Kuchen auf ihr Gesicht und zurück. Sie lächelte nicht.
>
> Seine Augen weiteten sich erschreckt. Anscheinend fand er sie nicht albern. (Atwood 2000: 338)

Allerdings wird es dann nicht Peter sein, der den Kuchen verschlingt, sondern Marian selbst – zum Entsetzen ihrer Mitbewohnerin Ainsley, obwohl diese im Gegensatz zu Marian alles andere als ein »vernünftiges« Mädchen ist. Was Ainsley aber mit dem entsetzten Ausruf »Du lehnst deine Weiblichkeit ab!« (Atwood 2000: 339) quittiert, würden wir heute wohl eher als einen Akt der Selbstaneignung bezeichnen. Obwohl Atwood es bewusst vermeidet, die Protagonistin als eine Magersüchtige darzustellen, zeigt Marian eine für Magersüchtige typische Angst, die Konturen zu verlieren, sich aufzulösen: »Im Hinunterschauen wurde sie auf das Wasser aufmerksam, das mit einem Film von kalkigen Hartwasserpartikeln aus Schmutz und Seife bedeckt war, und auf den Körper, der darin saß und irgendwie nicht mehr ganz ihr gehörte. Ganz plötzlich hatte sie Angst, daß sie in Auflösung begriffen war, Schicht um Schicht auseinanderging wie ein Stück Papier in einer Pfütze« (Atwood 2000: 273 f.). Entsprechend hat Massimo Recalcati die gegenwärtige Anorexie als eine imaginäre »Verfestigung des Subjekts« (»solidificazione del soggetto«) beschrieben: Der anorektische Körper strebt danach, eine geschlossene, kompakte, selbstgenügsame Monade zu werden (Recalcati 2010: 91). Im Gegensatz zu einer echten Anorektikerin macht Marian dabei nicht den eigenen Körper (oder vielmehr ein Körperideal) zum alleinigen Objekt des Begehrens. Doch die Angst vor Auflösung, auf die ihr Magen mit einer zunehmenden »Verschließung« reagiert, macht überdeutlich, wie sehr das Problem der Identitätsfindung hier abermals über das Essen ausgetragen wird.

Eben darum – personale Identitätsfindung – geht es in Boccaccios mittelalterlichem Mahl freilich noch nicht. Die Grenzen, die es hier zu verteidigen gilt, sind nicht die individuellen Körpergrenzen der weiblichen Protagonistin, sondern die Grenzen des sozialen Anstands. Die Markgräfin wahrt in erster Linie ihre schichtspezifische Identität, indem sie nicht zur Geliebten des Königs wird – so wie Essenshandlungen im *Decamerone* fast immer dazu dienen, eine positive Berücksichtigung sozialer Distinktionen vorzuführen. Dagegen erlebt Atwoods Marian eine bedrohliche Auflösung ihrer persönlichen Identität, der sie Einhalt gebietet, indem sie ihren (symbolischen) Körper zuletzt nicht dem Mann, sondern sich selbst zum Genuss anbietet.

Frauen essen – Tiere essen?

Schweinereien

In dem Roman *Schweinereien* (1998, Original: *Truismes*, 1996) von Marie Darrieussecq erzählt eine junge Frau von seltsamen Verwandlungen, die sie an ihrem Körper bemerkt. Seit kurzer Zeit hat sie eine Anstellung als Verkäuferin in einem Parfümgeschäft erhalten – ein recht seltsames Geschäft, in dem »Massagen« angeboten werden und das nach und nach zunehmend von männlichen Kunden besucht wird. Da ihr Chef aber mit ihr zufrieden ist und gut an ihr verdient, unterwirft sie sich den Gelüsten ihrer Kunden, obwohl sie diese immer mehr als »tierisch« empfindet. Ihre Heißhunger- und Übelkeitsattacken schreibt sie zunächst einer Schwangerschaft zu. Doch auch nachdem sie eine Abtreibung hat vornehmen lassen, geht die unaufhaltsame Verwandlung ihres Körpers weiter: Sie nimmt zu, obwohl sie nur noch Salat und Äpfel isst, ihre Hautfarbe wird immer rosiger, ihr Haar fällt aus und auf ihrem Körper beginnen Borsten zu wachsen. In einer ersten Phase scheint sie die Verwandlung in den Augen der Männer sogar noch attraktiver zu machen. Erst als die Protagonistin beginnt, selbst sexuelle Gelüste zu verspüren, und sich aus ihrer bisherigen Rolle als passives Sexobjekt befreit, sind einige Kunden und ihr Chef irritiert.

Nachdem die Verwandlung so weit gegangen ist, dass die Protagonistin kaum noch auf zwei Beinen laufen kann, verliert sie ihren Job und ihren Freund. Sie lebt eine Zeitlang in der Kanalisation, wird für die Werbekampagne eines rechtsextremen Politikers missbraucht und flüchtet sich in ein Vorstadthotel. Dort gewinnt sie, dank häufiger Duschen und einer Liebesgeschichte mit dem Araber, der in dem Hotel putzt, allmählich ihr menschliches Aussehen wieder. Dann kommt »Edgar« an die Macht, alle Araber werden exiliert, Obdachlose und Kranke im Namen der »Gesundheit« beseitigt. Nachdem sie versucht hat, sich Edgars Gunst durch eine Denunziation zu sichern, verwandelt sich die Protagonistin wieder in ein Schwein. Zuletzt führt sie eine glückliche Liebesbeziehung mit dem Wolfsmann Yvan, mit dem sie ein Outlaw-Leben führt. Nachdem Yvan erschossen wird, gerät sie in die Gefangenschaft ihrer eigenen Mutter, die eine Schweinefarm betreibt und prompt den Metzger auf sie loslassen möchte. Doch es gelingt ihr, sich in ein menschliches Wesen zurückzuverwandeln und ihre Mutter zu erschießen. Danach zieht sie sich zurück in den Wald, wo sie, vorwiegend in tierischer Gestalt, mit ihrer neuen Schweinefamilie lebt.

Darrieussecqs Roman hat bei einigen Rezensenten heftige Irritationen hervorgerufen. Der etwas chaotische Plot überzeugt zugegebenermaßen nicht immer, und manches in dieser apokalpytischen Gesellschaftsvision mag auch eine »Zeitgeistsottise« (so Hajo Steinert in einer Rezension für *Die Zeit*) sein. Dennoch hat die Autorin mit ihren *Schweinereien* einen neuralgischen Punkt der heutigen feministischen Debatte getroffen. Der Titel des Romans, *Truismes*, enthält eine Anspielung auf frz. »truie« (»Sau«), verrät aber zugleich etwas über das Konstruktions- und Stilprinzip des Buches. Der Begriff »Truismus« (von engl. »true«) bezeichnet einen Gemeinplatz, eine Banalität oder aber eine Halbwahrheit. Stilistisch entspricht dies dem beiläufigen Ton, mit dem die Protagonistin etwa erwähnt, dass sie bei ihrem Einstellungsgespräch auf dem Schoß des künftigen Arbeitgebers sitzt und sich von ihm die Brüste betasten lässt. Der kontinuierliche Missbrauch, den sie durch die Männerwelt erfährt, aber auch ihre eigene Einwilligung werden so erzählt, als handle es sich dabei um etwas ganz Selbstverständliches, geradezu Banales. Kompositorisch setzt sich der Roman insofern aus »Truismen« zusammen, als hier gezielt alle Versatzstücke einer feministischen Gesellschaftskritik in materiell greifbare »Wahrheiten« verwandelt werden. Diese »Truismen« sollen nun im Einzelnen betrachtet werden.

Die sukzessiven Verwandlungen, die die Protagonistin durchmacht, sind zwar keine rein subjektiven (sie werden auch von anderen wahrgenommen), sie lassen sich jedoch immer als Materialisierungen psychischer Zustände beziehungsweise der

Selbsteinschätzung der Protagonistin verstehen. So bemerkt die Erzählerin ihren etwas zu »speckigen« Bauch, während sie sich mit den Fotos der Models, die überall im Parfümgeschäft hängen, vergleicht. Die Selbstverachtung, die der Vergleich mit dünneren Frauen in ihr auslöst, und die entsprechenden Abmagerungsversuche werden immer wieder thematisiert – zugleich wird der Hunger als schambesetzter und tierischer Instinkt empfunden. Als »Sau« fühlt sich die Protagonistin auch, als sie bei ihrer Prostitution im Parfümgeschäft selbst sexuelle Gelüste entwickelt. Die negative Reaktion ihres Arbeitgebers repräsentiert (klischeehaft) die Perspektive einer patriarchalischen Gesellschaft, die die Frau zu einem Objekt macht, das der Befriedigung der Männer dienen soll, selbst aber keine Lust empfinden darf. Nur an einer Stelle des Romans ist die Verwandlung in ein Schwein eindeutig durch eine moralische Verfehlung der Protagonistin motiviert. Die Rückverwandlung in ein menschliches Wesen geschieht dagegen einmal in einer Phase der gleichberechtigten Liebesbeziehung, ein andermal durch das Lesen von Büchern, zuletzt aufgrund der Bedrohung durch die eigene Mutter. Während der Beziehung zum Wolfsmann scheinen der tierische und der menschliche Zustand harmonisch zu koexistieren. Auch deshalb kann die Verwandlung in ein Schwein nicht als ein durchweg negativer oder nur passiv erlittener Zustand gedeutet werden.

Der Roman stellt eine deutliche Verbindung zwischen Feminismus und Vegetarismus her. Die Protagonistin entwickelt einen zunehmenden Widerwillen gegen Fleisch. Als sie von ihrem wohlmeinenden Freund Schweinefleisch vorgesetzt bekommt, erbricht sie sich und hat dann »blutige« Träume. Die Essstörung funktioniert hier ganz ähnlich wie in Atwoods *Die essbare Frau* – sie ist motiviert durch eine (unbewusste) Identifikation mit den Tieren als Opfern menschlicher Esslust und durch das (gleichfalls unbewusste) Empfinden, selbst ein konsumierbares Objekt zu sein. Der Witz von Darrieussecqs Roman liegt aber nun genau darin, dass man es ebenso gut als vehement feministisches (und vegetarisches) Pamphlet oder, ganz im Gegenteil, als Ridikülisierung radikalfeministischer Positionen lesen kann. Eigentlich scheint es der Autorin jedoch darum zu gehen, typische Obsessionen, Zweifel und Ängste der Frauen in westlichen Konsumgesellschaften auf unverkrampfte Weise – aber doch schonungslos – darzustellen. Der »naturverbundene« Zustand, den die Protagonistin am Ende erreicht, bedeutet eine humoristische Absage an alle ästhetischen Normierungs- und Optimierungszwänge, aber auch eine Absage an die menschliche Gesellschaft überhaupt.

Darrieussecqs Bestseller provoziert seine Leserschaft durch die Darstellung einer »schweinischen« Frau. Nicht minder schockierend ist das Bild, mit dem das in den USA überaus erfolgreiche Buch *The Sexual Politics of Meat. A Feminist-Vegetarian Critical Theory* (1990) von Carol Adams seine Leserinnen konfrontiert. Entspannt in einem Sessel zurückgelehnt, sieht man ein Ferkel in Unterhose.

Carol J. Adams beschreibt das Bild wie folgt:

> Ein munteres, erotisches Persönchen posiert neben seinem Drink: Es trägt nur ein Bikinihöschen und aalt sich auf einem großen Sessel, sein Kopf verführerisch auf einem Spitzendeckchen ruhend. […] Seine Augen sind geschlossen; sein Gesichtsausdruck strahlt Lust, Entspannung, Verführung aus. Es berührt seinen Schritt in einer hingebungsvollen, masturbierenden Geste. Die Anatomie der Verführung: Sex-Objekt, Drink, einladende Kulisse, sexuelle Aktivität. Die Formel ist vollständig. Doch nicht eine Frau lockt hier. Ein Schwein tut es. (Adams ^{3}2010: 64, meine Ü., Chr. O.)[23]

Das Foto wurde erstmals in dem Parodie-Magazin *Playboar* publiziert – eine Parodie auf *Playboy*, die Frauen durch Tiere (bevorzugt Schweine) ersetzt. Schweine, die wie Pin-ups daherkommen, oder Fleischstücke, die den weiblichen Körper evozieren, sieht man jedoch auch auf amerikanischen Werbebildern für Barbecue-Events oder überhaupt Werbungen für Lebensmittel, in denen das angepriesene Konsumgut als verführerischer weiblicher Körper dargestellt wird.

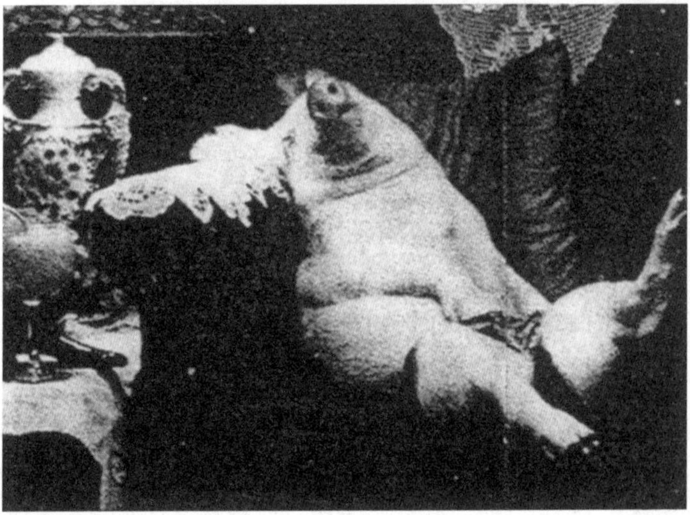

Abb. 13: *Ursula Hamdress* (nach Adams [3]2010: 64)

Adams deutet diese Bilder als Manifestationen eines die westliche Gesellschaft dominierenden Fleischmythos, in dem sich Gewalt gegen Tiere mit Gewalt gegen Frauen verbindet. Folglich betrachtet sie es als ein Manko der feministischen Theorie, dass diese zwar implizit eine Verbindung zwischen missbrauchten Frauen und geschlachteten Tieren hergestellt hat (etwa in Bezug auf die Klagen vergewaltigter Frauen, wie ein Stück Fleisch behandelt worden zu sein), dabei jedoch die reale Gewalt, die Tiere (in Massentierhaltungen, auf Schlachthöfen) erleiden, nicht mit berücksichtigt hat. Dagegen setzt sie die Forderung, Vegetarismus zum integralen Bestandteil des Feminismus zu machen.

Adams gebührt in der Tat das Verdienst, die unterschwellige Assoziation von Frauen- und Tierfleisch als Teil des kollektiven Unbewussten sichtbar gemacht zu haben. Die »essbare Frau« ist nicht nur ein punktuell auftretendes, bisweilen »witziges« Motiv in der Literatur: Wenn Massenmedien so selbstverständlich von diesem Phantasma Gebrauch machen, dann muss es sich um einen zentralen Gastromythos handeln. Dennoch ist Adams' Theorie nicht frei von Problematik. An ihrem Buch lässt sich stellenweise ein Paradox beobachten, das einen Teil der aktuellen *Postcolonial Studies* betrifft. In dem Bestreben, in Texten, Filmen, Bildern rassistische, patriarchalische, antifeministische, speziesistische etc. Wertoppositionen zu entdecken, die dann dekonstruiert und »entlarvt« werden können, neigen solche Studien dazu, ebendiese Oppositionen zu übertreiben (wenn nicht gar: in den Text hinein zu konstruieren). Dadurch riskiert man aber, genau die alten Essentialismen, von denen man sich lösen wollte, noch zu bestärken.

So ist bei Adams etwa von feministischen Utopien die Rede, die durch »diets for a peaceful vegetarian life« eine gewaltlose Welt imaginieren (Adams [3]2010: 179). Unmissverständlich ausgesprochen findet sich die Idee in Mary McCarthys pazifistischem Roman *Birds of America* (1965):

> Manche Leute behaupten in der Tat, dass es eine Ernährung auf Fleischbasis war, die den Menschen zu einem Mörder des eigenen Geschlechts gemacht hat! Er hat die Instinkte eines Tigers, ohne die Tabus eines Tigers zu haben. Das ist natürlich nur eine Hypothese. Ein Weg, sie auf die Probe zu stellen, wäre, über mehrere Generationen hinweg vegetarisch zu leben. Vielleicht werden wir dann feststellen, dass Krieg und Mord verschwinden. (Zit. nach Adams [3]2010: 184, meine Ü., Chr. O.)

Zweifellos gibt es also solche Utopien, aber muss man davon ausgehen, dass die von Adams beschriebenen Texte eine gewaltfreie Welt denken, *weil* es sich um feministische und vegetarische Utopien handelt? Gibt es eine *zwingende* Verbindung zwischen Pazifismus, Feminismus und Vegetarismus? Adams würde darauf antworten, dass niemand, der tote Tiere isst, sich einen Pazifisten nennen darf. Das mag sein. Damit ist aber noch nicht erwiesen, dass alle vegetarischen Feministinnen notwendig Pazifistinnen sind. Gewiss, Adams behauptet dies auch an keiner Stelle. Aber da ihre Theorie eine ist, die zu einem entsprechenden Handeln auffordert, muss man annehmen, dass sie eine notwendige Verbindung zwischen den drei genannten Haltungen postuliert – so als könne es eine nicht ohne die andere geben. Auf diese Weise aber riskiert man, die dem patriarchalischen Denken zugeschriebene Wertopposition zu affirmieren – nur in einer auf den Kopf gestellten Hierarchie.

Das düstere Gegenstück der idealisierten Weiblichkeit ist entsprechend auch eine latente Assoziation von Männlichkeit, Gewalt und Perversion – genau dies tut der unter anderen von Adams initiierte Ökofeminismus. So bezieht sich Adams, wenn sie den Vegetarismus als »Kur für eine nicht zu zügelnde männliche Sexualität« (»the cure for uncontrollable male sexuality«, Adams [3]2010: 208) bezeichnet, zwar auf die ernährungsreformerische Ideologie des Grahamismus; dass sie selbst aber gleichfalls zu essentialistischen Kurzschlüssen neigt, zeigt sich in dem Schlussfazit ihres Buchs recht deutlich:

> Tiere essen ist wie ein Spiegel und eine Repräsentation patriarchaler Werte. Fleisch essen bedeutet, bei jeder Mahlzeit, die Wieder-Einschreibung patriarchaler Werte. Der patriarchale Blick sieht nicht das zerstückelte Fleisch toter Tiere, sondern appetitliches Essen. Wenn unser Appetit das Patriarchat wiedereinschreibt, dann werden unsere Handlungen bezüglich des Tiere-Essens diese überlieferte Kultur entweder reifizieren oder in Frage stellen. Wenn Fleisch ein Symbol für männliche Dominanz ist, bedeutet die Präsenz von Fleisch die Entmachtung von Frauen. (Adams [3]2010: 241, meine Ü., Chr. O.)
>
> […]
>
> Es ist, als könnten wir sagen: Reis essen *ist* der Glaube an die Frauen. (Adams [3]2010: 245, meine Ü., Chr. O.)

Das Stück Fleisch auf dem Teller wird zum antifeministischen Statement, Reis essen bedeutet dagegen, an den Feminismus zu glauben. Als emphatischen Aufruf zum Vegetarismus kann man diese Aussage durchgehen lassen. Als theoretisches Statement wirft sie jedoch Fragen auf. Von wem wird dieser Reis produziert und unter welchen Bedingungen?

Mit ihrer Auffassung, Fleischessen komme einer Repräsentation patriarchaler Werte gleich, kann sich Adams auf einen prominenten Philosophen berufen. Jacques Derrida hat in einem Interview von 1989 die Ansicht geäußert, dass Fleischessen die Manifestation eines auf Herrschaft gegründeten, traditionellen Subjektbegriffs sei. Fleischessen sei immer auch eine symbolische Behauptung von Macht, weshalb jedes Oberhaupt notwendig ein Fleischesser sein müsse (»Le Chef doit être mangeur de chair«, Derrida 1989). Da das vom traditionellen Subjektbegriff begründete System ein patriarchalisches sei, sei Fleischessen zugleich ein Ausdruck von Virilität. Frappierenderweise zieht Derrida daraus allerdings nicht die Konsequenz des Fleischverzichts, sondern betont, dass das »gute« Essen auch durch den Vegetarismus nicht verwirklicht werden könne. Auch dieser könne sich nämlich einer Herrschaftslogik nicht entziehen (Derrida 2010: 135). Die Frage, wie »gutes« Essen konkret aussehen könnte, muss bei Derrida folglich unbeantwortet bleiben.

Machtverhältnisse

Wenden wir uns nun aber einem Text zu, der sich wie eine exemplarische romaneske Umsetzung von Adams' Thesen liest: Ruth Ozeki ökofeministischem Roman *My Year of Meats* (1998). Ozeki, die in den USA aufgewachsene Tochter eines Amerikaners und einer Japanerin, verbindet hier die kritische Betrachtung der amerikanischen Fleischindustrie mit Gender- und Identitätsthematik. Die Protagonistin des Romans, Jane Takagi-Little, mit der die Autorin die amerikanisch-japanische Abstammung gemeinsam hat, soll im Auftrag des amerikanischen Exportunternehmens Beef-Ex eine Serie mit dem Titel *My American Wife* drehen. Einem japanischen Fernsehpublikum soll darin jeweils eine »mustergültige« amerikanische Familie präsentiert werden – samt ihrem Lieblingsrezept zum Nachkochen. Vorrangiges Ziel der Serie ist es nämlich, die japanischen Konsumenten zum Verzehr von amerikanischem Rindfleisch zu bewegen. Entgegen den Vorgaben ihrer Auftraggeber versucht Jane nun, die Serie unter der Hand in eine authentische Dokumentationsreihe über das Amerika der Gegenwart zu verwandeln. So wählt sie zunehmend Familien aus, die dem Klischeebild der fleischessenden, weißen *middle class*-Familie eklatant widersprechen: eine Familie von südamerikanischen Einwanderern, ein lesbisches (und vegetarisches) Paar, eine Familie von Schwarzen aus der Unterschicht, die sich höchstens billige Fleischabfälle leisten kann, usw. Bei ihrer Dokumentationsarbeit entdeckt Jane nach und nach die skandalösen Schattenseiten der amerikanischen Fleischindustrie: das (nach dem BSE-Skandal) immer noch praktizierte Verfüttern von Fleischabfällen an die Rinder, die massive Behandlung mit Hormonen und Antibiotika, die katastrophalen Folgen, die der Verzehr dieses Fleisches auf den menschlichen Körper haben kann. Nachdem sie auf einer nordamerikanischen Rinderranch einen Enthüllungsfilm gedreht hat, verliert sie ihren Job bei Beef-Ex, verkauft die Rechte für den Film jedoch an unzählige TV-Sender.

Ruth Ozeki setzt den alimentären Code in höchst effektiver – und auch sehr plakativer – Weise ein, um die Missstände der amerikanischen Fleischwirtschaft und ihrer medialen Vermarktung offenzulegen. Das Gericht der ersten Sendung besteht bis auf den Rinderbraten ganz aus industriell gefertigten Zutaten: Man nehme zwei Kilo »American beef«, übergieße es mit eineinhalb Litern Coca-Cola (»*not* Pepsi, please!«), füge dann noch eine Packung *Campbell's Cream of Mushroom Soup* und *Lipton's Powdered Onion Soup* hinzu, schiebe das Ganze für drei Stunden in den Ofen – fertig (Ozeki 1998: 19).

Das Buch ist derart politisch korrekt, dass es in seiner Darstellung exemplarischer sozialer Typen extrem polarisierend wirkt. So entpuppt sich der japanische Vertreter des Beef-Ex-Unternehmens, der amerikanophile »John« Uechi, als ein brutaler Macho, der seine Frau Akiko zu Hause unterdrückt und schlägt. Der Körper der unterdrückten Frau wird in Analogie gesetzt zu den Körpern der geschundenen Tiere – die bei Adams implizierte Verbindung von Männlichkeit, Gewalt und Perversion erhält ein konkretes Gesicht. Zugleich verkörpert der Japaner »John«

die Amerika-Bewunderung jener Asiaten, die versuchen, sich die (vermeintliche) Potenz der USA durch Übernahme amerikanischer Essgewohnheiten anzueignen. Anstatt zu erkennen, dass seine Frau unfruchtbar ist, weil sie durch die regelmäßigen Misshandlungen Essstörungen entwickelt hat, verordnet der Ehemann ihr Rindfleisch und zitiert die Meinung eines amerikanischen Professors, dem zufolge eine großzügige Ration Fleisch immer schon für ein »glückliches und viriles Volk« gebürgt habe (Ozeki 1998: 20). Ein negatives Image haben in Ozekis Roman folglich alle Figuren, die mit Rindfleischkonsum und -produktion zu tun haben: die dümmlich-dicke Hausfrau mit dem Coca-Cola-Braten, der skrupellose Rinderfarmer, der seine minderjährige Halbschwester missbraucht, sein Vater, der in zweiter Ehe eine Exprostitutierte geheiratet hat. »Gut« sind dagegen all jene, die aus der weißen Mittelschichtsheteronormativität herausfallen: das lesbische Paar, die schwarze Unterschichtsfamilie, die südamerikanischen Migranten etc.

Darüber hinaus wird das Nahrungsmotiv in ein Narrativ von Krankheit und Heilung, Fruchtbarkeit und Unfruchtbarkeit eingeschrieben – diesmal in einer mustergültigen Narrativierung gängiger psychologischer Theorien. So kann Akiko nicht schwanger werden, weil sie aufgrund der Misshandlungen ihres Ehemannes an einer psychosomatischen Essstörung leidet. Insbesondere auf Fleisch reagiert sie mit Übelkeit. Allerdings wird sie durch ein Fleischgericht von ihrer Krankheit geheilt: ein Lammgericht, das gleichfalls aus der TV-Serie stammt, jedoch eine subversive Bedeutung einnimmt. Es handelt sich nämlich um das Lieblingsessen der 16-jährigen Christina Bukowski, die als Unfallopfer und zugleich als »typisches« Opfer des amerikanischen Kapitalismus dargestellt wird. Das Gericht, das nicht umsonst den Namen »Hallelujah Lamb Chops« trägt, spielt eine wesentliche Rolle für Christinas Heilung – und es markiert den Beginn von Akikos essender Selbst-Aneignung (in diesem Sinn spielt es eine ganz ähnliche Rolle wie die Kuchenfrau in Atwoods Roman). Nachdem sie ihre Essstörung überwunden hat, beginnt

Akiko japanische – und somit »subversive«, weil auf Fisch oder Pflanzlichem basierende – Gerichte zu kochen. Sie wird schwanger, verlässt ihren Mann und geht in die USA. Wie sich noch anhand weiterer Motive zeigen ließe, wird die »patriarchalische« Assoziation von Fleisch, Potenz, Fruchtbarkeit, körperlicher Intaktheit und »Reinheit« abermals mustergültig dekonstruiert: »Gut« und »fruchtbar« (oder in glücklichen Familien lebend) sind am Ende die Frauen, die toleranten Patchwork- und Multikulti-Familien, die Homosexuellen, die Vegetarierinnen, die Krüppel.

Die japanische Gesellschaft wird zwar keineswegs als hehres Gegenbild zu den USA idealisiert, Ozeki greift jedoch unmissverständlich die Opposition zwischen dem »fleischfressenden« Westen und dem vegetarischen Osten auf. Wie bereits in Kapitel 5 gezeigt wurde, ist die Stilisierung der japanischen zur gesunden vegetarischen Küche jedoch Teil des heute dominanten japanischen Selbstbehauptungsdiskurses. Ähnlich wie im Fall von Adams' Buch liegt die Stärke von Ozekis Roman in seiner aufrüttelnden Wirkung: Die Missbräuche der amerikanischen Fleischindustrie werden dem Leser höchst effektvoll vor Augen geführt. Paradoxerweise zeigt *My Year of Meats* jedoch zugleich, wie das Bestreben um *gastronomical correctness* zur unfreiwilligen Karikatur des dekonstruktivistischen Ansatzes geraten kann.

*

Auch in Deutschland ist jüngst ein Roman erschienen, der die notwendige Verbindung von Fleischverzehr und Antifeminismus vehement vertritt. Das Feindbild des fleischfressenden Frauenschänders wird in Karen Duves dystopischem Roman *Macht* (2016) derart phrasenhaft verabsolutiert, dass seine ökofeministischen Thesen nur noch wie eine Karikatur erscheinen. Duve schildert eine nahe Zukunft (2030), in der Erderwärmung und Klimakatastrophen sich derart verschärft haben, dass der Menschheit – prognostiziert der Ich-Erzähler Sebastian Bürger –

vermutlich nur noch fünf Jahre bleiben. In Deutschland haben die Frauen die Macht an sich gerissen und suchen die Katastrophe durch eine Einschränkung des Benzin- und Fleischkonsums abzuwenden. Doch aus Bürgers Perspektive hat das »Weiberregime« den Untergang durch die Unfähigkeit zu radikalen Verboten nur beschleunigt. In seiner Jugend war der Protagonist selbst in der Öko-Bewegung engagiert und profeministisch eingestellt. Als seine Frau, die als Ministerin für Umweltschutz Karriere gemacht hat, ihn jedoch verlassen will, sperrt er sie in seinen Keller ein, wo sie nunmehr als Kekse backendes Sexobjekt seiner Rückgewinnung verlorener Männlichkeit dienen muss. Denn in der Logik des psychopathischen Protagonisten – offenbar aber auch in jener der Autorin – definieren Männer ihre Männlichkeit durch die Ausübung von Macht (über Frauen). Und durch Fleischessen: So isst Sebastians Bruder, der einer religiös-reaktionären Sekte angehört, Fleisch, aber auch dieser selbst hat seinen Veganismus aufgegeben, nachdem ihm klarwurde, dass die Klimakatastrophe wegen der Egoisten, die »jeden Tag« Fleisch essen wollen, nicht mehr aufzuhalten ist.

Duve zeichnet das Horrorbild einer in fundamentalistische Gruppen aufgespaltenen und von Gewalt und Egoismus geprägten Endzeit-Gesellschaft. Da gibt es die rechtsextremen Anhänger der Maskulo-Bewegung, die den Männern politische Macht zurückerobern wollen. Und es gibt fundamentalistische, patriarchale Werte pflegende religiöse Sekten, die auf einem Opferfest Lämmer auf dilettantisch-grausame Weise schächten. Ungeahnte Allianzen bilden sich: So verbünden sich die rechtsextremen *Fat Rats* mit den Tierschützern, um ein Alibi für ihr brutales Vorgehen gegen die Tieropfer-Sekte zu haben. Wie Duve selbst betont, basieren die extremen Ideologien dieser Gruppen auf authentischem Material, und tatsächlich drängen sich Parallelen zum aktuellen Tagesgeschehen unmittelbar auf: Man denke nur an Marine Le Pens Äußerungen gegen das islamische Schächten oder die menschenverachtenden Positionen radikaler Tierschützer-Bewegungen, auf die in Kapitel 7 noch einzugehen ist. So glaubwürdig Duve jedoch eine drohende Verschärfung extremistischer Ideologien angesichts einer sich zuspitzenden Umwelt- und Ernährungskrise nachzeichnet, so platt ist ihre Darstellung des Geschlechterverhältnisses. Die Ansicht des Protagonisten, wonach es zwischen Frau und Mann keine Gleichstellung, sondern nur ein Unterdrückungsverhältnis geben könne, scheint von der Autorin geteilt zu werden. Die männlichen Figuren sind ausnahmslos gewaltbereite Egoisten, doch auch die Frauenfiguren kommen nicht sonderlich gut weg. Entsprechend kann es in diesem Weltuntergangsszenario auch nicht darum gehen, mögliche Lösungen aufzuzeigen; Duve zufolge hat die Menschheit ihre Chance dazu längst vertan.

*

Ozekis und Duves Werke stehen ganz im Bann des Ökofeminismus. Geprägt wurde der Begriff 1974 von der französischen Feministin Françoise d'Eaubonne, die den Beitrag der Frauen als fundamental für ökologisches Engagement ansah, weil Frauen durch ihre reproduktive Fähigkeit ein größeres Bewusstsein für natürliche Prozesse hätten (Sandilands 1998: 243). Ähnlich argumentiert heute die Ökofeministin Greta Gaard. Ihr zufolge sollte sich ökofeministisches Denken nicht ausschließlich auf rationale Argumente gründen, sondern auch auf Mitleid und Empathie. Zu dieser seien aber primär Mütter, vergewaltigte Frauen und Minderheiten fähig, die sich mit dem leidenden Tier identifizieren könnten, schreibt Gaard unter Berufung auf Carol Adams und Val Plumwood (Gaard 2002: 120). Die meisten Männer könnten dies nicht – jedoch nicht etwa, weil sie »biologisch« weniger zu Mitleid fähig seien, sondern vielmehr als Folge ihrer Sozialisation (»many men learn to repress or deny their own suffering and are unable to sympathize with other's suffering«, Gaard 2002: 120). Ist es wirklich hilfreich, Männern derart apodiktisch die Fähigkeit zur Empathie abzuschreiben? Das allzu simple Weltbild, das den Globus in Täter (Männer) und Opfer (Frauen, Tiere, Pflanzen) einteilt, mag vielleicht dazu geeignet sein, die Leserschaft aufzurütteln. Es spielt jedoch den Veganismus-Gegnern allzu leicht die Möglichkeit in die Hand, den gesamten Ökofeminismus als realitätsferne Gefühlsduselei abzutun. So hat Catriona Sandilands in einem Aufsatz mit dem ironischen Titel »The good-natured feminist« darauf hingewiesen, dass die Insistenz, mit der Ökofemistinnen einen Nexus zwischen Frau-Sein und der »guten« Mutter Natur postulieren, gerade jene patriarchalen Dualismen zu reifizieren droht, von denen sie sich doch lösen wollten (Sandilands 1998: 247). Gerade die Betonung der altruistischen, gefühlsbetonten und antirationalen Natur der Frau zeigt frappierende Parallelen zu Rousseaus Vorstellung von der Frau als tugendhafter Vegetarierin. Wenn dann noch, wie Sandilands nachweist, eine Nostalgie nach einem verlorenen vorkapitalistischen Zeitalter dazukommt, in der Natur und Frauen noch nicht vom Mann ausgebeutet wurden, tritt der Utopismus so manchen ökofeministischen Entwurfs vollends zutage (Sandilands 1998: 248).

*

Weit brisanter als Ozekis und Duves akademisch korrekter Ökofeminismus ist der 2007 erschienene und 2016 in Deutschland veröffentlichte Roman der südkoreanischen Schriftstellerin Han Kang (2007). Durch die Ambivalenz, mit der hier Zusammenhänge zwischen Fleischessen und zwischenmenschlicher Gewalt suggeriert werden, ähnelt *Die Vegetarierin*, so heißt das Buch, Darrieussecqs *Schweinereien*. Dies umso mehr, als sich beide Werke auf Kafkas *Verwandlung* als Prototyp beziehen lassen. Tatsächlich geht in beiden Romanen, wie schon bei Kafka, die Verwandlung in ein nichtmenschliches Wesen mit einem abnormen Essverhalten einher.

Erzählt wird die Geschichte einer Frau, die eines Tages beschließt, kein Fleisch mehr zu essen. Sie hatte einen Traum, in dem sie Blut, Fleischstücke und sich selbst als fleischfressendes

Tier sah. Folglich wirft sie alles Fleisch weg, das in der Tiefkühltruhe ist, ebenso wie alle übrigen tierischen Produkte. Es ist umsonst; der Traum wiederholt sich jede Nacht. Nach dem Aufwachen verspürt sie einen unbezähmbaren Drang, Vögel oder Nachbarskatzen zu erwürgen (Kang 2016: 36). Geht sie an Metzgereien vorbei, muss sie sich die Hand vor den Mund halten: »Wegen des Geifers, der vom Zungenboden aus ansteigt, meine Lippen benetzt und aus den Mundwinkeln rinnt« (Kang 2016: 37). Yeong-hye, so heisst die Frau, schläft kaum noch und wird immer dünner. Nachdem ihr Vater versucht hat, sie gewaltsam zum Fleischessen zu zwingen, schneidet sie sich die Pulsadern auf und landet in der Psychiatrie. Später, als es ihr bessergeht, möchte ihr Schwager, ein Künstler, ihren und seinen Körper mit Blumen bemalen und dann mit ihr schlafen. Sie willigt ein, denn die Farbe, die er benutzt, riecht gut. Vor allem aber scheinen dank der Bemalung ihre Träume verschwunden zu sein. Nach einer Nacht, die beide in einen Taumel nie dagewesener sexueller Lust zieht, glaubt sie, verstanden zu haben:

> Ich dachte, ich bräuchte nur auf Fleisch zu verzichten und hätte diese Träume nicht mehr. […] Erst jetzt … habe ich verstanden. Diese Gesichter leben in meinem Bauch. Sie kommen von dort. […] Nun habe ich keine Angst mehr … Das macht mir keine Angst mehr. (Kang 2016: 121)

Am Morgen danach entdeckt Yeong-hyes Schwester das schlafende Paar – und den Film, den ihr Mann von der Vereinigung gedreht hat: »ein einziger Körper, in dem sich Pflanzliches, Tierisches und Menschliches vermischte« (Kang 2016: 118). Sie lässt beide in die Psychiatrie einweisen. Yeong-hye stellt hier das Sprechen – und das Essen – zunehmend ein. Sie ist überzeugt, sich in eine Pflanze verwandelt zu haben: Deshalb brauche sie nur noch Wasser. Auf die Vorhaltungen der Schwester, sie müsse essen, weil sie dem Hungertod nah sei, entgegnet sie nur: »Ja und? Ist es denn verboten zu sterben?« (Kang 2016: 163)

Die Nahrungskette ist von einer unausweichlichen Logik geprägt. Man kann in ihr nur Opfer oder Täter sein. Um dem

Dualismus zu entkommen, genügt es nicht einmal, sich in eine Pflanze zu verwandeln; einen Ausweg bietet nur der Tod. Doch Yeong-hyes Versuch einer gewaltfreien Existenz macht sie erst recht zum Opfer von Gewalt. Diese kommt von ihrem Ehemann, der sie vergewaltigt, nachdem sie sich geweigert hat, mit ihm zu schlafen, da er »aus jeder Pore« nach Fleisch rieche (Kang 2016: 21, 35). Dann von ihrem Vater, ein »zutiefst patriarchalischer Mann« (Kang 2016: 33), der sie schon als Kind geschlagen hatte. Auch Yeong-hyes selbstbezogener Schwager wird, wenn auch unwillentlich, zum Instrument der Gewalt. Gewalt kommt schließlich von der Schwester, die sich um Yeong-hye kümmert, ebenso wie sie für ihren Sohn sorgt und früher den Ehemann versorgte. Zugleich hat sie ihre Schwester einsperren lassen, wie es die »Normalen« mit den Unangepassten eben tun: »Niemand anderes als sie selbst ist schuld daran, dass ihre Schwester hier eingesperrt war. Darüber ist sie sich völlig im Klaren« (Kang 2016: 185).

Ehemann, Schwager und Schwester: Es sind diese drei »Täter«, aus deren Perspektive Yeong-hyes Geschichte erzählt wird. Doch indem aus ihrer Perspektive erzählt wird, erscheinen auch sie – zumindest teilweise – als Opfer. Insbesondere der Ehemann und die Schwester erscheinen als Mitläufer beziehungsweise (die Schwester) gleichfalls Opfer des durch Yeong-hyes Vater und Bruder repräsentierten patriarchalen Systems.

Der Protagonistin hingegen wird kaum eine eigene Stimme und Perspektive zugestanden. Ihre auf wenige Textseiten beschränkte, durch Kursivschrift markierte Erzählstimme findet sich lediglich im ersten Teil des Buchs. Wer auf Gewalt und auf Essen verzichten will, hat offenbar das Recht zu sprechen verwirkt. Doch im Gegensatz zu den anderen drei Figuren, die in ihrem Handeln durch ihnen äußerliche Rollenmuster oder unkontrollierbare Obsessionen bestimmt werden, erscheint Yeong-hyes Wille unbeugsam, ihr Handeln selbst in der Unfreiheit ungezwungen und selbstbestimmt – auch wenn ihr Wollen sich letztlich in einen Willen zum Tode verwandelt.

Wie in Atwoods *The Edible Woman* wird Yeong-hyes progressive Essstörung zum Zeichen eines Freiheitsbegehrens, das hier allerdings selbstzerstörerische Züge trägt. Die Weigerung, Fleisch zu essen, resultiert nicht aus einer Assoziation von Tieren und Frauen, sondern eher aus der Angst vor eigenen »tierischen« Trieben. In ihren Träumen verwandelt sich Yeong-hye in ein Raubtier; tagsüber verspürt sie mehrmals eine unbezwingliche Lust, Tiere zu töten: »Auf die Bank fiel ein Vogel, den sie in der Hand gehalten hatte [...] Er war offensichtlich von einem räuberischen Tier gebissen worden, weswegen sein Körper mit Blutspritzern übersät war« (Kang 2016: 56). Seine Suggestionskraft entfaltet der Roman gerade, weil er sich keiner vorgefertigten Theorieschablone zuordnen lässt. Es geht Han Kang nicht darum, einen zwingenden Zusammenhang von Patriarchat und Fleischessen zu postulieren, und keineswegs darum, den Verzicht auf Fleisch als kollektiv gangbaren Weg zu einer gewaltfreien Gesellschaft zu fordern. Im Zentrum steht die poetische Inszenierung einer Sehnsucht: nach körperlicher Zwanglosigkeit, nach innerer Freiheit, nach radikaler Unschuld. Und so ist Yeong-hye »unschuldig«, wenn sie sich mitten auf der Straße auszieht, um ihre Brüste der Sonne entgegenzurecken und das Licht wie eine Pflanze in sich aufzunehmen. Für ihre Schwester hatten die bemalten Körper Yeong-hyes und ihres Mannes »nichts Menschliches mehr an sich«; sie erschienen ihr wie »sich windende Pflanzen, die darum kämpften, sich ihrer Hülle zu entledigen« (Kang 2016: 187).

*

Die Essstörung, die Frauen bei Ozeki, Darrieussecq und Kang befällt, lässt sich ähnlich der Reaktion Marians in *Die essbare Frau* als eine unbewusste Äußerung der Angst, selbst »gegessen« zu werden, lesen. Nahegelegt wird damit ein gängiges Deutungsmuster von Anorexie, dem zufolge die Frau durch das Hungern ihre sexuelle Attraktivität vernichtet, um sich dem Begehrtwerden zu entziehen. Treffender als diese Deutung scheint jedoch der Ansatz, die Essstörung der Frauenfiguren als einen radikalen Versuch zu lesen, aus dem Kreislauf des Fressen-und-Gefressen-Werdens auszusteigen. Die Ausstiegsversuche führen an den Rand der Selbstvernichtung. Ebendadurch zeigt insbesondere *Die Vegetarierin*, wie schwierig es ist, »anständig« zu essen, und mit welchen Ängsten und Schuldgefühlen heute gegessen wird.

Feeding the Family: Kochen, Gesellschaft, Familie

Kühle Mütter, kalte Küche

Wenn der Gedanke, dass der Mann Fleisch *isst*, die Frau aber für diesen ein essbares Fleisch *ist* (Mellinger ^{2}2003: 144), das kollektive Unbewusste beherrscht, so trifft dies wohl ebenso für die Auffassung zu, der zufolge der Mann isst und die Frau kocht. Entsprechend ist die Vorstellung, dass eine schlechte Köchin notwendig eine schlechte Ehefrau und Mutter sein müsse, ein immer wiederkehrendes Klischee der Literatur der Moderne und Postmoderne.

So spielt im Kontext jener Kritik an der Dekadenz deutscher Esskultur, die sich, wie Alois Wierlachers eindrucksvolle Bestandsaufnahme gezeigt hat, wie ein roter Faden durch die deutsche Literatur des 19. und 20. Jahrhunderts zieht, die »schlechte« Ernährerin eine nicht unwesentliche Rolle. Die »Weigerung vieler literarischer Mütter zu kochen« kommt dann der Weigerung gleich, eine Mahlzeit »als Wärmequelle intersubjektiver Beziehungen« (Wierlacher 1987: 72) bereitzustellen. Wenn, wie Wierlacher darlegt, insbesondere die *warme* Mahlzeit als Symbol eines familiären oder gemeinschaftlichen Für- und Miteinanders gilt, dann wird durch den Ausfall dieser Mahlzeit zugleich der Zerfall der Familie (der Gemeinschaft) thematisiert. Die zahlreichen von Wierlacher aufgeführten Beispiele, in denen kalte Küche für Kaltherzigkeit steht, sagen freilich nicht unbedingt etwas über einen realen gesellschaftlichen Zustand aus; sie legen vielmehr Zeugnis ab über die Wertewelt und Gesellschaftswahrnehmung ihrer Autoren und zeigen, wie effektiv der Symbolwert des Essens in literarischen Verdichtungen genutzt werden kann.

In seiner Analyse literarischer Mahlzeitensituationen, die den Zerfall der Familie exemplifizieren, geht Wierlacher zwar auch auf autoritäre, »zerstörerische« Väter ein (berühmtestes Beispiel wäre Kafkas *Brief an den Vater* von 1919); da jedoch die »Grundeinheit des Privathaushalts wesentlich durch die ›zentrale Figur der Hausfrau‹ konstituiert wird«, werde die schlechte Mutter »mit Recht« – meint Wierlacher – »als der entscheidende Zerstörer der Familie« dargestellt, denn »aus der überernährenden Hausfrau der älteren Moderne ist in den fünfziger bis siebziger Jahren eine unterernährende geworden« (Wierlacher 1987: 158). Die Weigerung, die Familie (angemessen) zu bekochen, ist Wierlacher zufolge als »Perversion der Mütterlichkeit« eine Konstante in der deutschen Literatur der Nachkriegszeit (Wierlacher 1987: 158–161). Zahlreiche Ehefrauen und Mütter bei Max Frisch, Peter Handke oder Luise Rinser weigern sich zu kochen, weil sie berufstätig sind oder andere Verpflichtungen haben; ihre kulinarische Lieblosigkeit wird immer wieder als schlagender Beweis ihrer Unmütterlichkeit eingesetzt – so etwa Agnes, die Mutter des Ich-Erzählers in Grass' *Blechtrommel*:

> [...] der für Oskar bestimmte Kuchen ist gekauft und dient als Ersatz, nicht als Ausdruck des Miteinanders und mütterlicher Liebe. Mit unpersönlicher Kompensationssüße, anonymem Kuchen und Bonbons speist Agnes Oskar ab, der seinerseits sein Leben lang an dieser Fehlsozialisation und Ernährungskonditionierung zu leiden hat, die ihn rückblickend zur vieldeutigen Feststellung veranlaßt: »Ich aß in jenen Jahren entschieden zuviel Kuchen.« (Wierlacher 1987: 70)

Als Auslöser dieser »Perversionen der Mütterlichkeit« benennt Wierlacher ein »modisches Rollenverständnis« (Wierlacher 1987: 159). Aus Sicht des »Verfassers« von Bölls *Gruppenbild mit Dame* entspringt die Weigerung zu kochen aber einem falschen Verständnis von Emanzipation. Das beweise die positive Figur der Klementina: »Gerade, weil sie in gewisser Weise emanzipiert ist, stürzt sie sich mit für den Verf. wohltuendem Eifer auf Koch- und Küchenarbeit« (Wierlacher 1987: 159). Gegen eine solche Verbindung von Emanzipation und Kochen ist auch nichts einzuwenden. Und doch ist es frappierend, mit welcher Konstanz das gelungene Ausfüllen der Mutter- und Ehefrauenrolle am kulinarischen Engagement der Frau gemessen wird. Das bereits in Kapitel 2 untersuchte Phantasma der »bösen« Mutterbrust scheint hier nachzuwirken.

Besonders markant sind in der Serie der deutschen Rabenmütter jene, bei denen die Vernachlässigung der Ernährungsfunktion aus Intellektualität, Gefühlskälte und mangelnder Sinnlichkeit beim Essen resultiert. Gute Beispiele dafür sind die von Gabriele Wohmann und von Christoph Meckel gezeichneten Mutterfiguren. Gabriele Wohmanns Anti-Erziehungsroman *Paulinchen war allein zu Haus* (1974) erzählt die seelischen Nöte des Waisenkindes Paula, das von »aufgeklärten« Eltern und schreibenden Intellektuellen adoptiert wird. Christa und Kurt, die Paula von ihren zu alt gewordenen, vom neuen Erzieherpaar als altmodisch abgetanen Großeltern übernehmen, sind Verfechter einer dezidiert »modernen«, antiautoritären Erziehung. Sich auf Erziehungsratgeber berufend, suchen sie Paula alles »Gefühlvolle« und Kindliche abzugewöhnen und ihr stattdessen ihre nüchtern-erwachsene Sichtweise aufzuzwingen. Paula flüchtet sich daraufhin in eine innere Welt, verliert den Appetit, trinkt heimlich Alkohol und nimmt Christas Aufputschmittel, um schreiben zu können. Zuletzt entscheidet sie sich dafür, in ein Internat zu gehen.

Paulas frustrierte Suche nach Geborgenheit wird wiederholt am Nahrungsthema veranschaulicht. So hat das Kind bereits bei den ersten Besuchen der zukünftigen »Eltern« gemischte Gefühle, als es Christas unverhohlene Missbilligung angesichts des gedeckten Kaffeetisches bemerkt: »Christa sah nicht nur Kurt, sondern auch den Großeltern mißbilligend beim Konsum der

Süßigkeiten zu, und dann merkte das Kind, daß auch es selber von dieser Frau Christa kritisch betrachtet wurde, wenn es Kuchen aß« (Wohmann 1979: 15). Etwas sympathischer ist ihm Kurt, weil er wenigstens zeigt, »daß ihn die süßen schönen Sachen sehr anlockten« (Wohmann 1979: 15). Auch später wird das Kind allenfalls bei Kurt Verständnis für seine Bedürfnisse finden. Da die neuen Eltern jedoch ein Ehepaar sind, »das nach einer Kalorientabelle Nahrung aufnahm« (Wohmann 1979: 15), ist der Umgang mit Nahrung vorwiegend ein funktionaler. Selbst Regelbrüche sind streng vorprogrammiert, wie der sonntägliche Brunch – die einzige Mahlzeit, bei der das »Sündigen« erlaubt ist:

> Zum *brunch* kam es ebenfalls einfach *irgendwann.* Das Kind konnte diese Mahlzeit überhaupt nicht ausstehen. Den Erwachsenen war sie der Höhepunkt des schlampigen Sonntagsgefühls. [...] Christa vergaß beim *brunch* die Kalorien und Vitalstoffe und sagte *sündigen* dazu. [...] Das ist unser einziger Tag in der Woche ohne Fahrplan, sagte Christa, wir lassen alles so laufen. Du brauchst nicht am Tisch zu bleiben, wenn du dich langweilst. (Wohmann 1979: 68)

Das Kind fühlt sich in dem »Esschaos« jedoch nicht wohl: Es sehnt sich »nach einer Stundenunterteilung« (Wohmann 1979: 68) und nach jenen Lieblingsspeisen, die Christa als »Küche des vorigen Jahrhunderts« verurteilt:

> Es bekam keine Erbsensuppe und keinen dicken Reisbrei mit Zucker und Zimt, normalerweise, wenn es gesund war, weil das unter vielem anderen, wonach es Lust hatte, ungesund war. Es bekam die speckige Fettsoße nicht über die Kartoffelklöße, die es auch nicht bekam. Ich habe ein Heimweh nach – Nach Sachen, die man ißt, hat man kein Heimweh. (Wohmann 1979: 56)

Eine ideale Familie stellt sich das Kind folgendermaßen vor: »Wir essen Brötchen mit Butter und etwas drauf, meine wahre Mutter macht die Bötchen für uns zurecht« (Wohmann 1979: 72). Entsprechend beneidet es die wohlgenährten Kinder der Familie Bechstein, für die Christa nur Verachtung übrig hat, weil sie von der Mutter bis zum Übergewicht aufgepäppelt werden (Wohmann 1979: 138 f.). »Die Kinder, sagte das Kind, kriegen Sonntag morgen und in den Ferien Kuchen zum Frühstück, die Mutter bringt ihnen ganze Teller voll ans Bett« (Wohmann 1979: 138). Auf Paulas Frage, ob es denn schlimm sei, wenn die Bechstein-Kinder »etwas dicklich« seien, reagiert die sonst so emanzipierte Christa mit dem Hinweis: »Jede Frau, besonders heutzutage, möchte schlank sein, gut aussehen, und das muß sie auch, wenn sie irgendwelche Erfolgschancen im Beruf und auch bei Männern haben will« (Wohmann 1979: 138).

Die kindliche Perspektive, die Wohmann gegen Christas »aufgeklärte« Sichtweise setzt, vertritt somit eine dezidiert traditionalistische Essordnung. Für die Küche ist hier eindeutig die Mutter zuständig (»meine wahre Mutter macht Brötchen für uns zurecht«, Wohmann 1979: 72), es muss feste Zeiten und Rituale geben, und die Speisen müssen nicht »Vitalstoffe«, sondern Geborgenheit vermitteln. Dagegen ist Christa stolz auf den Aufwand, den sie betreibt, um ihr Adoptivkind gesund zu ernähren – »Pech, erzählte Christa den Freunden, mein Pech, daß die gesunde Ernährung mehr Zeit kostet als so ein herkömmliches Frühstück, ich presse frische Zitrusfrüchte aus« (Wohmann 1979: 151).

Dass Kindern, wenn es um das Essen geht, eine solche instinktiv-genussorientierte Sichtweise zugeschrieben wird, ist nicht ungewöhnlich und auch in der gegenwärtigen Kinder- und Jugendliteratur gang und gäbe – ebenso wie Vaterfiguren bisweilen als Komplizen, die Mutterfiguren aber fast immer als Gegenspielerinnen des ungehemmten Essgenusses auftreten. In Wohmanns Roman wird diese Gegenüberstellung von Essen als Vermittler von Genuss und Zuneigung (Paula) und Essen als »rationaler« Ernährung (Christa) im Kontext der Kritik an einer durchrationalisierten Erziehung eingesetzt. Erziehung, so die Botschaft, so wohlmeinend sie auch sein mag, ist nicht allein Sache des Kopfes, sondern eben auch des Bauches. Der kaltherzigen Christa fällt dabei die Rolle der Spaßverderberin zu – obwohl sie sich doch so viel Mühe gibt und eigentlich nur das tut, was Mediziner und Ratgeber vorschreiben. Darin ist sie den diätorientierten Müttern gegenwärtiger Jugendbücher nicht ganz unähnlich. Zugleich scheint die Perspektive des Kindes Paula einmal mehr zu bestätigen, was die Aufgabe der Frau zu sein hat. Sie ist dafür zuständig, eine traditionelle Familienstruktur aufrechtzuerhalten, indem sie ihre Familie verpflegt: »meine wahre Mutter macht Brötchen für uns zurecht« (Wohmann 1979: 72).

*

Ähnlich unterkühlt wie Christa erscheint die Protagonistin von Christoph Meckels hasserfülltem Porträt der eigenen Mutter (*Suchbild. Über meine Mutter*, 2002). Das Buch folgt als zweiter Teil auf das 1980 erschienene *Suchbild. Über meinen Vater*, in dem der Autor sich mit der Verwicklung des eigenen Vaters in den Nationalsozialismus auseinandersetzte. Dass die Abrechnung mit ihr nicht weniger schonungslos werden wird als die mit dem Vater, kündigt der Autor bereits in den Eingangssätzen an, indem er auf die jahrzehntelange Distanz hinweist, die sein Verhältnis zur Mutter prägte und auch jetzt, zu ihren Lebzeiten, noch prägt: »Ich habe meine Mutter nicht geliebt« (Meckel 2005: 7). Die Mutter wird nicht nur als Verantwortliche kindlichen, sondern auch väterlichen Unglücks dargestellt. Während der Vater sie bedingungslos verehrt, unterdrückt sie, die Meckel als frigide Pseudoemanzipierte charakterisiert, seine »Körperlichkeit«:

> Seine Körperlichkeit, die sinnenhaft reich war und fordernd, erschien ihm verletzend und grob, *ohne sittliche Reife*, seine Frau schien weit voraus in den Sachen der Liebe, er unterwarf sich durch Haltung, Beherrschung, Form. (Meckel 2005: 21)

Die Mutter führt, bis auf die Kriegsjahre, während deren sie mit den Söhnen allein ist, ein sorgloses Leben; sie reist, während der Vater Geld verdient und den ersten Sohn verwöhnt (Meckel

2005: 25). Die Frigidität ihres Wesens kommt in ihrem Verhältnis zum Essen zum Ausdruck:

> Sie begann ihre Ehe als strahlende Doktorandin und ohne zu wissen, was eine Küche ist. Etwas wie Kochen hatte sie nicht gelernt. Mein Vater wünschte sich eine Kartoffelsuppe [...] Da setzte sie ein Literchen Wasser auf, gab fünf Kartoffeln hinein und etwas Salz, im ungeprüften Glauben, im festen Vertrauen, daß hier Gewünschtes aus sich selbst entstand. Es entstand gekochtes Wasser mit bräunlicher Färbung. Mein Vater war fassungslos und kochte selbst.
>
> Sie lernte kochen, aber ohne Freude. Interesseloses Kochen ein Leben lang. Man aß immer das gleiche nach Wochenplan. Essen war unumgänglich, man mußte was essen, Essen war Nahrung, machte die Mäuler satt. [...] Das fehlende Geld kam der fehlenden Kochkunst zu Hilfe. Ihr war auch als Köchin die Lust und das Zaubern fremd.
>
> Sie behauptete, gern zu essen [...] Sie redete über kalt gewordenen Tellern, vergaß, was sie aß, und aß keine Speise auf. Sie kaute endlos weiter und brauchte am längsten, es schien keine Rolle zu spielen, was sie aß. Sie genoß mit der Attitüde des Genießens, sie stellte sich essend als Genießende dar. (Meckel 2005: 81–83)

Es geht nicht darum, zu kritisieren, dass Meckel sich gegen die Glorifizierung der Mütter auflehnt. Halten wir vielmehr fest: Der Hass auf die Mutter rührt wesentlich daher, dass sie lieblos *und* eine Intellektuelle ist. Dieses lieblose und intellektuelle Wesen der Mutter wird aber nun als Zeichen ihrer fehlenden Natürlichkeit gesehen – so bescheinigt der Erzähler seiner Mutter eine »monströse Instinktlosigkeit« (Meckel 2005: 66). Offenbar, weil sie ihren »natürlichen Instinkt« als Ernährerin verfehlt hat.

Karriere, Kinder, Kochen

Wendet sich Meckel gegen das Schreckbild der Pseudoemanzipierten und Wohmann gegen einen zunehmend durchrationalisierten Lebensvollzug, so benutzt der notorische Antifeminist

Michel Houellebecq die Tristesse von Büchsenessen, um die Seelenlosigkeit der kapitalistischen Konsumgesellschaft heraufzubeschwören. In seinen Romanen kann man den Grad der Verwahrlosung der männlichen Protagonisten unmittelbar an ihrem Ernährungsstil ablesen. In leeren Thunfischdosen und aufgerissenen Plastikfolien von Tiefkühlpizzen kristallisiert sich männliche Einsamkeit: »Später am Abend wurde meine Einsamkeit schmerzlich spürbar. Beschriebene Blätter, leicht befleckt von einem Rest Saupiquet-Thunfisch auf katalanische Art, übersäten den Küchentisch« (Houellebecq 1999: 11).

Wie so viele Scheidungskinder aus der (Jugend-)Literatur des 20. Jahrhunderts erfährt der kleine Bruno in *Elementarteilchen* allein beim nächtlichen Essen riesiger Cornflakes-Schüsseln mit viel Zucker so etwas wie Geborgenheit. Michel, der Protagonist aus *Die Möglichkeit einer Insel* macht sich gerade in der Mikrowelle ein Fertigrisotto der Marke »Tres Delicias« warm, als er auf einem Video erstmals die junge Schauspielerin Esther erblickt – die Frau, mit der er eine passionierte Sexbeziehung haben wird, deren Abbruch ihn in letzter Konsequenz zum Selbstmord führt.

Markennamen werden bei Houellebecq häufig genannt: Denn die Fertiggerichte, von denen sich seine Figuren ernähren, sind nicht nur ein sichtbarer Ausdruck ihrer Einsamkeit, sondern auch der Omnipräsenz des kapitalistischen Konsumismus, der – so Houellebecqs zentrale These – alle Lebensbereiche der westlichen Welt erfasst hat. Nicht umsonst findet der scheue Künstler Jed Martin in *Karte und Gebiet* allein in Supermärkten (er nimmt sie geradezu als »Orte des Lebens« wahr) Momente wahren Glücks:

> Ein Casino-Supermarkt und eine Shell-Tankstelle waren die einzigen wahrnehmbaren Energiezentren, die imstande waren, Wünsche, Glück und Freude in ihm hervorzurufen. Diese Orte des Lebens kannte Jed bereits: er war jahrelang ein regelmäßiger Kunde des Casino-Supermarkts gewesen, ehe er zum Franprix am Boulevard de l'Hôpital übergewechselt war [...] Das Angebot an frischen italienischen Teigwaren war

> noch umfangreicher geworden, nichts schien den Siegeszug frischer italienischer Teigwaren aufhalten zu können, und vor allem die neue Food-Court-Zone des Geschäfts war um eine herrliche, nagelneue Selbstbedienungs-Salatbar bereichert worden, in der mindestens fünfzehn verschiedene Sorten angeboten wurden, von denen manche köstlich zu sein schienen. (Houellebecq 2012: 188 f.)

Die Ironie wird freilich spätestens dann unüberhörbar, wenn Jed von einem »totalen Hypermarkt« träumt, der »sämtliche menschlichen Bedürfnisse« abdecken könnte (Houellebecq 2012: 189). Allerdings gibt es ausgerechnet in diesem Roman eine – für Houellebecqs Gesamtwerk einzigartige – Szene, in der ebendieser Jed Martin von der fiktiven Figur Michel Houellebecq ein vorzügliches *Pot-au-feu* vorgesetzt bekommt (Houellebecq 2012: 247). *Pot-au-feu* ist ein hochsymbolisches Gericht – es steht für die einfache, ländliche Küche Frankreichs und gilt als das Familien-Sonntagsessen schlechthin. Bei dem vorherigen Treffen hatte Jed Martin »Houellebecq« als einen misanthropischen Schriftsteller erlebt, der in halbbesoffenem Zustand Unmengen von Wurst in sich hineinfraß und über seine Neurodermitis klagte (Houellebecq 2012: 158–170). Die kulinarische Harmonie, die nun in ihm und um ihn zu herrschen scheint, ist wohl darauf zurückzuführen, dass »Houellebecq« Irland verlassen hat und ins Haus seiner Kindheit in der französischen Provinz zurückgekehrt ist. Dagegen kristallisiert sich in dem Weihnachtsessen, für das Jed seinen senilen Vater zu *Chez Papa* einlädt, die ganze Sinnlosigkeit der – um es mit Harald Lemke zu sagen – menschlichen »Ess-istenz«:

> Sein Vater war wieder in seine Lethargie verfallen, er kaute mit ebenso wenig Begeisterung auf seinem Saint-Nectaire herum wie auf dem Spanferkel. Vermutlich geht es auf Mitgefühl zurück, wenn man alten Leuten eine stark entwickelte Esslust unterschiebt, weil man sich einreden möchte, dass ihnen wenigstens das noch bleibt, dabei sterben bei den meisten Menschen vorgerückten Alters auch die Gaumenfreuden un-

> weigerlich ab wie alles andere. Stattdessen bleiben nur noch Verdauungsstörungen und Prostatakrebs. (Houellebecq 2012: 21)

Essen als Moment des menschlichen Miteinanders »funktioniert« für Jed – der später selbst an Darmkrebs sterben wird – nicht mehr wirklich: Nicht umsonst liest Lena Schönwälder die Szene des Romans, in der Jed sein misslungenes Porträt von Jeff Koons und Damien Hirst zerstört und sich dann erbricht, als einen Akt der Verweigerung gegenüber dem kapitalistischen System (Schönwälder 2016, vgl. auch Pröll 2007: 215). George Bataille zufolge signalisiert das Erbrechen (wie auch die sexuelle Verausgabung) eine Verschwendung und Veräußerung von Körpersäften und Lebenskräften, die sich der bürgerlichen Ökonomie (des geschlossenen Körpers) und somit der kapitalistischen Logik der Zirkulation von Gütern verwehrt.

Die durch den ländlichen *Pot-au-feu* symbolisierte kulinarische Rückkehr zu den Ursprüngen ist also pure Ironie. Schon die nächste Houellebecq-Inkarnation, der Literaturprofessor François aus *Unterwerfung*, hat sich angesichts der immer beunruhigenderen politischen Situation Frankreichs (Rechtsextremismus einerseits, eine muslimische Partei andererseits) in einen Endzeit-Fatalismus zurückgezogen. Wählen kann er nur zwischen verschiedenen Fertiggerichten (»*Chicken Biryani? Chicken Tika Masala? Chicken Rogan Josh?*«, Houellebecq 2016: 31), die er verzehrt, während er die politischen Debatten auf France 2 verfolgt.

Dafür präsentiert Houellebecqs jüngstes Werk aber nun endlich die Lösung des männlichen Ernährungsproblems. Als die muslimische Partei tatsächlich an die Macht kommt, werden seine Kolleginnen von der Universität verbannt – dahin, wo sie offenbar hingehören: an den heimischen Herd. Und als François seine Exkollegin Marie-Françoise besucht, stellt er fest, dass sie, die das Professorenpult gegen die Küche getauscht hat, mit ihrem neuen Leben sehr zufrieden scheint. Das Gegenbeispiel zur glücklichen Marie-Françoise ist Annelise. Im Gegensatz zur pensionierten Professorin sind weder sie noch ihr Mann ihrer Gastgeberrolle gewachsen:

> Grillen an einem Freitagabend war keine gute Idee, sagte ich mir, als ich im Garten stand und seine Frau zur Begrüßung auf die Wange küsste; sie hatte den ganzen Tag gearbeitet und war völlig erledigt, außerdem hatte sie sich mit den Wiederholungen von *Das perfekte Dinner* auf M6 ganz kirre gemacht und viel zu komplizierte Gerichte geplant. Schon das Morchel-Soufflé war hoffnungslos, aber als klar war, dass sich auch die Guacamole als Fehlschlag erweisen würde, dachte ich, sie würde in Tränen ausbrechen; da fing ihr dreijähriger Sohn zu brüllen an, und Bruno, der beim Eintreffen der ersten Gäste begonnen hatte, sich zuzuschütten, war nicht mehr fähig, die Würstchen umzudrehen [...]. (Houellebecq 2016: 82, Ü. leicht abgeändert)

Was, wie François unmittelbar erkennt, an Annelises Berufstätigkeit liegt – Kinder, Karriere und Küche sind eben zu viel für eine Frau:

> Als Annelise sich auf ihr Sofa plumpsen ließ, nicht ohne dem Taboulé feindliche Blicke zuzuwerfen, dachte ich über ihr Leben nach und über das westlicher Frauen im Allgemeinen. [...] Bruno und Annelise hatten sich inzwischen mit Sicherheit scheiden lassen [...]. (Houellebecq 2016: 83)

Solche antiemanzipatorischen Kurzschlüsse sind typisch für die Houellebecq'schen Romane – einen gewissen Wahrheitsgehalt kann man ihnen aber nicht abstreiten. Wenigstens in einem Punkt ist Houellebecq recht zu geben: Wie unter anderem eine Studie Marjorie DeVaults vor Augen führt (siehe unten, DeVault 1991), zahlen Frauen, die Karriere und Kinder wollen, für ihre Emanzipation in der Regel einen hohen Preis – müssen sie doch, trotz ihrer Berufstätigkeit, den Großteil der Hausarbeit und Kinderaufzucht nach wie vor alleine erledigen.

Am Ende des Romans steht François dann doch vor einer Wahl: Falls er sich dazu entschließt, zum Islam überzutreten, könnte er seinen Professorenposten wiedererlangen – mit einem bedeutend höheren Gehalt und der Perspektive auf zwei bis drei junge Ehefrauen. Die Entscheidung des Protagonisten wird dem Leser vorenthalten: Wir erfahren lediglich, dass ihn die Vorzüge einer solchen Wahl nicht unbeeindruckt lassen. Das Perfide an Houellebecqs Darstellung der zeitgenössischen Gesellschaft ist, dass zwar an keiner Stelle gesagt wird, dass die Frauen in die Küche gehören. Dem Leser wird jedoch – gleichsam anhand sinnlicher Gewissheiten – vor Augen geführt, dass weibliche Emanzipation für alle Beteiligten nur negative Auswirkungen haben kann, während die Rückkehr zu einer patriarchalischen Gesellschaftsstruktur für die Frauen zumindest eine gewisse Entlastung zu bringen scheint. So folgert François aufgrund der missratenen Gerichte, die er bei Annelise und Bruno vorgesetzt bekommt, dass ihre Ehe zum Scheitern verurteilt ist. Er konstatiert andererseits, wie glücklich die an den Herd zurückgekehrte Professorin Marie-Françoise aussieht – und wie gut sie kocht. Schließlich scheinen ihn auch die Kochkünste der Gattin seines islamischen Universitätspräsidenten positiv für einen Glaubenswechsel einzunehmen. Für die männlichen Protagonisten von Houellebecqs Romanen scheint eine solche, ganz um den männlichen Genuss zentrierte Perspektive in der Tat selbstverständlich – und es gibt hier keine weibliche Figur, der es in den Sinn käme, dagegen aufzubegehren.

*

Entsprechend finden sich in der Gegenwartsliteratur nicht viele Autorinnen, die die Zumutung des Mamma-Mythos so radikal in Frage zu stellen wagen wie Elena Ferrante. In ihren Romanen geht es um Töchter, die die Unterdrückung ihrer Mütter durch die Väter hinter sich lassen wollen, und um Mütter, die aus der Mutterrolle auszubrechen suchen. Die *Malaise* dieser Frauen konkretisiert sich in Sprachbildern, die ihre Kraft aus dem Bereich des Organischen schöpfen: Körperausdünstungen, verfaultes Obst, Küchenreste.

Protagonistin des Romans *Tage des Verlassenwerdens* (*I giorni dell'abbandono*, 2002) ist die 38-jährige Hausfrau Olga, die von ihrem Mann für eine Jüngere verlassen wurde. In dem Versuch, ihn zu halten, kocht sie ihm eines seiner Lieblingsgerichte: »In diesem Teller Pasta sollte er das sehen, was er, wenn er mich verließ, nicht mehr mit dem Blick oder mit der Hand streifen oder streicheln, hören, riechen können würde: nie wieder« (Ferrante 2002: 189, meine Ü., Chr. O.). Da sie beim Kochen – müde und lustlos – versehentlich eine Glasflasche zerbrochen hat, findet ihr Mann jedoch eine Scherbe in der Soße. Er interpretiert als ein Zeichen ihrer Aggression, was in ihren Augen das erste Anzeichen einer sich immer drastischer gestaltenden Überforderung war. Sie geht so weit, dass Olga selbst die alltäglichsten Handlungen nicht mehr auszuführen vermag. So gelingt es ihr eines Tages nicht mehr, die von innen verschlossene Tür ihrer Wohnung zu öffnen. Unterdessen liegt der Hund Otto – womöglich von einem Nachbarn vergiftet – im Sterben, während der neunjährige Sohn urplötzlich an hohem Fieber leidet.

Erst nach dem Tod des Hundes gelingt es der Protagonistin, ihre innere Lähmung zu überwinden. Die Haustür lässt sich auf einmal mühelos öffnen. Olga beginnt, sich wieder verstärkt um die Kinder zu kümmern, »wie ein Kranker, der lange in der Klinik war und sich aus Angst vor einem Rückfall wieder im Leben der Gesunden verankern will. Ich begann wieder zu kochen, zwang mich dazu, ihnen durch neue Rezepte Lust aufs Essen zu machen« (Ferrante 2002: 336, meine Ü., Chr. O.). Doch alles, was mit Essen und Kochen zusammenhängt, löst in ihr körperliche Abwehrreaktionen aus:

> Es passierte mir immer noch, dass ich Töpfe auf dem Herd vergaß und den Geruch des Angebrannten nicht einmal bemerkte. Die grünen Flecken Petersilie, die zusammen mit den roten Tomatenhäuten auf dem öligen Wasser des verstopften Waschbeckens schwammen, riefen in mir ein zuvor nie gekanntes Ekelgefühl hervor. Es gelang mir nicht, meine frühere Gelassenheit angesichts der klebrigen Essensreste, die die Kin-

der auf dem Tischtuch und dem Fußboden hinterließen, wiederzufinden. (Ferrante 2002: 337, meine Ü., Chr. O.)

Olga assoziiert Nahrung mit ihrer Mutterrolle, die sie von einer Person zur »Funktion« reduziert. Sie fühlt sich wie ein »Klumpen Nahrung, den meine Kinder ständig zerkauten«, wie eine lebendige Speise für zwei gierige Blutsauger, die den Geruch und Geschmack ihrer Magensäfte an ihr haften lassen. Rückblickend denkt sie voll Ekel an das Stillen, »eine animalische Funktion«, und an den Geruch von Milch und Kinderbreien: »So sehr ich mich auch wusch, der schlechte Geruch, der Mamma-Geruch ging nicht weg« (Ferrante 2002: 269, meine Ü., Chr. O.). Dieser Geruch muss es gewesen sein, denkt Olga, der ihren Mann dazu bewogen hat, sie zu verlassen (Ferrante 2002: 270). Durch die Mutterrolle fühlt sie sich selbst zur »animalischen Funktion«, zum übelriechenden Körpersekret reduziert. Ganz im Sinne Kristevas (vgl. Kap. 2) empfindet sie sich als »ab-jekte«, als weggeworfene Frau.

Olgas Misere als »abgelegte Frau, abgetragener Körper« (Ferrante 2002: 290, meine Ü., Chr. O.) konkretisiert sich in zwei Motiven: dem Motiv der zugeschlossenen, »blockierten« Tür, das zeigt, wie die Verbannung der Frau in den privaten Raum und das Fehlen jeglicher Anerkennnung auch zu einer psychischen Blockade führen können, und dem Motiv der Nahrung. Die Familie gut zu ernähren genügt im 21. Jahrhundert nicht mehr für ein »empowerment« (Counihan 2004) der Hausfrau, das dieser die dauerhafte Zuneigung von Mann und Kindern sichern würde. Das Ekelgefühl der verlassenen Olga kann zugleich als eine Aktualisierung der Sartre'schen *nausée* gelesen werden. So wie Roquentin auf die Kontingenz der menschlichen Existenz mit Ekel reagiert, entdeckt Olga anhand jener ekligen, klebrigen Spuren, die von ihrer Funktion als Ernährerin rühren, dass sie nicht als ein An-sich existiert, sondern eben als bloße Funktion.

Leda, die 48-jährige Protagonistin von *Die Frau im Dunkeln* (2007; Original: *La figlia oscura*, 2006), hatte als junge Frau versucht, aus ihrer Mutterrolle auszubrechen. Mit dreißig hatte sie ihren Mann und die beiden kleinen Töchter verlassen, um ihre Universitätskarriere voranzutreiben. Doch nach drei Jahren war sie zurückgekehrt – eine Entscheidung, die sie einer Zufallsbekanntschaft gegenüber so motiviert: »Eines Morgens habe ich entdeckt, dass das Einzige, das ich wirklich tun wollte, war, Obst zu schälen und die Schalen für meine Töchter in Spiralen zu verwandeln, und bin in Tränen ausgebrochen« (Ferrante 2012a: 487, meine Ü., Chr. O.). Diese Alltagsgeste hatten ihre Töchter an ihr wie eine »magische« Fähigkeit bewundert (Ferrante 2012a: 430) – rückblickend wird sie ihr zur Chiffre jener idealen Mutterschaft, die ihr nur zeitweise, zu selten, geglückt war: einer Mutterschaft nämlich, die das alltägliche »feeding the family« zum schwerelosen Spiel sublimiert. Die Eleganz der Obst-Spiralen ist das Gegenbild zu dem nach außen hin schön aussehenden, bei näherer Betrachtung jedoch verfaulten Obst, das zu Beginn des Romans als Symbol von Ledas einsetzender Identitätskrise auftritt. Das Obst symbolisiert nämlich den Mutterkörper mit seinen zwei Seiten, der idealen und der biologisch-realen.

Ferrantes Frauen leiden am Bewusstsein, aus der biologischen Determiniertheit ihrer Mutter- und Tochterrollen nicht ausbrechen zu können. Weil sie sich nicht als Personen, sondern als Funktionen fühlen, als chaotische Ansammlungen von Körper- und Nahrungssekreten, empfinden sie sich als Körper ohne feste Konturen: »Ich war ohne Konturen« (Ferrante 2012a: 384, meine Ü., Chr. O.). Entsprechend markiert auch das von Delia in *L'amore molesto* wiederholt artikulierte Körpergefühl (sie empfindet sich als »schlank« und »muskulös«, Ferrante 2012a: 56, 82, 108), den Wunsch nach einer Körpergrenze, die ihr helfen könnte, individuelle Autonomie zu gewinnen. Eine ähnliche Körperkonzeption lässt sich den Phantasmen essgestörter Frauen entnehmen. So berichtet Massimo Recalcati (2010) über eine magersüchtige Patientin, die ihre Knochen mit ihrer Seele gleichsetzte. Der Wunsch, einen mageren, harten, kompakten Körper zu besitzen, bedeutet Recalcati zufolge, die körper-seelischen Grenzen des Ich stärken zu wollen: »Das anorektische

Subjekt ist das Gegenteil eines flüssigen Subjekts« (Recalcati 2010: 131).

Doch obwohl Ferrante gegen die Reduktion der Frau zur Ernährerin aufbegehrt, setzt auch sie wie selbstverständlich die Sprache des Kochens als eine Sprache der Liebe ein. Ähnlich wie viele Kinder- und Jugendbücher der Gegenwart problematisiert sie damit das Dilemma von Müttern, die das Bedürfnis nach einer gerechteren Rollenteilung mit dem ihnen anerzogenen Rollenbild zu vereinbaren suchen. Anders als die von Wierlacher aufgezählten Romanfiguren erkennen Ferrantes Figuren die symbolische Bedeutung der Mahlzeit als Liebesgabe durchaus an. Ähnlich findet sich auch in der gegenwärtigen Kinder- und Jugendliteratur nicht selten die implizite Erkenntnis, dass gemeinschaftsstiftende Mahlzeiten gerade in Zeiten des Zerfalls der traditionellen Familienstruktur eine bedeutende Rolle einnehmen.

*

Und so sind auch hier Konflikte um Essen und Kochen ein probates Mittel, um einen postmodernen Notstand der Familie zu thematisieren. Dem Umstand immer komplexerer Familienmodelle, aber auch innovativer Lösungsstrategien wird dabei Rechnung getragen. Konflikte um eine gerechtere Arbeitsteilung, gescheiterte oder gelungene Familienessen und kulinarische Verwahrlosung von Kindern und Männern gehören zu den Leitmotiven dieses in der Küche ausgetragenen Geschlechterkampfes.

Fertiggerichte werden häufig als Zeichen der Verwahrlosung von Kindern mit arbeitenden Müttern oder aber Kindern aus »Einelternfamilien« eingesetzt. So etwa im Fall des siebenjährigen Lukas aus *Hier bei uns in Ammerloo*, der mit seinem Vater, einem Fischer, alleine lebt:

> Sie saßen in ihrer Höhle am Strand und aßen Knusperflocken mit Senf aus einer Tüte, die Lukas mitgebracht hatte: Lukas dachte sich solche seltsamen Gerichte aus, wenn er sich zu Hause alleine etwas zu essen machen musste und nichts Zu-

sammenpassendes fand – also eigentlich immer. (Michaelis 2005: 76)

In der Regel – und entsprechend der in der Kinder- und Jugendliteratur herrschenden *political correctness* – werden die Erwachsenen, die solche Situationen zu verantworten haben, nicht gebrandmarkt. Vielmehr wird gezeigt, wie Kinder entweder eine (permanente oder vorübergehende) alimentäre »Regellosigkeit« genießen, wie etwa Élodie (Mikaël Ollivier, *Papa est à la maison*, dt.: *Papa mal anders*) – oder selbst etwas tun, um die eigene Verpflegung zu verbessern. Wie Élodies Mutter ist auch Neles alleinerziehende Mama (Sabine Neuffer, *Das Papa-Projekt*) auf gesunde Nahrung bedacht – allerdings serviert sie ihrer Tochter meist »Tütenzeug« (Neuffer 2002: 31), weil sie selten Lust auf aufwendiges Kochen hat. Als »fortschrittliche« Mutter schlägt sie ihrer Tochter vor, selbst einen Kochkurs zu besuchen (Neuffer 2002: 31). Am Ende gelingt es Nele jedoch, ihre Mutter immer mehr für gemeinsame Kochaktivitäten zu begeistern – um sie dann durch ein selbstgekochtes »superromantisches« Essen mit ihrem Wahl-Ersatzpapa zusammenzubringen (Neuffer 2002: 234 f.). In Kirsten Boies *Mit Jakob wurde alles anders* markieren »Mamas eingemachte Heringe« (Boie 1986: 6), für die der Vater der Mutter ein Kompliment macht, noch eine traditionelle Familienstruktur. Der mütterliche Plan, wieder Vollzeit in ihren Beruf einzusteigen und den Vater zu einem Elternjahr zu überreden, löst bei diesem nach anfänglicher Skepsis großes Engagement aus. Er kocht ausgiebig, sogar »viel tollere Sachen als Mama«, wodurch allerdings Schmutz und Unordnung im Haushalt zunehmen (Boie 1986: 19 f.). Weniger begeistert als die Kinder ist die Mutter, die nach Feierabend noch putzen und abspülen muss. Als der Vater sie dann noch bittet, an seiner Stelle ein Brot zu backen, mit dem er die Mütter in der Krabbelgruppe von ihren Vorurteilen gegenüber Hausmännern abbringen will, reagiert sie recht ungehalten auf die ihrem Empfinden nach sehr ungerechte Arbeitsteilung (Boie 1986: 59 f.).

Obwohl in Kinder- und Jugendbüchern fortschrittlich denkende Familien als Vorbilder ins Zentrum gerückt werden, nehmen diese Werke in der Regel eine genussorientiert-kindliche Perspektive ein, die zwar traditionell-autoritäre Ess-Ordnungen als belastend empfindet, andererseits aber auch den durch die Berufstätigkeit beider Elternteile ausgelösten kulinarischen Notstand zu Hause bemängelt. Auch aus Sicht der Kinder- und Jugendliteratur ist »feeding the family« – egal ob es von Mama, Papa oder Oma übernommen werden soll – eine wichtige Aufgabe, die es zum Wohl der Kinder nicht zu vernachlässigen gilt.

Kochen als weibliche Rolle

Zwar sind nicht alle bösen Mütter schlechte Köchinnen – dass eine schlechte Köchin aber notwendig auch eine böse Mutter sein muss, scheint sich in den Köpfen (besonders in jenen der Männer) festgesetzt zu haben. Denn verleugnet nicht eine Mutter, die kein Interesse für das Kochen zeigt, in einer (um es mit Christoph Meckel zu sagen) »monströsen Instinktlosigkeit« (Meckel 2002: 66) ihre »natürlichste« Rolle – die der Ernährerin?

Die negative Macht, die einer »schlechten« Ernährerin zugeschrieben wird, lässt sich letztlich nur erklären, wenn man sich bewusstmacht, wie sehr den Frauen auch heute noch die fast ausschließliche Verantwortung für das leibliche Wohl von Mann und Kind aufgebürdet wird. Die Soziologin Marjorie DeVault hat sich mit der Frage auseinandergesetzt, weshalb Frauen auch in Zeiten der Emanzipation und weiblichen Berufstätigkeit kaum von dieser »natürlichen« Pflicht loskommen. Sie befragte dafür zwischen 1982 und 1983 dreißig amerikanische Frauen aus unterschiedlichen sozialen Schichten (aus der gehobenen Mittelschicht, aus der Arbeiter- und Angestelltenschicht und aus einkommensschwachen Haushalten) und mit unterschiedlichem ethnischen Hintergrund. Während 9 der 30 Haushalte von alleinerziehenden Müttern geführt wurden, bestanden die übrigen 21 aus meist verheirateten Paaren mit Kindern. Zwar ging nur die Hälfte der Frauen einer bezahlten Arbeit nach, dennoch ergab die Befragung, dass auch im Fall der Arbeitstätigkeit der Frauen diese in der Regel fast für die gesamte Mahlzeitenplanung, das Einkaufen und die Küchenarbeit verantwortlich waren. Auch in den zwei Haushalten mit paritätischer Arbeitsteilung waren es die Frauen, die alle Abläufe organisierten, indem sie etwa die Mahlzeiten planten und teilweise vorkochten, so dass der Mann nur noch die Küchenarbeit zu Ende führen musste.

DeVault verfolgte mit ihrer Untersuchung zwei Ziele: Zum einen ging es ihr darum, zu zeigen, wie viel »unsichtbare« Arbeit die Aufgabe, eine Familie zu ernähren, impliziert. Wie sie an zahlreichen Aussagen der interviewten Frauen anschaulich macht, geht es ja nicht nur darum, dreimal am Tag eine Mahlzeit auf den Tisch zu stellen. *Feeding the Family* – so der Titel der Studie – bedeutet weit mehr. Es gilt, die individuellen Vorlieben und Abneigungen der Familienmitglieder zu beachten – wobei sich herausstellte, dass sich die kochende Ehefrau fast immer in erster Linie nach den Wünschen ihres Mannes richtet. Zudem muss die fürsorgliche Mutter über die Richtlinien der »gesunden Ernährung« informiert sein, eventuell auch auf Allergien oder Krankheiten einzelner Familienmitglieder Rücksicht nehmen. Zur Planung der Mahlzeiten kommt die Planung der Einkäufe hinzu: Für einkommensschwache Familien kann es dabei auch wichtig sein, möglichst preiswert einzukaufen. Frauen aus der gehobeneren Schicht sehen sich dagegen dazu verpflichtet, gelegentlich durch eine perfekt ausgefüllte Gastgeberrolle und aufwendige Mahlzeiten ihren Repräsentationspflichten nachzukommen. Schließlich aber geht es beim Kochen für die Familie nicht nur darum, diese möglichst gesund und abwechslungsreich zu ernähren. Weil das gemeinsame Essen auch ein »Constructing the Family« ist, versuchen viele Frauen, die bei Tisch verbrachte Zeit durch bestimmte Konversationsthemen oder Rituale so zu gestalten, dass die Mahlzeit zur erfüllten, gemeinschaftsstiftenden Zeit wird. Fazit: Kochen ist weit mehr als Kochen – was alle Frauen, die morgens mit der quälenden Frage »Was koche ich nur heute?« aufwachen, nur allzu gut wissen.

Zum anderen ging es DeVault darum, zu zeigen, dass die komplexe Tätigkeit des »Feeding the Family« bei Frauen und Männern nach wie vor unhinterfragt als »weibliche« Aufgabe verstanden wird – und dadurch weiter dazu beiträgt, traditionelle Genderrollen zu perpetuieren (DeVault 1991: 95). Zudem wird den Frauen so eine »virtuell unbegrenzte« Alleinverantwortung für das Wohlergehen ihrer Familien aufgebürdet (DeVault 1991: 95). Dies ist umso erstaunlicher, als es keineswegs den bewussten Intentionen der Betroffenen entspricht. In den meisten der von DeVault untersuchten Fälle erledigten die Frauen den Großteil der Hausarbeit; in den meisten Fällen versuchten sie, mit mehr oder weniger Erfolg, wenigstens einen Teil ihrer Verantwortung abzugeben – dort entsprach die gegebene Situation also nicht ihren Wünschen und Vorstellungen von Familie (DeVault 1991: 96). DeVault zufolge werden die durchaus vorhandenen egalitären Vorstellungen durch einen dominanten sozialen Diskurs über Mutterschaft unterminiert (etwa: Ernährungs-Informationsbroschüren für junge Mütter, Werbung für Küchenprodukte, die sich »natürlich« an die Mutter wendet, etc.). Auch die Weitergabe kulinarischer Fertigkeiten von Müttern an die Töchter, das Vorbild der eigenen Mutter sowie nutritive Netzwerke zwischen Frauen bewirken, dass Mädchen das Kochen als Frauenarbeit wahrnehmen.

Besonders frappierend sind aber jene Interview-Aussagen, durch die DeVault zeigt, dass kochende Frauen einfach ein ganz anderes Verhältnis zu ihrer Aufgabe haben als die kochenden Männer. Während die Letzteren offenbar keinerlei Probleme damit haben, Haushaltsaufgaben zurückzuweisen oder – falls sie kochen – sich die Arbeit so einfach wie möglich zu machen, thematisierten die befragten Frauen regelmäßig Schuldgefühle, wenn sie etwa erzählten, dass sie im Notfall auf »einfachere« Lösungen (etwa Dosengemüse statt frisches Gemüse etc.) zurückgriffen (DeVault 1991: 102–105). Die kochende Frau hat es sich nicht leichtzumachen, weil sich ihre Liebe zur Familie offenbar unmittelbar an der Zeit bemessen lässt, die sie fürs Kochen aufwendet. Genau dies drückte eine der befragten Frauen aus, die ihr Mittagessen gerne durch einen Joghurt oder ein Sandwich ersetzte, jedoch der Meinung war, ihrem Mann Entsprechendes unmöglich zumuten zu können: eben weil es (obwohl ihr dies nicht bewusst war) zu »einfach« und somit ein Zeichen von Lieblosigkeit gewesen wäre (DeVault 1991: 147f.). Ähnlich ist Wohmanns Christa stolz auf den Aufwand, den ihr die »gesunde Ernährung« ihres Adoptivkinds bereitet (vgl. S. 327, Wohmann 1979: 151).

Wenn die Ergebnisse von DeVaults Studie hier so ausführlich wiedergegeben werden, soll damit freilich nicht behauptet werden, dass die dem leiblichen Wohl der Familie gewidmete Zeit etwa *nicht* wichtig wäre (und DeVault möchte das auch nicht). In einer Zeit, in der der Hype um gutes und die Hysterie um gesundes Essen vermutlich noch längst nicht ihren Höhepunkt erreicht haben, ist es für die Frau ohnehin keine gangbare Lösung, es sich auch »leichtzumachen« und einfach ein paar Tiefkühlpizzen aus der Mikrowelle zu holen. Für den Mann aber schon? Ähnliche Ergebnisse wie die DeVaults ergab eine Langzeit-Feldstudie, die Carole Counihan 1984 und 2003 mit rund zwanzig Mitgliedern aus miteinander verwandten florentinischen Familien durchführte. So ging aus der Befragung von 1984 hervor, dass dem gemeinsamen Essen in der Familie (an dem nur Familienmitglieder teilhaben durften) von Männern und Frauen ein hoher Wert zugeschrieben wurde, dass Männer in der Regel weder kochten noch im Haushalt halfen und sich vor allem über die Arbeit außer Haus definierten. Zudem gingen auch junge Männer wie selbstverständlich davon aus, dass Frauen mehr »Neigung« und Talent zum Kochen hätten, und führten die eigene Untätigkeit im Haushalt entsprechend auf einen Mangel an »Neigung« zurück. Bezeichnend ist die Aussage des zwanzigjährigen Arturo, der meinte: »Aber wenn ich später mal ein echter Ehemann sein werde, werde ich vielleicht ein größeres Verantwortungsgefühl haben« (Counihan 2004: 170, meine Ü., Chr. O.).

Zwanzig Jahre später befragte Counihan ihre Informanten

noch einmal. Sie stellte fest, dass durch die gewachsene Berufstätigkeit der jungen Frauen weniger traditionelle Speisen und dafür mehr Schnellgerichte auf den Tisch kamen, dass Männer begonnen hatten (wenn auch in geringerem Maß), Aufgaben im Haushalt wahrzunehmen, dass beide Geschlechter die Notwendigkeit einer gerechteren Arbeitsteilung anerkannten. Ähnlich wie von DeVault konstatiert, entsprach dem ideologischen Bekenntnis zur paritätischen Arbeitsteilung jedoch nicht unbedingt eine konsequente Umsetzung. Counihan vermutet, dass diese in Italien besonders stark ausgeprägte Disparität (sie erwähnt eine Studie, der zufolge sich Italiener am wenigsten von allen europäischen Ehemännern an der Hausarbeit beteiligen, Counihan 2004: 171) mit dem starken Mutterideal zusammenhängen könnte, das von Müttern stets Selbstaufgabe zugunsten ihrer Kinder erwartet – paradoxerweise in einem Land, das zugleich eines der geburtenschwächsten auf der ganzen Welt ist. Und doch zeigt das Beispiel Italiens, vielleicht in etwas markanterer Weise, nur, was weltweit die Regel ist.

Das Interview, das Counihan 1984 mit der damals 41-jährigen Sergia führte, lässt die zwiespältige Rolle der kochenden Hausfrau besonders deutlich werden. Als Frau eines gutverdienenden Ehemanns, die sich allein um Haushalt und Kinder zu kümmern hatte, bedeutete es Sergia sehr viel, sich als gute Köchin zu beweisen. Dies umso mehr, als ihre Mutter Tommasa eine notorisch gute Köchin war – wie Sergias Vater in dem Interview scherzhaft sagte, hatte er sie vor allem wegen ihrer Kochkünste geheiratet. Nach Sergias Aussage hatte ihr die Mutter jedoch diese Fertigkeit nicht weitervermittelt, was in der Tochter wiederum Auslöser von Scham und Unsicherheit war. Counihan meint nun, dass Tommasa ihre Kochkunst möglicherweise als ein Privileg verteidigte, weil es ihre einzige Quelle von »Macht« war: »That cooking was Tommasa's only power because she didn't work and had no money of her own may have led to her guarding her cooking skill, even from her daughter Sergia« (Counihan 2004: 82). Tatsächlich geht Counihan davon aus, dass ausgerechnet die unbezahlte, öffentlich nicht anerkannte Hausfrauentätigkeit den Frauen paradoxerweise die Macht gibt, Mann und Kinder an sich zu binden (Counihan 2004: 139f., 150) – eine Auffassung, die, wie wir noch sehen werden, jener der Romanfigur Sarna aus *Ishq and Mushq* entspricht (S. 347). Insbesondere die Abhängigkeit der Söhne von der mütterlichen Küche sei ein häufiges Phänomen. So scheint sich auch das von Counihan herausgearbeitete Mutterbild zwischen den Polen der »Rabenmutter«, die ihre Kinder nicht, und der dominanten Mutter, die sie allzu gut bekocht, zu bewegen – wobei die befragten Frauen ersteres vehement ablehnen und sich eher mit dem zweiten identifizieren.

Die Meinung des 54-jährigen Raffaele, der in einer vordergründigen Huldigung an die Frauen als »stärkeres« Geschlecht diesen die ganze Verantwortung für das Glück oder Unglück der Familie zuschreibt – »The woman can make or break the family« (Counihan 2004: 100) –, zeigt dies nur zu deutlich. Selbst wenn Männer die »unsichtbare« Arbeit der Frauen anerkennen und die Notwendigkeit paritätischer Arbeitsteilung eingestehen (oder sogar verwirklichen), bleibt die Frau im Dilemma ihrer idealen und vorgeblich »natürlichen« Rolle gefangen. Solange das Idealbild der guten und das Schreckbild der schlechten Ernährerin dominieren, werden sich die Frauen auch kaum von ihrer Ernährerinnenrolle lösen können. Wie bereits angedeutet, dürfte auch die aktuelle Debatte um gesunde und ethisch korrekte Ernährung dazu beitragen, dass sich die den Müttern aufgebürdete Alleinverantwortung noch verschärft – wie u.a. Catriona Sandilands befürchtet. Denn Frauen, die sich als Hüterinnen des familiären und ökologischen Wohls verstünden, seien in Gefahr, von neopatriarchalischen Gesinnungen vereinnahmt zu werden (Sandilands 1999: XI–XIII).

Gute Köchin, schlechte Mutter

Eine parodistisch-postmoderne Version des Postulats »gute Köchin = gute Mutter« findet sich in dem Debütroman der indischstämmigen Autorin Priya Basil (*Ishq and Mushq*, 2007). Sein

Titel verweist auf »Liebe und Geruch« als Komponenten eines kulinarischen Codes, durch den eine Frau ihre Familie regelrecht tyrannisiert. Der Roman erzählt die Geschichte von Karam und Sarna, die in den 1940er Jahren kurz nach den Wirren der indischen Separation heiraten, um dann in Afrika, später in London ein von Lügen, Missverständnissen und kulturellen Konflikten durchsetztes Familienleben zu führen. Basil situiert sich klar in die Nachfolge von Esquivels *Bittersüße Schokolade.* Auch hier steht eine vom Leben stiefmütterlich behandelte, erotisch und kulinarisch äußerst attraktive Heldin im Mittelpunkt. Ähnlich wie bei Esquivel lässt sich Sarnas Kochkunst als ein Medium der nonverbalen Kommunikation deuten – eine Zeichensprache jedoch, die ihr Ziel hier gründlich verfehlt.

Weil sie ihren fatalen Appetit auf Mangos und scharfes Essen nicht zügeln konnte, hat die junge Sarna – so die Ansicht ihrer Mutter – ihr Leben ruiniert. Sicher wäre es nicht zu Sarnas vorehelicher Liebesbeziehung und geheimen Schwangerschaft gekommen, wenn sie »wie ein anständiges Mädchen« gegessen hätte. In der Tat greift Basil die bereits in Kapitel 4 erwähnte Opposition »männlicher« und »weiblicher« Speisen auf. Demnach hatte Sarnas Mutter vergeblich versucht, ihrer Tochter den übermäßigen Konsum »heißer« Nahrungsmittel zu verbieten, von denen sie befürchtete, dass sie in ihr unzeitgemäße sexuelle Wünsche hervorrufen würden (Basil 2007: 24).

Sarna heiratet also Karam, der nichts von ihrer Tochter Nina weiß, und zieht mit ihm nach Afrika. In der ersten Zeit ihrer Ehe, die sie im Haus der Schwiegereltern verbringt, muss sie in der Küche schlafen – wie bereits Esquivel spielt Basil mit dem Aschenbrödel-Motiv. Wie Esquivels Tita kann Sarna durch das Kochen ihre Ängste und Frustrationen unterdrücken; ähnlich wie diese verzaubert sie Karams Familie durch ihre sinnlichen Gerichte – ihre Schwägerin Persini nimmt dagegen die Rolle der missgünstigen Rivalin und schlechten Köchin ein. In London, nachdem ihre Beziehung zu Karam aufgrund von gegenseitiger Untreue und Missverständnissen gescheitert ist, beginnt Sarna indes eine kulinarische Tyrannei auf ihre Familie auszuüben. Während sie Mann und Kindern körperliche Nähe vorenthält, setzt sie systematisch Gerichte als Liebesbezeugungen – oder auch Strafmaßnahmen – ein. Im Kochen sieht sie, die Hausfrau, ihre einzige Möglichkeit, sich auszudrücken und auf ihre Umwelt einzuwirken. Der kulinarische Code, den Basil für Sarna entwirft, ist recht simpel: Durch exzessives Süßen will Sarna ihre Verbitterung überdecken; macht sie das Essen zu scharf, so ist es, um Karam für etwas zu bestrafen, usw. Und doch funktioniert dieser nonverbale Code für die Familie Singh nicht. So, wie ihre Familienangehörigen zunehmend Abscheu für Sarnas übermäßig süße Speisen empfinden, verstehen sie auch ihre widersprüchlichen Aussagen und Verhaltensweisen immer weniger. Der Roman endet mit einer familiären Tragödie, die allerdings Sarnas »dunkles« Geheimnis – nämlich die wahre Identität ihrer als Schwester ausgegebenen Tochter Nina – ans Licht bringt. Gleichzeitig geht die Tiefkühltruhe kaputt, in der Sarna im Laufe von Jahren ungeheure Mengen an Gerichten eingefroren hat. Die starken Düfte der Speisen verbreiten sich über ganz London und sorgen dafür, dass der Umsatz an indischen Gerichten an diesem Tag überproportional hoch ist (Basil 2007: 503). Die zurückgedrängten Gefühle, die die Köchin in all den Jahren in Essen verwandelt hatte, tauen so buchstäblich auf – das Essen aber ist längst ungenießbar geworden.

Das Essensmotiv verbindet sich in Basils Roman mit Elementen, die an den Bachtin'schen offenen Körper erinnern. So leidet Sarna seit dem Umzug der Familie nach London zunehmend an Blähungen, die sich in üblen Körpergerüchen entladen. Die Autorin selbst will damit auf Sarnas Lebenslüge hindeuten, die sich trotz aller Verdrängungs- und Täuschungsmaßnahmen einen Weg an die Oberfläche bahnt. Sarnas Somatisierung von Emotionen lässt die Protagonistin nicht nur buchstäblich erkranken, sondern wird auch zum Ausdruck ihrer »Schuld«. Mir scheint es aber interessanter, Sarnas körperliche Ausdünstungen als karnevaleskes Motiv zu deuten. Tatsächlich tragen sie in der Romanhandlung dazu bei, die Autorität beider Eltern bei den Kindern zu untergraben. Dass Sarnas Körper nicht mehr als unantastbarer Körper einer nährenden Mutter, sondern als karnevalesker Körper wahrgenommen werden kann, hat für Sohn und Tochter eine emanzipatorische Funktion.

Aus der gegenwärtigen Welle von Romanen und Filmen, die Frauen als exotisch-erotische Hüterinnen von Gewürzen und Lebensmittel als Lösung für alle erdenklichen Beziehungsprobleme verherrlichen, sticht Basils Roman deutlich heraus. Zwar steht auch hier zunächst die stereotype Figur einer verführerisch kochenden Frau im Mittelpunkt; es wird aber deutlich gemacht, dass gutes Kochen nicht als Ersatz für eine gelingende sprachliche Kommunikation fungieren kann.

*

Das Gefühl eines durch zunehmende kulinarische Verwahrlosung mitbedingten Zerfalls von Familie und Zwischenmenschlichkeit zieht sich von der deutschen Literatur der Nachkriegszeit bis hin zur Kinder- und Jugendliteratur der Gegenwart. Gegen einen zunehmend durchrationalisierten Lebensvollzug (Wohmann) und die Seelenlosigkeit der kapitalistischen Konsumgesellschaft (Houellebecq) wird das nostalgische Bild der warmherzigen, kochenden Mamma heraufbeschworen. Nicht nur der notorische Antifeminist Michel Houellebecq, auch feministische Autorinnen wie Gabriele Wohmann oder Elena Ferrante können sich der Gleichung »gute Köchin = gute Mutter« kaum entziehen. Und so können wir uns nicht zuletzt durch aktuelle Kinderbücher bestätigen lassen, wie wichtig das Essen als gemeinschaftsstiftendes Ritual gerade in der Ära der Patchwork-Familien ist. Dies erklärt aber noch nicht, weshalb es in Zeiten weiblicher Berufstätigkeit nach wie vor die Frauen sind, die für die Misere in der Küche verantwortlich gemacht werden. Aus soziologischen Untersuchungen geht hervor, dass die Macht anerzogener Rollenmuster und gesellschaftlicher Diskurse auch in Familien nachwirkt, die eigentlich eine paritätische Rollenteilung intendieren. Meist sind die Frauen auch kaum in der Lage, von den eigenen hohen Ansprüchen an ihre Ernährerinnen-Funktion abzusehen.

Dabei zeigt Priya Basils ironische Dekonstruktion der Gleichung »gute Köchin = gute Mutter«, dass die hingebungsvolle kulinarische Versorgung der Familie nicht notwendig emotionale Fürsorge garantiert. Das in Popliteratur und Popfilm vielfach variierte Klischee des Kochens als eines nonverbalen emotionalen Codes wird hier unverkennbar parodiert.

Vom Dienen zur Selbstsorge: die Küche als Ort der Frau

Kochen als nonverbaler Code der Emanzipation?

Trotz der von feministischer Seite vielfach geäußerten Kritik an der Definition des Kochens als typisch weiblicher Rolle können kulinarische Tätigkeiten, wie besonderes Popliteratur und Popfilm der Gegenwart zeigen, auch als sinnstiftend und identitätsstärkend dargestellt werden. So haben wir bereits gesehen, wie das Backen für Marian in *Die essbare Frau* zu einem Mittel der Selbstreflexion gerät. Entsprechend hat die Literaturwissenschaftlerin Julika Griem in ihrer Analyse asiatischer Food-Filme die Frage aufgeworfen, inwiefern die Küche für Frauen, ganz im Sinne Virginia Woolfs, zu einem »eigenen Zimmer«, einem potentiellen Ort der Emanzipation werden kann. Die Antworten sind, wie wir mit Blick auf einige Food-Filme und auf einige der schon besprochenen Romane sehen werden, vielfältig und widersprüchlich.

Da ist einmal das Narrativ des Kochens als eines emotionalen Codes. Demnach können Gerichte und Gewürze unterdrückte Emotionen freisetzen; Frauen, die in ihrer traditionell dienenden Rolle gefangen sind, finden so zu einer eigenen Stimme. Anhand von Laura Esquivels Bestseller *Bittersüße Schokolade* wurde in Kapitel 2 schon gezeigt, wie die kulinarische Tätigkeit als ein entsprechender Geheimcode gefeiert wurde. Tita, der eine übermächtige, kastrierende Mutter den Ausdruck von Emotionen verwehrte, war es so gelungen, ihren Anspruch auf individuelles Glück zu äußern. Allerdings hatte sich auch gezeigt, dass die Protagonistin ihre Rolle als heimliche Geliebte und dienende Frau nicht abgelegt hatte. Auch in Priya Basils *Ishq and Mushq* dient das Kochen der Protagonistin, die durch widrige Umstände und eine böse Stiefmutter in eine ähnliche Aschenbrödel-Rolle gerät wie Tita, als emotionales Ventil. Doch während Titas Emotionen stets unmittelbar in die von ihr gekochten Speisen eingehen und etwas über ihren Gemütszustand aussagen, verändert sich die Funktion von Sarnas kulinarischen Botschaften im Lauf der Zeit. Zuletzt, als ihre Familie unter der Last von Sarnas Lebenslügen zerbrochen ist, geraten ihre übersüßten und überwürzten Speisen zum Ausdruck einer gescheiterten Kommunikation.

Ambivalent ist schließlich die Aussage des in Mumbai angesiedelten Films *Lunchbox* (2013). Hier wird das Mittagessen, mit dem die junge Ehefrau Ila die Liebe ihres (untreuen) Mannes zurückerobern will, aus Versehen an einen Witwer geliefert. Der Ehemann bekommt dagegen ein Gericht aus einem Schnellimbiss. Dass er es isst, ohne etwas zu bemerken, wird von Ilas indignierter Nachbarin einem Ehebruch gleichgesetzt. Die junge Frau und der Witwer beginnen, mit Hilfe der Lunchbox Briefe auszutauschen. Eine Liebesbeziehung wird nicht daraus, und ihren Mann gewinnt Ila auch nicht zurück. Durch die Lunchbox-Briefe findet sie jedoch zu einer eigenen Sprache – und schließlich verlässt sie die Küche und ihren Mann.

Einem zweiten, rekurrenten Narrativ zufolge kann das Kochen zu einem Mittel des gesellschaftlichen Aufstiegs werden beziehungsweise der Protagonistin dazu dienen, sich in einer männerdominierten Gesellschaft zu behaupten. Tran Anh Hungs Film *Der Duft der grünen Papaya* (1993) schildert den sozialen Aufstieg eines Dienstmädchens im Saigon der 1950er Jahre. Wie Julika Griem zeigt, erfolgt dieser zunächst über eine kulinarische und eine sexuelle Initiation: das Mädchen Mui lernt im Haus einer bürgerlichen Familie kochen und gewinnt dadurch später die Gunst seines neuen Herrn, eines jungen Komponisten, dessen Geliebte es wird. Mui heiratet ihren ehemaligen Herrn und erfährt zuletzt auch eine intellektuelle Initiation: Sie lernt lesen und schreiben. Diese scheinbare Emanzipationsgeschichte ist jedoch eingebettet in einen konservativen Diskurs. Mui ersetzt die erste Verlobte des Komponisten, die lieber ins Restaurant ging, als zu kochen – am Ende ist sie zwar die Herrin des Hauses, verbleibt jedoch in ihrer untergeordneten Rolle, eingeschlossen im häuslichen Raum (Griem 2003: 246). Dagegen erzählt Jūzō Itamis Kultfilm *Tampopo* (1985) die Geschichte der jungen Witwe Tampopo, die mit Hilfe des Lastwagenfahrers Guru aus ihrer Nudelsuppenküche ein florierendes Geschäft macht, indem sie die Erfolgsrezepte ihrer männlichen Rivalen kopiert und überbietet. Tampopos Küche ist von Beginn an kein privater, sondern ein halböffentlicher Raum, weil die junge Frau in ihrem eigenen Häuschen eine Suppenküche eröffnet hat. Zu Beginn wird Tampopo so dargestellt, wie es dem Klischee der asiatischen Frau entspricht: den Männern gegenüber schüchtern, geradezu unterwürfig. Im Laufe der Handlung gewinnt sie zunehmend an Selbstbewusstsein und entwickelt sich zur Geschäftsfrau – die Initiation zur guten Köchin und Unternehmerin hat sie indes ausnahmslos männlichen Figuren zu verdanken.

Einem dritten Narrativ zufolge stellt weibliches Kochen eher ein Mittel des »Ausgleichs« faktischer Emanzipation dar. So reflektiert Ang Lees Filmkomödie *Eat Drink Man Woman* (1994) einen Wandel der Esskultur, der mit einem Wandel der Geschlechterrollen einhergeht. Im Zentrum des im Taiwan der Gegenwart spielenden Films stehen die sonntäglichen Familienessen eines verwitweten Kochs mit seinen drei erwachsenen Töchtern. Der Versuch einer Heraufbeschwörung vergangener Zeiten erweist sich zunächst als nichtig, zumal der Koch seinen Geschmackssinn verloren hat und die Töchter nur so tun, als würden sie essen (Griem 2003: 247). Zum Schluss gelingt zwar ein versöhnliches Essen, in dem die emanzipierteste der drei

Töchter ein Rezept der verstorbenen Mutter nachkocht, worauf der Vater seinen Geschmackssinn wiederfindet. Wenn es ausgerechnet die Geschäftsfrau ist, die begeistert alte Rezepte nachkocht, kann man sich fragen, ob nicht dadurch ein Gegengewicht zu ihrem emanzipierten Leben gesetzt werden soll, ein Ausgleich für eine (gefühlte) »Denaturierung«.

Nur einer von all diesen Frauen dient das Kochen als professionelle Einkommensquelle: Tampopo. Und alle kochen für andere, nicht für sich selbst. Überhaupt sind Szenen, in denen eine Frau eine Mahlzeit verzehrt, die sie nur für sich selbst zubereitet hat, eine absolute Seltenheit. Und doch kann das häusliche Kochen unter bestimmten Umständen die Funktion einer »Selbstsorge« einnehmen.

Kochen als Selbstsorge

Als Selbstsorge (»souci de soi«) definiert Michel Foucault alltägliche Maßnahmen, die das psychophysische Wohl des Körpers zum Ziel haben. Ihr Ursprung liegt in der Diätetik, die, wie wir bereits in Kapitel 2 gesehen haben, durch ihre Berücksichtigung unterschiedlicher Temperamente einen ersten Schritt zur Konzeption individueller Körper darstellt. Auf diätetischer Ebene bedeutet Selbstsorge eine Form der Achtsamkeit, der Beobachtung des eigenen Körpers und seiner Bedürfnisse. Inwiefern weibliches Kochen als eine spezifisch postmoderne Form der Selbstsorge entworfen werden kann, soll nun anhand zweier höchst unterschiedlicher Auseinandersetzungen mit dem Kochen gezeigt werden. In ihrem Erzählband *Kitchen* (1988), der die damals 24-jährige Japanerin schlagartig zum internationalen Star machte, präsentiert Banana Yoshimoto ein postmodernes Tokio, in dem herkömmliche Konzepte von Weiblichkeit, Männlichkeit, Familie und japanischer Esskultur bereits in Auflösung begriffen sind. Protagonistin der Erzählung *Kitchen* ist die verwaiste Studentin Mikage, die nach dem Tod ihrer Großmutter von einem außergewöhnlichen Mutter-Sohn-Paar adoptiert wird: dem feminin-geheimnisvollen Studienkollegen Yuichi und seiner

Mutter Eriko, die, wie sich später herausstellen wird, eigentlich Yuichis leiblicher Vater ist. Nach dem Krebstod von Yuichis Mutter hatte sich Eriko einer Schönheitsoperation unterzogen und arbeitete seither in einer Transsexuellen-Bar. Erst nach Erikos Ermordung kommen sich Yuichi und Mikage näher. Mikage hat mittlerweile ihr Leben wieder in die Hand genommen: Sie hat sich eine eigene Wohnung gemietet und ihre Leidenschaft für das Kochen in einen Beruf verwandelt.

Yoshimoto zielt nicht darauf ab, mit ihren Figuren »typische« Porträts der japanischen Gegenwartsgesellschaft zu zeichnen. Wie Giorgio Amitrano in seinem Vorwort zu *Kitchen* nachgewiesen hat, hat sie sich für die Figur der transsexuellen Mutter durch die Welt der Mädchen-Mangas inspirieren lassen, in denen sexuelle Ambivalenz eine große Rolle spielt. Es geht nicht um Realismus, sondern um die Darstellung eines Lebensgefühls, in dem sich Yoshimotos jugendliche Leserschaft wiederzuerkennen scheint: existentielles Waisentum, adoleszente Gender-Ambiguität, Orientierungslosigkeit. In all diesen Fluktuationen gibt es jedoch einen Fixpunkt – die Küche:

> Der liebste Platz auf dieser Welt ist mir die Küche.
>
> Ganz gleich, was sonst geschieht – in einer Küche, an einem Ort, an dem man kochen kann, da geht's mir gut. Wenn diese Küche auch noch praktisch ist und alles darin seinen festen Platz hat, wenn überall saubere Tücher hängen und die weißen Fliesen funkeln und blitzen, dann ist's perfekt.
>
> Doch auch für wahnsinnig schmuddelige Küchen kann ich mich begeistern. (Yoshimoto 1992: 9)

So stellt die Küche der verstorbenen Großeltern Mikages ersten Zufluchtsort dar: Hier schläft sie, weil das gleichmäßige Summen des Kühlschranks sie beruhigt. In Yuichis Küche, eine »gute« Küche, verliebt sie sich auf den ersten Blick (Yoshimoto 1992: 17) – hier beginnt sie auch, eine Leidenschaft für das Kochen zu entwickeln:

> Glück bedeutet, nicht zu merken, daß man letztlich allein ist.
>
> Auch ich finde das gut. Eine hübsche Schürze umbinden, mit

> einem blumenhaften Lächeln Kochen lernen, Schmerz und Verzweiflung in der Liebe erfahren und zuletzt den Mann fürs Leben zu finden. So etwas ist toll. Manchmal, wenn ich wahnsinnig erschöpft und mein Gesicht voller Pickel war, wenn ich in einer einsamen Nacht sämtliche Freunde anrufen wollte, von denen natürlich keiner zu Hause war, fing ich an, mein ganzes Lebens zu hassen, meine Geburt, meine Kindheit, alles. [...] Doch dann, in diesem phantastischen Sommer, in dieser Küche! Ich hatte nicht die geringste Angst, mich zu verbrennen, mich zu schneiden. Es machte mir auch nichts aus, wenn ich die Nacht durcharbeiten mußte. Jedem neuen Tag blickte ich voll Erwartung entgegen. In den Karottenkuchen, für dessen Zubereitung ich sämtliche Schritte auswendig gelernt hatte, brachte ich jedes Stückchen meiner Seele ein, und die knallroten Tomaten, die ich im Supermarkt fand, liebte ich so sehr wie mein eigenes Leben. (Yoshimoto 1992: 77 f.)

Die Protagonisten von *Kitchen* essen Burger und Donuts ebenso wie traditionelle japanische Speisen. Dennoch legen sie allesamt eine ganz besondere Wertschätzung für gutes Essen an den Tag. Zwei kulinarische Schlüsselszenen in *Kitchen* zeigen, dass trotz der Destabilisierung des Geschlechterverhältnisses (Mikage ist in der Beziehung zu Yuichi die Stärkere, sie ergreift die Initiative) der Frau nach wie vor die Rolle der Köchin beziehungsweise Nahrungsversorgerin zukommt. Einmal bereitet Mikage für sich und Yuichi ein opulentes Mahl. Ein andermal durchquert sie im Taxi das nächtliche Tokio, um Yuichi ein *katsudon*, ein Reisgericht mit Schweinefleisch, Ei und Zwiebeln, zu bringen, nachdem sie diese »Gabe des Himmels« in einem kleinen Restaurant probiert hat. Die Szene kommt einer Liebeserklärung gleich, und »um uns herum war der Tod nicht mehr zu spüren« (Yoshimoto 1992: 128). Der Tod ist ebenso unüberwindbar wie die Natur – Yoshimoto zelebriert jedoch das Kochen als eine Kulturtechnik, mit der sich Tod und Trauer zumindest zeitweise bewältigen lassen.

*

Begreift Yoshimoto das Kochen (und Essen) als eine Form der Trauerarbeit, so macht Clara Sereni aus einer Rezeptsammlung eine postmoderne Autobiographie. Mit *Casalinghitudine* – das Wort ist eine Erfindung der Autorin und lässt sich am besten mit »Hausfrauentum« übersetzen – hat Sereni 1987 eine ebenso ungewöhnliche wie differenzierte Auseinandersetzung mit der Hausfrauenrolle vorgelegt. Dabei ist Clara Sereni keine schreibende Hausfrau, sondern in Italien eine bekannte Persönlichkeit. Sie ist die Tochter des Politikers Emilio Sereni, eines in der Nachkriegszeit bekannten Historikers und Politikers. Die Autorin war neben ihrer Tätigkeit als Schriftstellerin und Journalistin ebenfalls in der Politik tätig.

Weshalb also kündigt Serenis Buchtitel eine Reflexion über das Dasein von Hausfrauen an, und weshalb gießt sie ihre persönlichen Erinnerungen in die Form eines anonymen Kochbuchs? An ein solches lassen zumindest die Kapitelüberschriften denken, die unter anderem »Primi piatti«, »Secondi piatti«, »Verdure«, »Stuzzichini« ankündigen. Erst die beiden letzten Überschriften, »Dolcezze« (Süßigkeiten oder auch Zärtlichkeiten) und »Conservare« (Einmachen oder Bewahren) geben zu verstehen, dass der Akt des Kochens immer auch als eine emotionale Handlung gedacht ist. Tatsächlich folgt auf ein Rezept regelmäßig die Erzählung einer Anekdote, deren Erinnerung untrennbar mit dem jeweiligen Gericht verbunden ist. Der klaren Menü-Struktur widerspricht allerdings die achronologische, lückenhafte autobiographische Erzählung.

Die Kochbuch-Struktur scheint im Wesentlichen zwei Funktionen zu erfüllen. Zum einen suggeriert sie, gemeinsam mit dem unpersönlichen Titel, eine gewisse Anonymität des Buchs: so als ginge es hier nicht um eine ganz persönliche Lebenserfahrung, sondern um etwas, das sich alle (oder zumindest alle kochenden Frauen) zu eigen machen können und sollen. Zum anderen vermitteln die Rezepte durch ihre klare Anordnung und die konkreten Handlungsanweisungen einen Eindruck von Ordnung und Bestimmtheit, der in starkem Widerspruch zur autobiographischen Erzählung steht, die von kindlichen Verlusten und familiären Konflikten, von Nichtgesagtem und Nichtaufgearbeitetem geprägt ist. Der fragmentarischen Lebenserzählung eines unsicheren weiblichen Ich verleihen die Rezepte eine zumindest äußerliche Kontur und Stabilität (Menozzi 1994: 220).

»Das Drehbuch der ersten sechs Jahre meines Lebens ist ein waschechtes Melodram« (Sereni 2008: 21, meine Ü., Chr. O.). Erst 30 Seiten nach diesem Satz erfährt der Leser, weshalb dies so ist: Die Mutter der Erzählerin starb, als diese noch ein kleines Kind war; eine authentische Erinnerung an sie besitzt Clara nicht mehr (Sereni 2008: 50). Was sie von der Mutter weiß, ist die Legende von einer »mutigen Frau, […] einer geschmackvollen und hochsensiblen Frau«. Und: »einer miserablen Köchin« (Sereni 2008: 67, meine Ü., Chr. O.). Als Clara sechs Jahre alt ist, heiratet ihr Vater ein zweites Mal; die Stiefmutter, zu der sie ein gutes Verhältnis hat und die sie sofort »Mama« nennt (Sereni 2008: 21), füllt die Leerstelle offenbar problemlos aus. Claras Jugend verläuft dennoch nicht unproblematisch, auch wenn Ereignisse wie ihr erster Selbstmordversuch mit lakonischer Beiläufigkeit erzählt werden (Sereni 2008: 85). Trägt man mehrere dieser Randbemerkungen zusammen, so wird klar, dass der Konflikt der Erzählerin in einem gestörten Verhältnis zum Vater gründet, von dem sie sich abgelehnt fühlt (Sereni 2008: 158). Seinen deutlichsten Ausdruck findet dieser Konflikt, wenn es um das Essen geht: »die letzte Zeit des Zusammenlebens mit meinen Eltern war von einer radikalen Essensverweigerung geprägt: ich erbrach fast alles, was ich zu mir genommen hatte« (Sereni 2008: 70, meine Ü., Chr. O.). Genau in dieser Zeit muss Clara eine Woche lang für die Familie kochen, was sie, im Gegensatz zu ihrer Stiefmutter, gerne tut: »Ich wollte beweisen (ich weiß nicht, ob meinem Vater, meiner Mutter oder wem sonst), dass ich gut kochen konnte« (Sereni 2008: 70, meine Ü., Chr. O.). Sie versucht sich in verschiedenen Rezepten, unter anderem einem Rezept der Großmutter, die der Vater als Köchin sehr schätzte. Doch der Vater hat immer etwas einzuwenden, und die Tocher isst »mit vorgetäuschtem Appetit, in der Überzeugung, dass meine gefüllten Zucchini viel besser seien als die Großmamas, obwohl ich das nicht zu sagen wagte. In der Nacht bekam ich Bauchkrämpfe und erbrach alles [...]« (Sereni 2008: 71, meine Ü., Chr. O.).

Es geht hier nicht nur um Essen, wie die unmittelbar anschließende Reflexion klarmacht, sondern um die Schwierigkeit, angesichts der in allen Gebieten sich behauptenden Übermacht des Vaters einen eigenen Weg zu finden: »In jüngeren Jahren hatte er schon alles gemeistert (und zwar viel besser), was ich zu tun mich anschickte: das Studium, Liebesbeziehungen, Politik, und sogar das Kochen« (Sereni 2008: 71 f., meine Ü., Chr. O.). Schließlich entscheidet sie sich dafür, etwas ganz Neues zu kochen, das nicht ins familiäre Repertoire gehört. Die Reaktion des Vaters ist überraschend:

> »Gut«, sagte mein Vater, »wo hast du das Rezept gefunden?«
> »Ich habe es mir ausgedacht«, antwortete ich, ohne zu zögern. Zu geknickt, um wie sonst immer zu provozieren, senkte ich den Kopf und erwartete eine Reihe von Einwänden.
> »Wirklich gut«, schloss mein Vater.
> Ich ging auf mein Zimmer und weinte mich aus. (Sereni 2008: 72, meine Ü., Chr. O.)

Eine andere Anekdote folgt einem Rezept für Erbsensuppe; der Einstieg ist, wie üblich, abrupt: »Es vergingen einige Monate, bevor mein Vater und ich uns wiedersahen« (Sereni 2008: 40, meine Ü., Chr. O.). Clara ist offenbar im Dissens mit dem Vater von zu Hause ausgezogen; bei ihren Besuchen zu Hause trifft sie nur die Mutter an, während der Vater in seinem Zimmer bleibt. Das erste Wiedersehen findet in einem noblen Restaurant statt, wo die Erzählerin den Vater von einer neuen Seite kennenlernt:

> Dieses Essen war eine erste Enthüllung: über meine Beziehung zu meinem Vater, wegen der schrecklichen Dinge, die er mir sagte; und auch über seine Beziehung zur Außenwelt, wegen der Ungezwungenheit, die er in diesem Nobelrestaurant an den Tag legte, wegen der Arroganz, die er bei der Auswahl des

> Weins an den Tag legte, und wegen der Selbstverständlichkeit, mit der er die Rechnung bezahlte.
>
> Also war es möglich, dass er so etwas wie ein Doppelleben führte: der große, brillante Redner, von dem man begann mir zu erzählen, der Lehrer, der Generationen von Schülern sein Wissen weitergab – während das Wissen zu Hause, im Umgang mit mir, nur eine terroristische Erpressung darstellte […]. Der anspruchsvolle Feinschmecker, der zu Hause eintönige Kost und fade Speisen durchsetzte.
>
> Das waren meine verworrenen Überlegungen, während ich meine Erbsensuppe und dann die Kalbsbrust mit hilflosen Tränen übergoß. […]
>
> Die Erbsensuppe kam mir später noch oft in den Sinn, sei es aus Hunger oder aus dem Wunsch nach Luxus, Überfluss, Schönheit.
>
> Ich hatte nicht einmal davon gekostet und konnte daher den Geschmack nicht rekonstruieren: ich erfand sie ein Jahr später neu, sobald ich ein Haus und einen Herd hatte. (Sereni 2008: 41, meine Ü., Chr. O.)

Claras Weigerung, jene Speisen zu essen, durch die ihr der Vater seine Überlegenheit demonstriert, ist die einzige Form der Selbstbehauptung, über die sie in diesem Augenblick verfügt. Später aber wird sie eine wirksamere Form der Rebellion finden: das Kochen. Es finden sich mehrere Hinweise darauf, dass Clara dabei bewusst gegen die Essordnung des Vaterhauses verstößt. So etwa, als sie die *crostini* evoziert, mit denen ihre sparsame Großmutter altbackenes Brot verwertete: »Als ich begann, in meinem Haushalt *crostini* zuzubereiten, habe ich eine Zeitlang frisches Brot verwendet: ein wenig Verschwendung muss ja sein, wenn man sich abnabeln will« (Sereni 2008: 17, meine Ü., Chr. O.).

In der Beziehung zum Essen äußert sich für die Protagonistin von *Casalinghitudine* folglich ein konflikthafter Prozess der Selbstfindung und Abnabelung. Es hat den Anschein, als würden die selbstzerstörerischen Selbstbehauptungsversuche der

Jugendlichen allmählich durch konstruktivere Akte der Selbstaneignung – das Kochen, das Aufnehmen und Abwandeln von Rezepten – abgelöst:

> [...] die Rezepte sind nur ein Ausgangspunkt, um jedes Mal einen neuen Geschmack, eine andere Zusammenstellung zu erschaffen. Das Wiedererfinden ist die einzige mögliche Grenzüberschreitung, wiedererfinden, um sich die Zähne nicht auszubeißen, wiedererfinden, um nicht das eigene Herz zu verzehren. (Sereni 2008: 160, meine Ü., Chr. O.)

Auf diese Weise findet die Erzählerin in ihrer »casalinghitudine« eine Verwurzelung, die Sicherheit gibt – und zugleich vereinnahmt:

> Auf diese Weise senken sich meine Luftwurzeln in die Konservengläser, in die Liköre, in die Pullover und Decken, mit denen ich die Welt bestricken möchte, in die Tiefkühltruhe: denn in meinem Leben, das sich aus schlechtgeschnittenen Puzzleteilen zusammensetzt, in meinem Mosaiksteinchen-Leben (wie das Leben aller, vor allem der Frauen) ist die *casalinghitudine auch* ein warmer Schlupfwinkel. (Sereni 2008: 160, meine Ü., Chr. O.)

Dieser versöhnliche Schluss darf jedoch nicht täuschen. *Casalinghitudine* erzählt nicht die Geschichte einer letztlich geglückten Emanzipation. Es ist eher die widersprüchliche Geschichte einer Frau, die überzeugte Kommunistin ist und doch ein durch und durch bürgerliches Leben führt (davon zeugen ein Großteil der Rezepte sowie die Präsenz einer Haushaltshilfe, »zweimal die Woche«, Sereni 2008: 159), einer Frau, die sich in sehr unterschiedlichen Aktivitäten und Berufen versucht und sich doch primär in ihrer Rolle als Tochter, Mutter und Ehefrau erlebt. Und so ist die *casalinghitudine* zwar eine Zuflucht, aber vor allem doch eine Manie, beinahe eine Krankheit, die Clara in ihrer bedrohlichen Form an ihrer Schwiegermutter – dem Inbegriff einer bürgerlichen Hausfrau – erlebt:

> Das Hausfrauentum, das ich in mir kontrolliere und in einen vernünftig eingegrenzten Bereich verbanne, äußert sich bei

> ihr ganz offen, aggressiv, chaotisch, höchst erfinderisch und penetrant: die scheinbare Unvernunft, mit der sie jedes Mal aus der Küche ein Schlachtfeld macht, auch um die einfachsten Dinge zuzubereiten – Nudeln mit Butter und Schnitzel zum Beispiel –, gehorcht einer eisernen Logik, einem Willen, sich zu beschäftigen und unentbehrlich zu machen, der in mir bedrohlich widerhallt. (Sereni 2008: 44, meine Ü., Chr. O.)

Sich beschäftigen, sich unentbehrlich machen, sei es auch in überflüssigen Gesten, die jedoch stets das Ziel haben, »unser Gütesiegel all dem aufzudrücken, was mit unserem Haus, unserer Familie, unserer Welt zu tun hat« (Sereni 2008: 43). *Casalinghitudine* ist die Machtausübung der Machtlosen: eine lange Reihe tagtäglich vollzogener hausfraulicher Gesten (von der Erzählerin am Schluss des Buches gewissenhaft aufgezählt), die ordnend und konturierend auf das äußere Chaos einwirken, um so das innere Chaos unter Kontrolle zu halten: »den schlechten Gerüchen, dem Verfall und der Zertrümmerung Einhalt gebieten – und ohne diese Gesten überlebt man nicht, überlebe ich nicht« (Sereni 2008: 160). Bei diesem alltäglichen Kochen geht es zwar vordergründig nicht um die Beschäftigung mit sich selbst; dennoch hat das Kochen – und das an die Rezepte gebundene Erinnern – für Serenis Erzählerin die Funktion einer Selbstsorge im Foucault'schen Sinn. Zugleich beinhaltet Serenis demütiges Bekenntnis zum tagtäglich vollzogenen Akt der hausfraulichen Selbstsorge eine leise Auflehnung gegen den dominanten patriarchalischen Diskurs: gegen einen Diskurs, der beansprucht, das öffentliche vom häuslichen Leben, die hehren Ziele des Geistes von den vorgeblich unwesentlichen Bedürfnissen des Leibes zu trennen.

Kochen als Überwindung der »Natur«?

Welche Bedeutung hat das Kochen nun für die Frauen? Nicht nur in den soeben besprochenen Romanen und Filmen, auch in den Werken von Atwood, Darrieussecq, Adams und Ozeki spielt das Kochen bzw. die kulturelle »Disziplinierung« des Essens –

wenn auch auf jeweils unterschiedliche Weise – eine Rolle im Streben nach Emanzipation und im Kampf gegen die »Natur« (beziehungsweise eine bestimmte Auffassung von dieser).

Die Protagonistin von Darrieussecqs *Schweinereien* tut der »weiblichen« Köchinnenrolle freilich nur zum Schein Genüge, indem sie für den gemeinsamen Haushalt teure Küchengeräte kauft. Auch ihr mit Hilfe von Parfüms, Cremes und Abmagerungskuren geführter Kampf gegen die »Natur« erweist sich am Ende als nichtig, die Rückkehr zu einem naturnahen Zustand jedoch als beglückend. Adams und Ozeki sehen im Vegetarismus eine Kulturtechnik, die helfen soll, die »tierischen« Instinkte des Mannes zu pazifizieren. Bei Atwood bekommt der Raubtier-Mann durch die kuchenförmige Inkarnation seiner Phantasien einen Spiegel vorgehalten. Das Kochen (bzw. Backen) ist hier ebenso subversiv wie das rebellische Kochen der Figur Akiko in Ozekis Roman; und es ist überdies ein Akt der Selbstaneignung.

Für Tita, Mui, Sarna und Ila – allesamt Hausfrauen – ist das Kochen eine selbstverständliche weibliche Pflicht. So bleiben Tita und Mui, die Protagonistinnen von *Bittersüße Schokolade* und *Der Duft der grünen Papaya* zeitlebens in ihrer Rolle als Dienerinnen befangen – als klischeehafte Inkarnationen der südamerikanischen bzw. asiatischen dienenden Frau haben sie beim Massenpublikum offenbar umso mehr Erfolg. Und es ist das Essen (das Kochen), das wesentlich zur scheinbaren Zeitlosigkeit der inszenierten Genderrollen beiträgt (Griem 2003: 246) – ebenso wie in Agnello Hornbys nostalgischer Sizilien-Evokation. Wird das Kochen für Tita und Ila auf etwas klischeehafte Weise zum Ausdruck von Emotionen, so setzt sich die Autorin von *Ishq and Mushq* wenigstens zum Teil vom Klischee ab, indem sie zeigt, dass die nonverbale Kommunikation durch das Essen auch fehlschlagen kann. Kochen wird hier vorwiegend als nicht gelingendes *empowerment* dargestellt. Die selbstgekochten Gerichte in *Lunchbox* können die Liebe von Ilas Mann nicht zurückgewinnen, ebenso wie Sarna ihre Familie nicht durch ihre Kochkünste zusammenzuhalten vermag (und dies gilt auch für Olga in Ferrantes *Tage des Verlassenwerdens*). Mui steigt gesellschaftlich auf, ohne jedoch ihre Rolle als dienende Frau zu verlassen. Kochen wird hier nicht zur Sprache des *empowerment*, weil es keine entsprechenden Botschaften enthält (*Der Duft der grünen Papaya*), weil die Botschaften ignoriert oder missverstanden werden, vor allem aber wohl, weil sie *für die Frauen selbst* keinen Erkenntnisgewinn bringen. Dagegen wird das Kochen in Serenis *Casalinghitudine* zum *empowerment*, weil die Protagonistin in ihren Rezepten die Geschichte ihrer Emanzipation vom Vater und ihrer Suche eines Gleichgewichts zwischen ihrer öffentlichen und ihrer privaten Rolle reflektiert sieht. Trotz dieser positiven Funktion bleibt das Kochen Teil des ambivalent konnotierten Hausfrauentums. Ähnlich erfährt auch Olga in *Tage des Verlassenwerdens* das Kochen (und andere häusliche Tätigkeiten) als einen Kampf, in dem es für die Frau darum geht, nicht ganz auf ihre ernährende Funktion reduziert zu werden.

In Banana Yoshimotos *Kitchen* liegt der Akzent weniger auf der Gender-Perspektive. Für die Protagonistin geht es beim Kochen eher um die Herstellung eines Gefühls von Zugehörigkeit und Geborgenheit. Nur in *Tampopo* steht eine professionelle Köchin im Zentrum, deren Gegenspieler sämtlich Männer sind: Tampopos *empowerment* rührt also aus dem finanziellen Gewinn, den sie aus ihrem Kochen schlagen kann. Wie werden professionelle Köchinnen in der Gegenwartskultur wahrgenommen? Und wie grenzen sich kochende Männer von den Frauen ab?

Gastrosexuelle Männer

»Es gibt eine neue Sorte Mann, und die denkt immer nur an das eine: Kochen.« Dieser Satz, der auf dem Umschlag von Carsten Ottes *Der gastrosexuelle Mann. Kochen als Leidenschaft* (2014) zu lesen ist, ist bezeichnend für die gastrosexuellen Doppeldeutigkeiten, mit denen der Autor spielt. In der Tat wird der Leser gleich zu Beginn davor gewarnt, die Thesen des Buchs allzu ernst zu nehmen – vertritt es doch nichts weniger als die Behauptung eines neuen männlichen Subjektentwurfs (»eine neue Sorte Mann«), des gastrosexuellen Mannes eben, eines Männerbildes, das in der Gesellschaft immer mehr Zustimmung finde und gar das Potential habe, eine gesellschaftliche Revolution einzuläuten.

Den Begriff des gastrosexuellen Mannes hat Otte von Brenda Strohmaier übernommen, die ihn folgendermaßen erklärt:

> Wie der metrosexuelle Mann einer ist, der der Frau etwas klaut, nämlich die Idee, dass man gut aussehen kann, aber trotzdem seine Männlichkeit behält, so ist es jetzt mit dem gastrosexuellen Mann. Der geht in eine Domäne der Frau und besetzt sie auf eine andere Art, als die Frau sie besetzt. Während die Frau immer noch für die Alltagsküche zuständig ist, macht der Mann das Besondere, also das, was dem Status nützt. (Otte 2014: 22)

Während Frauen also die Last des alltäglichen »Feeding the Family« tragen – »Für die Fütterung des Nachwuchses waren und sind bis heute vor allem die Frauen zuständig« (Otte 2014: 24) –, gönnen sich die gastrosexuellen Männer den Luxus, nach Lust und Laune zu kochen. Eben weil das Kochen für sie nicht Pflicht, sondern Passion ist, kochen sie ganz anders als Frauen: mit einem beachtlichen finanziellen Aufwand, weil sie für ihr Hobby die teuersten Profi-Geräte und die ausgefallensten Zutaten brauchen, mit höchsten Ansprüchen, mit Kreativität. Um den Unterschied dieses männlichen Kochens auf den Punkt zu bringen, zitiert Otte mit Genugtuung das Bonmot eines Hobbykochs: »Frauen kochen, was sie können. Männer, was sie wollen« (Otte 2014: 71).

Otte zufolge gibt es drei Kräfte, die den Mann der Gegenwart in die Küche treiben. Erstens ein »erotisches Verlangen, das sich auf viele Bereiche des Essens und des Kochens bezieht«. Zweitens »eine enorme intellektuelle und handwerkliche Herausforderung, denn es geht um Laien, die wie Profis agieren« (Otte

2014: 31). Und drittens »die Sehnsucht eines Büromenschen nach einem gemeinschaftlichen Erlebnis mit Familie und Freunden, das Gesprächsstoff bietet jenseits des üblichen Stammtischgeredes über Arbeit, Sport und Frauen. Womit das Freizeitvergnügen des ambitionierten Hobbykochs doch ein soziales Distinktionsmerkmal ist« (Otte 2014: 31). Obwohl Otte an anderer Stelle behauptet hatte, die neue männliche Lust am Kochen sei kein Privileg der gehobenen Schichten, räumt er hier ein, dass es sich sehr wohl um ein Distinktionsmerkmal handelt – was auch durch den mehrfach betonten finanziellen Aufwand der Hobbykocherei bestätigt wird. Dass Otte insgesamt einen elitären Diskurs pflegt, wird auch deutlich, wenn er das Verlangen nach allerhöchster Qualität (egal zu welchem Preis) als Erkennungsmerkmal des wahren Gastrosexuellen betont. In dem Kapitel, das er der gastrosexuellen Lust an erlesenem Fleisch widmet, gibt er zwar ein politisch korrektes Statement gegen Massentierhaltung ab – viel mehr als ein Zugeständnis an den guten Ton ist das aber nicht, denn:

> Wir Gastrosexuellen wollen nicht nur das beste Fleisch essen, das es auf der Welt gibt. Wir wollen das Fleisch auch mit gutem Gewissen genießen. Und wenn es einen Anbieter gibt, der genau dieses Bedürfnis befriedigt, schlagen wir zu – auch wenn wir ahnen, dass diese Werbebotschaften vielleicht etwas einseitig sind. (Otte 2014: 81)

Carsten Otte zufolge ist der gastrosexuelle Mann auch das Produkt einer Verabschiedung alter Genderklischees. Zwar fühle sich der herkömmliche »Küchenmacho« keineswegs für die Mühen des Alltagskochens zuständig; es gebe jedoch bereits eine »Avantgarde der gastrosexuellen Männer«, die sich den Vorwurf, nur das Wochenenddinner zu inszenieren, nicht länger gefallen lassen wolle. Auch er selbst, so Otte, koche fast täglich für Frau und Kind (Otte 2014: 24). Im Widerspruch zu diesem männlichen Idealbild steht allerdings, dass Otte immer wieder und ganz bewusst auf Genderklischees zurückgreift. Mit Genugtuung berichtet er von der Gourmetzeitschrift *Beef*, die mit den klassischen Elementen von Männerzeitschriften spielt, weshalb es »zwischen all dem tierischen Fleisch [...] dann auch mal eine entblößte Frauenbrust zu sehen« gebe (Otte 2014: 87). Er zitiert ausführlich die *Beef*-Kolumne *So kochen Frauen. So Männer* – die erste Ausgabe des Magazins widmete sich den Unterschieden beim Kaffeekochen:

> SIE. Legt ihr Handy neben die Kaffeemaschine. Holt ein Koffeepad, koffeinfrei, aus der Schublade, schiebt es in die Maschine. Nimmt den hellblauen I-love-N.-Y.-Kaffeebecher aus dem Schrank. Wäscht ihn noch mal ab. Schreibt einhändig eine SMS. Stellt den Becher unter die Maschine. [...] Gießt sehr viel Milch in den Kaffee.
>
> [...]
>
> ER. Schaut auf die Uhr, nickt zufrieden, geht in die Küche. Holt die Rösle-Stahldose mit der Neunzig-Prozent-Arabica und Zehn-Prozent-Robusta-Kaffeebohnenmischung vom kleinen italienischen Feinkostladen aus dem Kühlschrank. Schaltet den Kaffeevollautomaten ein. Nimmt die hölzerne Kaffeemühle aus dem Regal, füllt zwei Esslöffel Kaffeebohnen in den Kaffeeschacht. Schaut, ob die Maschine Betriebstemperatur hat, nickt zufrieden. [...] Nickt zufrieden, weil die Maschine so schön heißen Espresso macht. (Otte 2014: 88)

»Das Küchenthema ist so herrlich unverfänglich, dass sogar über Klischees gelacht werden darf«, meint Otte dazu – und entkräftet die behauptete Unverfänglichkeit sogleich, indem er konzediert, dass diese Stereotype in ihrer zugespitzten Form sehr viel Alltagswahrheit enthielten (Otte 2014: 88). Was Otte jedoch »Alltagswahrheit« nennt, enthält eine implizite Rollenzuschreibung. Die Gegenüberstellung der beiden Kaffeetrinker suggeriert erstens, dass es Männern beim Kaffeetrinken um das Eigentliche, Substantielle geht – den Kaffeegenuss –, während sich Frauen in Unwesentlichkeiten verlieren und so nie in den Genuss des »Wahren« kommen werden. Zweitens suggeriert sie, dass Frauen sich nicht auf das »Wesentliche« konzentrieren, weil sie Multitaskerinnen sind – im Gegensatz zu Männern, die immer nur eine Sache tun können. Aber wird das überaus beliebte Klischee der Frau als Multitaskerin nicht deshalb so gerne wiederholt, weil es für Männer letztlich eine bequeme Rechtfertigungsmöglichkeit darstellt? Die Behauptung, Frauen seien »von Natur« aus zum Multitasking fähig, suggeriert ja, dass man eine Mehrfachbelastung (mit Karriere, Kindern und Küche) viel eher der Frau zumuten könne als dem Mann. Wenn es also stimmt, dass eine Frau sich wohl nie mit einer solchen Akribie und Leidenschaft einen Kaffee bereiten wird wie der Mann aus der zitierten Kolumne und dass sich keine Frau zu einer Hobbyköchin entwickeln wird, die es mit einem gastrosexuellen Mann aufnehmen könnte, dann liegt das schlicht und einfach daran, dass Frauen, zumindest solche mit Beruf und Familie, in der Regel keine Hobbys haben. Sie haben einfach keine Zeit dafür.

Carsten Otte sieht das ganz anders. Er ist überzeugt, dass die Hobbykochbewegung mit einem veränderten Geschlechterverhältnis einhergeht (Otte 2014: 199). Männliche Gastrosexualität, die allmählich zu einer Steigerung der nationalen Esskultur führt, und Verabschiedung alter Genderrollen bedingen sich Otte zufolge gegenseitig – und ausgerechnet Deutschland räumt er eine Vorreiterrolle in dieser Tendenz ein. Dagegen fehle in Frankreich, wo die *Fast Food*-Kultur derzeit eine rasante Entwicklung erlebe, eine »ordentliche Hobbykochbewegung«, was mit dem »erschreckend konservativen Männerbild und generell sehr starren Gesellschaftsstrukturen« zusammenhänge (Otte 2014: 203).

Glaubt man Otte optimistischer Zukunftsprognose, so ist Deutschland auf dem Weg, sich endlich von einer Sauerkraut- und Eintopf-Nation zu einem Land der kulinarischen Avantgarde zu mausern. Denn:

> Wenn Männer kochen, dann machen sie es richtig. Und wenn immer mehr Männer kochen, werden immer weniger Tütensuppen und Fertiggerichte konsumiert. Diese Produkte waren lange Zeit eine Erleichterung für die gestresste Haus-

> frau, die nicht den ganzen Tag am Herd stehen wollte. Jetzt kommt der kochende Mann und verbannt die Tütensuppe aus dem Regal. (Otte 2014: 69)

Aber nicht nur für die gestressten Hausfrauen und die nationale Esskultur sind Deutschlands gastrosexuelle Männer ein wahrer Segen. Vielmehr sei das Kochen der beste Weg, der derzeit vieldiskutierten *Krise des starken Geschlechts* (Walter Hollstein) zu entkommen. Otte zitiert die Meinung seines Freundes Wiglaf Droste: »Diese Entwicklung des Küchenwahnsinns sehe ich positiv, dass nämlich Männer ihren Selbsthass, ihre Minderwertigkeitskomplexe, ihren Masochismus, Privatfaschismus und sonstige Verwundungen in der Küche heilen wollen« (Otte 2014: 224). Und so beschließt Otte sein Buch mit dem triumphalen Fazit:

> Wenn der Mann gut kocht, macht er Frau, Kinder, Freunde und schließlich sich selbst glücklich. Am Herd wird der Mann wieder zu einem gesellschaftlichen Wesen. Viele Krisenphänomene des männlichen Geschlechts werden in der Küche zermahlen, weggekocht, zu Schaum geschlagen. (Otte 2014: 244)

Die Stärke von Ottes Buch ist, dass es den aktuellen Gastro-Hype überaus treffend und witzig charakterisiert. Die männliche Kochwelle jedoch als eine Bewegung darzustellen, die eine gesamtgesellschaftliche Revolution auslösen wird, scheint ein wenig übertrieben. Der männliche Hobbykoch ist doch ein Elitephänomen. Und vom passionierten Hobbykoch ist es noch ein weiter Schritt zu dem Mann, der es tatsächlich auf sich nimmt, das alltägliche Kochen (das dazugehörende Planen, Einkaufen, Aufräumen etc.) dauerhaft, oder auch nur für die Hälfte der Woche, zu übernehmen.

Gendering in der Profiküche und die Kommodifizierung des Anderen

Klare Unterschiede in der Darstellung männlicher und weiblicher Profiköche kennt auch das aktuelle Popkino. Eine Gegenüberstellung des deutschen Kinoschlagers *Bella Martha* (Sandra Nettelbeck, 2001) und des französischen Films *Kochen ist Chefsache* (*Comme un chef*, Daniel Cohen 2012) zeigt dies sehr deutlich. In der Charakterisierung der jeweiligen Hauptfigur und im Handlungsverlauf sind sich die Filme äußerst ähnlich; auch das glückliche Ende verheißt in beiden Fällen die Erlangung eines neuen Familienglücks mit Partner und Kind.

Nettelbecks weibliche Hauptfigur, Martha, ist Mitte 30, Single und Chefköchin in einem Feinschmeckerlokal. Ihr professioneller, an der französischen *haute cuisine* geschulter Kochstil ist – folgt man Carsten Ottes Theorien – ein typisch männlicher: Er geht ganz vom Kopf aus und setzt auf Planung und Präzision. Marthas Perfektionismus, die Arroganz, mit der sie Reklamationen von Restaurantgästen zurückweist, ihre rigide Arbeitsethik bereiten ihr nicht nur Probleme am Arbeitsplatz, sondern machen auch aus ihrem Privatleben ein emotionales Desaster. Als ihre alleinerziehende Schwester tödlich verunglückt und Martha die zehnjährige Nichte Lina bei sich aufnehmen muss, spitzt sich die Situation zu.

Im Gegensatz zu Martha ist Jacky Bonnot, der Protagonist von *Kochen ist Chefsache*, noch kein affirmierter Koch. Doch er besitzt stupende Fertigkeiten, die er sich autodidaktisch durch das Nachkochen der Rezepte des Starkochs Alexandre Lagarde angeeignet hat. Auch er bekommt aufgrund seiner hohen kulinarischen Ansprüche ständig Ärger mit Vorgesetzten und Restaurantgästen. Zugleich ist seine private Situation prekär: Seine hochschwangere Freundin droht, ihn zu verlassen, sollte er abermals eine Arbeitsstelle verlieren.

Marthas Position als Chefköchin erfährt eine unerwartete Anfechtung, als die Restaurantbetreiberin den italienischen

Koch Mario (Sergio Castellitto) einstellt. Wo Martha für Disziplin und Präzision einsteht, verkörpert Mario den liebenswürdig-chaotischen Improvisationskünstler. Die Rivalität zwischen Martha und Mario löst sich auf, als sich Mario zum Vermittler zwischen seiner Kollegin und ihrer ungewollten Adoptivtochter Lina macht. Als Paar kommen die beiden aber erst zusammen, nachdem Lina zu ihrem leiblichen Vater nach Italien gezogen ist und Martha ihre Stelle verloren hat. Die letzten Sequenzen des Films zeigen, wie Martha und Mario Lina in Italien besuchen; in der Schlussszene sind sie vereint inmitten einer italienischen Großfamilie. Da auch Marthas Kollegen aus dem deutschen Restaurant dabei sind, handelt es womöglich um das Hochzeitsessen des Paares.

Als Helfer des jungen Kochs Jacky tritt dagegen der Starkoch Alexandre Lagarde auf, der durch Zufall dessen Talent entdeckt und ihn anheuert, um die drohende Krise seines eigenen Restaurants abzuwenden. Dieses soll von einem Vertreter der Molekularküche übernommen werden. Trotz verschiedener Hindernisse gelingt es Jacky zuletzt auf fast wunderbare Weise, ein spektakuläres Essen aufzutischen, das den traditionellen Stil mit Inspirationen aus der Molekularküche vereint. Daraufhin erklärt ihn Alexandre zu seinem Nachfolger, und Jacky kann seine verärgerte Freundin, die mittlerweile das Baby auf die Welt gebracht hat, durch einen romantischen Heiratsantrag zurückerobern.

Marthas Geschichte ist die Zähmung einer Widerspenstigen. Mario verkörpert darin das impulsive, kreative, »feminine« Element, das sie bisher verdrängt hatte; er ermöglicht Martha, endlich ihre mütterliche Seite auszuleben. Zwar bleibt am Ende offen, ob Martha nun mit Lina und Mario in Italien leben (und dort womöglich ein Restaurant eröffnen) wird. Die Schlussszene suggeriert aber, dass es mit ihrer Chef-Position ein Ende haben dürfte: Sie zeigt Mario, der seinen Arm um die lächelnde Martha gelegt hat und gestikulierend auf die Tischgenossen einredet. Martha, die man zuvor stets als atemlos Redende und Agierende gesehen hatte, schweigt. Ein Zurückfahren der Karriere zugunsten von Familie ist also das neue Glück, das Nettelbecks Film in Aussicht stellt – gerade für Chefköchinnen ist so etwas in der Realität ziemlich schwierig. Dagegen liegt der Akzent in Daniel Cohens *happy ending* weniger auf den neuen Freuden des Vaterseins als auf der neuen gesellschaftlichen Position, die Jacky sich als Starkoch erobert hat. Dies wird in der Szene des Heiratsantrags sehr deutlich: Überzeugen lässt sich seine Freundin vor allem durch den ansehnlichen Diamantring, mit dem der ehemalige Versager um sie wirbt.

*

Im Abschnitt über kochende Frauen war bereits die Rede von der exotischen Projektion der »dienenden« Frau, die Männer durch ihre Kochkünste verführt und sich dem (patriarchalischen) Blick selbst als Konsumobjekt ausliefert. In Martin Suters Roman *Der Koch* tritt ein tamilischer Mann als ähnlich geartete Projektion auf. Protagonist des Buchs ist der Tamile Maravan, der in einem Schweizer Luxusrestaurant als Küchenhilfe arbeitet. Maravan ist passionierter Koch, wird jedoch von seinen (weißen) Kollegen kleingehalten. Als die schöne Kellnerin Andrea Maravan auffordert, für sie ein Curry zu kochen, tut sie es nicht aus erotischem Interesse (sie ist Lesbe), sondern aus Sympathie. Er verführt sie jedoch mit einem Menü, in das er reichlich aphrodisische Gewürze gemengt hat. Aus der verfehlten Liebesgeschichte entsteht Freundschaft und eine gemeinsame Geschäftsidee. Maravan und Andrea verkaufen die Menüs als *Love Food*: Erst an Ehepaare mit Sexproblemen, dann auch an Geschäftsleute, die sich mit Prostituierten vergnügen wollen. Maravan, der diese Wendung aus moralischen Gründen ablehnt, steigt zuletzt aus dem Geschäft aus und kommt mit einer jungen tamilischen Frau zusammen.

Trotz aller Raffinesse, mit der der Roman geschrieben ist, verläuft er doch nach einem klaren Oppositionsschema: Maravan und seine tamilische Freundin verkörpern das reine, unbefleckte, aber zugleich exotische und daher aufregende Andere;

ihre Welt ist »sauber«, weil hier moralische Vorstellungen und Geschlechterordnungen noch stimmen, sie hat zugleich an den erotisch-exotisch-kulinarischen Ressourcen der *Natur* teil. Dagegen repräsentieren die androgyne Andrea, der skrupellose, dicke Geschäftsmann Dahlmann (und letztlich alle anderen Figuren) die westliche, dekadente Welt, die *Kultur*, assoziiert mit Naturferne, Impotenz, Prostitution und Emanzipation. Der exotische Maravan wird hier als literarische Projektion des Anderen »kommodifiziert«, also vermarktet – dass er am Ende des Buchs aus dem System aussteigt, ändert nichts daran, dass er überhaupt nur als westliche Projektion Konturen gewinnt. Auf diese Weise veranschaulicht Suters Buch die in Kapitel 5 bereits erwähnte These von der (weißen) »commodification of otherness« (hooks 1998: 181), der zufolge eine kapitalistische, weiße Kultur den rassisch Anderen auch durch positiv konnotierte Konstrukte von Farbigkeit (als Inbegriff von Sinnlichkeit, Exotik, Naturnähe) zum Konsumobjekt macht. Die Inszenierung eines exotischen Anderen, das als naturhaft einer dekadenten oder aber frigiden, sinnenfeindlichen Kultur entgegengesetzt wird, prägt viele kommerzielle Romane und Filme zum Essensthema: So fungieren die Pralinen-Herstellerin (Juliette Binoche) und der Zigeuner (Johnny Depp) im erfolgreichen Kinofilm *Chocolat* als exotische Projektionen des Anderen. Auch hier sollen verführerische Gaumengenüsse die Verbindung zu einem verdrängten, naturhaften Anderen herstellen – diesmal in Opposition zu einer (überzeichneten) katholisch-frömmlerischen Kultur.

*

Der Vergleich zwischen *Bella Martha* und *Kochen ist Chefsache* scheint Carsten Otte recht zu geben: Anspruchsvolles und gesellschaftlich angesehenes Kochen ist nach wie vor ein Privileg der Männer, während das Alltagskochen weitgehend den Frauen überlassen bleibt. Neu ist sicherlich das leidenschaftliche Interesse, das sowohl Männer als auch Frauen heute dem Essen entgegenbringen: gesunde Ernährung, anspruchsvolles Genießen und ethisch korrektes Essen sind Gegenstand einer nicht enden wollenden Zahl von Publikationen, Fernsehsendungen und Internetseiten. Ist das Essen heute eine säkularisierte Religion? Und welche Bedeutung hat Ernährung im Rahmen der traditionellen Konfessionen? Dies wird Gegenstand des folgenden Kapitels sein.

7. Nahrungstabus. Religion und Ethik des Essens

Das Rätsel der Nahrungstabus

Gut zu essen, schlecht zu essen

Juden und Moslems essen kein Schweinefleisch, weil sie das Schwein als »unreines« Tier verabscheuen, Hinduisten ist das Essen von Rind ein Gräuel, weil sie die Kuh als heiliges Tier verehren. Christen, die sowohl Rind als auch Schwein essen, ekeln sich wiederum vor Ratten- oder Hundefleisch, das in asiatischen Ländern als Delikatesse geschätzt wird. Die letztere Aversion wird, ebenso wie die Abneigung gegenüber Insekten, zwar durch kein explizites Tabu gerechtfertigt; sie scheint jedoch innerhalb der westlichen Welt nahezu universell – obwohl es gerade angesichts des Insektenekels wiederum rätselhaft scheint, weshalb in Frankreich und Italien Frösche und Schnecken gegessen werden. Weitere Tabus betreffen bestimmte Mischungen von Speisen wie die Kombination von Fleisch- und Milchspeisen im Judentum oder von Land- und Seetieren bei den Eskimos, oder aber das Fleisch von Tieren, die nicht auf eine bestimmte, rituell vorgeschriebene Weise geschlachtet werden. Bei manchen Völkern sind bestimmte Speisen den Frauen verboten; andere wiederum den Männern. Asiaten ekeln sich im Allgemeinen vor Milch und Milchprodukten – eine Abneigung, die allerdings unter dem Einfluss der westlichen Kultur im Abnehmen begriffen scheint, was wiederum die Frage aufwirft, unter welchen Bedingungen kollektive Nahrungsaversionen abgebaut werden können. Noch schwieriger zu beantworten ist schließlich die Frage, woher weitverbreitete Aversionen kommen, die keineswegs ungewohnte, sondern alltägliche Lebensmittel betreffen: Wieso ekelt es manche von uns vor der Haut auf der Milch, während andere damit überhaupt kein Problem haben?

Speisetabus können dabei helfen, die essbare Welt – und die Welt überhaupt – in »gut« und »böse« einzuteilen. So gesehen können sie neben der religiösen eine politische Funktion einnehmen. In der zunehmend säkularisierten westlichen Welt bilden sich neue, ethisch oder gesundheitlich motivierte Tabuisierungen heraus. Auch sie bieten angesichts der durch Lebensmittelskandale und widersprüchliche Informationen steigenden *Consumer Confusion* eine wichtige Orientierungshilfe; zudem stiften sie Identität. Wie ein roter Faden zieht sich die Berufung auf die »Natur« durch die Argumentationen der neuen Ernährungsapostel. In diesem Kapitel sollen erst die vielfältigen Erklärungsversuche betrachtet werden, die Religionswissenschaftler, Anthropologen und Psychologen für die verschiedenen Formen von Nahrungstabus und -aversionen entworfen haben. Danach wird gezeigt, welche politischen und bio- beziehungsweise genderpolitischen Funktionen religiöse Speisetabus in der Gegenwart übernehmen können. Schließlich werden, ausgehend von Rousseaus Ernährungsreform, neuere und neueste Formen von Ess-Religionen vorgestellt. Wie diese den Menschen vor existentielle Fragen stellen, die leider viel zu oft ohne die nötige Differenzierung behandelt werden, soll abschließend am Beispiel des Veganismus gezeigt werden.

Der strukturalistische und der funktionalistische Ansatz

Religiös motivierte Speisegebote und -verbote wie etwa die komplexen Regeln der jüdischen Kashrut stellen bis heute eine Herausforderung für Ethnologen und Religionsforscher dar. Weshalb etwa gelten Speisen, in denen Milch- und Fleischprodukte vermischt wurden, den Juden als unrein, weshalb dürfen sie das Fleisch von Tieren essen, deren Klauen durchgespalten sind und die wiederkäuen, aber nicht von Tieren, die wiederkäuen und keine durchgespaltenen Klauen haben oder aber gespaltene Klauen haben und nicht wiederkäuen? Die im 2. Buch

Mose (auch: Levitikus) aufgezeichnete Liste reiner und unreiner Tiere stellt die Interpreten vor das Problem, hinter der Klassifizierung in »rein« und »unrein« ein einheitliches Prinzip zu erkennen.

»Warum« – bringt die Anthropologin Mary Douglas in *Reinheit und Gefährdung* das Problem auf den Punkt – »sind das Kamel, der Hase und der Klippdachs unrein? Warum sind einige Heuschreckenarten unrein, andere dagegen nicht? Warum ist der Frosch rein, die Maus und das Flusspferd dagegen unrein?« (Douglas 1988: 60) Diese Frage hat die Interpreten seit der Antike beschäftigt. Einige deuteten die Speisevorschriften als eine moralische Allegorie, in der etwa die zuletzt genannten, auf der Erde kriechenden unreinen Tiere menschliche Laster, die erlaubten Tiere dagegen Tugenden darstellen. Andere, wie etwa der mittelalterliche Mediziner Maimonides, schrieben ihnen eine »vernunftgeleitete physiologische Basis« zu (Douglas 1988: 62). Eine dritte antike Lesart vereinbarte den medizinischen und moralischen Ansatz, indem sie die Ansicht vertrat, Mose habe seinem Volk die wohlschmeckendsten und fettesten Tiere (Schweine, schuppenlose Fische wie den Aal) verboten, um es vor Schlemmerei zu bewahren – einem Laster, das der Gesundheit und der Seele gleichermaßen schade (Douglas 1988: 63).

In ihrer Analyse der jüdischen Speisegesetze wendet sich Douglas zunächst gegen moderne Interpretationen, die an diese Deutungslinien anschließen. So habe S. Stein um 1957 die Allegorie-These aufgegriffen – Douglas zufolge bieten solche »frommen Kommentare« keine hinreichende Interpretation, denn für »jedes Tier muß eine andere Erklärung entwickelt werden und die Zahl der möglichen Erklärungen ist unendlich groß« (Douglas 1988: 67). Die andere große Deutungslinie geht davon aus, dass die Speisevorschriften willkürliche Setzungen sind, die den Israeliten dazu dienen sollten, sich von den Nachbarvölkern abzugrenzen. Auch dieser Ansatz, so Douglas' Kritik, bietet jedoch keine umfassende Erklärung. Schließlich hatten die

Israeliten durchaus Kultelemente (wie etwa das Tieropfer) mit anderen Religionen gemein (Douglas 1988: 67f.). Die Vertreter des »irrationalistischen« Ansatzes können, so Douglas, nicht erklären, weshalb die Israeliten in einigen Fällen fremde Einflüsse aufnahmen, in anderen Fällen sich davon distanzierten.

In ihrer Deutung schließt sich Douglas zwar der These an, die israelitischen Speisevorschriften (zumindest teilweise) seien eine nachträgliche Generalisierung der Gewohnheiten eines Hirtenvolkes, für das paarzehige, wiederkäuende Tiere die Norm darstellten (Douglas 1988: 75). Sie sucht jedoch die Klassifizierung in »rein« und »unrein« nicht anhand von externen Faktoren, sondern aufgrund einer dem Buch Mose innewohnenden Logik zu erklären. Dazu arbeitet sie heraus, wie im Buch Mose »Heiligkeit« (und somit Reinheit) definiert wird. Heiligkeit manifestiert sich in der Einheit und Integrität des Körpers. Sie offenbart sich ferner in einer Ordnung, die alle Vermischungen, alles Hybride ausschließt: So wie Kleider entweder aus Wolle oder aus Flachs sein müssen, sind Tiere, die nicht der oben genannten »Norm« (paarzehig, wiederkäuend) entsprechen, unrein. Als weiteres Ordnungsprinzip nennt Douglas die Art der Fortbewegung der Tiere in den drei Elementen Wasser, Erde und Luft: Alle Tiere, denen die richtige Ausstattung für die Fortbewegung in ihrem Element fehlt, verstoßen gegen das Heiligkeitsgebot. Auf diese Weise kann Douglas erklären, weshalb hüpfende Heuschrecken als rein, kriechende als unrein definiert werden oder weshalb Fische ohne Flossen und Schuppen unrein sind.

Mary Douglas schlägt für die alttestamentarischen Reinheitsgesetze also eine strukturalistische Deutung vor. Zwar sind die Gesetze eine Nachrationalisierung bereits bestehender Gewohnheiten; zugleich folgen sie jedoch einer inneren Logik – der Logik dessen, was im Buch Mose als »heilig« definiert wird. Auf diese Weise entspricht das von Douglas herausgearbeitete Klassifizierungssystem dem sprachlichen System: Seine Unterscheidungskriterien (»heilig« bzw. »rein« vs. »unrein«) werden arbiträr definiert, auch wenn sie (teilweise) eine bereits bestehende

Kultur ratifizieren. Die These, dass die Speisegebote zugleich der Wahrung der eigenen kulturellen und religiösen Identität dienen, lehnt Douglas keineswegs völlig ab. Denn die Israeliten, schreibt sie an einer anderen Stelle ihres Buchs, »waren ihre ganze Geschichte hindurch eine hart bedrängte Minderheit. [...] Ihre Sorge um die Integrität, um die Einheit und Reinheit des physischen Körpers wäre ein angemessener Ausdruck für die bedrohten Grenzen ihres politischen Gemeinwesens« (Douglas 1988: 164). Eine ähnliche Sorge um Gruppenintegrität bescheinigt Douglas dem hinduistischen Kastensystem, in dem die Kastendifferenzen bekanntlich durch strenge Speisegebote verstärkt werden. Nahrung, meint Douglas weiter, werde aber nur in jenen Gesellschaften als verunreinigend angesehen – und deshalb strikten Vorschriften unterworfen –, in denen »die äußeren Grenzen des sozialen Systems unter einem Druck stehen« (Douglas 1988: 167). In späteren Arbeiten hat Douglas – auch infolge kritischer Einwände gegen ihre strukturalistische Deutung – die These der Abgrenzungsfunktion stärker gemacht. Zugleich hat sie eingeräumt, dass ihre Ordnungsthese nicht hinreicht, um etwa die Tabuisierung des Schweins zu erklären. Auch der symbolische Charakter, den Gegner des Judentums dem tabuisierten Fleisch verliehen (wie etwa Antiochus IV., der die Juden zum Essen von Schweinefleisch zu bewegen suchte), hätte die Abneigung gegenüber dem Schwein sanktioniert. Mit diesem Argument vertritt Douglas letztlich einen funktionalistischen Ansatz. Denn wenn das Schweinefleischtabu sowohl den Juden als auch ihren Widersachern als Distinktionsmerkmal dient, tritt die Frage, woher die Tabuisierung des Schweins ursprünglich rührt, in den Hintergrund – zugunsten der *Funktion*, die dieses Tabu in einem bestimmten historischen Kontext (etwa der Verfolgung und Zwangskonvertierung von Juden) einnehmen kann.

Wie Mary Douglas hat auch Claude Lévi-Strauss kulturelle Nahrungssysteme aus Sicht der strukturalistischen Anthropologie erforscht. Ebenso wie der britischen Anthropologin geht es ihm darum, die Nahrungstabus und Reinheitsvorstellungen der »primitiven« Völker nicht als irrationalen Aberglauben abzutun, sondern zu zeigen, dass sie, analog zu modernen Vorstellungen von »Ordnung« und »Sauberkeit«, dazu dienen, die (eigene) »Kultur« von der »Natur« abzugrenzen. Im Gegensatz zu Douglas' eher kulturrelativistischer Position sucht Lévi-Strauss in seinen berühmten Untersuchungen der präkolumbianischen Mythen (veröffentlicht in dem vierbändigen Werk *Mythologica*) jedoch, die Opposition zwischen dem »Rohen« und dem »Gekochten« als eine universelle menschliche Denkstruktur herauszuarbeiten. Lévi-Strauss zufolge ist es diese Struktur, mit der sich (menschliche) Kultur gegenüber (tierischer) Natur abgrenzt. In den von ihm untersuchten Mythen gehe es, implizit oder explizit, um den Ursprung des Kochens der Nahrungsmittel; Kochen gelte im indianischen Denken aber als eine vermittelnde Tätigkeit zwischen »Himmel und Erde, Leben und Tod, Natur und Gesellschaft« (Lévi-Strauss 1976: 93). Kochen steht also zwischen Natur und Kultur; zugleich bezeichnet es den Ursprung menschlicher Kultur:

> Indem sich die Küche nach den Bedürfnissen des Körpers richtet und in jeder [sic] ihrer Modi durch die besondere Weise geprägt ist, mit der sich der Mensch ins Universum einfügt, und somit zwischen Natur und Kultur steht, sorgt sie vielmehr für deren notwendige Verschränkung. Sie gehört zu beiden Bereichen und spiegelt diese Dualität in jeder ihrer Erscheinungsformen wider. (Lévi-Strauss 1976: 524)

Die Opposition zwischen *Le cru et le cuit* – so der Titel des ersten Bandes der *Mythologica* – wird dann jedoch um einen dritten Term erweitert: den des Verfaulten (»le pourri«). Während das Gekochte eine kulturelle Transformation des Rohen darstellt, ist das Verfaulte dessen natürliche Transformation (Lévi-Strauss 1976: 191). In den verschiedenen von Lévi-Strauss analysierten Mythen kann einmal das Rohe, ein andermal jedoch das Verfaulte für die Natur stehen. So stiehlt der Mensch in den Mythen der Gé dem Jaguar das Geheimnis des Kochens und des Feuers, woraufhin der Jaguar verdammt ist, nur noch Rohes (»Natur«)

zu essen; in den Mythen der Tupi-Guarani bewahren hingegen ursprünglich die Geier das Geheimnis des Kochens und müssen sich, nachdem ihnen die Menschen dieses Privileg entwendet haben, mit dem Verfaulten (»Natur«) begnügen (Lévi-Strauss 1976: 191). Bei den Gé wird die Gesamtheit »roh« und »verfault« demnach zur natürlichen Kategorie, bei den Tupi wird die Gesamtheit »roh« und »gekocht« zur kulturellen Kategorie (Lévi-Strauss 1976: 192). Lévi-Strauss meint also, dass die drei Kategorien universelle Strukturen des menschlichen Denkens seien, die Grenze zwischen »Natur« und »Kultur« jedoch je nach betrachteter Kultur etwas anders gezogen werde. Das kulinarische Dreieck kann, wie Lévi-Strauss in *Mythologica III* rückblickend formuliert, »jeder Kultur als formaler Rahmen dienen [...], um andere Gegensätze, kosmologischer oder soziologischer Art, zum Ausdruck zu bringen« (Lévi-Strauss 1988: 512).

Das durch die Oppositionsverhältnisse der Kategorien »roh«, »gekocht« und »verfault« entstandene kulinarische Dreieck hat Lévi-Strauss im dritten Band der *Mythologica* erweitert, indem er seinen drei Nahrungszuständen drei kulinarische Zubereitungsweisen zuordnete. Das Gebratene erscheint zunächst als die Zubereitungsweise, die der Natur (dem Rohen) am nächsten ist, während das Gesottene (da es Wasser und einen Behälter als »vermittelnde« Elemente erfordert) der Kultur (dem Gekochten) zugeschlagen wird (Lévi-Strauss 1988: 514). Lévi-Strauss stellt jedoch auch eine Affinität des Gesottenen zum Verfaulten fest – sie kommt ihm zufolge in den französischen und spanischen Bezeichnungen für Eintopf (ein Gesottenes, das als »pot pourri« bzw. »olla podrida« bezeichnet wird) zum Ausdruck (Lévi-Strauss 1988: 516). Wenn nun das Gesottene dem Verfaulten zugeordnet werde, biete sich als dritter Terminus zur Veranschaulichung der, wie Lévi-Strauss betont, *abstrakten* Kategorie des Gekochten das Räuchern an. Es steht zwischen dem Gebratenen und dem Gesottenen, weil es, wie das erste, ohne »Vermittlung« auskommt, aber wie das Sieden »eine Form der langsamen, also tiefen und regelmäßigen Garung ist« (Lévi-Strauss

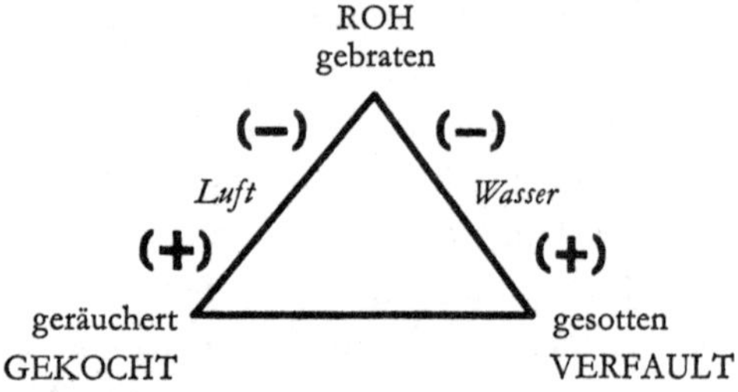

Abb. 14: Claude Lévi-Strauss, das kulinarische Dreieck

1988: 521 f.). Auf diese Weise ergibt sich ein kulinarisches Dreieck, das (wohl nicht ganz zu Unrecht) bei Lévi-Strauss' Lesern zu Irritationen geführt hat:

> In dieses Dreieck haben wir ein weiteres gezeichnet, das die Rezepte betrifft, zumindest die einfachsten, denn wir haben uns darauf beschränkt, zwei Arten der Zubereitung festzuhalten: das Braten, das mit Wasser Kochen bzw. Sieden und das Räuchern. Geräuchertes und Gesottenes stehen einander hinsichtlich der Natur des zwischen Feuer und Nahrung befindlichen Elements entgegen, das entweder Luft oder Wasser ist. Geräuchertes und Gebratenes stehen einander durch den mehr oder weniger großen Raum entgegen, der dem Element Luft geschaffen wird; Gebratenes und Gesottenes durch die An- oder Abwesenheit von Wasser. Die Grenze zwischen Natur und Kultur, die sich beliebig parallel zur Achse der Luft oder zu der des Wassers ziehen läßt, stellt *in Bezug auf die Mittel* das Gebratene und das Geräucherte auf die Seite der Natur, das Gesottene auf die der Kultur; oder *in bezug auf die Resultate* das Geräucherte auf die Seite der Kultur und das Gebratene und Gesottene auf die der Natur. (Lévi-Strauss 1988: 525 f.)

Wie Lévi-Strauss betont, lässt sich die Grenze zwischen Natur und Kultur innerhalb dieses Dreiecks *beliebig* ziehen, denn die drei Kategorien von »roh«, »gekocht« und »verfault« sind »[f]ür sich genommen […] nur leere Formen, die uns nichts über die

Küche einer bestimmten Gesellschaft mitteilen« (Lévi-Strauss 1988: 511). Doch diese leeren Formen und die ihnen zugeordneten Zubereitungsweisen stellen, wie Lévi-Strauss anhand zahlreicher Beispiele zu europäischen und außereuropäischen Kochtraditionen zu zeigen sucht, Modalitäten dar, mit denen sich eine Esskultur gegenüber einer anderen abgrenzen oder aber innere Strukturierungen vornehmen kann. Als Beispiel sei die Erläuterung der Opposition zwischen »Kochen« und »Braten« angeführt:

> Das Kochen mit Wasser bietet z. B. eine Methode der vollständigen Erhaltung des Fleischs und der Säfte, während das Braten mit Zerstörung und Verlust einhergeht. Das eine evoziert also die Sparsamkeit, das andere die Verschwendung; das eine ist aristokratisch, das andere plebejisch. [...] Und wenn für die Tschechen das Suppenfleisch die Nahrung des Menschen ist, so vielleicht deshalb, weil ihre traditionelle Gesellschaft einen demokratischeren Charakter besaß als die ihrer slowakischen oder polnischen Nachbarn. Im selben Geist ließen sich die gegensätzlichen Haltungen gegenüber dem Gebratenen und dem Gesottenen bei den Griechen, Römern und Hebräern interpretieren [...]. (Lévi-Strauss ³1988: 519 f.)

Es sei nochmals betont, dass Lévi-Strauss diese und andere Zuordnungen (Kochen: plebejisch, Braten: aristokratisch) jedoch nicht als universelle betont – die Bedeutungen können von Kultur zu Kultur variieren. Den Gewinn, der aus einer solchen »kulinarischen Ethnologie« (so der Titel des betreffenden Kapitels) zu ziehen wäre, perspektiviert Lévi-Strauss abschließend wie folgt:

> So darf man hoffen, in jedem besonderen Fall zu entdecken, daß die Küche einer Gesellschaft eine Sprache ist, mit der sie unbewußt ihre Struktur zum Ausdruck bringt, es sei denn, sie verschleiere, nicht minder unbewußt, ihre Widersprüche. (Lévi-Strauss ³1988: 532)

So wie Douglas in den Nahrungstabus der Inder ihr Kastenwesen gespiegelt sah, postuliert Lévi-Strauss also in der kulinarischen Struktur einer Gesellschaft ein Abbild der gesellschaftlichen

Machtverhältnisse. Das muss jedoch nicht unbedingt bedeuten, dass Lévi-Strauss von einem absoluten Primat der Kultur über die Natur ausgeht; auf keinen Fall bedeutet es, dass er das kulturelle Zeichensystem des Essens als willkürliche, d.h. beliebige Setzung betrachtet. Dabei ist auch zu beachten, dass die ihm zugeschriebene These, die Nahrung müsse erst »gut zu denken« sein, bevor sie »gut zu essen sei« (Harris 1989: 9, Schahadat 2012: 19), von Lévi-Strauss niemals in dieser Form niedergeschrieben wurde. Vielmehr steht in seinem Buch *Das Ende des Totemismus* (*Le totémisme aujourd'hui*, 1962): »Endlich begreift man, daß die natürlichen Gattungen [für die Totems] nicht ausgewählt werden, weil sie ›gut zu essen‹ sind, sondern weil sie ›gut zu denken‹ sind« (Lévi-Strauss 1981: 116). In diesem Kontext geht es jedoch nicht in erster Linie um Nahrungstabus, sondern um die Frage nach den Kriterien für die Wahl der Totemtiere und deren eventuelle Korrelation mit Nahrungsgeboten und -verboten. Der Satz kann also sehr wohl als Verweis auf die extreme Komplexität und Uneinheitlichkeit von Nahrungstabus gelesen werden, nicht jedoch als Behauptung, diese seien als willkürliche Setzungen von jeder pragmatischen Überlegung und »natürlichen« Basis himmelweit entfernt.

»Alles, was biologisch betrachtet genießbar ist, muss nicht unbedingt kulturell essbar sein« – so paraphrasiert Claude Fischler (Fischler 1990: 31) den Gedanken einer kulturellen Überschreibung der Natur in den Nahrungstabus. Gerade weil er Allesfresser ist, kann der Mensch sich beim Essen nicht auf seinen reinen Instinkt verlassen. Während aber die Strukturalisten danach fragen, welche kulturellen Systeme die Auswahl des zu Essenden regulieren, suchen der materialistisch-adaptionistische Ansatz wie auch die evolutionspsychologische Perspektive nach Motivationen, die zunächst außerhalb menschlich-kultureller Setzungen liegen.

Evolutionspsychologische Ansätze; der materialistisch-adaptionistische Ansatz

Wenn man bei der Betrachtung der Nahrungsaversionen nicht den Akzent auf religiös-kulturelle Motive legt, sondern zuallererst nach den Gründen des menschlichen Abscheus vor bestimmten Speisen sucht, bietet sich eine psychologische Betrachtungsweise an. Die erste Feststellung ist dann, dass Tierfleisch und tierische Nahrung (Milch, Eier, Blut) bei weitem häufiger von Aversionen und Tabus betroffen sind als pflanzliche Produkte. Der Psychologe Paul Rozin erklärt die Abneigung, das Fleisch toter Tiere zu essen, durch die Identifikation mit dem Tier und die damit einhergehende Angst, Eigenschaften des Tiers in sich aufzunehmen (Rozin 1998: 9). Auch Nahrungstabus, die tierische Produkte betreffen, ließen sich auf eine ähnliche »Ansteckungsangst« zurückführen. Weitere psychologisch argumentierende Thesen besagen, dass zu große Nähe (Haustiere) oder zu große Distanz (exotische Tiere) zu Fleischaversionen führen können: Marvin Harris entkräftet die Haustier-These allerdings durch den Verweis auf Eingeborene in Polynesien und Nordamerika, die Hunde als Haustiere hielten und dann aufäßen (Harris 1989: 194–201).

Auf eine emotionale Reaktion, die aus einem ursprünglich biologischen Schutzmechanismus hervorgegangen sei, führen der Evolutionsanthropologe Daniel M.T. Fessler und der Psychologe Carlos David Navarrete das weitverbreitete Fleischtabu zurück. Sie vertreten in einer Studie von 2003 die These, dass Nahrungstabus das Resultat emotional gesteuerter Ekelreaktionen seien, die wiederum einen Schutzmechanismus gegen den Genuss schädlicher Nahrung darstellten. Durch eine empirische Datenerhebung zu den Speisetabus von 78 verschiedenen Kulturen kommen die Forscher zunächst zu dem Ergebnis, dass die meisten Abneigungen und Tabuisierungen dem Fleisch gelten. Zwar wohne dem Menschen, der vor der Einführung des Ackerbaus im Fleisch seine Hauptenergiequelle hatte, ein genereller Appetit auf Fleisch inne; er könne jedoch auch schnell Abneigungen gegen Fleisch entwickeln (Fessler / Navarrete 2003: 22). Fleisch sei deshalb mehr als pflanzliche Nahrung von Ekel und Tabu betroffen, weil seine potentielle Schädlichkeit zunächst weniger sichtbar sei als etwa bei giftigen Pflanzen. Aversionen entwickelten sich infolge der Beobachtung negativer Reaktionen (Übelkeit, Erbrechen) anderer Menschen, denen der Fleischverzehr schlecht bekommen ist: Sie seien folglich zunächst ein biologischer Schutzmechanismus. Erst wenn eine entsprechende Abneigung innerhalb einer Gesellschaft konsolidiert worden sei, sei sie durch den Erlass eines entsprechenden Tabus kulturell sanktioniert worden (Fessler / Navarrete 2003: 17 f.). Bei der Festschreibung dieser Tabus seien dann aber auch die Interessen sozial dominanter Gruppen mit ins Spiel gekommen, die bestimmte Fleischsorten für sich selbst reservieren wollten (Fessler / Navarrete 2003: 18).

Problematisch an psychologischen und evolutionspsychologischen Erklärungen ist, dass sie keinen Unterschied zwischen metaphysisch begründeten Nahrungsgeboten und jenen Aversionen machen, die zwar eine ganze Kultur charakterisieren (wie der erwähnte westliche Ekel gegenüber Rattenfleisch), aber nicht durch ein explizites Tabu begründet sind. Insgesamt liefert der evolutionspsychologische Ansatz eine generelle Hypothese zum Ursprung des Ekels – der knappe Verweis auf eine eigensüchtige Manipulation der Tabus vonseiten der herrschenden Klasse kann jedoch mitnichten die Vielfalt der unterschiedlichen kulturell gewachsenen Systeme von Nahrungsgeboten und -verboten erklären.

Besonders deutlich tritt das Problem zutage, wenn man prominente Tabutiere wie das Schwein oder die Kuh betrachtet. Das Schwein gilt nicht nur im Judentum, sondern auch im Islam und teilweise im Buddhismus und Hinduismus als unreines Tier. Dadurch wird, wie oben schon angedeutet, klar, dass die funktionalistische These keine Erklärung für den Ursprung des Schweinefleischtabus liefert. Doch auch der psychologische Ansatz (dem zufolge es die »unsauberen« Angewohnheiten des Schweins sind, die eine Ekel- und Abwehrreaktion auslösen) –, geht fehl. Dann müsste es ja ein universelles Schweinefleisch-Tabu geben – Schwein wird jedoch in China und in der gesamten westlichen (christlichen) Welt problemlos gegessen. Fleisch von Kühen zu essen ist hingegen in Indien undenkbar; nicht etwa, weil die Menschen fürchteten, dadurch Eigenschaften der Kuh in sich aufzunehmen, sondern weil die Kuh ihnen als heilig gilt.

Der kulturelle Materialismus sucht beide Tabus als Reaktionen auf bestimmte ökonomisch-geographische Gegebenheiten zu erklären. Der prominenteste Vertreter dieser Richtung ist Marvin Harris. Er versteht seine Theorie als einen (gleichsam marxistischen) Versuch, den strukturalistischen Ansatz vom Kopf auf die Füße zu stellen. Entsprechend kehrt er das von Claude Fischler ausgegebene und an Lévi-Strauss orientierte Motto – »Die Nahrungsmittel müssen gewissermaßen erst den kollektiven Geist füllen, ehe sie den leeren Magen füllen dürfen« – folgendermaßen um:

> Ich bin aber der Ansicht, daß die Frage, ob sie dem Denken zusagen oder nicht, davon abhängt, ob sie geeignet oder ungeeignet für den Verzehr sind. Nahrung muß den kollektiven Magen füllen, ehe sie den kollektiven Geist füttern kann. (Harris 1989: 9)

Harris zufolge ist der Ansatz, Ernährungsgewohnheiten als »eine Sache willkürlicher Symbolisierungen« zu betrachten (Harris 1989: 273), nämlich fatal, weil er die Mangelernährung bei Unterprivilegierten auf »irrationale« Essgewohnheiten zurückführt und damit die wahren Gründe – einen grundsätzlichen Mangel an Nahrung – verkennt. Wie Harris zeigen will, ernähren sich die von Nahrungsmangel Betroffenen keineswegs unvernünftig, sondern so gut es ihnen möglich ist; man müsse nicht ihr Denken verändern, sondern die materiellen Umstände ihrer Nahrungsversorgung (Harris 1989: 259).

In seiner These, Essgewohnheiten und Esstabus seien Reaktionen auf bestimmte ökonomische und klimatische Bedingungen, sieht Harris einen universellen Schlüssel zur Erklärung aller

Nahrungstabus. So sucht er nachzuweisen, dass das in Indien weithin geltende Verbot, Rindfleisch zu verzehren, eine funktionalistisch-adaptionistische Konsequenz aus einer Reihe materieller Gegebenheiten sei: nämlich im Wesentlichen den geographischen Bedingungen und der Bevölkerungsdichte des Landes. Ackerbau, in dem die Rinder als Arbeitstiere gehalten werden, sei unter diesen Bedingungen wesentlich rentabler als Viehzucht, für die man weit größere Weideflächen benötigt. Dass das Rind und nicht ein anderes Tier in Indien zur Gottheit aufgestiegen sei, liege daran, dass es als Lieferant von Milch, Kuhdung und Arbeitskraft bei weitem Indiens nützlichstes Tier sei, wie auch Gandhi wohl gewusst habe. Das religiöse Tabu dient in Harris' Perspektive also lediglich dazu, ein ökonomisch günstiges System zu ratifizieren.

Ganz ähnlich argumentiert Harris in seinem Kapitel zum Schweinefleischtabu. Das Schwein sei für die Juden zum Tabutier geworden, weil die Schweinezucht im Nahen und Mittleren Osten (in einem, meint Harris, für das Schwein ungünstigen Klima, das auf einen Klimawandel mit zunehmender Erosion der Wälder zurückzuführen sei) kostspieliger gewesen sei als die von Wiederkäuern (Harris 1989: 73). Dass das Schwein ebenso bei anderen Kulturen des Vorderen Orients (und später im Islam) verpönt gewesen sei, sieht Harris als Bestätigung seiner These, dass Fleischtabus nicht primär aus religiösen Überzeugungen rühren, sondern Resultate einer »Reaktion auf weitverbreitete Lebensbedingungen« sind (Harris 1989: 83).

Marvin Harris' Ansatz hat viel Kritik hervorgerufen (Simoons 1994: 138). Nicht nur wurde ihm in einigen Punkten eine unzureichende Beweisführung vorgeworfen; vor allem waren es seine ausschließliche Fokussierung auf ökonomische Argumente und sein »darwinistisches Optimierungsdenken« (Fischler 1990: 57), die seinen Kollegen zu einseitig schienen. Obwohl sich Harris gegen letzteren Vorwurf mit dem Hinweis verteidigt hat, er halte die von ihm vorgestellten Ernährungssysteme keinesfalls für die besten, sondern allenfalls für *bessere*, ist doch nicht zu übersehen, dass die Rückführung von Ernährungsgewohnheiten auf rein rationale Kosten / Nutzen-Rechnungen notwendig zu kurz greift. Die Rolle, die psychische Inhibitionen dabei spielen, findet darin zu wenig Beachtung; ebenso die identitätsstiftende und die disziplinierende Funktion, die Speisetabus gleich welcher Art eignet.

Abschließend sei noch ein Werk erwähnt, das den Vorzug hat, eine große Vielfalt von Nahrungstabus sowie möglicher Erklärungsansätze darzustellen. Der Geograph Frederick J. Simoons hat 1994 eine aktualisierte Version seines Buchs von 1961 *Eat not this flesh. Food Avoidances from Prehistory to the Present* vorgelegt. Er verweist dabei immer wieder auf die Notwendigkeit, sich nicht auf eine einseitige Deutungslinie festzulegen. So könne eine ursprünglich psychologische, dann zum religiösen Reinheitsstreben sublimierte Abneigung gegenüber dem Schwein ebenso eine Rolle gespielt haben wie ein Konflikt zwischen Nomaden und sesshaften Völkern (Simoons 1994: 90 f.). In jedem Fall sei die Geschichte der Aversionen gegen Schweinefleisch von Region zu Region unterschiedlich verlaufen. Simoons betont die geographische Variationsbreite in der Ausgestaltung und Durchsetzung der Tabus ebenso wie ihren historischen Wandel. Er zeigt ferner, dass auch die Einhaltung kulturell-religiöser Tabus beim einzelnen Individuum je nach sozialer Situation variieren kann, und vertritt so eine kulturrelativistische Ansicht, die den Einfluss der soziokulturellen Umgebung auf Einführung, Durchsetzung oder aber Aufgabe von Nahrungstabus hervorhebt. Besonders interessant sind auch die zahlreichen Beispiele, durch die Simoons zeigt, auf welche Weise Nahrungstabus immer wieder politisch funktionalisiert wurden und werden.

Die folgende Analyse der Diskussion um Speisetabus in der Gegenwart orientiert sich an dieser kulturrelativistisch-funktionalistischen Perspektive. Dabei soll gezeigt werden, dass Speisetabus zwar eine positive, identitätsstiftende Funktion einnehmen können, dass sie jedoch auch in der Gegenwart als Macht- und Disziplinierungsdiskurse dienen. Sie sind umso machtvoller, als sie auch »unsichtbar« agieren können. Denn Gepflogenheiten und Ekelreaktionen, die letztlich dazu dienen, die »Andersessenden« abzuwerten, können sich durch Berufung auf Speisetabus als »natürlich« oder zumindest traditionsgemäß tarnen.

Neues »koscher«: Säkularisierung oder Mehrfachcodierung?

In der heutigen globalisierten Gastronomie dienen religiös fundierte Speisevorschriften – oder doch zumindest deren Bezeichnungen – aber nicht mehr durchgehend dazu, eine Kulturgemeinschaft von anderen abzugrenzen. So hat Daniel Gerson in seiner exemplarischen Analyse jüdischer Restaurants in Deutschland, der Schweiz, Österreich, USA, Polen und Tunesien gezeigt, dass deren als »koscher« oder »jüdisch« ausgewiesene Küche meist einen gelockerten Umgang mit den Gesetzen der Kashrut aufweist, dafür aber eine Atmosphäre von Toleranz, Weltoffenheit und Multikulturalismus verbreiten möchte:

> Im diametralen Gegensatz zur ursprünglichen Bedeutung der Kashrut, die als identitätswahrender Grenzzaun zwischen Juden und Nichtjuden gedacht war, wird jüdische Kochkunst heute meist mit einer politisch-aufklärerischen, völkerverbindenden Botschaft versehen. Die zeitgenössische Würdigung jüdischer Partikularität wird zum Ausdruck einer Bejahung unserer religiös-kulturell vielfältigen und zugleich zunehmend säkularisierten Gesellschaft. (Gerson 2013: 93)

Dass das Essen als Code für ethnische beziehungsweise religiöse Zugehörigkeit in einer multikulturellen Gesellschaft allerdings auch eine – irritierende – Mehrfachcodierung erfahren kann, hat Julia Bernstein nachgewiesen. Ihre Studie über russischsprachige Juden in Israel und in Deutschland zeigt, dass sich symbolischer Nahrungskonsum in der Fremde besonders komplex gestalten kann, wenn sich im Identitätsmuster des Migranten gleichsam zwei konfligierende Essensordnungen überlagern. Für die in Russland lebenden Juden treffen von vornherein zwei grundverschiedene Essensordnungen aufeinander: die religiöse, jüdische Speiseordnung und die Speiseordnung des russischen Gastlandes. Problematisch wird dies, wie Bernstein zeigt, wenn die »russischen« Lebensmittel in der Fremde (also etwa nach der Emigration nach Israel oder Deutschland) als kulinarische Ikonen für die verlorene Heimat fungieren sollen, zugleich aber antisemitische Bedeutungen transportieren oder aber gegen die jüdischen Speisetabus verstoßen (Bernstein 2014). Bernstein veranschaulicht dies am Beispiel von aus Russland stammenden Pralinen, auf deren Verpackungen nationalistische (und damit antisemitische) Symbole abgebildet sind: Die von ihr interviewten Konsumenten der Pralinen sagen jedoch, »dass die Lebensmittel vor allem ›lecker‹ seien und die Verbindung zum Antisemitismus nur eine künstliche sei« (Bernstein 2014: 131). Es scheint, als mache der Nostalgiewert dieses Essens all das vergessen, was sonst im Bewusstsein der Ausgewanderten durchaus präsent ist:

> Es ist bemerkenswert, dass die Interviewpartner/-innen einerseits oft unhinterfragt die nostalgischen Symbole aus der Sowjetzeit auf den Verpackungen der Nahrungsmittel konsumieren und mit ihnen positive Erfahrungen verbinden. Andererseits äußern sie sich fast in jedem Interview negativ zum sowjetischen Regime und thematisieren den Schmerz der Desillusionierung betrügerischer kommunistischer Versprechungen nach dem Scheitern des Systems [...]. (Bernstein 2014: 130)

Ein weiteres Beispiel ist die paradoxe ethnische Aufladung, die Schweinefleisch im Kontext der Migration erfahren kann. Nikolai, ein aus Russland nach Israel ausgewanderter Jude, betrachtet sich zwar als dem Judentum zugehörig, isst jedoch Schweinefleisch, weil dies für ihn das Symbol »der Zugehörigkeit zur europäisch-russischen Kultur« sei, ja sogar »eher noch ein Indiz jüdischer Wurzeln«. Als zutiefst unjüdisch, weil orientalisch-»barbarisch«, betrachtet er dagegen das Aufnehmen von Hummus mit Fladenbrot anstatt mit einer Gabel. Vor diesem

Hintergrund lässt sich Nikolais zunächst rätselhafter Ausspruch erklären, ein solches »primitives« Essverhalten (Hummus mit Pita zu essen) bedeute, »das Schweinefleisch zu verraten«. Das Schweinefleisch wird in diesem Fall zur Ikone der eigenen, jüdisch-europäischen Identität, Pita und Hummus dagegen zum Inbegriff der fremden, orientalischen Kultur (Bernstein 2014: 132).

Während Vertreter des Traditionalismus in Israel weiterhin für eine umfassende Tabuisierung des Schweins plädieren – 1985 unterstützte der damalige Premierminister Shimon Peres einen Antrag auf ein striktes Verbot von Schweinefleischverkauf (Simoons 1994: 34) –, finden liberale Juden kreative Wege, der Sanktionierung auszuweichen. So umgingen Restaurants das Verbot, das Wort Schwein auf ihren Menüs aufzuführen, indem sie es durch die Bezeichnung »white steak« oder gar »oink« ersetzten (Simoons 1994: 34). Gegenwärtig werden im Forschungsinstitut Lahav CRO Schweine für medizinische Tierversuche gehalten – neben den Tests werden hier im anliegenden Kibbuz Lahav jedoch auch Produkte aus Schweinefleisch hergestellt. Der Rabbiner Eyal Chalak hält diese Praxis für akzeptabel, träten doch die Reinheitsgesetze außer Kraft, wenn »auch nur die Chance besteht, dass das Leben eines Menschen in Gefahr ist« (Simoons 1994: 34 f.; Wiesenhütter / Herzog 2014). Mit der einfachen Regel »Menschenleben geht über Tierleben« lässt sich offenbar auch der religiöse Abscheu vor dem »unreinen« Tier überwinden.

Programmatische Arbitrarität? Religiöse Speisetabus als Glaubenstest

Ob sie sich nun auf immanent-strukturelle, auf materialistisch-adaptionistische, auf medizinische oder auf tierethische Motivationen berufen: Allen bisherigen Erklärungsversuchen der religiösen Speisetabus ist gemein, dass sie hinter diesen eine verborgene Sinnstruktur vermuten, die es aufzudecken gilt. Was aber, wenn es diesen Sinn gar nicht gäbe? Religion, schreibt Olivier Assouly in seinem Buch *Les nourritures divines* (2002), baut nun einmal auf den Glauben, nicht auf die Ratio der Adepten. Die Speisegebote und -verbote mit Hilfe der Vernunft auslegen zu wollen bedeutet also, von vornherein mit einem falschen Ansatz an sie heranzugehen. Und möglicherweise besteht ja der Sinn der Speisetabus gerade darin, dass sie keinen haben? Anders gesagt: In der Rätselhaftigkeit der göttlichen Gebote manifestiert sich Gottes Überlegenheit über jede menschliche Reflexionsfähigkeit. Die Speisegebote sind unverständlich, weil Gottes Gesetze gar nicht verstanden werden sollen – sie wollen vielmehr befolgt werden (Assouly 2002: 313 ff.). Und je mysteriöser und komplexer die Vorschriften sind, je mehr Disziplin sie dem Gläubigen abverlangen, desto mehr eignen sie sich dazu, seinen blinden Gehorsam zu testen (Assouly 2002: 317). Indem sich die Religion durch die Regulierung der Essgewohnheiten das Recht anmaßt, etwas zu disziplinieren, was gleichzeitig alltägliche Handlung und überlebensnotwendig ist, sichert sie sich eine immense Kontrolle über ihre Anhänger (Assouly 2002: 323).

Dass es bei den Speisevorschriften nicht nur darum geht, Gesetze zu befolgen, die unverständlich sind und es bleiben sollen, sondern auch darum, Selbstdisziplin zu üben, zeigt sich daran, dass die verbotenen Speisen durchaus für schmackhaft erachtet werden können. So weist der Koran wiederholt auf die Appetitlichkeit der verbotenen Genüsse hin (Assouly 2002: 330). Folglich scheinen die religiösen Kategorien von »rein« und »unrein« nicht immer automatisch mit den psychologischen Kategorien von Wohlgefallen und Ekel verbunden – auch wenn gelebte Religiosität in der Regel auf genau diesem Nexus basiert.

Nun wäre es aber wiederum verkehrt, die Gläubigen ausschließlich als willenlose Opfer einer Ideologie darzustellen. Niemand hat die heiligen Frauen und Männer des Mittelalters zum Extremfasten gezwungen. Genauso wird heute niemand dazu genötigt, sich *low carb*-Diäten zu unterziehen oder seine gesamte Freizeit im Fitnessstudio zu verbringen. Menschen, die auf bestimmte Speisen verzichten, tun dies oft ganz freiwillig – weil sie überzeugt sind, dass diese Speisen ihrem körperlichen oder seelischen Wohl schaden. Im Gegensatz zu traditionellen Speisegeboten wollen gegenwärtige Ernährungsideologien freilich keineswegs obskur sein, sondern ihre Glaubwürdigkeit wissenschaftlich untermauern. Gewiss wurden auch im Fall der religiösen Speisetabus vielfältige Nachrationalisierungsversuche unternommen, die heutige wissenschaftliche Erkenntnisse als versteckte Motivation anführen – so etwa die sowohl von jüdischer wie von muslimischer Seite vorgebrachte Meinung, das Schweinefleischtabu rühre aus der (noch nicht wissenschaftlich belegten, aber »vorausgeahnten«) Einsicht in die Gefahr der Verseuchung mit Trichinen her. Solche Aktualisierungsversuche können sich auch auf gegenwärtige Trends wie Umwelt- und Tierschutz berufen. »Koscher-Bestimmungen«, schreiben Pinchas und Ruth Lapide, seien keineswegs »atavistische Stammesrituale«, sondern gesundheitsfördernde, umweltschonende und artenkonservierende Maßnahmen:

> Sie gehören zu der Kategorie der schöpfungsbewahrenden Anweisungen der Bibel. Ein aktuelles Beispiel für ihre Bedeutung ist der Ausbruch der BSE-Seuche, des sogenannten Rinderwahnsinns. Diese Seuche hängt ohne jeden Zweifel mit einem menschlichen Eingriff in die Schöpfungsordnung zusammen: Die von Natur aus vegetarisch lebenden Rinder wurden gezwungen, Schaffleisch zu essen. (Lapide 2000: 71)

Derartige wenig stichhaltige Argumentationen verkennen, dass sich die Komplexität der Speisetabus nicht auf eindeutige und vernunftorientierte Erklärungsmuster – weder strukturalistischer noch evolutionspsychologischer oder materialistischer Art – zurückführen lässt.

Heilige Kühe: Speisetabus, soziale Ungleichheit und Rechtsextremismus

Woher rührt nun eigentlich der hinduistische Glaube an die Heiligkeit der Kuh? Er sei höchst fragwürdig, schreibt der indische Historiker Dwijendra Narajan Jha in seinem Buch *The Myth of the Holy Cow* von 2002, für das er Todesdrohungen von rechtsextremen Hinduisten erhielt. Wie Jhas genaue Analyse historischer Quellen zeigt, kann von einer kontinuierlichen religiösen Verehrung der Kuh nicht die Rede sein – so wie es auch niemals einen der Kuh gewidmeten Tempel gegeben habe. Zwar spielten Kuhmilch und Kuhdung bereits in frühen religiösen Ritualen eine Rolle; dies ging jedoch keineswegs mit einem generellen Verbot, Kuhfleisch zu essen, einher. Zudem lassen sich bereits den frühesten Texten widersprüchliche Aussagen bezüglich der Reinheit der Kuh entnehmen (Jha 2002: 146). Dass allerdings das Kuhtabu bereits in der Frühen Neuzeit ein Politikum war, zeigt eine blutige Episode von 1670: Als an der Westküste Indiens eine von europäischen Handelsleuten gehaltene Bulldogge eine Kuh tötete, ermordete die aufgebrachte Masse alle ansässigen Europäer (Simoons 1994: 109). Ebenso sorgte der hinduistische Kult um die Kuh immer wieder für Spannungen mit der in Indien lebenden muslimischen Gemeinschaft. Zum Symbol für Indien und zum politischen Instrument wurde die »heilige Kuh« jedoch erst gegen Ende des 19. Jahrhunderts. Den Anhängern der Bewegung zum Schutz der Kuh diente das heilige Tier sowohl, um sich von den Muslimen abzugrenzen, als auch, um gegen die britische Kolonialherrschaft zu revoltieren (Jha 2002: 19). Mahatma Gandhi erklärte die Kuh zur »Mutter« aller Inder und pries ihren unschätzbaren Wert als Nahrungsquelle und Arbeitskraft (Jha 2002: 18). Zugleich betonte er, dass die hinduistische Verehrung der Kuh dennoch von »westlichem« Nützlichkeitsdenken weit entfernt sei. Vielmehr gehe es um den »spirituellen Aspekt«, um die Vorstellung der »Selbstaufopferung« und »Unschuld«, die das geduldige Tier verkörpere (Jha 2002: 19). So gesehen, konnte die

Kuh für Gandhi zum perfekten Symbol einer friedfertigen Revolution gegen die Fremdherrschaft werden. Dass das Schlachttabu auch weiterhin zu blutigen Ausschreitungen führte – auch gegenwärtig berichten die Medien über Lynchmorde an Menschen, die der Kuhschlachtung überführt oder auch nur verdächtigt werden –, war freilich nicht in Gandhis Sinn.

Andererseits zeichnet sich insbesondere in der großstädtischen Mittelschicht Indiens seit den 1960er Jahren eine zunehmende Säkularisierung und »Globalisierung« der Esskultur ab. Auf welche Weise soziale Wandlungsprozesse und diskursive Konstruktionen zur Herausbildung einer »nationalen« indischen Küche beigetragen haben, hat der indischstämmige Ethnologe Arjun Appadurai untersucht (Appadurai 1988). Appadurai sieht in Indien das nahezu einzigartige Beispiel eines Landes, dessen kulinarische Kultur bis ins 20. Jahrhundert hinein noch derart von medizinischen und religiösen Vorschriften geprägt war, dass sich ein davon unabhängiger gastronomischer Zugang zum Essen (»a gustatory approach to food«) und damit einhergehend eine signifikante Produktion von Kochbüchern erst im Zeichen der einsetzenden Globalisierung entwickelten (Appadurai 1988: 5).

In den von ihm untersuchten, in den 1960er und 70er Jahren publizierten englischsprachigen Kochbüchern sieht Appadurai das Ausdrucks- und Kommunikationsorgan einer sich heranbildenden städtischen, multiethnischen, transregionalen und kastenübergreifenden Mittelschicht (Appadurai 1988: 6). Ähnlich wie der Austausch von Kochrezepten und das »interethnic dining« (Appadurai 1988: 7) innerhalb dieser Klasse zu einem Medium eines (vorsichtigen) sozialen Austausches würden, könne man auch die gedruckten Kochbücher als Zeichen eines »emergenten kulinarischen Kosmopolitismus« (Appadurai 1988: 7) werten. Auch wenn dabei letztlich »kulinarische Stereotype des Anderen« (Appadurai 1988: 7) ausgetauscht werden, auch wenn also der Konstruktcharakter der in den Rezepten und Kochbüchern artikulierten regionalen und nationalen Küche(n) zu berücksichtigen ist,[24] kann man dem von Appadurai beschriebenen Prozess dennoch eine »einigende« Leistung bescheinigen, vergleichbar mit jener, welche das in Kapitel 5 erwähnte Kochbuch des Pellegrini Artusi um 1900 für die junge Nation Italien hatte. Dass es durchaus auch ein politisches Bewusstsein für den Beitrag der Küche bei der Konstruktion nationaler Identität gibt, zeigt ein Zitat aus einem Zeitungsartikel, in dem indische Kochbücher rezensiert werden: »Hindi may or may not help in unifying the country; while it is trying hard, there may be no harm in letting an Uttar Pradesh snack win over a Tamil Nadu heart« (zit. nach Appadurai 1988: 20). Die Studie von Appadurai führt einmal mehr vor, dass die Idee einer nationalen Küche stets ein Konstrukt ist. Zugleich zeigt sie, wie kulinarische Praktiken und diskursive Praktiken, die sich um diese Idee ranken, dabei aber sehr wohl zu einem nationalen Globalisierungsprozess beitragen können.

In jüngster Zeit scheint allerdings die erneute Verschärfung des Rindfleisch-Tabus nationalistischen Tendenzen Vorschub zu leisten. Dabei findet sich Indien heute in der paradoxen Situation, einerseits der weltweit zweitgrößte Rindfleischexporteur zu sein, andererseits – gewiss auch unter dem Druck der islamischen Radikalisierung – weiterhin den Schutz der Kuh als Leitkultur vorzuschreiben. Rindfleisch wurde und wird in Indien jedoch gegessen – traditionell von Angehörigen niederer Kasten, neuerdings immer mehr auch von liberalen Hindus. Geschlachtet werden die Rinder vorwiegend von indischen Moslems – gemäß den Halal-Vorschriften, weshalb vor allem die arabischen Nachbarländer einen wichtigen Exportmarkt darstellen. Nun hat im März 2015 jedoch Präsident Pranab Mukherjee ein Gesetz gegen Tötung und Verzehr von Rindfleisch im Staat Maharashtra unterschrieben – hinduistische Extremisten fordern gar ein landesweites Verbot.[25] Generell kursiert die Meinung, das Verbot sei nicht wirklich ein religiös, sondern ein politisch motiviertes – den Muslimen, die landesweit für die Schlachtung zuständig sind, werde damit ihre Existenzgrundlage entzogen. Damit zeigt sich auch, dass die erwähnte Erklärung Marvin Harris', der das Rindfleischverbot in Indien auf »ökologisch bedingte Zwänge« zurückführt (Harris 1991: 12), zu kurz greift, weil sie die identitätsstiftende Funktion und das politische Potential von Speisetabus vernachlässigt. Dies gilt sowohl auf politisch-nationaler Ebene wie auf Kastenebene. Trotz der von Appadurai konstatierten sich anbahnenden Aufweichung von Kastengrenzen kann im gegenwärtigen Indien ein (authentischer oder affichierter) Vegetarismus dazu dienen, die Schaffung neuer Wohnsiedlungen zu motivieren, in denen Luxuswohnungen ausschließlich an Vegetarier, und somit allein an Angehörige der höheren Kasten, verkauft werden. Wie eine Feldstudie von Pablo Holwitt zeigt, wird der Ausschluss nichtvegetarischer Angehöriger der unteren Kasten dadurch begründet, dass die neuen Bewohner den Geruch von Fleisch nicht tolerieren könnten (Holwitt 2017). Verstoßen einzelne der neuen Bewohner selbst gegen das Fleischtabu, müssen sie den Geruch des verpönten Essens vor ihren Nachbarn kaschieren.

Fleisch- und insbesondere Rindfleischverbot erscheint so als Herrschaftsdiskurs und als Ausgrenzungsstrategie einer Kaste, die ihre sozialen Privilegien wahren möchte. Deutlich nationalistische Töne stimmte im Mai 2015 Mukhtar Abbas Navi, der Vizepräsident der Hindunationalistischen Partei BJP an. Er sagte, wer unbedingt Rindfleisch essen wolle, solle doch nach Pakistan auswandern. Dagegen äußerte Staatsminister Kiren Rijiju, Indien sei ein demokratisches Land, in einigen Regionen Indiens werde traditionell Rindfleisch gegessen und man könne ein generelles Verbot nicht erzwingen. Ob er sich dabei auch selbst zum Rindfleisch-Essen bekannte, ist unklar – jedenfalls betonte er tags darauf, er selbst esse selbstverständlich niemals Rind. Auch wenn Italiens Pasta-Chauvinismus im Vergleich zu solchen Äußerungen harmlos erscheint, zeigt sich hier doch, dass man die allgemeine politische Sprengkraft des kulinarischen Chauvinismus nicht unterschätzen sollte. Im Kontext nationalistischer Tendenzen nehmen sowohl Äußerungen zum Essen als auch reale Essenspraktiken den Tenor politischer Statements an.

Verbotenes Fleisch: der weibliche Körper im Kontext hinduistischer und muslimischer Nahrungstabus

Fleischgeruch

Psychosomatische Reaktionen wie Ekel und Erbrechen nach dem (willkürlichen oder unwillkürlichen) Verzehr tabuisierter Lebensmittel spielen in der gegenwärtigen transkulturellen Literatur nicht selten eine Rolle. In den meisten Fällen sind es weibliche Figuren, die auf den Genuss (oder den Geruch) fremden Essens empfindlich reagieren. Als instinktiv-physische Reaktion, die jedoch auch durch anerzogene, überindividuelle Verhaltensmuster ausgelöst werden kann, ist Ekel ein besonders interessanter Fall eines kulturellen Konstruktes, das kulturell sanktionierte Muster zur (zweiten) Natur werden lässt.

Gerade weil der Ekel vor gesellschaftlich oder religiös tabuisierten Lebensmitteln anerzogen ist, müsste man eine »Umerziehung« eigentlich für möglich halten. In einzelnen Fällen können individuelle oder kollektive Ekelgrenzen tatsächlich überwunden werden: Sidney Mintz (2002: 26) nennt als Beispiel für den zweiten Fall die Sushi-Begeisterung der Amerikaner, die doch traditionellerweise rohen Fisch verabscheuen. Kann anerzogener »religiöser« Ekel auf individueller Ebene überwunden werden? Die Schriftstellerin Ginu Kamani bejaht dies – und verleiht dem Bruch mit Speisetabus eine emanzipatorische Note. Ekel erscheint in diesem Kontext als Mittel zur Disziplinierung des weiblichen Körpers. So gesehen, wird er zum Dispositiv einer Biopolitik, die mit seiner Hilfe nicht nur soziale Grenzen, sondern auch Gender-Hierarchien aufrechterhält.

Ginu Kamani ist in Bombay geboren, hat aber in Boulder, Colorado, studiert. In ihrer Erzählsammlung *Junglee Girls* rückt sie junge Mädchen aus Bombay in den Mittelpunkt, die sich gegen überkommene patriarchalische Muster und Kastendenken zur Wehr setzen. Eine solche Rebellin ist Rani, die Ich-Erzählerin in *Der Geruch* (*The Smell*). Von ihrer Großmutter haben sie und ihre Cousinen gelernt, dass man Fleisch (falls man es versehentlich gegessen habe) sofort erbrechen müsse. Fleischessen sei insbesondere für Frauen nicht gut, während »brave« Vegetarierinnen sicher sein könnten, einen Mann zu bekommen (Kamani 2006: 100). Rani macht sich jedoch einen Spass daraus, die Großmutter durch den Geruch von Spiegelei zu provozieren und sich vom Koch (der als Angehöriger einer niederen, fleischessenden Kaste als Untermensch behandelt wird) Fleisch geben zu lassen. Dagegen hat ihre Cousine Sonia den ihr anerzogenen Ekel derart verinnerlicht, dass sie selbst nach ihrer Hochzeit mit einem »hundertprozentig vegetarischen« Ehemann – ihren ersten Verlobten hatte sie abgewiesen, als sich herausstellte, dass er gelegentlich Fleisch aß – überall Fleisch riecht und sich ständig erbricht:

> Ab und zu kommt mir allerdings zu Ohren, dass Sonia sich selbst mit ihrem vegetarischen Ehemann jeden Tag erbricht. Überall riecht sie Fleisch, ständig. Ihr Ehemann schlägt sie täglich, weil er sie nicht anfassen darf. Sie wird den Geruch einfach nicht los. (Kamani 2006: 100)

Rani hat aber den festen Vorsatz gefasst, als Erwachsene weder heiraten noch sich erbrechen zu wollen. Mit ihrem Bruder spielt sie ein seltsames Spiel, in dem das herkömmliche Genderschema der »essbaren Frau« auf manifeste Weise umgekehrt wird. Ohne dass er es merkt, bestreicht sie den Arm des Bruders mit Hammelfett: »Er riecht gut und lässt mir das Wasser im Mund zusammenlaufen. Ich bin froh, dass ich ihn auf eine so besondere Weise lieben kann. [...] *Wenn ich erwachsen bin, werde ich das Fleisch an den Männern riechen, und der Geruch wird mich immer wieder hungrig machen*« (Kamani 2006: 101 f., Kursivierung im Original).

Auf diese Weise prangert Kamani den Vegetarismus-Diskurs in Indien als einen patriarchalischen Herrschaftsdiskurs an. Dass sich die Cousine Sonia, obwohl sie einen Vegetarier geheiratet hat, immer noch erbricht, suggeriert, dass sie den ihr anerzogenen Ekel vor Tierfleisch nun auf die eheliche Sexualität übertragen hat. Ironischerweise scheitert Sonia in ihrer neuen Rolle als Gattin, weil sie das insbesondere den Frauen aufgedrängte »Reinheitsgebot« gleichsam übererfüllt. Zugleich schließt sich Kamani der populären Deutung von Essstörungen (bzw. Erbrechen) als Symptomen von Sexualitätsverweigerung bei jungen Frauen an: Der anerzogene Ekel, vormals ein Zeichen der Unterwerfung, wird so in ein Zeichen der unbewussten Rebellion umgemünzt – auch wenn er Sonia keineswegs befreit, sondern vielmehr ihre Opferrolle noch verschärft. Kamani konstruiert in ihrer Erzählung zwei exemplarische Frauentypen – das Opfer und die Rebellin – und lässt ihre Erzählerin mit einem mustergültigen Emanzipationsdiskurs schließen. Ist es aber wirklich so einfach, sich von den einmal anerzogenen Tabus zu befreien?

Die Antworten, die junge Deutschtürken auf diese Frage geben, sind äußerst vielschichtig. Oft dient das islamische Schweinefleischtabu dazu, die eher komischen Aspekte des deutsch-türkischen *culture clash* zu unterstreichen, ebenso oft mischt sich jedoch in eine »aufgeklärte« Attitüde gegenüber dem religiösen Verbot ein gewisses Unbehagen. Im Rahmen der heutigen Integrationsdebatte spielt das Schweinefleischtabu gewiss eine weit weniger prominente Rolle als der Schleier. Im Gegensatz zu diesem ist es nicht sichtbar und – zumindest nicht unmittelbar – mit einer Debatte um Geschlechterrollen verbunden. Als unsichtbarer, doch in den Körper eingeschriebener Identitätsmarker spielt dieses Tabu aber durchaus eine Rolle, wie nun anhand von autobiographischen und fiktionalen Äußerungen von Deutschtürken gezeigt werden soll.

Essen und Ekel in deutsch-türkischer Migrationsliteratur

Wie Corinna Otts vorzüglicher Überblick über die Essensthematik in der deutschtürkischen Gegenwartsliteratur zeigt (Ott 2012: bes. 72–130), zeichnet sich in deren Thematisierung esskultureller Differenzen eine klare Entwicklung ab. Thematisiert die erste Einwanderergeneration noch häufiger die wechselseitige (also von türkischer wie von deutscher Seite kommende) Ablehnung von Essgewohnheiten (Akçam 1982; Ören 1983), so verhandelt die zweite bis dritte Generation über das Thema der Esskultur ein extrem breites Spektrum an Haltungen gegenüber der Integrationsfrage: von nostalgischer Schwärmerei für die Speisen der türkischen Heimat[26] über aggressive Herabschätzung der deutschen Küche (Kaya 1981: 72) bis hin zur Distanzierung von den als peinlich empfundenen Essgewohnheiten der Elterngeneration (Zaimoglu 2007, vgl. Ott 2012: 72–92).

Eine die komischen Aspekte des kulinarischen *culture clash* ausnutzende und eher harmonisierende Position nehmen die Vertreterinnen der gegenwärtigen »*Chick-lit alla turca*« (Karin E. Yeşilada, zit. nach Ott 2012: 42) ein. So wird in den autobiographisch geprägten Romanen *Candlelight Döner* (2005) und *Einmal Hans mit scharfer Soße* (2005), deren türkischstämmige Autorinnen in Deutschland aufgewachsen sind, die türkische Küche augenzwinkernd zelebriert, zugleich jedoch auch deutsche Spezialitäten wie etwa Brot, Brötchen oder Weihnachtsgebäcke gepriesen. Zwar kommen in diesen Werken auch weit problematischere kulturelle Differenzen zur Sprache – insbesondere die Konflikte, die den Mädchen durch die Konfrontation mit patriarchalischen Rollenzuschreibungen erwachsen –, jedoch in einer komischen und damit verharmlosenden Weise (vgl. Yeşilada 2009). Womöglich trägt die Essensthematik zu dieser Entschärfung bei, indem sie es ermöglicht, anstelle einer offenen Thematisierung des Genderkonflikts auf eine weniger brisante Ebene auszuweichen.

In der deutschsprachigen Literatur türkischstämmiger Migranten kann die Thematisierung des Schweinefleischtabus drei grundlegende Funktionen erfüllen. Sie kann dazu dienen, eine beiderseitige Fremdheit und Intoleranz gegenüber der jeweils anderen Kultur zu markieren. Sie kann zweitens eingesetzt werden, um den Konflikt zwischen einer um den Verlust der Herkunftskultur fürchtenden Elterngeneration und der integrationswilligen jüngeren Generation zu dramatisieren – oder in Komik zu verwandeln. Sie kann schließlich dazu dienen, die Toleranz und Weltoffenheit einer Figur zu betonen, die sich dann durch den bewussten (und oft auch genüsslichen) Verstoß gegen das Verbot hervortut.

Für den ersten Fall ließe sich eine Episode aus dem Buch *Wir werden das Knoblauchkind schon schaukeln* des türkischstämmigen Komikers Sinasi Dikmen anführen. Der Ich-Erzähler berichtet hier, wie ihn seine Arbeitskollegen in die Kantine einladen: »Nachdem ich alles aufgegessen hatte, haben sie mir gesagt: ›Ätsch, das war Schweinefleisch!‹« (Dikmen 1983: 15) Daraufhin beschimpft dieser die wenig sensiblen Spaßvögel als »Schweinefresser« und erbricht später das ganze Essen. Einen »umgekehrten Rassismus«, der den schweinefleischessenden Deutschen mit nicht minder großem Unverständnis begegnet, verkörpert die Figur der Tante Ferya in *Candlelight Döner* von Aslı Sevindim:

> Tante Ferya hatte handfeste Gründe für ihren Abscheu: Deutsche Männer eigneten sich nicht als Ehemänner, denn sie kennten keine Eifersucht, erklärte sie Semih. Nicht, dass sie das am eigenen Leib schon einmal erlebt hätte […] Doch laut meiner unfehlbaren Tante gab es einen wissenschaftlich nachweisbaren Grund für dieses unduldbare Verhalten des deutschen Mannes: Er isst Schweinefleisch, und wer Schweinefleisch isst, der kennt keine Eifersucht, schließlich kennt das Schwein auch keine Eifersucht. So einfach ist das. (Sevindim 2005: 9 f.)[27]

In diesem Roman, der die Perspektive junger Deutschtürkinnen zweiter Generation repräsentiert, findet sich auch ein markantes Beispiel für den zweiten Fall. Die Protagonistin hat einen deutschen Freund – eine Beziehung, die von den Eltern zunächst vehement abgelehnt wird. Der Eltern-Tochter-Konflikt eskaliert, als die Mutter die Protagonistin fälschlicherweise bezichtigt, Schweine-Mettwurst auf den Frühstückstisch gestellt zu haben: »Erst deutsche Frreund [sic] und jetzt Schweinefleisch!« (Sevindim 2005: 98)

Dass der – in der Literatur von Migrantinnen der zweiten und dritten Generation oft in Komik verwandelte – Konflikt um die Beibehaltung traditioneller Essgewohnheiten sich auch in der Ablehnung der Elterngeneration gegenüber fremden Ernährungsideologien wie dem Vegetarismus äußern kann, zeigt sich sowohl in *Einmal Hans mit scharfer Soße* (Akyün 2005: 31)[28] wie etwa auch in den Aussagen des Grünen-Politikers Cem Özdemir. In einem Interview gefragt, ob seine Eltern mehr durch seinen Parteieintritt oder durch seinen Vegetarismus schockiert gewesen seien, antwortete er: »Es gab kein Schlimmer. Es war alles gleich schrecklich. Vegetarismus war für meinen Vater Selbstmord auf Raten. Er hat es mir regelrecht verboten. Wir haben deshalb bis aufs Messer gekämpft, das ging fast bis zur Zwangsernährung« (Kiyak 2007: 204).

Dagegen verstoßen die Vaterfiguren in Lale Akgüns Roman *Tante Semra im Leberkäseland* und in Nilgün Tasmans *Ich träume deutsch … und wache türkisch auf* ohne Ekel oder Gewissensbisse gegen das Schweinefleischverbot – während die Mütter ein solches Verhalten dezidiert missbilligen beziehungsweise (in Tasmans Buch) heftige Ekelreaktionen zeigen. Bei Tasman allerdings entspricht des Vaters Lässigkeit in Belangen der Speisetabus keineswegs einer Toleranz in der Erziehung der Töchter. Dagegen werden der Vater, vor allem aber die titelgebende Tante in *Tante Semra im Leberkäseland* geradezu als Vorzeige-Exempel für Weltoffenheit, Emanzipation und einen entspannten Umgang mit religiösen Traditionen dargestellt. Semra, die »jesuitisch und feministisch zugleich« denkt, umgeht das Schweinefleischverbot, indem sie das Wort »Leberkäse« bewusst missversteht: »Dieses Zeug hier besteht aus Leber und Käse, wo bitte soll das ganze Schweinefleisch herkommen?« (Akgün 2008: 143)

Die gegebenen Beispiele suggerieren, dass einerseits strenggläubige Musliminnen und Muslime, andererseits vor allem Frauen am Schweinefleischtabu festhalten. Letzteres scheinen auch soziologische Studien zu bestätigen (Havemann 1983, Müller 2010). Weit weniger eindeutig als bei Kamani (vielleicht aber gerade deshalb authentischer) kommt die implizite Verbindung zwischen Speisetabu, Ekel und Genderkonflikt allerdings in den bereits erwähnten Romanen von Hatice Akyün und Aslı Sevindim zur Sprache. Hier wird das heimliche Essen von Schweinefleisch nicht explizit als Rebellion gegen eine konservativ-patriarchalische Weltsicht dargestellt. Die Erzählerinnen verzichten vielmehr, nachdem sie ihre Neugier befriedigt haben, aus freien Stücken auf diesen Genuss – sei es tatsächlich aus Ekel, sei es aus schlechtem Gewissen:[29]

> Ich kenne keinen einzigen Türken, der auf die Idee käme, Schweinefleisch zu essen. Ich würde mir die Freiheit nehmen, es zu tun. Aber es schmeckt mir einfach nicht. Vor Jahren habe ich bei der Familie einer Freundin einen Schweinebraten probiert. Danach bekam ich Herpes. Einmal probierte ich grobe Leberwurst, und mir wurde schlecht. Für mich hat Schweinefleisch ein bisschen was von türkischen Männern: Man kann, muss aber nicht. Schließlich gibt's zartere Pute, knusprigere Ente, deftigeres Lamm und saftigere Steaks. (Akyün 2005: 35)

> Ich hatte tatsächlich schon mal welches gegessen, aus Neugier. Mit sechzehn zuerst ein Brötchen mit gekochtem Schinken aus der Bäckerei, als ich beim Stadtbummel Hunger bekam. Optimistisch ging ich davon aus, dass mich nicht gleich der Schlag treffen würde, und verstieß deshalb gegen dieses Verbot. Dabei war ich so nervös gewesen wegen dieses Tabubruchs, dass ich anschließend nicht einmal wusste, ob es geschmeckt hatte. Einige Zeit später ließ ich mich auf ein Salamibrötchen ein. Zu meiner Erleichterung musste ich mich auch danach nicht sofort übergeben. Nach dem leckeren Rührei mit Schinken, das ich mir eines Tages beim Frühstück mit Schulfreunden erlaubt hatte, kam ich aber dann doch ins Wanken. Denn das war mehr als ein neugieriger Versuch, hier brach ein Damm und ich war mir nicht sicher, dass mich nicht vielleicht später der Schlag treffen würde – die Sache mit Gott und der Religion hatte ich für mich noch nicht endgültig durchdacht. Bis zur Klärung des Sachverhalts erteilte ich mir deshalb ein striktes Schweinefleischverbot, um mein Gewissen und mein Sündenkonto nicht weiter unnötig zu belasten. (Sevindim 2005: 99 f.)

Dabei zeigt sich im ersten Zitat ein interessanter Kontrast zwischen einer Ekelreaktion, die ganz dem Verhalten eines »wohlerzogenen« türkischen Mädchens entspricht und dem in mehrerer Hinsicht subversiven Vergleich zwischen türkischen Männern und Schweinefleisch. Schockierend ist die Gleichsetzung türkischer Männer mit dem Fleisch eines »unreinen« Tiers natürlich erst einmal aus der Sicht strenggläubiger Muslime, provozierend ist aber auch die bereits durch die im Buchtitel – *Einmal Hans mit scharfer Soße* – begegnende Tendenz der Autorin, Männer generell als konsumierbare Objekte darzustellen. Auch die Erzählerin in *Candlelight Döner* bezeichnet ihren deutschen Ehemann als gar nicht fade, sondern »knusprige« Kartoffel (»Aber meine Kartoffel ist ganz anders. Knackig, knusprig, würzig«, Sevindim 2005: 9). Dort, wo sich der »Kopf« gezielt von religiösen Tabus und Genderklischees emanzipieren möchte, macht aber der »Bauch« offenbar nicht mit. Es könnte aber auch so sein, dass die vorschriftmäßige Ekelreaktion die in anderen, wesentlicheren Bereichen vollzogene Emanzipation der Erzählerin ausgleichen soll – gleichsam als ein Zugeständnis an jene Traditionen, von denen sich Akyüns Figur in ihrem persönlichen Lebensvollzug faktisch gelöst hat.

Dafür spricht auch das Plädoyer für einen liberalen Umgang mit dem Schweinefleischtabu, das Akyün in ihrem Folgeroman, *Ali zum Dessert* (2008), von sich gibt. Abermals erzählt die emanzipierte Hatice, die sich von ihrem deutschen Freund Stefan getrennt und in den Deutschtürken Ali verliebt hat – einen Türken mit deutscher Seele, dessen Vorzüge abermals mit kulinarischen Metaphern gepriesen werden. Obwohl sie persönlich immer noch kein Schweinefleisch mag, hat sie beschlossen, dass sie es ihrer Tochter auf jeden Fall erlauben wird, denn: »So fromm bin ich nicht. Von mir aus kann sie Känguruhfleisch oder Regenwürmer verspeisen, wenn es ihr schmeckt.« Allerdings würde ihre Mutter ihr »das Fell über die Ohren ziehen«, wenn sie erführe, dass die Enkelin »Grillwürstchen« und »Leberwurstbrote« isst (Akyün 2008: 219). Dass solche Aussagen einer gewissen politischen Brisanz nicht entbehren, ist der Erzählerin bewusst:

> Neben der Gans werde ich jedoch auch einen Kartoffelsalat zubereiten und dazu Würstchen servieren. Ja, Würstchen! Ich hoffe, dass ich mit dieser Aussage nicht auf der Todesliste von irgendwelchen Fanatikern lande. Ich will damit wirklich nicht provozieren. Aber ich habe als Kind sehr darunter gelitten, keine Würstchen essen zu dürfen, und möchte – was Merve angeht – mit der Tradition, kein Schweinefleisch essen zu dürfen, brechen. (Akyün 2008: 218 f.)

Im Gegensatz zur Erzählerin in Akyüns Roman hat Sevindims Figur das Schweinefleischtabu nicht so weit verinnerlicht, dass es zu körperlichen Reaktionen kommt – dafür regt sich aber das schlechte Gewissen. Wie schon erwähnt, eskaliert der Konflikt zwischen der Protagonistin und ihren Eltern hier, als die Mutter sie fälschlicherweise beschuldigt hat, Schweine-Mettwurst ins Haus gebracht zu haben (Sevindim 2005: 98). Abermals zeigt sich hier, dass es bei der Diskussion um Speisetabus meist um etwas ganz Anderes geht: nämlich um Konflikte zwischen Eltern und Töchtern, die in diesem Fall durch den Kulturkonflikt (eine Muslimin möchte einen Nichtmuslim heiraten) noch verschärft werden; um Auseinandersetzungen zwischen den Verfechtern »traditioneller« Werte (oft gepaart mit rechtsextremen bzw. klassenkonservativen Tendenzen) und den Befürwortern von Liberalismus und Demokratie.

In der Literatur werden Konflikte um religiöse Speisetabus nicht selten mit entschärfender Komik dargestellt. So auch in einem Krimi des in Italien lebenden Algeriers Amara Lakhous, in dem es nicht um das Essen von Schweinefleisch, sondern um die »Unreinheit« dieses Tiers geht. In dem Buch *Contesa per un maialino italianissimo a San Salvario*, dessen Titel übersetzt »Streit um ein superitalienisches Schweinchen in San Salvario« lautet, bricht inmitten der multikulturellen Einwohnerschaft des Turiner Viertels San Salvario ein Streit um ein Schweinchen namens Gino aus, das der Afrikaner Joseph wie ein Haustier in seiner Wohnung hält. Den ansässigen Muslimen wurde ein Video zugespielt, in dem man das Schwein in ihrer Moschee herumspazieren sieht. Über diese Verunreinigung ihres Glaubensortes empört, fordern sie Ginos Auslieferung. Doch auch die faschistische Vereinigung »Padroni a casa nostra« (Herren in unserem Haus) beansprucht das Schweinchen für sich: handelt es sich doch um ein »italienisches«, aus der Umgebung Turins stammendes Tier, das man auf keinen Fall den Muslimen überlassen dürfe. Schließlich schaltet sich noch eine Tierschutzorganisation ein.

In Lakhous' Roman wird der Konflikt letztlich gelöst. In der Realität ist die Stigmatisierung der Ernährungssitten Andersgläubiger nach wie vor ein Instrument des Rassismus. Schon in der Nazizeit hatte das Schächtungsverbot antisemitische Hintergründe (Assouly 2002: 262 f.). In jüngster Zeit hat sich der französische Front National mehrfach durch Erklärungen hervorgetan, die religiös fundierte Ernährungspraktiken als ein Signal drohender Überfremdung deuten. So kündigte Marine Le Pen 2014 an, dass es in den Regionen, in denen der Front National die Lokalwahlen gewonnen hatte, kein schweinefleischfreies Schulessen mehr geben solle, bedeute doch eine solche Rücksichtnahme eine Einmischung des Religiösen in die öffentliche Sphäre (5.4.2014, US-Magazin *Independent*).

Bereits 2012, zu Beginn der Kampagne für die Präsidentschaftswahlen, hatte sie versucht, an islamophobe Gefühle zu appellieren, indem sie erklärte, dass alles in der Île-de-France produzierte und konsumierte Fleisch *halal* sei, die Tiere also nach islamischem Ritus geschlachtet würden. Dies sei ein Betrug an den Verbrauchern – und ein Zeichen für die Missachtung, der Franzosen in ihrem eigenen Land ausgesetzt seien. Zwar stimmte es, dass drei von vier kleinen Schlachtereien der Region Halal-Fleisch produzieren – dies macht jedoch nur einen geringen Anteil des in der Île-de-France konsumierten Fleisches aus. In einer rezenten Pressemitteilung (vom 16.10.15 auf der offiziellen Seite des FN) will sich der *Front National* nun tierethische Argumente zunutze machen. Bei der Halal-Schlachtung werden

Tiere nicht betäubt – Grund genug, um sich angesichts dieser »Objektifizierung« der Tiere und »Banalisierung« ihres Leids zu echauffieren. Die offizielle Mitteilung endet mit dem markigen Spruch: »Respektieren wir die Laizität, respektieren wir das Gesetz, und respektieren wir vor allem die Würde der Tiere«. Dass die »Würde der Tiere« möglicherweise auch durch andere Schlachtmethoden angetastet werden könnte, spielt für die französische Rechte offenbar keine Rolle.

Eine Religion ohne Speisetabus? Das Christentum

Im Gegensatz zu den übrigen großen Religionen wie Judentum, Islam und Hinduismus kennt das Christentum keine verbotenen Speisen. Die Aufhebung der alttestamentarischen Speisetabus wird in der Apostelgeschichte vollzogen. Den hungrigen Petrus ereilt hier unvermittelt eine Vision:

> Er sah den Himmel offen und eine Schale auf die Erde herabkommen, die aussah wie ein großes Leintuch, das an den vier Ecken gehalten wurde. Darin lagen alle möglichen Vierfüßler, Kriechtiere der Erde und Vögel des Himmels. Und eine Stimme rief ihm zu: Steh auf, Petrus, schlachte, und iß! Petrus aber antwortete: Niemals, Herr! Noch nie habe ich etwas Unheiliges und Unreines gegessen. Da richtete sich die Stimme ein zweites Mal an ihn: Was Gott für rein erklärt, nenne du nicht unrein! (Apostelgeschichte 10, 9–15)

Indem es alle Tiere für rein erklärt, vollzieht das Christentum eine radikale Abkehr vom Judentum. Zwar dauert das Verbot, das Blut geschlachteter Tiere zu konsumieren, bis zum späten Mittelalter fort; auch werden neue Ernährungsregeln (insbesondere das Fasten) eingeführt (Assouly 2002: 65; Montanari 2015: 21). Und doch grenzt sich das christliche Verständnis von Nahrung deutlich von jenem der soeben besprochenen Religionen ab. Für diese sind bestimmte Speisen für sich genommen unrein (beziehungsweise verboten): das Tabu wohnt ihnen gleichsam inne. Gegen die rituelle Herstellung äußerer Reinheit setzt Christus aber dezidiert eine *innere* Reinheit des Denkens und Handelns:

> Wenn ihr fastet, macht kein finsteres Gesicht wie die Heuchler. Sie geben sich ein trübseliges Aussehen, damit die Leute merken, daß sie fasten. Amen, das sage ich euch: Sie haben ihren Lohn bereits erhalten. Du aber salbe dein Haar, wenn du fastest, und wasche dein Gesicht, damit die Leute nicht merken, dass du fastest, sondern nur dein Vater, der auch das Verborgene sieht; und dein Vater, der das Verborgene sieht, wird es dir vergelten. (Matthäus 6, 16–18, vgl. Assouly 2002: 57)

Die Verlagerung der Reinheit von außen nach innen wirkt sich nun freilich wiederum auf das Verständnis der Nahrung aus. Wenn die Speise nun nicht mehr für sich genommen rein sein kann, ist es nur konsequent, wenn sie als leibliche gegenüber der geistigen Nahrung abgewertet wird: »Müht euch nicht ab für die Speise, die verdirbt, sondern für die Speise, die für das ewige Leben bleibt und die der Menschensohn euch geben wird« (Johannes 6, 27). Zwar gibt es ein ganz spezielles Brot, das auch für Christen den Geschmack der Gottheit sinnlich erfahrbar macht: das eucharistische. Ob aber in Brot und Wein des Abendmahls tatsächlich Fleisch und Blut Christi genossen werden oder nur zeichenhafte Symbole des Gottessohns – das ist schon lange vor der Reformation Gegenstand einer hitzigen theologischen Debatte. Obwohl sich die katholische Kirche dabei für die Transsubstantiationslehre entschied (Brot und Wein verwandeln sich tatsächlich in Christi Leib und Blut), während der Protestantismus (mit unterschiedlichen Nuancierungen) eher einem symbolhaften Verständnis des Abendmahls zuneigte, lassen sich daraus noch nicht die religiösen Voraussetzungen für zwei gegensätzliche Auffassungen von Esskultur ableiten.

Gewiss erscheint es verführerisch, dem Katholizismus, der zwar die Fastenregeln einführte, zugleich aber mit der Transsubstantiationslehre das Essen zum sinnlichen Medium Gottes erklärte, eine gleichsam theologische Rechtfertigung der Gaumenfreuden zuzuschreiben. Dagegen hätte der Protestantismus zwar die Fastenzeit abgeschafft, zugleich aber gefordert, der christliche Mensch möge von nun an immer beim Essen Maß halten. Noch interessanter wird es, wenn man diese beiden gegensätzlichen Einstellungen zum Essen auch noch mit gegensätzlichen politischen Einstellungen in Verbindung zu bringen sucht. Die Länder, in denen der Protestantismus dominiert, sind zugleich jene, in denen der Kapitalismus am einflussreichsten ist. Die traditionelle Geringschätzung des Essens, die man Nordeuropa und Nordamerika zuschreibt, wäre demnach der Ausdruck einer protestantisch-kapitalistischen Ethik. Einen gefährlichen Kurzschluss zwischen protestantischem Geist und *Fast Food* hat jüngst der katholische Theologe Massimo Salani riskiert. In einem Interview, das er im Jahr 2000 der katholischen Zeitschrift *L'Avvenire* anlässlich seines gerade erschienenen Buchs *A tavola con le religioni* gab, stellte er einen Zusammenhang zwischen dem lutherischen Postulat der individuellen Beziehung des Gläubigen zu Gott und dem heillosen Individualismus der *Fast Food* -Kultur her (Beretta 2000). Demnach ist jene protestantische Ethik, die Max Weber für kapitalistische Leistungswut verantwortlich machte, auch schuld am Verlust des spirituellen Sinns des Essens. Vom gemeinschaftsstiftenden Akt sei das Essen bei McDonald's zur schnellen, einsamen Bedürfnisbefriedigung verkommen. In Wirklichkeit werden hier unter der Etikette des *Fast Food* ganz unterschiedliche Entwicklungen miteinander vermengt: kapitalistische Leistungsgesellschaft, Entritualisierung des Essens, Auflösung der familiären Tischgemeinschaft.

Im Umkehrschluss zu Salanis These müsste der sinnenfreudige Katholizismus von Gourmetnationen wie Italien, Frankreich oder Spanien zugleich Ausdruck von Gemeinschaftsgefühl und Kapitalismuskritik sein. So pauschal kann man das sicher nicht behaupten – und doch existiert eine historische Verbindung zwischen dem italienischen »Katho-Kommunismus«, seiner Kapitalismuskritik und der Hinwendung zu gutem Essen. Fabio Parasecoli hat sie in einem lesenswerten Aufsatz nachgezeichnet.

Im Italien der Nachkriegszeit, lehrt uns Parasecoli, hatten die Kommunisten ein eher mönchisch-asketisches Verhältnis zum Essen. Darin, wie auch in anderen moralischen Fragen, konvergierten sie mit den Christdemokraten, was Parasecoli ironisch als »Katho-Kommunismus« bezeichnet. Bis in die 70er Jahre bezeugen Filme der linksintellektuellen Regisseure Marco Ferreri und Pier Paolo Pasolini den negativen, unheimlichen Charakter üppiger Essensgelage. In Pasolinis *La ricotta* (1963) überisst sich ein armer Schlucker namens Stracci an Ricotta-Käse und anderen guten Dingen und stirbt später würdelos und von seinen »Arbeitskollegen« völlig unbemerkt. In *La grande bouffe* (1973) von Marco Ferreri essen sich vier Repräsentanten der herrschenden Klasse systematisch zu Tode (vgl. S. 89–91). Eine Passage aus Clara Serenis *Casalinghitudine* (vgl. S. 355–360) entlarvt allerdings die Doppelmoral so manches kommunistischen Asketen. Die Erzählerin berichtet, wie sie mit ihrem Mann und einem befreundeten Paar der kommunistischen Gruppe Urlaubswochen in der Toskana verbringt. An einem regnerischen Abend gesellt sich der Leader, Aldo, unversehens dazu:

> Wir begaben uns zu Tisch. Er fuhr fort zu diskutieren und sagte, er hätte keinen Hunger; das Etikett auf dem Wein quittierte er mit bissiger Ironie. Seine Weigerung lastete auf uns, als würden wir mit dem Essen nur Zeit verlieren. Auch wir aßen wenig, von seiner Logik vereinnahmt, schon beschämt über unser Ferienhaus im Dorf, im Vergleich zu seinem Zelt, das er auf bergigem Gelände zwischen den Steinen und Vipern aufgebaut hatte.
>
> Der fast volle Topf stand mitten auf dem Tisch. Man sprach über Politik, wir hätten über uns sprechen sollen.
>
> Zerstreut nahm Aldo ein Messer, eine Scheibe Brot, strich die Creme auf, aß eine ungeheure Menge davon. (Sereni 2008: 25, meine Ü., Chr. O.)

Den Wendepunkt hin zu einer Aufwertung der Esskultur sieht Parasecoli in den 80er Jahren, sobald die unabhängige kommunistische Zeitschrift *Manifesto* beginnt, die Beilage *Il Gambero*

Rosso zu publizieren. Deren Titel spielt auf eine Episode in Carlo Collodis *Pinocchio* an. Der Holzbengel gelangt hier in eine *Osteria del gambero rosso* (also ein Wirtshaus zum Roten Krebs), wo er einem betrügerischen Wirt, der mit seinen Gegenspielern unter einer Decke steckt, auf den Leim geht. Vor ähnlichen Erfahrungen im Bereich der Gastronomie möchte die Zeitschrift ihre Leser schützen: durch Restaurantkritiken und einen Weinführer. 1987 beginnt *Il Gambero Rosso* mit Carlo Petrini, dem Begründer von *Slow Food*, zusammenzuarbeiten. Zu den Unterzeichnern des *Slow Food*-Manifests gehören unter anderem Dario Fo und Gerardo Chiaromonte, Direktor der kommunistischen Zeitung *Unità*. Entsprechend wendet sich die Bewegung gegen die kapitalistische Beschleunigung des Lebens, die den Menschen zu einem *Fast Life* und entsprechendem *Fast Food* zwinge – ein symbolisches Datum ist der von Petrini organisierte Protest gegen die Eröffnung des ersten McDonald's 1986 in Rom. Der Kampf gegen den Effizienz-Virus aber müsse an der Tafel, durch ein langsames, nachhaltiges Genießen regionaler Küchen beginnen. Zugleich versteht sich die 1989 in Paris offiziell gegründete Bewegung von vornherein als eine internationale. In den folgenden Jahrzehnten weitet sie ihre Interessen zunehmend in Richtung ökologischer Fragen aus. So engagiert sich *Slow Food* gegenwärtig mit dem Projekt der *Arca del gusto* – der Name verweist auf die biblische Arche Noah – im Sinne der Biodiversität und sucht, »bedrohte« Lebensmittelprodukte oder Nährpflanzensorten zu erhalten.

Heute hat die aus katho-kommunistischem Geist erwachsene Bewegung freilich Mühe, sich einer Logik der Vermarktung zu entziehen – die Probleme, die mit der von *Slow Food* betriebenen Zertifizierungspraxis verbunden sind, wurden in Kapitel 5 (S. 246–251) bereits angesprochen. Zwar entsprach die 2003 in Florenz gegründete Non-Profit-Organisation *Staseranonesco* (dt.: Heute gehe ich nicht aus) sicherlich noch einer Vorstellung egalitärer Konvivialität. Hier luden erfahrene Köchinnen Unbekannte zu sich nach Hause, um ihnen nach alten Familienrezepten Gerichte zu kochen, die in konventionellen Restaurants nicht zu haben waren. Doch die Idee wurde bald zur Geschäftsidee, und *Social Eating*-Plattformen schossen wie Pilze aus dem Boden. *Slow Food* solle kein elitärer Genießerclub werden, betonte Carlo Petrini. Alle sollten ein Recht auf gutes Essen haben. Wenn gutes Essen freilich mit Bio-Essen gleichgesetzt wird, wie es in Deutschland überwiegend der Fall ist, so ist dieses tatsächlich nur den Besserverdienenden vorbehalten.

Essbibeln – Rousseau und seine Jünger

Rousseaus Sorge um das Essen

In unserer gegenwärtigen Sorge um das Essen neigen wir dazu, sehnsüchtig auf eine gute alte Zeit zurückzublicken, in der die Lebensmittel noch »rein« und »unverfälscht« waren. Doch hat es so eine Zeit je gegeben? Ein Blick auf die private Korrespondenz Jean-Jacques Rousseaus zeigt, dass bereits der Genfer Ernährungsreformer den gepanschten Wein fürchtete. Schon er sah das »schlechte«, übermäßige und nichtnachhaltige Essen der französischen Aristokratie als Zeichen einer gesellschaftlichen Dekadenz; zugleich war seine Angst, »schlecht« zu essen, eng mit der Sorge um sein individuelles Heil verbunden. Dadurch erscheint er als perfekter Vorläufer der heutigen Ernährungsapostel.

Es wurde schon gezeigt, dass Rousseaus Forderung nach einem einfacheren und »naturgemäßen« Essen eng mit seiner Gesellschaftskritik zusammenhängt. Zugleich ist seine Beschäftigung mit dem Thema Ernährung jedoch eine höchst private Angelegenheit. Rousseaus Briefe und seine Autobiographie offenbaren das Bild eines Mannes, für den die Sorge um das Essen geradezu eine Obsession war. Seine psychischen Probleme spielten dabei gewiss eine Rolle, doch zugleich hatte er, wie kein anderer vor ihm, die ganze symbolische und soziale Tragweite von Essensgaben und Essenshandlungen erkannt.

Die Bemühung, sich einfach und gesund zu ernähren, zieht sich wie ein Leitmotiv durch Rousseaus Korrespondenz. Ab und zu klagt er dort über Magenschmerzen und Erbrechen;[30] Übel, die er durch schmale Kost zu heilen sucht.[31] Seinen Gönnern wirft er oft vor, ihn allzu großzügig mit Nahrung zu bedenken. 1761 schreibt er an seine adlige Freundin Madame de Luxembourg, um sich für ein Körbchen Butter zu bedanken, das sie ihm geschickt hat (16.2.1761 an Mme de Luxembourg, Rousseau 1965, Bd. VIII: 107).

Wirklich erfreut sei er über dieses Geschenk jedoch nicht: Er habe mit einem »Töpfchen« Butter gerechnet und gleich ein ganzes Körbchen bekommen; die Freundin habe ihm damit eine »grausame Lektion« erteilt. Und so könne er sich auch nicht dazu entschließen, davon zu kosten: Sonst hätte er den Eindruck, »meine eigene Verurteilung zu essen«. Was Rousseau damit meint, weshalb er sich wegen eines Butter-Geschenks so sehr aufregt, darüber kann man nur spekulieren. Vermutlich empfindet er die allzu reichliche Gabe als beschämend, weil sie ihn (glaubt er) wie einen Gierschlund dastehen lässt. Ebenso irritiert reagiert Rousseau auf den Wein, den ihm sein Freund Du Peyrou geschenkt hat: Er sei angenehm zu trinken, aber gewiss nicht »natürlich« (»naturel«). Und Rousseau schließt: »Wie auch immer, es wird in dieser Sache so gehen, wie in vielen anderen, dass der eine einen Fehler macht, und der andere ihn austrinkt« (Februar 1768 an Du Peyroun, Rousseau 1965: Bd. XXXV, 118). Hinter solchen und ähnlichen Vorwürfen steckt die Furcht vor schädlichen Genussmitteln – weil sie allzu üppig, allzu luxuriös oder aber gekünstelt und verfälscht sind. Mit zunehmendem Alter äußerte sich Rousseaus Verfolgungswahn nicht zuletzt in der Angst, vergiftet zu werden.

Rousseau hat vor den Nahrungsgeschenken Angst, weil er selbst über sich und seinen Körper bestimmen will. Exzessive Gaben könnten ihn zur Schlemmerei verführen oder ihn zumindest in den Verdacht bringen, ein *Gourmand* zu sein. Zudem kompromittieren teure Delikatessen seine im *Émile* ausgearbeitete ideologische Distanzierung vom Luxus. Unbewusst empfindet er die Geschenke als eine Bedrohung seiner Unabhängigkeit – so als wollten seine Gönner mit Hilfe des Essens in seinen Körper eindringen. Hinter der Scheu, die Gaben der anderen zu essen, verbirgt sich die Sorge, von den anderen vereinnahmt und »gefressen« zu werden. Rousseaus Sorge um das Essen rührt letztlich daher, dass er in der Zirkulation von Nahrungsgaben ein kapitalistisches System erkennt. Jede Gabe fordert eine Gegengabe, sei es auch nur eine Dankbarkeitsbezeugung. Essensgeschenke können abhängig machen: abhängig vom Schlemmen und vom Schenkenden. Und die Zirkulation von Lebensmitteln ist stets mit Ausbeutung und Gewalt verbunden. Davon ausgenommen sind letztlich nur jene Geschenke, die die Natur von sich aus gibt: Muttermilch als Konsequenz der bedingungslosen Hingabe einer Mutter an ihr Kind, Obst und Gemüse aus dem eigenen Anbau. Führt man den heutigen Bio- und Natürlichkeitstrend darauf zurück, so erscheint das Zurück zur Natur einerseits als Ablehnung des Kapitalismus, andererseits als ein Wunsch nach größtmöglicher Autonomie (also Ablehnung aller durch das Essen gestifteten sozialen Bindungen, weil diese den Menschen versklaven können). Auf diese Weise kann alternatives Essen durchaus einen fatalen Hang zur Individualisierung fördern – fatal, weil damit die Auflösung der Tafelgemeinschaft einhergeht.

Rousseaus Schüler (Graham, Kellogg, Bircher)

Machte bereits Rousseau aus seinem System der naturnahen Ernährung ein ethisches Anliegen, so ist auch das Denken bedeutender Ernährungsreformer des 19. und 20. Jahrhunderts ethisch (und bisweilen religiös) motiviert. Sie haben Nahrungsmittel erfunden, die wir auch heute noch mit »naturbelassener« oder »gesunder« Kost in Verbindung bringen – Grahambrot, Müsli, Cornflakes –, auch wenn die heutigen Produkte teilweise sehr weit von den Ursprungsrezepten und von den Motivationen ihrer Erfinder entfernt sind.

Ein explizit ethisch motiviertes *Zurück zur Natur* in Fragen der Ernährung vertrat nach Rousseau auch der Pfarrer Sylvester Graham (1794–1851), der Erfinder des Grahambrots. Seine Diätreform steht ganz im Zeichen des Abstinenzlertums; auf dem Index stehen insbesondere Weißbrot, Fleisch, Alkohol – und Geschlechtsverkehr, der Graham zufolge nur in der Ehe erlaubt und auch dort auf ein Minimum beschränkt sein sollte. All diese »Genüsse« betrachtete Graham nicht nur als unnatürliche, gesundheitsschädigende Reizmittel, sondern auch als Ursache von Cholera – aufgrund der großen Choleraepidemie von 1832 fand er viele Zuhörer und Nachfolger (Wirz 1993: 152 f.). Dass heute von Grahams Reformdiät nur noch das Brot in Erinnerung geblieben ist, ergibt durchaus einen Sinn, enthält doch sein Traktat über das Brotbacken (*A treatise on bread, and bred-making*, 1837) den Kern seiner ethisch motivierten Ernährungsreform. Brot, meint Graham mit Berufung auf die Bibel, sei von alters her ein Grundnahrungsmittel fast aller Völker. Allerdings sei Brot zugleich ein künstlich (»artificially«) hergestelltes Nahrungsmittel, und darin liege seine potentielle Verderblichkeit. Der »universellen Sorglosigkeit«, mit der gegenwärtig Brot hergestellt werde – von Bäckern, die aus Profitgier schlechtes Mehl verwenden und diesem gar noch dubiose Substanzen beimischen –, möchte Graham beikommen, indem er die Mütter und Ehefrauen dazu aufruft, doch bitte das Brot für ihre Familie selbst zu backen und dabei auch mehr Sorgfalt walten zu lassen als bisher. Denn keine auch noch so tugendhafte Bedienstete, nur eine liebevolle Mutter und Ehefrau sei imstande, wirklich gutes Brot zu backen. Nur sie habe die Sensibilität, um die Beziehung zwischen den Ernährungsgewohnheiten und der körperlich-seelischen Verfasstheit ihrer Lieben (»between the dietetic habits and physical and moral conditions of her loved ones«, Graham 1837: 105) zu erkennen. Die positiven Konsequenzen eines anständig gebackenen Brots können gar nicht hoch genug veranschlagt werden: Graham ist überzeugt, dass davon »domestic and social and civil welfare of mankind« sowie auch »religious prosperity« abhängen: Wohl der

Familie, gesellschaftliches Wohl, irdisches und transzendentes Heil also (Graham 1837: 106).

Eine explizite Beziehung zwischen moralisch-zivilisatorischer Dekadenz und überfeinerter Kost stellt auch der Übersetzer und Vertreter der Graham'schen Lehren im deutschsprachigen Raum, Theodor Hahn, her. In seinen Zusätzen zu Grahams Traktat über das Brotbacken schreibt er:

> Wir Bewohner des gemäßigten Klimas sind ja leider nicht in dem Falle, wie die Insulaner des Südmeeres, die ihre Nahrung in einem guten Teil entweder überhaupt roh (Bananen, Pisang, Cocos, Datteln etc.) oder einfach gekocht und gedämpft (Brodfrucht, Taxowurzel, Yamswurzeln, Bataten, Reis, Mais) genießen; wir sind einmal unter unseren klimatischen und socialen Verhältnissen an den Genuß des Brodes gewöhnt und durch Gewohnheit an ihn gebunden. Umso mehr sollten wir darauf bedacht sein, die Mißbräuche, die sich in dessen Zubereitung im Laufe der Jahrhunderte eingeschlichen haben, möglichst wieder zu beseitigen und für die Zukunft in naturgetreuerer Weise für dessen Herstellung vorzusorgen. Ist das Brod wirklich der Lebensstab der Menschheit, – und dies wird wohl niemand im Ernst zu bestreiten wagen, – so ist auch – und mit allem Nachdruck betone ich Dies hier nochmals – *die Brodfrage für die Kulturvölker nunmehr zu einer Lebensfrage geworden.* Die Kulturvölker bewegen sich seit längerer Zeit auf einer abschüssigen Bahn – einen nicht geringen Anteil an den Triebfedern, welche diese Bahn eingeleitet haben, bilden die Mißbräuche, welche sich nach und nach bei der Herstellung des wichtigsten Lebensmittels der civilisierten Menschheit, dem Brode eben, eingeschlichen haben. Man wehre ihnen, da es vielleicht noch Zeit ist, und suche mit Herstellung eines gesunderen, kräftigeren »Lebensstabes« der verhängnisvollen Bahn eine andere Richtung zu geben. (Graham / Hahn 1881: 52)

Fortgeführt wurde Grahams Reformwerk durch den 1863 um Ellen G. White gegründeten Kreis der Adventisten – eine Gemeinschaft christlicher Fundamentalisten, die heute eine weltweit verbreitete Kirche bilden. Auf Ellen Whites Geheiß wurde 1865 in Battle Creek, Michigan, ein eigenes Kurhaus für Adventisten gegründet; der junge Arzt John Harvey Kellogg wurde als ihr Leiter eingesetzt. Kellogg ließ sich von einer ähnlichen Sexfeindlichkeit und Reinheitsobsession leiten wie Graham – wobei er seinen Reinheits- und Hygienekult in seinem »Sanitorium« durch Einläufe, Schwitzbäder und Duschen ganz »körperlich« umsetzte. In der Tat verwandelte er das Kurhaus in eine weltliche Naturheilklinik (Wirz 1993: 160), die von berühmten Persönlichkeiten wie John D. Rockefeller, Henry Ford oder Dale Carnegie aufgesucht wurde. Im Gegensatz zu dem erzkonservativen Graham vertrat Kellogg (gemäßigt) emanzipatorische Ansichten. Sein Verständnis für die durch die Zumutungen aufwendigen Kochens geplagte Hausfrau machte ihn zum Erfinder des industriell hergestellten *Health Food*: Neben den Cornflakes entwarf er in seinem »kulinarischen Laboratorium« Glutenbiskuits für Diabetiker, Gesundheitsschokolade sowie Speisen mit futuristisch klingenden Namen wie Bromose, Protose, Nuttose, Nuttolene. Dabei bezeichnete »Protose« einen pflanzlichen Fleischersatz – auch Kellogg war selbstredend überzeugter Verfechter des Vegetarismus. Zum Millionengeschäft wurden die Cornflakes allerdings erst, nachdem John Harveys Bruder, William Keith Kellogg, das Familienunternehmen verlassen und das *Health Food* zur Geschäftsidee gemacht hatte. Aus dem ungesüßten Vollkornprodukt wurden zuckerhaltige Knusperflocken: *Kellogg's Cornflakes.*

Kelloggs Arztkollegen waren von seiner Vegetarismus-Propaganda nicht unbedingt begeistert. So schrieb Woods Hutchinson 1909: »Vegetarismus – das ist die Diät der versklavten, stagnierenden und unterworfenen Rassen, eine fleischreiche Kost hingegen ist die Diät von fortschrittlichen und erobernden Geschlechtern [...] Weißes Mehl, rotes Fleisch und blaues Blut ergeben die Trikolore der Eroberung« (zit. nach Wirz 1993: 172f.). Und sein Kollege George Beard formulierte ein darwinistisches Entwicklungsmodell, dem zufolge die Kost der Nationen umso

»höher« entwickelte Lebensmittel beinhalte, je weiter sich diese zivilisatorisch entwickelten: von der Pflanzen- zur Fleischkost also. Deshalb hätten die gutgenährten Engländer die kartoffelessenden Iren und die reisessenden Inder besiegt (Wirz 1993: 173). Auch Graham hatte schon den Vorwurf erdulden müssen, mit seiner Kost die Männer um ihre Männlichkeit bringen zu wollen (Wirz 1993: 155, Adams 2010: 204). Solche Reaktionen sind ein schöner Beleg für die amerikanische Steakreligion, aber auch für die gängige Assoziation von Herrschaft, männlicher Potenz und Fleischkonsum – ein essentialistisches Denken, das uns heute etwas primitiv erscheint. Als genauso fragwürdig erscheint jedoch der Umkehrschluss, den, wie in Kapitel 6 schon gesehen, die Ökofeministin Carol J. Adams nahelegt. Ihrer Meinung nach enthielt der Grahamismus für die Hausfrauen und Frauenrechtlerinnen des 19. Jahrhunderts ein Freiheitsversprechen. Der Ersatz von fettiger Fleischkost durch Gemüse habe als Befreiung aus der Sklaverei in der Küche gegolten. Darüber hinaus aber hätten die Frauen – eben weil der Grahamismus die »ungezügelte« männliche Sexualität auf männlichen Fleischkonsum zurückführte – im Vegetarismus auch ein Mittel gesehen, männliche Sexualität unter Kontrolle zu halten (»controlling male sexuality«, Adams 2010: 205). Damit meint Adams im Wesentlichen die Geburtenkontrolle – unbestreitbar ein legitimes Anliegen. Doch obwohl sie betont, wie »eigenwillig« diese Assoziation zwischen sexueller Zügellosigkeit und Fleischkonsum sei, postuliert Adams ebendiese Verbindung auch für unsere Gegenwart, wenn sie die »Kontrolle männlicher Sexualität« als wichtiges Ziel des heutigen Feminismus benennt und immer wieder darauf hinweist, dass Feminismus nur in Verbindung mit Vegetarismus konsequent sei. Eine wechselseitige Unterstützung beider Bewegungen ist möglich, aber nicht zwingend.

*

Kellogg hatte eine andere Vorstellung von Natürlichkeit als Rousseau. Für Kellogg war ein Essen »natürlich«, wenn es eine schnelle Verdauung förderte. Denn dies – eine »effiziente« Verdauung – hielt er für ein Merkmal des Naturmenschen: »Seiner [Kelloggs] Meinung nach leidet bereits an Verstopfung, wer nicht dreimal täglich das Häuschen aufsuchen kann, wie das angeblich all jene tun, die naturhaftem Verhalten am nächsten stehen: kleine Kinder, Wilde, Geisteskranke und Menschenaffen« (Wirz 1993: 176). Der Naturbegriff, auf den sich sämtliche in diesem Kapitel vorgestellten Ernährungsreformer berufen, nimmt jeweils sehr unterschiedliche Ausprägungen an. Denn »Natur« – ob in Bezug auf die Auswahl oder die Zubereitung der Speisen, auf das Geschlecht der Nahrungsproduzenten oder der Konsumenten – ist eine Denkfigur, ein Konstrukt.

Etwas näher an Rousseaus Naturkonzept war der Schweizer Erfinder des Müslis, Maximilian Bircher-Benner. Als junger Arzt hatte er durch die (damals überaus mutige) Verabreichung von rohem Obst und Gemüse an eine chronisch magenkranke Frau die Heilkraft der Rohkost entdeckt. Die »Apfeldiätspeise« hatte er dann in Anlehnung an die »seltsame« Kost der Schweizer Bergbauern entwickelt: Nach dem Originalrezept besteht Bircher-Müsli aus rohem Apfel, Nüssen, eingeweichten Haferflocken, Zitronensaft und gezuckerter Kondensmilch. Die Heilerfolge der Krankenkost sind aber vermutlich nicht allein verantwortlich dafür, dass Müsli – bis heute – zum Inbegriff eines gesunden Frühstücks avancierte. Denn auch das symbolische Potential des Birchermüslis ist nicht zu unterschätzen: Als Rohkost, die keines Kochens bedurfte, ist es »näher« an der Natur; als Brei ruft es nicht nur Assoziationen an das Schlaraffenland auf, sondern hätte zudem als kindliche und bäuerlich-frugale Speise gewiss auch Rousseaus Zustimmung gefunden: Man denke noch einmal an seine Aktivierung des Symbolgehalts von Zucker und Milch, die wesentliche Bestandteile auch des Birchermüslis sind. Diese Ideologie der Natürlichkeit wurde aber ganz betont auch vom Erfinder des Müslis vertreten: »Mit

Stolz erklärte er, daß sein Rohkostgericht fast denselben Eiweiß-, Fett- und Kohlehydratanteil wie die Muttermilch habe – eine Behauptung, die gemessen an den eben erwähnten Erkenntnissen der Ernährungsforschung zwar nur wenig Sinn macht; aber sie rührt unsere Phantasie« (Wirz 1993: 72).

Wie Albert Wirz einleuchtend darlegt, ließ sich Bircher-Benner einerseits von der auch heute noch plausiblen Idee der Heilkraft der Vitamine leiten, andererseits aber von einem Natur-Mythos, der sich uns als eigenwillige Mischung von Empirie und Ideologie darstellt. Entgegen der im 19. Jahrhundert aufgekommenen darwinistischen Sichtweise, die die Natur als Schauplatz eines ungeheuren Überlebenskampfes erscheinen ließ, vertrat Bircher-Benner das Konzept einer (zeitlos) gütigen Natur. Körperliche Krankheiten konnten nur durch eine Entfernung von der idealen Ordnung des Naturganzen verursacht werden: durch den Verzehr von gekochten Lebensmitteln oder von »Reizmitteln« wie Kaffee, Tee oder Schokolade. Wie sehr sich Bircher-Benners Rohkost-Ideologie von einer mythischen Ganzheitlichkeits-Idee leiten ließ, zeigt sich etwa in seiner Überzeugung, man müsse vom Apfel *alles* essen, denn: »Nur der ganze Apfel ist ein gesundes, integrales Nahrungsmittel. Die Beseitigung der Apfelhaut und des Gehäuses bedeutet Verlust an Nährfaktoren von hohem Nährwert und zugleich eine Aufhebung der natürlichen Harmonie« (zit. nach Wirz 1993: 75). Dass Feldfrüchte wie die Kartoffel bei rohem Verzehr giftig sind, musste Bircher bei seinem Zurück-zur-Natur freilich geflissentlich übersehen. Unbeirrt in seinem Glauben, dass nur jene krank würden, die aufgrund falscher Ernährung nicht in Harmonie mit der Natur lebten, führte er die im Wallis besonders hohe Zahl der Kropfkranken darauf zurück, dass die Menschen dort das beim Kochen ihres Gemüses entstandene Wasser nicht mitaßen, sondern wegschütteten (Wirz 1993: 92).

In seinem Entwurf einer »Geographie der Reinheit« (Wirz 1993: 99, 102), die dem schweizerischen, von den Verführungen der Zivilisation unberührt lebenden Alpenvolk besondere Gesundheit und Kraft zusprach, kam Bircher dem faschistischen Blut-und Boden-Mythos gefährlich nahe. In der Tat ließ er sich 1933 dazu hinreißen, Hitler und Mussolini seine Zustimmung auszusprechen. Durch einige Ideen des Faschismus sah er nämlich die eigene Ideologie bestätigt. Berührungspunkte waren, Albert Wirz zufolge, insbesondere »die biologische Weltsicht mit dem Primat des Körpers«, »das patriarchalisch-autoritäre Politikverständnis mit einem ›Führer‹ als oberster Instanz« und »der Mythos vom reinen Blut – bei Bircher-Benner auf den Stoffwechsel bezogen, bei den Nazis auf die ›Rasse‹« (Wirz 1993: 142). Es mag sein, dass sich Hitler auch aus persönlichen Gründen für die vegetarische Bircher-Kost interessierte. Offenbar litt er an chronischen Verdauungsbeschwerden – auf sie ist wohl vor allem sein bis zuletzt asketischer Speiseplan zurückzuführen, auf dem wir u.a. Graupensuppe und Reispudding finden. Doch zugleich ließ sich Birchers vegetarischer Asketismus hervorragend mit dem antibürgerlichen Populismus und der Verzichtpropaganda der Faschisten vereinbaren – und mit ihrem Tierschutz-Engagement, das sie in Europa zu absoluten Vorreitern machte. Auch Mussolini propagierte frugales, »autarkes« Essen. In einem Monatsblatt der Partei von 1935 erschien ein Rezept für ein »patriotisches Omelett« als ideale Mahlzeit, die »eine Landfrau ihren gerade aus dem Krieg zurückgekehrten Söhnen vorsetzen sollte [...] aus Eiern der eigenen Hühner, Tomaten und grünes [sic] Gemüse, sodass sich das Rot-Weiß-Grün der Nationalfahne ergab« (Dickie 2008: 308).

Seinerseits glaubte Bircher-Benner, »in der Ernährung auch den Schlüssel für den politischen Erfolg Mussolinis gefunden zu haben. Die Italiener, erklärte er, ernährten sich dank Olivenöl, reichlich Gemüse, Minestrone und vielen Früchten von allen zivilisierten Völkern am wenigsten fehlerhaft. Und das müsse sich logischerweise in einer besonders klugen Politik niederschlagen« (Wirz 1993: 142). Dass Bircher-Benner gleichzeitig ein Verehrer Gandhis war, zeugt dann aber wieder – Müsli sei Dank – von seiner pazifistischen Grundeinstellung.

Essbibeln: natürliche Ernährung heute

Die von Rousseau erstmals einflussreich formulierte Ideologie der Natürlichkeit hat die heutige Ernährungsdebatte in mehrfacher Hinsicht entscheidend beeinflusst. Seine Diät-Ethik sucht immer wieder eine Verbindung zwischen dem physiologischen und dem affektiv-moralischen Nährwert des Essens herzustellen. Vermutlich ist gerade dieser latente Essentialismus verantwortlich für den andauernden Erfolg der Rousseau'schen Ernährungsbotschaft. Von ihr ausgehend, lässt sich die Welt in »gutes« (natürliches, unschuldiges) versus »schlechtes« (künstliches, überfeinertes, den Menschen und die Tiere versklavendes) Essen einteilen.

Wie präsent ist die Ideologie der Natürlichkeit in den heutigen Ess-Ideologien? Ihre Zahl ist mittlerweile unübersehbar: Trennkost, Makrobiotik, Vegetarismus, Veganismus, Lichtkost und viele mehr. So unterschiedlich die Ansätze im Einzelnen auch sein mögen: Allen ist gemein, dass sie das »Natürliche« heraufbeschwören – und ihr Plädoyer für eine alternative Ernährung mit moralisch-ökologischen Theoremen verbinden. In den entsprechenden Anleitungen für eine andere und bessere Ernährung – den »Eßbibeln«, wie Eva Jaeggi und Christoph Klotter sie nennen – wird das Essen zu einem »hochbedeutsamen symbolischen Akt, der etwas mit der Authentizität der Person, dem Willen zur Verbesserung einer außerordentlich kritikwürdigen Gesellschaft und mit Rettungsfantasien zu tun hat« (Jaeggi / Klotter 2003: 275).

Auch wenn sich heutige Essbibeln dazu verpflichtet fühlen, sich durch die Berufung auf »moderne Wissenschaft« abzusichern (wobei deren Erkenntnisse in der Regel sehr willkürlich zitiert werden), ist ihnen doch eine ausgeprägte Technikfeindlichkeit und eine konstante Berufung auf Mutter Natur, auf Ursprüngliches und Intuitives gemein. Außerdem eröffnet das neue Essen, das stets auf einem ganzheitlichen Konzept basiert, neue spirituelle Dimensionen (Jaeggi / Klotter 2003: 287). Das religiöse Erbe, auf das schon Rousseau zurückgriff, ist auch hier noch spürbar, weshalb Jaeggi und Klotter die Verbindung gegenwärtiger Ernährungsideologien »zum modernen Sektenwesen« herausstreichen (Jaeggi/Klotter 2003: 287). Ob es nun das Fleisch, der Zucker, das Fett oder der Weizen sind: Alle Essbibeln streben danach, das gute vom bösen Essen abzugrenzen.

In einer säkularisierten und in vielerlei Hinsicht entregelten Welt (Theoretiker sprechen von der Entritualisierung des Essens) ist eine solche Unterscheidung freilich zusehends schwierig. Darauf gibt es wiederum zwei Reaktionen, die Claus-Dieter Rath sehr treffend auf den Punkt gebracht hat. Zum einem konzentriert sich »mit der oft als Zerfall erlebten Transformation der gesellschaftlichen Formen und Regeln« die Aufmerksamkeit der »besorgten Esser« oft auf die Inhaltsstoffe der Nahrung (Rath 2009: 235). In einer Welt, in der man zwanglos überall und jederzeit isst, in der es aber andererseits kaum ein Lebensmittel mehr zu geben scheint, das nicht im Mittelpunkt irgendeines Skandals gestanden hätte, erscheint das Essen als »eine Ansammlung von Fremdstoffen«. Damit hängt auch zusammen, dass sich immer mehr Esser einbilden, einen bestimmten Stoff (Laktose, Gluten) nicht zu vertragen.

Die andere Konsequenz bietet eine Antwort auf die Frage, die bereits im Zentrum von Kapitel 4 stand: Warum lässt sich heute, angefangen bei der Stillpropaganda bis hin zum *Nature Food*, eine derart massive Ideologisierung »natürlichen« Essens verzeichnen? Rath zufolge bedeutet dies (in Lacan'schen Termini gedacht) eine durch die Schwächung der väterlichen Ordnung bedingte Rückbesinnung auf Mutter Natur: »Das Schwinden verbindlicher Formen und Grenzen bedeutet eine Schwächung der väterlichen Metapher. Sollte es daher rühren, daß die Ernährung uns ein solches Problem wird, daß man einerseits künstliche ›Natur‹-Ordnungen entwirft, zu denen auch das Theater der Folklore und des Genuinen zählen, und sich andererseits einer ›Mutter Natur‹ übermäßig verpflichtet fühlt, der man es recht machen müsse und an der es nun wiedergutzumachen gelte, was sie habe erleiden müssen?« (Rath 2009: 235)

*

Eine solche Orientierung an »Mutter Natur« ist auch im Werbe-Diskurs längst zum Mainstream geworden. Als Beispiel dafür kann die mediale Inszenierung von *innocent*, derzeit die bekannteste Marke des Modegetränks Smoothie, gelten. Auf der deutschen Homepage des Getränks, das dem Natürlichkeitspostulat entsprechend zu 100 % aus frischen Früchten besteht, kann man die Erfolgsgeschichte der Marke nachlesen. Drei College-Freunde tun sich zusammen und haben »im Sommer 1998« eine Idee:

> Ein Drink aus ganzen Früchten, der nicht nur gut schmeckt, sondern auch gesund ist. Er würde jungen Berufstätigen wie ihnen selbst die Möglichkeit geben, sich unkompliziert Gutes zu tun. Immerhin lag ihre letzte gesunde Mahlzeit schon wieder Wochen zurück – da waren sie sonntags zum Mittagessen bei ihren Eltern. (http://www-kiwi-old.innocentdrinks.de/ueber_uns/unsere-geschichte.php, 26. 11. 16)

»Gesund«, »unkompliziert« und verlässlich wohltuend wie das Sonntagsessen bei den Eltern – damit sind die zentralen Postulate der Müsli-Ideologie schon aufgerufen. Um sie den Verbrauchern auch nachhaltig einzutrichtern, trugen die Fläschchen eine Zeitlang die Aufschrift: »Abgefüllt in Großbritannien. Hergestellt von Mutter Natur«. Auch die launigen Texte, die auf den *innocent*-Verpackungen zu lesen sind, berufen sich auffällig oft auf »Mutti«. So versprechen etwa die Hersteller dem Verbraucher »bei unseren Müttern«, dass sie nie etwas Unnatürliches in ihre Smoothies tun werden.

Damit aber noch nicht genug. Wer überdies diese Texte (deren heiter-dümmlicher Ton mitunter schwer zu ertragen ist) regelmäßig liest, erfährt auch, was *innocent* alles für Umwelt und Mitmenschen tut und wie man selbst dabei mitmachen kann. Gegen ein solches Engagement, das auch noch eine Foundation zum Kampf gegen den Welthunger ins Leben gerufen hat, ist per se nichts einzuwenden. Und natürlich ist es eine recht gängige Werbestrategie, wenn dem Verbraucher nahegelegt wird, er werde durch den Kauf von *innocent* ein besserer und glücklicherer Mensch. Wie auch immer man über die Marke mit dem Heiligenschein-Logo (die jetzt übrigens zu 90 % Coca-Cola gehört) denken mag: Mit ihrer insistenten Berufung auf Mutter Natur scheint die große Smoothie-Familie Claus-Dieter Raths These zu bestätigen. An die Stelle der traditionellen Essensordnung ist ein entritualisierter, »unkomplizierter« Konsum getreten, durch den man jederzeit und völlig unverbindlich in die große (Werbe-)Familie glückverheißender Markenprodukte eintreten kann.

Den Essbibeln geht es aber nicht nur um ein gesünderes und besseres Leben – sie propagieren vielfach auch ein ethisch korrektes Essen. Tatsächlich ist Essen nicht nur deshalb zum Politikum geworden, weil sich über den Essensdiskurs religiöse, ethnische oder Gender-Konflikte verhandeln lassen. Was heute vielmehr im Fokus der Ernährungsdebatte steht, ist nichts weniger als die Zukunft der Menschheit – und die Definition des Menschseins überhaupt. Wird es in Zukunft genug für alle zu essen geben? Oder wird das gegenwärtige Agrarsystem für die Ausrottung alles Lebens auf dem Erdball sorgen? Haben Menschen das Recht, sich Tiere zu ihrem Nutzen zu halten – dürfen sie Tiere essen?

Vegetarismus / Veganismus: pazifistische Ernährung oder Ersatzreligion?

Wenn Veganismus und Vegetarismus in aktuellen Publikationen und Interviews als »Religion« bezeichnet werden, so ist dies stets abwertend gemeint. Als fanatische Sekten, die allen »Ungläubigen« mit Verachtung, wenn nicht gar mit tödlicher Aggression begegnen, als weltfremde Esoteriker, die die »wahre« menschliche Natur verkennen, oder als Gesundheitsapostel, die durch eine radikale Umkehrung eingefleischter Ernährungsgewohnheiten einen neuen Menschen schaffen wollen, werden Vegetarier und Veganer von überzeugten Allesessern mit Spott bedacht – zugleich scheinen sie gerade bei jüngeren Menschen immer mehr Zustimmung zu finden.

Entsprechend hat der Theologe Kai Funkschmidt (Funkschmidt 2015) die Merkmale, die Veganismus zu einer »lebensbestimmenden religionsartigen Weltanschauung« machen, Punkt für Punkt aufgelistet. So wird der veganen Ernährung zugeschrieben, Gesundheit zu garantieren und sogar von schweren Krankheiten zu heilen. Heilbringend sei Veganismus zudem für die ganze Welt, weil er Frieden stifte. Entsprechend groß sei der Drang, so Funkschmidt, Andersessende zu bekehren. Zugleich fühlten sich Veganer oftmals als Teil einer unverstandenen, doch überlegenen Minderheit. Die vegane »Religion« kenne, wie Funkschmidt ausführt, auch bereits eine ausgefeilte Dogmatik und eine Vielfalt von Glaubensstreiten über die richtige Umsetzung des veganen Credos – etwa über die Frage, ob man Hauskatzen und -hunde vegan ernähren solle (Funkschmidt 2015).

Trotz des friedensstiftenden Anspruchs der Bewegung ist »Veganismus« heute eher ein Reizwort. Tatsächlich ist es bemerkenswert, mit welcher verbalen Aggressivität sich Veganer und Antiveganer in den Medien bekämpfen. Doch auch innerhalb der veganen bzw. vegetarischen Front gibt es große Divergenzen. Dass die Debatte um das »anständige Essen« derart polarisiert, ist bei näherer Betrachtung aber auch kein Wunder: Schließlich geht es hier um nichts weniger als um die Rolle, die Bestimmung und die Zukunft des Menschen auf unserem Planeten. Diese jahrtausendelang anthropozentrisch definierte Rolle gelte es nun radikal zu überdenken – fordert die vegane Philosophie. Der Mensch, der sich das Recht anmaße, über das Leben und Sterben anderer Tiere zu entscheiden, erhebe sich wie ein kleiner Gott über den Rest der Schöpfung. Anstatt die eigene tierische Natur in Demut anzuerkennen, verfalle er der Arroganz des Speziesismus, der die menschliche Spezies als die einzig zu schützende ansieht. Deshalb müsse man damit aufhören, Tiere als Objekte zu behandeln und auszubeuten – in diesem Punkt stimmt die Ideologie des Veganismus mit jener der Tierrechtsbewegung überein. Im Gegensatz zu jenen Vegetariern, die Eier und Milch »artgerecht« gehaltener Tiere auf Öko-Bauernhöfen verzehren, sind Veganer und Tierrechtler der Ansicht, dass für alle Tiere nur ein Leben in Freiheit artgerecht sei. Es gehe folglich nicht um Tierschutz und eine »gute« Behandlung der Tiere – ein patriarchalisch-paternalistischer Ansatz –, sondern um deren Gleichberechtigung.

Anders als (die meisten) Vegetarier zeichnen sich viele Veganer durch ein militantes Ausleben ihres Ernährungscredos aus. Auf dem Internetforum *vegpool* wird erklärt, weshalb in der von dem Tierrechtler Helmut F. Kaplan ausgegebenen Parole »Fleischfresser sind Mörder« (aber auch: »Vegetarier sind Mörder«) doch ein »kleines Fünkchen Wahrheit« steckt. Die Bewegung *Animal Liberation Front* schreckt nicht vor Attentaten auf Metzger, Pelzhändler und Wissenschaftler (die mit Tierversuchen arbeiten) zurück. Deshalb spricht Jutta Dithfurt in ihrer sehr kritischen Publikation *Entspannt in die Barbarei. Esoterik, (Öko-)Faschismus und Biozentrismus* (1996) geradezu von einem »Ökofaschismus«, der durch seine antiegalitären, patriarchalischen und esoterischen Tendenzen moderne Werte wie Humanismus und Aufklärung bedrohe. In ihrer Analyse verschiedener extremer Bewegungen wie jener der »Erdbefreier«, des »Bioregionalismus« oder des rechten Veganismus sieht Ditfurth eine menschenverachtende Perspektive am Werk. Dies belegt sie durch Zitate prominenter Vertreter, wie etwa eine Interview-Äußerung David Foremans, des Gründers von *Earth First*, der meint, man solle die hungernden Menschen in Äthiopien einfach sterben lassen, damit die Natur dort »ihr eigenes Gleichgewicht« wiederfinden könne (Ditfurth 1996: 130). Oder aber durch die faschistische Aussage des Bioregionalismus-Begründers Peter Berg: »Bioregionalismus bedeutet, daß Menschen, die an einem Platz eingeboren sind, ein Erstrecht dort haben« (Ditfurth 1996: 135). Auf die potentielle Nähe zwischen Ernährungsreform und faschistischem Gedankengut wurde in Zusammenhang mit Bircher-Benners Denken (S. 421) bereits hingewiesen. Alles andere als friedliebende

Äußerungen entnimmt Ditfurth dem »rechtsextremen und biozentrischen« Kampfblatt *Instinkt*, nämlich »Gewaltaufrufe gegen Menschen, die Fleisch essen, Abtreibungsgegnerschaft und Schwulenfeindlichkeit« (Ditfurth 1996: 152). In dieser Perspektive erscheint *ein Teil* des veganen Gedankenguts tatsächlich als Ausdruck einer elitären Ideologie, die das Leben von Pflanzen und Tieren über jenes (hungernder) Menschen und das Leben menschlicher Veganer über das menschlicher Fleischfresser stellt. Sie kann – bei den Erdbefreiern – bis zur extremen Konsequenz gehen, den Menschen (als den größten Schädling der Erde) ganz abschaffen zu wollen. Das stimmt nachdenklich – ebenso wie die von Ditfurth aufgezeigten Parallelen zur Tierschutz- und Vegetarismus-Bewegung des nationalsozialistischen Regimes, die keineswegs nur ein beliebiges Instrument antisemitischer Propaganda gewesen sei (die Nazis prangerten das Schächten als grausame »orientalische« Schlachtmethode an). Vielmehr sei die Ideologie, die das Tier zum menschlichen Rang »heraufheben« wollte, zugleich auch die Grundlage für ein Denken gewesen, das andererseits die Juden als auszurottende Schädlinge ent-humanisieren konnte.

Nun entsprechen die von Ditfurth vorgestellten Ansätze sicherlich nicht dem Mainstream der eher links oder anarchistisch orientierten Veganismus-Bewegung, die veganes Leben, Denken und Sprechen vielfach als unerlässliche Basis für gelebten Feminismus, Antirassismus und Antikapitalismus sieht. Denn die Ablehnung der Unterdrückung von Frauen, ethnischen Minderheiten oder unteren sozialen Schichten ziehe notwendig auch die Ablehnung der Unterdrückung von Tieren mit sich. Die ökofeministische Allianz von Feminismus und Vegetarismus wurde in Kapitel 6 bereits kritisch besprochen. Sie zieht das Problem ideologischer Kurzschlüsse wie etwa der Annahmen, alle Pflanzenesser seien notwendig Pazifisten oder alle Fleischesser notwendig Antifeministen, mit sich. Zudem tendiert der Ökofeminismus dazu, die Einfühlung in Tiere zu einem Privileg von Müttern, vergewaltigten Frauen und Minderheiten zu machen. Damit wird unterstellt, dass der Mensch nur aufgrund von Identifikation mit eigenen Erfahrungen fähig sei, Mitgefühl zu empfinden.

Die Ausweitung des Veganismus zu einer Bewegung für alle unterdrückten (nichtmenschlichen und menschlichen) Tiere macht jedenfalls auch das anarchistische Potential der Bewegung aus, die vor allem Jugendliche fasziniert. »Sich als Jugendliche (aber auch als Erwachsene) in diesem Bereich zu engagieren«, schreibt Bernd-Udo Rinas, »bedeutet auch, sich einen Aktionsbereich erobern, der noch nicht (oder nicht mehr) von bedeutenden Organisationen oder Parteien besetzt ist. Zudem können hier durch eigenständige Aktionen ganz konkrete Ergebnisse und Erfolgserlebnisse erzielt werden« (Rinas 2000: 13). Es ist tatsächlich das Gefühl, durch jede Ess-Entscheidung unmittelbar zu einer gerechteren Welt beizutragen, das den Erfolg des linken (oder anarchischen) Veganismus erheblich steigert. Die Emphatisierung des Zusammenhangs speziesistischer und kapitalistisch-patriarchalischer Unterdrückung sollte freilich nicht vergessen machen, dass bei einer primären Fokussierung auf Tiere und Ökologie offenbar andere Probleme außer Sicht geraten können. Zumindest befürchtet dies Rachel Elboim-Dror, Professorin an der Hebräischen Universität Jerusalem. In einer Studie von 1996 stellte sie fest, dass Kinder und Jugendliche durch den Schulunterricht eine ausgeprägte ökologische Sensibilisierung erführen, die jedoch mit einem kaum ausgeprägten Bewusstsein für menschenrechtliche Probleme einhergehe (Rinas 2000: 126).

Auch der tierethisch oder gesundheitlich motivierte Mainstream-Veganismus sieht sich heute heftigen Angriffen ausgesetzt – jüngst in dem Buch *Don't go veggie! 75 Fakten zum vegetarischen Wahn* (2015). Udo Pollmer, das *enfant terrible* in der deutschen Ernährungsdebatte, hat es gemeinsam mit dem Agraringenieur Georg Keckl und dem Autor und Blogger Klaus Alfs verfasst. Die »Ernährungsmarotten der Pflanzenköstler« (Pollmer / Keckl / Alfs 2015: 81) werden hier als blanker Unsinn ridikülisiert, ihre Thesen bezüglich des Zusammenhangs zwischen Fleischverzehr, Klimawandel und Welthunger Punkt für Punkt entkräftet. Wie Ditfurth wollen die Autoren folglich Aufklärungsarbeit leisten; zugleich zielt das Buch jedoch sichtlich auf Unterhaltung durch eine hemmungslose Karikaturisierung »des Veganers« (und noch mehr »der Veganerin«). Diese werden als etwas naive, gutbetuchte Gutmenschen dargestellt, die sich den Weltfrieden durch den Konsum teuren Luxus-Gemüses eressen wollen. Unter den Tisch gekehrt wird dabei die Tatsache, dass neben Spargel und Salat auch Getreide zur veganen Kost gehört – dieses ist mindestens ebenso sättigend wie Fleisch, sein Anbau also keine Verschwendung aus ernährungsphysiologischer Sicht.

Insgesamt konzentrieren sich die Autoren ganz darauf, aufzuzeigen, dass Veganismus keineswegs einen Beitrag gegen Welthunger und Klimawandel leistet, sondern diesen eher noch verschärft. So sei der Import oder Anbau von Gemüse (besonders von energiearmem Spargel) ernährungsphysiologisch gesehen weit weniger effizient als Viehzucht, während der von Getreide und Soja Kleintieren ihren Lebensraum nehme. Bei all diesen Argumenten steht die Frage der Erhaltung menschlichen Lebens im Vordergrund. Schlichtweg negiert wird dabei *jegliches* Leid der Tiere; erweckt werden soll vielmehr der Eindruck, als könne davon bei den hocheffizienten Methoden moderner Tierhaltung und Schlachtung nicht mehr die Rede sein. Geflissentlich übersehen wird damit auch die Tatsache, dass Veganismus und Vegetarismus (in mehr oder weniger extremen Formen) versuchen, die Schutzwürdigkeit und den Wert tierischen Lebens in ein menschliches Wertesystem einzubeziehen. Der schwache Punkt aller antivegetarischen Thesen ist, dass auch sie die »wahre Natur« des Menschen verkennen, wenn sie ihn zu einem egoistischen Raubtier machen. Dass wir Allesfresser sind, bedeutet nicht, dass wir alles essen dürfen, sondern vielmehr, dass wir – freilich je nach Maßgabe der Ressourcen, die uns zur Verfügung stehen – bewusst und informiert *wählen* müssen.

Folglich irren Antiveganer ebenso wie Veganer, wenn sie den Menschen zu einem Tier unter Tieren erklären. Gerade weil er fähig ist, seinen gegenwärtigen Umgang mit Tieren in Frage zu stellen und nach Alternativen zu suchen, unterscheidet sich der Mensch von Tieren, die ganz gewiss fühlen, vielleicht auch denken, aber nicht philosophieren. Nicht ein Antispeziesismus sollte also die Basis eines humanen und aufgeklärten Veganismus sein, sondern gerade das Bewusstsein um die menschliche Differenz, die mit einer desto größeren Verantwortung für tierisches – und menschliches – Leben einhergeht.

8. Schluss. Der Gastrokult der Gegenwart

Gastromythen und ihre Dekonstruktion

Identität geht durch den Magen – welche Bedeutung hat diese Formel für unsere heutige Ernährungsrealität? Blicken wir zunächst zurück auf die bisherigen Ausführungen.

Obwohl gegenwärtig in allen natur- und geisteswissenschaftlichen Disziplinen ein großes Interesse an den Themen Ernährung und Esskultur festzustellen ist, zeichnen sich auch innerhalb der einzelnen Forschungsfelder sehr unterschiedliche Herangehensweisen ab. So skizzieren die einen das Bild eines bewussten und selbstbewussten Essers, der durch sein Ernährungsverhalten seine Weltanschauung und seinen Lifestyle zum Ausdruck bringt und seinen Körper gezielt optimiert. Dagegen entwerfen die anderen das Bild eines Essers, der das Opfer einer übermächtigen, allzu fürsorglichen Mutter, der Konsumgesellschaft, der eigenen Gene oder einer durch Anpassungsdruck induzierten Essstörung ist. Interessant ist dabei, wie in der Polemik gegen herrschende Ernährungsrichtlinien immer wieder mit einem emphatisch aufgeladenen Naturbegriff argumentiert wird. Essen ist aber niemals nur Natur: Ernährungspraktiken sind immer schon kulturell konstruiert und mit zahllosen, meist unbewussten kulturellen Vorannahmen durchsetzt.

Entsprechend hatte sich die vorliegende Untersuchung zum Ziel gesetzt, gängige Auffassungen über »natürliches« Essen und die Natur des Essens (etwa die Natur der Frau als Ernährerin) in Frage zu stellen. Es sollte dabei gezeigt werden, dass sich hinter der Berufung auf die »Natur« bestimmter Ernährungsweisen, gastronomischer Traditionen oder kulinarischer

Praktiken essentialistische Konzepte von Identität verbergen können.

Wie eine Gesellschaft und eine Epoche das Phänomen Essen begreifen, hängt zunächst einmal eng mit dem jeweiligen Körperbild zusammen. Kapitel 2 hatte versucht, die von Historikern, Soziologen, Literatur- und Medienwissenschaftlern aufgestellte These eines Wandels des Körperbilds vom vormodernen Konzept eines »offenen« hin zur Idee eines modernen »geschlossenen« Körpers auf das Essen zu beziehen und anhand von Beispielen aus der Literatur nachzuvollziehen. Die Konzepte des offenen und des geschlossenen Körpers sollten dabei jedoch nicht als starr-dogmatische Kategorien angewendet werden. Denn es ging nicht darum, eine Fortschrittsgeschichte zu erzählen, in der eine lineare, planmäßige Entwicklung von einem offenen zu einem geschlossenen Körperbild stattfindet. Ebenso wenig sollte der Übergang von einem offenen zu einem geschlossenen Körper als Verfallsgeschichte erzählt werden, in der der offene Körper für einen verlorenen »natürlicheren« Modus des Lebens und Essens einstünde. Die Dichotomie von offen und geschlossen sollte eher als Modell dienen, um zu zeigen, auf welche Weise ein Kollektiv oder ein Individuum die über das Essen vollzogene Bildung der eigenen Identität imaginieren. Durch das Essen öffnen sich sowohl der individuelle als auch der kollektive Körper für ein potentiell bedrohliches »Anderes«. Deshalb müssen die Mechanismen dieser Öffnung sowohl durch kollektive wie auch durch individuelle Triebökonomien reguliert werden. Versagen diese, so drohen Störungen des Essverhaltens oder Verunreinigungen des (kollektiven oder individuellen) Körpers. Es wurde gezeigt, auf welche Weise Autoren wie Rousseau oder Proust die Einverleibung besonderer Speisen als eine Stärkung des eigenen Ich imaginieren, während Kafka oder Sartre ihren existentiellen Ekel in Vorstellungen abstoßender Mahlzeiten übersetzen. Anhand von Günter Grass' Roman *Der Butt* wurde ein postmoderner Versuch, den offenen Körper als Ausdruck einer Gegenkultur (im Sinne Bachtins) und eines sozialistischen Ideals veranschaulicht, zu reaktivieren. Dagegen erschien der offene Körper in Marco Ferreris Skandalfilm *Das große Fressen* als die unheimliche Kehrseite der modernen Zivilisation. Zuletzt wurde veranschaulicht, wie sich feministische Autorinnen mit dem (weitgehend patriarchalischen) Konstrukt des »offenen« weiblichen Körpers auseinandersetzen. So meint beispielsweise Sartre, dass die jedes menschliche Subjekt markierende »Porosität« gleichwohl ganz besonders auf die Frau zutreffe. Julia Kristeva zufolge ist die in vielen Epochen und Kulturen anzutreffende Abwertung des weiblichen als eines »offenen« Körpers (die ihren Ausgangspunkt in den biologischen Fakten von Menstruation, Schwangerschaft und Gebären hat) ein patriarchalisches Konstrukt. Dennoch greifen feministische Schriftstellerinnen der Gegenwart (etwa Elena Ferrante) auf das Konzept des offenen Körpers zurück, um einer egozentrisch-individualistischen Subjektdefinition ein alternatives, »relationales« Persönlichkeitskonzept entgegenzusetzen.

Anhand der Dichotomie des offenen und des geschlossenen Körpers lässt sich auch der komplexe Prozess erster kindlicher Abgrenzungsbestrebungen gegenüber der Mutter beschreiben, für die Nahrungsprozesse eine zentrale Rolle spielen. In Kapitel 3 wurden die Thesen einer psychoanalytischen Richtung betrachtet, die Störungen des Essverhaltens in erster Linie auf den negativen Einfluss einer übermächtigen Mutter zurückzuführen sucht. Aus Sicht neuester psychologischer Erkenntnisse erscheinen diese oft monokausal argumentierenden Deutungsmuster allerdings als überholt. Zugleich ist es erstaunlich, welch großer medialer Beliebtheit sich der Typus der bösen Mutter erfreut. Bisweilen erscheinen die bösen Mütter aus Literatur und Psychoanalyse kaum weniger stereotyp gezeichnet als die bösen Stiefmütter aus dem Märchen. Anhand der Romane von Margaret Atwood, Amélie Nothomb und Laura Esquivel wurde exemplarisch gezeigt, auf welche Weise die böse Ernährerin für abweichendes Essverhalten verantwortlich gemacht wird.

Die Bestrebung, gesund zu essen, prägt unseren heutigen Ernährungsalltag. Auch wenn wir uns dessen meist nicht bewusst sind, spielen bei der Auswahl gesunder Nahrung symbolische Faktoren eine zentrale Rolle: Es gibt einen Mythos der gesunden Ernährung, die umso gesünder scheint, je näher sie an der »Natur« ist – wobei freilich dieses Natürliche je nach Epoche anders definiert wird. Der Mythos der naturnahen Ernährung war Gegenstand von Kapitel 4. Sucht man nach Nahrungsmitteln, die eine essentialistisch-mythische Vision des Essens besonders fördern, so bietet sich zuallererst die Milch an. Kein anderes Lebensmittel hat die menschliche Imagination so sehr angeregt. Der Glaube, dass das Milchtrinken die Identität der Trinkenden unmittelbar und unwiderruflich prägt, ist weit verbreitet. So ist der Konsum von Tiermilch trotz der positiven symbolischen Aufladung, die Milch bereits in der Bibel erfährt, schon seit dem Mittelalter höchst umstritten. Ein Narrativ, das Milchtrinken als Unsitte brutaler Barbaren oder verwildert-einfältiger Gemüter beschreibt, lässt sich von der Antike (*Odyssee*) bis in die Gegenwart verfolgen – ohne dass dabei tierethische Argumentationen bereits eine Rolle spielten. Gleichzeitig ist das gegenteilige Narrativ, das der Milch enorme gesundheits- und leistungsfördernde Qualitäten zuschreibt, in unserer Gegenwart so aktuell, dass sogar Völker, die traditionell keine Milch tranken und daher auch laktoseintolerant waren, heute im Begriff sind, ihre Ernährungsgewohnheiten radikal umzustellen.

Milchprodukte und Süßspeisen waren Rousseau zufolge die ideale Kost für Frauen. Die Gender-Hierarchie, die der Genfer Philosoph in Bezug auf die Essensordnung entwirft, findet sich auch in vielen indigenen Kulturen und scheint geradezu in unser kollektives Imaginäres eingeschrieben. So wie die Tiermilch in Rousseaus Ideologie einer idealen Ernährung eine wichtige Rolle spielt, ist für ihn die Muttermilch das Attribut der idealen Frau. Émile Zola hatte bei seinem Plädoyer für das Selbststillen ähnliche demographischen Überlegungen im Hinterkopf wie Rousseau; zugleich verband er die Stillreligion mit einem französischen Blut-und-Boden-Mythos. Der heutige Hype um die Muttermilch hat zwar solide medizinische und psychologische Gründe; er trägt aber auch weiterhin dazu bei, den Mythos der Mutter als selbstloser Ernährerin zu propagieren, der sich seinerseits perfekt in ein patriarchalisches Weltbild einfügt. Der Verlust an positiver symbolischer Macht, den dagegen Kuhmilch gegenwärtig in der westlichen Zivilisation erleidet, ist dem Symbolverlust des Zuckers ähnlich: früher ein teures Prestigegut, wird er heute als Gift oder Droge verteufelt.

Kapitel 5 war von der Frage ausgegangen, weshalb bestimmte Nationen (wie Italien, Frankreich, Japan) ein derart starkes kulinarisches Selbstbewusstsein an den Tag legen. Gefragt wurde auch, weshalb es Länder gibt, deren Esskultur nahezu universell als ausgezeichnet gilt, während anderen Nationen nicht einmal eine eigenständige Esskultur zuerkannt wird. Indem insbesondere der italienische Gastro-Chauvinismus vor dem Hintergrund der kulinarischen Globalisierung im Allgemeinen und des EU-Lebensmittelrechts im Besonderen untersucht wurde, konnte die streitbare Affirmation gastronomischer Einzigartigkeit als Ausdruck eines defensiven Nationalismus gedeutet werden. Die Untersuchung individueller »kulinarischer Identitätsnarrative« konnte zudem vor Augen führen, dass die Behauptung einer starken kulinarischen Identität oft eine Reaktion auf eine faktische Destabilisierung oder Entwurzelung ist. Die gegenwärtig global anerkannte Exzellenz japanischer, französischer oder italienischer Esskultur ist freilich kein rein diskursives Konstrukt. Sie verdankt sich vielmehr auch gezielten politischen und ökonomischen Bemühungen – gerade dies aber zeigt, dass jede nationale Esskultur die Frucht eines historischen Konstruktionsprozesses ist. Die essentialistische Auffassung einer unwandelbaren gastronomischen Tradition, die ihre Einzigartigkeit dem Erdboden verdankt, auf dem sie gewachsen ist, muss daher durch eine dynamische, konstruktivistische Vorstellung von Esskultur korrigiert werden.

Ebenso versuchte Kapitel 6 zu zeigen, auf welche Weise die

alltäglichen Vorgänge des Essens und Kochens dazu dienen können, essentialistische Gender-Konzepte fortzuschreiben. Dafür wurde zunächst das in Kapitel 4 bereits angesprochene Konzept männlicher und weiblicher Speiseordnungen aufgegriffen. Es impliziert ein Subjekt-Objekt-Schema, in dem der essende Mann zum fleischverzehrenden Jäger, die Frau zu seiner Beute wird. Die Definition der Frau als Objekt männlichen Genusses konkretisiert sich in dem Phantasma der essbaren Frau, das bei den Futuristen auf eher geschmacklose Weise, bei Boccaccio witzig-subversiv, bei Margaret Atwood dezidiert feministisch funktionalisiert wird. Die Denunzierung einer Reduktion von Frauen und Tieren auf Objekte patriarchalischen Konsums findet sich dagegen in ökofeministisch orientierten Romanen und Streitschriften. Ökofeministisches Denken wendet sich gegen eine essentialistische Denkart, die zu Recht als primitiv kritisiert wird (nämlich gegen die Vorstellung, das Verzehren von Fleisch sei ein Attribut von Männlichkeit und Macht). Indem die untersuchten Beispiele ökofeministischer Stellungnahmen jedoch eine notwendige (oder »typische«) Verbindung von Männlichkeit, Kapitalismus, Antifeminismus und Fleischverzehr behaupten, laufen sie Gefahr, die von ihnen kritisierten Essentialismen zu reproduzieren – nur in einer auf den Kopf gestellten Wertehierarchie. Zugleich bieten die untersuchten ökofeministischen Romane jedoch eindrucksvolle Einblicke in die gegenwärtige Schwierigkeit, innerhalb der ethischen Debatte um den Fleischverzehr einen allen Aspekten gerecht werdenden Standpunkt einzunehmen. Insbesondere Han Kangs Roman *Die Vegetarierin* führt vor, wie schwierig, ja unmöglich es ist, sich zweifelsfrei auf der Seite der »Nichtschuldigen« zu positionieren.

Der zweite Teil des Kapitels widmete sich dem häuslichen Kochen als einer traditionell »weiblichen« Tätigkeit. Mit Bezug auf die von Alois Wierlacher für die deutsche Literatur der Nachkriegszeit aufgezeigte Gleichung »schlechte Köchin = schlechte Mutter (und Ehefrau)« wurde veranschaulicht, wie auch die Gegenwartsliteratur schlechte Köchinnen für den Zerfall der Familie verantwortlich macht. Selbst da, wo die Autoren die Doppelbelastung berufstätiger Mütter anerkennen, fordern sie selten eine gerechte Arbeitsteilung als Lösung des Problems. Dies geschieht allenfalls in der Kinder- und Jugendliteratur, in der die Mütter jedoch zugleich als diätbesessene Lustzerstörerinnen auftreten können, während die männlichen Figuren eher als Verbündete der kindlich-hedonistischen Perspektive gezeigt werden. Die Ergebnisse soziologischer Studien zeigten zugleich, dass Frauen ihre Rolle als Ernährerinnen oft derart verinnerlicht haben, dass es ihnen trotz des Strebens nach einer gerechteren Rollenteilung nicht gelingt, sich die Bürde des »Feeding the Family« (DeVault) leichter zu machen. Am Beispiel des postmodernen Rezeptbuchs von Clara Sereni wurde schließlich gezeigt, dass häusliches Kochen für Frauen unter gewissen Umständen dennoch die Funktion einer Selbstfindung und Selbstsorge (im Sinne Foucaults) übernehmen kann. Ist weibliches Kochen trotz allem weiterhin als häusliche und dienende Tätigkeit definiert, so vertritt das männliche Hobbykochen, wie dank Carsten Ottes Thesen zum gastrosexuellen Mann nachvollzogen werden konnte, einen ganz anderen Anspruch. Kochen ist hier Hobby, Selbstzweck, Künstlertum. Dass auch im Bereich des professionellen Kochens dem Mann viel eher der Status des ganz in seiner Leidenschaft aufgehenden Kochgenies zugestanden wird, konnte der Vergleich der Filme *Bella Martha* und *Kochen ist Chefsache* zeigen.

Auch in Speisetabus und Nahrungsaversionen kann sich essentialistisches Denken äußern. So etwa in dem Glauben, die negativen Eigenschaften ›unreiner‹ Tiere könnten durch den Verzehr auf den Essenden übergehen. Indem dem Gläubigen zudem der Ekel vor der unreinen Speise anerzogen wird, schreibt sich die Religionszugehörigkeit gleichsam in seinen Körper ein. In Kapitel 7 wurde durch den Vergleich strukturalistischer, evolutionspsychologischer und adaptionistischer Erklärungsversuche für Speisetabus gezeigt, wie kontrovers die Ansichten über die Genese von Tabus nach wie vor sind. In der gegenwärtigen multikulturellen Gesellschaft können neue, politisch motivierte Tabus an die Stelle der alten religiösen Verbote treten. Was ehemals eine Bezeichnung für »reines«, religiös zulässiges Essen war, kann sich aber auch in ein »ethnisches« Etikett verwandeln, das zugleich Weltoffenheit signalisiert. Anhand der Erzählung *Der Geruch* von Ginu Kamani wurde dagegen die Kritik der indischstämmigen Autorin an den in religiösen Speisetabus oftmals enthaltenen genderspezifischen Implikationen aufgezeigt. Wenn Kamanis Heldin das verbotene Fleisch isst und dies zugleich als eine emanzipatorische Geste dargestellt wird, dann wird hier die vom Ökofeminismus aufgestellte universelle Gleichung von Vegetarismus und Feminismus negiert. In der indischen Kultur, auf die Kamani sich bezieht, ist schließlich nicht Fleischverzehr, sondern Fleischverzicht (zumindest vordergründig) das Merkmal der herrschenden Klasse. Auch die deutsch-türkischen Protagonistinnen der Romane von Hatice Akyün und Aslı Sevindim durchbrechen das Schweinefleisch-Tabu – allerdings bleibt ihre Überschreitung nicht frei von Schuldgefühlen. Hier hat das Festhalten an religiösen Speisetabus möglicherweise die Funktion, eine auf anderen Ebenen vollzogene Emanzipation in gewisser Weise auszugleichen.

Der zweite Teil des Kapitels widmete sich der Frage, inwiefern heutige Ernährungstrends religiöse Funktionen annehmen können. Zunächst wurde gezeigt, wie sich in den Ernährungsphilosophien Rousseaus und seiner Nachfolger ein beinahe religiös aufgeladener Begriff von Natur manifestiert. Feste Bestandteile solcher »Essbibeln« (Jaeggi/Klotter) sind, gestern wie heute, das Ideal einer nicht nur körperlichen, sondern auch seelischen Reinheit, eine universelle Heilserwartung und ein nostalgisch-rückwärtsgewandtes Naturideal. Neue Ess-Ideologien stellen die Verbraucher jedoch auch vor ernstzunehmende ethisch-philosophische Fragen, wie es das Beispiel des Veganismus zeigt. Auch wenn extreme Äußerungen dieser Denkrichtung ebenso fragwürdig sind wie der Ansatz, den Menschen als Tier unter Tieren zu betrachten, darf die Infragestellung der menschlichen Praxis, Tiere zu essen und als Nutztiere zu halten, weder übergangen noch lächerlich gemacht werden.

Vegetarismus und Veganismus zeigen besonders deutlich, weshalb Essen heute »Pop« (Clemens Niedenthal, vgl. Rützler 2016: 26) ist. Weil wir immer mehr über die teils fragwürdigen Bedingungen wissen, unter denen unser Essen »produziert« wird, wächst das Bewusstsein über die Konsequenzen, mit denen Ess-Entscheidungen verbunden sind. Zugleich gedeihen Ideologien des »guten« Essens, die durch korrektes Ernährungsverhalten gleichzeitig die Gesellschaft und die Welt verändern wollen. Das Problem ist nur, dass auch die rücksichtsvollste und umsichtigste Ernährungswahl kaum je zu einer gänzlich schuldfreien Ess-Identität verhelfen wird.

Wie einleitend dargelegt, sollten literarische Texte und Filme im Rahmen dieser Untersuchung entweder als Kondensate essentialistischer Konzepte vom Essen oder aber als kritische Auseinandersetzung mit Essensmythen untersucht werden. Dabei half gerade der Vergleich unterschiedlicher Bearbeitungen zentraler Gastromythen dabei, deren Inkonsistenzen zutage zu fördern. So ließ sich die Figur der überfürsorglichen Mutter in Priya Basils *Ishq und Mushq* als ironische Dekonstruktion der Gleichung »gute Köchin = gute Mutter« lesen. Während zahlreiche Romane von den siebziger Jahren bis in die Gegenwart (Wohmann, Meckel, Torregrossa) suggerieren, dass eine schlechte, lieblose Köchin notwendig eine schlechte Mutter sei muss (und umgekehrt), führt Basils Roman vor Augen, dass die hingebungsvolle kulinarische Versorgung der Familie nicht notwendig emotionale Fürsorge garantiert. Andererseits muss die Tatsache, dass die Pflege des »häuslichen Herdes« und das Bewahren von Ernährungstraditionen (oder das Festhalten an religiösen Speisetabus) auch heute noch vielfach als eine weibliche Aufgabe wahrgenommen wird, noch nicht unbedingt bedeuten, dass weibliches Kochen stets als Zeichen mangelnder Emanzipation zu deuten wäre. Das Beispiel der kochenden Geschäftsfrau in Ang Lees *Eat Drink Man Woman* und die in Bezug auf das Schweinefleischtabu getroffenen Äußerungen von Akyün und Sevindim haben gezeigt, dass das Festhalten an »typisch weiblichen« Verhaltensweisen auch eine Strategie sein kann, um eine faktisch vollzogene Emanzipation gleichsam abzumildern. Die Gegenüberstellung der ökofeministischen These, die das Fleischessen als patriarchalischen Herrschaftsdiskurs anprangert, und einer Erzählung von Ginu Kamani, in der dagegen der indische Vegetarismus-Diskurs als Machtinstrument eines patriarchalischen Kastendenkens denunziert wird, hat überdies vorgeführt, dass der Versuch, einem bestimmten Ernährungsverhalten eine universelle Bedeutung zuzuschreiben, fehlgehen kann. Während Schriftstellerinnen wie Ozeki oder Duve das Essen von Fleisch zum Zeichen einer misogynen Haltung stilisieren, macht die Inderin Kamani aus dem Verstoß gegen das Fleischtabu eine emanzipatorische Geste. Die erwähnten Autorinnen greifen bewusst oder unbewusst auf die Semiotik der Nahrung zurück, um sich gegenüber Debatten um Genderrollen und kulturelle Identität zu positionieren. Das Nahrungsthema scheint dabei nicht selten die Funktion eines vordergründig »harmlosen« Gebiets einzunehmen, auf dem sich riskante Positionierungen ungestrafter vornehmen lassen als etwa auf den Gebieten der Religion oder des Ehe- und Familienrechts. Diese Vermutung legen insbesondere jene Passagen aus Akyün und Kamani nahe, in denen eine Kontiguität von Essen und Erotik suggeriert wird.

*

Essen erschien im Rahmen der vorliegenden Untersuchung als ein Medium, das Identität über den Magen in die Essenden einschreibt. Zugleich wurde gezeigt, wie Essen und Kochen als alltägliche Möglichkeiten der Selbstsorge im Sinne Foucaults wahrgenommen werden können. Essenspraktiken und Essensdiskurse entpuppten sich als Machtdispositive; die Frage nach der Wahl des richtigen Essens erschien als eine existentielle Frage, mit der Konzepte von Schuld und Erlösung verbunden sind. All dies legt die Vermutung nahe, dass neue Ernährungsideologien heute in der Tat die Funktion säkularer Religionen einnehmen können und dass die enorme diskursive Aufmerksamkeit, die dem Essen gegenwärtig gilt, einen regelrechten Kult stiftet: den Gastrokult der Gegenwart. Dessen Prediger spalten sich allerdings in zwei Lager, von denen man die einen als Apokalyptiker, die anderen als die Weltverbesserer bezeichnen könnte.

Zuerst zu den Apokalyptikern. Sie sehen das moderne essende Subjekt als unwiderruflich gespalten. Demnach konsumieren wir – oder doch die meisten von uns – vorwiegend *Fast Food,* haben jeglichen Sinn für eine Ritualität des Essens verloren und sehen uns Kochshows an, anstatt selbst zu kochen. Wir versuchen, die Ernährungsregeln der DGE zu befolgen, haben ein schlechtes Gewissen, weil wir das meist nicht schaffen, und werden deshalb über kurz oder lang übergewichtig. Neben diesem Mainstream gibt es eine kleine Zahl von Ernährungsfanatikern, die ihr Essverhalten zwanghaft kontrollieren und in einem der aktuellen Credos ihre Ersatzreligion finden. Es wird mehr über Essen geredet als gut gekocht und gut gegessen; Kochbücher sind Ersatzobjekte, mit denen wir dem Gastrokult huldigen, Ernährungsideologien sind Teil eines individualistischen, egoistischen Hedonismus, eine neue Variante des Körperkults. Tatsächlich kann man die verstärkte Aufmerksamkeit, die dem eigenen Körper und dem häuslichen Leben (und folglich Kochen und Essen) gegenwärtig gilt, als besorgniserregendes Symptom eines politischen Desinteresses deuten. Zumindest erklärt Christoph Klotter Gastro- und Körperkult als Resultate eines Wegfalls der öffentlichen Sphäre:

> Es ist nicht auszuschließen, dass die Kontrolle des eigenen Körpers dann an Bedeutung gewinnt, wenn anderweitige Modifikationen nicht vertrauenswürdig erscheinen, zum Beispiel politische, also politisches Engagement. Im bürgerlichen Zeitalter wird das öffentliche Leben als nicht echt begriffen […]. Der Rückzug ins Private weist den Weg zur Modifikation des eigenen Körpers. Nur er ist noch zu gestal-

> ten, weil die öffentliche Sphäre weggefallen ist. (Klotter 2015: 109)

Hinter der apokalyptischen Klage um das Verschwinden der Esskultur verbirgt sich indes nicht selten eine reaktionäre Nostalgie. In dieser kulturpessimistischen Perspektive ist *Fast Food*, und der damit angeblich einhergehende Verlust eines »wirklichen Geschmacks« beim Essen, nicht nur verantwortlich für das Unglück des Einzelnen, sondern für so ziemlich alles:

> Wenn wir alle lernen, einen wirklichen Geschmack zu entwickeln, werden wir weniger *fast food* haben, mehr geruhsame Unterhaltungen, weniger Krieg, mehr Frieden, weniger gescheiterte Ehen, mehr Familien, die an einem Tisch sitzen, weniger unmoralische Filme und TV-Serien und mehr ehrliche Arbeit und Kreativität. (Duplexis 1994: 164, zit. nach Karmasin 2001: 178)

Der Ausweg? Natürlich die Rückbesinnung auf die guten alten Werte: auf Omas Rezepte, auf naturbelassene Lebensmittel und auf jene essentiellen Zutaten, die dem schnellen Büchsenessen fehlen: viel Zeit und Liebe …

Gegen solch einseitige Kritik an der Lebensmittelindustrie hat jüngst Rachel Laudan in ihrem Manifest *In Praise of Fast-Food* polemisiert. Sie wendet sich gegen den Mythos des natürlichen Essens, den sie als kulinarischen Luddismus bezeichnet – in Anspielung auf jene als Luddisten bezeichneten englischen Arbeiter, die gegen die Industrialisierung kämpften, indem sie ihre Fabrikmaschinen zerstörten. Laudan zufolge vergessen die heutigen kulinarischen Luddisten, dass man der Industrialisierung der Lebensmittelherstellung auch einiges zu verdanken hat, nämlich Lebensmittelsicherheit und erschwingliches Essen für viele. Zudem habe industriell hergestelltes Essen erheblich zur Erleichterung des Hausfrauendaseins beigetragen. Dagegen sei in der Vergangenheit »naturbelassenes« Essen nicht selten ungenießbar, wenn nicht gar (aufgrund seiner schnellen Verderblichkeit) gefährlich gewesen. So wie es heute chemische Rückstände in Lebensmitteln gibt, gab es früher Toxine und krebserregende

Stoffe: Die Vorstellung eines in der Vergangenheit liegenden Goldenen Zeitalters der Ernährung sei also bloße Utopie. Oder, um es mit Jakob Tanner zu sagen: »Die ›Natur der Nahrung‹ war schon immer eine gedachte« (Tanner 2001: 198). Wenn wir folglich noch heute auf handgemachten Tortillas und handgepresstem Olivenöl bestehen, gebärden wir uns als »Aristokraten des Vergangenen«:

> Wenn wir die Mexikanerin dazu drängen, bei ihrem Mahlstein zu bleiben, den Farmer, bei seiner Olivenpresse, und die Hausfrau, in ihrer Küche zu bleiben, so dass wir handgemachte Tortillas, traditionell hergestelltes Olivenöl und selbstgekochte Mahlzeiten essen können, dann hängen wir uns den Mantel der Aristokraten des Althergebrachten um. (Laudan 2010: S. 292)

Laudans Kritik an einer rückwärtsgewandten Ideologie des »natürlichen« Essens legt nahe, dass eine solche Haltung das (ohnehin schon vorherrschende) patriarchalische Rollenmodell der kochenden Hausfrau noch verstärkt: kulinarischer verbände sich so mit gesellschaftlichem Konservatismus.

Kommen wir nun zu den Weltverbesserern. Sie sehen den individuellen Ernährungsstil als unverzichtbare Basis politischen Verhaltens. Anständig essen und fair einkaufen bedeutet demnach, ökologisch, feministisch, ökofeministisch eingestellt zu sein. Korrekte Ernährungsentscheidungen können eine bessere, friedlichere Welt herbeiführen und drohende Katastrophen abwenden. Essen stiftet zudem Gemeinschaft; es dient der interkulturellen Verständigung. Gemeinsames Kochen und insbesondere das Kochen von Männern kann die zerrüttete Familie wiederherstellen und zu einem emanzipatorischen Diskurs beitragen. Tatsächlich scheinen Essen und Kochen heute deshalb so positiv aufgeladen zu sein, weil sie Nähe und Präsenz verheißen. Nähe über das Essen herstellen kann heute freilich auch bedeuten, dass man sich gegenseitig Fotos von dem Nudelteller simst, den einsam zu verzehren man sich gerade anschickt.[32] Anders als die Apokalyptiker verstehen die Weltverbesserer die verstärkte

Aufmerksamkeit, die sie dem Essen und dem eigenen Körper widmen, nicht als einen Rückzug aus der öffentlichen Sphäre. Vielmehr ist für sie die bewusste Wahl eines Ernährungsstils eine Möglichkeit, sozioökonomische Prozesse direkt zu beeinflussen und mitzugestalten.

Was beide Positionen allerdings vereint, ist die enorme Tragweite, die dem Essen (dem Ernährungsstil, der Lebensmittelproduktion) zugeschrieben wird. So wie die Hippies der 1968er in der freien Liebe eine Maßnahme gegen Krieg sahen, gilt eine nachhaltige Ernährungspolitik gegenwärtig als *das* Mittel, um das Leben auf dem Globus zu erhalten. Entsprechend scheint die Debatte um das Essen an die Stelle der Debatte um Sexualität und sexuelle Befreiung der 1968er Jahre getreten zu sein. Muss das Essverhalten heute vielleicht in ähnlicher Weise »befreit« werden wie vor einem halben Jahrhundert die Sexualität?

Bereits Tilmann Habermas hat die Vermutung geäußert, dass Essen in unserer heutigen Gesellschaft in gewisser Weise die Rolle einnimmt, die Sexualität zur Zeit Freuds annahm. Essen ist ein Begehren, über das man nicht sprechen darf:

> Vergleicht man die Eßstörungen mit klassischen neurotischen Symptombildungen wie der Hysterie, drängt sich der Eindruck auf, daß sich Triebkonflikte heute weniger an der Sexualität als am Hunger entzünden. (Habermas 1990: 9)

Außerdem hat das Essen aber auch seine Funktion als Deckdiskurs für Sexualität verloren. Früher – man denke etwa an Maupassants Novelle *Fettklößchen* (S. 296–299) – konnten alimentäre Handlungen das umschreiben, was man explizit nicht sagen durfte. Heute darf offen über Sexualität gesprochen werden – während das Sprechen über Essstörungen oder sonstiges »abnormes« Essverhalten viel schwieriger scheint.

Die unzähligen Kochshows und Kochbücher widersprechen diesem Befund nur vordergründig. Sie zeigen, dass es gegenwärtig sehr wohl offizielle Diskurse über das Essen gibt. Einige dieser Diskurse lassen sogar zu, dass man über Genuss beim Essen spricht. Doch dieser Genuss muss stets maßvoll sein, er muss kontrolliert und reflektiert sein. Christoph Klotter greift diesen Gedanken auf und entwickelt ihn weiter:

> Heute, wo mit den Ideen der zu befreienden Sexualität […] kein Blumentopf mehr zu gewinnen ist, weil fast alles möglich ist, soweit der Partner oder die Partnerin davor gefragt worden ist, hat das Essen in gewisser Weise die Funktion der Sexualität der 68er Generation übernommen. Es wird politisch kontextualisiert etwa durch Konzepte zur Nachhaltigkeit, zur Ökologie, zur Ethik des Essens, es wird ideologisiert zum Beispiel als Vegetarismus, als Veganismus. (Klotter 2015: 6)

Der gesellschaftliche Mainstream-Diskurs über das Essen ist jedoch zweifellos der gesundheitliche Diskurs der Mäßigung, stellt Klotter fest. Damit werde eine jahrtausendealte europäische Tugend aufrechterhalten (Klotter 2015: 6). Die *Compliance*, mit der wir uns bei Tisch ein Maßhalten vorschreiben lassen, das wir im Bett längst über Bord geworfen haben, sei in der Tat erstaunlich:

> Beim Thema Sexualität sind wir froh und stolz, den Vorgaben der Kirche nicht gerecht zu werden. Nicht so beim Essen. Mit dem Sex beschwören wir eine freie und hedonistische Gesellschaft […]. Mit unserem streng normativ geregelten Essverhalten bomben wir uns gleichsam in vormoderne Zeiten zurück […]. (Klotter 2015: 8)

Aber ist es wirklich so, dass der »christliche Glaube«, wenn auch offiziell und bewusst längst verabschiedet, von uns allen immer noch »verdeckt über Essensvorschriften« (Klotter 2015: 8) gelebt wird? In Bezug auf das Essen sind wir, meint Klotter, radikal vormodern: Wir lassen uns in einer Weise bevormunden, die wir in anderen Lebensbereichen nie tolerieren würden. Das mag stimmen – so einfach, wie Klotter es hier darstellt, ist es aber trotzdem nicht. Denn wenn wir heute bei Tisch Verzicht üben, tun wir es nicht, weil wir Angst haben, nach dem Tod als Schlemmer in der Hölle zu schmoren. Wir tun es vielmehr, weil wir nur noch an ein irdisches Paradies glauben und dieses Paradies nur jenen offen steht, die einen gesunden, schlanken und somit attraktiven Körper besitzen.

Zugleich gilt es als schick, genießen zu können. Essen soll nicht Verzicht, Askese sein: auch nicht, wenn man Diät hält; auch nicht, wenn man sich vegan, paläo oder durch Trennkost ernährt. Beim Essen zu genießen ist sogar zu einem neuen Imperativ geworden. Um diesen Genuss visuell zum Ausdruck zu bringen, leiht sich der Essensdiskurs die Sprache der Sexualität (bzw. des Pornos): Da werden Soßen direkt von den Fingern abgeleckt; es wird mit den Händen gegessen, schöne Frauenzähne beißen lustvoll in ziehende Mozzarellafäden – wie etwa Nigella Lawson in ihrer Kochshow *Nigella Bites*. Dieses bewusste Vergessen von Tischmanieren soll freilich nicht nur erotisierend wirken, es soll auch der Simulation von »Privatheit« und »Unmittelbarkeit« dienen.

Kasteiung und Kontrollverlust, Selbstdisziplin und Entritualisierung sind womöglich die zwei Kehrseiten einer Medaille: Sie sind beide Ausdruck des gegenwärtigen Ess-Bewusstseins und scheinen einander wechselseitig zu bedingen. Da ist einerseits der Wunsch, sich von überkommenen Zwängen zu befreien und jenen Prozess der Zivilisation, der sowohl zu einer Verfeinerung der Tischmanieren als auch zu einem immer stärkeren Imperativ des Maßhaltens geführt hat, lustvoll zu verabschieden. Näher besehen, handelt es sich jedoch nur um punktuelle Überschreitungen. Denn auf der anderen Seite lauern das schlechte Gewissen und die Angst, gesellschaftlich stigmatisiert zu werden, wenn man die Regeln des maßvollen Essens nicht befolgt. Dies umso mehr, als mit der Verabschiedung religiöser Heilserwartungen alle Hoffnung in das irdische Glück gesetzt wird, das vom Körper zu erwarten ist. Die durch einen lässigeren Umgang mit Tischmanieren angedeutete Öffnung des Körpers ist demnach nur ein momentanes Ventil gegen eine immer stärkere Kontrolle der Körpergrenzen; sie bleibt eine punktuelle, karnevaleske Grenzüberschreitung, die letztlich nur dazu beiträgt, die Regel des eisernen Maßhaltens zu befestigen. Und vielleicht erscheint uns – den Bewohnern der westlichen Konsumgesellschaften – das Essen deshalb als so gefährlich, weil wir im Moment einfach viel zu viel davon haben. Doch das unterschwellige Bewusstsein, dass sich dies auch einmal ändern könnte, hält uns andererseits dazu an, nach Leibeskräften zu genießen.

Essen und Präsenz

Es wurde gezeigt, dass das Essen – in Form von einzelnen Speisen, Mahlzeitensituationen, Essgewohnheiten oder aber im Sinn von Körperlichkeit und Oralität – eine Vielfalt an Mythen generieren kann. Die alltägliche Gegenwart dieser unreflektierten, im kollektiven Imaginären verankerten Vorstellungen und Phantasien sollte in diesem Buch aufgezeigt werden. Dazu wurden einige der wirkmächtigsten Gastromythen – der Mythos vom Zusammenhang von Essen und kultureller Identität, die Ideologie des natürlichen Essens, der Mythos von »männlicher« und »weiblicher« Esskultur – ausgehend von ihren gegenwärtigen Ausformungen mit Blick auf ihre (lange) Vorgeschichte untersucht.

Gastromythen sind stets Frucht eines komplexen kollektiven Konstruktionsprozesses, doch sie präsentieren sich mit der Evidenz des Natürlichen. Die Sprache des Essens eignet sich offenbar ganz besonders dafür, die Arbitrarität und Relativität kultureller Konstruktionen vergessen zu machen. Deshalb können symbolisch aufgeladene Essenshandlungen, in denen einer dieser Gastromythen unvermittelt Evidenz erlangt, das, was in Wirklichkeit ein Abstraktum ist (nationale Identität, religiöse Zugehörigkeit), als unmittelbare, sinnliche Evidenz erscheinen lassen.

Dass es bei solchen Essenshandlungen – aber eigentlich bei jedem beliebigen Essakt – niemals nur um das Essen geht, sondern immer auch um etwas Anderes, muss an dieser Stelle nicht eigens betont werden. Jenseits der Frage nach den kulturellen Bedeutungen des alimentären Zeichensystems soll aber zum Schluss eine Frage gestellt werden, die trotz aller Publikationen, die das Thema Essen in jüngster Zeit aus den vielfältigsten Blickwinkeln beleuchtet haben, allenfalls vereinzelt als Hintergrundmotiv aufschien. Es wurde schon angesprochen, dass die Diskurse über das Essen an die Stelle der Diskurse über Sexualität getreten sind. Aber welche *Funktion* hat der unglaubliche Kult, den die westliche Gesellschaft dem Essen gegenwärtig widmet? Was bedeutet uns das Essen, wenn wir unablässig Kochbücher kaufen, Kochshows konsumieren und Food-Blogs konsultieren, wenn wir unseren Espresso hochprofessionell zu Hause zubereiten, das Olivenöl direkt vom Hersteller in der Toskana beziehen, in der Familie mindestens eine Nahrungsmittelunverträglichkeit vorweisen können und hitzige Debatten über Sinn oder Unsinn von veganer Ernährung führen? Was wollen wir ausdrücken, wenn wir dem Essen in allen Bereichen unseres Alltags – Feierabend, Gesundheit, Familie – eine derart hohe Bedeutung einräumen? Weshalb werden Urlaubssehnsüchte ebenso wie Beziehungs- und Rollenkonflikte, die Sorge um ein gesundes Leben ebenso wie ethische Anliegen bevorzugt über das Medium des Essens verhandelt?

Hierzu drei Thesen. Ernährungsentscheidungen, also etwa die Entscheidung, kein Tierfleisch zu essen oder nur fair gehandelten Kaffee zu kaufen, vermitteln uns das Gefühl, eine unmittelbare Kontrolle auf unseren Körper auszuüben und direkten Einfluss auf gesellschaftliche und marktwirtschaftliche Prozesse zu erlangen. Während das Vertrauen in die Möglichkeit politischer Einflussnahme erschüttert ist, wird anstelle der öffentlichen Sphäre der eigene Körper zur »Kampfzone«, zum privilegierten Gebiet von Kontrolle und Einflussnahme. Die sinnliche Präsenz des Essens – so lautet die erste These – verheißt uns einen unmittelbaren Zugriff auf unser Leben. Eine Idee, die Houellebecq in *Unterwerfung* boshaft ad absurdum führt, wenn er seinem Protagonisten nur noch die Wahl lässt, ob er während der Ausstrahlung der politischen Debatten im Vorfeld der Präsidentschaftswahl ein *Chicken Biryani* oder ein *Chicken Tika Masala* verzehren will (Houellebecq 2016: 31).

Doch auch wenn gegenüber einer Überbetonung von Freiheit

und Einflusspotential von Ernährungsentscheidungen Skepsis angebracht ist, darf die Bedeutung des politisch korrekten Essens nicht unterschätzt werden. »Anständig« essen, oder zumindest der Versuch, dies zu tun, bedeutet, sich die globalen Konsequenzen jeder einzelnen Ess-Entscheidung bewusstzumachen. Der Essende – dies ist die zweite These – wird so wieder zum Teil eines großen Ganzen, aus dem er infolge von Sartres existentiellem Ekel herausgefallen war. Rührte die *nausée* von Sartres Protagonisten von der Einsicht her, seinen privilegierten Platz in einer anthropozentrischen Teleologie verloren zu haben, so gibt der politisch korrekte Esser seinen Anthropozentrismus bewusst und freiwillig auf, um sich von einem größeren »Netzwerk« aufgefangen zu fühlen.

Schließlich ist das Essen für den Menschen das zentrale, vermutlich das erste Mittel der Selbstvergewisserung. In einem von Fern-Medien und der Angst vor Derealisierung beziehungsweise Virtualisierung beherrschten Zeitalter ist Essen das am schnellsten und leichtesten verfügbare Nähe-Medium. Essen, ein primärer Sinnesreiz, verheißt sinnliche Nähe, weil es neben dem sexuellen Akt (und der Schwangerschaft) die größte Möglichkeit eines unmittelbaren (äußeren und inneren) Kontaktes mit etwas »Anderem« darstellt. Essen, so lautet die dritte These, ist uns heilig, weil es ein Mittel zur Erzeugung von Präsenz ist.

Anmerkungen

1 Einen kritischen Überblick zum Diskurs über Nahrung als Gift gibt Tanner 2001.

2 Auch im *Quart Livre* distanziert sich Rabelais von dumpfer Völlerei, indem er das Volk der »Gastrolatres« lächerlich macht (Rabelais 1993: Kap. LIX). Zur Ambivalenz des Essens bei Rabelais vgl. auch Périgot 2000.

3 In einem »extremen Verständnis des grotesken Motivs« gebe es auch keinen individuellen Körper (Bachtin 1995: 359).

4 Renate Lachmann präzisiert: »Das Spektakuläre der karnevalesken Rituale richtet sich nicht eigentlich gegen die Institutionen, deren Formen und Funktionen lediglich auf Zeit usurpiert werden, sondern gegen jenen Verlust *utopischen Potenzials,* den Dogma und Autorität verursachen.« Die offizielle Kultur soll also nicht subvertiert werden, sie soll sich vielmehr durch ein Eintauchen in die Volkskultur »regenerieren« (Lachmann in Bachtin 1995: 20 f.).

5 Vgl. in diesem Sinne auch schon Elias, der den Zivilisationsprozess als »ungeplant« bezeichnet (Elias 1976, Bd. II: 313).

6 Diätetische Kuren suchen das Ungleichgewicht der Säfte generell nach dem Prinzip des *contraria contrariis* auszugleichen: So soll der Melancholiker feucht-warme Nahrung zu sich nehmen etc. (Klibansky ^{2}1994: 185) Zu den therapeutischen Funktionen der Sexualität s. Foucault 1984: 160–163.

7 Allerdings ist dies nur ein Aspekt von Prousts Poetik, deren dekonstruktivistische Kehrseite Rainer Warning herausgearbeitet hat (Warning 2000).

8 Den Ausdruck »Linie der Natur« verwendet A. Wierlacher (*Vom Essen in der deutschen Literatur*, 1987).

9 »Der Muttermord ist für uns lebensnotwendig, die Bedingung *sine qua non* unserer Individuation« (Kristeva 1987: 38).

10 http://www.babyclub.de/magazin/babys-erstes-jahr/stillen/muttermilch-boerse.html, Aufruf am 10. 8. 2016.

11 So Fernando Ortiz (*Cuban counterpoint*, 1947), zit. nach Mintz 1985: 250.

12 Noah, »Banning French Fries«, in: http://www.slate.com/articles/news_and_politics/chatterbox/2003/03/banning_french_fries.html.

13 Wie Meter zeigt, vertritt Artusi dabei jedoch eine Sprachpolitik, die, noch konservativer als jene Manzonis, das Toskanische als kulinarische *koiné* etabliert (Meter 1989: 63).

14 Für eine Feldstudie zu Kontinuität und Wandel in den Essgewohnheiten einer italoamerikanischen Community vgl. Goode / Curtis / Theophano 1984.

15 Vor den Gefahren eines kulinarischen Essentialismus warnen Murcott 1996: 59 oder Freadmann 2004.

16 Dies gibt, in mehreren seiner Studien, Sidney Mintz zu bedenken, der folglich keinen radikalen Konstruktivismus vertritt (vgl. Mintz 2002: 25 und Mintz 2003: 23).

17 Die ideologische Funktionalisierung des Gastromythos durch die Bourgeoisie hat vor allem Jutta Klose (1987) betont; Karin Becker hebt die elitären und androzentrischen Aspekte der Gastrokultur hervor (Becker 2000: 648–663).

18 Mit »haute cuisine« wird die Küche des 18. Jahrhunderts, mit »grande cuisine« oder »cuisine classique« die des 19., mit »cuisine moderne« die des 20. Jahrhunderts bezeichnet (Becker 2000: 217 f.).

19 Vgl. *Der große Einkaufsreport*, FAZ, 9. 10. 2016. Auch Ursula Heinzelmann hebt das gesteigerte Qualitätsbewusstsein der Deutschen beim Essen hervor.

20 Dies, obwohl es sich bei dem gemeinsamen Essen der Familie um eine relativ rezente, Anfang des 20. Jahrhunderts eingeführte Angewohnheit handelt; davor waren die Essenden nach Alter und Geschlecht getrennt – die gemeinsame Mahlzeit am Tisch war eine aus dem Westen kommende Innovation, obwohl sie heute als »traditionell« gilt (Bustamante 2013: 43).

21 Heinzelmann zufolge bedeutet die Charakterisierung der 50er Jahre als Fresswelle eine Vereinfachung. Fleisch sei für die meisten Westdeutschen damals nach wie vor etwas »Besonderes und beileibe nicht jeden Tag erschwinglich« gewesen, ebenso echter Kaffee; Sparsamkeit habe man nach wie vor als unerlässliche Pflicht der Hausfrau betrachtet (Heinzelmann 2016: 334 ff.).

22 Gemeint ist das Lied *Il était un petit navire*, in dem es um einen Schiffsjungen geht, den die Mannschaft schlachten will, nachdem alle Vorräte ausgegangen sind, und der am Ende durch ein Wunder gerettet wird.

23 »A healthy sexual being poses near her drink: she wears bikini panties

only and luxuriates on a large chair with her head rested seductively on an elegant lace dolly. [...] Her eyes are closed; her facial expression beams pleasure, relaxation, enticement. She is touching her crotch in an attentive, masturbatory action. Anatomy of seduction: sex object, drink, inviting room, sexual activity. The formula is complete. But a woman does not beckon. A pig does.« (Adams [3]2010: 64)

24 Appadurai (1988: 17–19) zeigt, dass sich ein paar typische Strategien der Konstruktion von nationaler Repräsentanz ausmachen lassen: der »nationale« Charakter des Kochbuchs wird durch den Titel oder im Vorwort postuliert; der Autor bemüht sich darum, neben der regionalen Varianz überregionale Konstanten (etwa in den Zubereitungs- oder Würzmethoden) herauszustellen; der Autor baut Exkurse zu Hindu-Festivitäten oder -Ritualen ein etc.

25 Vgl. für die folgenden Informationen »Der Inder. Herz für Rinder«, FAZ vom 31.5.2015.

26 Ein Beispiel unter vielen: »Ich möchte ja nicht patriotisch klingen, aber bei türkischen Tomaten mache ich eine Ausnahme. [...] Nein, ich lasse nichts kommen auf meine türkische Tomate, denn in Deutschland bin ich oft enttäuscht worden« (Özkan 2011: 87 f.).

27 Komisch gewendet findet sich der Abscheu vor Schweinefleisch auch in dem Film *Almanya – Willkommen in Deutschland* (2011): Der Film beginnt mit einem Albtraum des Großvaters kurz vor der Einbürgerung in Deutschland: Der Beamte setzt dem Ehepaar zwei große Teller Schweinebraten vor, dem Großvater selbst wächst ein Hitler-Schnauzbart.

28 »Vielleicht habe ich zu schnell aufgegeben, aber so ist es nicht: Ich hatte einfach keine Wahl. ›Ich bin Vegetarierin‹ klingt für meinen Vater etwa so lächerlich wie ›Ich bin Deutsche‹.« (Akyün 2005: 31)

29 Auch Nurdin, ein indischstämmiger, muslimischer Immigrant in M.G. Vassanjis in Kanada angesiedeltem Roman *No New Land*, probiert aus Neugier Schweinefleisch. Eine Ekelreaktion bleibt hier aus – er findet das Fleisch wohlschmeckend. Doch Nurdin verspürt heftige Gewissensbisse und überzeugt sich in der Folge davon, dass dieser Tabuverstoß ein erstes Zeichen seines durch die neue Umgebung ausgelösten moralischen Verfalls gewesen sei (Vassanji 1991: 127–129, 136). Für den Hinweis auf Vassanji danke ich Frank Schulze-Engler.

30 Magenschmerzen und Übelkeit erwähnt Rousseau in Briefen vom 26.8.1748 an Mme de Warens (Rousseau 1965, Bd. II: 108), vom 20.7.1761 an Mme de Luxembourg (Rousseau 1965, Bd. IX: 67), vom 12.12.1768 an Julie-Anne-Marie Boy de la Tour (Rousseau 1965,

Bd. XXXVI: 187), vom 13.2.1769 an Daniel Roguin (Rousseau 1965, Bd. XXXVII: 52), vom 28.2.1769 an Du Peyrou (Rousseau 1965, Bd. XXXVII: 60 f.), vom 24.10.1775 an Madeleine-Cathérine Delessert (Rousseau 1965, Bd. XL: 25).

31 Vgl. die Briefe vom 5.1.1769 an den Arzt Samuel Auguste David Tissot (Rousseau 1965, Bd. XXXVII: 4) und vom 24.10.1775 an Madeleine-Cathérine Delessert (Rousseau 1965, Bd. XL: 25).

32 Wie Regina Bendix in einem Vortrag auf dem *3. Internationalen Symposium zur kulinarischen Bildung angesichts der Widersprüche in der Welt* am 9.6.2016 in Heidelberg berichtete, scheint dies eine Gepflogenheit zwischen Familienangehörigen zu sein, wenn sie gerade nicht die Möglichkeit haben, miteinander zu essen.

Bibliographie

Primärliteratur:

Agnello Hornby, Simonetta (2011): *Un filo d'olio.* Palermo: Sellerio Editore.

Akçam, Dursun (1982): *Deutsches Heim, Glück allein.* Düsseldorf: Manege.

Akgün, Lale (2008): *Tante Semra im Leberkäseland. Geschichten aus meiner deutsch-türkischen Familie.* Frankfurt am Main: Krüger.

Akyün, Hatice (2008): *Ali zum Dessert. Leben in einer neuen Welt.* München: Goldmann.

Akyün, Hatice (2005): *Einmal Hans mit scharfer Soße.* München: Goldmann.

Atwood, Margaret (2000): *Die essbare Frau* [*The Edible Woman*, 1969]. Aus dem Englischen von Werner Waldhoff. München: btb.

Atwood, Margaret (1997): *Lady Orakel* [*Lady Oracle*, 1976]. Aus dem Amerikanischen von Werner Waldhoff. Frankfurt am Main: Fischer.

Aureden, Lilo (1961): *Was Männern so gut schmeckt. Eine kulinarische Weltreise in 500 Rezepten.* München: List.

Balzac, Honoré de (1980): *Physiologie du mariage.* In: ders.: *La comédie humaine*, Bd. XI: *Études philosophiques, Études analytiques.* Édition publiée sous la direction de Pierre-Georges Castex. Paris: Gallimard. S. 1023–1030.

Balzac, Honoré de (1994): *Traité des excitants modernes.* Paris: Actes Sud.

Basil, Priya (2007): *Ishq and Mushq.* London: Black Swan.

Basile, Giambattista (2000): *Das Märchen der Märchen.* Hg. von Rudolf Schenda. München: Beck.

Benacquista, Tonino (1995): *Itakerblues.* Hamburg: Rotbuch.

Benacquista, Tonino (1991): *La commedia des ratés.* Paris: Gallimard.

Berchoux, Jacques (1999): *La Gastronomie, ou l'Homme des champs à table. Poème didactique en quatre chants.* In: Jean Anthèlme Brillat-Savarin: *Physiologie du goût ou Méditations de gastronomie transcendante* [1862]. Nîmes (Gard): Lacour. S. 455–496.

Boccaccio, Giovanni (2001): *Decameron. Zwanzig ausgewählte Novellen.* Stuttgart: Reclam.
Boie, Kirsten (1986): *Mit Jakob wurde alles anders.* Hamburg: Oetinger.
Brillat-Savarin, Jean Anthèlme (1999): *Physiologie du goût ou Méditation de gastronomie transcendante* [1862]. Nîmes (Gard): Lacour.
Bronder, Luzie (2010): *Liebe all'arrabbiata.* Berlin: Aufbau Taschenbuch.

Carême, Antonin (od. Antoine) (1828): *Le cuisinier parisien.* Deuxième édition, revue, corrigée et augmentée. Paris: Firmin Didot.
Carême, Antonin (od. Antoine) (2003): *Le pâtissier pittoresque.* Extraits choisis et présentés par Allen S. Weiss. Paris: Mercure de France.
Child, Julia (1966): *Mastering the Art of French Cooking.* Harmondsworth: Penguin.
Combet, Claude Louis (2003): *Tsé tsé.* Paris: José Corti.

Darrieussecq, Marie (1998): *Schweinereien* [*Truismes,* 1996]. Frankfurt am Main: Fischer.
Demir, Tayfun (2008): *Türkischdeutsche Literatur.* Duisburg: Dialog e.V.
Demski, Eva (2012): *Rund wie die Erde.* Berlin: Insel.
DeSalvo, Louise A. (2005): *Crazy in the Kitchen. Food, Feuds, and Forgiveness in an Italian American Family.* London: Bloomsbury.
DeSalvo, Louise A. / Giunta, Edvige (Hg.) (2002): *The Milk of Almonds. Italian American Women Writers on Food and Culture.* New York: Feminist Press at the City University of New York.
Die Bibel (1980): Einheitsübersetzung. Altes und Neues Testament. Stuttgart: Herder.
Dikmen, Sinasi (1983): *Wir werden das Knoblauchkind schon schaukeln. Satiren.* Berlin: Express Edition.
Duve, Karen (2016): *Macht.* Berlin: Galiani.

Esquivel, Laura (1993): *Bittersüße Schokolade: mexikanischer Roman um Liebe, Kochrezepte und bewährte Hausmittel in monatlichen Fortsetzungen.* Frankfurt am Main: Insel.

Ferrante, Elena (2011): *L'amica geniale 2001.* Roma: Edizioni E / O.
Ferrante, Elena (2012a): *L'amore molesto* [Roma: Edizioni E / O 1992]; *I giorni dell'abbandono* [Roma: Edizioni E / O 2002]; *La figlia oscura* [Roma: Edizioni E / O 2006], in: E. F., *Cronache del mal d'amore.* Roma: Edizioni E / O 2012.

Ferrante, Elena (2012b): *Storia del nuovo cognome (L'amica geniale II).* Roma: Edizioni E / O.

Ferrante, Elena (2014): *Storia della bambina perduta (L'amica geniale IV).* Roma: Edizioni E / O.

Ferrante, Elena (2013): *Storia di chi fugge e chi resta (L'amica geniale III).* Roma: Edizioni E / O.

Flaubert, Gustave (2015): *Madame Bovary. Sitten der Provinz.* Aus dem Französischen von Maria Dessauer. Berlin: Insel.

Fortunato, Mario (1997): *Die Kunst leichter zu werden.* Aus dem Italienischen von Moshe Khan. Berlin: Klaus Wagenbach.

Fortunato, Mario (2002): *L'arte di perdere peso.* Milano: Einaudi.

Fourier, Charles (2006): *L'opéra et la cuisine.* Paris: Gallimard.

Franzoso, Marco ([2]2014): *Il bambino indaco* [2012]. Milano: Einaudi.

Freud, Sigmund (1949): *Gesammelte Werke. Band V. Werke aus den Jahren 1904–1905.* London: Imago.

Freud, Sigmund (1948): *Gesammelte Werke. Band XIV. Werke aus den Jahren 1925–1931.* London: Imago.

Goethe, Johann Wolfgang (1982): *Dichtung und Wahrheit.* Frankfurt am Main: Insel.

Graham, Sylvester / Hahn, Theodor (1881): *Das tägliche Brod als natürlichstes Mittel zur Erhaltung gesunder und zur Wiederherstellung gestörter Verdauung.* Cöthen: Schettler Verlag.

Grass, Günter (1997): *Der Butt.* In: ders.: *Werkausgabe, Bd 8.* Göttingen: Steidl.

Heinzelmann, Ursula (2016): *Was is(s)t Deutschland.* Wiesbaden: Tre Torri Verlag.

Hofmannsthal, Hugo von (1991:) »Ein Brief«. In: ders.: *Sämtliche Werke,* Bd. XXXI. Erfundene Gespräche und Briefe. Hg. von Ellen Ritter. Frankfurt am Main: S. Fischer, S. 45–55.

Houellebecq, Michel (1999): *Ausweitung der Kampfzone.* Aus dem Französischen von Leopold Federmair. Berlin: Klaus Wagenbach.

Houellebecq, Michel (2005): *Die Möglichkeit einer Insel.* Aus dem Französischen von Uli Wittmann. Köln: DuMont.

Houellebecq, Michel (2012): *Karte und Gebiet.* Aus dem Französischen von Uli Wittmann. Köln: DuMont.

Houellebecq, Michel (2016): *Unterwerfung.* Aus dem Französischen von Norma Cassau und Bernd Wilczek. Köln: DuMont.

Hufeland, Christoph Wilhelm (1995): *Die Kunst, das menschliche Leben zu verlängern* [1797]. Frankfurt am Main, Leipzig: Insel.

Huysmans, Joris-Karl (1978): *À rebours* [1884]. Paris: Garnier Flammarion.
Huysmans, Joris-Karl (2007): *À vau l'eau* [1882]. In: ders.: *Nouvelles*. Paris: Garnier Flammarion.

Janeczek, Helena (2002): *Cibo*. Milano: Mondadori.
Janeczek, Helena (2003): *Essen*. Aus dem Italienischen von Elisa Kellner. Köln: Kiepenheuer & Witsch.
Janeczek, Helena (2011): *Lezioni di tenebra* [1997]. Modena: Guanda.
Janeczek, Helena (1999): *Lektionen des Verborgenen*. Aus dem Italienischen von Moshe Kahn. Köln: Kiepenheuer & Witsch.

Kafka, Franz (2002): *Die Erzählungen und andere ausgewählte Prosa*. Hg. von Roger Hermes. Frankfurt am Main: Fischer.
Kafka, Franz (1990): *Tagebücher*. Hg. von Hans-Gerd Koch, Michael Müller und Malcolm Pasley. Frankfurt am Main: Fischer.
Kamani, Ginu (2006): *Junglee Girls*. Frankfurt am Main: Fischer Taschenbuch.
Kang, Han (2016): *Die Vegetarierin*. Berlin: Aufbau Verlag.
Kiyak, Ely (2007): *10 für Deutschland. Gespräche mit türkischstämmigen Abgeordneten*. Hamburg: Edition Körber Stiftung.
Klibansky, Raymond / Panofsky, Erwin / Saxl, Fritz (^{2}1994): *Saturn und Melancholie – Studien zur Geschichte der Naturphilosophie und Medizin, der Religion und der Kunst* [1992]. Frankfurt am Main: Suhrkamp Verlag.

Lakhous, Amara (2013): *Contesa per un maialino italianissimo a San Salvario*. Roma: Edizioni E / O.
Lazarillo (2007): *Lazarillo de Tormes*. Übersetzt von Hartmut Köhler. Ditzingen: Reclam.
Loren, Sofia (2013): *In cucina con amore* [1971]. Milano: Rizzoli.

Marin, François (2002): *Les dons de Comus, ou l'Art de la Cuisine réduit en pratique* [1739]. Nouvelle édition, revue, corrigée & augmentée par l'Auteur, Bd. 1. Paris: Libraire Pissot.
Marinetti, Filippo Tommaso / Fillià (1998): *La cucina futurista. Un pranzo che evitò un suicidio*. Milano: Christian Marinotti.
Maupassant, Guy de (2015): *Fettklößchen* [*Boule de suif*, 1880]. Übertragung und Nachwort von Ernst Sander. Stuttgart: Reclam.
McCarthys, Mary (1965): *Birds of America*. New York: Mariner Books.

Meckel, Christoph (2002): *Suchbild. Über meine Mutter*. Frankfurt: Fischer.
Michaelis, Antonia (2005): *Hier bei uns in Ammerloo*. Bindlach: Loewe.

Neuffer, Sabine (2006): *Das Papa-Projekt*. Hamburg: Dressler.
Nietzsche, Friedrich (1999): *Die fröhliche Wissenschaft* (1999, III), *Jenseits von Gut und Böse, Zur Genealogie der Moral* (1999, V), *Ecce homo* (1999, VI). In: ders.: *Kritische Studienausgabe*. Hg. von Giorgio Colli und Mazzino Montinari. München: dtv.
Nöstlinger, Christine (1996): *Einen Vater hab ich auch*. Weinheim: Beltz.
Nothomb, Amélie (2003): *Im Namen des Lexikons* [*Robert des noms propres*, 2002]. Aus dem Französischen von Wolfgang Krege. Zürich: Diogenes.
Nothomb, Amélie (2010): *Métaphysique des tubes* [2000]. Paris: Albin Michel.
Nothomb, Amélie (2004): *Robert des noms propres* [2002]. Ditzingen: Reclam.

Ösman, Engin (2008): *Lieber Onkel Ömer*. München: dtv.
Özkan, Hülya (2011): *Güle Güle Süperland!* München: Knaur.
Ollivier, Mikaël (2002): *Papa mal anders* [*Papa est à la maison*, 2000]. München: dtv.
Ortiz, Fernando. (1947): *Cuban Counterpoint. Tobacco and Sugar*. New York: A.A. Knopf.
Ozeki, Ruth (1998): *My Year of Meats*. New York: Penguin Books.

Pampille (1934): *Les bons plats de France. Cuisine régionale*. Paris: Arthème Fayard.
Petrini, Carlo (2003): *Slow Food. Genießen mit Verstand*. Zürich: Rotpunkt.
Pineau, Gisèle (2000): *L'exil selon Julia*. Roman. Paris: Stock.
Pineau, Gisèle (2011): *Un papillon dans la cité*. Saint-Maur: Sépia.
Plöckinger, Monika (2005): *Ich habe echt keinen Hunger*. Mülheim an der Ruhr: Verlag an der Ruhr.
Proust, Marcel: *À la recherche du temps perdu*, Bd. I–IV. Édition publiée sous la direction de Jean-Yves Tadié. Paris: Gallimard 1987 (I), 1988 (II), 1988 (III), 1989 (IV).
Proust, Marcel (2000): *Auf der Suche nach der verlorenen Zeit*, Bd. I–III. Deutsch von Eva Rechel-Mertens. Frankfurt am Main: Suhrkamp.

Rabelais, François (1974): *Gargantua und Pantagruel*, Bd. II. Hg. von Horst und Edith Heintze. Frankfurt am Main: Insel.

Rabelais, François (1993): *Le Quart livre*. Éd. par Françoise Joukovski. Paris: Garnier Flammarion.

Rabelais, François (1962): *Œuvres complètes. (Cinquième livre)*, Bd. II. Éd. par P. Jourda. Paris: Garnier Frères.

Rouff, Marcel (1994): *La vie et la passion de Dodin-Bouffant, gourmet* [1924]. Paris: le serpent à plumes.

Rousseau, Jean- Jacques (1985): *Bekenntnisse*. Aus dem Französischen von Ernst Hardt. Frankfurt am Main, Leipzig: Insel.

Rousseau, Jean-Jacques (1965): *Correspondance complète de Rousseau*. Édition critique établie et annotée par R. A. Leigh. Genève: Institut et Musée Voltaire Les Délices.

Rousseau, Jean-Jacques (1964): *Œuvres complètes. Tome II: La Nouvelle Heloïse – Théâtre – Poésies – Essais littéraires*. Édition publiée sous la direction de Bernard Gagnebin et Marcel Raymond avec la collaboration d'Henri Coulet, Charles Guyot et Jacques Scherer. Paris: Gallimard.

Rousseau, Jean-Jacques (^{2}1975): *Œuvres complètes. Tome III: Du contrat social – Écrits politiques*. Édition publiée sous la direction de Bernard Gagnebin et Marcel Raymond avec la collaboration de Henri Coulet, Charles Guyot et Jacques Scherer. Paris: Gallimard.

Rousseau, Jean-Jacques (1969): *Œuvres complètes. Tome IV: Émile – Éducation – Morale – Botanique*. Édition publiée sous la direction de Bernard Gagnebin et Marcel Raymond. Paris: Gallimard.

Sartre, Jean-Paul (1982): *Der Ekel*. Übersetzt von Uli Aumüller. Hamburg: Rowohlt.

Savoca, Nancy (2002): »Ravioli, Artichokes, and Figs«. In: DeSalvo, Louise A. / Giunta, Edvige (Hg.): *The Milk of Almonds. Italian American Women Writers on Food and Culture*. New York: Feminist Press at the City University of New York. S. 216–221.

Sereni, Clara (2008): *Casalinghitudine* [1987]. Milano: BUR.

Sevindim, Aslı (2005): *Candlelight Döner. Geschichten über meine deutsch-türkische Familie*. Berlin: Ullstein.

Simmel, Johannes Mario (1960): *Es muss nicht immer Kaviar sein. Die tolldreisten Abenteuer und auserlesenen Koch-Rezepte des Geheimagenten wider Willen Thomas Lieven*. Zürich: Schweizer Druck- und Verlags-Haus.

Sorel, Charles (1979): *Histoire Comique de Francion*. Paris: Garnier Flammarion.

Tallarico, Giuseppe (1949): *La vita degli alimenti* [1934]. Firenze: Sansoni.
Tasman, Nilgün (2008): *Ich träume deutsch … und wache türkisch auf. Eine Kindheit in zwei Welten.* Freiburg [u.a.]: Herder.
Timm, Uwe (^{4}2002): *Die Entdeckung der Currywurst. Novelle* [1993]. Vom Autor neu durchgesehene Ausgabe. München: dtv.
Torregrossa, Giuseppina (2009): *Il conto delle minne.* Milano: Mondadori.
Torregrossa, Giuseppina (2011): *Kirschen auf Ricottaschnee.* Hamburg: Hoffmann und Campe.
Troni, Angela (2011): *Risotto mit Otto.* Berlin: Ullstein Taschenbuch Verlage.

Vassanji, Moyez G. (1991): *No New Land.* Toronto: McClelland & Stewart Inc.
von Grimmelshausen, Hans Jakob Christoffel (^{3}2013): *Simplicissimus Teutsch.* Hg. von Dieter Breuer. Frankfurt am Main: Deutscher Klassiker Verlag.
von Hofmannsthal, Hugo (1991): »Ein Brief« [1902]. In: ders.: *Sämtliche Werke*, Bd. XXXI, *Erfundene Gespräche und Briefe.* Hg. von Ellen Ritter. Frankfurt am Main: Fischer. S. 45–55.
von Rumohr, Carl Friedrich (1973): *König's Geist der Kochkunst* [1822]. München: König.

Wohmann, Gabriele (^{6}1979): *Paulinchen war allein zu Haus* [1974]. Darmstadt, Neuwied: Luchterhand.

Yoshimoto, Banana (1988): *Kitchen.* Zürich: Diogenes.

Zaimoglu, Feridun (2007): *Kanak Sprak.* Berlin: Rotbuch.
Zola, Émile (2008): *Œuvres Complètes. Tome 18* [*Fécondité, Angeline, La Vérité en marche, Pour l'Affaire*]. Publication sous la direction de Henri Mitterand. Présentation, notices, chronologie et bibliogr. par Alain Pagès. Paris: Nouveau Monde.

Filme:

Batra, Ritesh (2013): *Lunchbox.*
Besson, Luc (1994): *Léon: the Professional.*
Cohen, Daniel (2012): *Kochen ist Chefsache.*
Corbucci, Sergio (1966): *Django.*
Costanzo, Saverio (2014): *Hungry Hearts*, basierend auf dem Roman von Franzoso, Marco: *Il bambino indaco.*

Fellini, Federico (1962): *Boccaccio 70. Le tentazioni del dottor Antonio.*
Fellini, Federico (1960): *La dolce vita.*
Ferreri, Marco (1973): *La grande bouffe.*
Hung, Tran Anh (1993): *Der Duft der grünen Papaya.*
Itami, Jūzō (1985): *Tampopo.*
Kubrick, Stanley (1971): *A Clockwork Orange.*
Lee, Ang (1994): *Eat Drink Man Woman.*
Marshall, Garry (1990): *Pretty Woman.*
Murphy, Ryan (2010): *Eat Pray Love.*
Nettelbeck, Sandra (2001): *Bella Martha.*
Pasolini, Pier Paolo (1963): *La ricotta.*
Şamdereli, Yasemin (2011): *Almanya. Willkommen in Deutschland.*
Vanzina, Stefano (1954): *Un americano a Roma.*
Vincent, Christian (2012): *Les Saveurs du palais.*

Sekundärliteratur:

Adams, Carol J. (2010): *The Sexual Politics of Meat* [1990]. London: Bloomsbury Academic.

Aihara, Herman (1991): *Milch, ein Mythos der Zivilisation.* Übers. aus dem Amerikanischen von Paul und Brigitte Beutner. Holthausen, Münster: Mahajiva.

Almagno, Stephanie / Reynolds, Nedra / Trimbur, John (2001): »Ten Italian-American Cookbooks. Authenticity and the Market«. In: Trimbur, John (Hg.): *Popular Literacy. Studies in Cultural Practices and Poetics.* Pittsburgh, Pa.: University of Pittsburgh Press. S. 175–188.

Amsterdam, Elana (2015): *Moderne Paleo-Küche.* Kulmbach: Börsenmedien AG.

Apfeldorfer, Gérard (2002): *Je mange, donc je suis. Surpoids et trouble du comportement alimentaire.* Paris: Payot & Rivage.

Appadurai, Arjun (1988): »How to Make a National Cuisine: Cookbooks in Contemporary India«. In: *Comparative Studies of History and Society*, Vol. 30, Nr. 1. S. 3–24.

Assmann, Stephanie (2010): »Reinventing Culinary Heritage in Northern Japan. Slow Food and Traditional Vegetables«. In: Rath, Eric C. / Assmann, Stephanie (Hg.): *Japanese Foodways. Past & Present.* Urbana: University of Illinois Press. S. 243–256.

Assouly, Olivier (2016): *Les Nourritures de Jean-Jacques Rousseau.* Paris: Classiques Garnier.

Assouly, Olivier (2007): »Le motif de la simplicité comme enjeu dans la gastronomie«. In: Hache-Bissette, Françoise / Saillard, Denis (Hg.): *Gastronomie et identité culturelle française. Discours et représentations, XIXe–XXIe siècles*. Paris: Nouveau monde. S. 275–290.

Assouly, Olivier (2002): *Les Nourritures divines: Essais sur les interdits aliméntaires*. Paris: Actes Sud.

Atkins, Robert (1981): *Diätrevolution*. Frankfurt am Main: Fischer.

Baasner, Frank (1988): *Der Begriff »sensibilité« im 18. Jahrhundert. Aufstieg und Niedergang eines Ideals*. Heidelberg: Universitätsverlag Winter.

Bachtin, Michail (1995): *Rabelais und seine Welt. Volkskultur als Gegenkultur* [1965]. Übers. von Gabriele Leupold. Herausgegeben und versehen mit einem Vorwort von Renate Lachmann. Frankfurt am Main: Suhrkamp.

Banerjee, Mita (2002): *The Chutneyfication of History. Salman Rushdie, Michael Ondaatje, Bharati Mukherjee and the Postcolonial Debate*. Heidelberg: Universitätsverlag Winter.

Barlösius, Eva (1997): »Bedroht das europäische Lebensmittelrecht die Vielfalt der Eßkulturen?« In: Teuteberg, Hans Jürgen / Neumann, Gerhard / Wierlacher, Alois (Hg.): *Essen und kulturelle Identität*. Berlin: Akademischer Verlag. S. 113–128.

Barlösius, Eva (2014): *Dicksein. Wenn der Körper das Verhältnis zur Gesellschaft bestimmt*. Frankfurt am Main: Campus.

Barlösius, Eva (2011): *Soziologie des Essens. Eine sozial- und kulturwissenschaftliche Einführung in die Ernährungsforschung*. 2., vollst. überarbeitete und erweiterte Auflage. Weinheim: Juventa.

Barone, Kerstin (2013): *Esskultur und Gesellschaft im Spiegel der italienischen Gegenwartsliteratur*. 2013 an der Goethe-Universität Frankfurt eingereichte Magisterarbeit.

Barthes, Roland (1957): *Mythologies*. Paris: Seuil.

Barthes, Roland (1961): »Pour une psycho-sociologie de l'alimentation contemporaine«. In: *Annales. Économies, Sociétés, Civilisations*, 16e Année, Numéro 5 (1961). S. 977–986.

Beauvoir, Simone (1981): *Le cérémonie des adieux. Suivi de Entretiens avec Jean-Paul Sartre. Août-Septembre 1974*. Paris: Gallimard.

Becker, Karin (2000): *Der Gourmand, der Bourgeois und der Romancier. Die französische Esskultur in Literatur und Gesellschaft des bürgerlichen Zeitalters*. Frankfurt am Main: V. Klostermann.

Behrens, Rudolf (1992): »Madame Bovary bei Tisch. Flauberts Destruktion einer kulturellen Mythologie des gastronomischen Diskurses«.

In: ders. / Figge, Udo L. (Hg.): *Entgrenzungen: Studien zur Geschichte kultureller Grenzüberschreitungen* (Festschrift für Karl Maurer). Würzburg: Königshausen & Neumann. S. 11–35.

Belasco, Warren James / Scranton, Philip (Hg.) (2002): *Food Nations. Selling Taste in Consumer Societies*. New York: Routledge.

Bernard, Michel (1999): »*Madame Bovary* ou le danger des sucreries«. In: *Romantisme* 103. S. 41–51.

Bernstein, Julia: »Aneignungen und Entfremdungen. Symbolische Dimensionen des Nahrungskonsums im Migrationsprozess am Beispiel russischsprachiger Juden in Israel und Deutschland«. In: Amenda, Lars / Langthaler, Ernst (Hg.): *Kulinarische ›Heimat‹ und ›Fremde‹*. Innsbruck: Studien Verlag. S. 123–135.

Bonnet, Jean-Claude (1975): »Le système de la cuisine et du repas chez Rousseau«. In: *Poétique* 24. S. 244–267.

Bordo, Susan (1993): *Unbearable Weight: Feminism, Western Culture and the Body*. Berkeley: University of California Press.

Bouchet, Thomas (2014): *Les fruits défendus. Socialismes et sensualité du XIX*^e^ *siècle à nos jours*. Paris: Stock.

Bourdieu, Pierre (1987): *Die feinen Unterschiede* [*La distinction. Critique sociale du jugement*, 1979]. Frankfurt am Main: Suhrkamp.

Bromberger, Christian (2015): »Frontières alimentaires et culinaires dans le nord de l'Iran«. In: Francfort, Didier / Saillard, Denis (Hg.): *Le goût des autres. De l'expérience de l'alterité gastronomique à l'appropriation – Europe XVIII*^e^*–XXI*^e^ *siècles*. Nancy: Éditions universitaires Lorraine. S. 269–285.

Bruch, Hilde (1973): *Eating Disorders: Obesity, Anorexia Nervosa and the Person within*. New York: Basic Books.

Bruch, Hilde (²1994): *Eßstörungen. Zur Psychologie und Therapie von Übergewicht und Magersucht*. Frankfurt am Main: Fischer.

Bustamante Arévalo / Solanger, América (2013): *Ernährungserziehung (shokuiku) und die nationale Identität Japans*. München: Iudicium-Verlag.

Bynum Walker, Caroline (1996): *Fragmentierung und Erlösung: Geschlecht und Körper im Glauben des Mittelalters*. Frankfurt am Main: Suhrkamp.

Camporesi, Piero (1993): *Le vie del latte dalla Padania alla steppa*. Milano: Garzanti.

Camporesi, Piero (1999): *Le officine dei sensi*. Milano: Garzanti.

Capatti, Alberto (1979): »Il palato e le interiora ovvero la ›Suite de l'Almanach des Gourmands‹«. In: *Lectures* 2 (sept. 1979, Bari). S. 175–191.

Capatti, Alberto (2002): »L'eredità di Artusi e le cucine regionali«. In: Teti, Vito (Hg.): *Mangiare meridiano. Culture alimentari del Mediterraneo.* Catanzaro: Abramo. S. 217–231.

Capatti, Alberto / Montanari, Massimo (Hg.) (1999): *La cucina italiana. Storia di una cultura.* Roma: Laterza.

Capatti, Alberto (1989): *Le goût du nouveau. Origines de la modernité alimentaire.* Paris: Albin Michel.

Cappellini, Benedetta (2009): »L'Italia nel piatto: la rappresentazione della cucina italiana in Inghilterra dagli anni Cinquanta ad oggi«. In: Robustelli, Cecilia / Frosini, Giovanna (Hg.): *Storia della lingua e storia della cucina. Parola e cibo: due linguaggi per la storia della società italiana: atti del VI Convegno ASLI, Associazione per la storia della lingua italiana (Modena, 20–22 settembre 2007).* Firenze: F. Cesati. S. 635–647.

Carluccio, Antonio (1994): *Viva la Pasta.* München: Heyne.

Castellanos, Eric / Bergstresser, Sara M. (2006): »Food Fights at the EU Table: The Gastronomic Assertion of Italian Distinctiveness«. In: Wilson, Thomas M. (Hg.): *Food, Drink and Identity in Europe 22.* Amsterdam, New York: Rodopi. S. 179–202.

Ceccarelli, Filippo (2000): *Lo stomaco della Repubblica. Cibo e potere in Italia dal 1945 al 2000.* Milano: Longanesi.

Cesaretti, Enrico (2013): *Fictions of Appetite. Alimentary Discourses in Italian Modernist Literature.* Frankfurt am Main: Peter Lang.

Cinotto, Simone (2014): *Making Italian America. Consumer Culture and the Production of Ethnic Identities.* New York: Fordham University Press.

Cohen, Robert (1997): *Milk: The Deadly Poison.* Argus Publishing.

Corbeau, Jean-Pierre / Poulain, Jean-Pierre (2002): *Penser l'alimentation. Entre imaginaire et rationalité.* Paris: Privat.

Cotoni, Marie-Helène (2000): *Nourritures et écriture*, Bd. II: *Littératures d'expression française.* Nice: Publications de la Faculté des Lettres, Arts et Sciences Humaines de Nice, Université de Nice – Sophia Antipolis.

Cottret, Monique (1983): »La cuisine janséniste«. In: *Dix-huitième siècle* 15, *Aliments et cuisine.* S. 107–114.

Counihan, Carole (2004): *Around the Tuscan Table: Food, Family and Gender in Twentieth-Century Florence.* New York: Routledge.

Cronberg, Marsili (2011): *Wie ich verlernte, Tiere zu essen.* Göttingen: Echo Göttingen.

Csergo, Julia (2007): »Du discours gastronomique comme propagande nationale«. In: Hache-Bissette, Françoise / Saillard, Denis (Hg.): *Gastronomie et identité culturelle française. Discours et représentations, XIXe–XXIe siècles.* Paris: Nouveau monde. S. 177–201.

Dahlmann, Dittmar (2014): »Wie die Pizza nach Deutschland kam«. In: Beer, Matthias (Hg.): *Über den Tellerrand geschaut. Migration und Ernährung in historischer Perspektive (18. bis 20. Jahrhundert)*. Essen: Klartext. S. 187–204.

Dell'Agli, Daniele (2009): *Essen als ob nicht: Gastrosophische Modelle.* Frankfurt am Main: Suhrkamp.

De Rosa, Alessandra (2015): »Und wenn sie nicht geplatzt sind … dann essen sie wohl noch heute!« In: Hollerweger, Elisabeth / Stemmann, Anna (Hg.): *Narrative Delikatessen: kulturelle Dimensionen von Ernährung*. Siegen: Universitätsverlag. S. 213–226.

Derrida, Jacques (2010): *Das Tier, das ich also bin*. Wien: Passagen Verlag.

Derrida, Jacques ([6]1996): *Grammatologie* [1983]. Übers. von Hans-Jörg Rheinberger und Hanns Zischler. Frankfurt am Main: Suhrkamp.

DeVault, Marjorie (1991): *Feeding the Family. The Social Organization of Caring as Gendered Work.* Chicago: University of Chicago Press.

Dickie, John (2008): *Delizia! The Epic History of the Italians and their Food*. New York: Free Press.

Dickie, John (2010): *Delizia! Die Italiener und ihre Küche. Geschichte einer Leidenschaft*. Frankfurt am Main: Fischer.

Ditfurth, Jutta (1996): *Entspannt in die Barbarei. Esoterik, (Öko-)Faschismus und Biozentrismus.* Hamburg: Konkret Literaturverlag.

Döring, Tobias (2001): »Subversion Among the Vegetables: Food and the Guises of Culture in Ravinder Randhawa's Fiction«. In: Neumeier, Beate (Hg.): *Engendering Realism and Postmodernism. Contemporary women writers in Britain.* Amsterdam, New York: Rodopi. S. 249–264.

Döring, Tobias / Heide, Markus / Mühleisen, Susanne (Hg.) (2003): *Eating Culture. The Poetics and Politics of Food.* Heidelberg: Universitätsverlag Winter.

Doucet, Julie-Manon (2007): »Poétique du signe alimentaire dans *Madame Bovary*«. In: Del Lungo, Andrea / Lyon-Caen, Boris (Hg.): *Roman de formation, roman d'éducation dans la littérature française et dans les littératures étrangères.* Saint-Denis: Presses Universitaires de Vincennes. S. 141–158.

Douglas, Mary (Hg.) (1984): *Food in the Social Order. Studies of Food and Festivities in Three American Communities.* New York: Russell Sage Foundation.

Douglas, Mary (1988): *Reinheit und Gefährdung* [*Purity and Danger*, 1966]. Frankfurt am Main: Suhrkamp.

Duden, Barbara (1987): *Geschichte unter der Haut. Ein Eisenacher Arzt und seine Patientinnen um 1730.* Stuttgart: Springer.

Duplexis, Jill (1994): *The New Food – from the New Basics to the New Classics.* Port Melbourne: Mitchell Beazley.

Dupuis, Melanie (2002): *Nature's Perfect Food. How Milk Became America's Drink.* New York: NYU Press.

Ecker, Gisela (2008): »Zuppa Inglese and Eating Up Italy: Intercultural Feasts and Fantasies«. In: *Performing National Identity. Anglo-Italian Cultural Transactions.* Amsterdam, New York: Rodopi. S. 307–322.

Elias, Norbert (1976): *Über den Prozeß der Zivilisation.* 2 Bde. Frankfurt am Main: Suhrkamp.

Emig, Rainer (2009): »The Politics of Cooking: Television Chefs and Contemporay British Ideology«. In: *Hard Times* 86 (Herbst 2009). S. 20–25.

Engel, Gisela / Scholz, Susanne (Hg.) (2008): *Essenskulturen. Beiträge zur Rechts-, Gesellschafts- und Kulturkritik.* Berlin: tra*f*o.

Engelhardt, Dietrich v. (2001): »Ernährungskonzepte und Lebensqualität in kulturhistorischer Sicht«. In: Neumann, Gerhard / Wierlacher, Alois / Wild, Rainer (Hg.): *Essen und Lebensqualität. Natur- und kulturwissenschaftliche Perspektiven.* Frankfurt am Main, New York: Campus. S. 49–66.

Falk, Pasi (1994): »Essen und Sprechen. Über die Geschichte der Mahlzeit«. In: Schuller, Alexander / Kleber, Jutta-Anna (Hg.): *Verschlemmte Welt. Essen und Trinken historisch-anthropologisch.* Göttingen: Vandenhoeck & Ruprecht. S. 103–131.

Ferme, Valerio (2006): »Gay, Feminist, and Arbëresh: Marginal Italian Identities in the Fiction of Aldo Busi, Rossana Campo, and Carmine Abate«. In: *Annali d'Italianistica* 24. S. 133–158.

Fernández Juárez, Gerardo (1998): »Enfermedad, moda y cuerpo social en el altiplano aymara: Un ›boceto‹ de inspiración colonial sobre modelos de identidad en los Andes«. In: *Revista española de antropología americana* (Januar 1998).

Fichtner, Ullrich (²2004): *Tellergericht. Die Deutschen und das Essen.* München: DVA.

Filippa, Marcella (Hg.) (2003): *Il cibo dell'altro. Movimento migratorio e culture alimentari nella Torino del Novecento.* Roma: Edizioni Lavoro.

Fink, Beatrice (1998): *Les liaisons savoureuses.* Saint-Étienne: Presses Universitaires.

Fink-Keßler, Andrea (2012): *Milch. Vom Mythos zur Massenware*. München: Oekom.
Fischer, Peter (1975): *Schlaraffenland, nimm's in die Hand*. Berlin: Verlag Klaus Wagenbach.
Fischler, Claude (1996): »La ›macdonaldisation‹ des mœurs«. In: Flandrin, Jean Louis / Montanari, Massimo (Hg.): *Histoire de l'alimentation*. Paris: Fayard.
Fischler, Claude (1990): *L'Homnivore*. Paris: Odile Jacob.
Fissore, Gianpaolo (2003): »Gli italiani e il cibo sul grande schermo dal secondo dopoguerra a oggi. Mito della convivialità e demarcazione delle differenze«. In: Filippa, Marcella (Hg.): *Il cibo dell'altro. Movimento migratorio e culture alimentari nella Torino del Novecento*. Roma: Edizioni. S. 163–179.
Flandrin, Jean Louis / Montanari, Massimo (Hg.) (1996): *Histoire de l'alimentation*. Paris: Fayard.
Foucault, Michel (1984): *Le souci de soi*. Paris: Gallimard.
Franklin, Alfred (1980): *La vie privée d'autrefois* [1888]. Genf: Slatkine.
Freadmann, Anne (2004): »Eating Cultures«. In: West-Sooby, John (Hg.): *Consuming Culture. The Arts of the French Table. Monash Romance Studies*. Newark: University of Delaware Press.
Fritzen, Florentine (2016): *Gemüseheilige. Eine Geschichte des veganen Lebens*. Stuttgart: Franz Steiner.
Frohn, Birgit (2015): *Mythos Milch. Früher gesund – heute Gift?* Bonn: FID Verlag.
Funkschmidt, Kai (2015): »Erlösung durch Ernährung: Veganismus als Ersatzreligion«. In: *Materialdienst Zeitschrift für Religions- und Weltanschauungsfragen*. S. 403–412.

Gaard, Greta (2002): »Vegetarian Ecofeminism«. In: *Frontiers: A Review of Woman Studies*, vol. 23, 3. S. 117–146.
Gabaccia, Donna R. (1998): »Italian-American Cookbooks: from Oral to Print Culture«. In: Gabaccia, Donna R. / Helstosky, Carol (Hg.): *Food, Recipes & Italian-American Life. Italia Americana. Cultural and Historical Review* XVI (1). S. 5–23.
Gabaccia, Donna R. / Barolini, Helen / Tripalin Murray, Catherine / Vivian, Cassandra (Hg.) (1998): *Part II: Food, Recipes, Cookbooks & Italian-American Life. Italian Americana. Cultural and Historical Review* XVI (2).
Gabaccia, Donna R. / Helstosky, Carol (Hg.) (1998): *Food, Recipes & Italian-American Life. Italian Americana. Cultural and Historical Review* XVI (1).

Gerson, Daniel (2013): »Alles koscher? Die Renaissance jüdischer Restaurants zwischen Tradition und Innovation«. In: Amenda, Lars / Langthaler, Ernst (Hg.): *Kulinarische ›Heimat‹ und ›Fremde‹*. Innsbruck: Studien Verlag.

Geyer, Paul (1997): *Die Entdeckung des modernen Subjekts. Anthropologie von Descartes bis Rousseau*. Tübingen: Niemeyer.

Glenn, Kathleen M. (1994): »Postmodern Parody and Culinary-Narrative Art in Laura Esquivel's ›Como agua para chocolate‹«. In: *Chasqui*, Vol. 23, No. 2 (Nov. 1994). S. 39–47.

Goldmann, Anne (1992): »I Yam What I Yam: Cooking, Culture and Colonialism«. In: Smith, Sidonie / Watson, Julia (Hg.): *The Politics of Gender in Women's Autobiography*. Minneapolis: University of Minnesota Press. S. 169–195.

Goode, Judith G. / Curtis, Karen / Theophano, Janet (1984): »Meal Formats, Meal Cycles, and Menu Negotiation in the Maintenance of an Italian-American Community«. In: Douglas, Mary (Hg.): *Food in the Social Order. Studies of Food and Festivities in Three American Communities*. New York: Russell Sage Foundation. S. 143–218.

Gordon, Bertram (2007): »Pommes frites ou ›*Freedom Fries*‹: perceptions américaines de la gastronomie française dans le magazine *Gourmet* (États-Unis) de 1941 à 2005«. In: Hache-Bissette, Françoise / Saillard, Denis (Hg.): *Gastronomie et identité culturelle française. Discours et représentations, XIXe–XXIe siècles*. Paris: Nouveau monde.

Grass, Günter (1977): »Pfeffer und Salz. Das aktuelle Interview mit Günter Grass«. In: *Essen und Trinken*, Heft 10 (Oktober 1977). S. 76–84.

Grasseni, Cristina: »Slow Food, Fast Genes: Timescapes of Authenticity and Innovation in the Anthropology of Food«. In: *The Cambridge Journal of Anthropology*, 2005, Vol. 25, *Creativity or Temporality?* S. 79–94.

Griem, Julika (2003): »A Room of One's Own? Contested Culinary and Filmic Space in *The Scent of Green Papaya, Eat Drink Man Woman and Tampopo*«. In: Döring, Tobias / Heide, Markus / Mühleisen, Susanne (Hg.): *Eating Culture. The Poetics and Politics of Food*. Heidelberg: Universitätsverlag Winter. S. 241–253.

Griffiths, Sian / Wallace, Jennifer (1998): *Consuming Passions. Food in the Age of Anxiety*. Manchester, New York: Manchester University Press.

Grossarth-Maticek, Ronald (2008): *Synergetische Präventivmedizin: Strategien für Gesundheit*. Berlin, Heidelberg: Springer.

Grover-Friedlander, Michal / Kugelmann, Cilly (Hg.)(2009): *Koscher & Co. Über Essen und Religion* [eine Ausstellung des Jüdischen Museums

Berlin, 9. Oktober 2009 bis 28. Februar 2010]. Berlin: Jüdisches Museum / Nicolai.

Habermas, Tilmann (1990): *Heißhunger. Historische Bedingungen der Bulimia nervosa*. Frankfurt am Main: Fischer.

Habermas, Tilmann (1994): *Zur Geschichte der Magersucht. Eine medizinpsychologische Rekonstruktion*. Frankfurt am Main: Fischer.

Hache-Bissette, Françoise / Saillard, Denis (Hg.) (2007): *Gastronomie et identité culturelle française. Discours et représentations, XIXe–XXIe siècles*. Paris: Nouveau monde.

Hagelberg, G. B. (1975): *Instability of world centrifugal sugar production*. Berlin: Institut für Zuckerindustrie. Forschungsbericht 2.

Hall, Stuart (1996): »Introduction: Who needs Identity?« In: Hall, Stuart / Du Gay, Paul (Hg.): *Questions of Cultural Identity*. London / Thousand Oaks, Ca.: Sage.

Hamilton, Alissa (2015): *Die Milch macht's! Wie ein Grundnahrungsmittel unsere Gesundheit ruiniert* [Got Milked? The Great Dairy Deception and Why You'll Thrive Without Milk]. München: Riemann.

Harris, Marvin (1989): *Wohlgeschmack und Widerwillen. Die Rätsel der Nahrungstabus* [1983]. Aus dem Amerik. übers. von Ulrich Enderwitz. Stuttgart: Klett-Cotta.

Havemann, Kerstin (1983): *Ernährungsprobleme ethnischer Minderheiten*. Berlin: Express Verlag.

Heitmann, Klaus (1971): »Das Motiv der Nahrungsaufnahme bei Ionesco«. In: *Poetica* 4. S. 60–81.

Heitmann, Klaus (1996): »›Von denen Italiänern sagt man insgemein, daß sie …‹: Zur Propagierung von Stereotypen im deutschen Schulbuch alter und neuer Zeit«. In: Heitmann, Klaus / Pinkernell, Gert / Roth, Oskar (Hg.): *Spiegelungen: romanistische Beiträge zur Imagologie*. Heidelberg: Universitätsverlag Winter. S. 301–330.

Herriger, Catherine (2009): *Die böse Mutter. Warum viele Frauen dick werden und bleiben. Die Ursachen weiblicher Ess-Sucht* [1988]. Vollständig überarbeitete Neuausgabe 2009. München: Kösel Verlag.

Hijiya-Kirschnereit, Irmela (2003): »Der patriotische Gaumen: Kulinarik und nationale Selbstbehauptung«. In: Amelung, Ivo u. a. (Hg.): *Selbstbehauptungsdiskurse in Asien: China – Japan – Korea*. München: Iudicium. S. 49–85.

Hirsch, Dafna: »›Hummus ist am besten, wenn er frisch und von Arabern zubereitet worden ist‹. Wie der Hummus zur Delikatesse wurde und von der Auferstehung der unterdrückten Araber«. In: *Israel & Palästina – Zeitschrift für Dialog: Essen und Nahostkonflikt* (2012, 3). S. 16–30.

Holwitt, Pablo (2017): »Fremdes Essen, fremde Gerüche: Vegetarismus und sinnliche Exklusion in Mumbai«. In: Kofahl, Daniel / Schellhaas, Sebastian (Hg): *Kulinarische Ethnologie. Beiträge zur Wissenschaft von eigenen, fremden und globalisierten Ernährungskulturen.* Bielefeld: Transcript (im Erscheinen).

hooks, bell (1998): »Eating the Other: Desire and Resistance«. In: Scapp, Ron / Seitz, Brian (Hg.): *Eating Culture.* Albany: State University of New York Press. S. 181–200.

Ilaiah, Kancha ([2]2005): *Why I Am Not a Hindu. A Sudra Critique of Hindutva Philosophy, Culture and Political Economy.* Calcuttta: Samya.

Jaeggi, Eva / Klotter, Christoph (2003): »Die ›Eßbibeln‹«. In: Utz, Timm / Wellmann, Karl-Heinz (Hg.): *Essen ist menschlich. Zur Nahrungskultur der Gegenwart.* Frankfurt am Main: Suhrkamp. S. 275–290.

Jha, Dwijendra Narajan (2002): *The Myth of the Holy Cow.* Brooklyn: Verso.

Kalinke, Heinke M. / Roth, Klaus / Wegner, Tobias (Hg.) (2010): *Esskultur und kulturelle Identität. Ethnologische Nahrungsforschung im östlichen Europa.* München: Oldenbourg.

Kaller, Martina (2014): »Die Erfindung von ›Pizza & Pasta‹«. Italienisches Essen und italienische Einwanderung in den USA im 19. und 20. Jahrhundert«. In: Amenda, Lars / Langthaler, Ernst (Hg.): *Kulinarische ›Heimat‹ und ›Fremde‹.* Innsbruck: Studien Verlag.

Karmasin, Helene (1999): *Die geheime Botschaft unserer Speisen. Was Essen über uns aussagt.* München: Antje Kunstmann.

Kimmich, Dorothee / Schahadat, Schamma (Hg.) (2012): *Essen.* Bielefeld: Transcript (*Zeitschrift für Kulturwissenschaften*, 2012, 1).

Klein, Melanie (1974): »Liebe, Schuldgefühl und Wiedergutmachung«. In: Klein, Melanie / Riviere, Joan: *Seelische Urkonflikte. Liebe, Haß und Schuldgefühl.* München: Kindler. S. 73–151.

Klein, Richard (1997): *Schöne fette Welt: ein Lob der Fülle.* Aus dem Amerikanischen von Michael Müller. München: Goldmann.

Kleinspehn, Thomas (1987): *Warum sind wir so unersättlich? Über den Bedeutungswandel des Essens.* Frankfurt am Main: Suhrkamp.

Klose, Jutta (1987): *Tafelfreud und Liebesleid in der Bourgeoisie. »Essen und Trinken« bei Balzac, Flaubert und Zola.* Frankfurt am Main: Peter Lang.

Klotter, Christoph (2015): *Fragmente einer Sprache des Essens. Ein Rundgang durch eine essgestörte Gesellschaft.* Wiesbaden: Springer.

Köhn, Stephan (2000): »Gourmetcomics in Japan. Betrachtungen zum Begründer und Trendsetter *Oishinbo* [Der kleine Feinschmecker]«. In: *Japanstudien*, Nr. 12, 2000. S. 183–209.

Koschorke, Albrecht ([2]2003): *Körperströme und Schriftverkehr. Mediologie des 18. Jahrhunderts* [1999]. München: Fink.

Krämer, Hans Martin (2008): »Not Befitting our Divine Country: Eating Meat in Japanese Discourses of Self and Other from the Seventeenth Century to the Present«. In: *Food and Foodways* 2008. S. 33–62.

Krenn, Heidelinde (2004): *Essstörungen bei Männern. Charakteristika des Verlaufs von Anorexia nervosa und Bulimia nervosa und Vergleich mit einer weiblichen Stichprobe.* Diss. Universität Marburg.

Krieger, Elena (2015): *Die Milch-Lüge. Die Milch macht's leider doch nicht.* München: CBX Verlag.

Kristeva, Julia (1983): *Pouvoirs de l'horreur. Essai sur l'abjection* [1980]. Paris: Seuil.

Kristeva, Julia (1987): *Soleil Noir: depression et mélancolie.* Paris: Gallimard.

Ku, Robert Ji-Song / Manalansan, Martin F. / Mannur, Anita (Hg.) (2013): *Eating Asian America. A Food Studies Reader.* New York: New York University Press.

Kunow, Rüdiger (2003): »Eating Indian(s). Food, Representation, and the Indian Diaspora in the United States«. In: Döring, Tobias / Heide, Markus / Mühleisen, Susanne (Hg.): *Eating Culture. The Poetics and Politics of Food.* Heidelberg: Universitätsverlag Winter. S. 151–175.

La Cecla, Franco (2016): *Babel Food. Contro il cibo kultura*. Bologna: Il Mulino.

La Cecla, Franco (1998): *La pasta e la pizza*. Bologna: Il Mulino.

Lange, Klaus (1966): »Geistliche Speise. Untersuchungen zur Metaphorik der Bibelhermeneutik«. In: *Zeitschrift für deutsches Altertum* 95. S. 81–122.

Lapide, Pinchas und Ruth (2000): »Koscher essen – ein Stück jüdischer Identität«. In: Schmidt-Leukel, Perry (Hg.): *Die Religionen und das Essen.* Kreuzlingen, München: Hugendubel.

Latour, Bruno (1984): *Les microbes: guerre et paix, suivi de Irréductions.* Paris: Pandore.

Laudan, Rachel (2010): »In Praise of Fast Food«. In: Goldstein, Darra (Hg.): *The Gastronomica Reader*. University of California Press.

Lemke, Harald (2014): »Über die essthetische Erziehung des Menschen. Notizen zur japanischen Politik des Essens«. In: *Mitteilungen des Internationalen Arbeitskreises zur Kulturforschung des Essens*, Heft 21, Sept. 2014. S. 41–49.

Lemke, Harald (2007): *Ethik des Essens: eine Einführung in die Gastrosophie.* Berlin: Akademischer Verlag.

Lemke, Harald (2012): *Politik des Essens: wovon die Welt von morgen lebt.* Bielefeld: Transcript.

Levenstein, Harvey (1993): *Paradox of Plenty. A Social History of Eating in Modern America.* New York: Oxford University Press.

Levenstein, Harvey (1985): »The American Response to Italian Food, 1880–1930«. In: *Food and Foodways* 1 (1–2), S. 1–23.

Lévi-Strauss, Claude (1981): *Das Ende des Totemismus* [*Le totémisme aujourd'hui*, 1962]. Frankfurt am Main: Suhrkamp.

Lévi-Strauss, Claude (2009): *Mythologiques.* Paris: Plon.

Lévi-Strauss, Claude (1976): *Mythologica I.* Frankfurt am Main: Suhrkamp.

Lévi-Strauss, Claude (^{3}1988): *Mythologica III.* Frankfurt am Main: Suhrkamp.

López García, Julian (1998): »*Q'aras y Jaquis. Comida e Identidad en el Altiplano de Bolivia*«. In: *Folklore americano*, No. 59. S. 187–209.

Macbeth, Helen M. / MacClancy, Jeremy (Hg.) (2004): *Researching Food Habits. Methods and Problems.* New York: Berghahn Books.

MacClancy, Jeremy (2004): »Food, Identity, Identification«. In: Macbeth, Helen M. / MacClancy, Jeremy (Hg.): *Researching Food Habits. Methods and Problems.* New York: Berghahn Books. S. 63–73.

Magliocco, Sabina (1998): »Playing with Food: The Negotiation of Identity in the Ethnic Display Event by Italian Americans in Clinton, Indiana«. In: Gimla Shortridge, Barbara / R. Shortridge, James (Hg.): *The Taste of American Place. A Reader on Regional and Ethnic Foods.* Lanham, Md.: Rowman & Littlefield. S. 141–165.

Mannur, Anita (2010): *Culinary Fictions. Food in South Asian Diasporic Culture.* Philadelphia: Temple University Press.

Mattioli, Fabio (2013): »The Property of Food«. In: Jöhnsson, H. (Hg.): *Foodways* Redux, Sondernr. von *Ethnologia Europaea* 43 (2). S. 47–61.

Mauss, Marcel (1968): *Die Gabe: Form und Funktion des Austausches in archaischen Gesellschaften.* Frankfurt am Main: Suhrkamp.

Mauss, Marcel (1973): »Essai sur le don. Forme et raison de l'échange dans les sociétés archaïques« [1923–1924]. In: *Sociologie et Anthropologie.*

Précédé d'une introduction à l'œuvre de Marcel Mauss par Claude Lévy-Strauss. Paris: PUF. S. 145–279.

Mehta, Brinda J. (2005): »Culinary diasporas: identity and the language of food in Gisèle Pineau's *Un papillon dans la cité* and *L'exil selon Julia*«. In: *International Journal of Francophone Studies* (8, 1). S. 23–51.

Mellinger, Nan ([2]2003): *Fleisch. Ursprung und Wandel einer Lust.* Frankfurt am Main: Campus.

Mennell, Stephen (1988): Die *Kultivierung des Appetits. Die Geschichte des Essens vom Mittelalter bis heute.* Frankfurt am Main: Athenäum.

Menninghaus, Winfried (2002): *Ekel: Theorie und Geschichte einer starken Empfindung.* Frankfurt am Main: Suhrkamp.

Menozzi, Giuliana (1994): »Food and Subjectivity in Clara Sereni's Casalinghitudine«. In: *Italica* 71 (2). S. 217–227.

Meter, Helmut (1989): »Eßkultur und Nationalbewußtsein. Zur literatur- und sozialgeschichtlichen Funktion von Artusis ›La scienza in cucina e l'arte di mangiar bene‹«. In: *Italienisch.* S. 60–75.

Mildenberger, Florian (2009): »Genderfalle und Esskultur. Repathologisierung der Homosexualität über die diätetische Ebene«. In: Hoftstadt, Christian / Peschke, Franz / Schulz-Buchta, Andreas / Nagenborg, Michael (Hg.): *Gastrosophical Turn. Essen zwischen Medizin und Öffentlichkeit.* Bochum, Freiburg: Projektverlag. S. 381–398.

Mintz, Sidney W. ([2]2007): *Die süße Macht. Kulturgeschichte des Zuckers* [*Sweetness and Power. The Place of Sugar in Modern History*, 1985]. Aus dem Englischen von Hanne Herkommer. Frankfurt am Main [u. a.]: Campus.

Mintz, Sidney W. (2003): »Eating Communities: The Mixed Appeals of Sodality«. In: Döring, Tobias / Heide, Markus / Mühleisen, Susanne (Hg.): *Eating Culture. The Poetics and Politics of Food.* Heidelberg: Universitätsverlag Winter. S. 19–34.

Mintz, Sidney W. (2002): »Food and Eating: Some Persistent Questions«. In: Belasco, Warren James / Scranton, Philip (Hg.): *Food Nations. Selling Taste in Consumer Societies.* New York: Routledge. S. 24–32.

Möhring, Maren (2012): *Fremdes Essen. Die Geschichte der ausländischen Gastronomie in der Bundesrepublik Deutschland.* München: Oldenbourg.

Montanari, Massimo (2004): *Il cibo come cultura.* Roma, Bari: Laterza.

Montanari, Massimo (2013): *L'identità italiana in cucina.* Roma, Bari: Laterza.

Montanari, Massimo / Brombert, Beth Archer (2013): *Italian Identity in the Kitchen, or, Food and the Nation.* New York: Columbia University Press.

Montanari, Massimo (2015): *Mangiare da cristiani: diete, digiuni, banchetti: storie di una cultura*. Milano: Rizzoli.

Monti, Alessandro / Giglio, Marina / Adami, Esterino (Hg.) (2005): *Feeding the Self, feeling the Way in Ancient and Contemporary South Asian cultures*. Torino: L'Harmattan Italia.

Müller, Nurten (2010): *Geschlechtstypische Unterschiede in den Ernährungsgewohnheiten von Jugendlichen mit Migrationshintergrund in Wien*. Masterarbeit, Universität Wien. Fakultät für Lebenswissenschaften.

Murcott, Anne (1996): »Food as an Expression of Identity«. In: Gustavsson, Sverker / Lewin, Leif (Hg.): *The Future of the Nation State. Essays on Cultural Pluralism and Political Integration*. London, New York, Stockholm: Routledge. S. 49–77.

Muzzarelli, Giuseppina / Tarozzi, Fiorentina (2003): *Donne e cibo*. Milano: Bruno Mondadori.

Neumann, Gerhard (1984): »Hungerkünstler und Menschenfresser. Zum Verhältnis von Kunst und kulturellem Ritual im Werk Franz Kafkas«. In: *Archiv für Kulturgeschichte* Bd. 66, Heft 2. S. 347–388.

Neumann, Gerhard (1993): »›Jede Nahrung ist Symbol‹. Umrisse einer Kulturwissenschaft des Essens«. In: Wierlacher, Alois / Barlösius, Eva / Neumann, Gerhard / Teuteberg, Hans Jürgen (Hg.): *Kulturthema Essen: Ansichten und Problemfelder*. Berlin: Akademischer Verlag. S. 385–444.

Ohnuki-Tierney, Emiko (1994): *Rice as Self: Japanese Identities Through Time*. Princeton: University Press.

Onfray, Michel (1995): *La Raison gourmande. Philosophie du goût*. Paris: Grasset & Fasquelle. S. 161–166.

Onfray, Michel (^{6}2006): *Le ventre des philosophes* [1989]. Paris: Le livre de poche.

Orbach, Susie (1987): *Hungerstreik: Ursachen der Magersucht – neue Wege zur Heilung*. Düsseldorf: Econ.

Ott, Christine (2011): *Feinschmecker und Bücherfresser. Esskultur und literarische Einverleibung als Mythen der Moderne*. München: Fink.

Ott, Corinna (2012): *Zu Hause schmeckt's am besten: Essen als Ausdruck nationaler Identität in der deutsch-türkischen Migrationskultur*. Frankfurt am Main [u. a.]: Lang.

Otte, Carsten (2014): *Der gastrosexuelle Mann. Kochen als Leidenschaft*. Frankfurt am Main: Campus.

Parasecoli, Fabio (2015): *Al dente. A History of Food in Italy*. Gorizia: Libreria Editrice Goriziana.
Parasecoli, Fabio / Scholliers, Peter (Hg.) (2012): *A Cultural History of Food*. Oxford, New York: Berg.
Parkhurst Ferguson, Priscilla (2004): *Accounting for Taste. The Triumph of French Cuisine*. Chicago: University of Chicago Press.
Penz, Peter / Fawcett, Leesa (Hg.): (1998) *Political Ecology. Global and Local*. London: Routledge. S. 240–255.
Périgot, Béatrice (2000): »L'ambivalence de la tripe dans le *Gargantua* de Rabelais«. In: Cotoni, Marie-Hélène (Hg.): *Nourritures et écriture*, Bd. II: *Littératures d'expression française*. Nice: Publications de la Faculté des Lettres, Arts et Sciences Humaines de Nice, Université de Nice – Sophia Antipolis. S. 29–42.
Peter, Peter (2008): *Kulturgeschichte der deutschen Küche*. München: Beck.
Petrini, Carlo (2003): *Slow Food: Genießen mit Verstand*. Zürich: Rotpunktverlag.
Pollmer, Udo (1982): *Iß und stirb. Chemie in unserer Nahrung*. Köln: Kiepenheuer & Witsch.
Pollmer, Udo / Fock, Andrea / Gonder, Ulrike / Haug, Karin (1994): *Prost Mahlzeit! Krank durch gesunde Ernährung*. Köln: Kiepenheuer & Witsch.
Pollmer, Udo / Keckl, Georg / Alfs, Klaus (2015): *Don't go veggie! 75 Fakten zum vegetarischen Wahn*. Stuttgart: Hirzel.
Portmann, Adrian (2003): *Kochen und Essen als implizite Religion. Lebenswelt, Sinnstiftung und alimentäre Praxis*. Münster: Waxmann.
Prahl, Hans-Werner / Setzwein, Monika (1999): *Soziologie der Ernährung*. Wiesbaden: Leske + Budrich Verlag.
Prévost, Marcel (1919): »Le Krach de la table«. In: *Annales politiques et littéraires* LIX (Dez. 1919).
Prezzolini, Giuseppe (1998): *Maccheroni & C*. Milano: Rusconi.
Pröll, Julia (2007): *Das Menschenbild im Werk Michel Houellebecqs: Die Möglichkeit existenzorientierten Schreibens nach Sartre und Camus*. München: Meidenbauer.

Rath, Claus-Dieter (2009): »Der besorgte Esser. Zur Psychologie der Esskultur«. In: Dell'Agli, Daniele (Hg.): *Essen als ob nicht: gastrosophische Modelle*. Frankfurt am Main: Suhrkamp. S. 201–262.
Rath, Eric / Assmann, Stephanie (2010): *Japanese Foodways. Past & Present*. Urbana: University of Illinois Press.
Raviv, Yael (2012): »Nationale Identität auf dem Teller. Nahrung bietet

einen erhellenden Einblick in das trügerische Konzept einer nationalen Identität«. In: *Israel & Palästina – Zeitschrift für Dialog: Essen und Nahostkonflikt* (2012, 3). S. 7–14.

Recalcati, Massimo (2010): *L'uomo senza inconscio. Figure della nuova clinica psicoanalitica.* Milano: Raffaelo Cortina Editore.

Reuter, Martin (2009): »Eingeklemmt zwischen Auster und Currywurst; letzter Versuch über das deutsche Essen«. In: Dell'Agli, Daniele (Hg.): *Essen als ob nicht. Gastrosophische Modelle.* Frankfurt am Main: Suhrkamp. S. 153–200.

Revel, Jean-François (1995): *Un festin en paroles. Histoire littéraire de la sensibilité gastronomique de l'antiquité à nos jours.* Nouvelle édition revue et augmentée. Paris: Plon.

Rinas, Bernd-Udo (2000): *(Art)gerecht ist nur die Freiheit. Geschichte, Theorie und Hintergründe der veganen Bewegung.* Gießen: Focus.

Rinas, Bernd-Udo (2012): *Veganismus. Ein postmoderner Anarchismus bei Jugendlichen?* Berlin: Archiv der Jugendkulturen.

Robustelli, Cecilia / Frosini, Giovanna (Hg.) (2009): *Storia della lingua e storia della cucina. Parola e cibo: due linguaggi per la storia della società italiana: atti del VI Convegno ASLI, Associazione per la storia della lingua italiana* (Modena, 20–22 settembre 2007). Firenze: F. Cesati.

Rollinger, Maria (^{2}2007): *Milch besser nicht. Ein kritisches Lesebuch.* 2., aktualisierte und überarb. Aufl. Erfurt: Jou-Verlag.

Root, Waverley / Rochemont, Richard de (^{2}1981): *Eating in America. A History* [1976]. New York: Ecco Press.

Rothärmel, Juliane Marietta (2013): *Man i(s)st, was man isst.* 2013 an der Goethe-Universität Frankfurt eingereichte Bachelorarbeit.

Rozin, Paul (1998): *Towards a Psychology of Food Choice.* Brüssel: Institut Danone.

Rubach, Malte (2016): *Plädoyer für die Milch.* München: Herbig.

Rudtke, Tanja (2014): *Kulinarische Lektüren: vom Essen und Trinken in der Literatur.* Bielefeld: Transcript.

Rützler, Hanni (2016): *Food Report.* Frankfurt am Main: Zukunftsinstitut GmbH.

Sack, Daniel (2001): *Whitebread Protestants. Food and Religion in American Culture.* New York, Basingstoke: Palgrave.

Saillard, Denis (2007): »Discours gastronomique et discours identitaires«. In: Hache-Bissette, Françoise / Saillard, Denis (Hg.): *Gastronomie et identité culturelle française. Discours et représentations. XIXe–XXIe siècles.* Paris: Nouveau monde. S. 239–256.

Sandilands, Catriona (1999): »The Good-Natured Feminist: Ecofeminism and Democracy«. In: Keil, Roger / Bell, David V. J. / Sandilands, Catriona (1999): *The Good-Natured Feminist: Ecofeminism and the Struggle for Democracy*. Minneapolis: University of Minnesota Press.

Sartory, Gertrude (1993): »In der Arena der Askese. Fasten im frühen Christentum«. In: Schultz, Uwe (Hg.): *Speisen, Schlemmen, Fasten. Eine Kulturgeschichte des Essens*. Frankfurt am Main: Insel. S. 71–82.

Sartre, Jean-Paul (1993): *Das Sein und das Nichts. Versuch einer phänomenologischen Ontologie*. In: Jean-Paul Sartre: *Gesammelte Werke in Einzelausgaben*, Philosophische Schriften Bd 3. Hg. von Traugott König, Deutsch von Hans Schöneberg und Traugott König. Reinbek bei Hamburg: Rowohlt.

Sartre, Jean-Paul (2003): *L'être et le néant. Essai d'ontologie phénomenologique* [1934]. Paris: Gallimard.

Scapp, Ron / Seitz, Brian (Hg.) (1998): *Eating Culture*. Albany: State University of New York Press.

Schäfer, Melissa (2016): *Der Körper als Waffe? Bachtins Konzeption des offenen Körpers in Laura Esquivels* Como agua para chocolate. 2016 an der GU Frankfurt eingereichte Hausarbeit.

Schahadat, Schamma (2012): »Essen: ›gut zu denken‹, gut zu teilen. Das Rohe, das Gekochte und die Tischsitten«. In: Kimmich, Dorothee / Schahadat, Schamma (Hg.): *Essen. Zeitschrift für Kulturwissenschaften*, Heft 1/2012. Bielefeld: Transcript. S. 19–29.

Schivelbusch, Wolfgang (1980): *Das Paradies, der Geschmack und die Vernunft. Eine Geschichte der Genußmittel*. Frankfurt am Main: Fischer.

Schmidt-Leukel, Perry (2000): *Die Religionen und das Essen*. Kreuzlingen: Hugendubel.

Schönwälder, Lena (2016): *Böses Schreiben – böses Schreiben: Schockästhetik von der École du mal über die letteratura pulp bis Michel Houellebecq*. 2016 an der GU Frankfurt eingereichte Dissertation.

Scholliers, Peter (Hg.) (2001): *Food, Drink and Identity. Cooking, Eating and Drinking in Europe since the Middle Ages*. Oxford: Berg.

Schulberg, Jay / Hogya, Bernie / Taibi, Sal (1998): *The Milk Mustache Book. A Behind-The-Scenes Look at America's Favorite Advertising Campaign*. New York: Ballantine Books.

Schwartz, Hillel (1986): *Never Satisfied*. New York: Macmillan.

Seichter, Sabine (2014): *Erziehung an der Mutterbrust: Eine kritische Kulturgeschichte des Stillens*. Weinheim: Juventa.

Seichter, Sabine (2012): *Erziehung und Ernährung: ein anderer Blick auf Kindheit*. Weinheim: Juventa.

Serventi, Silvano / Sabban, Françoise (2000): *La pasta. Storia e cultura di un cibo universale.* Roma: GLF editori Laterza (Storia e società).

Shaw, Brent D. (1982 / 83): »›Eaters of Flesh, Drinkers of Milk‹: The Ancient Mediterranean Ideology of the Pastoral Nomad«. In: *Ancient Society* 13–14. S. 5–31.

Shortridge, Barbara Gimla / Shortridge, James R. (Hg.) (1998): *The Taste of American Place. A Reader on Regional and Ethnic Foods.* Lanham: Rowman & Littlefield.

Simoons, Frederick J. ([2]1994): *Eat not this Flesh. Food Avoidances from Prehistory to the Present.* Second Edition. Revised and Enlarged. University of Wisconsin Press.

Sorcinelli, Paolo (2001): »Identification Process at Work: Virtues of the Italian Working-Class Diet in the First Half of the Twentieth Century«. In: Scholliers, Peter (Hg.): *Food, Drink and Identity. Cooking, Eating and Drinking in Europe since the Middle Ages.* Oxford: Berg. S. 81–97.

Stanzel, Franz Karl ([2]1998): *Europäer. Ein imagologischer Essay.* Heidelberg: Universitätsverlag Winter.

Starobinski, Jean (1970): »Jean-Jacques Rousseau et le péril de la réflexion [1960]«. In: ders.: *L'Œil vivant. Essai (Corneille, Racine, Rousseau, Stendhal).* Paris: Gallimard. S. 91–188.

Steiner, Gary (2010): »Tierrecht und die Grenzen des Postmodernismus: Der Fall Derrida«. In: *ALTEXethik* 27. S. 3–10.

Storch, Dominik (2016): *Nahrungsmotivik und -metaphorik bei Guy de Maupassant.* 2016 an der GU Frankfurt eingereichte Staatsexamensarbeit.

Tanner, Jakob (2001): »Die Ambivalenz der Nahrung. Gift und Genuss aus der Sicht der Kultur- und der Naturwissenschaften«. In: Neumann, Gerhard / Wierlacher, Alois / Wild, Rainer (Hg): *Essen und Lebensqualität: Natur- und kulturwissenschaftliche Perspektiven.* Frankfurt am Main: Campus. S. 175–199.

Teti, Vito (Hg.) (2002): *Mangiare meridiano. Culture alimentari del Mediterraneo.* Catanzaro: Abramo.

Trenk, Martin (2012): »Chicken McNuggets – 500 Jahre kulinarische Globalisierung«. In: Schellhaas, Sebastian (2012): *Die Welt im Löffel: Kochen, Kunst und Kultur.* Bielefeld: Kerber. S. 45–61.

Trenk, Marin (2015): *Döner Hawaii: Unser globalisiertes Essen.* Stuttgart: Klett-Clotta.

Trubek, Amy (2007): »Comment les chefs français ont diffusés la haute cuisine dans le monde au XIXe siècle«. In: Hache-Bissette, Françoise / Saillard, Denis (Hg.): *Gastronomie et identité culturelle française. Discours et représentations, XIXe–XXIe siècles.* Paris: Nouveau Monde. S. 123–140.

Trummer, Paul (2010): *Pizza globale. Ein Lieblingsessen erklärt die Weltwirtschaft.* Berlin: Econ.

Uebelhardt, Martin (2008): »Wie *la cucina italiana* in die Schweiz kam. Kulturell-kulinarische Aspekte gestern und heute«. In: Engel, Gisela / Scholz, Susanne (Hg.): *Essenskulturen. Beiträge zur Rechts-, Gesellschafts- und Kulturkritik.* Berlin: trafo. S. 85–97.

Valenze, Deborah (2011): *Milk. A Local and Global History.* New Heaven [u. a.]: Yale University Press.

Venel, Gabriel François (1967): »Lait«. In: D'Alembert / Diderot (Hg.): *Encyclopédie ou Dictionnaire raisonné des sciences, des arts et des métiers.* Vol. 35: [3. Table 2: I–Z]. Nouv. impression en facs. de la 1. éd. de 1751–1780. Stuttgart-Bad Cannstatt 1967.

Vinken, Barbara (2002): »Lieben, Lesen, Essen. Realismus und geistlicher Schriftsinn in *Madame Bovary*«. In: Lubkoll, Christine (Hg.): *Das Imaginäre des fin de siècle.* Freiburg im Breisgau: Rombach. S. 337–356.

Warning, Rainer (2000): *Proust-Studien.* Paderborn: Wilhelm Fink Verlag.

Watson, James L. / Caldwell, Melissa L. (Hg.) (2005): *The Cultural Politics of Food and Eating. A Reader.* Malden, MA: Blackwell.

Weick, Sabine (2013): *Jung, männlich, vegan. Warum junge Männer zu Veganern werden: eine essbiografische Fallstudie.* Stuttgart: ibidem.

Welz, Gisela (2015): *European Products: Making and Unmaking Heritage in Cyprus.* New York, Oxford: Berghahn Books.

West-Sooby, John (Hg.) (2004): *Consuming Culture. The Arts of the French Table. Monash Romance Studies.* Newark: University of Delaware Press.

Westerwelle, Karin (1993): *Ästhetisches Interesse und nervöse Krankheit. Balzac, Baudelaire, Flaubert.* Stuttgart, Weimar: Metzler.

Wheaton, Barbara Ketcham (1994): *L'office et la bouche.* Paris: Calmann-Lévy.

Wierlacher, Alois (1987): *Vom Essen in der deutschen Literatur. Mahlzeiten in Erzähltexten von Goethe bis Grass.* Stuttgart: W. Kohlhammer.

Williams-Forson, Psyche A. / Counihan, Carole (Hg.) (2011): *Taking Food Public. Redefining Foodways in a Changing World.* New York: Routledge.

Wilson, Thomas M. (Hg.) (2006): *Food, Drink and Identity in Europe.* Amsterdam, New York: Rodopi.
Wirz, Albert (1993): *Die Moral auf dem Teller. Dargestellt an Leben und Werk von Max Bircher-Benner und John Harvey Kellogg, zwei Pionieren der modernen Ernährung in der Tradition der moralischen Physiologie: mit Hinweisen auf die Grammatik des Essens und die Bedeutung von Birchermues und Cornflakes, Aufstieg und Fall des patriarchalen Fleischhungers und die Verführung der Pflanzenkost.* Zürich: Chronos-Verlag.

Yeşilada, Karin E. (2009): »Nette Türkinnen von nebenan. Die neue deutsch-türkische Harmlosigkeit als literarischer Trend«. In: Schmitz, Helmut (2009): *Von der nationalen zur internationalen Literatur.* Amsterdam, New York: Rodopi. S. 117–142.

Zanini de Vita, Oretta (2004): *La pasta. Atlante dei prodotti tipici.* Roma: AGRA; RAI-ERI.
Zanini de Vita, Oretta / Fant, Maureen B. / Field, Carol (2009): *Encyclopedia of pasta.* Berkeley, CA: University of California Press.
Ziegler, Eugen (1987): *Zucker, die süsse Droge. Medizinische und kulturgeschichtliche Aspekte eines Suchtmittels.* Basel, Boston: Birkhäuser.

Internetquellen:

http://www.babyclub.de/magazin/babys-erstes-jahr/stillen/muttermilch-boerse.html. Zugriff am 10.8.2016.
http://www-kiwi-old.innocentdrinks.de/ueber_uns/unsere-geschichte.php, Zugriff am 26.11.16.

Beretta, Roberto (2000): »Dalla dieta biblica ai fast food, le fedi a tavola. L'hamburger? È ateo. Parla il teologo Massimo Salani« (*Avvenire*, 8.11.2000). https://forum.termometropolitico.it/351867-dalla-dieta-biblica-ai-fast-food-le-fedi-tavola.html.
Derrida, Jacques (1989): »›Il faut bien manger‹ ou le calcul du sujet«. Entretien avec Jean-Luc Nancy paru dans les *Cahiers Confrontation*, 20 (Hiver 1989). http://redaprenderycambiar.com.ar/derrida/frances/derrida_manger.htm. Zugriff am 15.8.16.
Faiola, Anthony (2006): »Putting the Bite on Pseudo Sushi and Other Insults«. In: *The Washington Post*, 24.11.2006. http://www.washington

post.com/wp-dyn/content/article/2006/11/23/AR2006112301158.html. Zugriff am 9.3.2015.

Fessler, Daniel M.T./Navarrete, Carlos David (2003): *Meat Is Good to Taboo. Dietary Prescriptions as a Product of the Interactions of Psychological Mechanisms and Social Processes.* http://www.sscnet.ucla.edu/anthro/faculty/fessler/pubs/MeatIsGoodToTaboo.pdf.

Graham, Sylvester (1837): *A treatise on bread, and bred-making.* Online verfügbar unter https://archive.org/details/treatiseonbreadb00grah. Zugriff am 25.9.16.

Noah, Timothy (2003): »Banning French Fries«. http://www.slate.com/articles/news_and_politics/chatterbox/2003/03/banning_french_fries.html.

Scialanga, Gianluca (2015): *La dura lotta dell'Italia per salvare in Europa il proprio patrimonio agro-alimentare*, Ultima edizione.eu, 30.10.2015. Zugriff am 12.8.2016.

Zeitungsartikel

Der große Einkaufsreport, FAZ, 9.10.2016.

»Der Inder. Herz für Rinder«. FAZ, 31.5.2015.

Siebeck, Wolfram (2001): »Einigkeit und Recht auf Eintopf. Graupen, Gänse, Klöße – die Plumpsküche ist nicht totzukriegen, allem Hedonismus zum Trotz. Eine kleine Kulturgeschichte von Wolfram Siebeck«. In: *Die Zeit* 1, 2001

Siebeck, Wolfram (2010): »Wolfram Siebeck über: Deutsche«, Interview vom 17.5.2010 in der *Süddeutschen Zeitung.*

Wiesenhütter, Lukas / Herzog, Mechthild: »Das Labor-Schwein, das zu Wurst verarbeitet wird«. In: *Die Welt*, 3.9.14.

Zinkant, Kathrin: »Die Mühsal mit der Muttermilch«. FAZ, 23.3.2014.

Abbildungsverzeichnis

Dank

Zwar heißt es, dass viele Köche den Brei verderben; dieses Buch hätte aber ohne die Unterstützung vieler Freunde, Kollegen und Helfer nicht entstehen können.

Zuallererst geht mein Dank an Alexander Roesler. Von Anfang an hat er an dieses Buchprojekt geglaubt und mich darin bedingungslos unterstützt: durch viele gute Gespräche, Ratschläge und nicht zuletzt durch gekonnte Motivationsarbeit.

Kostbare Anregungen und Hinweise verdanke ich Arbeiten von und Gesprächen mit Kerstin Barone, Alessandra De Rosa, Gisela Ecker, Frederike Felcht, Karen Genschow, Marisa Growaldt, Tilmann Habermas, Vinzenz Hediger, Sibel von Lossow, Meron Mendel, Massimo Montanari, Maria Giuseppina Muzzarelli, Winfried Menninghaus, Juliane Rothärmel, Reinhard Schings, Frank Schulze-Engler, Sabine Seichter, Marin Trenk, Gisela Welz, Alois Wierlacher, Uwe Wirth.

Ein großer Dank geht schließlich an Lena Schönwälder, Sandra Müllereisert und Juliane Rothärmel, die mir bei den redaktionellen Arbeiten zuverlässig und engagiert geholfen haben.

Register

Namen

Sachen

John Dickie
Delizia!
Die Italiener und ihre Küche.
Geschichte einer Leidenschaft
Aus dem Englischen von Sebastian Vogel
Band 17630

Pesto alla genovese, Spaghetti napoli, Bistecca alla fiorentina, Saltimbocca alla romana ... – ohne die italienischen Städte gäbe es die cucina italiana in ihrer heutigen Form gar nicht. Nach seinem Bestseller über die Geschichte der Mafia wendet sich John Dickie der prachtvollen Historie des italienischen Essens zu. Die leidenschaftliche Beziehung der Italiener zu ihrer legendären Küche hat zahlreiche Mythen hervorgebracht und birgt unglaubliche Geschichten über Macht und Reichtum der stolzen italienischen Städte. Ein sinnlicher, erstaunlicher und vollkommen neuer Blick auf die beliebteste Küche der Welt.

»Unsentimental, lehrreich und vergnüglich.
Fast so gut wie eine Reise nach Italien.«
Der Tagesspiegel

Fischer Taschenbuch Verlag

fi 17630 / 1